中国近代
思想家文库

◎

孙宏云 编

钱端升卷

中国人民大学出版社
·北京·

《中国近代思想家文库》编纂委员会名单

总　序

　　对于近代的理解，虽不见得所有人都是一致的，但总的说来，对于近代这个词所涵的基本意义，人们还是有共识的。一个国家、一个民族走入近代，就意味着以工业化为主导的经济取代了以地主经济、领主经济或自然经济为主导的中世纪的经济形态，也还意味着，它不再是孤立的或是封闭与半封闭的，而是以某种形式加入到世界总的发展进程。尤其重要的是，它以某种形式的民主制度取代君主专制或其他不同形式的专制制度。中国是个幅员广大、人口众多、历史悠久的多民族国家，由于长期历史发展是自成一体的，与外界的交往比较有限，其生产方式的代谢迟缓了一些。如果说，世界的近代是从 17 世纪开始的，那么中国的近代则是从 19 世纪中期才开始的。现在国内学界比较一致的认识，是把 1840 年到 1949 年视为中国的近代。

　　中国的近代起始的标志是 1840 年的鸦片战争。原来相对封闭的国门被拥有近代种种优势的英帝国以军舰、大炮再加上种种卑鄙的欺诈打开了。从此，中国不情愿地加入到世界秩序中，沦为半殖民地。原来独立的大一统的中央集权的君主专制国家，如今独立已经极大地被限制，大一统也逐渐残缺不全，中央集权因列强的侵夺也不完全名实相符了。后来因太平天国运动，地方军政势力崛起，形成内轻外重的形势，也使中央集权被弱化。经历第二次鸦片战争、中法战争、甲午战争、八国联军入侵的战争以及辛亥革命后的多次内外战争，直至日本全面侵略中国的战争，致使中国的经济、政治、教育、文化，都无法顺利走上近代发展的轨道。古今之间，新旧之间，中外之间，混杂、矛盾、冲突。总之，鸦片战争后的中国，既未能成为近代国家，更不能维持原有的统治秩序。而外患内忧咄咄逼人，人们都有某种程度"国将不国"的忧虑。

　　"天下兴亡，匹夫有责"，读书明理的士大夫，或今所谓知识分子，尤为敏感，在空前的危机与挑战面前，皆思有所献替。于是发生种种救亡图存的思想与主张。有的从所能见及的西方国家发展的经验中借鉴某些东西，形成自己的改革方案；有的从历史回忆中拾取某些智慧，形成某种民族复兴的设想；有的则力图把西方的和中国所固有的一些东西加以调和或结合，形成某种救亡图强的主张。这些方案、设想、主张，从世界上"最先进的"，到"最落后的"，几乎样样都有。就提出这些方案、设想、主张者的初衷而言，绝大多数都含着几分救国的意愿。其先进与落后，是否可行，能否成功，尽可充分讨论，但可不必过为诛心之论。显而易见，既然救国的问题最为紧迫，人们所心营目注者自然是种种与救国的方案直接相关的思想学说，而作为产生这些学说的更基础性的理论，及其他各种知识、思想，则关注者少。

围绕着救国、强国的大议题，知识精英们参考世界上种种思想学说，加以研究、选择，认为其中比较适用的思想学说，拿来向国人宣传，并赢得一部分人的认可。于是互相推引，互相激励，更加发挥，演而成潮。在近代中国，曾经得到比较广泛的传播的思想学说，或者够得上思潮的，主要有以下几种：

（一）进化论。近代西方思想较早被引介到中国，而又发生绝大影响的，要属进化论。中国人逐渐相信，进化是宇宙之铁则，不进化就必遭淘汰。以此思想警醒国人，颇曾有助于振作民族精神。但随后不久，社会达尔文主义伴随而来，不免发生一些负面的影响。人们对进化的了解，也存在某些片面性，有时把进化理解为一条简单的直线。辩证法思想帮助人们形成内容更丰富和更加符合实际的发展观念，减少或避免片面性的进化观念的某些负面影响。

（二）民族主义。中国古代的民族主义思想，其核心是"非我族类，其心必异"，所以最重"华夷之辨"。鸦片战争前后一段时期，中国人的民族思想，大体仍是如此。后来渐渐认识到"今之夷狄，非古之夷狄"，"西人治国有法度，不得以古旧之夷狄视之"。但当时中国正遭受西方列强的侵略和掠夺，追求民族独立是民族主义之第一义。20世纪初，中国知识精英开始有了"中华民族"的概念。于是，渐渐形成以建立近代民族国家为核心的近代民族主义。结束清朝君主专制，创立中华民国，是这一思想的初步实现。第一次世界大战爆发，中国加入"协约国"，第一次以主动的姿态参与世界事务，接着俄国十月革命爆发，这两件事对近代中国的发展历程造成绝大影响。同时也将中国人的民族主义提升到一个新的层次，即与国际主义（或世界主义）发生紧密联系。也可以说，中国人更加自觉地用世界的眼光来观察中国的问题。新生的中国共产党和改组后的国民党都是如此。民族主义成为中国的知识精英用来应对近代中国所面临的种种危机和种种挑战的一个重要的思想武器。

（三）社会主义。社会主义作为一种模糊的理想是早在古代就有的，而且不论东方和西方都曾有过。但作为近代思潮，它是于19世纪在批判近代资本主义的基础上产生的。起初仍带有空想的性质，直到马克思和恩格斯才创立起科学社会主义。20世纪初期，社会主义开始传入中国。当时的传播者不太了解科学社会主义与以往的社会主义学说的本质区别。有一部分人，明显地受到无政府主义的强烈影响，更远离科学社会主义。直到五四新文化运动兴起之后，中国人始较严格地引介、宣传科学社会主义。但有一段时间，无政府主义仍是一股很大的思想潮流。中国共产党的成立，从思想上说，是战胜无政府主义的结果。中国共产党把在中国实现社会主义乃至共产主义作为自己的奋斗目标。此后，社会主义者，多次同各种非科学社会主义思想的信仰者进行论争并不断克服种种非科学社会主义思想的影响。

（四）自由主义。自由主义也是从清末就被介绍到中国来，只是信从者一直寥寥。直到五四新文化运动兴起，具有欧美教育背景的知识精英的数量渐渐多起来，自由主义始渐渐形成一股思想潮流。自由主义强调个性解放、意志自由和自己承担责任，在政治上反对一切专制主义。在中国的社会条件下，自由主义缺乏社会基础。在政治激烈动荡的时候，自由主义者很难凝聚成一股有组织的力量；在稍稍平和的时候，他们往往更多沉浸在自己的专业中。所以，在中国近代史上，自由主义不曾有，也不可能有大的作为。

（五）激进主义与保守主义。处于转型期的社会，旧的东西尚未完全退出舞台，新的东西也还未能巩固地树立起来，新旧冲突往往要持续很长的时间，有时甚至达到很激烈的程度。凡助推新东西成长的，人们便视为进步的；凡帮助旧东西排斥新东西的，人们便视为保守的。其实，与保守主义对应的，应是进步主义；与顽固主义相对的则应是激进主义。不过在通常话语环境中人们不太严格加以区分。中国历史悠久，特别是君主专制制度持续两千余年，旧东西积累异常丰富，社会转型极其不易。而世界的发展却进步甚速。中国的一部分精英分子往往特别急切地想改造中国社会，总想找出最厉害的手段，选一条最捷近的路，以最快的速度实现全盘改造。这类思想、主张及其采取的行动，皆属激进主义。在中共党史上，它表现为"左"倾或极左的机会主义。从极端的激进主义到极端的顽固主义，中间有着各种程度的进步与保守的流派。社会的稳定，或社会和平改革的成功，都依赖有一个实力雄厚的中间力量。但因种种原因，中国社会的中间力量一直未能成长到足够的程度。进步主义与保守主义，以及激进主义与顽固主义，不断进行斗争，而实际所获进步不大。

（六）革命与和平改革。中国近代史上，革命运动与和平改革运动交替进行，有时又是平行发展。两者的宗旨都是为改变原有的君主专制制度而代之以某种形式的近代民主制度。有很长一个时期，有两种错误的观念，一是把革命理解为仅仅是指以暴力取得政权的行动，二是与此相关联，把暴力革命与和平改革对立起来，认为革命是推动历史进步的，而改革是维护旧有统治秩序的。这两种论调既无理论根据，也不合历史实际。凡是有助于改变君主专制制度的探索，无论暴力的或和平的改革都是应予肯定的。

中国近代揭幕之时，西方列强正在疯狂地侵略与掠夺殖民地和半殖民地，中国是它们互相争夺的最后一块、也是最大的资源地。而这时的中国，沿袭了两千年的君主专制制度已到了奄奄一息的末日，统治当局腐朽无能，对外不足以御侮，对内不足以言治，其统治的合法性和统治的能力均招致怀疑。革命运动与改革的呼声，以及自发的民变接连不断。国家、民族的命运真的到了千钧一发之际，危机极端紧迫。先觉分子救国之心切，每遇稍具新意义的思想学说便急不可待地学习引介。于是西方思想学说纷纷涌进中国，各阶层、各领域，凡能读书读报者，受其影响，各依其家庭、职业、教育之不同背景而选择自以为不错的一种，接受之，信仰之，传播之。于是西方几百年里相继风行的思想学说，在短时期内纷纷涌进中国。在清末最后的十几年里是这样，五四时期在较高的水准上重复出现这种情况。

这种情况直接造成两个重要的历史现象：一个是中国社会的实际代谢过程（亦即社会转型过程）相对迟缓，而思想的代谢过程却来得格外神速。另一个是在西方原是差不多三百年的历史中渐次出现的各种思想学说，集中在几年或十几年的时间里狂泻而来，人们不及深入研究、审慎抉择，便匆忙引介、传播，引介者、传播者、听闻者，都难免有些消化不良。其实，这种情况在清末，在五四时期，都已有人觉察。我们现在指出这些问题并非苛求前人，而是要引为教训。

同时我们也看到，中国近代思想无比的多样性与复杂性呈现出绚丽多彩的姿态，各种思想持续不断地展开论争，这又构成中国近代思想史的一个突出特点。有些论争为我们留下了非常丰富的思想资料。如兴洋务与反洋务之争，变法与反变法之争，革命与改良之争，共和与立宪之争，东西文化之争，文言与白话之争，新旧伦理之争，科学与人生观之争，中国社会性质的论争，社会史的论争，人权与约法之争，全盘西化与本位文化之争，民主与独裁之争，等等。这些争论都不同程度地关联着一直影响甚至困扰着中国人的几个核心问题，即所谓中西问题、古今问题与心物关系问题。

中国近代思想的光谱虽比较齐全，但各种思想的存在状态及其影响力是很不平衡的。有些思想信从者多，言论著作亦多，且略成系统；有些可能只有很少的人做过介绍或略加研究；有的还可能因种种原因，只存在私人载记中，当时未及面世。然这些思想，其中有很多并不因时间久远而失去其价值。因为就总的情况说，我们还没有完成社会的近代转型，所以先贤们对某些问题的思考，在今天对我们仍有参考借鉴的价值。我们编辑这套《中国近代思想家文库》，希望尽可能全面地、系统地整理出近代中国思想家的思想成果，一则借以保存这份珍贵遗产，再则为研究思想史提供方便，三则为有心于中国思想文化建设者提供参考借鉴的便利。

考虑到中国近代思想的上述诸特点，我们编辑本《文库》时，对于思想家不取太严格的界定，凡在某一学科、某一领域，有其独立思考、提出特别见解和主张者，都尽量收入。虽然其中有些主张与表述有时代和个人的局限，但为反映近代思想发展的轨迹，以供今人参考，我们亦保留其原貌。所以本《文库》实为"中国近代思想集成"。

本《文库》入选的思想家，主要是活跃在 1840 年至 1949 年之间的思想人物。但中共领袖人物，因有较为丰富的研究著述，本《文库》则未收入。

编辑如此规模的《文库》，对象范围的确定，材料的搜集，版本的比勘，体例的斟酌，在在皆非易事。限于我们的水平，容有瑕隙，敬请方家指正。

《中国近代思想家文库》编纂委员会

目　录

导　言

　　钱端升，中国现代著名政治学家、法学家，中国现代政治学的开创者之一。关于他的学问，其同辈学者评价甚高，在其身后也多无异议；而对于他的政治思想和进退出处，则有赞有弹。之所以出现这种差异，大概因为学术是相对比较客观的，而如何看待一个人的政治思想，则通常受到评论者的政治倾向和利益诉求影响。钱先生一定深明此中道理，故在生平自述中说："至于我一生，经历了不同的时代，走过了曲折的道路，功过是非如何，窃以为还是留待来者评说为好。"① 1990 年钱先生病逝于北京，享年 90 岁。在遗体告别仪式前散发的《钱端升同志生平》中对他的生平事迹有这样的评价："钱端升先生一生正直，光明磊落，工作勤奋，生活俭朴，谦虚谨慎，平易近人。他毕生从事学术研究和教育事业，为我国政治学、法学、教育学做出了重要贡献。他是我国杰出的老一代知识分子，不愧为我国爱国知识分子的学习榜样。"不论功过是非，评论历史人物必须从史料出发，设身处地，同情理解其思想内涵和时代价值。

一、生平事略

　　1900 年 2 月 25 日，钱端升出生于江苏省松江府（今上海市闵行区曹行乡）的钱家塘。钱家世代以行医为生，同时也操耕织。1905 年科举制度废除，钱端升开始由父亲和伯父们教读识字，接着入读私塾，直到 1910 年夏。期间不仅背诵"四书"、《史鉴节要便读》、《诗经》、《左

---

① 《钱端升学术论著自选集》，702 页，北京，北京师范学院出版社，1991。

传》和《唐诗三百首》部分篇章，还随同族各家延聘的一位毕业于上海圣约翰的塾师学习国文、数学、英文、史地等新学科目。1910 年下半年，钱端升随堂兄到上海城内就读于敬业学堂。一年后转入养正学堂，至 1912 年冬小学毕业。1913 年春考入松江（江苏）省立第三中学。至 1916 年秋转读上海私立南洋中学，插入五年级，次年夏毕业，报考清华学校，被录取进高等科三年级。1919 年夏从清华学校毕业，获官费赴美留学。

到美后，插入北达科他州立大学（North Dakota State University）四年级攻读政治学。翌年夏获文学学士学位，暑期先入密歇根大学（University of Michigan）政治系，旋入哈佛大学。1922 年 6 月，被哈佛授予文学硕士学位。1923 年 11 月完成哲学博士所需课业并通过各种考试，结束在哈佛的学业。随后借由校长洛厄尔（A. L. Lowell）的介绍函，漫游欧洲各国半载有余，就教于英、法、德、奥等国一些宪法或政治学教授、学者，访问各国议会议员和工作人员。1924 年夏获哈佛大学哲学博士学位。

1924 年 5 月，钱端升结束游学生涯，回到祖国。秋季应聘为母校清华学校历史教员，主要讲授西洋近百年史。时曹云祥担任清华校长，为了提升教师素质，大量聘用清华留学生，以逐渐取代美国教师。与此同时，亦致力于将清华改制为大学。钱端升出于对母校的热忱，积极参与校务讨论。在上大学筹备委员会会长的意见书（原文为英文）中，钱端升主张清华应以全副精神先办一文理科大学，以养成士风。因为在他看来，"士愈多，则世愈盛，而国愈治；反是，则世愈衰，而国愈乱"。并对 1924 年 10 月 21、22 日经大学筹备委员会之课程及计划组通过的《清华大学之工作及组织纲要》（《清华周刊》第 332 期）提出商榷意见。随即又发表《清华学校》一文，直言清华的弊病，并提出改良的途径与方法。

当时清华教职员中存在着对立的两派，一派是以教务长张彭春为首的"南开派"，一派是清华少壮派。庄泽宣、吴宓、钱端升等属于后者。① 双方在年底的校长人选问题上爆发激烈冲突。结果张彭春被迫离开清华，引起旧制学生不满，要求斥退"元凶"王祖廉、庄泽宣、徐

① 参见苏云峰：《从清华学堂到清华大学》，81 页，北京，生活·读书·新知三联书店，2001。

然，将全绍文、曹霖生、虞振镛、陈达、蔡正列为"次凶"，张歆海、钱端升、吴宓列为"陪凶"。[①] 在学生看来，钱端升行事较公开且多出于公心，因此没有将他列为"元凶"。风潮过后，钱端升被全体教职员大会推举为清华学校改组委员会委员，与其他六名委员共同起草清华学校组织大纲，后经清华教职员会议通过，交由校长执行。该大纲的要点为教授治校和实行分系制。[②] 该大纲还规定1930年大学院开办时取消国学研究院，据称，"此乃钱端升之意"[③]。

1925年秋，清华建立大学部首次招收本科生，此后逐步成为一所完全的大学，清华教师遂分为研究教授、教授、讲师、教员四种类型，钱端升担任政治学系教授兼历史学系讲师。[④] 1925年12月，兼任北京师范大学讲师。1926年11月，经高仁山、陈翰笙介绍，加入中国国民党。1927年春季，钱端升开始兼任北京大学教授，授政治和法律两系的宪法课。1927年春夏，奉系军阀入关，对教育界、报界人士极为横暴，钱端升于是南走沪宁，秋季应南京中央大学之聘，任政治系副教授。1928年曾一度在蔡元培主持的大学院兼任文化事业处处长。1929年秋，由于南京中央大学国民党派系之争和学生罢课，钱端升被迫辞职。[⑤] 失业赋闲期间，他翻译了屈勒味林（C. M. Trevlyan）的《英国史》（*History of England*）。1930年秋，钱端升再次受聘清华大学政治学系教授，同时在北大兼课。"九一八"事变后，参加蒋介石创办的国防设计委员会，与周鲠生、徐淑希等负责国际关系方面的调查研究工作。[⑥]

1934年初，钱端升赴天津接替罗隆基担任《益世报》主笔。《益世报》当时是北方两大报之一。钱端升在担任《益世报》主笔的8个月期间共写了170篇社论，对国内外各种热点问题发表意见，尤其重视对日问题，揭露与驳斥日本侵华阴谋及其罪行，大声疾呼各界人士放弃对日和平幻想，积极做好抗日准备。因笔锋触及对日妥协派，蒋介石大为恼

---

① 参见吴学昭整理：《吴宓日记》，第3册，147页，北京，生活・读书・新知三联书店，1998。

② 参见《清华学校组织大纲》，载《清华周刊》，第376期，1926年4月27日。

③ 吴学昭整理：《吴宓日记》，第3册，153页。

④ 参见清华大学档案《一九二六至一九三四年度教职员录》，全宗号1，目录号4—5，案卷号1。

⑤ 相关背景参见许小青：《政局与学府：从东南大学到中央大学（1919—1937）》，160～192页，北京，中国社会科学出版社，2009。

⑥ 参见钱昌照：《钱昌照回忆录》，41页，北京，中国文史出版社，1998。

火，立即勒令邮局停邮《益世报》，钱端升被迫于 1934 年 9 月离开报社。后适南京，再度受聘于中央大学。校长罗家伦希望钱端升来法学院以便加强其学术气氛。但是中央大学仍然派系林立，钱端升除偶尔代理法学院院长职务外，将全部精力倾注于政治系附设的行政研究室的工作。

1937 年夏，钱端升受聘为北大教授，刚到北平一周，卢沟桥事变爆发，接着日本又在上海挑起了战争。南京国民政府为了争取美英等西方国家的援助，派胡适、张忠绂和钱端升等北大三教授赴美、法、英等国宣传抗日。次年 6 月，钱端升被遴选为第一届国民参政会参政员。7 月从法国搭船回国途中，应蒋梦麟之请决定到北大任教，当时北大已与清华、南开合并组成西南联合大学。8 月回国后，即任教于西南联大法商学院政治系。自此至抗战胜利后第二年返回北平，钱端升一直在西南联大任教。教书之余，钱端升担任国民参政会参政员，积极参政议政，献计献策；在此期间，他发起创办《今日评论》，围绕争取抗日战争胜利和战后重建等问题共发表了 58 篇时评，还在其他报刊上发表了大量政论文章，从主张国民党一党政治到最后呼吁成立联合政府。

抗战胜利后，西南联大在 1946 年 5 月正式宣布解散，钱端升于同年秋回北大执教。1947 年 10 月底应邀赴美，在哈佛大学任客座教授约一年。1948 年 3 月，钱端升当选为中央研究院第一届院士。1948 年秋，国内解放战争进展迅速，钱端升没有听从美国友人劝他暂时留美教书的建议，决心回国，经多方设法，于 1948 年 11 月终于回到北平。1949 年 1 月，北平和平解放。5 月，钱端升被北平市军事管制委员会任命为北大校务委员会常务委员、法学院院长。8 月，出席北平市各界代表会议，并被推选为北京市政治协商会议委员会副主席。9 月，以社会科学工作者身份当选为中国人民政治协商会议第一届全体会议代表。

新中国成立后，钱端升始终积极关心国内政治生活，并热心参与各项社会活动。作为一名政法教育工作者，他还参加了政务院的文教委员会和华北高等教育委员会的工作，并担任中国政治法律学会副会长。在全国人民代表大会和中国人民政治协商会议中，曾当选为第一届人大代表兼法案委员会副主任委员，第一届政协代表，第二届政协常委，第三、第四届政协委员，第五届政协常委，第六届人大常委兼法律委员会副主任委员。

1952 年，高等院校进行院系调整，钱端升被抽调筹建北京政法学院，并担任第一任院长。院系调整后，政治科学作为一门学科被取消了，钱端升的研究工作也只得就此中断。此后，他的主要精力转向了新中国的法制建设和外交事务活动。担任中国人民外交学会副会长和对外友协副会长，并按照周恩来总理的指示，积极推进新中国与各国非政府间的外交活动。1954年他被邀请作为第一届全国人民代表大会宪法起草委员会的顾问，参与中华人民共和国第一部宪法的起草工作。

在1957年的反右运动和1966年开始的"文化大革命"中，钱端升和许多知识分子一样也遭受了磨难。所幸在周恩来总理的关怀和鼓励下，他还能够饥即食、病即医，并在1974年被安排到外交部国际问题研究所任顾问并兼任外交部法律顾问。中共十一届三中全会以后，已属耄耋之年的钱端升，又受聘于北大、外交学院，为新时期中国政治学科的恢复与建设发挥号召与指导作用。

钱端升一生著述甚丰，先后撰写了《法国的政治组织》（1930）、《德国的政府》（1934）、《法国的政府》（1934）、《比较宪法》（与王世杰合著，1936）、《民国政制史》（主编，1939）、《建国途径》（1942）、《战后世界之改造》（1943）、《中国政府与政治》（英文，1950）等学术专著，其中《法国的政府》、《德国的政府》、《比较宪法》、《民国政制史》被列入商务印书馆出版的"大学丛书"。此外还翻译了屈勒味林的《英国史》（1933），为王云五、何炳松、刘秉麟主编的"社会科学名著选读丛书"选注过四本英文政治学经典著作。并且发表了大量学术论文，以及政论与时评，散见于《清华周刊》、《北京大学社会科学季刊》、《武汉大学社会科学季刊》、《现代评论》、《东方杂志》、《益世报》、《中央大学社会科学季刊》、《独立评论》、《今日评论》、《世界政治》、《中国国际联盟同志会月刊》、《云南日报》以及《美国政治学评论》、《外交季刊》、《太平洋季刊》等中英文报刊。

1962年钱端升在北京政法学院奉命主编一部高等教育主管部门拟定的教材，书名是《当代西方政治思想选读》。从五六十名西方著名学者的书籍中酌择其要旨，译成中文。到1966年"文革"开始时，已译120万言，其中大部分并经他亲自校阅审定。令人深感遗憾的是，该书至今尚未得以出版。

二、学术研究的成就与方法

钱端升自1917年涉足政治学专业，遂与政治学结下了不解之缘。

晚年他在《自述》中说："我一向认为，政治学乃是研究国内外政治活动、政治组织（包括政府体制）、国际关系，兼而纵论时势的一门科学。1949 年以前，基于推动中国政治进步和制度昌明的理想，我不但著译了几部介绍西方民主政治制度和论述中国辛亥革命以来政治制度的书籍，而且也写过大量抨击时政，评述时势，论证国际关系对策以及政治学书评等类文章。"钱端升的学术成就大体上是在 1949 年之前取得的，主要在政治学方面，涉及政治学的理论与方法、各国政府的制度及其实际运行，以及国际关系。

留学期间钱端升的学术成果当以其博士学位论文为代表，他的博士论文（Thomson S. Chien，"Parliamentary Committees: A Study in Comparative Government with Special Reference to the British House of Commons，American Congress，French Chamber of Deputies，and German Reichstag，"Harvard University's Dissertation，1923）是关于英美法德四个国家议会中的委员会的比较研究。查默斯（Chalmers）称其"研究是法律的与制度的，这是 1920 年代学院政治学的一般特征"①。

1925 年 12 月 3 日，钱端升在清华学校作关于政治学的演讲，演讲内容随后以《政治学》为题刊登于《清华周刊》上。这篇演讲表达了钱端升对政治学有一种系统的看法。他首先将政治学定义为"研究人类政治活动及其政治组织者"。接着将政治学的研究范围分为三大类：甲、政府，包括：一、起源及发展——宪法史等；二、组织，包括宪法学、比较政府、某国政府、联邦政府等；三、职务之执行，分立法与行政两部分，司法乃行政之一种。乙、政事（政治活动及原动力），包括舆论、政党、政治心理、阶级制度等。丙、国际关系，分国际法、国际组织、联邦、外交、帝国主义等。并表明该分类为其"个人之分法，乃聚欧美各大学之政治科目而分者"。

19 世纪末 20 世纪初，在欧洲大陆仍注重从历史、哲学及法律角度来对国家现象、政治组织进行抽象的静态研究的时候，英美则有一些学者开始研究政治的动态过程，从法律形式主义转向现实中"行动着的政府"（a government in action），本特利（A. F. Bentley）、威尔逊（W. Wilson）、洛厄尔是其中的主要倡导者。到第一次世界大战后，美

---

① Chalmers A. Johnson，"An Intellectual Weed in the Socialist Garden: The Case of Ch'ien Tuan-sheng，"*The China Quarterly*，No. 6（Apr. -Jun.，1961），p. 31.

国的政治学研究呈现出如钱端升所说的特征——"忽视政体方面之研究，而重视职务方面之研究，忽视形式方面之研究，而重视运用方面之研究"。钱端升留学的哈佛大学正是其校长洛厄尔提倡与实践对"行动着的政府"进行研究的学术重镇，钱端升对政治学的上述定义与分类正体现了洛厄尔等人的影响。这种影响也贯穿于钱端升的研究实践，正如他晚年所述："在政治学的研究中，我以各国政治制度及其运行作为我的主要课题。"①

钱端升的博士论文体现了他追随洛厄尔、威尔逊等人的研究路径与方法，以英美法德等主要资本主义国家议会制度作为研究对象，从宪法入手，注意政制的实际运作，通过比较研究归纳出不同政制的共同特点和变化趋势。此后，他的研究对象扩大了，特别关注东欧和中欧一些国家新成立的政府。这大概因为，第一次世界大战后，民治主义思想得到广泛传播，新独立的民族国家普遍采用民主制度，特别是中欧和东欧的一些国家，由专制走向民主首先就表现在新宪法的制定上。当时中国的情形与之相似。五四运动后，中国的民族、民主主义思想都得到了极大传播，一方面从中央到地方都将"制宪"视作国家政治进程中的大事，另一方面希望遵循法律途径解决"治外法权"和租界问题。1920 年代中期回国的钱端升正好赶上这股政治潮流，于是注意对新兴的民治政府进行比较研究，当时他在《北京大学社会科学季刊》上发表的论文及书评几乎都是有关这方面的内容，如《新近宪法中立法行政两机关之关系》，"Malborne W. Graham：New Governments of Central Europe"（《中欧新政府》），"Dr. Julius Hatschek：Deutsches und Preussisches Staatsrecht"（《德国与普鲁士宪法》），"Leon Duguit, Traite de Droit Constitutionnel"（《宪法论》）。

但是到 1920 年代末和 1930 年代初，钱端升又转而关注德国、苏联和西班牙等极权国家的宪法与政府。1933 年就连续发表了《德意志的国会及国会议员》（《清华学报》第 8 卷第 2 期）、《西班牙新宪法》（《武汉大学社会科学季刊》第 3 卷第 4 号）、《希忒勒秉政前的德意志政党》（《民族》第 1 卷第 9 期）。次年元旦发表的《民主政治乎？极权国家乎？》（《东方杂志》第 31 卷第 1 号）明确表达了钱端升期待建立极权国家的愿望。可见钱端升此时的研究重心与他的思想倾向大有关系。1934

---

① 《钱端升学术论著自选集》，"自序"，1 页。

年,《德国的政府》由商务印书馆列入"大学丛书"出版。

钱端升说他早有把英、美、法、德、日、俄的政府合著一书,取名"欧美日本的政治组织"的计划,但"因年来心神无宁日,迄未能实现"。考虑到"关于英美两国的政府英文的书籍甚是充富。国人懂英文者甚多,故欲知该两国政府的情形容尚不难。惟德法政府的实施情形,即德法的著者亦因偏重公法,未能予以充分注意",于是决定将德法两国的政府尽先成书,分别付印,而日俄的政府则只能暂付阙如。① 先行刊印的法国部分就是 1930 年由商务印书馆出版的《法国的政治组织》。由此可知钱端升在 1930 年代的最初几年中将主要精力放在著述《德国的政府》上,他自己也说这本书"自十八年冬月动笔之日起,迄完成之日止,几达四年之久"②。

钱端升比较看重《德国的政府》,晚年还说:"此书原为译述 1919 年威玛宪法下德国政制和政治生活而作,参考德文资料和德文原著较多,基础较厚,在我所著浅薄不足称道的书籍中,尚不失为有价值的一本。"③ 原著所列参考书多达 261 种,全部为西文资料。陈之迈称赞"此书的取材异常丰富,观乎书后所附十七页的参考书目便知作者学问的渊深,除法律命令等材料外,德法英文中的重要典籍几浏览无遗,实为我国著作界中所罕见";"为一部极有学术价值的贡献。取材的丰富,作者渊博的学识均为我国所绝无仅见者"④。

在《德国的政府》出版之后,钱端升将《法国的政治组织》加以修订再版,改名为《法国的政府》,内容较前者大为充实。钱端升在该书"再版序"中指出:"本书虽名再版,实等新著。除第一,第三,第五及第八等四章大体上尚保留原版文字外,其余各章均是重写过的。"陈之迈对这本书也给予较高评价:"在中文书里现在还没有法国政府良好的教材,这本书是足以补此缺憾的。在这本书里钱先生没有用很多所谓原始材料(与《德国的政府》不同),但英法文的普通书籍及专门著作几被参考无遗(此书附有十三页的参考书目,九成以上都是法文的),并征取材的广博。加之,钱先生为学谨严的态度使此书所叙的事实正确无

---

① 参见钱端升:《法国的政府》,"再版序",北京,商务印书馆,1934。
② 钱端升:《德国的政府》,"序",北京,商务印书馆,1934。
③ 钱端升:《我的自述》,见《钱端升学术论著自选集》,697 页。
④ 陈之迈关于钱端升《德国的政府》和 Herbert Kraus 著的 *The Crisis of German Democracy* 的书评,载《清华学报》,第 9 卷第 4 期,1934 年 10 月。

伪，完全可以征信。即此一端便使这本书有它不可磨灭的价值。"①

《德国的政府》和《法国的政府》集中体现了钱端升在比较政府方面的研究方法，他没有像德法学者那样偏重公法做法律形式主义的分析，而是注重论述"政府的实施情形"。陈之迈对此充分肯定。他指出："阐明该宪法（指魏玛宪法——笔者注）的书籍虽有如汗牛充栋，但一方面解释宪法，一方面注意该宪法十数年来实行的经验的著作则尚少见"；"德国的公法学者最喜欢争执虚无缥缈，细如毫毛的问题，对于政制的实际反少注意，因此他们的书籍往往庞大冗长，读之干燥无味"。而《德国的政府》则能"注意实行的经验……实为可足庆幸的佳作"②。陈之迈对《法国的政府》则稍有微词："这部书的事实似乎过于丰富繁多，解释事实的地方似乎太少……偏重事实分析与叙述而不着意于事实的解释是本书一个显明的特色。"③似乎是批评钱端升在注重事实研究方面走得过头了。

其实，钱端升继承了他的哈佛老师们的研究方法。钱端升坦承哈佛大学门罗（W. B. Munro）教授的《欧洲各国政府》（*The Governments of Europe*）一书中关于法国的部分差不多是他写作《法国的政治组织》前几章的张本。④ 修订再版时，钱端升仍然表示"对于门罗教授的感谢却不因是而减少"⑤。门罗《欧洲各国政府》的中译者称门著"不尚理论而足以阐明事实，不心存好恶而优劣昭然，以历史的比较方法，作公允的实际研讨"⑥。门罗自己也说他的这本著作特别注重各种政府制度的实际运作，尤其是政党的组织与职能。⑦

1931年钱端升应商务印书馆邀约，为王云五、何炳松、刘秉麟主编的"社会科学名著选读丛书"选编英文政治学经典著作。他一共选注了四本政治学经典著作，分别是亚里士多德（Aristotle）的《政治学》

---

① 陈之迈评钱著《法国的政府》，载清华大学《社会科学》，第 1 卷第 4 期，1936 年 7 月。

② 陈之迈评 Herbert Kraus 著的 *The Crisis of German Democracy*，载《清华学报》，第 9 卷第 4 期，1934 年 10 月。

③ 陈之迈评钱著《法国的政府》，载清华大学《社会科学》，第 1 卷第 4 期，1936 年 7 月。

④ 参见钱端升：《法国的政治组织》，"序"，北京，商务印书馆，1930。

⑤ 钱端升：《法国的政府》，"再版序"。

⑥ ［美］门罗：《欧洲各国政府》，"译者序"，上海，上海民智书局，1934。

⑦ 参见 1929 年 8 月 2 日门罗寄给清华政治学会关于该著中译本的序言（Foreword），载《国立清华大学校刊》，第 111 期，1929 年 11 月 15 日。

（*The Politics*）、马基雅弗利（Niccolo Machiavelli）的《霸术》（*The Prince*）、孟德斯鸠（De Montesquieu）的《法意》（*The Sprite of Laws*）、布赖斯（James Bryce）的《近代平民政治》（*Modern Democracies*）。这四本著作最大的共同特点是运用了历史的和比较的方法，这应该也是钱端升挑选它们的基本标准。钱端升为每种选注本撰写了中文"编者导言"，从中可以看出钱端升研治政治学的思想倾向和方法论。他说："治政治学的方法细别之本种类甚多，然大别之则仅两种：一种偏重主观，直觉，抽象，理论，演绎；它一种则偏重客观，事实，归纳。前者我们不妨叫做玄哲的方法，而后者科学的……所谓科学的方法即比较的方法，比较而完全能不受主观的拘束则尤合科学的精神。自亚里斯多德开其端后，凡马基亚弗利，孟德斯鸠，以至勃赍斯俱可为属于后者的一派，因为它们彼此间的程度虽不同，而在比较方法之同一路上则可以断言。若就四人彼此互比，则勃赍斯的方法尤为近似科学的方法，因为他的比较最公正而澈底，而他的主观则最薄弱。"

钱端升对亚里士多德等四位著者的政治思想也作了评述。他认为"亚里斯多德尚有两种教训绝不受时代及政制的影响。一为他的理想主义，二为他的中庸主义"。对马基雅弗利深表同情之理解："他于《书后》及《菲稜彻史》中随处流露对于共和及自由政治的同情，而为十六世纪有志统一意大利的人君方面着想，则仍不取专制途径不可。我们如谓《霸术》中所示的方法是专制的则可；如谓马基亚弗利根本就笃信专制则不可。""我们如果明了十六世纪的政治状态，尤其是意大利的，更认准了马基亚弗利的主旨，则著者提倡的诈术殊不能使《霸术》减色。而著者爱意大利的热诚及所指示的统一意大利的方法，则实不能不令人佩服其识见的远大。"称赞孟德斯鸠"主张的富有进步思想"，"是改良家而不是革命家，所以他的立说缓和而近实际，且不难实行"。认为布赖斯在《近代平民政治》中所描写的是欧战前的社会，"然平民政治在欧战中及欧战后数年间所受之剧变，即著者亦不能熟视而不惶惶于中"。那么，"所谓进步者是否仍一定可期？而所进者是否仍为勃赍斯的平民政治？"这种疑问也正是钱端升当时深怀之忧虑，不过他对于布赖斯的平民政治立场仍然寄予同情与希望——"平民政治在希望未泯以前亦决不会消灭的"。

大约在1936年，钱端升的研究重点开始转向中国现代政府与行政。此时钱端升执教于南京中央大学法学院政治系。政治系于1935年春创设行政研究资料室，从事搜集各级政府行政资料的工作，1936 年秋将其扩充为行政研究室，招收各大学成绩优良的毕业生 6 人，从事中国行政制度沿革的研究。钱端升在 1936—1937 年，"倾全力"于行政研究室工作，在他的组织与领导下，该室同仁于 1937 年夏完成了两卷本《民国政制史》。[①] 钱端升在为该书所作的序中指出，"就内容而言，本书偏重各级政府机关之法定组织及其法定权力，但其实际情形，则尚须留作进一步之研究，本书几无论及"。这与他希望探究政府实际运作的愿望存在距离。与此同时，钱端升在王世杰独著的《比较宪法》的基础上新增了 1928 年以后国民政府的制宪和国民政府的机构等内容。除了叙述组织制度的沿革，对其职能和实际运行情况也有所分析。

　　进入抗战时期，钱端升对实际行政更加重视。他认为"战事初结束后的起初几年内，政治上最严重的问题，决不是宪法议会等一类富有政治性质的大问题，而是怎样训练并录用新的行政人员，怎样改善行政组织，及行政方法等一类不具多少政治性质的行政问题"[②]。1939 年冬，钱端升组织成立西南联大行政研究室，"其工作人员间有来自昔年中央大学行政研究室者"。计划用三四年的精力，对中国的行政进行初步的考察，包括两大类问题：一是各级政府的行政机构；二是各项行政，如人事行政、外交行政、合作行政、救恤行政。"取材大致以法令有规定官文书有记载者为限。故所论亦只及于某一机构的组织及职权，及职权行使的程序而已。"由于"既绌于经费，而人员亦极不易罗致，资料亦极不易搜集"，计划执行困难。但因钱端升的努力，得到"管理中英庚款董事会、北京大学及清华大学之补助，得以对行政研究作极小限度的进行"[③]。部分研究成果以"西南联合大学行政研究室丛刊"名义付印，计有陈体强的《中国外交行政》和施养成的《中国省行政制度》两本专著。

　　抗战期间，钱端升先后在《美国政治学评论》和《太平洋季刊》上发表了《论中国的战时政治体制》（"War-Time Government in China," *The American Political Science Review*，Vol. 36，No. 5，Oct.，1942）和《中国战时地方政府》（"Wartime Local Government in China," *Pa-*

---

① 参见《中央大学法科研究所政治经济部行政组报告》，1940 年，中国第二历史档案馆，中央大学档案，案卷号：648—001008（16J.3064）；《钱端升学术论著自选集》，697 页。
② 钱端升：《建设期内的行政改善》，载《新经济》，第 1 卷第 1 期，1938 年 11 月 16 日。
③ 钱端升：《西南联合大学行政研究室丛刊序》，1942 年作于西南联合大学。

cific Affairs，Vol. 16，No. 4，Dec.，1943）。他因此而在西方出名。1947 年 10 月，钱端升受好友费正清邀请，前往美国哈佛大学任客座教授，讲授"中国政府与政治"，为期一年。在此期间，他再次于《太平洋季刊》上发表论文。这篇题为《军人在中国政府中的角色》（"The Role of the Military in Chinese Government"）的论文主要叙述国民政府军事委员会的起源、结构和递变。一年多之后，哈佛大学出版社出版了他的英文著作《中国政府与政治》（*The Government and Politics of China*，Massachusetts：Harvard University Press，1950）。这本 526 页的著作再度提高了钱端升在西方学术界的声誉，J. T. Pratt 、John De Francis 等分别在《太平洋季刊》（*Pacific Affairs*，Vol. 24，No. 2，Jun.，1951）、《现代史杂志》（*The Journal of Modern History*，Vol. 24，No. 1，Mar.，1952）上撰文评论。

钱端升在美国发表的这些英文论著与他两次对王世杰的《比较宪法》修订增补的内容虽有重叠之处，但都属于他重视研究中国政府与行政而持续努力的成果。钱端升在出版了《德国的政府》和《法国的政府》之后，就将主要研究对象由西方政府转向民国政府，体现了钱端升的现实关怀和当时中国学术界本土化的趋势。因为在"研究比较政治制度及现代中国政治制度"方面的杰出成就，钱端升于 1948 年 3 月 27 日当选为中央研究院第一届院士，与周鲠生、萧公权同属人文组政治学科。[①]

在对比较政府进行研究之外，钱端升还发表了大量分析国际关系的文章。在他留学回国后最初几年里，正值国民革命的开展，治外法权和收回租界问题在国共两党"革命外交"的渲染下，凸显成为各界关注的热点。当时北京政府外交部主要遵循法律的途径希望通过修约来解决这些问题，而钱端升则更多地从现实政治利益关系上来进行分析，呼吁人们从国际法的幻梦中清醒过来。他主张，"凡不依条约而享受之治外法权，应立即取消之。如上海会审公堂等等"；"凡条约所许之治外法权，收回较难。依据成例，不外两种。其一，如土耳其之径行宣告废止。此法爽捷而不易实行。……其第二法，则如日本、暹罗等国，与各国重订条约，取消治外法权。然此不易行"。这两种方法都不易实行，"惟先礼后兵之法而已矣"；"吾不妨据国际公法时势变迁条约失效 Rebus Sic

---

① 参见《钱端升》，载《传记文学》，第 60 卷第 1 期，143～144 页。

Stantisbus 之原则，以吾国司法行政已经维新为言，将一切关于治外法权之条文，一一废除"；甚或"吾只能以恐吓及民气，收回利权，而决不能以利权换利权也"①。关于租界问题，钱端升将矛头主要对准英国在上海的租界。"英国在别处的租界还可忍痛割爱，而上海租界却不肯轻易放弃。要思藉谈判而望英国——或其他各国——斯斯文文地把上海租界交给我们，恐怕是与虎谋皮罢。然而英国愈是不肯放弃他，我们愈是应该收回他。"②

"九一八"事变之后，随着日本对华侵略步步紧逼，钱端升以中华民族的存亡发展作为思考国际关系的根本出发点，分析错综复杂的国际关系，多次预测世界大战不可避免③；权衡利弊，指出我国如何应对日本侵略的道路、策略与方法等。在他看来，足以危及我们生存的敌人乃是贪得无厌的日本，"如非你向日本投降，日本总是不会满意的"；因而主张，"我们的敌人既是日本，然则凡是日本的敌人，而不蓄意谋我者，我们皆可引为友人"④。"无疑的，一面要拉牵国联及英法不放手，一面更要积极和美俄联络。"⑤不过其间有程度轻重，钱端升一直重视并强调国联的作用。"九一八"事变后，围绕着东北和华北问题，存在着国联路线、莫斯科路线和东京路线之争，钱端升倾向国联路线。⑥进入全面抗战时期，在论我国亟须建立外交根本政策时，钱端升坦言他"所主张的政策……就是拥护和运用国联的政策"⑦。他甚至认为"国联政策为唯一正大而有利的政策"⑧，并论述我国究应怎样实行国联政策以建立世界的和平，以及怎样运用国联的机构以渡过抗战的难关。⑨

钱端升在提倡外交努力的同时也反复强调"求诸在己"是立国的根

① 钱端升：《治外法权问题》，载《晨报七周年增刊》，1925 年 12 月。

② 钱端升：《收回上海租界的迫切》，载《现代评论》，第 5 卷第 122 期，1927 年 4 月 29 日。

③ 参见钱端升：《二次大战在酝酿中——对国际情势综合的观察》，载《益世报》，1934 年 2 月 26 日；《论外交根本政策》，载《新民族》，第 2 卷第 13 期，1938 年 10 月。

④ 《各界人士意见特辑·钱端升》，载《外交评论》第 11、12 期合刊，1934 年 12 月。

⑤ 钱端升：《国际形势的鸟瞰》，载《益世报》，1934 年 4 月 22 日。

⑥ 参见钱端升：《国际环境与外交路线》，载《益世报》，1934 年 2 月 17 日。

⑦ 钱端升：《论外交根本政策》，载《新民族》，第 2 卷第 13 期，1938 年 10 月。

⑧ 钱端升：《论国联政策为唯一正大而有利的政策》，载《世界政治》，第 3 卷第 9 期，1938 年 12 月 1 日。

⑨ 钱端升：《国联政策的实施及运用》，载《世界政治》，第 4 卷第 1 期，1939 年 1 月 1 日。

本原则，认为倚赖性是最劣的根性。他希望"国人今后的努力第一当然应注重对内。政治为百事之始，政治不修明，一切无从说起，故我们首愿政府能选用贤能，清除贪污，增加效率以一洗过去营私舞弊，敷衍因循的恶习"①；其次，谋求国家统一，整齐国人意志，充实国力，俱为抵抗乃至最终战胜日本的根本要素。即使在抗战最艰难时期，当部分国人将抗战获胜的希望寄托于美、英、法等国援助的时候，钱端升仍清醒地指出，"要抗战胜利，主要的仍需靠自己"；"我们目前的最要之着，仍是如何改善我们的外交内政"，"积极的养成足以向敌人反攻的武力与经济力"②。总之，"人必自助然后人助"③。他认识到国际政治具有现实性和进步性两种矛盾的性质，主张在二战后美苏两强的世界格局中，中国应奉行"兼亲美苏"的政策，但又强调"要执行兼亲美苏的健全政策，我们尚须先求统一，而且要和平的不靠武力的统一"④。

在抗战后期，钱端升鉴于世界大战的残酷性与破坏性，意识到"获取胜利不易，获取和平更难……工作愈艰巨，绸缪愈不能疏忽"，乃于1942年撰成《战后世界之改造》一书，并接连发表了《新世序与世界公务员》、《新世序的设计》、《新世序的建设》、《国际的经济分工合作为和平基础论》、《战后应否有一国际人权宣言》等论文，对重建战后世界新秩序进行构想。今天看来，其中理想主义色彩较为浓厚。而对于当时已饱经战争折磨与摧残的人们来说，这种理想应该是理所当然的甚至是迫不及待的，所以钱端升晚年说其中"有不切实际之处自所难免"。尽管如此，钱端升晚年编选自选集时，仍将《战后世界之改造》这本11万多字的著作差不多一半的内容选进自选集，亦可见他对其相当重视。今天我们再读这本书，仍然佩服钱端升思想的深刻性及其超前性。如他认为"无限制的互不相协的民族主义"和"不以人类幸福为最高目的的工业文化"是近世战争的基本原因，因此纠正极端的民族主义及缺乏人道精神的工业文化才应是战后改造世界的目标。为实现这样的目标，他提出六点建议：第一，人群自决；第二，凡是未能自主的人群，由国际组织共同管理，以至能自决之日为止，各国殖民地则一律取消；第三，成立区域的及全世界的组织，其领导权操之于一个或数个大国；第四，

① 钱端升：《五七纪念告中国国民》，载《益世报》，1934年5月7日。
② 钱端升：《抗战致胜的途径》，载《今日评论》，第1卷第11期，1939年3月12日。
③ 钱端升：《自助然后人助》，载《益世报》，1939年8月6日。
④ 钱端升：《世界大势与中国地位》，载《观察》，第2卷第3期，1947年3月15日。

各国的军备或完全废除，或缩减至不能抵抗国际组织的武力的程度，而国际组织则具有足以打击一切可能的侵略的实力；第五，任何国家及地域都应有增进人民经济福利及生活标准的机会；第六，各国主权应有限制，凡国际组织与国家有权限上的冲突时，前者的权力高于后者的权力。他所思考的这些问题有的已经实现，有的还是当前人类社会所面临的困境。如他主张建立由国联掌握的国际武力，而国家只许有保安队及警察，不许拥有配备攻击力装备的海陆空军，以此作为人类由民族国家向大同或世界国家过渡的必要工具。这个理想迄今虽然遥远，但依然是人类企求的方向。如柄谷行人主张建立"世界共和国"，并且认为只有各国"赠与"其军事上的主权，才能实现。①

钱端升的国际关系研究，看似在现实主义和理想主义、政治和法律之间存在着很大的张力，实际上有其内在的统一性。1920 年代他对治外法权和租界问题的看法是基于对历史和国际政治现实利益的分析，同时也表现着国民革命运动的理想主义，但根本上是受以哈佛国际法名教授威尔逊（George Grafton Wilson）为代表的注重对国际法则进行事实证明的美国学派之影响。"九一八"事变后直至中华人民共和国成立之前，钱端升的国际关系研究，以维护中华民族的整体利益作为出发点和重心，完全是基于现实利益关系的理性分析。但是他也从人类的历史进程中看到国际政治不仅具有现实性，而且具有进步性，即追求合作、和平及理想的一面。而这也符合钱端升个人的思想特点，加上受洛厄尔、布赖斯等人的历史的比较方法和威尔逊所提倡的"民族自决"的国际法理论影响，促成他构想战后世界新秩序的理论基石和思想动力。钱端升一方面将国际法视为解决国际争端、避免战争发生的工具，同时又认识到"国际社会向来未能强迫国家遵守国际公法或条约者，即因缺乏有效的制裁之故"，因而主张国联应该拥有可以制裁违法国家的国际武力。从逻辑上看，这是现实主义的，但是在现实的国际关系面前，迄今理想仍多于事实。总之，他的理想主义还是根植于现实主义的。

三、"民治"与"极权"之间的思想历程

钱端升一生主要以教书为业，也以教书为生。但他一直关心国内外

---

① 　参见［日］柄谷行人：《世界史的构造》，北京，中央编译出版社，2012。

政治，发表过大量与现实政治关系密切的政论与时评，一度还脱产担任天津《益世报》社论主笔，主编过《今日评论》。这些政论与时评记录了他的思想历程。

钱端升留美回国后，其政治思想立场明显倾向南方革命政府，将反帝与革命建国的希望寄托在国民党身上，特别是在南京国民政府成立前后，钱端升在《现代评论》上发表了一系列拥护国民党党治并建议如何改进党治的政论文章。①

钱端升说："在中国只能有一个国民党，不能有其他的政党……真正的政党，即使有之，也没有在中国存在的余地。如其这些政党大体是赞成孙中山先生的国民革命，他们就应得加入国民党；如其不赞成国民革命，那他们就是反革命，应得在打倒之列。"②"国民党之采取党治为革命方略，实在是因为中国现时的政情，有采行党治，以防止军治，监督官治，扶植民治之必要。"他认为孙中山临终前主张即时召集国民会议，只是一种策略，"党治与国民会议是相续的，不是可以同时并行的"，因此"应切实的照《建国大纲》做去，努力于训政工作。在全国没有过半数的省份完成训政工作以前，我们应该坚守党治的原则，不应遽然召集国民大会或国民会议；在全国已有过半数省份训政告终的时候，我们就应召集国民大会或国民会议，制定中央正式宪法"③。

在拥护党治的前提下，钱端升也反复强调监督和舆论批评自由的必要性。他说，凡"以真实的态度，革命的目光，批评政府的方略或用人行政的议论，不但不应当与反革命的舆论混在一起，而且应当绝对的尊重"。否则，"必至于壅塞自满，不能与民众及时代接近，结果不是腐化，便是专制化……苏俄的党治，因为太钳制舆论的缘故……在党内则少数人异常专制，而党外的人永远不肯加入或赞成革命。苏俄的弊政就是我们的殷鉴"④。"在国法上，不妨容许一切人民保有事后批评之自由……假使历行党治而不设为补偏救弊之法，将见专制之程度日高一日，党治终亦同于军治，甚或回到军治腐化之程度日高一日，党治终亦

---

① 1979 年 12 月，钱端升谈《现代评论》时说："《现代评论》与国民党有关系。皮宗石对我讲过，开始办《现代评论》，是汪精卫拿出来的一笔钱。"（《钱端升谈〈现代评论〉周刊》，载《中国现代文学研究丛刊》，1990 年第 2 期）钱端升不仅为《现代评论》撰稿，还曾经担任过编辑。在当时，他应该是知道《现代评论》的这重党派背景的。

② 钱端升：《党治与舆论》，载《现代评论》，第 6 卷第 139 期，1927 年 8 月 6 日。

③ 钱端升：《党治与国民会议》，载《现代评论》，第 7 卷第 172 期，1928 年 3 月 24 日。

④ 钱端升：《党治与舆论》，载《现代评论》，第 6 卷第 139 期，1927 年 8 月 6 日。

同于官治，而不是'到民治之路'。"① 又指出党纪问题尤为重要，"通常的党因为没有党纪或滥用党纪而失败消灭时，不过是一个党的不幸；国民党若是走同样的路程，那不但是国民党的不幸，而且也是中国的厄运。国民党而没有党纪，它决不能集中革命势力以统治全国；结果，党国必俱至分崩离析。反之，国民党而滥用党纪，它决不能集思广益以充实党之力量；结果，党则流为少数人垄断的机关，而党治亦成为寡头的或独裁的政治"②。

钱端升对国民党的政治制度建设也提出具体建议。他建议国民党中央设立一个中央计划委员会，作为国民党中央政治会议的预备会，"它可以同立法机关一样，把种种建置或革废的事物，提出讨论，拟定办法，通过法案或决议案送呈政治会议。如政治会议认为可行，则成为法律或决议；如不可行，则可以交计画委员会复议，或竟予搁置"。这样，"政治会议可以腾出时间来专管党国的要事"③。对党治下的用人行政问题，钱端升主张借用西方民主国家区分政务官与事务官的做法。"国民政府的政务官，不消说，必国民党员，必须忠实的党的领袖，始可充任"；但是事务官的任用应以才能为标准。④

当时的国际情形，"不但反民主的独裁制风行一时，且人民似有厌倦德谟克拉西的样子"。钱端升虽然拥护国民党党治，但是他更看重"德谟克拉西"（平民政治）的价值，对当时流行的两种独裁政治，不论是"苏俄式的阶级专制"，还是"意大利式的独夫专制"，都持保留意见。"我们倒不因劳动阶级要独裁而为民主制度担忧，在独裁阶级的本身中没有德谟克拉西的精神和组织，却是平民政治的大患。列宁等虽以建设劳动阶级的平民政治自许，然小之在共产党中，大之在苏俄的劳动阶级中，大权岂不尽操诸了一个或几个恣睢自雄的领袖之手，那留一些共主共治的余地？"意大利的独裁制"尤为德谟克拉西的大敌，与德谟克拉西不能相容"。而"平民政治是多党的政治，所以即使政党尽为头目所把持（这也未必尽然），至少人民还可以从多个头目政治中挑选一个来主持国家的大政。但在非平民政治的国家，无论为君主政治，或是

_____

①　钱端升：《党治的铁律》，载《现代评论》，第 6 卷第 148 期，1927 年 10 月 8 日。

②　钱端升：《党纪问题》，载《现代评论》，第 6 卷第 151 期，1927 年 10 月 29 日。

③　钱端升：《设立中央计画委员会刍议》，载《现代评论》，第 6 卷第 138 期，1927 年 7 月 30 日。

④　参见钱端升：《党治与用人》，载《现代评论》，第 6 卷第 146 期，1927 年 9 月 24 日。

独裁政治，人民连挑选的自由也没有了，近代的国家，不论采用那种政体，大都须以民意为后盾，得民者昌，失民者亡"。因此，"我们不特不能因独裁政治的盛行而遽疑平民政治的不行，且不能因而视为平民政治推行的障碍"；"我们和白赍士同样的对于平民政治希望无穷，我们更断定凡背了平民而独裁的政治终将归于无成"①。

　　但几年之后，钱端升的思想发生了较大变化，主要标志便是 1934 年初发表的《民主政治乎？极权国家乎？》。文章一开头就提到他以前在《德谟克拉西的危机及将来》中所表达的基本立场，随即表示："我现在对于以平民为主体的政治固仍有无穷的希望，而对于漠视平民利益的独裁制度固仍丝毫不减其厌恶；然对于有组织、有理想、能为民众谋真实福利的政治制度，纵是独裁制度，我也不能不刮目相看。"接下来他分析了民主政治衰退的原因以及俄意土德等国独裁制度的成绩，并从两者的比较中得出这样的结论："民主政治的衰败及独裁制度的比较成功决不是一时偶然的现象，而是近代经济制度所造成的一种必然的趋势。据我的推测，近年来民族主义的空前发达也将使民主政治更站不住，而独裁制度更盛行。"他进而认为经济落后的中国急需于最短时间内成为一个具有相当实力的国家，要达到这个目的，最好要有一有力而又以全民族的福利为目标的强有力的独裁政府。"欲有一强有力的政府，则提倡民主政治不但是缓不济急，更是缘木求鱼。欲求达到英美那样的民治，即在最佳的情形之下，也非十年二十年所可办到。而且即使得到英美那样的民治后，国家也是弱而无力，不足以与别的民族作经济上的竞争。""如果国民党能独裁，一方铲除破坏统一及阻碍中国近代化的阶级，一方则偏重于大多数人民的利益，则这种独裁的结果必定可以增加国家的权力，增进民族的经济地位，并得到大多数人民的赞助。"②

　　可以看出，钱端升提倡独裁和极权国家的思想底色是民族主义。在日本帝国主义对华侵略步步紧逼之下，国人忧心忡忡，身处平津的知识分子尤其感同身受。1934 年初，钱端升出任《益世报》主笔，在他所写的一百多篇社论中，始终贯穿着一个主题，即如何争取国家统一，增强国力，以对抗日本侵略，其中的关键因素是要树立一种新式独裁的政

① 钱端升：《德谟克拉西的危机及将来》，载《武汉大学社会科学季刊》，第 1 卷第 1 号，1930 年 3 月。

② 钱端升：《民主政治乎？极权国家乎？》，载《东方杂志》，第 31 卷第 1 号，1934 年 1 月 1 日。

治中心。在《怎样可以促进我们国家的近代化》中，钱端升说："我们现在急需近代化，能近代化才能救国。""要中国成为一个近代国家，第一要国民有坚强的民族意识"，"第二要国民有雄厚的经济力量"。要达到这样最低限度的条件，"第一，我们需要一个中心势力。……我们要在这中心势力的领导之下，众志成城地将国家推向近代化的路径"。又在《复兴民族几个必备条件》中说："今日欲复兴吾民族，首先必须在国人心脑中，树立一个中心信仰，标榣一种切合时代国情之主义，使举国有所宗；同时在政治上必须组织一个有主义有计划之党团，此中更应有几个伟大人格之领袖，有多数坚贞忠实信义仁勇之团员，严格其训练，铁化其纪律，以此为国民力量之中心，方能领导发动全国国民，以共赴此中心信仰。信仰与力量之中心具备，吾族乃不致如今日之颓废零散，奄无生气。"近乎提倡意德的极权主义。在《论极权主义》一文中他更加明确地说："自命为极权国家的意德固然是极权国家，共产的苏联及独裁的土耳其也是极权国家"；"将极权主义与民主政治比较起来，孰优孰劣固然不能一概而言，但我相信极权主义绝不是一种肤浅的理论"。那么，"在现代潮流之下，民治较为合式呢？还是极权主义较为合式？关于这个问题，我的见解偏向于后者"。"至于就吾国的需要而言，我以为我们应努力培植一个极权国家，以图立足于世界之上。我们不必抄袭民治的陈义，以自陷于无力量的低下地位。"

因为提倡党治乃至极权主义，钱端升对立法院当时正在进行的宪法起草活动颇不以为然。他认为，"民主政治本身不见得适宜于现代的国家，而且中国人民也没有运用民治制度的能力。……要奉行民权，先得训练人民如何行使政权。要树立法治，人民先得有制裁违法的当局者的实力。要是人民不能行使政权，也没有制裁的力量，则纵有宪法，民权及民治仍是无法存在"。"无论从国民党的立场而论，或从普遍国民的立场而论，宪法均是不急之务"①。"民治不需要，而法治则不能无。无论政体为旧式的民治，为孙先生的民权，或为俄意的极权式，法治皆有必要。没有法治，政治便无从循轨而行。""如为树立法治而立宪，则所立宪法，第一须切合现时的国情，第二须简要，庶几遵守实行俱没有问题。如果有法而不能实行，不被人所遵守，则离法治更远，不如无法。"

---

① 钱端升：《评中华民国宪法草案》，载《东方杂志》，第 31 卷第 21 号，1934 年 11 月 1 日。

虽不主张立宪，但他建议改善国民政府的组织法，即"充实政治会议的力量，厘定军事委员的职权，而保持行政院的完整。能这样，则政治权力较可有系统，而行政效率亦必可较大于今日"①。

原定于1935年9月下半月召开的国民党四届六中全会，被认为是中央政治大整顿的契机，故在该会召开前夕，"政制改革的声浪响彻云霄"②，激起一轮关于政制改革的大讨论。就北方知识界来看，这轮关于政制改革的讨论肇始于陈之迈与钱端升，随后胡适、萧公权和罗隆基等也参与进来，争论的内容涉及党治与政权开放、中央政制、领袖等问题。

关于党治与政权开放问题，约有两派主张。一派主张维持党治，暂不开放政权；一派主张立即"抛弃党治，公开政权"。钱端升属于前者。他说："在此国难严重之中，维持党政府的系统为最方便的改良内政之道"③；"我们拥护党治，因为不党治更无办法。取消国民党党治后代替物只有三种：一为个人的独裁，一为他党的党治，又一为民治。不以党为基础的独裁就是旧式的专制，决没有人能加以赞成……另一党的党治在原则上同国民党的党治一样可以反对，在事实又绝不可能。民治也是没有可〈能〉性"④。钱端升还主张充实党的中枢以加强党治。第一，党内各派应在一个最高领袖之下团结起来。这个最高领袖，只有蒋介石最适宜；第二，这个领袖不应是独裁的领袖，只可做一个"不居名而有其实的最高领袖"；第三，中央应有一个有力量有效率的决议机关，决议一切国家大计，参加决议者不得兼为执行者。这个决议机关应是"中政会"。⑤"总之，就政体而言，我们此时应维持党治，不言民治、立宪及自由。我们可以渐进于极权，但不必求之过急。独裁以能避免为贵，但如时机成熟，而又可藉独裁以救国，或加速国家的现代化，则我们也应拥护。"⑥

在赞成党治和追求极权的前提下，钱端升对国民党和国民政府的制度利弊作了分析并提出改革建议。在他看来，国民党中央政制既不合政

---

① 钱端升：《评立宪运动及宪草修正案》，载《东方杂志》，第31卷第19号，1934年10月1日。
② 陈之迈：《一年来关于政制改革的讨论》，载《民族》，第4卷第1期，1936年1月。
③ 钱端升：《对于六中全会的期望》，载《独立评论》，第162号，1935年8月4日。
④ 钱端升：《中央政制的改善》，载《华年》，第4卷第41期，1935年10月19日。
⑤ 参见钱端升：《对于六中全会的期望》，载《独立评论》，第162号，1935年8月4日。
⑥ 钱端升：《中央政制的改善》，载《华年》，第4卷第41期，1935年10月19日。

治学原理，又不适合国情，既无力量又鲜效率。"中政会所处理的事项则往往有责任不专，缺乏实力及效率的大病"。中政会议的弱点就是整个中央政府的弱点。主张对"中政会"进行改革，人数应减至十五人至二十人，其人选分配应兼重实力与才识；必须由国民党产生，且为党的机关，否则党治无法维持；委员绝对不能兼任何政府公职，任何官员亦绝对不参加任何决议；"中政会"应有批评并讨论政府的政策之权和决议权，但不具有立法权与倒阁权，也不必大小事俱追问，只应管大事。① 与对"中政会"的重视相比，钱端升对五院制的态度则消极得多。他认为，"五院之制，在目前殊无意义。但此中有若干人的问题在内，此时取消五院恐徒然引起纠纷，故不如维持。惟各院应力戒铺张；于执行职权之时，更应力求实在"②。"中政会"和五院分别代表"政权"与"治权"，钱端升主张通过改组"中政会"以强化"政权"的集中行使，同时建议取消五院制，使行政权得以集中，避免"治权"分化制衡，从而提高行政效率，以应付国难时期的内政外交，这是他将"极权国家"（totalitarian state）的主张落实到制度层面的具体设计。

在钱端升看来，"党治既不宜取消，宪政既不能行，主张立宪者的人既缺乏理由，那末现在的问题，实不是宪法应如何规定的问题，而是党应如何改良的问题，而是党章应如何规定，以期达到改良党的目的问题。有一好宪法而国民不能实行，不如有一好党章而党员切实予以遵守"。因此他建议修改国民党党章，原则上党"组织的方式，或继续民主集权的原则，或改采领袖制，均无不可"；"党应有一权力集中的机关"③。

钱端升虽然认为民治是不急之需，但是也强调法治的重要性。"如果立了许多法律而丝毫不见实行，使法律永失尊严，尚不如因事制宜，利用目前的形势，而使之逐渐地趋于制度化，以作法治的张本。"若"不如此，则人治永无尽期。人治不及法治的地方，即人治随人而改易，而法治则可以一成不变。实行法治者，有治人则进步更快，没有治人也可维持相当的标准。行人治者，人能则治，人不能则乱，故危险性太大"④。

① 参见钱端升：《中央政制的改善》，载《华年》，第 4 卷第 41 期，1935 年 10 月 19 日；《对于六中全会的期望》，载《独立评论》，第 162 号，1935 年 8 月 4 日。
② 钱端升：《中央政制的改善》，载《华年》，第 4 卷第 41 期，1935 年 10 月 19 日。
③ 钱端升：《国宪与党章》，载《半月评论》，第 1 卷第 19 期，1935 年 11 月 1 日。
④ 钱端升：《政治活动应制度化》（1935 年），见《钱端升学术论著自选集》，500～502 页。

进入抗战时期，钱端升的思想再次发生转折。他不再主张独裁与极权，而是积极评价民主、自由的价值。在《今日评论》创刊号上，钱端升批评一班国民党人以思想统制以求民族统一的企图。他说统一虽然重要，但统一的方法则不在于思想一致。"思想一致在事实上本是做不到的"，"若舍事实而言理论，而问应不应，则思想一致更为不必提倡之事。思想自由为自由中的最重要者。要各个人能取得自尊心，要各个人能得到人格上最高的发达，要民族的思想文化有久远的进步，各个人的思想自由决不可少的"。"若云思想的一致是方法，而国家民族的统一是目的，则以一致求统一不特是缘木以求鱼，且将适得其反。……其结果必使有不同思想的人民，常与政府处于敌对的地位，而不仅处于责难的地位，因此发生叛乱或革命的行动，更因此陷国家于分裂。""我们以为思想自由与意见自由也是真正统一的必要条件。"① 对即将召开的国民党中央执行委员会第六次全会，钱端升提出五点期望，其中有两点直接强调民主的价值。其一，"民主的势力需要最大的扶植，民主的习惯亦需要最殷勤的养成。民主制度为政治上最成熟的制度。我们固然不能，也不必，事事学英美，但大体上，民主制度的基本原则我们当然应接受"。其二，"为养成人民的民主力量及增加人民知己知彼的能力起见，宣传政策应有一番新的考虑与新的决定。民可使由之，不可使知之，决不是今日的办法"②。

钱端升明确指出，我国在抗战开始之时应该往民治的方向走，"决定了偏向民治为正确的方向后，我们便要问何者是正确的步骤，继续七七前的制宪工作是否有其必要。我们的答复是：第一，继续制宪工作不但无必要而且有害；第二，正确的步骤应以树立制度精神，加强民意机关"。"为解决政府及各党目前所处逻辑上的困难，莫若暂不谈百年大计的正常宪法，而由依期召集的国民代表大会制定几个与法国一七八五年三大宪律相似的大法，而即予实行。"③ 此时，"一党制度即可停止，而多党制度即可开始。……国民党亦自跻于各党之列"④。可见钱端升这时虽然强调自由与民主的价值，但并不主张尽快实施宪政，倒是重视政治的制度化。⑤

---

① 钱端升：《统一与一致》，载《今日评论》，第 1 卷第 1 期，1939 年 1 月 1 日。
② 钱端升：《对于六中全会的企望》，载《今日评论》，第 1 卷第 3 期，1939 年 1 月 15 日。
③ 钱端升：《制宪与行宪》，载《今日评论》，第 3 卷第 21 期，1940 年 5 月 26 日。
④ 钱端升：《论党》，载《今日评论》，第 3 卷第 23 期，1940 年 6 月 9 日。
⑤ 参见钱端升：《政治的制度化》，载《今日评论》，第 1 卷第 7 期，1939 年 2 月 12 日。

钱端升一方面摒弃极权，另一方面对实施宪政又有顾虑，其心目中的理想道路是实行三民主义。"实行三民主义就是人类当今的生路。西方民治国家能尊重个人的尊严，却未能使国家有充分的权力，也未能使社会主义有满足的发展。极权主义能使国家有大权，却忽视了个人的尊严，并引起了民族间人类间不断的残杀。苏联的制度颇能实行社会主义，却也未能充分注意个人的自由。只有三民主义可以补救民治的短处。"①"三民主义乃是集古今中外大成的一种主义"②，其"理想虽最崇高而实现却不难"，世界上最进步的思想一定将与三民主义相暗合。因此，他认为三民主义可以成为建设战后世界新秩序的指导思想。③

具体到抗战建国所需要的政治制度，钱端升认为，中国今日所需要的政制绝不是旧式官僚政客所半把握半放任的政制，也绝不是英美式的民主政治，更不是极权制度，而是"一个拥有大权力，而且能发挥大效率的政府"；"但这个政府也须能尊重各个人民的人格与尊严，并能容许各个人民对于人生及社会重大问题有怀疑论难之权"。在"宪政未能实施以前，我以为最合宜的政制是由国民授国民党总裁蒋先生以处理政治全权。蒋先生于受权之后，则立须完成二件大事：一改组国民党，加强党的实力与作用，使能一面负起训政大任，一面在最近若干年内担任抗建工作；二成立一个辅佐的民意机关，使蒋先生自己永无成为独裁者的危险。在形式上这样的一个政府与极权政府相似；但在精神上则他与极权政府绝不相同，因为领导此政府的蒋先生是笃信民权主义者。……蒋先生如诚能有此权，而又辅佐得人，同时再加意注重法治精神及民治精神，则五年或十年而后，真正的民权或不难实现于中国"④。

从抗战建国对强力高效政府的需要出发，钱端升主张一党制。"为担负迫不及待的抗战建国大任起见，我们不能不有强有力的政府。而要有强有力的政府，我们不能不借重中国国民党及其总裁蒋介石先生"。但他对国民党的组织与作风也有许多不满，要求加以改进——"他必须改变作风，必须忠实于主义"，"处处须以全民的利益为出发点"；必须能吸引人才，"务使全国富有政治意识的优秀分子俱入党，而在党者皆

① 钱端升：《浅说民权与极权》，载《读书通讯》，第9期，1940年9月1日。
② 钱端升：《三民主义的阐扬与宣传》，载《三民主义周刊》，第2卷第1期，1941年9月27日。
③ 参见钱端升：《三民主义与新世界的建设》，载《三民主义周刊》，第2卷第2期，1941年10月4日。
④ 钱端升：《我们需要的政治制度》，载《今日评论》，第4卷第15期，1940年10月13日。

具有朝气"；须尊重国人思想言论的自由，应予"各党以合法限度内的自由"①。他还强调一党制只是基于政治事实与建国理想，国民党必须担负责任，而切不可自满。② 甚至考虑在国民党内部实行民主政治的必要性。③ 除了政治制度，钱端升还从经济、教育、外交等方面来谈论如何在短期内完成新中国的建设问题。如建议"改善经济的行政机构，使之系统明，权力大，责任专"，并主张设立一个经济委员会，由其决定各种重大经济政策。④ 1941 年 9 月，钱端升将他在《今日评论》上发表的关于建国途径的七篇文章以《建国途径》为题汇印成书，希望引起国人对建国问题的切实讨论。

钱端升虽然对国民党和蒋介石寄予厚望，但是国民党政府的贪腐无能、专制横暴以及消极抗战等种种不良表现终于使他在 1943 年开始对国民党政府失望⑤，认识到国民党已不足以独立担当建国重任，于是由主张国民党一党制度转向呼吁建立联合政府。1945 年 8 月 3 日晚上，钱端升在西南联大演讲"参政会与今后中国政治"，明确提出"我们需要一个新的，真正代表全国的政治领导"。他认为，"要做到这点，有两种方式，没有第三种，一是反对派参加政权，二是联合政府式的政权"⑥。11 月 25 日晚，钱端升应邀出席西南联大、云南大学等校学生自治会联合举办的反内战时事晚会并发表演讲，极力强调成立联合政府之必要。谓苟无联合政府，则内战无法制止，老百姓将增无数不必要之痛苦，而内战决不能解决问题，外交亦必陷于困难，无法协调美苏矛盾，进而有引起第三次世界大战之可能。⑦ 到 1947 年，钱端升仍未放弃对和平的希望。"由和平以求统一是极难的。可是由战争以求统一绝无可能……和平与战争外，又无第三条路可走，难的路子也就成了唯一可走

---

① 钱端升：《一党与多党》，载《今日评论》，第 4 卷第 16 期，1940 年 10 月 20 日；《论党务》，载《今日评论》，第 5 卷第 14 期，1941 年 4 月 13 日。

② 参见钱端升：《新中国与一党制》，载《中央周刊》，第 4 卷第 4 期，1941 年 9 月 4 日。

③ Tuan-Sheng Chien, War-Time Government in China, *The American Political Science Review*, Vol. 36, No. 5, Oct., 1942.

④ 参见钱端升：《论战时的行政机构》，载《今日评论》，第 3 卷第 19 期，1940 年 5 月 12 日。

⑤ 参见《宋子文致蒋介石密告钱端升致丘吉尔及英阁员函内容电，1943 年 7 月 29 日》，见吴景平、郭岱君编：《宋子文驻美时期电报选（1940—1943 年）》，205 页，上海，复旦大学出版社，2008。

⑥ 钱端升：《僵局如何打开——论中国政治的前途》，载《民主周刊》，第 2 卷第 7 期，1945 年 9 月 1 日。

⑦ 参见《大公报》，1945 年 11 月 29 日，第 2 版。

之路"。"要和平统一，仍只有两条道路，其一是去年政协所走的道路，即国共两方共同接受民主政治，以政治争权的方式来代替武力争权的方式，其二则是减少争持的范围，由争持而变为互不侵犯的合作"。钱端升更倾向于前者，"前一条路就是去年政协所尝试而没有成功之路，可称之为联合之路。没有成功却并不等于没有可能。不但无不可能，而且一旦成功，尚比联立政府为妥当，为圆满"①。而他理想中的新中国政府则应是一个真正的民享与民治的政府，领导人民去实现这一目标的将是那些"受过良好教育并活跃在公共事务中的新的、年轻的……精英"，"他们急于实现经济改革，政治平等和民主的实质"②。

　　　＊　　　　　＊　　　　　＊　　　　　＊　　　　　＊

近年来，钱端升的著作（包括合著、主编和翻译）已陆续重版再印，包括《德国的政府》、《法国的政府》、《比较宪法》、《民国政制史》、《英国史》、《中国政府与政治》（英文）等，唯《建国途径》、《战后世界之改造》尚未见新印单行本。而钱端升所写的政论与时评，以及学术论文、书评、序跋、书信等也非常值得重视，但迄今未见系统整理出版，在1991年出版的《钱端升学术论著自选集》中虽有数篇收录，但委实不成比例。此次选编钱端升思想文集，限于篇幅和不收译文的规定，主要选录其政论与时评，专著部分仅收录《建国途径》以及《战后世界之改造》的部分章节，以反映他在1950年以前的思想概貌。此外收录《政治学》、《西南联合大学行政研究室丛刊序》以及他为亚里士多德的《政治学》等四本英文政治学经典著作所作的编者导言，旨在略窥他的政治学思想。

所收文章尽可能依据其原始出处。原文有标题者，悉用原标题，唯个别标题为编者所拟。由于时代不同，当时的标点习惯和部分用字不同于今天，编者对其径行改正，未加标识和说明。凡因错讹、缺、衍而改动之处，分别以下列符号表示：〔〕表改正；〈〉表增补；【】表删除；□表模糊不清。

钱端升先生的哲嗣钱大都先生向编者惠赐了资料和建议。在文字录入过程中，还得到了中山大学历史系研究生杨俊、张超、石旋等同学的帮助。谨此一并致谢！限于编者的学识和经验，不当之处肯定不少，尚祈读者指正。

---

① 钱端升：《唯和平可以统一论》，载《观察》，第2卷第4期，1947年3月22日。
② *The Government and Politics of China*，Massachusetts：Harvard University Press，1950，pp. 397-398.

联邦制可否行于中国论
（1918 年 3 月 21 日）

一事之兴，一制之设，有其利必有其弊。利多而弊少，谓之良制，利轻而弊重，谓之弊制。亦有同是制也，行之此地则曰良制，行之彼地则曰弊制；行之此时则曰良制，行之彼时则曰弊制者。故欲行一制，不可不加熟审焉。迩者国家多故，祸乱纷乘，于是有主张联邦制以解目前之难者，姑不论是否有人利用以遂其私，请一论其利弊而断其是否可行焉。斯制之利可得而言者，一曰自治，各邦各有政府，各谋其政，各负其责，自治必可发达；二曰省纷，各邦各治其事，不相越俎，可减纠纷。其弊，一曰力分，各邦虽共戴中央政府，然各有其独立之议会，强固之政府，此疆彼界，俨若异国，政令难一，全国存亡兴衰之事，亦难通力合作矣；二曰统领难具人，夫统领必属于强有力之邦，而其他各邦未必肯无争竞之心，统领争竞既起，国亦坐是不宁矣。据此以观，利轻弊重，联邦制之不良已可概见，且斯制于中国更有难行者在也。邦界重分，愈增纷乱不必论矣，即以省区为界，亦不可行也。省区有大小贫富之别，人民有知愚高下之分，各省区分立，恐弱者未必能戢暴安良，贫者未必能度支无绌，愚者未必能教育其民。若云军权属诸中央，则仍有一地之兵分布全国以酿纷争如今日之现象也，更何取乎联邦哉？且考历史，数小邦联为一邦者则有之，未有以统一政府而退为联邦者也。历史上之进化，未有逆之而可以图治安者也。或曰德美俱联邦也，何以富强？夫德美之联邦，势使然也。德之初为多数小邦，欲合为一国，不得不采联邦制，然以普国之强，普王之雄，总领联邦，而就中数邦常有外向之势。美之初，各洲〔州〕独立，因采联邦制，然美因政党发达之故，邦与邦之界限不甚严分，寖寖然有变成统一政府之势。夫以德美俱中心势力之强，行联邦制尚无亡国之虞而亦有趋于统一之倾向，孰谓以毫无中心势力之中国而可以退行联邦制哉！且今日之纷乱，患在国人之乏德行，乏知识，不在制度之良否，苟国人而知守法，即人人守一最劣之法，其纷扰当不至如今日。若能守现行之法，行现行之制，复乌至有今日之纷扰哉！吾敢曰，联邦不及统一，不可行于中国，而欲救今日之纷扰，在根本之教育，不在政体之如何也。若不图其本，勉行斯制，吾既恐其不能实行；即能实行，吾又恐德美之长不可得而争攘扰乱或且视今日而尤甚也。

（《清华周刊》，第 133 期，1918 年 3 月 21 日）

清华改办大学之商榷 *
（1925 年 1 月 2 日）

　　下文系从余日前上大学筹备委员会会长之意见书译出（原书为英文）。意见书上后，未窥全豹者，误解滋多；故亟译出之，诚有"匆匆脱稿，措辞用字，多有未妥"之慨；最近变化及其他重要问题，亦略而未论，读者谅之。

清华改办大学时，应具下列各端之考虑：

（一）所拟办之大学为中国今日所需要者；

（二）改办大学之计划可以实行者；

（三）本校财力可以支持所拟办之大学，而该大学又可充量利用本校已有之房舍、器物、教师、职员者；

（四）改办大学后学生不论新旧，均不受不公正之待遇。

先办文理科大学（University faculty of arts and sciences）　　自十四年起，本校即开办文理科大学，再逐渐凑于完美。该科性质类似美国之普通科大学，或大学之普通科；若达德谟，若皮鲁埃，若耶鲁之肄业院，或若威斯康辛之普通科；似英国之 University Colleges；似法国大学之文理科合并者；似德国大学之哲学科。本科应有课程：若哲学，史地，政治经济，古代文学，今代文学，物理化学，自然科学，数学，等等，择要先教，量时度力而扩张之。

当卅办之时，以美国之普通科大学（如达德谟）之程度，为清华文理科之标准；惟日后当以欧洲大陆上之文理科或哲学科为标准。职是之故，本科肄习年限，现时当定为四年，日后亦当为四年。

最高学府之需要及重大　　古人云，"读书知礼"，中国今日时局之所以堕落如是者，"读书知礼"之人太少故也。造飞艇之书，修桥梁之书，管理公司之书，治疾病之书，论市政之书，皆非"读书知礼"之书：经，史，文章，致知，格物之书，方为读书知礼之书。我国本有士、农、工、商之分。自所谓泰西文明东渐后，一般所谓识者，斥四民之说为荒谬。宁知庶民本有士、农、工、商之分耶？士者非他，即读书知礼之人也。我国旧日之学者，即士人也。士人虽非尽为科举所取，科举所取，虽非尽为士人；然士人大都为科举所取，而科举所取，大都为士人，则可断言也。欧洲若英法等国之中高等学校，既注重读书知礼之书，而其著名大学，亦于为士之学，多所注意；故牛津、剑桥、巴黎、柏林等之文科学生，亦决可称为士人矣。至若西方各国之专门学校，则造就技术专门人材而已：若农，若工，若商，皆是也。我国古时，农、工、商之艺法，私相授受，而无学校；西方各国则有专校，此西方各国胜古中国之处也。若谓农业学校毕业者即为士，工业学校毕业者即为士，凡高等专门学校毕业者即为士，则万万不可；西方各国之技术专门学校毕业而能为士者，必其人已读知礼之书，否则仍为农，为工，为商，或为其他专门家而已。凡我国人之于此种学校毕业者，正复如是也。士愈多，则世愈盛，而国愈治；反是，则世愈衰，而国愈乱。此万世不易之理，盖即礼、义、廉、耻，国之四维之意也。

欧洲各国重视士人教育，较美国为甚。在英国操政权者，大都为士人，间亦有大儒；其操行高人一等，故政界绝少鄙污之事。法国亦然，其政客人格亦复大致楚楚可取。美国已远不如英法，其执政者，少数士人及法家而外，多农、工、商之流，而商人之权势尤大；故虽国强民富，而政调总带鄙俗之气。鬻官营私之事，往往倾动全国，此岂偶然耶？即以中国而论，所谓太平之世，必也士林茂盛，执政者上至卿相、疆臣，下逮部曹、县丞，类皆儒士。前清末叶，捐班之风大开，而吏途遽杂，仕风亦日下。迄于今日，曩〔曩〕日科举所取之士，既将绝迹，而所谓新人物之中，亦绝少读书知礼之人，政局之恶劣，盖亦宜矣。我国古时教育不普及，然尚有所谓士林者，为社会国家之栋梁。近人竞言教育普及，今教育未普及，而士林且无存，宁不大可悲乎！今后教育方针，当以造就若干士人为急务，量力所及，以广士林；数十年后，数百年后，全国之人皆为士人；农、工、商人亦先为士人，而后再为农工商；以礼义为本，以技术为用，国运可昌，否则殆矣。

中国近年来，所谓教育家者，侈谈职业教育：一若人人能在职业学校毕业，人人即有职业；人人一有职业，人人即有饭吃；人人一有饭吃，中国即可太平者；何其不思之甚耶！全非谓职业教育之不足道也，余不过持士人教育（与 Humanistic education 同旨）之尤为重要耳。夫职业教育之需要，人人能言之；而士人教育之急需，言者少，而听者无几，何士风不振之若是耶！生为今日之中国人，若能读万卷书，即不出于中国本有之经、史、子、集，本于愿已足。若更欲博通中外，问礼于东西之书，若是在吾国几无适宜之校可入；盖因无适宜读书之地及读书之法在也。中国之普通科，或文科大学，大别之有三种：其一，为教会所办者；其二，为私立者；其三，为国立或公立者。教会学校之不相宜，今不具论。私立学校，往往为见识度量不甚高宏之人所操持，其学生或受其淘溶，或无所成就，欲其为有士风之学者，诚非易易。国立学校（清华等特种学校不在内），因政治牵连，经济支绌，一时无发展可言。且此三种学校，即无以上短处，为数亦不甚多，程度亦不大高。所以中学毕业学生，往往赴外洋求一士人教育，夫岂得已哉。为国家方面着想，为学子方面着想，中国正应多设若干文理科大学，以养成士风。清华之宜先开文理科大学者，即此意也。

世界著名各国，俱有最高学府可寻，若法之巴黎，德之哈德堡，英之牛津、剑桥，新造之邦，如美、日等，虽其士风未盛，亦有哈佛，及东京帝国大学者，以育士人，而张学风。吾国之北京大学，应如东京帝大之发达；然因政局关系，亦不能自称最高学府而无愧。北大如是，其他更不足道；夫以中国之大，而无一最高学府，奈何其可?! 清华无志发展则已，如有之，则当以此为矢，此高程度之文理科所以不可少也。

其他各科暨专门学校 清华大学，除文理科外，宜设何科，应视大学教育之范围而定。余意，大学教育首以造就读书知礼之士人，次则与此种士人以一种专门之学问。专门学问与技术有别：前者在大学范围之内，而后者不在大学范围之内。例如法律，在泰西各国，不论英、美、德、法，俱为一种专门学问，故其大学中往往有法科，医亦如之。至于工程，则不如是矣。工程在美为专门学问，故完备之大学往往有工科；在欧陆即视为技术，故仅有工业专门学校，而大学中无工科。他若看护妇之术，虽在美国有列为大学各科之一者，在欧洲大学中更无立足地矣。吾国现时，何者为专门学问，可为大学之分科，何者为技术，当另设专校，尚无定论，俟定后，清华当照力量之所及，继续添设分科。如国内缺少技术学校，亦可酌量添设。但此时宜以全付精神办理一完美之文理科。

清华各科之入学资格，宜一而不宜二，以便招生。如新制中学毕业生，程度太浅，与将来所希望之大学程度不能衔接时，或有设预科之必要；然刻下则勿庸谈及也。

男女同学 清华大学应男女兼收，大学男女同学，已通行全世界。现今大学而不同男女同学者，或由于无谓之守旧，若日本各校是；或由于无谓之成见，若剑桥是；或由于创办人之条件，若美国之各女校是；或由于无须，若哈佛是（然哈佛教育科亦已男女同学矣）。若论男女同学之制度之利弊良恶，则与男女分校之制度，曾无异同。某校之是否男女兼收，全视其需要与是否可行而已。

中国男子欲读书知礼，几无大学可入，女子更无论矣。若男子当读书知礼，女子亦当读书知礼无疑。故清华将来而不为好大学则已，若为好大学，则不特男子当来此，女子亦当来此也。

西方各国，男女同学，历有年数，并无毁誉；即北京各校，亦泰半男女同学，未闻有积弊之发生，未闻有重新拒绝女生之议。不特此也，师大女生之学问道德未闻视女师大学生之学问道德为劣，师大男生之学问道德亦未闻视同等男大学学生之学问道德为劣，此可以证明男女同校之无弊矣。

清华大学之可以男女同校，亦浅而易见。依余之议，十四年秋有大学新生二百，大概此中三十人可为女生。于教员住所中让出二三所，或于中高等科之宿舍中划出一角，尽可为此辈食宿之所。十五年秋后或可有六十女生，则秋以前，似可造一小小宿舍，专为女生之用。至于管理一方，女生人数既少，而皆为大学生，由教职员之女眷组织一委员会，尽可面面周到；至多亦不过聘一女人任督教之责而已，有何难哉？

或曰，男女同校问题已被董事会否决。第此一时，彼一时，不相为谋。囊〔曩〕日余亦为反对清华男女同学之一人，以为女子尽可在他校得同样之教育，何必为清华虚加声色。返国后，睹女子无好学校可入之苦衷（教会学校太洋气，私立学校太肤浅，官立学校亦不满意），及预想清华大学之发展，则不能不为女子争矣。

再〔在〕清华男女同学〔校〕后，女生直接出洋之学额，可以全体取消。

留美问题 已在清华之学生之留美问题，为近八年来清华最难解决问题之一。然清华不改大学则已，改大学，则新旧生待遇，恐非一致不可。余意，十七、十八年夏，可送大学毕业生四十人赴美留学三年；十九、二十年夏，三十人；二十一年以后之数年内连招考之专科生共二十人，若不招考专科生，则可送毕业生二十人，否则减少毕业生之额。如此，则清华学校旧生若学问优长，仍可出洋；而新生之优越者亦可出洋。此亦招收优等新生之法。若旧生全体出洋，而新生不出洋，或即出洋，而仍须与他校毕业生比试，则清华恐永不能得相当之好学生，亦永不能成真正大学矣。现在筹备大学诸公俱有专长，委员会可称济济多士，窃望于此点再详加考虑焉。

（略）

《清华大学之工作及组织纲要》之观察

此计划之根本弱点 关于清华现有学生留美问题之困难，前已言之。依课程委员会之报告，本校自明秋起，清华学校与清华大学将并行不悖，清华学生经过高一、高二、高三、大一后一律出洋；而新招之清华大学学生留读四年，毕业后出洋之机会若何，尚待再谈。此种不同待遇，是否公允，姑置勿论；惟余意以为难以实行。民国十五年后大学新生必较清华学校旧生多而势力大。若待遇厚薄相差太远，恐有未妥之处。且两制并行后，教员待遇，学生作业等等，难以解决处，亦不一而足；一有困难，外人亦不易谅解。对于"两头制"之怀疑，不但校外人极多，即校内人亦不在少数；特校内人热心于大学之成立，故往往不愿多所论列。余既以为两头制之不可行，故不得不大声疾呼，唤起大学筹备诸公之再四考虑耳。

新旧学生出洋问题有三种方法可以解决之，而两头制不在其中。第一，若校中以为已在清华之学生仅有择尤被派出洋之希望，而无要求全体出洋之权利，则可据余之计划，不分新旧，一律为清华大学生；按班毕业，一律待遇，此为第一法。若认已在清华学生有全体要求出洋之权利，而自信有处置新生之全力者，则亦可据余之计划，不分新旧，一律为清华大学生；惟旧生毕业大学后，或读完大二后，全体出洋；新生待毕业后再说。此为第二法。若校中既认已在清华之学生有要求全体出洋之权利，而又不能自信有处置新生之全力者，则暂时可不谈大学；俟现有学生全体出洋，再改大学未为晚也。惟校中设备，将数载荒废。此为第三法。按第一第二两法，办成大学极速，而无不可实行之处。惟采第二法，则经费将亏绌不少，此弱点也。第三法太不经济，惟仍在两头制之上耳。采两头制者，承认已在清华学生有全体要求出洋之权，而自信有处置新生之全力。夫既承认矣，自信矣，何以不采余之第二法，而必试行两头制耶？

本校经费不充，前已言之。若明年有两头制，再加以所谓研究院者，本校之不破产者，亦几希矣。而大学及所谓研究院者，仍不能如吾计之发展也。

"试读期"及"大学普通学科" 大学试读，及普通科学生如与清华学生受一样之课程时，是否同班？如同班则几与余之第二法相等，又何必分学者为大学生暨清华学生，教者为"大教授"暨"小教员"。如不同，则经费、物力，及教员之精神，糜费必多。又云"试读期之课程，视学生个人之需要及缺点而定"。若然，本校必且设立专班极多，以补一人及二三人之缺点，恐太糜费矣。

大学普通科期限仅二年，而学生在本期内又可选择大学职业训练中之普通科。如是二年，而能"引导学生，使与现代中国及世界之生活，为实际上之接触"。其望亦未免太奢。深恐此二年之教育，既不能造就士人，又不合于西方职业教育之旨；仅如美国之初级大学，非骡非马，余不知其可也。

"职业训练" 专门学问及技术知识不可同日并语，前已言之。所谓"职业训练"者，指专门学问耶？抑指技术知识耶？抑二者兼指耶？惟对于"本校当举行一种详确调查，以定中国对于职业训练之实际需要，然后本此调查，以定本校职业训练之门类、方法、年限等等"一节，极表同情。惟余反对称士人之学为"职业训练"；设如，精究希腊文学而亦称之为"职业训练"，则期期以为不可。若不列入"职业训练"则按委员会之报告，学生可于大学之何部，求此种人文学问耶？此无他，读学〔书〕知礼之学，专门学问，技术知识，三者，未能分清故耳。

"研究院" 委员会所定之草案，不能索解处，不可实行处，极夥。何以中国历史、语言、文学、哲学，不并在文理科研究，而必另设所谓研究院，实属不解？推其意，一若大学普通科之后，一切均为"职业训练"；而欲读知礼之书者，必入一门户不广之研究院。推其意，上述之希腊文学亦将设一研究院。若然，则所谓研究院者，不过巴黎大学文科之一门耳。清华此种拟定之组织，不特世界罕见，亦出情理之外。

清华之不能不有一高美之文理科，前已言之，以上门目，尽可划入文理科。所谓"主任讲师者"，尽可为文理科中各该门之教师，称之为讲师可，教师可，主讲可，编修亦可；惟万无另起炉灶，虚糜款项，设立研究院之必要。法国大学之法文，及法史教授，或德国大学之德文，或德史教授，往往须发皆白，为国学泰斗；伊等暨〔既〕甘为普通教授，而谓中国大儒必尊之为研究院主任讲师始肯来校者，余不之信也。即将来或有设研究院之必要，但巧立名目，则余以为不耳。研究院既在根本推翻之列，关于"学员"问题，可毋庸赘辞。

"试验的态度" 总之，课程委员会之两报告之试验态度，危险太多，大有瞎人骑瞎马之概。一得之愚，不敢不告。愿大学筹备委员会审慎讨论之，毋使清华永久在试验状态之下也。

《一九二五年资送专科生女生游美办法草章》之观察

三 女生应试以习教育，自然科学，应用科学及家事者为合格。
游美官费女生，不得习美术及音乐。

此条之观念，似嫌太狭。若女生回国后，有一种之职业，若律师也，若医生也，则女生应有习法律，或医学之权；若女生回校，为教员，则女生应有选择任何学科之权，例如为音乐教员者，可习音乐。若女生回国后，为良妻贤母，则最重之需要，即读书知礼之书。美术及音乐陶冶性情，为美妇良妻应习学问，更安可令其必习教育、家政及科学，而不令习音乐及美术？习家政者未必即为好家主婆，良妻更不论矣。故余意女生所习科目不宜加以限制。

四 专科生报名应试者之资格至少须在国内大学或高等专门学校毕业，且至少须有一年以上教授或服务之经验。

此条亦不妥。美国工科生实习机会极多。然暑假实习与功课无妨碍，而实习一年或二年者，往往求学之功效，不如未实习者之大。中国实习机会太少。至于教授，亦少增进实学之机会。譬如南洋电机毕业生在中学教物理，或电报局充小局员一年，试问于其电学有增进乎？故实习或教授一年以上之限制，大可不必。

（《清华周刊》，第 333 期，1925 年 1 月 2 日）

赠新旧诸生二则
（1925 年 9 月 11、18 日）

论学潮

民八以来，学潮澎湃，泰都不外因救国，干政，反对或驱逐教育行政官吏，及学校内部人员而起。救国固人人之义务，干政亦所许于国民者，教育行政官吏，学校内部人员，苟鄙劣溺职，反对或驱逐亦所宜也。然青年学子，难与一般国民相提并论，学子生于此不幸之中国，万不得已而至于旷学废时，以救国干政，已非万全之计；以学生而反对某为校长，某为教长，即令其人真万恶不赦，仍虞得不偿失；若假救国干政之名，而行罢课之实，或号召趋附，徒作党派之争，则学生之罪在不逭矣。学生之本务在求学，士为邦本，求学即所以厚国力；废学救国，国何以恃，辍诵干政，政何以良。五四运动，曹陆被黜，时人自为最快心之举；然大罢课之风，于以肇端；至今北京各校教授，仍有谓五四运动后，学生心猿意马，读书少效力者至少四五年。五卅之役，学生奔走呼号，对于外交，不无补救，对于民气，不无奖进；然所得是否能补学问上之损失，则未可知也。五四五卅为辍学中之最正当，而学生尚可自问无愧者，考其得失，尚难为学生贺，因干政除恶而起之学潮，其得失更可推知；至于假公济私，受人利用而起之学潮，更无论矣。

五四五卅运动，清华学生不特加入，而且万分活动；此外，仅反对张金二校长时，出于罢课之举；以视北京各校之几无岁不罢课者，正见清华学生之安分守己，勤学不务外事。曾忆前年五七，北京各校以纪念国耻，在京举行大游行，及到天安门开会时，则讨论之问题为攻击彭允彝及推翻政府。而清华乃拒绝加入，整队而归。彼时之政府当局及彭之人格，非清华人之所能满意，徒以不欲牵入无谓之政潮，故拒绝加入。

今者秋季将届，全国学生总会，暨北京学联会，虽已通告各校，届开学时一体上课，然是否能一帆风顺，尚未可卜。六月罢课，本为沪案而起，当时有沪案一日不解决，学生一日不上课之宣言，此上课之一梗也。本岁五七之日，警厅干涉学生游行，教长章君亦同此意，当日事变起后，学生因有否认教章之举；旋章氏以辞职闻，而沪案方起，驱章之举，因得中寝；章氏复辖教部，适在假期之内；然一旦开学，士子云集，能不继续驱章，亦属疑问；女师大之解散，章尤市怨于北京学界之好动者，好动者至今尚无下台地，开学后必且与章为难，此上课之二梗也。城门失火，殃及池鱼，北京各校罢课一日，即清华学校受牵制一日。余知清华学生深；余信清华学生必不因沪案而再作自杀式之罢课，亦必不加入援助女师大及驱章等举；然余爱清华学生更深，故不惮辞费，乘此开学之际，新旧学生来归之顷，以罢学非计，骛外伏危，为诸君告。

本年六月初，诸同学中以罢课征求愚意者，辄以无定期罢课非计为言；盖逆知沪案非一时所能解决，学生对五卅责任，在示威，在宣传，俱当于课余或假日行之，俾可持久；即不获已而出于罢课，亦当限于一日之长。迩时清华学生会，以与各校采一致行动故，不欲违学联会之罢课决议。然一致行动，以在理为限，不在理者决不能盲从。女师大事起，学联会及各校后援会奔走呼号，几忘后援会之所由起，舍本逐末，莫此为甚。若清华学生能再进一步，一方面拒绝一切不相干之事，而一方面仍督促学生团体，专心致力沪案，是则余之所厚望于新旧诸生者矣。

过度之安分守己

清华有校以来，已十余载，毕业学生六七百；此六七百中，泰半皆留校四年以上；就此数百人之言行，而求一最普遍之按语，余敢以平稳二字进。或云，清华毕业生，皆美国留学生，平稳为美国学生之通性，此亦未必尽确；美国大学，声臭俱无者固多，卓然有闻于时者亦不少；以平稳归咎（或归功）于美国教育，已属不妥；况同一留美学生，因其在中国所受教育不同之故，到美后程度亦大相径庭，试比圣约翰之留美生及北大之留美生，即可知留学生出洋以前所受教育之重要矣。平稳实为清华教育成绩之一。就余历年观察所及，尤以近一二年来之学生为平稳无疵。

平稳有足称处，亦有可议处；安分守己，孜孜求学，不与外事，平稳也，余且以此勖新旧诸君矣；无声无臭，无善足录，异端不闻，新奇不问，世事之是非不管，以及做一日和尚撞一日钟之态度，亦平稳也，是则非余所望于诸同学者。清华学生平稳之造成，学校及余等教职员之过，殆倍于学生；何则，囊〔曩〕日学校预备留美，少个性发展之可能，一也；学校初创时，教职员不易招致，因陋就简，今日犹袭余荫，二也；学校统属于外部，外部势力侵凌，稍带任何色彩之人，不令之来，来亦难留，平稳度日，已历年数，三也；学生既志在出洋，为出洋计则孤注且愿，与出洋大计无关者，则皆在越壤之列，不问亦不闻，四也。因此种种，八年教育有非平稳不成之势矣。

今学校已改制矣，新生既不因专预备出洋，而牺牲一切大者，根本者；旧生出洋已必〔毕〕，亦正可从事于大者，根本者，是者当是，非者当非，无所用其缩缩不前，讷讷不语。教员讲学时，疑者问之，非者驳之，学生之问难，为教师最大之答报，不问不驳，非事师之道也。功课有当学者，有可学者，有不必学者，正不必以好恶难易为衡。学校设施，本非尽善，学生非稚子，尽可择与学生有关之事，言其得失，陈之当局，以供采择。国家之事，亦有是非，虽干政非所宜，而不问是非者亦未必为好学生。总之，天下事必有是非，学问亦然，能是是而非非，斯为真学者；得过且过，只求心是人之是，而不敢明非人之非，实乃为学大障。深愿诸同学以澈底（真正 RADICAL 之意）自勉，而戒平稳（英文 TAME 之意）。何谓平稳，以何矫之，同学诸君当得体会及之，余亦不必辞费。徒以妄起学潮，荒时失业，实为过分；而逾度之安分守己，实为不及；不及犹过也，故不敢不告。

（《清华周刊》，第 350、351 期，1925 年 9 月 11、18 日）

清华学校
（1925 年 12 月 4 日）

　　记者按　钱先生此文前半已登北京《晨报》，因晨报馆被毁，未窥全豹。当此文前半发表时，同学莫不转相告语，以先睹为快，闻社会上人士亦颇注意此文，故现代评论社亦向钱先生索稿，拟代为登出。记者以为此文与其发表于外，引起外间之误会与批评，不如载诸本刊，以促内部之商榷与改良。商诸钱先生，钱先生当即以底稿见赐。爰亟布之，并志数言于篇首。①

　　欧战以还，各国为市惠吾国计，相率以庚子赔款退还吾国，庚款用途，遂为社会所注目。夫庚款之退还，实肇始于美国。而美国第一批所退还之赔款，则完全用于清华学校。当此国人正议庚款用途之际，宜如何考问清华之状况及成绩；然而社会之视清华，一似化外之学校，有善则不褒，有恶则不责，一任外交部及美使馆之处置，养成今日特殊之局面，此宁非社会疏忽之咎耶？清华之弊积重难返，其改良也，有非内部之人所能完全胜任者；今分述其现状，其弊病及其改良之方式，应外界之要求，且做讨论之根据。若因此而清华得以改善，则余志伸矣。

一、清华之现状

　　清华现分三部：一曰清华旧制部，亦即留美预备部，学生二百二十人，皆旧生，分四级，其程度与国内高中二三年级，及大学一二年级相埒。二曰大学部，今年创设者，学生近百人，皆大学一年级。三曰研究

---

① 在《清华周刊》刊出此文之后的第二天，《现代评论》第 2 卷第 52 期（1925 年 12 月 5 日）上也发表了该文，文字稍有出入。——编者注

院，亦今年新设，学生三十，泰半皆大学毕业生。教职员约共百六十人，内教员七十余，职员九十许。

清华内部组织甚为复杂。教员中有研究院教员，大学部教员，旧制教员；故有研究院教务会议，大学部教务会议，旧制教务会议之别。职员虽较为单纯，然亦有研究院主任，大学部教务主任，旧制教务主任等等名目。研究院教务会议由该院主任主席，大学部教务会议由该部主任主席，惟旧制教务会议则由校长主席。职员中又有所谓职员会议，商议校中行政杂务。然校中最高之统治机关，厥为校务会议。其组织甚堪注意：该会共有会员十人，由研究院及大学部教授互选者四人（旧制部教员无选举权亦无被选权），由校长从职员中委派者二人，校长、研究院主任、大学部主任及大学专门训练部（观后）筹备主任为当然会员，校长为当然主席，因之校中最高之统治机关，职员占大多数，而教员反占少数。

清华岁费颇巨。虽学生不过三百五十，而经常年费在七八十万间，合计每生每年该费二千余元，以比留美所费，有过之无不及，盖留美监督处虽岁费百二十万，而受费者殆有五六百人也。

依照清华当局之计划，旧制部分将任其自灭。盖该部仅有四级，并不招收新生。四年以后即可全体毕业出洋。将来之清华大学则拟分为二部：一曰普通训练科，二曰专门训练科，每科各二年为期。普通科不分科，修业期满，升入专门科；专门科毕业者择尤送美，每岁以二十人为数；现在计划，拟于二三年内同时设置农科、教育科、商科及文理各科。现时之大学部即普通科一年级。以后每年招收新生约百五十人，四年之后或可有大学生五百人云。惟分科既繁，每科学生恐不能多。至于研究院亦完全为试验性质；今岁研究科目，仅限于国学一门，以后如何，尚无定规。

二、清华之弊病

一，糜费。清华之富有甲全国各校，以美国退还之赔款为的款，由税务司划交外部，不特军阀不敢染指，即外部亦不得尝一脔，既不短少，亦不竭蹶。逸则思淫，富则思费，人之常情，况机关乎？清华目下之不经济，约有数端：校舍可敷普通科学生七八百人之用，而今仅有三百五十，空屋甚多，此其一。学生不多，而教职员甚多，约学生五人即有教员一人，学生四人即有职员一人，换言之，学生七人即有教职员三人余相陪；若清华学生而皆为特科学生，尚可说也，然清华学生十之九皆普通科学生，用如许教职员徒资虚费而已，此其二。教职员既多，不特薪水一项为数甚巨，而侍应消耗之费亦随之而长。校中各机关间及各职员间往来文件之多，殆为全国各校冠，清华文具之费，亦必不资，而校役更不得不多矣，此其三。清华杂费每年多少，因无预算，不易计核，然宴会招待以及津贴之费（学生之会社及出版品，及外界之会社若教育改进社，出版品若密勒报中国人民录等，据闻俱受捐助），总数或非细微，此其四。

二，机关太多。此层已经略略说过。清华一学校耳，然辅助校长，承上启下者，有机要处，有中文文案处，有英文文案处，而庶务处等机关尚不在内焉。学生非婴孺也，然训育学生之机关，有斋务处，有学监部，有课外作业部，更有所谓职业指导部，及同学干事部。虽各部均有相当之事，然骈枝之多实不可掩。

三，组织太无根据。治校犹治国也，若不开明专制，则应真正民治。今清华会议林立，不能谓之校长专权，然谓之民治亦不可也。校务会议既不能代表教职员之全体，其他团体更不必论。且也主任满池游，机关多如鲗，架床叠被，因应不灵。而所谓委员会者，更属层出不穷，一部教员在委员会消耗之时间，至比上课及为学之时候更多，然议论纷纭，莫衷一是，委员会即有议决，亦未必为校中所采择施行，而委员会之所以林立，则大半亦缘教职员太多而已。

四，教员地位太低，不易招致硕学。清华教员除研究院三数教授外，余皆微弱无声，往往处职员之下，因有职教员之称。其所谓教授会议，绝无权能可言，会不常开，开亦无生彩，今岁新设之教务会议，为校内之最高机关，然该会中校长及其委派之职员居十之六，而教授仅得互选四人。以教员与职员较，实有职员万能，教员垂听之慨。因之稍有学问者，必其人之能隐气吞声，否则恒不愿来，即来亦不久留。往年有物理学者某，本清华高材生，曾往清华教书，然清华不能容也，今为北大所有，其人不问外事，致力学问，为北大模范教授之一云。

五，美籍教员问题。中国各项新学术，尚属幼稚，延致外国通人为教授，固无不可；清华既有美国赔款关系，请美国人更无不可；然必其人之学问博通可为师表者而后可。惟清华美教员之大半，能在美国著名大学中充教习（Instructor）者，且不多觏，今在清华则养尊处优，录

〔禄〕食供应远出本国教员之上。不仅如此，美国教员除自动辞退外，校中因惮于美使馆之挑剔，不敢有所黜斥。欲平本国学者之气，得本国贤材而乐用之，尚可能乎？

六，学科杂乱。清华旧制部学生仅二百二十，而学科之数目达百许，致此之故，学生之好奇而外，教员之太多实为主因。盖教员既多，学科不能不多，不多，则且无地以自容也。旧制学科本为留美预备而设，预备留美实无如许科目之必要。大学部及研究院之课程容当别论。

三、清华之改良

一，学制。清华旧制学生，由各省考送，留清华八年而毕业，毕业后不论优庸，一律送美，本不甚公平。但时至今日，仅存四级二百二十人，而最高之级（计七十人），明年可放洋，已成定局，若因百五十人之故，而多事更张，或非得计。故此二百二十人者，期满后一律出洋，殆不可免之事。故今舍旧制不具论。

大学部之将来有不能不令人怀疑者。依据校中计划，大学将分普通训练专门训练二部。而专门训练当然分科，苟受专门训练之学生同时有四五百人以上，则分科尤可说也；苟不满一二百人，则分科太多，经济必费，此一弊也。中国专门学问家尚不甚多，国中大学已有缺乏良好教授之虑，清华若亦设同类之科，恐供更不敷于求，不易得好结果。且大学而无文理科为基础，决不能为良好之大学。清华一时经费亦有限，与其开科甚多，各科均有支绌之虞，不如先办文理科，以全副精神，全副财力，为完善之设备，且招致国内硕学充教授，为国家造士。若决定先开办文理科，则普通专门之别似可不分。大学目标当以人文教育为主，文科学生应有相当科学知识，理科学生亦应有相当文献知识，文质彬彬，可以挽士风而敦实学。

至于研究院之应否特设机关，更堪疑问。现时研究院所开之科，仅国学一门。国学之为重要，无待烦言，而在偏重西学之清华尤然。现时研究院教授，若海宁王静安先生，新会梁任公先生，皆当代名师，允宜罗致。然注重同〔国〕学罗致名师为一事，而特设研究院又为一事。清华学生之受益于王梁诸先生者，初不限于研究院学生，何以不竟聘先生等为大学教授，尊而崇之，而必名之曰研究院教授乎？岂大学之尊不足以容先生乎？即云研究院已有学生三十，然此三十人者，固皆可为大学特别生，而令其专攻国学者也。盖特置研究院，即多一个机关，亦即多一份费用，而益陷校内组织于复杂难理之境。或云研究院为将来毕业院之雏形，有此机关，扩充较易，此不易通之论也。盖研究国学本无须特别机关，而今日之机关，又不易扩张者也。

二，招生。依上述学制，清华于最近期内，当仅有旧制及大学文理科并立。清华现时房舍约可容纳七八百人，新生之招集宜以此为衡。大概每年招三百新生，决不过多。以后则视校舍之扩张与否为招生多寡之标准。盖多招新生其利有二：其一，大学可以早日成立。其二，校中既有之设备，可以充量运用，无荒废之憾。

三，撙节。清华经费似充足而实有限，所恃者惟美国第一次退还之赔款。迄民国二十年，每年约美金七十六万，民国二十年至三十年，约每年百三十八万。一旦用罄，难以为继，故积置基金为不可少之事，应于每年应得赔款中划出若干充基金之用。假使每年以国币二十万充基金，则至民国三十年，大概可得七八百万之数，加以他项可得之款，赔款付清之后，大学当不难维持。然清华岁入本有限，一方谋开办大学，一方又欲每岁提存二十万，若非大加节流，必不为功。故凡骈枝机关，不必设之课程，以及课程相同之班（现制，大学部新生及旧生虽受相类之课，亦不相混，同一之课程，分组亦甚小），理应归并，以节费用，而一事权。其他可省之处，更应力省。

四，教授。以清华教授之俸给与京中各校比，则清华为优。且清华景物幽雅，物质上之生活亦佳，而清华仍不易招致第一流教授者，盖有三故：清华虽成立有年，然讲学之风未盛，一也。教授之地位身分不高，与重要职员比，实有相形见绌之处，二也。中外不平等，而外国教员又未必皆硕学之士，国人之稍有教誉不甘居人下者，辄不愿承受较劣之待遇，三也。清华而不欲多得第一流教授则已，若欲之，则非增加教授之地位不为功。而所聘之外国教授，尤宜特别出众，庶受较高之俸给，而不招物议。至于国学教师之待遇，不应在留学生之后，则更不必论矣。

五，组织。吾国旧时学校之组织，以校长为首，教务长次之，犹总统及总理然。近年来教授治校精神，日增一日，往往以全体教授或全体教授所推之代表组织评议会为全校之最高机关。不设教务长，即设亦不重要。不特教务长而已，即校长亦唯评议会之命是听。两制各有利弊，孰长孰短，今不具论。然清华今日之组织，既非校长集权，又非教授治校，而职员之权，则有长无已。大权旁落，校长教授俱乏统率之力。改良之法，允宜赋教授会以治校之权。教授之上，除校长外，无其他职员，教务长亦但以教授充之，为教授而不为职员。庶几教授之气可扬，教授之意可贯。教授会之组织，由全体教授，或由教授互选之代表均可，以校长为主席，藉收统一事权之效。教授会得设各种委员会，以统治全校，一如英国市郡议会之组织然。

四、〈根本问题〉①

虽然清华之大症结未除，改良不可能也。清华隶属于外部，校长由外部任命，经费由外部拨给，事无大小，必听命于外部。而外部管理清华之机关有二：一曰董事会；二曰学务处。学务处司外部及清华之接洽及其他杂事。董事会司经费及校务之进行。董事会有会员三人，一为外部参事，一为外部秘书，一为美国公使馆馆员。此三人者，既非学者，又非教育家，又不十分关心清华之事，然兼有立法及监督大权。董事会成立已七八年矣，舍维持现状，息事宁人外，无其他政策可言。至于教育之新思想，校务之改进，大学之目标，则固充耳不闻，即闻亦不悟者也。清华生存于此种董事会之下，绝少改进及发展希望。说者谓清华隶属外部而不属教育部，本属不经之事。盖清华之经费，固国民全体之负担，非外部之特别收入也。清华为普通学校，非如俄文学校之可以属于外部，警官学校之可以属于内部，交通大学之可以属于交部，故说者谓清华宜划归教部办理。然清华之急务在校务上之独立，而不在教部外部之争。苟外部仅司经费之划给，而一任清华自行发展，即有董事会之设，亦以学者或教育家为主，则属于外部，纵于名义上不甚合逻辑，亦不足为患。然属于教部，而事事受制于教部之官僚，则亦不可。总之，清华之急务在解除一切不利于学校进步之束缚。年前已有力争改组董事会者，徒以外部坚持，无所成功，尚望国人有以助之。

今者清华校长曹君庆五有擢迁之说。曹校长任事已三年余，虽种种积弊，未能尽除；然其宽大之气，有足多者。年来学风安静，士子得以安心向学，其功非小。且延致通儒，若梁任公，若王静安，皆足以振清华之门楣，而减美化之讥评。其创设基金，谋清华之亿万斯年，亦为善

---

① 原文此处无标题，现据《现代评论》上刊载的《清华学校》一文补入。——编者注

政之一。吾人固望其能久于其任，致力于校务之改良，且免种种问题之发生。若曹氏不幸而去，外部成例，又将派一部员往充校长。部员充校长，当然受制于董事会，如是则董事会之势，又将继长增高，而上述种种之积弊，更难扫除。且校长非普通外交官之所得优为者，必其人为学者而负时望者，如有办学经验，而与外部或清华无关者，则更佳。盖清华之弊，积重难返，不有学者，不足以革之，与外部或清华有密切关系者，则碍于情面，狃于成例，亦不能以革之。故惟负时望之学者，而又独立不群者，若丁文江、王宠惠、吴敬恒、马寅初、胡适、胡敦复、范源濂、梁启超、唐文治、翁文灏、魏宸组诸先生，庶足以胜任而愉快。且斯数人者，不特能革除积弊已也，以其为学者，必能进清华为真正学府，以其为有力之人，更必从事于董事会之废止或改组等。清华既处外部积威之下，校长人选，操纵于外部，苟国人不为声援，则校内之人纵努力，亦难成功，而清华之改良，又少希望矣。

余草此文，本求舆论之援助，以达改良清华之目的。余刻任清华教职，凡所指摘者，往往及我同事，而同事非友好，即相知。然人若以家丑不宜外扬责我，则我不愿承也。学校公共机关也，而大学尤为重要，凡国人皆有明晓一切之权利，协助改进之义务。吾之评论清华，犹国会人之评论国会，本无所谓家，无所谓外也。人又曰，子何以独扬恶而不扬善？我则曰，此文本为改良清华而作，非为质〔赞〕美清华而作也。不然清华之善亦多矣，吾能优述之，且乐道之。吾何必斤斤于清华之缺点，甚而至于博同事之不欢哉？若国人明了清华情形之后，而助清华以取得贤校长，且助清华脱离外部对于校务上之干涉，因而与清华以扫除积弊，大大改良之机会，则吾志遂矣。余纵遭受委曲，吾何恤哉。

（《清华周刊》，第 362 期，1925 年 12 月 4 日）

治外法权问题
（1925 年 12 月）

　　自宗教改革以来，新教兴，旧教衰，罗马教皇之权剥落，中古帝国解体，欧西各国胥离教皇或神圣罗马帝而〔国〕独立，以国家为单位；国以内之政权国外人毋得顾问，而所谓主权属土 Territorial sovereignty 之说于以俱兴，以代替旧时法随人转 Personality of law 之说；盖近代国家成立以前，法律本随人而定；罗马人之在远方者仍受罗马法之制裁，反之，异地人之在罗马者亦不以罗马法治之，此即以法随人之意。迨近代国家兴起，以主权说号召于世；住居法国之人则受法国法律之制裁，法人如是，英人亦然，反之，法人之在英国者亦受英国法律之制裁；此即主权属土说之大要也。

　　近世国际公法实基于主权属土之说。凡违反此通则之制度俱在当废之列。故依国际公法而论，中国既一国家，国土内主权之行使，当然操之于中国之政府：凡关税权也，司法权也，警察权也，俱不得任外人之侵犯。故外人于事实上虽享有种种特权，然仍无日不以尊重主权，早日取消特权为言。此无他，彼等既以国际公法准绳吾民，斯彼等自身亦不能不尊奉之也。

　　治外法权实为主权属土之一大例外。盖治外法权非他，即甲国人民之在乙国者，不受乙国法律之制裁，而仍受甲国法律之制裁，故甲国于国外（即治外）仍有法权也。就受治之人而言，治外法权可为二种：一为外交官吏所享者，二为普通居留外国之人民所享者。前者为万国所通行，于一国之主权实无多大侵害，今不具论。后者为侵害一国主权之恶制，今所论者此而已矣。

　　原治外法权之起，尚在近代国家成立以前。回教各国视耶教为异端邪说，凡居留东土之耶教徒有涉讼时，回教政府辄不屑闻问，一任自决，斯实开治外法权之端。此后西欧各国派领事驻扎回土，遂开领事裁判之例。且回人不善经商，不长航海，辄鼓励欧人东来，代营商业，代垦富源，故不惜以治外法权饵之。厥后土耳其继起，入据君士坦丁，大胜之余，未遑与欧人较锱铢，欧人以治外法权请者，辄应之不加留难。当土耳其盛时，西括摩洛哥，东迄波斯，俱入版图，因之治外法权几通行于回教各国之全部矣。

一

然治外法权之在远东，不可与在近东者并论。近东各国以宗教不同之故，又以奖励欧人营商之故，治外法权之赋与，其始殆出于各国之自愿，继则以成例在先，与之而不疑，初不尽由于外人之要求者也。然在东方则不然。东方各国自始即有率土之滨，莫非王臣之说，而以中国为尤著。凡外人之来中国者，率令服从中国法令，其不服者，非惩办之，则驱逐之，不稍宽假。鸦片之战以前，此类成例不胜枚举，即有一二不明事体之地方长官，任外人自行处置斗殴等案，实不多见。鸦片之役，师亡军败，南京之盟，有非得已者；故各国因江南原定善后条款而取得之治外法权，实非中国由衷之赐，实基于条约而来，初未可以与在近东之治外法权相比拟也。

欧人之在广州营商者，自始即感受种种不利于贸易发展之制限；财产及其他观念，中国与欧洲出入异同之处极夥；而刑罚严酷，多所株连，外人视为畏途，自始即谋挣脱中国法令之羁绊。徒以西国既以主权属土之说为国际公法之一，且中国亦坚不以法器假人，故鸦片之战以前，外人无得逞志焉。

中国之许外人享受治外法权，实始于道光二十二年之江南善后条款。该条款年久失查，惟可于次年中英五口通商章程第十三款觅其内容：

> 凡英商禀告华民者，必先赴管事官处投禀，候管事官先行查察谁是谁非，勉力劝息，使不成讼。间有华民赴英官处控告英人者，管事官均应听诉，一例劝息，免致小事酿成大案，其英商欲行投禀大宪，均应由管事官投递，禀内倘有不合之语，管事官即驳斥另换，不为代递。倘遇有交涉词讼，管事官不能劝息，又不能将就，即移请华官公同查明其事，既得实情，即为秉公定断，免滋讼端。

其英人如何科罪，由英国议定章程法律，发给管事官照办。华民如何科罪，应治以中国之法，均仍照前在江南原定善后条款办理。

随中英五口通商章程而起者，有道光二十四年之中美五口贸易章程，及中法五口通商章程。英约条文尚含混，至美约法约而始详明，兹将美约之条文录左：

（第二十一款）嗣后中国民人与合众国民人有争斗，词讼，交涉事件，中国民人由中国地方官捉拿审讯，照中国例治罪；合众国民人由领事等官捉拿审讯，照本国例治罪。但须两得其平，秉公断结，不得各存偏护，致启争端。

（第二十四款）合众国民人因有要事向中国地方官辩诉，先禀明领事等官查明禀内字句明顺，事在情理者，即为转行地方官查办。中国商民因有要事向领事等官辩诉，先禀明地方官查明禀内字句明顺，事在情理者，即为转行领事等官查办。倘遇有中国人与合众国人因事相争，不能以和平调处者，即须两国官员查明，公议察夺。

（第二十五款）合众国民人在中国各港口，自因财产涉讼，由本国领事等官讯明办理。若合众国民人在中国与别国贸易之人因事争论者，应听两造查照本国所立条约办理，中国官员均不得过问。

上列三款，第二十一款规定中美刑事诉讼之解决方法，第二十四款规定中美民事诉讼之解决方法，第二十五款规定美国人与美国人或其他外国人民事诉讼之解决方法。外人在华享受治外法权之方式，至美约而有准则可寻，后此之订约者，亦俱以此为圭臬。不特道光二十四年后之通商条约为然，即咸丰天津诸条约，暨随天津条约之后者，亦莫不然也。计自道光二十三年迄民国二年，以条约而取得治外法权者，有英、美、法、瑞典、诺威、俄、德、丹麦、荷兰、西班牙、比利时、意、奥匈、秘鲁、巴西、葡萄牙、日本、墨西哥、瑞士等一十九国。此中除德与奥匈因大战而丧失，俄则自动放弃，墨西哥于民九废止光绪二十五年之条约，因亦放弃治外法权外，迄至今日，享受此权者，盖尚有十五国在焉，然自民国四年以来，凡所订条约，俱不再以治外法权让人，是年中智之约，即无治外法权之赋与，后此者更无论矣，虽前年智利曾以最惠国条件相要挟，外交团助之，亦终未获得此权也。

就上列各条文，及其他条约中相类似之条文，分析言之，治外法权

殆可分别为下列各项:

（一）不论民刑案件，两造如属同一国籍者，则统归外人自理，中国政府向不顾问。中美五口贸易章程第二十五款虽仅及民事，然中法五口通商章程第二十七款有"佛兰西人在五口地方，如有犯大小等罪，均照佛兰西例办理"之明文。各国既俱受最惠国之待遇，自始即取得受理同国人刑诉之权矣。

（二）甲外国人与乙外国人涉讼，如甲乙两国俱系享受治外法权者，由甲乙两国查照两国间"所立条约办理"，中国政府亦无顾问之权。此层中美贸易章程第二十五款已明言之矣。

（三）中外人民发生民事争执时，领事官应先调处之。其不能和平调处者，则由两国官员会同审办，公平讯断。

（四）中外人民发生刑事诉讼时，中国罪犯由中国官员依法惩办，外国人民由外国官员依法惩办，亦即原告随被告之理 Actor seguitur forunr rei。盖谓被告国籍之法庭，得受理诉讼。如被告为华人，则中国官员审理之；被告为外国人，则外国官吏审理之也。

（五）甲外国人与乙外国人发生民刑案件，甲有治外法权，而乙或为无条约国人，或乙国虽与中国有约，而无享受治外法权之规定，则乙国人之待遇，一如华人。甲乙案件解决之法，一如中外之诉讼。中美贸易章程第二十五款所定"若合众国人民在中国与别国贸易之人，因事争论者，应听两造查明各本国所立之条约办理"云云，显指已与中国通商各国之"别国"人而言。该时惟已与中国立通商条约者得享受治外法权，无此权者，当然应与华人并论也。

由上观之，外人在华之治外法权，可总为三类论之:

（壹）完全由外人处理者。（甲）同国籍之外人互争，而该国享受治外法权者。（乙）异国籍之外人互争，而两造之国俱享受治外法权者。

（贰）外官处理，而华官得观审者。（甲）中外诉讼，外人为被告者。华洋混合民事案件，原告之国之官吏得有观审权，实本于中美贸易章程第二十四款"两国官员公议查明察夺"之句。盖所谓"公议查明察夺"者，除甲国审理，乙国观审外，既无其他成例可援，亦无其他方式可以实践也。混合刑事案件之处置，依中美贸易章程第二十一款所言，则中美官吏于审理罪犯时"须两得其平，秉公断结，不得各存偏护，致起争端"。中英天津条约第十六款，英文原文所言 Justice shall be equitably and impartially administered on both sides 亦正同此意，惟译者不检，译为"彼此均须会同公平审断，以昭公允"；妄增会同二字。论者谓此二字实开外人要求刑事观审之机。然细考十六款语意，实不能仅视为表示希望之谈。公平也者必有标准在焉，苟违此标准，亦必有救济之方；标准救济，在混合案中，舍观审外，宁尚有他？夫中国官吏审理华洋刑诉时，有外国官员观审，固憾事也，然若以条文未尝明白规定，而不准观审，于中国亦殊有害；盖如是，则华人被害者，外人为被告时，外国法庭审理案件，亦得拒绝华官之观审，华人之冤且不得伸，此宁计之得哉？故华洋混合刑事案件，外人而无权干预也固最妙，夫既有权干预矣，则不如准彼此观审之为愈。中英芝罘条约第二端第三款所载"至中国各口，审断交涉案件，两国法律既有不同，只能视被告者为何国之人，即赴何国官员处控告。原告为何国之人，其本国官员只可赴承审官员处观审。倘观审之员以为办理未妥，可以逐细辩论，庶保各无向隅，各按本国法律审断。此即条约第十六款所载会同两字本意"云云，实不可免之解释，决不能以此而归罪于"会同"二字也。（乙）甲外国人与乙外国人涉讼，被告之外国人因享治外法权之故，得由本国官吏处理，但原告外人因不享治外法权之故，受中国法律之保护，故中国官吏得以观审。

（叁）华官处理，而外员得观审者。（甲）中外诉讼，外人为被告者。（乙）甲外国人与乙外国人涉讼，而被告之外国人不享受治外法权者。

外人所享之治外法权不过上述三项而已。超过此者，俱非条约所许。治外法权在中国之根据，乃完全由于条约，初不能与在回教各国，欧人千余年来所享受之治外法权相比拟。君士坦丁有国际混合裁判所者，凡耶教外人俱受治焉；然在中国则凡非由条约明白取得治外法权诸国之人，若智利人，若阿根廷人，均不得享受治外法权，亦决不能与在君士坦丁之耶教外人并论。又在回教各国，甲外国人而托庇于乙国之使领者，乙国之使领得代行治外法权；然在中国则全视甲国之是否取得治外法权，若无之，则当受治于中国法律，虽托庇于乙国之使领，亦不应享受治外法权。至于华人之服役于享受治外法权之外人，或买得享受治外法权之旗帜，而私运鸦片，或作种种不法之事者，不当受治外法权之庇护，则更彰彰明甚。盖国际间让与之权利，应从严解释，免致让者更多损失。中国既以治外法权让诸各国，各国决不能再僭越而超过条约之所许，此理至明，有不容置辩者矣。

不特条约所许之治外法权不能超过已也，即条约之所许者，亦非完全之法权而漫无制限者。英美人犯法，归英美官吏按法审理，此条约上所明载者也；然所谓法者，亦有大别在焉。犯法之法，与按法之法，未必为一法。前者为实体法，而后者为程序法。前者规定何者应为，何者不应为，何者为罪过；后者则不过规定诉讼之程序，及判决之执行已耳。当鸦片之战以前，各国因经商不便之故，往往藉口于吾国法律之不良，然彼所指摘者，实司法行政之不良，而非实体法之不良也。司法行政有光明黑暗之分，而法律本身无良不良之可言。昔人之所谓良者，近人未必以为良；我之所谓良者，西人未必以为良；西人亦安能以彼之所谓良法律，而令我亦曰，此良法也，此良法也哉？国之于世，必有所立，所恃以为立者，法而已矣；法之不存，国将焉附？西国主权属土说之盛行，正亦以此。吾国自嘉道以降，司法行政之窳败，为不可掩之事实，授人以隙，亦自有故。然西人因愤中国司法行政之腐败，而取得治外法权，则其所谓法权者，实应限于程序法之法，司法行政之法，而非实体法之法。何者为权利，何者为义务，何者为罪过，此皆由实体法以定之，西人固不能以彼之实体法，行施于中土也。

中美贸易章程第二十一款所载，中国人犯罪由中国官吏按中国法惩办，美人犯罪，由美国官吏按美国法惩办云云，何者为罪，毫无说明。所谓罪者，当必中国法律所定之罪而已。所谓美国法者，特程序法而已。盖谓美人若犯中国法律而致罪，则交美国官吏审理，缘中国司法行政不良，刑讯及无期拘禁等等，为美国人之不惯习者。即退一百步言之，美国官吏亦仅能依美国实体法而判罚而已。例如：依该时中国法律，杀人者斩，而依美国法律，则杀人者绞而已；绞与斩虽为实体法所规定，实亦仅形式之不同而已。何者为罪，则虽美人亦应得依中国法律也。此点更可于中法天津条约第三十八款见之。该款云："大法国人由领事官设法拘拿，迅速讯明，照大法国例治罪，其应如何治罪之处，将来大法国议定条款。"依法文原文，实谓法人犯罪者应由法领依将来法政府制定之条例治罪，并无依照当时法国行用之法律之意在焉。此足见实体法之必采用中国法矣。其所谓将来条例云者，盖指程序法，此所以有按中国情形而特加规定之必要也。

光绪初年，中美以应用何国法律之问题，曾启争端，然美国亦默认中国法律有奉行之必要。此意可于美使西华德氏报告美国外部书，暨美外长拜厄德致美使敦比书中见之（Foreign Relations. 1880，p. 146；

1885，p. 160）。盖中国虽以治外法权与人，而从未抛弃立法之权。举凡税关条例，矿业条例，禁烟条例，或中立条例等等，虽享治外法权之外人，按理亦不能不一一遵守。若美人"走私漏税，或携带各项违禁货物"，则中国官吏且得直接惩治之（咸丰八年中美和好条约第十四款）。反之制酒为美法所禁，然美人之在中国设造酒厂者，得不伏罪。此无他，盖所谓治外法权者实非以美法英法推行中国之谓，实仅因各国于中国之司法行政，有所不满，故索得自行审案之权，以代理中国法律之执行而已。盖即所谓代理说 Theory of agency 者也。

故治外法权者非他，仅外国依据条约，取得以该外国之程序法审理外国人之案件，藉以补救中国司法之弱点之权而已。治外法权之取得，实以条约为根据，而司法行政之不良为理由者也。

<h2 style="text-align:center">二</h2>

然条约之明加制限虽如上述，而八十年来，外人步步侵凌，无所不至，凡非条约之所赋与，而外人实际上享受者，计有下列各项：

（一）上述（贰）项所载外人观审，今已浸成外人会审之制。夫观审云者不过于外人为原告之事，外员得亲临中国官廨所在，观视一切。苟决谳平允，则外官满意而退。如"办理不公"，观审者方能有所置喙，"逐细辩论"，或抗议，或请求复问，以期案得平反。此观审之大要也。乃外人得寸进尺，化观审为会审。凡外国观审官足迹所至，外国势力亦随之而来。虽中国地方官力求公允，而外官吹毛求疵，尽力发挥私意，必达其意而后快。名为华官审理，外官观审，而实等于外官主审，华人备位而已。而所谓原告随被告之原理，在洋原华被案中，实等被告就原告矣。

（二）华官观审之抛弃是也。华人或不享治外法权之外人为原告，而享受治外法权之外人为被告时，华官有观审之权，既如上述。然华官畏事偷懒，不爱观审。即华人为原告时，亦不常往，若不享治外法权之外人为原告时，更不观审。时过境迁，外人遂以外人间之涉讼，即其中之一造为无治外法权之外人时，亦视为治外法权之所及，不令中国过问。即华人为原告之案件，亦不与华人以公平之待遇。彼盖深知华官观审之有名无实，或竟不观也。

（三）无论何条约中，华人间之诉讼，及华人与不享治外法权之外人间之诉讼，固皆当由华官处理之，未尝授诸外人也。然自有租界以来，外人藉口租界之治安，遇此类诉讼时，亦委外官出庭观审，由观审而主审。租界内华人间之诉讼，及华人与不享治外法权之外人之诉讼，实际上遂亦归于外人矣。

（四）享受治外法权者，以有条约之国为限，无条约者，或条约中无治外法权之赋与者，决不能以同为耶教国之关系，而取得之，前已言及之。然实际上亦有不尽然者。土耳其与我无条约，然欧战前，土耳其人在华者受德领之保护，德人既有治外法权，亦不惜为土耳其人代争此权，竟被争得，此侵权之一端也。智利虽与我有条约关系，而条约中实无治外法权之赋与，然智人为信耶教之白人，彼既强词夺理坚争治外法权，其他西方各国亦不惜庇护之，虽以吾国力争之故，智人未得逞志，然亦可见西人无理，此亦侵权之一端也。

再者，外人在华所享之治外法权，仅限于程序法，而实体法则仍须从中国之法，前已言之矣。然外人强横，虽迫于常理，限于公法不能不于理论上承认外人亦服从所在地之法 Locus regit actum 之原理；而实则彼所执行之实体法律，除不动产法依中国法律外，余辄为其本国之法律。不特外人与外人间之诉讼，引用外国之实体法而已也，即华原洋被之案，亦复如是。侵我主权，莫此为甚，我之立法权亦因之而破碎不全矣。

综上所述，可知今日之所谓治外法权者，或由于外人之违约侵略，或由于华吏之畏懦放弃，已不知超过条约中所许者几倍矣，哀哉！

三

今请一论在华各国治外之司法行政。

列国在华所享之治外法权极广，而其法庭之组织，除英美二国外，余皆简陋无可观者。大概俱以领事为法官，稍加以辅助之人而已。

英国 英国在华有二种法院：一为地方法院，二为最高法院。地方法院即领事法院，以领事为审判长。案之较重者则以参审为助。最高法院设在上海，以时巡行中国全国，受理由地方法院上诉之案件，及不属于地方法院管理之案件。上海领事区域内之初审案件，亦统归管辖。设院长推事数人，法庭之组织及审理之法规，仿照英制，然亦不能尽类也。

最高法院之上诉，由英京枢密院之司法委员会任之，而不由正式之高级法庭。

美国 英国于光绪三十年在沪设最高法院后，美国仿之，因在沪设地方法院。其权限与英之最高法院相若。其组织则与在美之地方法院相若。上诉则在美国第九司法区之上诉法院（在旧金山）。地方法院之外，领事法院依然存在，一如英之地方法院焉。

法国 凡领事驻在地之区域，皆设领事法院。以领事为审判长，领事馆之主事司承发吏 Huissier 及书记官 Greffier 之职务。驻京使馆之主事与领事有同样之权限，惟使馆主事设庭时，则以使馆中之译员充承发吏及书记官。审判长之下设陪审官二人，于当地法国人中择充之。民事在百法郎以下者，领事得独裁之。以上者，须得陪审官之同意。然无法召集陪审官时，领事亦得独决之。三千法郎以下者，无上诉焉。刑事分三等：即过失，轻罪，重罪是。过失审判长得独决之，不准上诉。轻罪取陪审制。重罪则领事仅任预审而已。

领事法院之上，有西贡及河内之法院为上诉机关。重罪直接由河内上诉法院 Cour d' appel 处理之。凡由云南上诉之案，不论民刑，亦俱由此院发落。西贡及河内法院本为法国正式法院，其再上诉之方，一如正式法院焉。

比利时 有领事之地，以领事为审判长；无领事之地，则由比使于外人中择充之。审判长觅当地比人若干充陪审，无比人时，则外人亦可。管理范围，与法相若，惟重罪则须径送不拉奔 Brabant 之刑庭。

意〈大利〉 如比。

西班牙 审判长以领事充之，陪审则不限西班牙人。

从享受治外法权各国在中国之法院观之，亦正见其窳陋无足取而已。领事官泰半皆不谙法律，今则列国均以之任司法之事矣。外人犯罪，由同国官吏判罪，非各国争治外法权之理由乎？然比意等国，不得已时，且请其他外人为领事裁判官矣。且法律不一致，审查费时日，证据不易得，执行不方便，凡此虽外人亦不能隐饰。告发及陪审制为英美两国所重视，检察及合议制为大陆各国之通则，然在中国则因陋就简，有时不能割爱，举凡外人在本国数千百年最尊贵最重视之制度，若陪审，若保护状，一一断送之而不惜，异哉！外人以此种朽败之司法行政自欺，而尚诋吾国司法之不良，亦正见其责己宽而责人严耳。吾国司法纵不良，吾国法官纵无识，决不至视领事审判，及领事而更劣。今日外人而仍以司法不良诋吾，直藉口而已，直与吾国无理取闹而已，宁有他哉？宁有他哉？外人尚能靦颜以调查吾国之司法，吾国更宜派员以调查外国在华之司法矣。

至于现行治外法权之有害于中国，则更罄竹难书。中国法律在中国境内不能完全施行，一也。华洋混合案件，外官审理者，每厚于外人，而薄于华人，二也。华官审理之件，外人藉端会审，华官权不得伸，三也。外人犯罪扰乱治安，华吏毋得惩治，四也。老奸巨猾，遁避租界，外人袒之，隐为中国政府之患，五也。不肖华民，假外人旗帜，以冒享治外法权，六也。他若上海之所谓会审公堂，汉口之洋务公所，则更光怪陆离，几为全世界最无法无天之衙署。有会审公堂，然后有甲巳年之大闹公堂案；该公堂民九受理章士钊控广东军政府财政总长保管广东关余一案，尤为侮辱广东政府之举。总之，外人藉治外法权，侵夺吾主权，违反近代主权属土之理，使我不国而已。

四

治外法权至今日已为十手所指，十目所视之弊制。收回恢复，已为举国一致之主张。然则将如何而后可收回耶？民八巴黎，及民十华盛顿，吾国代表曾先后要求各国修改条约，取消治外法权。巴黎和议未加讨论。华盛顿之结果，亦不过一纸决议，不落痕迹，所允诺者，仅所谓司法调查委员会东来已耳。夫司法者吾国内部之行政，外人安得而调查之。就令外人要知概况，亦当非正式察访之，不当订诸国际信约，以为要挟。乃吾国出席华会代表，非但不加阻止，反从而和之，自愿派出代表，加入调查。今各国委员竟一一东来。纳之，则自讨没趣，并损威严。拒之，则有类反汗，且失信义。所以至此者，宁非吾国华会代表之失策哉？

但调查委员既来，终亦无法拒之。对付之法，则中国代表应十分注意于治外法权之现状，将越约之事，尽情暴露，将领事法院腐败之处，极力考查；如是，则调查结果，或转足为我利也。好在德俄自取消治外法权后，对于吾国司法，尚无间言，此为德俄使馆所能作负责之声明者。最近上海陶适之案，俄人大有烦言。然俄人所不满者，领团之霸横，中国法庭之被扼，而非中国法庭之不称职也。

至于治外法权之收回，则应分二部。其一为越约或违约而行使之治外法权。其二为条约所许之治外法权。

凡不依条约而享受之治外法权，应立即取消之。如上海会审公堂等等，俱为条约所不许，政府应严禁其存在。若外人抗命不遵，则可用国际公法惯例，若报复等，对付之。如国人而仍敢服务于会审公堂者，宜拘押之。外领之越权干政者，则取消其准许状，不与以方便。使团抗议，则据理以驳之，使团当亦无如何也。

凡条约所许之治外法权，收回较难。依据成例，不外两种。其一，如土耳其之径行宣告废止。此法爽捷而不易实行。盖当土耳其宣告废止治外法权之日，正欧战方酣之时，土特利用大战而已。微大战，列强必不之许。且民国十二年洛桑会议时，列强仍以恢复治外法权相要挟。苟土耳其非战胜之余（民国十一年土军败希军英人丧胆）亦安能与列强相抗争而不屈？故揆情度势，吾国此时，尚不能仿照土法。其第二法，则如日本、暹罗等国，与各国重订条约，取消治外法权。然此不易行。日本收回治外法权之运动，自明治四年起，至二十七年，始告成功；至明年〔治〕三十二年始得将治外法权实行收回。其中所经时期太长，中国急不及待，一也。明治二十七年所订条约，以改良法制，及开放日本，为收回法权之交换条件。改良法制，吾国力行之已有年数，不成问题。若开放全国，则决不能。吾国地大物博，而外人无孔不入；边省地方行政废弛者，决非一朝一夕所得改良；一旦开放，外人即有机可乘，二也。日本之改约也，先英而后其他各国，各国均单与日本订约。吾国则不能采用此法。我国苟欲藉条约以收回治外法权，至少须与英美日法四国共订条约。此四国者实为东亚之横暴者，其中有一国不放弃治外法权，中国即无完全法权之可言。此不可不审者三也。且日本志在欧化，不惜求全以争主权，故其代价甚大。吾国不求欧化，四也。至于列强之在暹罗，除美国外，余仍保持其治外法权。即以美国而论，亦未完全放弃。故民九暹美之约，更不足为例矣。

然则吾国将如何而收回条约所许外人之治外法权耶？余曰，惟先礼后兵之法而已矣。凡让与治外法权之条约，都为商约。除约中特别规定外，通例，商约皆以十年为期，十年后不改订，则订约两国均有废止之权。吾国应当自动召集一修约会议，凡在我国享受特权之国，皆在与会之例〔列〕。如能以在京之司法调查委员会扩充其权限，而变成修约会议则更妙。如列国应召，则吾以撤除治外法权，及其他特权为要求，以报复为恐吓。如外人而就范也则已。如或召而不来，或来而不应所求，则吾之礼固已足矣；吾不妨据国际公法时势变迁条约失效 Rebus Sic Stantisbus 之原则，以吾国司法行政已经维新为言，将一切关于治外法权之条文，一一废除。此固与国际公法不悖。不特土耳其行之，日本于宣统二年并吞朝鲜后，亦以宣言废止各国所享之治外法权。美人终始抗议，终始不认，且以朝鲜司法行政未臻美备为辞，然日人不之理，亦不闻美人有若何反抗也。若废除之后，而外人仍照旧不服吾法庭之审判者，则吾实行吾之报复。如阻止外人旅行，严惩华人为外人服役，商标登记，公司注册，凡可以苦外人而不至造成敌态之方法，一一实行之。

难者或曰，子所言者，爱国则然矣，然非可以交外而实行者也；国与国交，必有所交换者，吾国微弱，尤应和平办理。噫！此亡国之言也！此列强语我之口吻也！此洛桑会议席上，列强教训土耳其之言也！此林权助劝土人仿照日人，逐步废止治外法权之义也！此美国柴尔德 Childs 勖土人以条约神圣之意也！此非我敢信也。国难深矣，国权蹙矣，交换品尽矣。若以交换条件而论，吾若愿以推广上海租界为收还会审公堂之代价者，则民四早已收回，何待今日哉？吾只能以恮〔恐〕吓及民气，收回利权，而决不能以利权换利权也。若因此而酿起国际争端，则诉之于海牙国际法庭可也。该法庭固不啻为帝国主义者所操纵者；然方以公正无私，不畏强御，自鸣于世；若固公正，则我且得直，若有所私，则假面具亦可揭破，于我无伤哉。

（《晨报七周纪念增刊》，1925 年 12 月）

清华改组之商榷
（1926 年 3 月 5 日）

余尝论清华之改良，以五义揭橥于世：一曰修订学制，二曰添招新生，三曰撙节费用，四曰优崇教授，五曰改善组织。今者改良之必要，校内校外已具同声；曹校长余昔日"固望其能……致力于校务之改良"者，今亦以"学校改良"诏告全校。一新面目，与众更始，此其时矣。用草是文，申我前意。旧著《清华改办大学之商榷》（本刊三三三期）及《清华学校》（三六二期）二文，颇与本文有互相贯通之处，读者参阅之可也。

一、改革之要点

一、教授治校　"治校犹治国，若不开明专制，则应真正民治。"开明专制实不宜于今日之清华。盖欲以开明专制治校，第一须全体员生能信任校长，一切惟校长之言是从，而不置可否；第二须校长本身，确信开明专制之为善制，以己身之精力，谋学校之幸福，而人无间言。周寄梅先生长校时，颇有开明专制之称。然周氏之所以能如此者，实以其自信甚深，谋校甚忠；而当日教员执事之辈，除个人教务职务外，亦复不问其他；所以周氏能总揽一切，收集权之效，而校政得以小康称也。今则时变势非，开明专制不但为潮流所弃，而在清华尤为不宜。教授之争教授治校者不乏其人，而曹校长本人亦屡以教授治校为言，是开明专制之不适宜，固不待我之啧啧矣。

开明专制既不适宜，则舍真正教授治校外，别无他法。凡校中历年所采用之制度，虽"会议林立"，而实无一可。夫所贵于会议者，以其能有议决其职务内之事项，而有人为之执行也。试问清华曾有此种会议否？校务会议之权，不可谓不广矣（《清华学校暂行章程》第十一条），然未尝得一一而行使之。会员之中，职员亦视教授为多。苟职员而惟校长之命是听也，则是校长避专制之名，卸专制之责，而有专制之实也；苟职员而能离校长而独立也，则是职员操纵一切矣。二者盖俱无当也。

余所谓教授治校者，非仅组织一毫无实权之校务会议，而令若干教授出席之谓也；亦非设立五六学系，每系推选候补主任二三人，由校长选派一人充任，而令之出席校务会议之谓也。教授不治校则已；若治之，则校内重大事故（不涉教务者亦属之），必经教授或教授代表之议决或同意，方可执行。且不特立法之权，校长须公诸教授而已；即执行之权，校长亦必须处处征教授之意见，受教授之监督。非如是，则法出而令不行，立法等于空言，教授治校亦等于画饼而已。故教授而不真正治校也则已；若教授而真正治校者，校长之权行见大削。不然，校长之权仍旧，而又有教授治校之名，之制，则必非驴非马之制度，而非真正教授治校，此吾敢断言者。此而确也，则为教授者，宁让校长集权，而不愿居治校之虚名，以陷学校于不可解之纠纷中，而校长反得逍遥于责任之外也。余不佞，不善修辞，惟好直言。愿曹校长于讨论改组之际，于此点三致意焉。

教授治校至今日已为京中各大学之宪政原理，而又为清华之口头禅。然怀疑者尚不乏人，而最有力之批评，厥惟校务负责无人，发展不易，而教授争攘之风难免云云。然此实肤浅之论，不足为虑也。学校之优劣，十之八九，以教授之优劣为准绳。教授品学纯邃，学校赖以兴；教授品学卑鄙，学校随之败。此盖理之至明显者。教授治校如是，教授不治校亦复如是。大半学者虽不好干问校务，然亦鲜愿听命于人。教授在清华之地位，向比职员为次；教授治校，一洗积习，庶已来者所慰藉，而未来者不致裹足不前。且也，学者虽大半不好干问校务，然以校务咨询之，动得高议远识；非教授治校者，不易得此也。故从教授方面着想，教授治校，实为善制。若从校长方面着想，亦复如是。校长实全校之长，初非职员之领袖；清华校长，群以职员之领袖目之者，实缘教职员职权轻重失均之故。若教授治校，职员但司职务之执行，不问校内大计，则校长无复职员领袖之讥矣。且教授治校，更可免除校长问题。校长而贤也，得以高风亮节，收潜移默化之功。英儒 Bagehot 谓英王有三权：臣工必就商之一也，王得鼓励臣工二也，王得警示臣工三也。易地以观，教授治校制度下之贤校长，亦尽有为善之余地，此可断言也。

若校长而庸也，则教授治校，可免纠纷。且教授治校，则校长更换时，可少变乱之虞。凡此，皆教授治校之利，显而易见者也。

二、修订学制　清华大学，暂以四年为期；如以后某种科程多需年限时，则可斟酌情形而延长之，此时暂可不论。向有"普通科""专门科"之分，则当立时取消，并为一家。至于课程内容，愚意总以先设较完美之文理科为宜。专门之科，若工，若商，等等，何者先设，何者缓置，则宜外审地域之分配，需才之缓急，内审财政之状况，设备之情形，学生之需要。以余所知，中国北部完美之工校甚少，而本校新生中有志工程者颇多，工农两科，孰先孰后，实有考虑之余地。再近年国中乏良好之中学，为提高或整齐大学程度计，或有设置预科，补习一年二年之必要，此则可随时添置者也。

旧制学生所剩无几，至今日而再图改弦更张，似非得计。应令依旧制毕业放洋。惟所授课程，与大学新生相仿佛时，应令同学，以节物力，且增互解。

新旧学生所学课目，俱嫌多而不实，教者学者，俱难致力，曾忆余在美邦中部某校时，所学课目六七，每周近二十小时，而所得者，万不及在东部某校学课四门，每周十二时之多。此可见精博与骛多之优劣矣。此后应斟酌情形，减少所习课目，及每周时数，而于精深博通之道，多所致意焉。

研究院为畸形之发展，余于未设之先，即反对之（见本刊三三三期十三页）。惟今则形势不同矣。余意研究院之教授及学生虽可留存而研究院之机关决均废除。教授划归各系，为研究教授，学生号为研究员，仍可照常研究，实无须研究院之名目及机关也。即以王静安教授为例，（姑举一人，以明余说，读者恕之），如王氏以其所研究之学问为近于国学也，则可尊之为国文系研究教授，如以为近于历史也，则可尊之为历史系研究教授，如以为不属任何已设之系，则可另设一系，尊之为该系研究教授。研究教授之职务，以高深之研究为主，而以讲学授课为次。所招研究员，则以适合各个研究教授之嗜好为主，不必求一致也。再为利于研究计，研究教授当各得书籍仪器费若干，为购置书籍仪器之用。

研究院诸教授以硕学见称于世，既来之，当安之。一俟大学完全，毕业院开办时，即停止其特别待遇，解除其特别性质，研究员亦变为毕业院学生，以昭划一。故毕业院未或〔成〕立以前，研究教席除已有者外，不宜添设，此则不能不先申明者也。

三、公决预算决算　财政公开，为公共事业之常理，无待烦言。清华暂有章程亦以此为校务会议职权之一（第十一条），然至今未见确切实行。且预算及收支报告，贵在有系统之排列，比较，及总计，否则无人能明之，即有浪费之处，亦无从得而觉察之，非所以谋撙节费用之道也。

四、裁并机关　清华组织之复杂无章，余三月前已言之，至今而有口皆碑。裁并机关，一则以改善组织，再则以撙节费用，此义甚明，今不具论。

五、添招学生　多招学生，以"充力利用清华已有之设备"，为余上年之意。是时余更主张男女兼收，以便女子之欲入大学者（本刊三三三期）。今虽相隔一年有余，而持论仍无更变之必要，读者请参阅去年一月间拙著可也。

六、董事会　董事会为赘瘤机关，若教授治校，宜径废之，以专权限，校长之任命则由外部及教授会同决定。即不得已而存置董事会，其职务亦不外二种：一为保管基金，兼谋开源之方，以应清华将来之需，一为供清华之咨询。由前之说，则宜以理财家及银行家为主。由后之说，则宜以学者及教育家为主。然无论如何，董事会不当干涉学校内部之事；不然，则政出多门，不知其可矣。

二、清华大学组织大纲草案

上述革新诸要点，微具体计划无以明之，无以实行之，用特拟定清华大学组织大纲草案，附以相当之说明，以明一切。余意清华以改称大学为宜，然暂时袭用"清华学校"旧名，亦无不可也。

第一章　学制

第一条　本校大学四年为期，修业期满，得称学士。

第二条　大学各系，得招收研究员若干，随同各该系之研究教授，研究高深学问。

第三条　凡依照清华学校民国十四年以前所订办法入校之学生，概照向章修业，修业期满，资送赴美留学。

第二章　校长

第四条　本校校长由外交部征得本校全体教授过半数之同意任

命之。

[说明] 校内既有教授治校，若校长为教授所不同意时，实与校务有碍，因设此条。

第五条 校长依本大纲之规定总辖全校校务。

第三章 校务会议

第六条 校务会议以左列人员组织之：

（甲）校长（会长）。

（乙）教务主任（副会长）。

（丙）训育委员长。

[说明] 训育委员长与学生接洽最烦，令之出席，则师生间之隔膜，可以末减。

（丁）全体教授互推之代表若干人。

[说明] 凡研究教授，正教授，教授，及享有合同之教员，俱在"教授"之列。下仿此。由全体教授选举，而不由各系主任充任者，可以直接代表教授也。

（戊）全体事务长互推之代表若干人。

[说明] 图书馆长，校医，注册长，庶务长，技师，会计长，秘书，俱在"事务长"之列。事务长之代表，由校长派遣亦可。通例，教授治校之校，评议会中鲜有职员加入者；然校务会议中有一二事物方面之代表，亦无妨也。

（丁）（戊）两项每十人得互推一人，零数过五人者亦得加推一人，选举于每学年告终时举行之，连举任连。

[说明] 如每十人推一人，尚嫌不敷，则每八人推一人亦可。代表人数不宜太多，惟尽有商量之余地。

第七条 校务会议，由校长召集之；但二分之一以上之会员，认为必要时，得请校长召集之。

第八条 左列事项，须经校务会议之议决：

（甲）学系之设立及废止或合并。

（乙）事务机关之设立及废止或合并。

（丙）教师教席之设置。

[说明] 凡研究教授，正教授，教授，讲师，教员，俱在"教师"之列。

（丁）本校内部各机关权限问题之解决。

（戊）预算，决算。

（己）凡事件或位置之需金五百元以上者（每一次或常年）。

（庚）校内一切规则。

（辛）其他重要事项。

第九条 校务会议得委派委员，此项委员会之委员，不限于本会会员。

第十条 校务会议得征求教职员出席发表意见。

第十一条 校务会议开会时，教职员得出席旁听。

［说明］旁听所以免除私议。

［说明］清华教职之会议，费时多，而结果少。以后各种会议之在十人以上者，应遵守议会法规。不然虚耗光阴，太为可惜。

第四章 学系及学系主任

第十二条 本校暂设下列各系：

（甲）国文系。

（乙）英文系。

（丙）德，法，日文系。

［说明］此三者俱为第二外国语言。其课程之分配与组织，相同之处甚多，故列为一系。若分为三系，亦无不可。

（丁）历史系。

［说明］中国历史，现代文化均属之。

（戊）政治系。

（己）经济系。

［说明］社会学属之。

（庚）哲学系。

［说明］心理，伦理，俱属之。

（辛）数学系。

（壬）物理系。

（癸）化学系。

（子）生物系。

［说明］农学暂属之。农事试验场暂时附属于此系。

（丑）工程系。

〔说明〕手工，测量，机械技艺，机械画，俱属之。

（寅）体育系。

〔说明〕兵操属之。

〔说明〕上述各系之分法，以本校暂有之课程而定。取多而不取少，盖多则易分，少则难合；分则各科俱可发展，合则转有轻重不均之患。且各系之上有教务会议，不患不统一。

系多主任亦多，但主任有义务，而无权利，决不至起争攘之风。

本校现无音乐课程，二位音乐教师，并不担任正式课程，故不设音乐系。

第十三条　各系设主任一人，由各系之教授于每学年告终以前，互推之。如该系无教授时，则教员亦得充任主任。

〔说明〕凡教授，讲师，教员所担任之课不止在一系时，仅能认定一系，参加选举。

第十四条　学系会议，以各系之教授，讲师，教员，组织之。

〔说明〕凡教授，讲师，教员，所担任之课程在一系以上者，可出席与同数之系会议。

第十五条　学系会议议决左列事项：

（甲）本系课程之内容。

（乙）本系课程之分配。

（丙）增加教授，讲师，教员，及助教，议决后，提出于校务会议。

（丁）教授之人选定后，提出于聘任委员会。

（戊）建议关于教务事宜于校务会议。

第十六条　教务主任得召集二系以上之连〔联〕席会议，以教务主任或系主任为主席，讨论两系或数系间之共同事宜。

第五章　教务及教务主任

第十七条　教务主任由各系主任于每学年告终时，于全体本国教授中选举之，连举连任，系主任亦得当选。

第十八条　教授或系主任当选为教务主任时，并不享受特别待遇，惟得酌减其功课。

〔说明〕此教授治校之本色也。若教务主任不任功课，则与教务脱离直接关系矣。教务主任及系主任并不加薪，可以杜夺利之议。

第十九条　教务主任执行教务会议所议决之事项。

第二十条 教务会议，由教务主任及各系主任组织之，以教务主任为主席。

第廿一条 教务会议之职权如左：

（甲）决定关于全校教务进行状况及学生考绩事宜。

（乙）决定各系教务上之联络事宜。

（丙）其他重要教务事项。

［说明］第九、十、十一诸条，当然适用于此章。

第六章　教授会议

第廿二条 教授会议由全体教授组织之，以教务主任为主席。

第廿三条 教授会议之职权如左：

（甲）推选校务会议会员。

（乙）推选第七章所定之常任委员会。

（丙）教授三分之一以上之提议，得覆议教务会议及各常任委员会所议决之议案，覆议之结果，得交教务主任，或各委员会执行之。

（丁）得提出议案于校务会议。

［说明］此项议案，校务会议当尊重之。

第七章　常任委员会

第廿四条 教授会议于每学年告终前，推举自第二五条至第二八条，所列举之常任委员会。

第廿五条 聘任委员会

本会以委员五人组织之。

本会审查并决定各系提出之教师聘任及续任，交由校长执行之。

［说明］教师由各系提出者，以各系当有知人之明，合作之可能也。由聘任委员会通过者，所以杜垄断之弊也。

第廿六条 出版委员会

本会以委员五人组织之。

本会于教授中推举一人为学报编辑，兼任委员长，其所任课务得酌减之。

第廿七条 训育委员会

本会以委员九人组织之。

本会委员得设分委员会若干。

本会委员长执行委员会所议决或委托之事项，并监督所属机关，其所任课务得酌减之。

本会职权如右〔左〕：

（甲）指导学生事业。

〔说明〕即课外作业部之职务。

（乙）指导学生择业事项。

〔说明〕即职事指导部之职务。

（丙）督责学生遵守规程。

〔说明〕即学监部之职务。

（丁）其他训育事宜。

〔说明〕学生训育事宜归一大规模之委员会负责，可减少形式上之监视，而注重精神上之融化。

本会设斋务员，事务员，各若干人，秉承委员会及委员长，管理一切训育事务。

第廿八条　图书委员会

本会以委员六人组织之。任期三年。每年推举二人。

图书馆长兼充本会委员长。

本会决定讲〔购〕书方针及除管理及用人外之其他重要事务。

〔说明〕图书馆委员会之制度为历年校中之一大问题，今定此制，可收政策连续之效。

〔说明〕本章仅举四委员会为例，如需设立其他委员会时，当然可以添设。

常任委员会究应归教授会议选举，抑校务会议委派，殊有商量余地。

第八章　事务机关

第廿九条　本校设第三〇条至第三五条之事务机关。

第三十条　图书馆

图书馆设馆长一人，事务员若干人。

第卅一条　医院

医院设校医若干人，事务员若干。

第卅二条　注册处

注册处设注册长一人，事务员若干人。

第卅三条 庶务处

庶务处设庶务长一人，技师一人，事务员若干人。

第卅四条 会计处

会计处设会计长一人，事务员若干人。

第卅五条 秘书处

秘书处设秘书若干人，事务员若干人。

第卅六条 事务长及事务员由校长委派，秉承校长会同各机关，处理本校一切事务。

第卅七条 事务长得召集本处事务员会商一切。

第卅八条 事务会议以校长（会长），注册长，庶务长，技师，会计长，秘书组织之。教务主任，及训育委员长，得随时要求列席。

第卅九条 事务会议之职权如左：

（甲）推选校务会议之代表，惟行使此项职权时，图书馆长及校医亦得参预。

（乙）决定关于全校事务进行状况。

（丙）决定关于事务上之联络事宜。

第四十条 校长认为必要时，得开全体事务员会议，其组织由校长商同校务会议之同意定之。

［说明］事务机关既受校长之直接指挥，校长当可有全权指挥一切，故本章所定，甚可通融。

第九章　本大纲之修订及施行

第四十一条 本大纲经校务会议三分之二或以上之通过，随时得以修正，未尽事宜，亦由校务会议处决。

附条 本大纲经全体教授及旧有校务会议多数通过，呈报外部后施行。

三、改组之步骤

清华学校现行章程为外部所批准，而校务会议又为校内最高机构，故依法而论，应先得外部之允许，取消旧章，改组一切；或由校务会议讨论改组之事，议决后报由外部批准。然吾人既以教授治校鸣于世，则上项组织大纲，应先得教授多数之同意，既得同意后，由现时之校务会议作形式上之通过，然后报告外部。校务会议而通过，外部而批准也，则无论矣，否则惟有采非常之手续而已。校务会议自今次事变后，教授已占多数，如是则当不反对教授治校。外部向不关心校内之组织，向日种种弊政尚不阻止，今求改善，当更无辞。如是，则非常手续决可避免也。

去岁大学筹备委员会人数众多，历半年之久，始得议决一复杂欠条理之组织草案；当局又从忽略之，法治精神，扫地以尽。此次改组，利在急进。教授当举一小委员会，付以讨论改组计划之全权。如委员会悉心讨论，则旬日可毕；再经教授会之通过，半月可毕。如是，则自讨论以讫外部批准，亦不过二旬已耳。无论如何，自始至终，不宜逾一月之期。盖今日清华已处于无法律状态之下：去年所定之现行章程，破坏隙越，日有所闻；校务会议则决定暂停工作；校长虽兼理教务，而教务负责无人；若不从速改组，则距无政府之日，殆亦非遥。余所拟之制，纵非尽当人意；然若能早日实行，则校务进行有所遵循，以后发展可期。未妥之处，校务会议可以随时修改。有法总优于无法，而在此法治未发达之清华，尤有得法律而遵守之之必要也。

余之改组计划通过及批准后，即时（或限二周内当实行者）可实行者，计划有下列各端：

校务会议之成立，

各学系之成立，及学系主任，教务主任之推举，

常任委员会之推举。

以上数端，苟有诚心，实皆易行。苟无诚心，则虽半年亦不能行也。

研究院之改组，即时实行，或下年再实行，可依校务会议之议决而定。然无论即时改组与否，本年研究院诸学者之学业，当不令发生任何更动，不然学校无以对之矣。

清华最难解决问题之一，即事务机关之裁并，依余之计划，整齐划一，既可免除"架床叠被，因应不灵"之患，又可撙节费用，然各部主任及职员，类皆一年为任期，无过无失，而中道挥之使去，不特不合人情，抑且有失信用。故年内除自动辞职者不计外，应一律维持。凡改组后无所容身之机关，则暂以纳诸秘书处。兹就清华现有机关而述之：

机要部。已经裁撤，可置不论。

中文文案处，英文文案处。合组成秘书处。

招考处。划归注册部。每年秉承招考委员会之意旨，办理招考事宜。

农场办事处。暂属生物系。下年可裁则裁之。一俟农业系或农科成立时，划归该系或该科办理。

同学干事部。暂属秘书处。同学干事暂为秘书之一。下年当酌减人员。

庶务处。一仍旧制。

技术部。仍为庶务处之一部，惟技师得受事务长之待遇。

注册部。仍旧。

专门科筹备处。即日取消。所有事务归校务会议，教务会议，及教务主任办理。

课外作业部，学监部，职业指导部，斋务处。一律取消。归训育委员会办理。职员调充为委员会事务员。职业指导部主任则专任教授。被举为训育委员会委员时，则更觉人地两宜矣。

军事学部。归体育系办理。如将来设置陆军学系时，再划归该系办理。

图书馆。仍旧。

研究院。观前。

上述改组办法，实无不可行之处。各机关如有人浮于事之弊，则下年再行减少可也。

减政贵在普遍，如下年不多招新生，则教师亦有太多之讥。是则校务会议及各学系之所当自动以致力者也。

虽然，余之以为可行者，人或未必以为可行，吾亦无力强人以必行。清华全权现时仍操于校长之手，余但能竭吾愚诚，以望曹校长之能开诚布公，博纳众意，毅然决然，无顾无虑，"以致力于校务之改良"，而拯母校于坦途耳。不然母校宁有豸耶？曹校长其勉之哉。

本文中改组计划，所得于叶君企孙者为多，不敢掠美，特志于此。言责则归余，不敢卸也。

此文脱稿时，得拜读陆君懋德《个人对于此次风潮之意见》。甚佩，甚佩。惟陆君谓学生可以提案于教务会议及校务会议，则余未敢赞同。"学校原为学生而设"，斯言或确。然民治之义，即推行于学校时，亦不能以公民论学生。成年之学生，知识已充，而私心不炽，所发之言，往往中肯。此次清华学生改造学校之议，实为由衷之言，与鄙意亦不约而同。学生因事陈言，未尝不可，曾于本刊第三五一期中拙著某文中，发表此意。然不论学生议论如何纯正，干涉校权之风，必不能开，开则废荒学业，必不可免。闻工大学生要求有遣派代表，参与学校评议会之权，陆君之所谓提案者，与此宁无五十步百步之比耶？鄙意学校当局，能尽善尽美，不与学生以评论校务之机会，斯为上策。学校有失政，学生发为谠言，当局迁善如流，不酿干政之渐，斯为中策。任学提案，则去学生治校不远，吾不知其可也。心所谓危，不敢不言。陆君以为如何？同学诸君更望不河汉斯言！

端升又志。

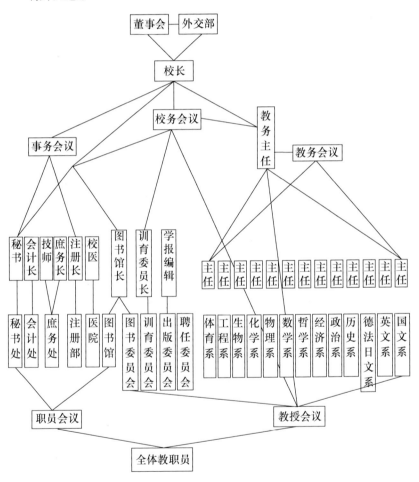

收回上海租界的迫切
（1927 年 4 月 29 日）

上海归入国民政府的版图，已经半月余，而收回租界的工作尚未进行。一方面军事当局不断地声言不以武力收回租界，但他一方面外交当局尚无表示。虽然报载国民政府将照会有关系各国，要求撤除租界警备，并磋商交还租界事宜；但是至今未见有何动静。难道当局还有什么顾虑，或胸中另有成竹不成？

我们承认外交是不应轻率的；我们也知道大英帝国"护泥军"的实力是不可轻视的；但是上海租界必须赶快收回的理由，并不因之而减少或消灭。上海的租界——尤其是在英国人掌握之中的公共租界——和别的租界根本就不同。别的租界早收回几个月，和晚收回几个月，于革命事业的完成上，没有多大关系；而上海租界，因为他和革命事业处对敌地位，绝对不能不趁早收回。列强在中国有租界的地方，统共不下二十三处，【但是上海以外二十二二十三处，】但是上海以外二十二个地方的租界，并起来还及不到上海租界的重要。英国人有分的租界统共有十五处，但是上海以外十四个租界上的英国利益，并起来还比不上他在上海租界的利益。所以英国在别处的租界还可忍痛割爱，而上海租界却不肯轻易放弃。要思藉谈判而望英国——或其他各国——斯斯文文地把上海租界交给我们，恐怕是与虎谋皮罢。然而英国愈是不肯放弃他，我们愈是应该收回他。上海租界是在华帝国主义者的大本营；他们所赖以压迫我们，侵略我们的一切事业和机关，十九都以上海租界为根据地。狂吠乱噬的西字报，造谣惑众的外国通信社，操纵金融的外国银行，出没长江的外国军舰——那一个不以上海租界为中心点，而助长帝国主义者的势焰？所以上海租界一日不收回，那种势焰就多一日的继长增高，而革命的障碍也就一日大一日。革命和上海租界，实在是势不两立的。

再者，缓进的收回上海租界，也不是一个办法。外人若是能知难而退，不伤一人一卒而交还租界，则现在就可以交还。若是江山难改，本性不移，死守租界，蛮强到底，则不特此时不会因谈判而交还租界，连以后也不会和和平平交还的。换一句话，和平、武力与先、后、缓、急，毫没有关系。要用武力，总得用武力，与其将来被逼而用武，何如干干脆脆，现在就发端。有人说，中国再静养数年，武力一定要比现在充足些，那时候再用武不迟。这话仅知有己，而不知有彼。我们可以发展实力，难道帝国主义不会同样的发展么？而且上海租界存在愈久，则帝国主义者之枝叶愈茂盛，而势力愈巩固。在此时期内，中国的高而却克、谢米诺夫、任格尔辈，不知道要养成了多少；这班反动派，一定会受帝国主义者的卵翼，以租界为根据地，而谋推反革命。那时候要用武力去收回租界，恐怕比现在还要难，而牺牲还要大罢。

从时机方面说起来，上海租界也有即日收回的必要。北伐军自去秋誓师以来，到一个地方，帝国主义者——特别是英国——就得受几分打击。汉、浔的英租界已经收回，镇江的已经交还，如今到了帝国主义者集中的上海，理应立即提出交还租界的要求。盖帝国主义者在上海，实在有些外强中干；外表好像是竭力护卫租界，不惜一战；实则人人自危，无敢自信在新兴势力的管辖之下，有永远保存租界之可能。他们对于租界的设想，要不外乎如是：若能侥幸暂获保存固属最妙；而立时被国民政府收去，亦意中事，而无可如何者。故此时即把租界收回，实甚自然。此时若不即收回，则外人将以视孙传芳者视党军，而认国民政府下之租界，亦为当然之事，此后即欲收回，更难交涉。且此时要求交还租界，和平武力可以互相为助；以后要求时，则绝少用武理由；如是，则真正收回的希望更小了。所以国民政府的当局此刻至少应当严重要求列强消灭租界上的非常状态；不特阻碍华界与租界交通之铁门电网应立即撤除，就连驻在租界的海陆军队也应不日撤退。外国开口条约，闭口条约，难道大军警备中国领土，拦断华界和租界间的交通，也是条约上所准许的么？上海租界的治理制度，可说是根据于道咸时代的洋泾浜章程，该项章程根本上就没有条约的效力。即退一百步而承认该章程等为神圣不可侵犯的条约，虽道驻军及长期阻碍华租界间交通的权，也是该项章程所赋予的么？不平等条约尚须打倒，条约以外的不平等，倒可容忽么？所以政府当局至少应把上述的要求即刻提出。

帝国主义者是非受挫击不叫饶的，区区纸上要求，谁也知道不会发生什么效力的。但他有鼓励民众的力量，要求不遂，民众就应当联合起来，同心抵制租界上的外人，使他们不堪其苦。若是他们恼羞成怒，竟和我们开衅起来，我们除了背城借一，也还有别法么？老实说，上海的大批外国军队，是永远不会自动撤退的。要他们开步走，迟早总须得用些实力。现在也许用些威胁，就可以把他们赶跑；以后则非用军力不行。牺牲既然是免不了，还是现在就发动要爽快些，而且牺牲也可以少些。

在上海现在局面之下，撤除租界警备和取消租界，二事是分不开来的。列强如不肯把租界交还，也就一定不肯撤除警备。如虽撤除警备，也就是肯让还租界的先声。所以我们的主要目的，虽是收回租界，而进行上，不妨从要求撤除警备着手。警备一经撤除，租界就不难收回。上面已经说过，上海租界是不能不赶即收回的。为保存中国主权，维持中国威信起见，租界上近几月的戒备状态，更不能不令即时消灭。吾们希望国人暂忘却内部意见之纷歧，而一致对外，庶几可免帝国主义者的窃笑于旁呵！

设立中央计画委员会刍议
（1927 年 7 月 30 日）

革命是建设不是破坏，在革命途程中所应有的破坏，也不过是建设的初步。国民党所以能为中国的唯一革命党，就是因为它的最后目标是，根据三民主义和五权宪法，建设真正中华民国，而并不是单单推翻军阀官僚的政府和劣绅土豪的社会。到了现在——北方残余军阀尚未一体铲除，南北尚未完全统一——军政时期尚未告终，训政时期方才开始，而建设事业已在猛进之中。久在党治下的广东不必说了，江浙等省重光未久，亦复锐意于建设。宁杭的市政已在积极规画之中，他若太湖的水利，两省的渔业均已有所筹画。地方如是，中央更不必说。在鼙鼓声中，建设事业——如监察院的筹设，劳动法的起草，国定税率的制定——已经成立不少；军事问题解决后，当然更将有风起潮涌的建设。

但是建设应有建设的计画，而计画更须有胜任的机关。不用说，国民会议是最高的计画机关；不用说，在国民会议召集以前，中央执行委员会，或它所产生的中央政治会议是应得把计画建设的权集中于它的手中，以保持政令的一致。我们不能不问的是：日理万几〔机〕而会员又胥为党国要人的中央政治会议，在事实上，能否有充分的时间和精力去规划一切建设事宜？在三权鼎立下的立法机关，人数既众多，职务又简单，尚须设立许多委员会以分它的工。中央政治会议人数既较少，而又须兼管行政事务，直〔值〕此军书旁午的时代，要有余力去规画一切建设，恐怕事实上是做不到的。

中央政治会议早已看到此层，故关于法制性质的计画，已设立法制委员会以掌其事，关于经济性质的计画，将有经济委员会的设立，他若教育委员会，建设委员会，国税委员会等，它们一部分的工作也是属于计画的。

我们的意见，设立了许多不相统属的委员会，而由一个忙不过来的政治会议总其成，总不是个完善的办法。现在有权计画的委员会已经成立了不少，而有待计画的新事业，（又不属于已成立的委员会的范围者）更是层出不穷。若是有一种新事业，就应得设一个新委员会，那末委员会愈多的时候，正是政治会议疲于应付的时候；统系愈乱，则政治会议愈难总其成。政治会议本来是一个提纲挈领的主脑机关，要它详细讨论许多委员会的建议和报告，是事实上做不到的；若是它放弃了详细讨论的责权，还有那个机关去整理一切，融通一切呢？

根据上述的种种理由，我们敢建议中央设一中央计画委员会，以补充现时的不足。政治会议在广州及南昌时，曾经二次通过设立一个"设计局"，专司设计的事件，惟此项决议从未执行。我们现在所建议的，仍是"设计局"的本意，所不同者，我们主张设委员会而不设局。"设计"二字或较"计画"二字为妥，惟中央大学院，江苏省实业厅，上海市工务局俱有"设计委员会"，故我们舍"设计"而取"计画"。

从职权上说，计画委员会可说是一种变相的立法机关，也可以说是一种调查研究机关。它可以同立法机关一样，把种种建置或革废的事物，提出讨论，拟定办法，通过法案或决议案送呈政治会议。如政治会议认为可行，则成为法律或决议；如不可行，则可以交计画委员会复议，或竟予搁置。换言之，计画委员会关于一切计画事宜，成为政治会议的预备会。有了计画委员会，凡计画的事宜可以预先得精审的讨论，而政治会议可以腾出时间来专管党国的要事。计画委员会也是研究和调查的机关，因为它的会员，一大半应得是专门学者或富有经验者。他们工作的目标固然是建议一切具体计画，然而他们的建议应得是根据调查和研究而来的。

计画委员会既然是政治会议的预备会，两者的关系应当是十分密切。政治会议的委员可以自由列席计画委员会或它的分委员会；政治会议讨论计画委员会的提案时，亦可以令计画委员会派员陈述一切。凡一切计画事宜，除了特别情形者外，应一概交委员会计画，不然便失了设立委员会的本旨；所以凡财政的计画，教育的计画，改进农工生活的计画，统应由计画委员会主持。只有计画委员会所显然不能胜任的事件，才得特设委员会讨论；其实此类事件也不会太多，因为计画委员会是一个有伸缩的组织，它随时可以吸收专门人材帮助一切。

计画委员会既然这样的重要，这样的网罗一切，它的人选亦自应十分郑重。委员人数不宜太多，太多则不易讨论；亦不宜太少，太少则不敷分配。大概以四十人为度。其中一部分为政治法律专家，一部分为经济专家，其余可酌量分配。委员会应设立若干常任分委员会：如政制会以讨论政府各机关的组织和分权，法制会以讨论民刑各法的制定和修正，条约会以讨论条约的废除或修改，经济会以讨论经济制度的改善、资本的节制、公司法的制定，社会立法会以讨论劳动法、恤贫法等的制定，财政会以讨论税制的改良、预算决算的成立。常任分委员会有永久的性质。如有特别事项发生，则可设特别分委员会。会员每人不得兼至两个或三个以上的分委员会。

设立分委员会的好处，就是人数少，委员兴趣相同，故讨论易收效果。但分委员的缺憾是，目光偏狭，不顾大局。故分委员的决议应交计画委员会讨论通过。全体委员会是包罗一切专门家的，它的意见必倾向于公平中正，而极少可以攻击的地方，因此，政治会议讨论它的提议时，可不太废时间和精力。

我们很希望中央能把一切计画的事宜集中起来，把现存机关之有计画性质者归并的归并，改组的改组，而设立一个如上述的中央计画委员会，庶几建设事业可以进行，而中央政治会的效率可以大增加。

（《现代评论》，第 6 卷第 138 期，1927 年 7 月 30 日）

党治与舆论
（1927 年 8 月 6 日）

民国十余年来国内的舆论不自由极了。除了民元民二之间，国民党当权的时候，舆论比较还算有声有色外，此后真是每况愈下；近几年来直奉军阀盘踞中国的大部，封报馆，扣报纸，杀主笔，摧残舆论，更无所不用其极。这回革命势力扩张到长江流域，全国舆论中心的上海也归入革命版图之中，大家都认舆论否极泰来的时机已至。不幸近数月来，军事倥偬，党国多难，希望与事实未能全然相符，所以一部分人就怀疑国民党也是不能扶翼舆论，甚至于讥党治下的舆论比以前更是不自由。

这种怀疑的发生，大部分是由于一般国民的未能充分了解党治的意义。稍知欧西政治情形的人们好以欧美的政党比我们的国民党，以政党政府比我们的党治；依他们的意思，欧美国家的政党当权时总是能容忍反对党舆论的存在，故国民党也应得容忍研究系、政学系、醒狮派舆论的存在。有这种思想的人根本上就不懂得国民党的性质和使命。国民党是不能和英国的保守党、工党、自由党，或美国的共和党、民主党同样看待的。国民党是一个革命党，它的使命是整个儿的革命，并不是像通常政党的范围浅狭，仅不过主张零星改革；它的党员应是赞成革命的民众的全部分，并不是像通常政党的只能容许一部分人民加入。所以在英美等国好几个政党能同时存在，并行不悖，而在中国只能有一个国民党，不能有其他的政党。我们不必说国民党以外的所谓党——什么进步党、研究系、交通系、政学系、新中国党——从来没有成为像欧美的所谓政党，真正的政党，即使有之，也没有在中国存在的余地。如其这些政党大体是赞成孙中山先生的国民革命，他们就应得加入国民党；如其不赞成国民革命，那他们就是反革命，应得在打倒之列。国民党和通常所谓政党既如是不同，以国民党治中国之所谓党治和通常之所谓政党政治也就根本不同。欧美的政党政治实在是不过数党的轮流专治，若是再

取摧残反对党的方略，那就变成一党专治，浸而至于少数专治了。国民
党的党治是全体革命民众的政治，当然用不到去保留反革命而且反国民
的党系了。因此在党治之下，只有拥护国民革命，和同情于国民党的舆
论才有扶植的价值，保护的权利；其他的舆论，或是反对党的，或是反
革命的，不但不必扶植，不但不必容忍，而且应当老实不客气的取缔，
不如是国民革命的路程上便多阻碍了。

　　然而反革的舆论固应严厉取缔，而赞助革命的舆论，尤应竭力奖
护。前者是消极的，后者是积极的，做了消极的工作，尤不能不做积极
的工作。我们应得知道，舆论是近代国家的形成物，只有专制国家无舆
论，立宪国家不能不有舆论，立宪国家是以民意为基础的，而舆论实为
民意最有力之表示。舆论可以监督政府，纠正政府的差误；舆论也可以
辅助政府，替政府消除障碍。凡是一个政府，就像常人一样，没有一个
能私〔丝〕毫无过失的，有了舆论，政府就可以时时对镜自照，改过不
遑。政府施政的时候，不论所施的为何事，总有一部分人不免要怀疑或
反对，有了舆论去开导或声讨，施政也要容易得多了。中国现在虽然尚
未到宪政时期，以后总得要实行宪政的，那就不能不尊重舆论。即以现
在而论，我们也时时刻刻想跨进法治的康庄大道，要做到这一步，也非
扶植舆论不可。

　　上面已经说过，反革命的舆论应当取缔，赞助革命的舆论应当扶植。
赞助革命的舆论中，又约略可分为两种：一是称许革命，宣传国民党宗
旨的舆论，一是批评政府方略，甚而至于指摘政府用人行政的舆论。

　　称许革命和宣传国民党宗旨一类的舆论，不用说，是应当扶植；不
但如是，这种舆论简直是应当积极奖掖，甚至由党国自行办理。各级党
部宣传部的工作本来就是专门为制造这种舆论；同时中央也已经有几种
日报和定期刊物。我们以为此项舆论机关的规模还不够大，数量还不够
多，而中央党部和国民政府还应当加增利用他们的机会。自办报纸的好
处就是能替自己政策做先容，政策没有发表或实行以前，报纸就替你鼓
吹；然后政策发表或实行时，冷淡的变为热烈，反对的变为赞成，不易
行的也易行了。举几个例罢，此次日本出兵的事件，中央当然有中央的
方针，中央在发表什么宣言或政策以前，若有时间，就应当令它的机关
报先期鼓吹，如是，民众的言论及举动就不会得和中央的意旨出入了。
再说关税自主那件事，关税自主是怎样一件重大事情，而南方民众对于
此事的兴趣，还远不及前年北方民众对于特殊关税会议的兴趣，何以故

呢？这也是因为中央事前没有令它的机关报下预备工夫，事后也没有指挥他们鼓动民众的兴趣所致。民众的热烈的同情是不可不引起的，到了帝国主义者以暴力阻止我们征收新税时，再鼓动民众也来不及了。

政府应当掖助且指挥恭顺的舆论，任何人也不会反对的，但是批评的舆论也应当扶植。反革命的舆论根本是不利于革命的，批评的舆论却不一定是反对革命；所以反革命的舆论应取缔，而以真实的态度，革命的目光，批评政府的方略或用人行政的议论，不但不应当与反革命的舆论混在一起，而且应当绝对的尊重，庶几能"过则改之，无则加勉"。国民党是不能容别党同时存在的，若是它的政府又不能虚衷采纳批评的言论，必至于壅塞自满，不能与民众及时代接近，结果不是腐化，便是专制化。并且，不能容纳忠实的批评往往就加增反对派的势力。苏俄的革命是否合于俄国的状况，我们可以不问；我们但知道苏俄的党治，因为太钳制舆论的缘故——反革命的及批评的都在内——在党内则少数人异常专制，而党外的人永远不肯加入或赞成革命。苏俄的弊政就是我们的殷鉴。所以我们以为不特党员的批评应当与以考虑或采纳，而非党员的批评也不应一概不理，更不应轻轻以反革命目之。

当然，批评也须有一个限度，决不是说谩骂或讥笑也值得扶植。为维持民众对于政府的信仰起见，已决定的政策或已执行的事件最好也不让人家任意訾议，不过这并不是绝对的，假如政府一时失察，用了一个腐化份子，那当然还是可以继续指摘的。到底怎样才算批评，怎样是谩骂讥笑，怎样是反革命的舆论，虽则不易详确规定，但是他们不同的大点，只稍心平一点，是不难一一分别的。

还有一层，反革命的言论固然应取缔，谩骂讥笑的论调固然应禁止，但也须有一定的准则，决不是可以随随便便取缔或禁止的。在军政的时期，事实或许不能不马虎一点，在训政时期中，不可不走上一定的轨道，所以党部或政府应当早日制定出版条例，庶几因作反革命言论或取谩骂讥笑论调者，也得经过一定的手续后，才得处分，如是则值得扶植的舆论，更无误被取缔的危险了。

反对党治的人总说党治下无舆论，这原是厚诬党治的言论。所以国民党要积极提倡舆论——批评的和称许的应一样待遇——才能扫除这种污蔑咧。

（《现代评论》，第 6 卷第 139 期，1927 年 8 月 6 日）

党治与用人
（1927 年 9 月 24 日）

　　用人——如何可以任用相当人员去担任相当职务——真是政治上最不容易解决的一个问题。凡是政府，任凭它是独裁制也好，共和制也好，法治也好，人治也好，总得用人。在独裁的，无法律的，以当局者的人们为主体的国家，官吏的用得其当与否固然十分重要；在共和的，法治的，以人民为主体的国家，用人的重要也并不稍减。政府根本是人所主持的组织，法律制度也得有人去执行或运使的；所以离开了人，便无政府可言，没有好官也决没有良善政府。中国古来谈君德，总免不了"举贤任能""亲贤人，远小人"那一套陈话，近代西方国家也没有一个不因用人失当，而发生过纠纷，可见古今中外的国家皆有"才难""用人更难"之慨。

　　在现今的中国，用人更是一个大难题。国民党不仅是主张以党治国的，它的党治和欧美各国的所谓政党政治也大不同。在欧美各国，两个以上的政党可以同时并存，在中国则只有国民党能存在，由它去实行国民革命，去消灭一切反革命的势力，去统治全国。所以在欧美各国，甲党代乙党而兴时，乙党的党员尽可照旧供职，不必回避；而在国民党统治下的中国，就发生非国民党员是否可以充任官吏的问题。

　　我以为官吏是否必须以党员充任，当视他所负的职务而定。原来官吏可大别为二种，一为政务官，一为事务官。政务官如各部部长及其他重要官吏，位高权重，握政府的枢纽，定施政的策略。在实施政党政治的国家，政党为贯澈党的政策起见，恒用本党党员以指挥政务，故政务官的任免完全随政党为转移，何况在唯一政党的国民政府。所以国民政府的政务官，不消说，必国民党员，必须忠实的党的领袖，始可充任。

　　事务官与政务官所掌职务的性质不同，这可从"政务""事务"四字的字义分辨出来；政务官有共同决定大政的权责，事务官不过秉承政务官的意旨，以执行赋予的职务而已。事务官的任用，在先进的欧美国家，大率以才能为标准，而采用所谓"功绩制度"Merit system。欧美在没有采用"功绩制度"以前，事务官的进退悉依政务官的爱憎为标准，植党营私，用不得当之弊，随在皆是。美国的所谓"俘获制度"Spoil system，尤足使政象杌陧不安；任何政党取得政权时，辄视政府一切的机关和位置为俘获品，异党的官吏，虽称职者亦必免职，概以本党党员接充，而不问其贤不肖。在这种制度之下，不特政党的一起一伏足以使一切行政中辍，而行政的窳败亦属不可逃免的现象。为扫降〔除〕积弊，增加行政效率起见，欧美先进各国于十九世纪下半叶先后采用考试制度，凡事务官，除少数有特殊情形者外，必经考试，方得录用，有才者取，无才者弃，不问其党或不党。他们的升降退休也经法律规定，受法律保障。经此而后，欧美的政治渐渐进于光明的途径上，政局尽可变动，而行政仍得继续，植党营私，任用私人的弊病，也就一扫而空。

中国虽则是党治的国家，但是事务官的任用也决不能独异于别的国家。事务官的职务大部与党义无涉。譬如市政府所任用的一个建筑工程师，他的兴趣是建筑，他的职务也是建筑，只消他有专门学识，能称职，无论他是不是党员（是当然更好），总是一个好官吏。在人材不多的中国，假使因党籍的问题，而摒弃有专门才具的人们，使他们无所效忠于党国，那真是自杀的政策。况且才识足以自立的中国人，受了"君子朋而不党"的余毒，往往不肯轻易加入政党；这种思想固然错误，然而具这种思想的人，其人格总比投机分子的要高些，这种人不可用，那中国可用的人更少了。

但是，无论你怎样延揽贤能，中国的人材总是不敷；一旦国民政府有余力从事于建设事业时，更是不敷。救济的办法，最好设立行政官吏养成所或专门学校，招收青年有为的学子，给以相当的训练，庶几四五年后，行政人员的来源可以不绝。事务官中，任征收及会计（聊举一二为例）等职者，应为十分专门的人材；中国财政的腐败就是因为征收及会计官吏向来是全从经验淘炼出来的，他们的舞弊的方法，真是层出不穷，而政府又无新式人材以替代他们。所以造就有智识的财政官吏，实为急要之图。财政官吏这样，其他的官吏也是这样。

考试权本是中山先生五权宪法中的一权，国民党如果要得贤明的官吏，应得及早施行考试制度。从理论上说起来，考试虽未必是最好的制度，但是从世界各国的经验上说起来，考试总未失为免除任用私人的唯一办法。党政府的所任免的官吏，不称职的人很是不少，若是有了严密的考试制度，至少那些最不称职的人便无由进身了。

以上所说的——设专门学校，施行考试制度——都是欧美各国通行的制度。但是国民党统治的中国毕竟和西方各国不同。国民党若拿出全副革命精神来解决用人问题，以实现党治的真意义，那末，不论政务官或事务官，有几种人是根本上要不得的。第一是夤缘无耻，操守尽丧的官僚。在本年的二三月间，北京的大小官僚真是着慌，他们深怕革命军到北京的日子，就是他们革职永不叙用的日子。谁也知道北京的官僚——当然指专门以做官为生涯而实不做一事的大人先生们——是社会的蟊贼；他们的自觉自惧，正是国民党的所以可敬可畏的地方。不幸宁汉分裂，国民政府裂而为二，官吏的需要增多，北方的官僚就有许多混进国民政府来了，就中如王宠惠氏等是这班官僚中的最显著者。王氏是累代北京政府的显宦，中国不倒的元老，他离开北京的时候，还托言到上海来斡旋南北和议！他曾经签字于法权调查委员会的报告，赞成外国所建议的司法改良（他所保留的只是军阀们蹂躏司法等的事实，委员会的荒谬建议他并未保留），根本上和国民政府不承认，而只暂时容忍不平等条约的态度相矛盾。而且他也曾做过北京的司法总长，若说他做了司法部长，司法便可以整顿，那北方政府的司法早就不应腐败到这般田地了。像王氏也做国民政府的委员和部长实足使国民——尤其是青年——对于国民政府的信仰大受打击，同时一般腐败官僚的胆子也为之一壮，他们敢于视国民政府为容身之地，而麇集于革命的首都，插入国民政府，使腐化的危险更是著著堪虞了。第二种不可录用的人是游手好闲，卖空买空的青年会派。国民党费了许多气力才把江苏几个著名学阀赶跑，而以上海为策源地，根据地的青年会阀却私〔丝〕毫未动。青年会阀派的领袖，像余日章，王正廷们，蹯踞基督教的青年会，靠了他们会说几句洋话，且认识些上海的所谓外国名人，对内则借外国人以自重，对外则以中国的教育家，实业家，外交家，慈善家，……家自居。吹牛拍马是他们的工具，欺世盗名是他们的艺术，升官发财是他们的目的。他们为社会之蠹虫，正私〔丝〕毫不亚于腐化的官僚。不要说任命他们做官吏是不该的事，连容忍他们做党员也是极危险的事。第三种要不得的人是无行的青年。青年本是国民党的栋梁，但是青年也有好坏的分别。在中国这种道德堕落的社会中，发横财，是最不易抵抗的引诱，年来青年奋发的党员，因厕身党部或政府而致富者，已数见不鲜；他种的无行也日有所闻，这是何等可伤心的事情！像这种已经堕落的青年是再不可任以官职的。除这三种以外，其他要不得的人尚多，如土豪劣绅，老朽昏庸等等，都是有害而无益的人物，至于共产党徒更是显而易见的敌人，不庸我的赘述。

国民党所需要的人材，尤其是充政务官的，乃是有人格的，有操守的，有作为的，富于革命思想的新人物，并不是因循姑息的旧人物。民众对于国民党的信仰，往往以国民党所用的人为标准的；不称职的官吏愈多，则民众对于党的信仰也愈弱。援引亲戚故旧的风气愈盛，则贤人愈不易得；旧人物愈是跋扈，则新人物愈是无望。矫正的方法，除了采用考试制度以淘汰不称职的事务官外，惟有在有声望的忠实同志指挥之下，多用些敢作敢为的青年。一个革命党不能不用青年，同时为防止青年的偾事起见，有声望的忠实忠志的领导也是不可少的。有经验的和有能力的党员结合起来，才能促进革命的成功。再为鼓励官吏的廉洁起见，俸给不妨从丰，待遇不妨从优，而规律却不可不严，凡此胥有待于文官任用的规定和监察的周密。

（《现代评论》，第 6 卷第 146 期，1927 年 9 月 24 日）

党纪问题
（1927 年 10 月 29 日）

党纪这个问题是任何政党必得碰到的，尤其是国民党应得善为解决的问题。政党既不是一个人或少数人的团体，便不免有许多不同的——甚至不相容的——意见发生，一部分党员的举动也未必见得能得到全部分党员的赞许。假使党内没有一种号召且团结全体党员的势力或方法，那个党就不免四分五裂，不复成为党了。要号召且团结全体党员，从积极方面说，必须有适时的主义和伟大的领袖，从消极方面说，必须有纪律。前者给全体党员以一种领导，他们有所适从，则意旨自然会得统一；后者给他们以一种限制，他们知所戒饬，则言行自然不易越轨。所以，党纪本是护党的工具。

国民党主张以党治国，不容别党存在；因此，它的党纪问题特别值得考虑。通常的党因为没有党纪或滥用党纪而失败消灭时，不过是一个党的不幸；国民党若是走同样的路程，那不但是国民党的不幸，而且也是中国的厄运。国民党而没有党纪，它决不能集中革命势力以统治全国；结果，党国必俱至分崩离析。反之，国民党而滥用党纪，它决不能集思广益以充实党之力量；结果，党则流为少数人垄断的机关，而党治亦成为寡头的或独裁的政治。

要知道党纪的真义，先要辨别何种举动应受，何种不应受党纪的制裁。国民党党纲第七十一条规定："凡党员须恪守纪律，入党后即须遵守党章，服从党义，其在本党执政地方及在军事时期尤须严行遵守；党内各问题各得自由讨论，但一经议决定后，即须一致进行。"照这条所说，党章，党义及一切党的决议是任何党员都得遵守的。但是何者是党章，何者是党义，何者是党的决议，却不易有一固定的范围。任何人知道国民党总章是党章，但这不是说凡党内任何团体所通过的规程就是党章；任何人知道三民主义是党义，这也不是说党内一般领袖人的意见就是党义；任何人知道凡全国代表大会所决定的议案是党的决议，这也不是说若干党员所同意的事件就是党的决议。

约略说起来，中山先生的三民主义，建国方略和建国大纲，是无变更之余地的；国民党的总章和全国代表大会的宣言是有时间性的，如有必要年年可以修改；其他的法令政策也当然不是牢不可破的成规；至于用人行政更是随时可以改良的。所以，国民党的党纪尽管如铁一般坚硬，而区分部或地方政府一个委员的处置决没有与三民主义同等的权威。

而且所谓"遵守"及"一致进行"亦并不是禁止一切事后的批评和变更的运动。服从党的决定和服从宪法应当有同样的意义。一国的宪法是全体人民应得遵守的法律，但是谋变更宪法不一定就是违宪。惟有不遵守宪法，谋以暴力推翻宪法，是违宪，是犯法；批评宪法，谋修改（依法定手续）宪法却不是违宪，而是宪政国家所必有的政治活动。所以宪法有不妥的地方，人民尽可批评，尽可从事修改运动；只消在没有修改以前他能暂时服从，他就没有违什么宪，犯什么罪。用同样的说法，国民党的决议，若是党员有不满意时，他也尽可批评，尽可谋修正；只消他在那个决议没有修正以前能照旧奉行，他就没有违背什么党纪。比方国民政府任命一个人做部长，无论他如何腐化，凡是党员都得承认他的部长地位，承认他在部长任内的行为，不然就是违反党章上所谓"一致进行"的条文。可是党纪都不能禁止党员的指摘批评，更不能阻止党员的纠正运动。

以上所说的是党纪的消极方面。党纪更有积极方面。凡有不利于党的言论行动，都应在严厉取缔之例。凡党的命令，在没有变更以前，党员应有绝对服从的义务。举一个例，国民党定有纪念周条例，也许那个条例定得不妥当，早应修正或废止，但是在没有修正或废止以前，就应严格的施行，凡不遵守党员，应得受党纪的制裁。却是那个条例现在并没有严格施行。党纪确有一天一天缓弛下去的势子，这是应及早制止的。

总之，党纪是所以保持党的统一和党的健全的。若是党纪太松，党就如一盘散沙一样毫无团结力；若是党纪太严，牵连太多，党就不免为少数人所利用。

（《现代评论》，第 6 卷第 151 期，1927 年 10 月 29 日）

党治与国民会议
（1928 年 3 月 24 日）

党治与国民会议是国民党的两种根本主张，同时也就是国民党的主张中最费解释的两种主张。

现在军事统一将告完成。军事统一之后，国民会议应否即时召集？党治应否继续维持？党治与国民会议这两种主张能否同时并行？这都是国民党的最高党部亟应切实考虑，明白决定的问题。否则政府与党，都难成立比较远大的计划，从事比较远大的设施；而谋危国民党的人们，亦因党的态度不明，党员的意见不统一，得创为种种淆乱闻听之政论，以导国民革命于危亡。我们姑在这里陈述我们的见解，以供主持党国大计者之考虑。

党治主义的特征有消极积极两面：从消极一面说，党治的特征在不容许反对党之存在；换句话说，就是"党外无党"。从积极一面说，党治的特征在令一切政治军事势力受党的支配；换句话说，就是"以党治国"。国民党之采行党治，决非如一部分论者所云，只是盲目的袭取苏俄"无产阶级专政"的法术。国民党之采取党治为革命方略，实在是因为中国现时的政情，有采行党治，以防止军治，监督官治，扶植民治之必要。

我们知道，国民革命的目的在推翻中国境内一切国内的或国际的恶势力；欲达到这种目的，势不能不凭借一种伟大的革命武力。可是武力总是富于危险性的。在革命的过程中，我们果没有一种伟大的政党支配革命的武力，或虽有了这样的一个政党，同时复容许反对党之存在，使彼日以攻讦排挤，灭杀这个政党的权威，摇撼一般军人服从党纪的信心，则所谓国民革命，终必演成一个军治的局面。所以党治的第一功用，就在防止军治。

有些人也许要说，你们既然害怕军治，你们及早召集地方议会，中央议会，实行民治好了。可是说到这种办法，民国十六年来议会失败的惨史，令我们时刻不能疏忘。本来一般民众如果没有相当之政治意识与政治组织，议会制度或任何其他民治制度是不能发生良好的效果的；因为那样的民主决不能监督议会或政府。所以孙中山先生的建国方略，自始即注重训政。可是训政的工作，是不能仿效前清九年预备立宪的方法，完全交付官僚的。假使军事统一之后我们立将训政的工作完全交付政府，而不于政府之外或政府之上，保留一个富于革命性的有极大权威的政党，以支配政府，以策励政府，我们又怎能保障这个政府，不至敷衍苟且，延长民治制度实现的期间，蹈前清官僚训政的覆辙呢？所以我们说，党治的另一种功用，在监督官治，扶植民治。

由上所述，党治主义之必须维持，在军政训政两时期，应该没有问题。然则何为军政训政时期？依照中山先生的《建国大纲》，任何一省，如其所辖全境尚未完全入国民革命政府的统治，换句话说，即尚未"完全底定"，则该省尚应完全在军事机关支配之下，不能脱离军政时期。任何一省，如其全境已入国民政府的治域，换句话说，即"完全底定"，那一省就应该入于训政时期。任何一省，如其所辖各县，俱已经过训政程序，成为"完全自治之县"，那一省的训政就算告终，那一省就应该入于宪政开始时期。至于训政工作的时限应该怎样，这里姑不细论。总之，依《建国大纲》所定，甲省在军政时期，乙省或在训政时期；乙省在训政时期，丙省或已入宪政开始时期。然则全国宪政之开始研究应该在何时？这层，《建国大纲》也说得很明显："全国有过半数省份达至宪政开始时期，即全省之地方自治完全成立时期，则开国民大会决定宪法而颁布之。"这一条大纲，今有两个要点：第一，中央正式宪法的公布，换句话说，即全国宪政的开始，应在全国已有过半数省份训政告终，宪政开始之时。第二，国民大会之召集，应在全国已有过半数省份训政告终，宪政开始之时。

这是从《建国大纲》而言。有些人或不免因为孙中山先生遗嘱中，有"最近主张开国民会议及废除不平等条约，尤须于最短期间促其实现"之语而致疑于《建国大纲》中所定召集国民大会之时期。然则国民会议与国民大会究竟是否一物？

精细点讲，国民会议与国民大会诚然不是一物：国民大会这个机关，由中山先生所著《建国大纲》、《五权宪法》，及《自传》看去，应该由各县选出代表一人组成。国民会议这个机关，依照中山先生的《北上宣言》，是应该由"一现代实业团体，二商会，三教育会，四大学，五各省学生联合会，六工会，七农会，八共同反对曹吴各军，九政党"组织的。但是抽象的讲，国民会议与国民大会可看作一物——他们都是一个代表全国民而不是一个仅仅代表国民党的机关。既然如此，民国十四五年间中山先生径行召集国民会议，便只有两种可能的解释。或则因为中山先生承认党治与国民会议两种主张可以同时并行；或则因为当时军阀官僚之势力甚大，一时未易铲除，中山先生欲借国民会议以杀其势。由后之说，国民会议的主张，便只是一时的策略。细而按之，前一种解释实在难以成立；因为国民会议既然是一个代表全国国民的机关，则于国民会议召集之后，在原则上讲，国民党势不能支配一切政府机关，尤其不能支配国民会议。这便是说，党治与国民会议两种主张不能同时并行。所以依着我们的见解，民国十四五年间中山先生主张即时召集国民会议，只是一种策略，与民国元年中山先生承认立布约法，立时召集国会，事颇相类。

现在国民革命的势力行将奄有全国，我们如果没有忘记十六年来议会失败的惨史，我们如果忠实于中山先生的建国理想，我们就应切实的照《建国大纲》做去，努力于训政工作。在全国没有过半数的省份完成训政工作以前，我们应该坚守党治的原则，不应遽然召集国民大会或国民会议；在全国已有过半数省份训政告终的时候，我们就应召集国民大会或国民会议，制定中央正式宪法，并"依宪法行全国大选举，国民政府则于选举完毕之后三个月解职，而授政于民选之政府"。换句话说，在全国没有过半数省份完成训政工作以前，党治主义是必须维持的；在全国已有过半数省份完成训政工作之时，国民大会或国民会议的理想乃可继党治主义而兴。党治与国民会议是相续的，不是可以同时并行的。

（《现代评论》，第 7 卷第 172 期，
1928 年 3 月 24 日，署名"山木"）

立法权的行使与立法院
（1928 年 9 月 25 日）

立法权的行使普通是少不了下列的四种步骤：一，建议，二，讨论，三，裁可，四，公布。建议就是法律案的提议，凡是一件法律草案总得先有人建议或提出于立法机关。草案已经提出于立法机关之后，它的内容如何，需要不需要修改，应当不应当成立，俱须经过立法机关的讨论。经过讨论之后，被否决的案不用说，已通过的便当送至政府权力的最高机关求其裁可。这个最高机关有裁可与不裁可的权。不裁可者不得成为法律。只有裁可者，再经过公布的手续后，方得成为法律。这四种步骤也可以说是立法权的纵的分析，从程序上说起来，立法权不过是这四种权的集合罢了。

在一般的立宪国家，建议权是分散于国会（立法机关），政府（行政机关），及人民的。国会议员可以提案，政府可以交议，人民可以请愿。不过请愿式的建议权多半是不完全的，人民请愿国会讨论的案件多半须得议员的绍介方得提出。讨论权是立法机关所专有的，无论何人所提出的法律草案，在立宪国家俱须经过国会的讨论及表决。裁可在法理上是法律的重要条件之一，照奥斯丁一派人的理解，法律没有国家最高权力的裁可（Sanction of law）便无法执行，也不得成为法律。因之，裁可权之所寄必定是行使国家权力的最高机关，也就是"法律主权"之所寄。究竟一国的"法律主权"寄于那个或那几个机关，学者持论纷纭，裁可权之所寄遂亦不易确定。大体说起来，裁可权是立法和行政两机关合起来行使的；彼此都赞同某种法律案后，那案才能不遭否决而正式成为法律。法律的公布权大概总是属于行政机关的。公布法律的目的就为执行法律，所以也有人把公布当做执行法律的初步，而不承认它为立法的终步。不过从又一方面看起来，公布确是立法程序的最后一步。

法律的制定有一定的形式，不依定式而成立的法律，公布机关往往有拒绝公布的权，不公布则法律因不生效力而仍不成法律，所以立法手续缺了公布仍是不完全的。

以上所述是立宪国家一般的情形。在已采行"直接立法"，人民有直接民权的国家，立法的情形就有些不同。享有创制权的人民也享有完全的建议权，人民以创制而提出法律案国会有讨论的义务。有时，享有创制权的人民并得把他们所提出的案子不经国会的讨论而用复决的方法以直接表决；在这种情形之下，讨论的手续可说是省略了去，讨论的结果——通过或否决——是由人民直接表示。并且，凡是有复决的国家，裁可之权总是直接由人民行使，因为人民以复决所通过的法律已经是得了国家最高的权力做后盾，行政机关万不能更有不裁可的道理。

在过去的国民政府之下，立法权的行使可说是很特殊的。本来军政及训政时期是党治的时期，国家的权力完全属于国民党，国民党的最高权力机关也就是国家"法律主权"之所寄而党治下裁可法律的权遂属于党的代表大会或中央执行委员会。至于讨论法律的权则属于中央执行委员会所附设的一个委员会叫做"政治会议"。建议法律的权操之于政治会议的本身和它的委员，而中央执行委员会可以交议，国民政府也可以请议。公布法律的权则属之于国民政府。在这种制度之下，法律案讨论的简陋或免不了的，因为政治会议并不具备立法机关的各种便利。法律的执行机关——国民政府——既毫没有裁可的权，法律不易执行或竟不能执行的缺憾也是免不了的。

到了宪政时期，五权宪法实行之后，形势又必不同了。那时候，立法权在中国的行使和在其他采用直接民权的立宪国家差不多。人民——国民大会——有提议的权，表决的权，和裁可的权。行政院等于其他一般国家的政府，立法院等于一般国家的国会，而建议，讨论，裁可四权之分配也与一般国家相类。

现在宪政尚未开始，而五院即须设立，在训政的五院政府之下，立法权的行使又如何呢？五院组织法虽尚未公布，但是我们可以知道的，第一，建议权是很不集中的。除了立法院本身可以提案外，行政院及党方也当然可以提案。行政院的提案或者还不至于分歧，因为行政院是一个集合体，各部互相矛盾的提案行政院或可以先予取缔。党方的提案却易于庞杂，因为党方面的机关至多，中央执行委员会可以交议，中央政治会议也可以交议，而且各级党部也可以建议。我的意思，为立法系统的整饬起见，建议之权最好限于下列三种人员或机关。第一，立法院委员。第二，中央政治会议。凡中央执行委员会的议案，党员及各级党部的建议悉数须由政治会议转送立法院。第三，行政院，凡各部的议案及人民的请愿俱由行政院送提于立法院。政治会议和行政院于提案之前并须负初步审查的职任，庶几立法院所收到的议案也不至过于庞杂。

立法院成立后，讨论权当然操之于立法院。细察近日的倾向，立法院似将有两种不同的立法者，一为立法院委员，二为专门委员。我以为这两种间的界限要分不清方好，因为专门人的眼光往往失之偏狭，而所贵于讨论者乃是多方面意见的申述。如果专门委员的讨论很郑重，而立法委员的法论很轻率，所立的法必不免有彼此不相辅助之弊，其结果将与行政各部各设立法委员会者不相上下。

五院成立之后，法律的裁可权，更是不易确定。中央执行委员会，中央政治会议，及国民政府似皆有裁可之权。如果如是，所订法律又是不易有系统。法律的裁可权最好是集中于政治会议。中央执行委员会或国民政府如对通过的法律案有不满意时可交付或请求政治会议讨论是项法律案是否与以裁可，如是则法律较可有有统系的发展。且政治会议不过是裁可法律的机关，并不是立法的机关，所以它只应有否决或交立法院复议的权，而不应自行修改。党部应信任立法院。如立法院真不能满党方的希望时，可重组之，即不可既设之而不信托它或赋它以实权。

法律的公布当然仍是国民政府的权，这可不必讨论。

再者，无论立法院职权大小如何，法律条文的起草却不可不付诸一专门机关。英国法律的条文在世界各国中要算是最准确，最妥当的；英国国法得力于起草专家者甚多。立院成立后，一个专门起草机关仍是不可少的。不然，法律的实质不论怎样好，而执行时必仍多麻烦的。

十七年，九，二五。

（《现代评论》，第 8 卷第 199 期，1928 年 9 月 29 日）

德谟克拉西的危机及将来
（1930 年 2 月 18 日）

一

从古希腊一直到现今，"德谟克拉西"向为当国者、论政者、及学者们讨论最详密频繁的题目之一；关于它的论著文字，无论为释义的或阐理的，为叙述的或历史的，为赞扬的或贬斥的，为辩护的或怀疑的，诚有册帙浩繁，不可卒读，亦不可尽数之概。然距今四五十年以前，所有的著作大都是阐释或记实的，很少贬斥或怀疑之辞。这是因为我们如和柏拉图、亚里士多德一样，把德谟克拉西看做一种政体，当作平民政治讲，则我们要自法国大革命后始可看见平民政治的渐次通行。制度不行则弊不著，贬斥怀疑自亦无从发生。最近半世纪以来，民治政体较前通行，流弊渐著，于是诋斥德谟克拉西的文字亦日见繁多；即世所公认为信仰平民政治最坚决的白贲士（Bryce），在他的《近代平民政治》中，亦不敢侈陈平民政治的美德，而隐讳它的短处。白贲士的书虽出版于世界大战终结之后，而实作于大战开始之先；采用民治政体的各国，所遭因大战而生之打击，白氏多半未遑论及。至于近数年来盛行的独裁政治则发生于书成之后，白氏更无从前知。设天假以年，而白【令】氏能于独裁政治盛行以后①有订正《近代平民政治》的机会，恐怕他对于平民政治一种悲观的，失了把握似的论调，比原版中还要加甚，即使他仍不至于绝望，仍不至于怀疑它的将来。而且近二十年来批评德谟克拉西的文字实在太多了，实在会使一般人寒心。就如在崇信德

---

① 白贲士（Bryce）殁于一九二二年正月，在意、土、西等国建立独裁政治之前。当时苏维埃独裁的真相也没有十分正确表露；*Modern Democracies* 出版于一九二一年。

谟克拉西极坚的美国，十余年前批评的文字还是绝无仅有，而且为公论所不容。[①] 但近来则批评的文字也成了司空见惯。这种变迁也是白赉士在写《近代平民政治》时所没有见到的；他的心目里尚以美国人为十分满意于平民政治的。

那末，德谟克拉西究竟是好的还是坏的呢？仍旧有望呢，还是因为责言太多，我们便可宣告它的末日将至呢？在这篇文章中我打算要把德谟克拉西在晚近所以遭人怀疑、轻视，甚或唾弃的原由及言论，解析讨论，从而推测到它的将来。这些原由及言论是十分庞杂的，我现在所讨论的，当然只能以重要的，及我所知道的为范围。

二

德谟克拉西的意义先得说明。

德谟克拉西有广义狭义之分。就狭的说，德谟克拉西（Democratia）是一种政体，是平民主政的一种体制；"德谟"（Demos）在古希腊时本为平民，而"克拉西"（Kratia）即治理，治理团体，或治理阶级之意。就广的说，德谟克拉西是一种理想，是深信常人或凡人俱可以达到某种完美的生活的一种理想。理想不是事实，而是希望能成为事实的一种目标。德谟克拉西的目标在建立人人自立，人人平等的社会。合起来说，在理想的德谟克拉西的社会中，社会是大家共有的，大家对于社会的关系也是一样。或者照杜威所说，"人人能感觉到共同生活的各种涵义，就是德的〔谟〕克拉西的真观念。"[②] 分开来说，人类照德谟克拉西的理想而生存时，社会生活的各方面，以及各种组织俱得德谟克拉西化。政体须采民治，固不必论，即经济团体，宗教团体，以及其它一切团体的组织也须以平民平等参加为基础。政治经济的生活固须平等，即文化理智的生活也须有向上的共同标准。

广义的德谟克拉西实是可虚可实的一种观念。它是哲理上，论理上一个空想，它也是社会组织的一种体制和人类活动的一个原则。狭义的

---

① W. G. Sumner 在一九〇七年出版的 *Folkways* 中（七七页）曾说："德谟克拉西（在美国）是不容置喙的。你可把它捧得高高的，赞美它，颂扬它，但不能据实分析它，或评论它，好像你可以分析或评别种政体。如果你真去分析或评论它的话，不但没有人会听你，而且你会受辱骂。"白赉士也说过德谟克拉西在美国和加拿大差不多是不受批评的。《近代平民政治》，一卷，二三页。

② John Dewey, *The Public and its Problems*，一四八页。

德谟克拉西则仅是政治组织的一种体制和政治活动的一个原则。广狭的悬殊也于此可见。

我们并不采用广的意义，一来因为广的范围太泛，缺乏一定的意义，也不是一篇短文所能照顾得到；二来因为理想往往根据于主观而生，不易作客观的观察。我们所欲讨论的是狭义的德谟克拉西，即平民政治。

然而平民政治究当怎样讲呢？林肯"民治、民有、民享"的定义实在没有定什么意义，因为"民"是什么，"治"、"有"、"享"作什么讲，都没有确定。马祭尼的定义，"因全体（人民）在贤明的领袖之下，一致努力，而全体得以上进"则更空泛，不着边际。只有白赉士的定义较为准确，他主张凡是全体人民（或全体人民四分之三以上）所票举的政府就可叫做德谟克拉西。严格的说起来，他的定义也有很欠妥当的地方。未成年的儿童不算在全体人民之内尚有可说，但成年女子那能不当做人民看待？如果把女子算做人民，白氏所列举的法、意、葡、比等国[①]，又那一个能合四分之三的条件？那配称平民政治？幸而我们也可不必过分拘泥于女权问题。成年女子什九是成年男子的妻室，夫妇间的利害又什九相同，在一般的国家女子有没有政权本不能对于政治发生多大影响。[②]

三

平民政治在近百年来诚有某教授所谓所向披靡，无往不克之势。[③]有时即发生一些打击及障碍，终不能中止它的前进。在前世纪上半叶只有美国及瑞士可说是民主国，到了前世纪终则法国及西欧多数的小国，南美洲几个较先进的国家，英国和它的许多自治殖民地俱已由君主政治，贵族政治，或军阀政治进而为平民政治。欧战时协约各国的口号之一即是使平民政治能安全存于世，所以欧战结束后，许多向非民主的国家，甚至向来反对民治最力的国家，也一一采用民治政体。若以数字而论，欧战后的一二年要算民主建立得最多的一个时期。

然而"泰极否来"。平民政治最大的难关不意竟于此时相随而起，

---

①　《近代平民政治》，一卷，二二页。

②　选权的扩张对于政体有很大的影响，例如十九世纪中英国三次的选举改革。但英德美准女子有选权以来，政治上因之而生的变动极少。

③　John Simpson Penman, *The Irresistable Movement of Democracy*，1923.

反民主的独裁政治竟相继发生，蔓延全球。当梅特涅的复辟政策弥漫欧陆的期间，德谟克拉西的火焰固然也曾稍戢一时；当卑斯马克的军国主义震慑中欧的时候，平民主政的呼声固然也遭重大打击；然而平民政治在那两时期中的挫折还是浮表的，局部的，平民政治的潮流仍在不断的滔滔前进。近几年来则情形与前不同；不但反民主的独裁制风行一时，且人民似有厌倦德谟克拉西的样子。究竟近几年来的变动仅是过程中的一种挫折，还是新趋势的一种肇端？要答复这个问题，我们先得详考独裁制的内容和性质。

新流行的独裁政治[①]，大别之，可分为两种：一为苏俄式的阶级专制，一为意大利式的独夫专制。两者俱和平民政治背道而驰。还有第三种的国家，政体恒为共和，而实则由拥兵领袖互为消长，政权得失不由票决而以武力，比如南美中美许多国家，和波斯、阿耳巴尼亚等等。但这种国家可以略而不论，一因它们的政象是百年来常有的，不是近几年来新的现象；二因在这些国家，投票向来是假的，所以照白赉士的定义，它们也从未入过平民政治的途径。

苏俄式的独裁政治起于一九一七年，于一九一八年曾一度推行于匈牙利。意大利式的独裁政治起自一九二二年。西班牙仿效意大利所为，自一九二二〈年〉起亦采用独裁制，亘六年余之久。它如土耳其、希腊、波兰、尤哥斯拉夫等国亦相继树立独裁政治。它们的独裁者虽未必定以莫索里尼为张本，但独裁的精神则并没有多大的分别。

苏俄的独裁制和平民政治根本上不同的地方在阶级的观念。共产党主张消灭劳动以外的一切阶级，所以不把劳动以外的人当做人民看待，也不让他们有一切政权。因此，从不相信阶级斗争的人们看起来，苏维埃政治正是平民政治的相反；相反的程度比君主政治或贵族政治还要绝对，因为没有一个君主或贵族会像共产党摈斥非劳动者那样去摈斥平民参政的。但从马克斯、列宁[②]那班笃信中等阶级的平民政治（Bourgeois Democracy）非真正平民政治的人们看起来，苏维埃独裁不但不和平民

---

① *American Political Science Review*，1927，五三七页有一文论欧洲的几个独裁政治。又 *Revue de Droit Public*，1928，五八四页也有一文论平民政治的危机。这两篇论独裁制颇详，可参阅。

② 参阅 Karl Marx, *Civil War in France*；Nicholai Lenin, *The State and Revolution*，第三、第四章；*The Proletarian Revolution*，第二章；Clara Zetkin, *From Dictatorship to Democracy*；N. Buharin and E. Preobrazhensky, *The ABC of Communism*，第六章。马克斯在他的书中虽反对国会，却还赞成普选制度。到了列宁手中，则选举权只能由劳动者独享了。

政治冲突，而且为趋向平民政治必要的途径。在本文中我们不能讨论阶级斗争之说，所以我们只能暂时断定苏维埃独裁为平民政治之敌。但我们却不必因世上有那些独裁政体而遽为平民政治作悲观，因为如果阶级斗争之说毫无根据，则苏俄的独裁早晚将如昙花一现，不足为平民政治之患；如果共产主义可以实现，则舍劳动者将无其他平民，劳动阶级独裁岂不就等于平民政治？[①] 我们倒不因劳动阶级要独裁而为民主制度担忧，在独裁阶级的本身中没有德谟克拉西的精神和组织，却是平民政治的大患。列宁等虽以建设劳动阶级的平民政治自许，然小之在共产党中，大之在苏俄的劳动阶级中，大权岂不尽操诸于一个或几个恣睢自雄的领袖之手，那留一些共主共治的余地？不过这种少数专制是独裁政体中共有的现象，等一会我们可以一起讨论。

意大利的独裁常人恒视为和苏俄的独裁相反，一即所谓极端右倾的独裁，一即所谓极端左倾的独裁。两者间不同的地方固然很多，但我们如把经济思想的背境弃而不论，则它们实在是非常相似，尤其从平民政治方面去观察它们。俄的独裁，凭借一党（共产党）的势力，意的独裁也是这样。俄国的政权在共党，共党以外的劳动者虽投票而等于不投票，意的政权在法契斯帝党，非法契斯帝的人民虽投票亦等于不投票。共产党有列宁，法契斯帝党有莫索里尼。于本党内两者俱握有绝对的威权；他们的意志就是党的意志。以国家而言，俄意俱由党来独裁；以党而言，共产及法契斯帝俱受党魁的专制；不特在国内没有德谟克拉西，在党内也没有德谟克拉西。

俄意的政治俱是以武力为基础的。在民主国家，官吏须由人民选举（间接或直接），法律须得人民同意（间接或直接），在俄意则政权的取得由于武力，政权的维持也由于武力。选举可以威胁，法律可以漠视，举凡民主国家所视为神圣的名器，俄意俱可以一扫而尽。

俄意两独裁制的起源也是相像。十月革命所以能爆发，能成功，是由于卡伦斯基政府的软弱；一九二二年十月法契斯帝党人能入据罗马，能迫国王命莫索里尼执政，也是由于先前的政府失了统治能力。在乱世，在国家危急之秋，人民所希望的就是强有力的政府，而所谓平等自由转居次要的地位。这种象征在欧战中早已充分表现。鲁意乔治及克来蒙梭的政治都是比较专制的，前于他们的政府比较都要尊重德谟克拉西

---

① 白贲士似亦相信共产国家终必做到平民政治。*Modern Democracies*，二卷，五八六页。

些，然而英法的人民反而欢迎他们的政府。美国人民也是酷爱自由平等的，然而威尔逊的战时政府也可忽视民权而不遭抵抗。这都是因为人民在危急时求安全比求德谟克拉西还要热切。所以根据晚近的经验，我们也可说：除非平民政治在国家危急时能和别种政体一样，或比它们更要有力，则国家纷乱时，反平民政治的各种政体，像俄意等国的独裁制，极易应时而起。这一点是凡关心平民政治者不能不十分注意的。

在事实上，或可以说是设施上，俄意两国的独裁固然十分接近，然在理论上，或可以说是形式上，两者间也有不同的地方，而法契斯帝主义尤为德谟克拉西的大敌。共产主义者只仇视所谓中等阶级的德谟克拉西，却没有反对德谟克拉西的本身。但莫索里尼则公然自夸他的主义为世界新主义，为绝对反对德谟克拉西的新主义；德谟克拉西为一七八九年法国人的旧主义，法契斯帝主义为意人今日的新创作。[①] 共产党的理想在化全体为劳动者，再建立平民政治；莫索里尼则根本不信平民应共同参加政治，他信只他自己有执政的能力，他去后的政权应归何人行使则他从未明言。

因为共产及法契斯帝两党对于政体的观念根本不同，所以俄意的政治组织也不相同。实际上苏俄政权也操于很少数人之手，但理论上它的是委员制最发达的一个国家。共产党的组织采委员制，政府的组织，甚或行政各部政组织，亦采委员制。法契斯帝党及意政府离开了莫索里尼个人，便会不成为党或政府的；党的评议会（Grand Council）及政府的内阁实不过是莫氏随便拉拢而成的团体罢了。而且莫氏不仅是事实十分有权力的首相而已。他的官职虽叫首相，像英的或法的一样，但他的地位连欧战前的德国宰相也不能比拟。英法的首相是对于国会负责的，德国旧日的宰相至少也得向德皇负责；莫索里尼则不但不对国会负责，也不向意王负责。他是唯一的独裁者，法律上，和道义上都没有制裁之可言。我们用一句粗的话，他真是以"替天行道"自命者。因此，俄意间还发生了一种次要的区别。在苏俄只是各权相混，无论立法行政俱集中于苏维埃的中央机关，而意大利的政府则只见有行政机关的独雄，而不见立法及司法机关的并立，因为后者俱处于无足轻重的地位。

共产党和法契斯帝党对于各个人民行使政权的见解也不尽同。苏俄

---

① 见莫氏一九二六年四月七日在罗马的演说。*Revue de Droit Public et de la Science Politique*，Annee 1928，五九七页。

的投票权是属于个人的。投票权未被剥夺的人民，人人有投一票之权。在意大利则不然。当国会讨论新选举法时莫索里尼曾亲向下院宣言："我们今日（一九二七年五月二十六日）将虚伪欺世的民主普选制度永葬地下。从明日起，我们的下院应由全国的社团组织（Organisotions corporatives de l'Etat）选举代表充任。"① 这里所谓社团组织实即生产团体（Syndicat）。照意国一九二八年颁行的新选举法②，下院议员的候补人概由这种生产团体选出，由法契斯〈帝〉党的评议会加以抉择，再由人民投票赞同。所以在实际上下院确为这种生产团体的代表机关。个人只有赞同权③，没有选举权；选举权不在各个人民的全体，而在生产团体。但所谓生产团体也并不是凡从事于生产者即可平等参加的团体，只有法契斯帝党人所主持的团体才能得到政府的承认，而少数党人所把持的某种生产团体又可代表全国从事那种生产的人民。所以我们可说，在苏俄凡劳动者俱可有选举权，而在意大利则选举权根本不是可以由个人行使的。

俄意对于地方政府所采的态度也不相同。俄采苏维埃制，所以政策可集中于中央，而执行则分散于地方。意大利向为中央集权的国家，自法契斯帝党专权以来，向心的倾向较前尤著，各城市各地方的民选议会及长官也一一废止，而以中央委派的官吏为替。这也为苏俄所无的制度。④

俄意而外的独裁政体，只有土耳其及尤哥斯拉夫应当稍有说明，其余的都是俄意具体而微的，可以略而不论。即如现已成陈迹的里夫拉独裁制（Riverism）也不过是法契斯帝独裁制的化身而已。

土尤的独裁在精神上和拿破仑的相近，土总统克迈耳和尤王亚历山大俱以能代表全国民意自命，惟采用的方法则不尽相同。克迈耳假国会以实行独裁，国会是他的假面具，土耳其国民党是他的工具。亚历山大则解散国会及一切政党而实行独裁。⑤ 土尤与意大利相同的地方在都是个人独裁，相异的地方在对于平民政治观念的各异。莫索里尼根本蔑视

---

① 参阅 Edmondo Rossini，La Portee du Syndicalisme Fasciste。

② 关于选举法的内容可参阅 *American Politcal Science Review*，1920，一三九页，本文未便详叙。

③ 事实上只可赞成而不容反对。

④ 地方自治向被视为平民政治基础之一。参阅 *Adolphe Prims，De l'Esprit du Gouvernement democratique*。

⑤ 参看 *American Political Science Review*，1920，四四九页，"The Dictatorship in Jugoslavia."

平民政治，而克迈耳及亚历山大，无论他们的用心如何，尚以筹建真正平民政治为号召。

就近今各种独裁制比较起来，我们觉得意大利的尤为德谟克拉西的大敌，与德谟克拉西不能相容。第一，在理论上，法契斯帝主义是要根本推翻德谟克拉西的，莫索里尼根本就瞧不起平民。第二，莫索里尼自视他的独裁政治为一种进一步的政体，是可以日臻完全的政体，不像苏俄的阶级独裁只当为达到真正平民政治的一种工具。除此而外，（三）尚武力不尚法治，（四）独裁为无力政府的归宿，则为各种独裁制共同的流弊。

从理论上说起来，独裁制的根据本极薄弱。意大利的独裁制就是专制政治之一种，而专制政治之不相宜早已成为定谳；苏维埃的独裁政治则自承为过渡的局面，非平民政治的仇敌。从施政上说起来，即使俄意现今的政治能比独裁以前的好些，那也不过是独裁和无力政府间的比较而已。若以俄意和平民政治确立的国家，如英如美相比，就连俄意的当国要人恐也无可自得。

我们不特不能因独裁政治的盛行而遽疑平民政治的不行，且不能因而视为平民政治推行的障碍。独裁的所由起，固然由于政治的纷乱和权力的微弱，但我们再一细考纷乱微弱之所由起，则我们绝不能归罪于平民政治。现今采用独裁政治的各国，以前俱没有入过真正平民政治的康庄大道。独裁以前的政治，不论帝俄，回土，民族庞杂的尤哥斯拉夫，政变迭起的波兰、希腊，军阀贵族交争下的西班牙及匈牙利，都不能说是平民政治；独裁政治也不是替代平民政治而起的。只有一九二二年前的意大利要算比较的民主，然而我们又那可因一个孤例而遽以独裁政治为平民政治【的】的归宿？

而且独裁也不是最近的现象，历史上甚多独裁的例证。细考独裁的前因后果，我们可推得下列的变化：政治太窳败或太专制则生革命；革命的政体往往倾向民主；人民因不习政治之故，革命的政府往往乱而无力量；人心厌乱，强有力的独裁政府因之而起；但独裁是独裁，无论治安方面怎样可靠，而专制必达于极点；人民因回想到初革命时之自由，终必采纳一种能维持革命时的权利而又不过于激烈的政体，这种政体往往是一种缓进的平民政治。① 以上所说的各种步骤固不能视为分毫不

---

① 参阅 Joseph Barthelemy 论代议政治的危机，*Revue de Droit Public et de la Science Politique*，1928，五九八页。

爽，但试以解析历史上各种独裁政治则几一一吻合。英国十七世纪的革命及克伦威耳（Gromwell）的专政，法国大革命及拿破仑的称帝，墨西哥革命及第亚士（Porfilio Diaz）的秉国，西班牙的纷乱及里夫拉的独裁，凡此种种的前因后果，几无不与上述过程一一符合。历史的悬拟固然不易准确，但莫索里尼既不能长生不老，则意大利亦总有脱离莫索里尼执政的一日，将来的意大利谁也不能否定它会归于平民政治的途径的。

照上所说，平民政治遇到不能应付严重时局时，固然有发生独裁的可能，但平民政治并不因独裁而会一蹶不振。且严重的时局本不易应付。欧洲大战时所产生的局面，英法等民主国家固不见得应付裕如，然俄土德奥等非民主国更呈应付不灵之态。所以我们只能说平民政治尚不能防止独裁的发生，但我们不能说它是酿成独裁的原因。

且就事实而论，独裁的盛行也并没有中止平民政治的进展。在意西等国，独裁者最专制之时亦即宣传平民政治最得力之年。裴勒洛（Guglielmo Ferrero）及易柏南（M. Ibanez）虽流亡在外，不为莫索里尼及里夫拉所容，然而意西人民转因这两大领袖的大声疾呼而对于平民政治有较深刻的印象。在没有独裁制的国家，则平民政治更进展无已。日本素称反动，然选权亦一再扩张，逐渐普及。至于女权的取得尤为西方各国普遍的行动。我们尽可不必因独裁制的横决，而闭目不见民主制的前进。

四

独裁的盛行【的】足以使平民政治减色，且丧失信用，非议的文字也因而日见其多。此外，还有一种原因也足以减少世人对于平民政治的热望及关心。大凡政治的措施都是有为而发，平民政治即为补救君主政治，贵族政治，及先前一切政治的积弊而成立的。狡兔死，良弓藏；平民政治推行既久，旧日的弊病困难既一一解除，而新的弊病困难则与时俱生；于是常人对于平民政治的热忱因而锐减[①]，于是反面的文章也乘时而起。王权神圣之说为前几世纪攻击的目标，而民权神圣之说则为今世纪攻击的目标；平民政治本未必为理想上完美的制度，实行上更未臻

---

① 参阅 Bryce, *Modern Democracies*，一卷，四一页。

尽善尽美之境，表示不满的批评又那能幸免？怀疑，批评，诋斥平民政治的言论可分做五种讨论。

（一）第一种的议论根本由于轻视平民。因为怀疑平民的道德，小视他的能力，鄙薄他的智识，所以便不能相信他的政治。前辈如梅恩、勒岐、大希带耳、法给，近人如柏诺意、克拉姆、马罗克、衰歇①等等也不过是无数人中的代表而已。他们觉得平民政治多变动而缺乏恒性，只顾目前而不计将来，无知无能者居上位，而贤者远蹈，执政者又懦怯，又贪鄙，凡此种种，他俱归罪于平民的劣根性。实则这种观察殊欠公允。平民固没有像班恩（Tom Paine）或杰孚生（Thomas Jefferson）所夸赞的尽善尽美，然那一种人一定是更善更美？无恒性，无远谋，不勇敢，不廉洁，既非它种政治之所能免，亦非平民政治之所独有，梅恩及法给的书中固然举了许多实例，然而吹求过甚的例子那足以举一而反三？

而且现今的政治根本和昔日的不同。昔日的是消极的，人民除了守法度日外几不会与政府发生关系。现代的是积极的，政府的威权几无时无地不临到人民的头上来。平民如不参加政治，或政治而不是以平民为对象，则为政少成功的可能。莫索里尼的所以能收一时之效亦因他能以为民谋利为号召。但独裁者当权愈久，则离平民亦愈远，纵令极精明强干之能事，亦终必因不能和平民调和而归于失败。② 有人谓近代国家的职务在调和通行的法律和人民的德行及生活。如果此说而富有根据，则除了平民政治外，更有那种政治可以完成国家的职务？

（二）另有一种人则以不文不雅诋毁平民政治的，他们都是感情用事的人。他们以为近人的文物礼貌，不如古人，而退步的缘故，则由于

---

① Sir Henry Maine, *Popular Government*，1886；William E. H. Lecky, *Democracy and Liberty*，1899；Eugène D'Eichthal, *Souveraineté du Peuple et Gouvernement*，1895；Charles Benoist, *La Crise de l'Etat Moderne. De l'Organisation du Suffrage Universel*，1897；Emile Faguet, *Le Culte de l'Incompetence*，1910；Ralph adams Cram, *The Nemesis of Mediocrity*，1917；William H. Mallock, *The Limits of Pure Democracy*，1918；Alphonse Seche, *Le Dictatur*，1924.

② 参阅 L. T. Hobhouse, *Democracy and Reaction*，一八六页，及 Delisle C. Burns, *Democracy: Its Defects and Advantages*，一八九页。加富尔统一意大利后，有一歌功颂德的议员尝同他说："如果在专制政治之下，你的成功必更易而速。"加氏大不谓然。加氏曰："我之所以能为首相，且为成功之首相，完全因为我生长在宪政之下。专制国家之相只能命令，但我以劝导得来之服从，其力量弥大。最坏之议会政治尚优于最好之反议会政治。"（见 M. Paleologue, *La Vie de Cavour*.）加莫两氏的态度颇值一比。

平民主政。① 有人甚且诋平民政治为缺乏浪漫性。然这类批评诚不值一驳。我们不能因朝廷或贵族生活之繁华而鄙弃平民政治的质朴，犹之，我们不能因农用牛车的富于浪漫性而漠视汽车的功用。且文物礼貌嗜好等大部本属主观问题。谓昔时的一定比今时的好，除了迷信古代的人们外，实无人敢作此语。古今间最大的不同：就是古时参差性大，而今则举世皆同。今日之雷同（或称标准化），本由于交通便利者多，而由于平民者少。② 且参差未必是美德，同亦未必不好。古代的贵人固以斯文著称者，然其对奴仆之残酷，或酗酒时之粗戾，宁是今人能梦想所及？今人无论贫贱富贵类皆具有相当的礼貌及审美能力，又岂是古人所能比拟？所以感情作用的批评，实是抹杀事实而已。

（三）老实说，发为上述两种论调的人都是未能忘情于君主或贵族生活者。最近更有一班人则想从心理及生物上来证明人类的不平等和平民的低下。③ 如果人类根本不相等，劣等的人，无论本身或子嗣，总不能改良，则政治天然亦不应公诸大众，而平民政治亦顿失立足之地。然这点迄今尚无可靠的证明。④ 历史上许多闻人固然出于闻人之家，但也尽有平民的子弟登峰造极而领袖全民者。

（四）上述三种论调大都流于浮泛，而缺乞〔乏〕客观性。还有两种批评比较地要实际些。一种是因为发现平民政治组织或搆〔构〕造上的缺陷而产生。第一，民主国家一定少不了政党，而政党政治的倾向总是少数人操纵一切，实际上造成头目政治（Oligarchy）。⑤ 所以有些人虽不

① Emile Faguet，*Le Culte de I'Incompetence*，九章，Nicholas Murrey Butler，*Trne and False Democracy*，1907；Henri Chardon，*L'Organisation d'uve Democratis*，1921。

② D. Delisle Burns 则以为文教（Culture）的衰落由于宗教、学校及报馆的因循旧习，没有革新精神所致。见 *Democracy：its Defects and Advantages*，一八九页。

③ 参阅 G. Le Bon，*La Revolution Francaise et la Psychologie des Revolution*，1912；William McDougall，*Is America Safe for Democracy*，1921；N. J. Lennes，*Whither Democracy?* 1927。Le Bon 及 McDougall 从心理学，Lennes 从生物学，极言人类之不等，如平民主政，则政治文化将每况愈下。照 McDougall 的见解，天赋甚高的人在上等社会中所占的成数要比在中下等社会中为多。

④ 参阅 A. A. Tenney，*Social Democracy and Population*，1907；Franz Boas，*The Mind of Primitive Man*，1911；P. A. Means，*Racial Factors in Democeracy*，1918。Tenney 研究的结果，以为生物学上的事迹并不和平民政治不相容。Boas 及 Means 则否认种族间有天生之优劣，所以亦可共同主政。

⑤ 参阅 M. Ostrogorski，*La Democratie et I'Organisation des Partis Politiques*，1903；Robert Michels，*Les Partis Politiques. Essai sur les Tendances Oligarchiques des Democraties*，1914；Mallock，*The Limits of Pure Democracy*；Henry Ware Jones，*Safe and Unsafe Democracy*，1918。

根本反对平民政治，却要提议改组政党，甚而主张废除党见甚深的政党（Partisan Parties），而代以因故特设的政治集合或团体，事毕即解散另组。我们固希望政党的组织可以改善，头目政治的倾向可以取消，我们不必为它们辩护；但我们也不能因政党没有改善，头目政治的倾向没有取消而即谓其它政体可优于平民政治。平民政治是多党的政治，所以即使政党尽为头目所把持（这也未必尽然），至少人民还可以从多个头目政治中挑选一个来主持国家的大政。但在非平民政治的国家，无论为君主政治，或是独裁政治，人民连挑选的自由也没有了。近代的国家，不论采用那种政体，大都须以民意为后盾，得民者昌，失民者亡。然人民的程度还不够产生真正的民意，所以在比较民主的国家，民意都是由政党的领袖制造出来；而在比较专制的国家则由政府制造。在多党的民主国家，人民还可挑选一种造成的民意而奉为己意；在无党的专制国家，或一党的独裁国家，则人民只有接纳唯一的所谓民意。由此以观，政党政治纵易流为头目政治，然多党的平民政治总还胜于它种政体。

还有人以为平民政治和频繁的选举是离不开的。选举的官吏往往不是专家，所以行政不良为平民政治的通病。因此有人主张平民政治的救星在任用专家员吏，而减少选举。[1] 然平民政治本和专家行政不相冲突，选举制度也尽有改良之可能，近二十年来选举的效率已比从前增加不少。选举又安足为平民政治的隐忧。

（五）平民政治运用的不良也给人以许多批评。自由本为平民政治目标之一，但事实上则有平等，便无自由，平民政治的结果使庸者跻于能者的地位，有群众的妄同而无贤者的自由。[2] 微弱无力本不必为平民政治应有的现象，但事实上每因各机关间相互控制之故，平民政治儿等于无力政治。不满意于平民政治者每把欧战时英、法、美诸政府的行动的滞笨归罪于平民政治。实则政府是否强而有力或软弱不堪，由于国上的广狭，民族的异同者居多，而由于政体者居小。瑞士守中立之难，不亚于作战，然瑞士政府并无软弱之迹；反之，俄帝国非平民政治，但俄政府之不济事尤甚于英法等国。至于自由也不是在民主国家为独少，自由本是主观的一种观念。偏向贵族政治的梅恩固觉得在民主国家不自由，但在君主或贵族政治的国家平民更会觉得不自由。

---

[1] Arthur George Ledgwick 在 *The Democratic Mistake* 书中痛斥选举太多之妄，而提出 Good civil service 为救济平民政治一切弊病之方。

[2] 见 Sri Henry Maine，*Popular Government*。

再者，平民政治免不了选举。选举应推贤者能者。不满意于平民政治者颇以当选者之庸碌为非议。法给谓人民所选的代表必和人民一样无识无知，卓越的人不易当选。① 这也许是确的。不过我们也可答辩。第一，平民政治以平民为基础，平民的程度高则所当选的代表也高，人民程度低，代表也低。平民政治目标之一即在提高人民的程度，所以当选者即不能高出于选者多少也不足为患。且代表的知识高卓固然极好，而尤贵能见信于选者，能为选者所了解。苟仅智识卓绝而不为人民所信所好，则政策将难以推行，而政局立见解体。所以民主国家主政者人物之平庸未必就是不好。

五

在平民政治的构造及运用上固然有许多弊病，许多缺点，但评判一个制度应采比较的标准，应和相替的制度比较，不应单从理想；更应就大体立论，不应就局部吹毛求疵。近年来批评平民政治的文字固然多至不可卒读，但一大部分尚脱不了德人所谓"倾向书"（Tendenz-werke）。一大部分的作者先有一个厌弃平民政治的目的，然后再找些破碎的事实来充实他们的立论。梅恩、法给等本是学者，但狃于成见，对于平民政治的观察已失公允，次焉者更不必说。还有些人，则因为发现一二坏处而攻击到平民政治的本身。② 他们也是不合逻辑。我们如用比较的眼光以论平民政治的得失，我们殊无失望的理由。英、美、法、德为今日实行民治的四个大国。我们如以大多数人的安乐，财富的平均，穷困的累减及救济，民智的普及，女子的自立——姑举数例——为政治善良的标准③，前代的英、法、德能不能与现代的英、法、德比美？前代的大国，如罗马帝国，中古帝国，能不能与现代的大国比美？即向以诋毁所谓中等阶级的平民政治为能事的共产党人亦且承认它（中等阶级的平民

---

① Faguet, *Le Culte de I'Incompetence*，第一章。

② 如 E. Giraud, *La Crise de la Democratie*，1925；James A. Wood, *Democracy and the Will to Power* 等等。如将近十年来关于德谟克拉西的书列举起来，赞成方面仍比反对方面的要多。

③ 杜威在 *Reconstruction in Philosophy* 书中（一八六页），尝言德谟克拉西最大的意义在使政治上及实业上的措施务以发展全体人民的整个生活（all-round growth）为依归。在这里德谟克拉西的涵义本不只平民政治。今特采取难的标准。更可参阅 Henry Wilkins Wright, *The Moral Standards of Democracy*，1925，藉知平民政治是否在向相当的标准前进。

政治）比君主政治和贵族政治进步多了。[1] 所以我们和白赉士同样的对于平民政治希望无穷[2]，我们更断定凡背了平民而独裁的政治终将归于无成。

一九，二，十八，南京

（《武汉大学社会科学季刊》，第 1 卷第 1 号，1930 年 3 月）

---

[1] 列宁在 *The Proletarian Revolution* 中（二八页）说："Bourgeois democracy，while constituting great historical advance in comparison with feudalism，…"列宁等把君主政治和贵族政治都看做封建。

[2] 见 *Modern Democracies*，二卷，末页，参阅 Alfred Zimmern，*Prospects of Democracy*；C. Deslie Burns，*Democracy：Its Defects and Advantages*，1928；Georges Guy-Grand，*La Democratie et l'apres-guerre*，1922。

民主政治乎？极权国家乎？
（1934 年 1 月 1 日）

近十余年来，为了种种不同的缘故，民主政治益见衰颓，而与民主政治处相反地位的各式独裁制度则转获相当的成功。我自己于三四年前尝写过关于民主政治的危机及将来的一文，在归结时我尚"对于平民政治，希望无穷，我更断定凡背了平民而独裁的政治终将归于无成"①。我现在对于以平民为主体的政治固仍有无穷的希望，而对于漠视平民利益的独裁制度固仍丝毫不减其厌恶；然对于有组织、有理想、能为民众谋真实福利的政治制度，纵是独裁制度，我也不能不刮目相看。②

我于这篇文章中将先论民主政治的衰颓，次及现代各种比较成功的独裁的内容。从两者的比较中，我将探索在最近将来或可流行的制度，从而更推论及中国应采的制度。

一、民主政治的衰颓

民主政治在西文叫做"德谟克来西"。"德谟克来西"本应专指政治上的一种体制而言。然常有用以表示经济上、社会上、甚或礼仪上的一种状态者，而美国式的社会学家尤喜作广泛无定之论。我们今所论的民主政治是指一班通认为民主国家，如英美法瑞比荷等国的政制而言，是指具体的、现实的一种制度，而不是指抽象的一种理想，或实现无期的一种希望。③

---

① "极权国家"为"Totalitarian State"一词的试译。（注释内容与文中注码位置不相符，疑注码位置有误，似应注在标题中"极权国家"上。——编者注）

② 见拙著《德谟克来西的危机及将来》，国立武汉大学《社会科学季刊》，第 1 卷，第二五至五〇页。

③ 我于《德谟克来西的危机及将来》的一文中尝以"平民政治"译德谟克来西。如政治而真能由平民主持，且为平民谋福利，恐反对者将世无一人。然英美等国的政治既不是真正的平民政治，故我不用"平民政治"一词，而用比较中立的"民主政治"。

那末，英美等民主国家有那些共同之点呢？第一，在这些国家中，各个人民，无论是挟资亿万的大地主大资本家，或是贫无所有的农民工人，在法律上是一概平等的。第二，国家的权力有限，而个人保留着若干的所谓自由权；国家如欲伸张其权力或限制人民的自由，则须依照一定的制宪程序，所谓制宪程序者，大概都含有人民直接对某事表示意见之意在内。[①] 第三，人民有一代议机关，依个人平等的原则选出，较富有阶级操纵较贫穷阶级的事实则法律一概不问。第四，议会中同时有两个或两个以上的政党存在，互相监督，且轮替执政。第五，为保障人权及限制国家权力起见，政府采分权制；没有一个国家机关，无论立法、行政或司法，能独揽国家一切的大权。

上述的固不能算是民主政治的定义，但民主政治的重要精彩实不过此。本文所论列的民主政治即是这样的一种政制。

当二十世纪的初年，稍具进步眼光的人们几全体认民主政治为绝对最良的制度。凡未采用民治的国家，其统治者且常带多少心虚及自惭的口吻。所以当大战后期威尔逊总统以"使民主政治得安全存在于全世界"为号召时，无论是协约方面的帝俄，或是中欧方面的帝德，皆表示可以商议的态度。然欧战的结局实为民主政治最后一次的凯旋。欧战终结而后，已经民主的几国在形式上虽仍回到战前的常态，新兴的国家虽几乎一致地采用民主宪法，但民主政治的基础则已早因苏俄革命的震荡，及各国战时政府权力无限的膨胀而受暗伤，一九二二年莫索里尼的法西斯蒂主义在意大利获到胜利后，则民主政治受到更严重的打击。俄国本不是民主国家，故共产党的独裁，在民主政治者的眼光看起来，只是以暴易暴。意大利至少在形式上，也是民主国家，故法西斯蒂的勃起对于民主政治更有深刻的影响。然共产独裁及法西斯蒂主义初时仅是一种革命的现象，既无成绩可言，也无持久的把握，故拥护民主政治者尚可不太悲观。到了一九三○年左右则形势又大变，两者不特均有持久的趋势，且在施政上亦有显著的成绩。而此成绩者不特优于俄意曩日之所有，即以比所谓民主先进国家的造诣亦无逊色。这样一来，不特民主政治自身的缺点暴露无遗，且代替民主政治的制度之堪采用也得了事实上的证明。这实是民主政治空前的大打击。然拥护民主政治者尚有说焉。

---

① 英国无成文宪法，因之宪法与法律之间无分别。但重要的政制及人民的自由权有变更时，也必经过民意直接的表示，故在事实上英国与别国无分别。

他们可诋俄意民智未开，工业不发达，故独裁易乘，而民治难行，至于
先进国家则固仍以民治为最良政体。① 但一九三三年希特勒主义之披靡
于人民政治能力素号发达的德国，则更为民主政治之致命伤。政治制度
之为物，本不能凭好恶为取舍，而应凭其实际上的表现为从违。民治制
度的弱点既未【能未】减，而代替民治的制度则转能表现其优长之点，
又何怪民治制度已动摇到了近年为更烈呢？

民主政治衰颓的最大原因，自然是无产者阶级意识的发达，及国家
经济职务的增加。马克斯派的社会主义者一方提醒无产阶级的阶级意
识，一方则痛诋民主政治的虚伪，及无产阶级之无权问政。姑无论马克
斯派之所指摘者是否事实，但大多数国家的无产阶级对于民主政治因而
发生一种根本上的不信任则为事实。暴烈者以打倒民主政治为职志，如
入国会，则专以捣乱为能事；温和者亦从不肯尽政党应尽的义务。② 故
民主政治的失败，无产阶级的不合作实为重大原因。

然无产阶级的不合作，不能即算是民主政治本身的弱点；犹之我们
不能因拿破仑三世之称帝而遽为第二共和病。如果有人能祛除无产阶级
的误会，而且在实际上确予无产阶级以握政权的机会，则民主政治仍不
会因无产阶级的存在而失败。然民主国家之不能应付现代国家的经济问
题，无法完成现代国家的经济职务，则实是民主政治难以补救，或竟不
能补救的弱点。现代的国家已不复是一个警察国家，所以国家的经济职
务繁而且重。而且现在又是经济的民族主义澎湃时代，国与国间的经济
战至为剧烈，故国家常有采取敏捷的处置的必要。然在民主国家，则国
家权力有限制，而个人的自由受保障；议会虽号称代表人民，但与国中
生产的组织无关；且议会中的各个政党又复互相牵制，使议会不能为敏
捷有力的决议；议会即有决议，行政人员亦未必能实行。因此种种，民
主国家的生产及消费乃不能维持其应有的均衡，而生产力的增加亦至极
迟缓。除了上述的二者而外，民主政治尚有其它种种崩溃的现象。工人
的骚动足以影响国家的治安；党争的剧烈足以减少法律的尊严；行政权
的增加及立法机关的退让足以破坏两权的平衡。然此种种直接间接殆皆

---

① 有好些人向以为民治在工业国较易实行，而在农业国则独裁易于持久。日内瓦大学
校长 W. E. Rappard 即持此说。

② 无产阶级所组织的政党，其能完全接受民主政治者不多见。德国近十余年的社会民
主党即此中的一个。然它卒因此而致有今日的毁灭。参阅 Heinrich Strobel, *Die Deutsche Rev-
olution, Ihr Ungluck, und ihre Rettung*。

由前述两大弱点所引起，所酿成，故不必细说。

二、现代的独裁制度及极权国家之诞生

近年来采用一党或一人独裁之制度者甚多，而最成功者则为俄国的苏维埃制，意大利的法西斯蒂主义，及土耳其的凯末尔，德国的希特勒主义也有成功的模样。这些制度的详细情形非一篇短短文章之所能尽述。本篇之所要述及者，仅是这些制度有异于民主政治的方面。

俄意土德诸国虽在经济上有左倾右倾之大别，而在政治上则共同之点甚多。它们尽是独裁的国家。国家的权力无限，而这无限的权力则由一党专享。党之内，则又大多有一权力无限的领袖。[①] 所以称它们为一党独裁的国家可，称它们为一人独裁的国家也可。它们也有代表机关之设，或仍称国会，或称苏维埃代表大会，但这些都不是民主国家的议会可比，都不是建筑于人民自由平等选举的基础上的，而都是独裁的党可以包办，或至少可以占绝对优势的团体。

因为俄意土德等国的国家权力是无限的，所以它们在经济及文化上的设施也和民主国家有南辕北辙的悬殊。它们变法极易，而对于人民的强制力亦较大。国家可以经营民主国家所从未经营的事业，国家也可以限制民主国家所绝不敢限制的个人权利。结果它们对内可以消除各职业及各阶级间无谓的纷扰及自相抵制，如罢工、停业及竞卖等等，而对外则可以举全国的力量以应付国际间的经济斗争。固然诸国之间经济、社会及文化上的努力也不能谓为已得到完全的成功，但以比民主国家，则确有指挥若定的好处。

分别言之，俄国的独裁建筑在苏维埃之上，而各级的苏维埃，虽不尽为共产党人，但因受制于共产党，故与共产党人之一手包办者无别。共产党虽仅有党员二百万，但因其为有组织，有理想，有计划的团体，故能削平反侧，且禁止别的政党的存在。它一方操纵选举，一方又做感化人民的工作。按照共党的主义，只劳动者享公权，而不劳动者则无权；只国家得有产业，而人民不得有私产。因之，一切工商企业俱由国家经营。苏联宪法中类似人权一类的宣言，其效用不在保障人权，而在伸张国家的权力。宪法、法律与命令三者之间俱无法理上的分别。立

---

① 俄稍不同。

法、行政及司法三权之间亦无厘分。总言之，国家之权是无限制的，国家不受法律之拘束，法律仅是国家行使职务时的一种工具。

共产独裁的成绩是人民的平等自立，及全国高速度的工业化。其最为世人不满的地方则为旧式自由之无存，俄人只能服从国家的命令而工作，但不能自行其是。

意大利是法西斯蒂党的独裁。法西斯蒂党的各种党员约有四百万人。党虽也有执行会及评议大会，但党魁莫索里尼有发号施令之全权；他在法西斯蒂党内的地位尤高出于斯达林辈在俄国共产党内的地位。

意大利在形式上虽仍奉行一八四八的民主宪法，但实则已变成所谓"会社国家"。在这新国家中，只会社有地位，而个人则没有地位。意大利一切生产的人民就其所事的职业而分隶于七种不同的会社。这七种职业即自由职业、工业、农业、商业、海空运输业、陆地及内河运输业及银行业。除了自由职业无劳资之分外，其余六种，劳资两方皆分别组织。自一地一场所推而及于全国，自下级而上级，七种职业皆有系统完整的组织。是以全国从事工业的各种工会联合而成全国工业联合工会，全国从事工业的企业家则联合而成全国工业协会。各业联合工会复合组成全国总工会。然这些联合工会及协会俱是法西斯蒂党的工会及协会，受法西斯蒂党的指挥。各地各处劳资两方的组织又根据平等的原则合组"会社"，以便依照法律，解决劳资间的纠纷。[①] 中央又有会社部[②]及全国会社会议之设。[③] 会社部为行政各部之一，职在联络并统率劳资两方面的各种组织。会社会议则（因全国会社的组织尚未完成）暂由全国各联合工会，及全国各业协会推举代表组织，职在讨论关于生产及其它的经济问题。国会虽依旧存在，但国会议员的候补者，由各业的全国联合工会及协会分别推出，选举等于这些团体所举的代表的批准。国会议员仅是会社的代表而不是数千万个人的代表。而且经济的法律须先经会社会议的讨论，故会社的重要益形显著。

简单言之，法西斯蒂党是意大利的统治者，而会社则为国家执行其职务时的工具。

因有法西斯蒂党的独裁，劳资自相残杀的冲突已不发生。生产的效率亦远过于一九二二以前。私产虽无限制，但劳工的状况也已大有改

---

① 一九二六年四月三日《劳工关系法律制裁法》。

② 一九二六年七月二日《会社部法》。

③ 一九三○年三月二十日《全国会社会议法》。

良。且国家如欲限制私产亦无不可。法西斯蒂主义为世诟病的地方也是私人无政治上的自由。

土耳其的宪法是民主的，但实际上则是国民党的独裁，而凯末尔则为唯一的党魁。土耳其固然也有国会，也有选举，但别的政党既不能存在，则国会直接是国民党的集团，而间接则是凯末尔的工具。

俄罗斯行共产，意大利尊会社，即德意志也有所谓中心思想，土耳其的国民党则除了致力于国家的独立及人民的近代化的工作外，并未牢守一种经济上的主义。但国民党既握有军权、政权及组织人民团体之权，国家的权力自然也无限制。政府如欲将一切生产事业收归国家经营，它也是有这权的。

凯末尔独裁已一方面使土耳其脱离了帝国主义的压迫，另一方面提高了土耳其人的文化。教育发达，迷信破除，女子解放，交通便利，凡此俱为凯末尔独裁几年来的成绩。这些我们认为独裁的成绩，因为如不独裁，则这些富于革命性的设施是不易，甚或无法实行的。

德意志民族社会党的独裁尚未满一年，故不易言其成绩。不但成绩难言，即其政策有时亦欠鲜明。然它多少和法西斯蒂主义相似，则是可以说定的。第一，希特勒自称为"领袖者"，这和莫索里尼之自称为"首领"①是一致的。第二，德国的劳资团体虽未能如意大利的组织整齐，但比别的国家也向来高出一筹，故国社党在所谓"同治"② 政策之下，也将全国一切生产会社，如德意志商业协会等，置于民社党人领导之下；其过去历史和民社主义相差太远者，如社会民主党的工会等等，则一律勒令解散。第三，根据同样的理论，民社党将德国一切的政党或则归并于国社党，或则禁止其存在。因此种种设施，德国的宪法虽尚未变更，而国权则已统于一党。国会为民社党一党的国会。国会既可修改宪法，伸张国家权力，限制人民自由，民社党自可无须形式上的革命或流血的革命，而取到无限制的威权。无论为政治的，或为经济的。民社党人本以造成所谓"极权国家"为号召。"极权国家"者，盖即指国家权力无限之意，而此无限的权力则寄于民社党。③

希特勒独裁的成绩，在经济方面尚无具体的表现，但在政治方面则

---

① 莫索里尼称 Il Duce，希特勒称 Der Fuhrer。

② Gleichschaltung 一字不易解，更不易译，应作一切受同一的管理，且通力合作之意。

③ "极权国家"一词在意德为流行的名词。俄之共产党及土之国民党固不以此自称其国家；但俄土两国的权力既无限，它们自然也是一种极权国家。

已消灭了一切的党争，并已提高了德意志的国际地位。它所以被人訾议的理由与别的独裁相同。但它之反犹太主义则更为世人所一致攻击。

三、何者为适宜于现代的制度

民主政治的衰败及独裁制度的比较成功决不是一时偶然的现象，而是近代经济制度所造成的一种必然的趋势。据我的推测，近年来民族主义的空前发达也将使民主政治更站不住，而独裁制度更盛行。

民族主义自欧战以后确比从前更见普及，更趋浓厚。国际间的组织及合作在欧战以后固也大有进步，但民族主义并不因之而见缓和。而且在最近的将来，它只会更盛而不会衰减。现代民族主义的表现有二，一为国家经济力量的增进，一为军备的注意。两者本是相连的，但前者尤有基本的重要。因为工业发达，而生产力量伟大的国家不难于短时期内增加军备，而工业不发达，生产力量不大的国家，即有比较完整的军备亦难持久。工业化本是近代社会的自然的倾向，再加上民族争存的需要，在最近的将来，工业较不发达的国家势必求于最短期内发展工业，而较发达的则势必求维持它们向有的比较优越的地位。在这种尖锐化的竞争的过程之中，凡比较敏捷不浪费的制度将为大家所采纳，而比较迟钝浪费的制度将为大家所废弃。不论在那一个国家，统制经济迟早将为必由之路，因为不采用统制经济政策者，其生产必将落后。

如果经济的民族主义并不十分发达，民主国家本不妨维持其向有的制度，而徐图改善。但经济的民族主义既如今之发达，则没有一个国家敢长取一种放任的态度。为增进其生产力或维持其向有的优越地位起见，任何牺牲亦将为各民族所忍受。由上面的比较我们认为民主政治是不宜于统制经济的，故民主政治的衰败将为必然的趋势。

代民主政治而起的制度已实现者一为苏维埃制，一为法西斯蒂制。我们认为这两种制度俱要比民主政治较适宜于统制经济①；但这并不是说，除了这两种制度外，它种代替物别无存在的可能。我的意思刚是相反。我以为英美一旦变更现在的生产方法，而采用统制经济时，其所采的政治制度大概不会是意大利式的法西斯蒂主义，更不会是俄国式的共产独裁。穿了制服，拿了短棍，在街上示威，多数英美人不会做；开宗

---

① 严格的说起来，意大利并无统制经济，但会社会议是能担负这种大事的。

明义就将私产取消，多数英美人恐怕不肯做。英美所赖以实现统制经济的制度或将为一种智识阶级及资产阶级（即旧日的统治阶级）的联合独裁，但独裁的目的则在发展民族的经济，且不自私地增进平民的生活，而不在为资产阶级自己谋特殊的享受。我所以有此推测者，因为英美的统治阶级是最能见机而作的。但这种推测当然很有错误之可能。[①]

我以为阶级斗争之说虽有马克斯的辩证法为后盾，但在民族主义的高潮之下，或将无从实现。上一次的世界大战已证明了民族主义的势力可以打破阶级的观念。在下一次世界大战时，恐怕也只有民族之争而无阶级之争。纯粹的共产主义应无疑的包含阶级斗争及世界无产阶级的大联合。但苏俄现行的共产制度已专注重于民族经济的发展，而忽略于无产阶级的世界革命。我深疑今后继民主政治而起的制度，无论自号为共产，或为社会主义，或为会社主义，其注意之点将为民族的经济实力之如何培养，而从前尝引起剧烈争论的革命理论，如阶级斗争或小资产阶级反动说等等，则将置于脑后。

英美法等民主国家终将采用何种制度，是无法推测的。不要说英美法，即俄意德现行的独裁制将演成何种的最后制度，我们也难悬拟。我所敢言的只有三点。第一，民主政治是非放弃不可的。这点我认为已有充分的说明。第二，紧接民主政治而起的大概会是一种独裁制度。第三，在民族情绪没有减低以前，国家的权力一定是无所不包的——即极权国家。

何以独裁是少不了的一种过渡制度呢？因为独裁是一种最有力的制度。苟不用独裁则民治时代一盘散沙式的生产制度将无法可以纠正过来。今举一例以明我说。英国一班基尔特社会主义者总以基尔特社会主义为实现工业民治的理想制度。然基尔特社会主义即能实现，亦不能收统制民族的生产能力之效。它缺乏一种强制力，它无法令全国合作，只有独裁能纠正民治时代的散漫，而强迫人民服从以全民族的利益为目的的经济计划。

就独裁而论，一党的独裁自比一人的独裁为优。因为一党的独裁不发生继承的困难，而一人的独裁则独裁者的死亡易发生重大的变动。或者我们可以这样说：在党内独裁之下，即发生继承问题，也不至如在一

　　[①]　Lord Eustace Percy 为拥护民主政治甚力之一人，但他今所主张的议会政府是须采用意大利的会社观念，且出以牺牲自己的精神的。

人独裁制之下那样严重的。

我应当声明，这里所谓的独裁当然不是指普通一班人的所谓独裁。这里所谓独裁一定要独裁者——无论是一人，或一群人，或一党——能有组织、有理想，能为民众谋实际的福利，能对现代经济制度有认识，能克苦耐劳，先天下之忧而忧，后天下之乐而乐。我们上面所述比较成功的四个独裁，无论是共产党领袖，或是莫索里尼，或是凯末尔，或是希特勒，其中有的对经济制度的认识尚嫌薄弱，但其它各条件，大都俱是具备的。

独裁的最大危险之一即是极易引起国际间的战争，而民主政治则比较足以阻止战争的发生。这种看法容许是不确的。上次的大战，俄德等国固然乐于一试，即英法等国亦何尝踌躇？而且现在的俄意等国亦并不太乐于作战。即使上说是确的话，也以为与宏旨无关。第二次的世界大战总是难以幸免的。独裁及统制经济之所以深得民心者，正因它们之较便于备战。故我们可说备战是因，而独裁是果。

有人也许要问如果独裁，统制经济，民治的放弃等等皆为预备民族间的斗争而起，则何不索性将根本问题予以解决？何不想法根本消除民族斗争的原因？我的答复是人类的计划多少须和今生有关，而不能过远，或过重理想；过远过空便失了实际的意味。我们尽可痛惜民族主义之太趋极端，民族间的大战，距今一二百年之人尽可视为人类最愚蠢的举动，但民族主义的澎湃在今为一种难以阻止的巨浪，求民族的自存为我们当今的急务。苟只有独裁能增加民族的经济实力，则独裁便是无可幸免的制度。

而且大家对于独裁也不必一味害怕。若以大多数人民的福利而论，独裁也不见得不及民主政治。上述四个国家的独裁者，虽对于少数人取缔极严，如苏俄之于资本家，德国之于犹太人，然它们之能为大多数人谋福利则是不容否认的事实。苏俄的选举为一个阶级的选举，可以不算外，其余之国的选民（与未有独裁前的选民大致一样）皆尝以绝大的多数来表示对于独裁者的信任。

赞成民主政治者一方提倡个人自由，一方又声言民治为大多数人福利的保障。然独裁既真能为大多数人（几乎是全体人民）增进福利，则又乌能因少数人的自由之被剥夺，而硬要维持谋福不及独裁的民治？

政治制度是一最现实的东西，不能永久地为我们的感情所牵制。我们的感情，因为过去的习惯及环境的关系，对于新制，尤其是索缚自由的新制，总不免有一种热烈的反感。我们反对极端国家的最大理由，仍是个人之无自由。[①] 然我们于推重个人自由时【我们】常不免过分重视个人对于事物之标准或价值。实则个人的估价离了社会的估价是无意义的。[②] 卫生的设施，如隔离及检查等等，对于社会有益而对于健全的个人则为害。独出心裁的一件衣服对于个人似为一得，然往往耗费许多物料及人力，转不如服一制服之为佳。在极端国家，个人的价值固有降到零点，而社会价值成为一切估价的标准之势，然这绝不是文化的退步。所以人类的成见迟早总须加以改正的。

四、中国将来的政制

说到我们中国，我们是除了所谓旧文化——古董式的文化——外，一切落后，尤其是经济落后的国家。我们第一个急务是怎样的急起直追，求为一个比较有实力的国家，庶几最可怕最惨酷的世界大战到临时，我们已不是一个毫不足轻重的国家。关于这一点，国人几乎是全体一致的。不过关于达到这目的的方法则说者各异。有的以为应从平民教育着手，有的以为应从增进人民健康着手，有的以为应从开放党禁，提倡民治着手，有的以为应从分治合作，不再内战，埋头建设着手。但我以为我国应经的途径是和别国无异的。无论是增进人民的智识及健康也好，或增加人民生产能力也好，没有一个强有力的政府，必绝对无成的。欲有一强有力的政府，则提倡民主政治不但是缓不济急，更是缘木求鱼。欲求达到英美那样的民治，即在最佳的情形之下，也非十年二十年所可办到。而且即使得到英美那样的民治后，国家也是弱而无力，不足以与别的民族作经济上的竞争。

我以为中国所需要者也是一个有能力、有理想的独裁。中国急需于最短时期内成一具有相当实力的国家。欲使全国工业化决非一二十年内能够做到，但在一二十年内沿海各省务须使有高度的工业化，而内地各省的农业则能与沿海的工业相依辅。只有这样，我们才能于下次世界大战时一方可以给敌人以相当的抵抗力，而一方又可以见重于友邦。欲达到工业化沿海各省的目的，则国家非具有极权国家所具有的力量不可。

---

① 同样理由，西班牙数年前的独裁当然还不及民治。
② 这类我所说个人估价及社会估价即 individual values 及 social values 之意。

而要使国家有这种权力则又非赖深得民心的独裁制度不为功。

这样的独裁制度本不是国民党的三民主义所不能容的。三民主义中的民权本不是我上面所指的民主政治，而民生主义则本是为民众谋福利的政策。所谓党治、训政及一党独裁，从最后的解析说起来，本是一件东西。所以如果国民党能独裁，一方铲除破坏统一及阻碍中国近代化的阶级，一方则偏重于大多数人民的利益，则这种独裁的结果必定可以增加国家的权力，增进民族的经济地位，并得到大多数人民的赞助。

像中国这样一个一盘散沙，民智落后，能力微弱的民族，我们尚望其能进而成为一个近代国家，则国民党中兴，国民党能成为有力的独裁者的希望自然也不是没有。不过像它过去那样地缺乏能力，缺乏目的，则它当然不能成为独裁者，更不要说是成功的独裁者。

究竟国民党是否有独裁中国的可能，如果没有，何人或何党将为中国的独裁者，这些是本文范围以外之事，故不必再予推测。我所要重复说的是：中国需要生产上极敏捷的进步，而要达到这目的，则最好有一有力，而又以全民族的福利为目标的独裁。为早使这独裁能实现起见，我们再不要耗费精力于永不易得到，且得到了也无实力的民主政治的提倡；我们更要防止残民以逞的独裁之发生。

一切的制度本是有时代性的。民主政治在五十年前的英国尚为统治阶级所视为不经的、危险的思想，但到了一九〇〇以后即保守党亦视为天经及地义。我们中有些人——我自己即是一个——本是受过民主政治极久的熏陶的，这些人对于反民主政治的各种制度自然看了极不顺眼。但如果我们要使中国成为一个强有力的近代国家，我们恐怕也非改变我们的成见不可。

（《东方杂志》，第 31 卷第 1 号，1934 年 1 月 1 日）

中国外交的出路
（1934 年 1 月 5 日）

世界情势，一天恶化一天！远东战机，一天逼近一天！国际狂澜中的我国，究竟何以自处？换言之，中国对此错综复杂的国际局面，关系整个国家存亡的大难到来，将用什么方法图存自救？行政院长汪精卫氏于元旦日发表了几句老话："以建设求统一，以均权求共治，治标莫急于清除共匪，治本莫急于生产建设。"但可惜只限于内政方面，外交政策又如何？外交出路在哪里？汪院长身兼外交部长，竟避而不谈，讳莫如深，殊令人百惑不解，认为美中不足。

我们深信内政与外交是互为因果的，内政有办法，可以增加外交之力量；同样，外交得到胜利，也足帮助内政之成功。所以中央目前诚然要急于建设和统一，同时对于外交也必须确立一个比较合理而自主的政策，应付这内忧外患夹攻中的局面。

中国自日内瓦失败以还，已自觉国联不可靠，英法不足恃，迨《塘沽协定》签字之后，更了然对日退让仍不能保华北之安全，获国民之谅解，旁皇歧路，盲人瞎马，此种外交局面，不但贻反动者攻击之口实，且予敌国加紧侵略的机会。政府虽力求建设，而破坏随之，中央虽渴望统一，而割据日彰，依当前事实，内政与外交，须同时兼筹并顾，内政树立了政策，外交方面亦应赶快找出路。

外交政策之确定，先决的条件在知己知彼，一方面明了本国所处的地位，另一方面看清国际情势；外交政策之运用，最妙的方法在互有利益，贪便宜固不可能，丧权辱国，决不能干，纯粹以利害结合，万不可存倚赖侥幸之心。我国乃一弱国，系被侵略国家，外交出路，治标莫急于自卫，治本莫急于自主。能知己知彼，则自卫可得其法；能互有利益，则自主谈得到。中央倘本此方针进行，外交不会找不到出路，内政不致没有办法。

日本广田外交的骨干，第一不是引诱我国及列强承认伪组织么？第二不是厉行"多边外交"，对中国阴谋分割么？我国为自卫计，为抵制日本此种阴谋，对于前者，不独自己不能坠其术中，事实上承认伪国，尤应向国际间活动，使国联和美国贯彻其不承认主义。对于后者，须抱定极严重态度，下最大决心，防止其煽动内乱，分割领土之企图，但中央千万不可因畏惧其煽动内乱，分割领土而先屈伏，妥协，因为日方是要利用这种"多边外交"的手段，达到其引诱我国承认伪国之最后目的。

远东的形势，不是美俄携手，威胁日本么？日俄战争，或日美战争，虽然没有必然性，确有几分可能性，这几分可能性，无疑的是由"九一八"事变以后，太平洋均势打破而造成，我们希望政府充分利用这个已经造成的局面，替中国新辟一条活路，日本早已看到这一点，又戴上和平假面具，折冲于美俄之间，以期国交之好转，同时派员来华，一面缓和反日空气，一面离间中美和中俄的提携。但中央千万不可因日本一时的静观，忘记了国难，与之交欢。应抓住了机会，作积极反日战线之完成，以互利的政策，临对美对俄的外交。

（《益世报》，1934年1月5日）

国际环境与外交路线
（1934 年 2 月 17 日）

东北悬案未决，溥仪将被拥称帝，察东已被占领，华北悉受无形控制，内政不上轨道，外交堕于绝境。值此危机，乃有所谓日内瓦乎，莫斯科乎，抑东京乎三条路线之呼声：就国际大势分析，是诚应时之论。然此等路线之选择，非出于极端审慎，通盘筹算，未可为最后之决定；选择既定，又非有充分之准备，不足以披荆棘而入坦途。今日之事，已势若长江大河，若犹彷徨歧路，转瞬间将随浩荡之势以去，此吾人之所以不能不握汗三思者矣。

国联之组织，大半出于国际友谊的合作，其最大目的，在维持国际的和平。会员国中，利用此种组织以遂其私者，固不乏实例；然其大多数之倾向则仍不能远离国际和平之主旨。历观年来国联对日本之表示，即可见其主张始终与主旨相去不远。以此种脆弱复杂之组织，突遭横逆之打击，而尚能维持盟约至相当程度者，不可谓非国联之成功。若必欲其采取"焦土政策"以应付"焦土政策"，姑无论国联本身无此能力，即有此决心，亦非俟当事者本身有慷慨激昂之表示，无从着手。譬如盗贼入室，家人咸趋避若鼠，而欲邻居仗义环攻，以全所有，岂可得乎？东北事件发生以后，国人徒知责国联之无能，乃不知在日内瓦为吾国发言者，将何以视中国也。

其次为莫斯科路线。赤白之争，为今后世界斗争之最后阵线，了无可疑。在阵线未明了以前，分途准备者，诚为不可掩之事实。若谓一触即发，即未敢遽信。日本洞悉此种情形，故不惜冒天下之不韪，以极强硬之态度，压迫素无准备之中国，盖其逻辑始终认定中国若不假外援，决不敢言反抗；乘机收拾，以备将来，于是大肆其声东击西之技俩，谓对俄如何如何，以诱起一部分白色国家之同情，是乃自然之手腕耳。即以苏俄方面而论，若非被日本压迫而至于不获已之程度，又何必轻于一试？即欲一试，亦非使战争确有局部化之把握，未可发动。然而战事爆发以后，正如烈火燎原，所谓把握者，谁能操之？自美俄复交以来，苏俄国际局面，日有进展；强有力者，对于发明焦土政策之国家，已隐隐成一种包围之形势。长此推演，势必日形紧迫。白色国家彼此之冲突亦日形尖锐。苏俄非至愚者，何必自寻纷扰，以动摇其作战之大本营？吾国社会上之宣传者，动谓日俄关系如果紧急，最近将来有如何遽变。依国际形势判断，恐不过一番庸人自扰耳。

即日俄斗争局部化之局已成，中国能否直接走上莫斯科路线，亦不能全由中国自主。诚以联俄政策，无论如何运用，终不免若干赤白阵线之意义。若果有此种意义，无论将来之遽变若何，在目前终难逃脱英美法诸国之难关。英帝国现时处境之困难尤甚，其不愿东亚大陆与莫斯科一致，则了然可见也。在此层层压迫之下，即日俄冲突发生，现时的中国又将何以自处？以国共历史上的关系，苏俄与中国地理上的关系，一时能否呼应灵通，国内能否运用自在，皆成极困难之问题。特恐议论未定，敌人兵已渡河，即非俟世界大战，终无自立之希望矣。然则就目前形势而论，莫斯科路线，非举国具有绝大牺牲与长期奋斗之决心，直无从说起。

最后为东京路线，《塘沽协定》以后，此一路线颇有展开之趋势，故亦成为事实上之问题。主张展开此条路线者，其立论之要点，大致相若。摄约言如次；东北事件爆发以后，日本军部力量弥漫全国，其国内之和平派（即主张对华经济侵略派，亦即缓进派）已失却其政治的能力；而其对外则断然打破国联，独行其是，已抱有最大之决心，与充分之准备；在此数十万大军压境之时，我人既不能战，只有低首下心，撤除一切敌视行为，进而言谅解，言友谊；一俟全国统一告成，国际局面进展至相当程度，再作道理。是说也，非无相当理由，亦为现时最便宜之政策，然而仔细思之，直不过掩耳盗铃而已。

日本非至愚者，其洞悉我国情形，远胜于吾侪小民；友谊云云，亲善云云，岂可以空言了事。由全国军事的控制进而至于经济的统治，非有切实的保障，决不放松；除整个的无形统治而外，于若干特殊地域——如华北——尚须有特殊办法，以策万全；一不做，二不休，做了第一步，不愁你不答应第二步。做到究竟，我人所谓乘机而起者，将有其时乎？天下非至愚之人，决不容有此"反动"之可能。噬脐将何及矣。此仅就日本方面言之。

若就吾国内部而言，其惨痛尤不可忍。古语有云，"哀莫大于心死"。年来吾国当局，未始无忍辱负重之信念；然侧观社会，现象果何如乎？我人徒知物质的崩溃为可虑，而此心理的崩溃，则诚足以使吾国堕入于万劫不复之境。稍存血气者，挺而走险；阿谀用世者，忝颜事寇；其他千千万万，只知谋个人一时之安全与愉快。国家前途，复何所顾及？在此种崩溃心理之下，堕落之象，正如长江大河；将来即有握权者振作之一日，其奈喊不应，叫不响何？盖一个国民之心理，与少数人之心理不同。少数人之意志，或可应时而变，而一个国民的心理则非积久熏陶，不足以变换其毫末。鞭策鼓励尚嫌时不我与，何堪逐流而下耶？

尤有可虑者为强狠不逞之徒。彼等所见甚浅，易为一时意气所拘。究其初心，只是愚笨而已。彼等身为中国人，虽至愚者亦必有若干中国人之观念存于脑中，如何使之向正路发展，全在一念何如，运用之方法又何如；一有不慎，将致此辈不逞之徒，咸趋宋末明末贰臣贰将之末路。彼辈固不足责，将于国家元气何？

以上皆东京路线直接间接必然之影响。漫言之虽无关宏旨，若认真行之，只足自绝而绝于天下也。总之，日本既具有如此决心，世界大势又如此不振，犹忆项城执政北庭时代，情况不无类似之处，然当时尚有欧战了结，国际均衡局面即早恢复之希望；今何时乎？吾人处此窘境，不有坚决牺牲之精神，以待欧美必然之反响，前途不必论矣！

（《益世报》，1934 年 2 月 17 日）

怎样可以促进我们国家的近代化
（1934 年 2 月 18 日）

　　怎样可以使中国近代化的问题几乎就是救国的问题。但我们不愿用"救国"两个字，因为一谈救国什么"天下兴亡，匹夫有责"，"十年树木，百年树人"，"礼义廉耻，国之四维"那一套老话便随口而出。我们固不否认这些格言是有相当的真实；但我们现在急需近代化，能近代化才能救国。我国须有近代的见解及精神。一说老话，我们的思想便有八股化的危险；所以我们最好少背诵老话，尤其是陈腐的老话。

　　让我们再说得透彻一些。我们相信中国有些固有的伦理观念是极好的，而且也是永久真实的。但是，只提倡旧道德决不足以救国。不特不足救国，且老是提倡旧道德的人们不是冬烘气，便带虚伪气。"忠孝信义，亲爱和平"的巨匾那个机关那个学校不在礼堂高悬着，然而他对于职员们的行为及学生们的思想又何尝发生一些提倡这八字救国论的道学先生们所期望着的影响？我们要近代化，我们不必再恋古。遗传习惯中如有合于近代需要的，我们老老实实地采纳就得；八股文章却不必再做。

　　那末近代化又怎么说呢？我们的解释很是简单，要中国成为一个近代国家，第一要国民有坚强的民族意识。日本人批评我们不是一个有组织的国家。这话虽然侮辱太甚，却也千真万确。政权的不统一尚是小事，国民的缺乏民族意识则是根本的大患。日本人取华北，两广可以袖手说风凉话；日本人制造满洲国，福建江苏以及河北等省的人可以大批前往投效。这是何等的可以证实我国国民的缺乏民族意识！如果民族意识永久是这样的薄弱，即使我们有了近代文明的物质，我们也只能做别的近代国家的顺民，而不能自己成立一个近代国家。第二要国民有雄厚的经济力量。民族意识可说是近代国家的精神表现，经济力量可说是它的物质表现。经济力量，怎样才算雄厚本不是有一定标准的事。但近代国家的工商业至少须满足下列最低限度的标准：（一）食品能自给，或者食品所自输出的地方是绝对的友邦，或绝对的可以以军力来控制的；（二）纺织业（或棉布，或毛巾）发达到可以勉强自给的程度；（三）煤的开采全上；（四）铜铁，机器，及化学工业有高度的发达，因为这些工业是别种工业的基础，同时也是发展军备时所不可少的工业；（五）国家有控制金融的能力。

我们如环顾现代的世界，除了英日外，没有一个大国不是具备上列许多条件的。俄国向来落后，但近年正在埋头上进。英日因为岛国的关系，有的食料不能自给，有的煤铁根本缺乏，所以一个有殖民地来补助，一个则向大陆推进。具备上列条件者面积不大之国也可成为大国；不具备者则面积较小之国永远是小国，而面积较大之国则迟早必召瓜分之祸。这个大势是很明显的。我们所以呼号要快快使我们国家近代化者也是因为这个缘故。

当然，上述的最低限度的条件决不是一朝一夕所可具备的，即在最理想的环境之下——外祸不来，内乱不生，天灾不降，有新知识的人物得有发展抱负的机会——恐怕也须经过十五年以上的埋头苦干才能成功。环境愈坏，则成功亦愈迟，甚或不及成功，而国已灭亡。所以我们现在所应努力的即是怎样可使环境接近于理想。

这是一个极大极复杂的问题。我们现在愿提出我们所认为最重要的三点来供国人一致的采择。

第一，我们需要一个中心势力。国家本不能没有一种中心势力，国民也不能不维护这个中心势力；在我们这种没有组织的国家内，中心势力的需要尤其是急切。我们如果尚没有，我们立须创造；我们如果已有，我们更应扶植。我们要在这中心势力的领导之下，众志成城地将国家推向近代化的路径。我们的民族是最散漫，最无组织的，我们如果没有一个中心势力来统领一切，民族是决然无从团结的。

第二，我们要尊重新的知识，新的技术，及新的人物。新的建设决不是旧人物所能担负，也不是旧知识所能济事。现在所谓新人物的知识技能固然尚嫌不够近代，但比较起来他们总可说是相当的合宜的人物。近年来我们固然常听见一般人对于现代高等教育有严酷的批评，认它为失败。但事实并不如此。现代的高等教育虽离理想尚远，比从前则确已大有进步。不特理工为然，即文法亦然。现在的法科学生固然仍以讲义为主，知识万万不够，但即以他们的讲义也比十年以前的讲义要高明许多。所以责现在的新人物不合理想则可，说他们比十年二十年前的人物还不如，却是厚诬。今后国家如能让新人物来经营，国家决不会没有起色的。至于新人物缺乏淬励牺牲的精神，那又是一个问题。那是中国新旧人物共有的缺点，那是须另图补救的。

因此，第三，我们希望全国人民有忧勤惕励，克苦耐劳的精神，而统治阶级尤其要有这种精神。我们先讲忧勤惕励的重要。现在中国一班所谓上等阶级——实即较富有的阶级——不是以为中国非亡不可，便是认为中国立国有三四千年历史，一定亡不了。认为非亡不可的人们充满了劣等心理，及运命主义，一切抱得过且过的态度。故在未亡之前力求享受，亡后则预备泰然的做顺民。这种亡国脑筋我们固非根本铲除不可，同时中国一定不亡的看法也是错误，也可引起贪懒的劣性，我们须知中国可以亡，也可以不亡，全看人民的努力如何。所以忧勤惕励的精神是万万不能少的。克苦耐劳也是近代化的必要条件。我们既要发展民族的经济力量，则在发展以后，消耗须缩至最少限度，而储蓄须发展到最高限度；以所储蓄者作为生产的资本，生产率才能急速的增加。所以我们所提倡的俭是近代的，积极的，而不时〔是〕旧式的，消极的。如果穿完全国货的丝制衣服较穿半中半洋的棉制衣服于国民经济较为相宜，则我们绝对的提倡穿丝绸，如果卷烟叶消耗有用的资本过剩，则我们绝对的提倡禁绝纸烟。在勤劳克苦的大前提之下，我们的生活也许甚苦。然这既为近代化的必要条件，则我们只有改变我们暂时的生活以为我们晚年，及我们的子孙谋幸福。这种办法多少是不易做到的，所以我们尤愿享统治之权者能以身作则，率先提倡。

我们今日只谈精神方面的两个先决条件，因为精神比具体计划更重要。没有近代化的精神，近代化的计划，即使有，也是无法实施。

（《益世报》，1934 年 2 月 18 日）

中日问题果能解决么？
（1934 年 2 月 22 日）

自"九一八"以来，举国都知道中日问题的严重，中日问题的难于解决；但是，严重到如何程度，困难到如何程度，恐大多数人依旧不十分明了。如果明了，则一般人——包括当局者在内——的泰逸态度，及所谓"日本通"者的有把握的神气是决不能存在的。

两国间的关系总不外（一）不相往来，无所谓好恶，（二）平等关系，虽有冲突，也能互存，（三）一强一弱，一为把持者，而一为被把持者三种。在近代的国际情势之下，第一种状态是绝不能存在于中日之间的。在古时代，我国海疆的军备如有相当整饬，我们便可拒倭寇的入扰，而不问日本内部的情形。现在国与国间关系都是十分密切，而中日尤甚，故不相往来的闭关自守是不容再见的了。

然第一种关系之不能存在不足为悲。中日问题之所以严重乃因第二种关系之同样的不能存在。日本与中国虽各有其众多的人口，然两者不能同时俱为强大的国家。日本如求为强大的国家，则不能不侵中国。中国如成为一强大的国家，则日本势无继续为强大的国家之可能。我们须知所谓强大国家其最重要的条件即为经济上可以独立的能力。即旧日所视为强大征象的军力在今日亦非筑于繁盛的工商业基础之上不可。中国如能修明内政，走向近代化的康庄大道，虽铁矿等微嫌缺乏，尚不难成立又大又强的国家，但日本则绝对不能独立以求强大。日本地小，而煤铁等矿又极缺乏。它如要成为强大国家非恃工商业的发展不可；但要发展工商业则又非求助于其它国家，依赖其原料不可。然求助于人终非独立可比。日本既不能东向南向以谋美澳南洋，则只有西向以谋亚洲大陆。中日及日俄关系的恶化，经济的形势实为促成的主因，而日本人的好战喜功尚是次因。日本如可得志于西伯利亚，则中日关系尚未始无好转的可能，然他进取西伯利亚的可能既并不大于进取美澳的可能，则除侵略此可侵略的中国外又有何法？

中国如强大，则中国必以自己之力发展其富源，而东北的煤铁森林及耕地在所必争；所以日本如让我暂时安居关内以图中兴，则中兴成功而后，我仍必与日争夺东北。这点即至愚的日本人当亦可以料及。我如强大而后，日本纵仍可向我购原料，纵仍可互市，然到了那时，把持者势将为中国，而非日本。这当然不是日本之所能甘心。中日间的关系既是你强我弱，我强你弱的形势，则日本已不能容我统一，容我安定，容我振作，容我强盛，乃显而易见之事。

所以中日间，不发生关系固不可能，而平等互存亦不可能。中日两国必有一个在上，而一个为经济上的附庸。我如强盛，则日本在经济上势非依赖我国或别的国家不能生存，我如长此贫乱，则日本或者竟可于短期中并我吞我，或则掠夺东北华北福建之后，复控制中南两部的一切经济命脉及政治动力。要日人处依赖地位，固非他们所甘心；要我们受日本的宰割，我们亦安能甘心？所以中日间的死拼是无可幸免的。

中日间只有在两种情形之下可以共存共荣。第一日本向美澳推进（此处不提西伯利亚，因为日人一到西伯利亚后，仍非南行不可），而不来侵我。但这为国际情势之所不能容许。又一为中日感情洽如法比，我让日人开发富源，而日人不采经济侵略政策以制我。这固为昔年一部分提倡中日亲善者之所主张，然中日感情向极恶劣，两国人民又久已相轻相忌，重以"九一八"以来日人予我之奇耻大辱，则第二种的情形当然又不能存在。

中日既不两立，则中日间的殊死战——除非我们投降，因为日本人决不会投降于我或任何大国的——迟早总无可幸免。国人们，我们只有谋如何可以增加我们的力量，如何可以减少对方的力量，以备将来的一战——当然不限于军事冲突，也不见得以军事冲突为主——我们万不能再存徼幸偷安的心理。

中日问题的真性质既如上述，则现在的东北问题亦自无解决的可能。抵抗为实力——武力及经济力——所不许，妥协则无从说起，搁置则更不是解决。抵抗之不可能已为政府及一班自号为稳健份子者所常道之事，我们无容多说。妥协为一部分国人——尤其是自号"日本通"者——所暗中主张的方策，然我们亦期期以为不可。我如无所让步，则日本宁可留为悬案。我如让步太多，则为国内形势所不许；既〔即〕持亲日论者亦不敢公然主张。且即举东北，以让日本，即退一万步而由我首先承认伪国，日本亦决不会让我整饬关内，修明内政，发展工业，军备，以为将来与日再争东北的预备。至于搁置不问，以静待国际形势的变化，固亦得一部分人的拥护，然国际形势无论如何变化，如我这种不争气的国家必占不到便宜。故搁置等于等死，我们亦以为万万不可。

　　中日的问题固极不易解决，竟至无法解决。然对日的方针仍不能不定。这方针究应如何，容当于明日论及。

（《益世报》，1934 年 2 月 22 日）

对日应采何种策略？
(1934 年 2 月 23 日)

我们昨日已将中日问题的严重程度，与其解决的难能为读者分析。然解决虽难能，而对策仍不可不有。即或因国弱民贫讲不到对外政策，而对日的态度则总须有一。我们之所以深不满意于政府游移无定，缺乏对策者盖亦以此。

中日冲突的最后解决既然是一场恶战，则民族经济力及武力的培植自为最根本的要图。其它的一切容可以使我较易获胜，然国家如不振作，则一切皆成画饼。故开宗明义，我们不怕重复，我们又作振兴民族的呼号。

其次，抵抗心理，无论在何种情况之下，我们必须具有，且须令其更趋坚决。这心理就是民族自尊的表示。"哀莫大于心死"，我们于前数日已经说过。上海及塘沽两停战协定以来，最令我们悲忧的现象即是国民心理上的变化。国民或则因意志薄弱，或则因国难长期存在而疲乏，或则因缺乏民族意识，或则因贪图安逸，一二年以前的敌忾心理于今遂丝毫无存。我们须知日本虽强但未必永能优胜，我国虽弱，亦未必永可屈服。我如不灰心，不丧志，以雪国耻报族仇为我们的志愿，则翻身而一战胜日本，亦不过是二三十年间之事，我如心灰意懒，长如过去一二年来的状态，则日本之亡我全国，殆亦不出二十年。不但今日青年学生胥可身受，即年已五六十的老人届时亦将为鲜人及东北同胞之续。"哀莫大于心死"，我们个人逢到最悲苦最痛心的事件时，亦尚且图抵抗以求超脱，一个有历史的民族，更乌可自暴自弃？所以我们万不能令抵抗的心理及不甘屈服的心理死去。

我们既须永有抵抗的心理，则我们也应有不屈服的表示。我们明知东北已被日本占去，我们明知我们此时毫无收回的实力，然我们在一切形式上仍应认东北为我们的领土，东北同胞为我们的人民。去年全国运动会有东北的几个单位，那是一件极好的前例。以后如有国民会议及代表大会一类的团体时，我们也仍应有东北的代表。东北在外的侨胞，我们的使领馆须照样保护，伪国如派使臣去外国，我们须严厉的抗议。遇到"九一八"一类的纪念日子，及溥仪称帝一类的事件我们须向日本抗议，尽管这抗议不发生丝毫的效力。如果日本因忌我的抵抗心理而有滋扰华北或福建长江一带的行为，我们仍须咬紧牙关抵抗到不能抵抗为止。这里所谓抵抗是指武力的抵抗，所谓不能抵抗时为止者固不见得一定要等全国悉被征服，然比前年淞沪，去年华北的抵抗应当澈底些。我们明知是"抗议"会被日人认为不"亲善"，"抵抗"会牺牲我们的军力物力，然为维持这万不可少的抵抗心理起见，我们除了准备牺牲外尚有何法？

第三，所谓三大路线固然俱有困难，我们于前数日社论中早已说过，然除了东京以外的路线我们究应努力。不特日内瓦及莫斯科的路线应尽量走去，凡一切国际的路线皆应试走。国联对于东北问题的决定固未能洽合真理，更不能满我们的期望，然比东北现存的事实究要有利于我多多。国联的立场一日比东北的实际局面有利于我，我便应一日不放弃国联。所以半年以来日内瓦代表团之停止活动实为一种失策。莫斯科的路线较日内瓦的为难走。我方不下最大决心，彼方决不会多助。好在现在中俄间冲突甚少，外蒙我方一时也无意经营，所以我们可先在可能范围之内联络俄方感情，并多多发展两者间的贸易，以使俄方重视我们的友谊。此外若华盛顿，若伦敦，若巴黎，若罗马，我们此时应有同样的努力。日本与这些国家，除了英国外，此时俱无好感；即与英国较好，但中英关系近亦不恶，到了世界两大对垒有显明的分野时我们固须择定一方，但现在这两大对垒既未分清，而实际除了德对法，日对俄大概难以站在一方外，两大对垒亦尚未到形成时期——而列强对日都无好感，则正是我们培植友谊的好时机。列强帮我打日本是不可能的，也是不应有的奢望。但我们现在所最急需者为喘气的时间，这个时间愈长则于我愈有利；如果我能与列国维持极好的关系，则我们喘气的时间必可长些。这个可能的帮助我们应当想法获到，不可又因颟顸以坐矣。

至于对日方面，我们固万万不敢赞同有些人所主张的亲日政策，但在不丧失抵抗的民族心理范围以内，对日采取和缓的办法我们也可赞同。亲日政策我们反对，因为即使我们正式以条约奉送了东北，即使日本正式允许不再进扰关内，我们仍是毫无保障，而日人仍可随时借端发动。我们昨天已经说过，中国强大不利于日，故日本决不肯让我们安定统一上进。既然如此，中日还有什么亲善可言？大概中日亲善之说多半发于所谓"日本通"者——当然不是个个"日本通"赞成亲善。我们根本否认他们真能个个深通日本的事情。我们首要明了者为近代民族国家的基性，现在国际的形势，及中日冲突的必然性。我们如果明了这些，则能说几句日本话，或者认识几个日本朋友固然更好，不能却也不要紧。如果不明了，则讲日本话即比日本人自己讲的还好，日本朋友比中国朋友还多又有何补？"九一八"时代的外交当局连田中外交及币原外交都分不清楚，固然荒谬到了极点，要是"日本通"之辈不明大势而一味主张亲善，则其贻误将更在"九一八"时代外交当局之上。所以亲日政策国人务须排斥。

那末，什么才是我们可以赞同的和缓办法呢？我们以为我们必须准备和日本作最后的决斗，但打倒日本的口号则可以不呼；我们必须少用或不用日本棉布一类的货物，但抵制日货的标语可以不贴；我们必须牢记日本的狰狞面孔，即虚与委蛇则无不可。不过，我们的缓和仍需有相当的范围，仍须以不使民族志气斫丧为范围。如果日本人叫你做什么你便做什么，或日本武官随便诋毁你而不敢抗议，或日本要你通车作什么承认伪国的张本，那些都超过了可以缓和的范围，那还不如准备牺牲好了。

末了，我们也不能不提起华北的问题。华北的祸机一触即发，固然危险极了。然福建长江下游的危险亦与华北相差无几。如果一百分的退让才能使华北苟安旦夕，那要保全福建也需八九十分的退让。所以对于华北我们固然也主张应力自抑制少生事端，然一切须有限度。我们愿当局者及留居华北的在野军人俱相忍为国，但如叛国的色彩太重或行为已著，则我们仍主惩治。因为太姑息了以后，一切都没有法办，而华北又未必终能保全。至于华北人民也总须有牺牲的准备。兵凶战危我们未尝不知，老百姓的疾苦我们更完全同情，然东北人民的命运可为华北人民的殷鉴。从一方面说，东北人民因为苛捐杂税较轻，故处境容许比内地人民为佳；然试问日俄大战降临时东北人民又如何能不罹浩劫？所有日伪及汉奸们真有一天扰乱华北，则与其不抵抗而日后受更大的牺牲，毋宁目前因抵抗而受牺牲。因抵抗而牺牲至少在心理上可以好过些。我们固希望华北能有相当的安定，然万一为整个民族争前途而不得不出于决裂时，则华北人民除了准备牺牲外又有何法？

中日问题是我民族空前的大难，但我们绝不可气丧而自馁！

（《益世报》，1934 年 2 月 23 日）

复兴民族几个必备条件
（1934 年 2 月 24、25 日）

近两年来，有一极严重崭新之问题，侵袭吾族志士仁人之心脑，疑难惶惑，忧虑感伤，而迄未能获得一确切之答案。问题为何，即吾中华民族今后究否能屹立于世界？简言之，即吾族存亡问题是也。

论及吾族之存亡，国中人士，见解不同。忧时疾世之徒，辄倡中国必亡之奇论；怀奇负志之士，多具吾族必兴之信心。凡此皆属主观之概念，一己之见解，不足以断定中国之前途。吾人今日所应研求者，即在纯客观的立场上，试问吾民族今日是否已具备一切"必亡"的条件？同时更问是否尚具备几许"不亡"的可能？一个民族"亡"与"不亡"，非易论也。以吾族论，具有数千年悠久之文化，永有数千万方里之广土，过去兴亡，非止一次，今后成败，谁能断言？平心而论，吾族数千年来经列祖列宗发扬化育，惨淡经营，优美之德性，伟大之精神，已深植于吾辈不肖子孙心坎与血液。吾人今日有共同惟一之信念焉，即今后无论经过如何困苦艰难，盘根错节，吾族终不失为人类最优秀民族之一种；吾人更自信中国民族决不会亡！即亡亦当与世界人类皆亡耳！此非豪语，此非狂言，此乃吾族心理上伟大坚韧之基石！充此心理，充此信念，充此精神之所至，天可崩，地可陷，世间无可亡我之人！国人听诸，此心理上之强大自信基石决不可自毁，吾族复兴唯一之生机，其将建立于此基石之上。

虽然，吾人固有自信吾族不亡，然亦必有不可亡之道。今日当问此不亡之道安在？倘其有也，固宜发挥而光大之；其无也则必须有以恢复而建树之。"九一八"以来，海内外贤士大夫奔走呼号，复兴民族之声，嚣然四起。有提倡道德复兴论者，有提倡教育复兴论者；而国民党领袖诸人尤侧重提倡礼义廉耻之四维论，认为吾族复兴之基础。凡上所举，莫不各具其局部之理由，而均未得复兴吾族之全盘真谛。吾人今兹顾一申述吾人之所见，以为如欲复兴吾民族，最低限度必须具备下列几种条件焉。条件为何？一曰树立民族中心信仰与中心势力；二曰恢复民族自信力与原始建国精神；三曰彻底改革现时社会风气习尚；四曰保持吾民最低限度之温饱。

第一，吾人当论所谓"民族中心信仰与中心力量"。此等名词，已习闻国人之耳，本报过去社论中亦曾屡次申述其意义矣。国于世界，必有与立，人生处世，亦必有所信有所宗。今日中国立国所以"与立"者何在？吾族四万万大众，其所信所宗者又为何物？当今世界诸邦无论为民主国家，或独裁国家，无论为资本主义国家，或社会主义国家，均莫不有其中心信仰与中心之力量，苏俄之中心【力】信仰为社会主义，为五年计划，而其中心力量为斯大林所领导之共产党。意大利之中心信仰为极端之国家资本主义，而其中心力量为莫索里尼所领导之法西斯蒂党。日本之中心信仰为完成"大陆帝国"，为做到东方主人翁，而其中心力量则为少壮军人及其所领导挟持之全国大众。此外如德意志，如土耳其，无论在信仰上在力量上，均莫不有其中心。惟其信仰有中心，力量有中心，故能统一其国人之意志，齐一其国人之步骤，以赴其共同之途径与目标。顾吾国则何如？政府与民众，显如一盘散沙，各是其是，各非其非，诈虞相尚，私利是图。在思想上，曾未树立一个中心信仰以维系把握全国之人心；更未造成一个中心力量以发动领导此全国之大众。今日中国民族正如海上一叶孤舟，暴雨狂风，灯昏月暗，而无一罗盘针以指其方向与归途。鲜有不覆亡者！吾人以为今日欲复兴吾民族，首先必须在国人心脑中，树立一个中心信仰，标榜一种切合时代国情之主义，使举国有所宗；同时在政治上必须组织一个有主义有计划之党团，此中更应有几个伟人人格之领袖，有多数坚贞忠实信义仁男之团员，严格其训练，铁化其纪律，以此为国民力量之中心，方能领导发动全国国民，以共赴此中心信仰。信仰与力量之中心具备，吾族乃不致如今日之颓废零散，奄无生气。今后必能同心合力齐一步骤，以戡内乱，以御外侮，以建国家。年来国民党人呼号"精诚团结"，不知"精诚团结"非呼号所能致，舍此中心信仰与中心势力之树立，将无从求得之也。

第二，吾人所认为复兴民族另一个必备条件，为恢复吾族自信力与原始建国精神。国人今日之大病在不自信。一般青年志士，震于强邻船坚炮利，同时感于自身有国无防，必亡之论，崩陷之悲，应时而起。虽然此实心理上之病态，此失其自信力也。以如此悠久历史之伟大民族，历经盛衰兴亡，终能巍然独存于大地，倘无可以自存之道，曷能臻此？吾人实不应妄自菲薄，须知吾辈先民留下此宝贵之遗产，几千年来，不知断送几许头颅，耗费无量心血；历史上多少忠臣烈士，肝脑涂地，断颈裂身，捍卫吾族疆土，争博吾族自由，悲壮惨烈可歌可泣之事迹，史不绝书。所为何来？所求何事？无非为吾辈子孙争取一绵延孕育之场，留下一生养滋荣之地，以维系其血统终于不坠。吾辈子孙倘能追怀先民如此光荣之事迹，伟大之精神，即令下愚懦夫，亦当知所淬厉感奋，不待他人亡我，其心灵上先已自亡。故吾人今日如欲复兴民族，首当铲除此心理上之大敌，首当恢复吾民族"不能亡"之自信。全民族人人心中充满一个"有我在中国决不亡"之信念，则任何艰苦，可以肩负，任何环境，可以征服，此心理上之基石一定，甚至无坚不摧，无敌不克。征诸历史，当拿破仑征服德意志之日，费希德以"恢复日耳曼民族自信力"之说申儆其国民，树起德人心理上之基石，卒赖以复兴其民族而报法国之仇。更视苏俄，二十年前在工业农业上犹是一十七八世纪之国家，乃以列宁斯丹林辈之崛起，改制翻新，树立计划，十年之间，竟跻最现代化国家之列，迈越其他国家一个世纪之过程。非苏俄民族具有伟大坚强之自信力，焉能若是？凡此均足证明一个民族之自信，实为一切事业之原动力，吾族如谈复兴，最初之条件亦非恢复此种自信力不可。与此自信力相辅为用者，即吾先民原始建国精神。所谓"烈山泽辟草莱"，所谓"筚路蓝缕以启山林"，均吾先民原始建国精神之表现。即如前文所陈历史上多少忠臣节士不惜牺牲头颅鲜血，以谋保全其疆土，滋育其子孙，是皆原始建国精神也。降至今兹，国势陵夷，子孙不肖，祖先之光荣，为吾辈辱没殆尽，而其开国建业之精神，至今日更不可复得。吾辈须知先民原始建国之精神实为吾族之至宝，能恢复自信力，并能恢复此原始建国精神，方能谈建国，方能谈复兴，舍此一切均不足道也。

第三，吾人所深忧痛感者，即为中国社会风气习尚之败坏浇薄，认为非澈底改革，不足振起举国之人心。今日之中国社会，简言之，实一病态之社会。整个社会所表现者，为自私，怯懦，欺诈，虚骄，偷惰，苟安，无公德心，无责任心，有小我而无大我，重家族而轻社会，此实中国民族堕落颓沉最可痛之现象也。处如此恶劣败坏风气之中，虽有圣哲，无以自拔，又何能期望作育一般纯洁志士青年，以肩起此复兴之大任？迩来国中有识之士亦多有感于此，颇有倡导改革社会习俗风尚者。最近南昌党政军民在蒋先生鼓励之下，更有"新生活运动"之发起，以涤除腐恶旧俗，树立优良风气为目标，期以策动全国改变人心，此实最可赞誉之举也。吾人以为改革社会风气，必须由多方进行。一方面由政府发动，以政治力量改良制度，提倡善良风俗。一方面由政府领袖诸人以身作则，澈底改变私人生活习惯，树立新风气为天下先。曾国藩有言："风俗之转移，系乎一二人心之所向"，是知领袖人物之言行，影响全国民众实深且巨。今日中国社会风俗之败坏，大部原因要在过去与现在当领袖私人生活之腐化恶化，贪污自私，见利忘义，穷奢极欲，各种现象所以造成之。故如改革风气，必先从改革在民上者之行为与心理做起。至在民众本身方面，应由智识分子，中坚人士，组织团体，相与策励，检查社会各种病象，认为足以贻害全族者，一一胪列而出以为铲除打倒之目标。同时保留中国旧有美德，参取西洋优良习惯，融合贯通，以创立一种合于时代与国情之新道德新风气，以此发动民众，风行全国。必如此，而后恶习尽除，世风一变，无论老幼，同作新民，其于吾族复兴之前途，实有莫大之意义也。

　　第四，吾人以为复兴民族，必须维持吾族最低限度之温饱。吾人为此言，实不胜其悲伤感慨！孙中山先生曾谓中国人无贫富之别，只有大贫小贫之分，此言在当日或别有用意，然至今日则已不复尽然。今日中国社会，一方面为军阀官僚，买办豪绅，吮同胞之脂膏，挟亿万之财产，托庇于租界洋场，置身于汽车华厦，恣情放欲以享人世物质文明之至乐；一方面为吾数万万劳苦大众在层层剥削压榨之下，终年胼手胝足，衣不能温，食不得饱。本报农村问题专页所征集农村疾苦之函件，达五六百封，其中十之八九多忠实陈诉农村破产状况，柳絮为衣，草根为食，诚有令人不忍卒读者！吾民族今日显然分为两大阶级，一为立在"奢侈线"上之剥削者，一为伏在"饥寒线"上之被剥削者。"奢侈线"上之有产者，固无从驱之上"火线"以就死，"饥寒线"上之贫苦大众，又孰能驱之赴"火线"以责其抵御外侮捍卫邦家？淞沪之战，江北人多汉奸，岂甘心为汉奸？乃饥寒逼其如此！长城之役，亦有多少任敌探者，被捕后多自承迫于饥寒。是知今日单纯的"道德论"，已不足以谈救国谈复兴。今日当国者，必须为此颠沛流离贫弱无告之劳苦大众，先谋一回苏喘息之生机；至少至少，亦应将其生活从"饥寒线"上提到"温饱线"上。孔子所谓"富而后教"，管子所谓"仓廪实而后知荣辱"，昔贤已为吾人言之。吾族大众,降至今日,困苦极矣!以如此贫病交迫不得温饱之大众,而期望其能担起复兴民族建立新国之大任,于理不可能,于情不可通。同时吾人更须知欲复兴民族建立新国,又非赖此大众之力不能有成。是则今后之问题在如何苏息此大众,培育其生机,至少必须使其获得最低限度之温饱。吾民族生活希望并不甚奢,倘获温饱,于愿已足。必待温饱,而后可以有力量有生机;亦必待有力量有生机之民众,而后可以谈复兴谈建国。复兴民族之必备之条件,此当为首要者矣。

上举四事,吾人观感所及,简略敷陈,意义容有未尽,而事理则无可或疑。吾黄炎子孙大汉民族,今日实已至中衰垂暮之时期矣!复兴之机,崛起之望,实系于吾人一转念一立志之间!吾人倘自信可以复兴,则吾族复兴,可立而待!兹篇略抒一得之愚,愿以供诸国人之参考,吾族不乏健儿有志之士,时机至矣,曷兴乎来!失今不兴,大劫之来,恐将有不容想象者矣!

(《益世报》,1934 年 2 月 24、25 日)

二次大战在酝酿中——对国际情势综合的观察
（1934 年 2 月 26 日）

近两年来，因日本对华之加紧侵略，伦敦经济会议之完全失败，世界军缩会议之陷于僵局，以及由此三大问题引起的日德退出国际联盟，德国脱离军缩会议，列强之军备竞争，资本主义国家之关税战与货币战，国际情势，日趋复杂，战争空气，日愈紧张，已成不可掩之事实。若从最近日俄增防满边，日美赶筑战舰的情形上观察，日本人的"危机在一九三六年"的预测，莫索里尼的"火药库在远东"的危言决非神经过敏之谈；若再从德法，德奥的政治经济斗争，德意法西斯蒂势力的东侵，巴尔干诸小国及小协约国之积极团结，以谋自卫的种种事象上观察，"一九一四年的惨史，重演于今日欧洲"的客观条件，不能说不已经具备了。在乐观论者，或许指出俄美的复交，日英经济的冲突，足以防止日本破坏远东和平的冒险；或许认法英对德政策一致，奥波反德主张相同，足以缚束德意志不敢干犯天下之大不韪。上述的因素，在相当时期内，只能和缓战争的威胁，不能消灭发生战争的原因。只能延长战争爆发的时日，不能根本阻止战争不爆发。故吾人认定二次大战争有其必然性，不过目前正如《真理报》所说："资本主义的全世界，刻方在备战之中！"

事实昭示我们，"九一八"事变至伪成立，太平洋均势根本打破，自日本退出国联，中日问题愈僵。不独美俄感觉远东势力有新的独占的危机，即英国为经济利益一变其二十余年来对日本同盟友谊，亦起而联美抗日。依目前情势，希望日本缓和对华积极政策，事实上既不可能，则日本对美俄英三国的冲突，势不得不愈加尖锐化。况东铁之争夺，足为日俄战争导火线，海军平等之要求，乃明年海军会议失败的征兆，日货向世界倾销，更增加日英间的恶感，凡此种种既成的冲突，决非任何和平方法可以解决者。在苏俄第二五年计划尚未完成，美国产业复兴运动未见成效以前，对日或暂时带着一副和平假面具，以待时机。在日本方面，因鉴于外交地位孤立，满洲急待开发之时，不欲甘为戎首，亦系意料之中，然一旦准备完成，时机成熟，大家的和平假面具自然脱下了。对一切政治经济冲突和纠纷，必将作一度根本的解决。

与远东遥遥相对的德国退出国联与军缩，在欧洲问题的意义上，是反凡尔赛条约集团与维护凡尔赛条约集团的对立，前者德意为领袖，奥匈为附庸，后者以英法为中心，小协约国（捷克，罗马尼亚，南斯拉夫）波兰为后援。两大壁垒的斗争，因希忒拉掌握德国政权以来，愈趋强化，因德国要求军备平等不成而退出国联与军缩会，及国社党势力笼罩奥国而发生德奥纠纷，欧洲问题图穷匕见，军缩公约已成梦想。故四强协定的缔结，巴尔干公约的签订，决难挽回欧陆危机，德国的"平等"口号，法国的"安全"标榜，亦不过掩耳盗铃而已。苏俄的"不侵犯条约"与"侵略国定义"的保持和平方式，虽传入欧洲，适足以反证战机的迫切！

况世界恐慌步入第五年头，除苏俄外，"繁荣"不见抬头，"经济国家主义"反占上风，因经济形态反映到政治的法西斯化，由政治的法西斯化，跟着的是军备的无限膨胀，藉军备的充实，最后目的无疑地走到发动世界市场与殖民地的分割战争了。故列强无国不准备战争！世界到处潜伏着战机！

我们处此第二次大战行将到了的关头，遭受日本帝国主义者的暴力的蹂躏，灭亡的警钟，已响彻云汉，岂容中华民族长此酣睡？攘外必先安内，然安内之时，决不能忘记攘外，抗日固必先剿共，然剿共之时，岂能不御外侮！况日本帝国主义者素采乱华之策，决不容我安内剿共耶？以建设求统一，原则上无可非议，但建设须在民众身上，政府万不能不顾及；培养国力须生产，逻辑上必然之理，但生产必先铲除障碍，政府应当彻底实行。然二次大战尚未爆发之时，准备犹未为晚，望政府于抗日与利民两大前提下，努力进行，方能不徒托空言。

（《益世报》，1934 年 2 月 26 日）

何以弭贪污豪夺之风
(1934 年 3 月 11 日)

  近年以来政治上之最足为国人诟病者，莫过于"贪污"两个字了。一谈到贪污，当然离不开官吏，官吏与贪污，在事实上已结下不解之缘；在心理上，确已经合而为一。十个官吏里面，试问能不能找出一个洁身自好一芥不取？千百年来在中国传统的习惯下，已经种下这样一个恶根，那就是"非做官不能致富"的心理了。"书中自有黄金屋，书中自有颜如玉"，所以要想"黄金屋"，要想"颜如玉"，非做官不可；要想做官，又非读书不可。因此一般士大夫都以读书为做官发财惟一捷径，读了书才能做官，做了官才能发财，于是中国乃成为"有官皆贪，无吏不污"的一个国家；于是这个国家乃堕落到今日不可收拾的地步！

  我们平心而论，我们不否认人类具有自私的天性与本能，"贪污"不过人类中一部分为官吏者以达到满足他们自私的本能天性而已。可是我们同时认为人必有群，群因人而成，人亦必赖群以生。在一个群之间，人与人各有其自由，同时却不能因个人之自由而妨害他人之自由。进一步说，人可以自私，同时可不能因个人之自私而侵越他人之私。一个人群之中，私与私之间有界限焉，人人各保持其个人"私的界限"，而不侵越他人"私的界限"，于是社会乃有所谓公，乃有所谓平。中国过去社会树立的基础在此，西洋社会树立的基础亦在此。西洋社会这个基础到今日尚还稳固，可是中国社会这个基础，到现在算是动摇了。

  是何以故？很明显的事实，展布在我们面前。现在中国的社会，一方面是租界洋场，一方面是农村地狱；一方面是纵情恣欲的享乐，一方面是展转哀号的求生；一方面是受洋人西捕的保护，一方面是受官吏兵匪的剥削。在这两种境界对照之下，我们从何处去找"公"又从何处去找"平"？这两种境界，假如是每一个人都在国家所给的平等机会之下，因各个人努力之大小而造成这种差别，我们犹可为恕。假如是"宿命论""定命论"下人类所必受的天主支配，我们也无话可说。无奈这一切都不是。中国这种社会界限，显然是人为的，显然是强制的，显然是强者剥夺弱者，有枪有权者剥夺无枪无权者所造成一种残酷的鸿沟。我们住在租界里人，我们常想津沪各大埠租界中高楼华厦，曾否有一座楼房是它的主人胼手胝足用血汗的钱赚来？我们敢断定的说，百分之九十九都是用非法强暴的手腕从一般劳苦大众身上所剥吸来的膏血盖成的。从这里我们可以看出中国贪污之风所酿成的病象了。

官各有俸，俸各有度，部长之俸，每月不过千元，一年始能盈万。可是在中国一登部长之位，不出三月，必购汽车，必盖洋楼，其他妻妾之享，衣食之奉，更无从计。一个安分的部长，一年之中，落下三五十万，还算清廉，还算克己，至于一任之后，剩个三五百万，事极寻常。这几年中，我们算算新贵有多少？暴发户有几多？一方面农村田地无人买，一方面租界地皮飞涨，每亩十万金，一方面是村舍成墟，一方面是高楼竞起，是谁造成这种现象？谁人能否认这不是新旧军阀贪官污吏土豪劣绅一手所造成？

我们说中国社会的基础动摇了，同时中国民族经济的基础也动摇了。我们不说动摇这种基础的责任，全应归罪于"贪污豪夺"，可是我们认为这"贪污豪夺之风"至少是动摇这种基础原因中最大的一个。二十年来中国社会上所发生的纷乱，不安，扰攘，死亡，匪灾，人祸种种，我们敢断定的说是整个社会失了公平的原则，失了法轨的维系，失了是非曲直的裁判，集各方面乖戾怨毒之气，郁结酝酿以成。

再回到本题，我们认为要安定平复这个社会，第一步必须澄清政府树立法轨，要澄清政府树立法轨，必须以雷霆万钧之力来铲除社会上现时流行的贪污豪夺之风，来恢复中国社会原有的公平之道。这个公平之道，就是我们前文所说的每个人的自由不能妨害他人的自由；每个人的"私的界限"不能侵越他人的"私的界限"。如此，社会上人与人之间才不致发生非法剥削强取豪夺的现象；如此，官乃不敢贪，吏亦不敢污，这是我们政治清明的先声，这是我们国家走上现代化的途径第一步。

谈到消弭贪污豪夺之风具体办法，我们认为应该从三方面进行。第一：要改变现行社会制度，要由政府用法律的规定，政治的力量来限制私人财产，来调节社会的贫富。现在我们的社会，完全是一种自由放任的社会，政治上一切法令设施，大部分都是为保障资产阶级而设，因此富者日富，贫者日贫；因此不平之气乃加重社会上不安与纷乱。必须限制财产，节制资本，然后乃能恢复社会之公与平，然后贪官无从贪，污吏不能污。第二：要由政府用严刑峻法以绳贪污豪夺者之后。所谓治乱世用重典，蒋委员长前几天亦以此告刘镇华为治安徽之方针。中国贪污风气之养成，由来已非朝夕，过去当局者亦未常〔尝〕不愿立纲纪肃官常，无奈本身多以贪污起家，己不正焉能正人？偶有惩罚贪官污吏之事，亦不过限于末吏微官，而高位巨历军阀大盗，曾无一人服刑。所以要肃清贪污风气，树立政治纪纲，必须雷霆万钧大刀阔斧去做，必须从居高官大位者杀起。中国官愈大者愈多可杀，必以杀才能消弭贪污之风，亦必以杀才能止杀！第三：民众本身要起来制裁贪官污吏。在中国历史上我们可以找出一个宝贵的精神，那就是"义侠之风"。我们祖先不知出了多少仁人君子侠客义士，在承平时候，他们优游于市井乡里之间，一旦到了政治失轨昏君奸臣当道之时，他们必定攘臂而起，奔走四方，锄强扶弱，劫富济贫，尤其对于贪官污吏，土豪劣绅，不肯轻易放松一个。我们认为这是中国往代不平的社会中一个绝好的调剂。因为当无道之世，豪强并起，贪污盛行，政治上无力无能制裁，假若民众本身再不起来制裁，那还闹成什么体统？我们先民认识这一点，就发动了这种精神来行侠仗义挽救颓风。到了我们这般子孙，真够辱没先人，连这点侠气精神都丧失了。为什么中国贪污土劣这样多，国内产生不出几个仁人侠士来代政府代民众行使制裁之权？现在我们需要恢复这种侠义精神，我们自己起来制裁贪污土劣恢复祖先的光荣。试看这般贪污官吏经得起几个枪子炸弹？经得起几回伏尸流血？这是我们民族自卫精神之出发点，对内能血溅贪官污吏，对外方能抗敌御侮，我们连贪官污吏都制裁不了，收复失地抗御外侮一切都不必谈！

（《益世报》，1934 年 3 月 11 日）

论华北大势——兼送黄委员长南行
（1934 年 4 月 3 日）

　　行政院驻平政务整理委员会黄委员长将于今晚南下。按黄氏于去年五月初，日军威胁平津时，始受整理华北政务之命，于五月十七日始抵任所。八月初他尝回过南方，当时且有消极的传说；经中央当局几度敦促，始于十月初重又北上供职。

　　黄氏再度北来于今又有五月。在这五个月中，华北局势在表面上虽无若何变动，但其底流则几无日不在推移之中。对日关系应凭怎样的方针，华北政权应否有所更张，这二者俱为当前急待解决的问题。解决得法或可以替国家保存若干元气，解决不得法且会促华北早一日的沦亡：其中干系至深且大。然则黄氏此行与解决的方法必将有所研商，故我们特乘方法未定以前，对中央及黄氏郑重一言。

　　现在华北问题可分为二：一是对日问题，一是内政问题。

　　对日问题我们于社论中常有论及，在二月二十二及二十三日并常阐明何以中日不能妥协的理由。日本是强的，中国是弱的，这是尽人皆知的事实；主张和日的人知道，不主张和日的人也知道；精通日本事情的人们固然知道，不以精通日本事情自命的我们也同样的知道。我们与主张亲日者见解不同的地方在下面一点。亲日派以为日本人对华的欲望是有一定的限度的，如果满足了他们的欲望，他们（至少暂时）便不会前进。我们以为日本人对华的最后目标在制服中国（或武力吞并，或攻守同盟，或经济操纵），在没有达到最后目标以前，他们的欲望是不会满足的，他们一定是得寸进寸，得尺进尺，有机会乘的。这个不同的见解，在对日方略上是有根本重要的。如果亲日派的见解不错，那我们毫不迟疑地希望有人敢负起割地求和的重任，以让我们有整理内部，徐图复苏的机会。如果我们的见解不错，那割了东北，日本仍会要求华北，割了华北，日本仍会要求长江，与其开门揖盗，财物被劫，内眷蒙羞

（近年中国民气的衰落和妇女被污有同样说不出的苦），而生命终归乌有，毋宁与盗肉搏，而死壮士之死！

我们很不客气地坚持我们的见解是唯一正当的见解。我们近来在平津常听见这样一个譬喻。鲨鱼噬糖，闻糖味必追逐，所以在火轮盛行以前，运糖的海船无不畏怕鲨鱼的。为免得鲨鱼破船取糖起见，船上人常有陆续抛糖以饵鲨鱼的必要。有时鲨鱼继续追逐，则常有到岸而被捕者。"日本通"的意见以为日本是鲨鱼，而中国是糖船，所以现在唯一的办法是抛若干包的糖，以保全整个的船。这个譬喻的根本错误即在以贪馋无计划的鲨鱼譬日本人，而以有灵犀的船夫譬中国人。所以我们现在如果采用糖船抛糖的办法，则我们于抛完糖了以后，还得把自己供献于鲨鱼的。我们现在提出一个具体的问题来问"日本通"。假设我们将东北正式割让于日本，而日本也正式签订和好条约，请问你们就能相信日本人的诚意么？如果相信，你们能保证日本人不再作进一步的侵略么？你们割让的用意当然在求有整顿内部的机会，整顿内部的目的也当然在复仇。日本人非鲨鱼，非冥顽不灵者，他们决不会傻到让你诱他们到岸上，让你捕他们，让你有复仇的实力。

中日的关系既谈不到根本的妥协或亲善，我们现在所能做到的最大限度的亲善即是与日人客气客气，口上不谈复仇或抵抗而已。至于通车通邮等等，则我们认为只有百害而无一利。害之大者，一为使各国得有承认伪国的藉口。再为使华北的民气更死，更消沉。"日本通"或以为通车通邮而后，日人容会让我们有较大的统治华北之权。这一点在不知华北内情的"日本通"容许尚可存此奢望，但黄委员长则当不应有此妄想。日人自所谓撤兵以来，在华北包运毒物，诱致贫农，侦查险要，到处演习，等等，黄氏当必知之有素。日人的跋扈只谓因通车通邮而加增，决不会因通车通邮而减小。这是我们可以根据常识而敬告黄氏的。

所以关于华北的对日外交，我们只有一个秘诀，就是不割让实际的权利。我们如能一方面不割让权利，一方面又能和若干日本要人联欢，使他们能稍有抑制浪人无赖辈之兴风作浪，那当然是最上算的事。黄氏本以熟悉日本情形见称于时，国人所期望于他者当然也在此处。但联络好感的条件如是利权的割让，如通车等等，则我们宁可不要好感，宁可受浪人的扰乱。我们只能有一分力量，则用一分力量来抵抗。中日问题根本是无法解决的，我们愿黄氏对于妥协一道勿轻于尝试，我们但愿其忍辱负重，与日本人敷衍，而不让日本人携权利以去。黄氏如能立意为此，则在积极方面纵无贡献，但国人的感激是可以预期的。

至于对日的重要交涉则中央仍责无旁贷，与地方交涉而不和中央交涉为日本对华传统政策之一。张作霖时代如是，今日的华北亦如此。然这一定于日本为有利的。不然日本必不出此。近一年来国人中颇有人以为任黄郛全权交涉乃有利于我国的办法者。这当然是知己而不知彼的看法。任黄交涉，在中央固可减除许多麻烦，然必于我国为不利，不然日本便不肯这样做法。日本所以愿同地方交涉之故，因为地方向比中央易与。故对日大计中央自己应负起责任，万万不可让地方当局将生米煮成熟饭。这次黄氏入都时，深愿中央给黄一个固定的活动范围。

至于华北内部问题，以理论言，黄委员长是华北各省市的最高行政长官。然黄无军权，亦无指挥军队之权，而封疆大吏则大多为军人，故黄绝无实力。这次黄氏晋京或会向中央要求较大的实权。但我们根据多方面的观察，认为不必改弦更张。从事实言，欲令鲁韩晋徐之辈听命于黄是做不到的。我们对于匪军向主讨伐；但我们对于实力派，因欲维持统一之故，向主渐进。若韩徐能听命于黄，则汪蒋也早能指挥他们，何待今日。此其一。从政治上设施言，黄氏亦未有收得指挥韩徐等的道义上的权利。现在华北各省市名义上归黄节制者，固有冀察晋绥鲁五省及平青两市，而实际上属黄者则仅有平市及冀省战区各县。平市市政除禁舞及取缔女招待等等细政外，足以号召于人民者又有什么？蓟密滦榆各县的行政又有何种成功？所以从道义上讲，黄氏应首先改进平市及战区行政，如平市及战区成绩确能优于华北其它省市，则黄氏便取得道义上整理华北政务的权利。此其二。

再从外交而言，华北政权如真属黄氏，则日人的压迫必将更进一步。现在黄氏因非真实首领，故日人尚无法逼迫。日人既不得志于平，遂分头向济南，太原，及张垣等处，接洽勾结。然平当局既不敢有显著的亲日行为，则别地当局势亦不敢放肆。万一黄氏如有大权，则形势顿将危险。日人首必竭全力以压迫黄氏。他如答应，则丧权辱国。他如不应，则日人势必勾拉不愿受黄氏节制之地方当局。此中危险，如中央及黄氏稍加考虑，当不难意味得之。所以从外交而论，黄氏亦犯不着要求大权。此其三。

华北局面啼笑皆非，是最悲痛的局面。愿当局者以国家的利益为重，而以个人的成功失败，与夫地位权力为轻！

（《益世报》，1934 年 4 月 3 日）

华北对日外交的方略
（1934 年 4 月 15 日）

对日政策我们主张不亢不卑。我们不唱高调，因为不察实情，徒唱高调，足以亡国。我们也反对低调，因为一味畏怯，一味屈服，也是亡国。我们以为如日人定欲作进一步的侵略，我们只有再忍痛对抗一下（明知这抵抗的结果一定又是失败）。这是不卑。但日人如能停止侵略，则我亦不妨和他们解决一切悬着的枝节问题。这是不亢。

华北今日的外交局势真是危险极了。但这危险不来自日方，而由自己造成。华北的外交当局因为早抱定了对日非妥协不可的成见，故总疑日方十分强硬。因疑日方强硬，遂致日方不欲于此时扰乱华北大局的衷心，亦若熟视无睹。要是政府以华北外交当局戴了有色眼镜而看得来的情报，为制定对日方案的根据，那定是丧权辱国的方案。要不丧权，要不辱国，要安定华北，同时又恰合于今日的形势，政府须采下述三个方略：

第一，我们须坚持不承认伪国的原则。在过去我们政府容许已做过若干可视为等于承认伪国的行为，但这本是重大错误，我们不必一错而必再错，我们今后再不能有比这种行为更进一步的行为。塘沽协定本是辱国丧权的协定。据我们所知，当时日方并没有非获书面的协定不可的决心，而停战条件也没有非如协定所载各条那样苛刻不可的决心，只因华北外交当局慌张过度，而奔走之人又轻率不知大体，以致铸成塘沽的大错。现在塘沽协定既已早成事实，我们反对本是多余，但塘沽协定以外的屈辱我们却不能不加反对。塘沽协定或可视为对于伪国的一种承认，但进一步的承认，我们却万万不能默认。赞成通车通邮者以为通车通邮是塘沽协定以内之事，那是一种戴了眼镜的看法。塘沽协定的地的范围仅为滦榆蓟密的停战区域，我们如果此时由河北进取热辽，固为违背协定；但由内外蒙收复东北，则并未违背协定。如与伪国通邮，伪邮便可南及百粤；如与伪国通车，伪车亦可西至北平。百粤及北平俱不在停战区域以内，我们又乌能视通车通邮为塘沽协定以内之事？我们既不能反对已成的塘沽协定，我们又乌可不反对未成的通车通邮？

通车通邮，无论用何种掩耳盗铃的方式，总逃不了承认伪国的嫌疑。无论"技术"如何高明，结果总是上当。某欧籍专家告《大公报》记者的意见（见昨日该报北平通信）正与我们素来的评论相合。因为通车通邮等于正式承认伪国，而又为既往条约（塘沽协定在内）义务所不需要，故我们绝对加以反对。我们更望唱低调者不自菲薄，重视舆论的重要，而严促政府，并力助政府拒绝日人的要求。

而且，关于车邮二事，日人的要求并无如谣传的激烈。毅然拒绝，决不致酿成如有些人所恐惧的结果，也决不致使问题恶化。不应不拒，才可以使问题恶化。华北谣言日前本极惊人，今观于日外务省所发表的声明，更可见谣言的无稽，而车邮之并无不通不可的严重性。此亦为政府当局所不可不知之事，而低调者也不必过于慎重。

第二，我们关于战区的问题须和日本作一新的交涉，新的解决。这不是高调，这是应有的外交。我们应要求日人遵守塘沽协定的文字及精神，而关于侦察一层则加以修改。战区以内，我本可以警察维持治安，所以我们必须早派巨数的，有力维持治安的保安队进驻战区以内。这是第一点。按照塘沽协定，日人可以自由侦察，这是协定中最不妥的一条，这条务须修正。修正后日军绝不能让其开入。日军如开入，便等于开入河南山西一样，我们仍须视为侵略，不惜以军力抵抗。这是第二点。又日人在停战区域内所享的权利，除沿北宁路按《辛丑条约》得以驻军若干外，余如在内地一样。故现在日人的自由居留，自由开肆等等，俱非条约所许。我们现应据约力争，与之交涉。这是第三点。如以上各点不能做到，则停战区域等于非我所有。华北外交当局如畏日人如虎，则中央应易以较有胆子的当局去和日人折冲。我虽铸过塘沽协定的大错，然我仍须以独立国家自视。一味畏怯又有何用？

第三，日人如能应我关于战区的各项要求，则我们也不妨在不承认、不丧权的原则下，答应日人若干关于华北的另几个枝节的要求；甚或自动的与日人以若干的便利。现在日方主张通车通邮较烈者全是军人，而多少可以主持外交大计的外务省（前虽不能主持，今则多少可以主持）则并不作同样的看法。如果我们能取予有道，予外务省以相当面子，则外务省当可借此抑制在华军人的气焰。我们现在固未便说得太具体，但中央外交当局是应熟权轻重，而向日示意的。

东北问题是无法解决的。但华北的对日问题是可有一整个的解决的。虽则这解决仍是短时期的，如果日人不放弃征服中国的野心，政府不要只求应付日方主动的外交，政府立须制定一整个的方策来和日人折冲。

（《益世报》，1934 年 4 月 15 日）

国人应多去日本游历考察
（1934 年 5 月 11 日）

在地理上日本是和我最接近的邻国；它对我即没有近年来使我寝食不安的侵略，我们也应熟知它的一切情形。近二三年来中日问题的紧张当然使我们更有熟知日本情形的必要。人家快要亡我，人家快要将我一口吞下，人家对于我们的情形又知道得巨细无遗，我们那可反而不知道人家的情形？

说起来也奇怪，国人对于日本的情形向来是十分隔膜的。以留学生而论，留日的当远在留美的留欧的之上，然懂得欧美各国情形的人尚有不少，而懂得日本情形的人则直是凤毛麟角。国内学者中，能教英国史，或美国史，或法国史的人还可找出几位，而能教日本史的人乃缺乏到几乎找不出来。历史如此，政治的制度或社会的组织亦然。这样隔膜的缘故大概有二：第一，国人向来对于日本的一切，每带着几分瞧不起的态度——虽则这是绝不应有的态度；第二，留学日本的人对于日本文字能贯通者为数极少，而这极少数的极大部分又往往是学习两种完全西洋式的学科——陆军及政治——者，所以对于真正的日本国情又极少接触的机会。

我们今后对日的政策不论亲仇软硬，但我们从前的隔膜无知是必须纠正的，我们从今起，必须力求通晓日本的情形。日人对我，无所不知，无所不晓；即俄人对于满蒙的情形亦无所不知，无所不晓。我们今后如再不想法明了日本的情形，那我们真是活该亡国的懒惰民族，夜郎民族。我们今后是绝不能再不深自警惕的。

日本人来华考察的私人及团体每年不知道要有多少，自东北沦亡以来，来者更多。我们今后亟应采用日人的精神，仿照日人的办法，在财力容许的范围内，多组织团体，多鼓励私人，去日本游历考察。游历考察的目的一方面固在作他山攻错之助，另一方面也可藉此探知日本的民气，熟识日本的人物。日本的工商组织有好些是值得我们观摩的，游历考察的结果便可改进国内的工商组织。日本的青年是非常爱国的，而且迷信帝国主义的，但日本的工商领袖及政党巨子，则未必尽赞成积极的侵华政策，游历考察的结果可使国人明了日本的派别，而知有所应付。因为游历考察的目的不是单一的，所以无论团体私人，去得愈多愈好。像我们过去的不乐于赴日游历考察是万万不该的。

依我们的看法，现在中国应即遣派两种团体赴日，一为工商界巨子所组织的团体，一为学者的团体。与日本要人有私交的私人也应多去几个。日本工商业因有倾销的缘故，近年来还未感受恐慌，但一旦欧美各国取缔倾销成功，则日本的工商业必将感受威胁，于是更不能不顾到在中国的市场。因此，日本工商界最怕失了中国市场，更怕华人抵货。我们的工商界如能使日本工商界知道武力或政治侵华将于对华贸易发生自杀的影响，则他们或可拼死力来控制军阀。日本的政客及学者有的固主张对华积极，但有的则不作这样主张，如果我们的学者能去同它们谈话，或亦不无好处。至于私人的谈话则更有微妙的用处，故我们也主张多去几位。而且这些团体及私人，除了可以任若干疏通舆论的责任外，并将带回许多有裨于我们的材料。

学生的修学旅行也是我们所鼓励提倡的，在七八年前，我国学生团体之旅行日本者尚不罕见，但近年来一因国内多故，再因国交欠和，竟至绝迹。且即在旧时，旅行者亦几尽为教育系或师范班的学生，赴日目的几全在参观日本的学校教育，而鲜及其它。这是极不健全的偏重。今岁的情形似较往昔为佳。就平津各校而论，北大清华上月已各去过三四十人，师大今日又将有一批东渡考察。而且这三校的旅行团俱不限于一科一系，更不限于教育。我们认为这是一种好现像，我们更望其它各校能接踵而起。日本学生近来来华参观的几可肩摩踵接，前日即有一批开到北平。以我们的和他们的相比，我们还是瞠乎其后。

来华游历的日本学生是享有种种便利的。他们依了国家的武力，往往可以有越出轨外的行动，如绘图摄影等等；因此，他们所得的材料也独多。同文书院旅行团所获的材料往往可使我们政府机关咋舌惊异。我们东去的学生，我们自无从望其能和日本在华旅行的学生有同样的收获，但我们希望他们除了留心本人所习学科范围以内的事件外，并注意（一）日本的舆论：尤其对华的舆论；（二）日本人民——学生在内——

习劳耐苦的精神；（三）日本人民爱国苦干的情绪；（四）日本大中学生在社会上所处的地位，及其对于社会的贡献。

今日适为北平师大学生东渡之日，愿他们对于上述各点能特别注意。

（《益世报》，1934 年 5 月 11 日）

评立宪运动及宪草修正案
（1934 年 9 月 10 日）

《中华民国宪法草案初稿》（本文简称初稿）是由立法院的宪法起草委员会拟定，而由立法院于本年三月一日发表，发表的目的在广征国人的意见，以作修正的参考。三月中立法院院长又指定若干立法委员，负责审查这个初稿，结果为立法院七月九日所发表的《中华民国宪法草案初稿审查修正案》（本文简称修正稿）。各方所贡献的意见计有二百多件尝被审查者所用作参考。立法院的能够尊重外界意见是没有疑义的。

本文本来预备批评修正案。但是，单单批评宪草而不及根本问题是没有意义的。究竟中国现在是否需要立宪，人民是否有实行宪治的能力，这些问题先得有一答复。所以我这篇文章拟分四节讨论：第一，中国现时应否立宪？第二，如不立宪，政府组织法应否改善？第三，如果定须有宪法，则宪法的原则又应怎样？第四，如果迁就，立法院宪草的轮廓，它的内容又应有怎样的修正？严格的说起来只第四节是批评宪草，但要有意义地批评，前三节却不能不先讨论。因先后论述如下：

一　中国现时应否立宪

立宪的目的是什么？要立宪不外要实现民主政治，奉行民权主义，或树立法治局面。但是，民主政治本质的良不良很有问题，民权主义又不能以一纸空文来实行，法治也是这样。除此而外，我们又想不出立宪尚可有其它的目的。

通常的所谓民治，实包含下列五点：（一）人民在法律上一概平等，不问事实如何；（二）国家权力有限制，个人保留着一部分自由权；（三）有一代议机关，由人民依平等的原则选出；（四）议会中有两个以上的政党存在，互相监督，轮替执政；及（五）政府采分权制。①

上述的民治本不是宜于现代国家的一种制度。这意思我在《民主政治乎？极权国家乎？》那文中尝有详细的说明。简单地说起来，现代的经济民族主义不容国家在生产方面进行迟缓，而通常的所谓民治则不利于高速度与大规模的生产。中国固然还不够资格做一现代国家，但要成为一个现代国家，也万无绕道民治的理由。而且，即使民治宜于中国，中国人民现在也实在没有实行民治的能力。成功的民主宪法皆先有民治而后有宪法，先于民治的宪法皆为失败的宪法。

民权主义是否即是通常的所谓民治，所谓德谟克拉西，诚是近年来争论甚多的一个问题。如果是的，那末摒弃民治等于破坏三民主义。这于不信三民主义的人，本来没有什么关系；但对于笃信三民主义者却大大为难了。我以为孙先生晚年所主张的民治和其早年所阐释的民治甚有不同，后者或许与通常的所谓民治甚接近，但前者则决非民治。我们须知三民主义本是准对中华民族的一个良方。病人的征象稍变，则药方也不能不随之而稍变。孙先生在其革命的过程中，主张常有（虽则不剧烈）变更者，即因病象常有变动（虽则也不剧烈）的缘故。然则我们又那可牵强附会，以未来式的民权主义和殆成过去的民主政治相混？

孙先生的民权本不是通常所谓民治。这从他对于议会制度的批评中可以看出。普通的民治甚重视议会制度。拿破仑叔侄所利用的所谓凯撒民治，便非一般人所肯认为民治者。孙先生的民权论则注重在民众的行使四种政权——选举、罢免、创制及复决。要能行使这四种政权，其人民必须经过充分的训练，绝不能有所侥幸，绝不是一纸宪法所可奏功。

所以，如果立宪的目的在民权，则目的虽无可非议，而立宪却非达到这目的的正当工具，正当工具应为安定政局以实施训政。

至于为树立法治起见，中国是否应即立宪的问题，则比较复杂而不易答复。我们应首先声明，即法治与民治不是一致的名词。民治虽然一定包含法治，民治国家虽然一定也是法治国家，法治却不限定即是民治。立宪尽可仅含法治，而不含民治的意义。我们固然承认通常的所谓立宪即是民治。英国是立宪国家，也是民治国家。美法是民治国家也是立宪国家。但也尽可有立宪而非民者。民治国的宪法学者虽不承认俄意为立宪国家，但俄意的独裁究尚不失为法治；因为俄意等国皆有固定

---

① 参阅本志第三十一卷第一号拙著《民主政治乎？极权国家乎？》一文。

的最高机关，这最高机关意志的变更必有一定的表示，故无论政府及人民，皆有一定的法律可资遵循。

法治与民治不同。民治不需要，而法治则不能无。无论政体为旧式的民治，为孙先生的民权，或为俄意的极权式，法治皆有必要。没有法治，政治便无从循轨而行。

不过，法治也不是一纸宪法之所可建立。法治本可分作两部分讲，私法方面的法治，及公法方面的法治。在私法方面，中国并不是缺少法律。所以尚未臻于法治者，乃因法院缺乏执行的力量，而法官的知识及能力也嫌不敷。所以要促进私法方面的法治不在立宪，而在慎选法官，并尊重法院的权力。

在公法方面，法治的需要或更比在私法方面为大。如果政府各机关之间常因职权不固定而常生冲突，或是行政没有一定手续，而人民常遭压迫，那无论政体怎样规定，政治总不会怎样高明。

从理论上讲起来，中国这时候如能有一宪法，将政府各机关的组织及职权，及彼此间的关系，有一扼要的规定，则公法方面的法治必可较有把握。但是，令法律（就公法而言）迁就事实易，而令事实遵随法律难。这本在各国皆确，而在中国为尤甚。过去二十余年的经验更是历历不爽。所以，如为树立法治而立宪，则所立宪法，第一须切合现时的国情，第二须简要，庶几遵守实行俱没有问题。如果有法而不能实行，不被人所遵守，则离法治更远，不如无法。

这里所说的宪法，不是德国一九一九年的宪法，也不是英国的不成文宪法。这里所说的宪法实不够宪法的资格，而仅是一个或几个组织法，好像法国一八七五年的三个宪法法律，能简要，能切合国情，不涉理想，也不夸大。为实在起见，我们最好不将他们叫做宪法。

二　政府组织法的改善

根据上述的精神，国民政府现在的组织有三处亟应改善：

第一是中央政治会议。中央政治会议为党治机关。如果党治取消，则它也自然无从存在。但目前情势距取消党治尚远，故取消政治会议也谈不到。不过它既负有政治的最高指导责任，则首须有负起这责任的能力。现在的中央政治会议有两大弊病，第一人数太多，第二所问之事亦太多。国民党有中央执监委员百七十余人，这百七十余人也全是政治会议委员。这样的大团体怎能负起指导的大任？而且人数虽多，出席则非必要，于是这次会议，这一批人出席，另一次会议，另一批人出席。这样的缺乏固定性，更怎配指导？就令政治会议设有九个常务委员，但是这九人也非全数常驻都城。关于第二点，政治会议既负指导的责任，则只应问大事，而不问小事，但事实又与理论相反。姑举一例：关于国医馆事，政治会谈前后讨论计有五次之多，而且每次争论甚烈。这没有别的缘故，这完全因为政治会议不能自立限制的缘故。因为政治会议患了以上两种弊病，于是重要的委员不一定全出席，而出席者不一定全是重要委员；重要的事情不经由政治会议讨论，而讨论者转多为例行事件。

在党治之下，最高的指导责任本应归政治会议担负。政治会议既不能担负，担负者遂不能不为若干重要的个人。于是人治的成分更重，而法治的成分更轻。欲图补救，则第一须将政治会议缩为一个不逾二十人的团体，人数愈少，则讨论机密事件也愈方便，而出席亦愈可有恒；第二须专负指导责任，而不干预琐屑事件。这两点有连锁的关系，缺一不可。一定要能做到这两点，然后政治会议能为最高的指导机关，而中央政令也可集中。

第二是军事委员会的职权问题。军事委员会的权力本极有限，徒因军事委员会现任的委员长为国民党最有力的领袖，也为声望最重的军人，遂成为中国今日权力最大的统治机关。而且委员会依法应为委员制，也不是首领制。为求法律适合事实起见，我主张稍改现行法令，设立全国最高军事长官之职，以一切军权交给长官，除军事预算及宣战仍应得政治会议的同意外，其余他可便宜行事。禁毒等事由军事机关办理确较方便，则亦不妨由政治会议议决暂交军事长官办理。但其它民事则应由行政院负责办理，不可因人而害法。不这样，则行政院将无责可负，而军事委员会则有权而无责。至关于最高的指导，则无论为国府主席，或为其他，俱应凭借政治会议而有所活动。不这样，则政令无由统一。

第三是缩小五院的组织问题。五权应作独立行使的试验，却不必有同样庞大的组织。司法、考试及监察三院能裁去最好，即不能裁去亦当缩小组织。立法院则应以能制定良善法案为目标，故也不必有太大的规模。

依照现行法律，中央政治会议为最高政治指导机关，而行政院则负行政的责任。我认为这是尚合国情的制度。所以我提议充实政治会议的力量，厘定军事委员的职权，而保持行政院的完整。能这样，则政治权力较可有系统，而行政效率亦必可较大于今日。至于用人行政的如何改进，其重要固然不亚于制度的改良，但非本文范围以内之事，所以不赘。

以上所述是一种极简易的改良。即使新的组织法俱依我的意思而成立，也不能凑成一个新的宪法。这是很自然的，因为我本不主张于此时立宪。

三　宪法的原则

我之不主张于此时立宪既如上述。那末，如果现政府及行将召集的国民党第五次全国代表大会，决意成立宪法，我又有何说呢？那我只有提出几个原则，以供制宪者的参考，庶几这新宪法可以不尽成为空文而已。原则如下：

（一）宪法可尽量的以三民主义为根据，但在文字上以少采国民党所特有的名词为佳。因为宪治既为党治的替身，则凡足以引起一般人民的反感者自以愈少愈妙。

（二）普通所谓人权，在目前的中国决无保障良法；至于基本权利及义务更无实行的可能。关于权利及义务的条文，既不能望其即日发生实效，则制宪者仅可趋于理想。譬如说，如果我们希望中国将来成为社会主义的国家，则于权利义务章不妨充分有这表示。德国一九一九年宪法第二篇中许多条文也很多只为照示民族应走的途径，而不求急切实行的。

（三）关于政治制度的部分应力求适合国情，不可有不易实行的条文。但现时已显著的流弊，则应纠正，不应使再获得宪法上的根据。

（四）民选的机关，及机关的人数愈少愈好，选举次数也愈少愈好，因为人民的程度不容许选举制度的成功。

（五）宪法的修改愈容易愈好。愈容易修改，则达宪的可能性也愈小。宪法愈少被蹂躏的机会，则人民对于宪法的尊敬也愈易维持。

四　评宪草修正稿

初稿及修正稿俱犯了一个根本的毛病，就是草宪者在一方固不满于现在的局面，但在又一方也没有一定的要求。他们唯一的要求，就是要一个宪法。至于什么样的宪法，他们却缺乏很固定的主张。今举数例言之。两案皆以民生主义为国民经济的基础，但两案的起草者对于这民生主义的经济生活似皆缺乏斩截的认识，或有之而不便明言。一九一九年德国宪法关于国民经济的部分已经被世人公责为太含混。若将修正稿的第八章和德宪第二篇第五章一比，则含混似有过之而无不及；初稿中的第三章更不必说。这是一例。国民大会委员会（初稿中作国民委员会）是一个何等重要机关，但修正稿与初稿间的不同极大。在初稿中它是实际的统治机关，而在修正稿中，它的权位已大大缩小。这种剧变或尚可有说，因为国民大会委员会是新的机关，但是总统制与内阁制的问题则为国人二十年来讨论得滥熟的问题，在理应有一定的见解。修正稿距初稿的发表仅有四月，中国的制度没有变，最高的当局也没有变，根本的情势更没有变，然而行政体制则已自大体上可称为内阁制的制度，一变而为大体上可称为总统制的制度，这又是何等的剧变。凡这种种含混及无恒俱可视为起草者缺乏坚信的一种象征。他们所起草的宪法于是也尽多可议之处了。

要根本补救上述的弊病，我以为只有采用本文第三节中所述的各种原则。兹根据那些原则的精神，局部的批评修正稿如下：

（一）总纲　总纲可以有，而弁言不必有。总纲的内容与宪法的实际不大相干，所以没有也成，但有也无妨。弁言则必须讲到谁制定这宪法的问题。由党治蜕化到宪治，弁言中少不了要提起党；一提起党，党外的人顿生反感。所以与其有弁言，不如没有。初稿没有弁言，较妥。

说到党，我们便不能不讨论到第一条的措词。第一条说，中华民国为三民主义共和国。"三民主义"之正式入宪为好多人所不满。但我以为这条尽可存在。三民主义虽为国民党的党义，但究非狭窄的党义可比。三民主义没有对不起中国，只是国民没有实行三民主义。"三民主义"入宪是极应该的事。不过除此而外，则不应再有党的字眼形诸文字。

第四条列举各省极不妥。列举的用意据说在不承认东四省被攫之意。但列举的毛病则在不能完全列举，京沪各市即未列举在内。至云有"其他固有之疆域"一语为殿，则也不妥，因为这一语也将列举的各省区包含在内。

（二）人权　修正案第二章列举"人民之权利义务"，但未包括积极的权义。人权章本是各国宪法中的老生常谈，几乎千篇一律。就大体言之，修正稿第二章亦大致其妥。修正稿将初稿第二十三条扩成三条，将来列举的权利加以保障的原则（第二十四条），将限制权利的法律加以原则上的限制（第二十五条），并将国家因公务员侵害人权而负的赔偿责任加以规定（第二十六条），这都是优于初稿的地方。

但是修正稿第九条（初稿第八条）关于二十四小时内提审制的一段我以为可以删去。这条是有直接的法律效力，早已在约法之中，而向不能实行的，不若其它各条则本来仅是一种理想，一种期望。法律贵在实行，不实行的法律愈少，则法律的尊严愈少损失。

（三）积极的权利义务　修正稿国民经济及教育（初稿称国民教育）两章即普通所谓积极权利及义务者。教育章与初稿无甚出入，均嫌太过陈旧，太迁就现行学制。要知修正稿中第一五六及第一五七等条在短时期内决无实行可能。既然不能实行，则可索性将调子唱得高些，借以为异日的目标。

修正稿中的国民经济章较初稿为详尽，为进步，但离统制经济或国家社会主义尚远。难道统制经济或国家社会主义我们还应视为陈义过高么？所以经济一章应以统制经济为恶的，而予以彻底的改写。

（四）财政及军事　修正稿增财政及军事两章。这两章俱没有多大意义可言，而且也不能实行，故以删去为宜。财政章大抵为中央说话，而能不能实行则要看中央能不能真正统一。添设军事章的最大目的似乎在限制军人的干政。这也是事实问题，政治问题。我们既不主张有不能实行的法律，那这两章也最好删去。

（五）国民大会　国民大会为新款的机关，故争论亦最烈。大概不立宪则已，立宪则必须有国民大会；不然便无须立宪。老实说，我之不主张此时立宪者，即因国民大会此时无成功的希望。

如果国民大会非有不可，则组织不能不求其小，而职务不能不求其简；再视其成功的大小迟速为标准，而扩大其组织，加重其职权。

国民代表一县一人固然见诸孙中山先生的《建国大纲》，但这绝对有变通的必要。我国各县，大小悬殊，一县一人，极不公允。修正稿中既有大县可以增加代表的规定，则何不再进一步而减少国民大会的人数？二千人的国民大会一定是一个无从组织的庞杂群众，因之一定也缺乏意识，缺乏能力。其结果必费用浩繁而操纵易为。所以大会人数必须减少。如能于一百至一百五十万人中选出代表一人，则总数便可不太众多。至于代表应如何选出，则采用间接选举的方法为最方便，以各县的当选人为选举人，而以省或小于省的区为复选区。

初稿及修正稿但将代表年龄限在二十五岁以上。这大非所宜。我们现在最要紧的工作就是现代化，而要现代化则绝对不应歧视青年。一百个有现代知识的国人中，三分之一的年龄殆在二十与二十五之间。所以修正稿中关于年龄的限制可使三分之一的优秀人材无法获选。这是不应有的限制。反过来，教育的限制，我们倒不妨设立几个。依我的意思，仅中学或中学以上的学校毕业生才能充任代表，惟年龄已逾四十五者则准以别种教育资格代替。经过这样的修改，国民代表的人选必可整齐许多。

至于国民大会的职权，则我主张予以投票的职权，而少予以讨论的职权；如果为修正稿中的国民大会（二千人的大会），则简直不应令有讨论之权。选举、罢免、投票即是，性质简单，故国民大会尚可试行；议事修宪，性质较繁，故最好暂不经国民大会之手。依照孙先生的遗教，四种政权本应由人民直接行使。若照修正稿，则四权的行使（且仅为部分的行使）操之于国民大会。这已是一种变通，理由则因人民的政治能力薄弱。我主张暂不令国民大会有复决权及创制权，我的理由也是人民无政治能力。如是国民大会能如我说而人数较少，教育的限制甚严，则裨以创制权及复决权亦无不可。

国民大会的任期及会期修正稿的规定尚妥。无论职权怎样的小，初稿的规定未免带些仇视国民大会的性质。

（六）国民大会委员会　初稿的国民委员会，是一可以离国民大会而独立的机关；但修正稿的国民大会委员会则是国民大会的委员会。二者之中，自以后者的性质较为相宜。修正稿中的选举方法也甚妥当。初选当选人选举国民代表的方法即可仿效国民代表选举国民大会委员会委员的方法。但初稿中的选举方法则万万不应恢复。

国民委员会的职权大得无比，俨然为最高统治者。那是极不妥当的办法。国民大会委员会的职权则重要者有下列五种：

（1）代国民大会复决立法院所通过的预算案、宣战案、媾和案、条约案、戒严案及大赦案；

（2）代国民大会受理总统及立法、司法、考试、监察四院提请解决的事项；

（3）受理监察院对于总统、副总统、立法、司法、考试、监察各院院长，及立法委员，监察委员的弹劾案；

（4）对于国家政策或行政措施认为不当时，得先向总统提出质问，再得召集临时国民大会，以作罢免与否的决议。

我们再返观国民大会本身的职权，则有下列几项：

（1）选举并罢免总统、副总统、立法、司法、考试及监察各院院长，及立法委员及监察委员；

（2）创制立法原则；

（3）复决预算案、宣战案、媾和案、法律案、条约案、戒严案及大赦案；

（4）受理总统及立法、司法、考试、监察四院提请解决的事项。

如果国民大会是我所主张的会议，则大会及委员会间职权的分配尚无不妥。如果国民大会为二千人的大会，则第（2）项权应取消，而（3）（4）两项则应永由委员会行使。

以上所言者当然假定中央政府用总统制并设立五院。如果不设五院，且不行总统制，则关于总统及各院等等的条文自应照改。

（七）行政机关的体制　关于这层，我们愿先提出四个原则：第一要注重效率，第二要强有力，第三要能负责，第四要有制裁。

按初稿本采内阁制，但行政院长须向多个机关负责。他由总统得国民委员会的同意而任命，他又须同时向立法院及监察院负责，因为两院得了国民委员会的同意后俱可将他推翻。换言之，行政院长向国民委员会负最大的责任，而向总统及立监两院负次大的责任。这诚不是健全的制度。

但是修正稿所采取的总统制更不是健全的制度。照修正稿，行政院长仅是总统手下的属官，并没有专责可负。既然如此，何不即令总统兼任行政院长，而合二职为一。但与其合二职为一，则又毋宁使负实权者仅挂行政院长者之名，而于上再设一虚位的总统。因为这样确可使政局易于安定，使政局不因握大权的行政院长有进退而发生绝大动摇。无论为总统或为行政院长，中央必须设一强有力的行政首长。初稿中的行政院权固不够大，即修正稿中的总统，责任也不够专，因为国民大会委员会尚可常提质问，而监察院可施监察。我的意思，行政制度应仍为行政院长负责之制，行政院长由总统征得国民大会委员会的同意而任命，但行政院长的罢免则须经国民大会委员会提请国民大会通过。立法院不得提出质问。监察院当然可以提出弹劾，但弹劾案亦须经国民大会委员会的受理，始得提交国民大会作罢免与否的决议。如能这样，则行政院长仅对国民大会负责，更动可以不频，权力亦可以较大。

（八）总统 上面已经说过，修正稿中的总统责任尚不够专。监察院可以弹劾他，立法院可以重行通过他所提交复议的立法案件，而国民大会委员会则随时可以麻烦他，魔难他。我们既主张责任内阁制，则这些问题自然无存。又修正稿禁止现役军人任总统。这也与国情不合。无论为总统或为行政院长，我们俱不主张有此限制。

初稿及修正稿俱设副总统，这亦可以取消。总统如出缺，可以行政院长暂代。

初稿有国民政府，修正稿则取消国民政府，而以总统为中央政府的首领。总统制固应取消，但不设国府的意思可以保存。

（九）五院 说到五院制，我们主张能简单则简单，因为组织愈繁复，则经费亦愈大，而人事的纠纷亦愈多。我们的理想如下：

（1）行政权——行政院。

（2）立法权——立法院，但规模极小。

（3）司法权——各级法院，不设司法院，司法行政部属行政院。

（4）考试权——考试委员会，由国民大会产生，但不用选举方法。铨叙事宜属行政院。

（5）监察院〔权〕——监察委员会及审计院，俱由国民大会产生，但俱不用选举方法。

上述的理想优点甚多，一为消灭院与院之争，二为增加事务的效率，三为经济。不得已而仍采用五院制，则司考等院的组织仍应视现有的规模为缩减。初稿中各院有副院长，修正稿中裁去甚是。

修正稿中的政务委员会并无新奇可言，而且也讲不甚通。不管部的政务委员实即西方责任内阁中的不管部阁员。责任内阁中究有设置不管部阁员的必要，但总统制之下则无此必要。即行政院为我所主张的制度，不管部阁员亦无必要，因为我们的是行政院长负责制，而不是阁员共同负责制度。

初稿及修正稿皆予行政机关以交立法院复议已通过的议案之权。这也不必，因为一切争端最好取决于国民大会委员会。

立法院院长及委员的产生方法修正稿的规定颇佳，但院长所推荐而经国民大会决选的专家似乎不应少于半数。立法委员的总数在宪法中应即规定，且应在五十人以内，因为立法院本不是代议机关，而是立法机关。

修正稿对于司法院似采大司法院主义，初稿仅言司法院掌理司法行政，而修正稿则明言司法行政部属于司法院。这与上述的理想相差太远。我以为司法院最好取消，即使存在，则应以最高法院院长兼任司法院长，而将司法行政部仍隶行政院。

依我的理想，中央可设一三人或五人的考试委员会，由总统得国民大会的同意后任命。我们应知道英美等国的考试权早已独立，虽则考试委员会的规模极小，这种精神深可取法，因为实际的考试，委员会总得向各机关各大学借材，即使设了庞大的考试院，也非借材不可的。

监察委员的任命如考试委员，人数不必过二十人。监察应以违反宪法及行政法的事项为范围，而不应涉及政策、效率及私法上的违法事项。二十人之数已足以树立良善的风纪。至于事事明察，则在这纪纲废弛的中国，即设置一千委员还是不够。所以宁少毋多。

审计院应独立，但不必与监察委员混做一谈，也无与后者同隶一院的必要。审计应由总统与监察委员用同一方法任命。

修正稿中的考监两院也是大院。我惟有希望制宪者将它们大大缩小而已。

（十）中央与地方　初稿设"中央与地方之权限"一章，列举属于中央的立法权二十五项，用意殆在模仿德宪。但中央又有自扩其职权之权，故初稿的宪法决不是联邦宪法。既不是联邦，何必于宪法中将中央及地方之权规定？修正稿删去这一章甚是。

（十一）地方制度　省县市的制度，在组织上，修正稿与初稿大致相同，但在原稿中省长由行政院长提五人，由参议会决选，而修正稿则规定径由中央任命；在原稿中县议会得弹劾县长，修正稿则删去了这弹劾权。两者之中自以修止稿的规定为佳。但即在修止稿中，省参议会的职权及县市自治范围仍嫌太广。自治只能逐渐养成，故我不以一时即付人民以大权为然。

（十二）宪法的解释及修正　关于宪法的解释，初稿规定由立法院拟具意见，提请国民大会（或国民委员会）决定；修正稿则易立法院为最高法院。我们对此可表同意。

关于宪法的修正，修正稿与初稿相差极少。初稿规定修正案由国民代表三分一以上的提议，三分二以上的出席，出席代表四分三以上多数的通过，才能成立，而修正稿则易四分三为三分二。但修正稿规定修改提议应由提议人于国民大会一年前公告大众。所以无论在初稿或在修正稿中，修改宪法俱不易易。这点我认为不妥。我以为宪法不应如此刚性。我以为修正案应由国民大会委员会拟成，但经国民大会寻常的多数通过便可成立。

能暂不颁行宪法最好，如果定要立宪，则愿制宪者能采用上述的许多意见。

二三，九，一〇，于北平，香山。

（《东方杂志》，第 31 卷第 19 号，1934 年 10 月 1 日）

评中华民国宪法草案
（1934 年 10 月 18 日）

　　立法院从事于草拟宪法的工作已一年有余，其间尝三次发表草案，征求国人的自由批评。第一次为宪法起草委员会副委员长吴经熊所拟之稿（去年六月上旬），第二次为宪法起草委员会所通过的《中华民国宪法草案初稿》（本年三月一日），第三次为若干其他立法委员所审查修正的《中华民国宪法草案初稿审查修正案》（本年七月九日）。十月十六日经立法院三读通过的则为立法院最后的草案。

　　吴稿欠妥，本少采用的可能。所以去年秋季各省市政府，以及各大学，各律师公会，所分别或联合设立的宪草研究会讨论宪草时，皆自由发表意见，并不以它为根据。初稿无论在实质或在技术方面，均远在吴稿之上；我主天津《益世报》笔政时尝有过好几次的评论。修正案在大体上比初稿更为进步；在上月一日的本杂志上我也尝著论批评。至于三读通过的草案，则依照《国民政府建国大纲》（第二十二及二十三条），及中国国民党中央执行委员会二十一年十二月的决议①，如经明年三月预定召集的国民大会决定并颁布后，便成为中华民国的宪法，故它的重要性更比从前所刊布的几个稿件为大。它固然是立法院的最后草案，可代表立法院的总集意见，但国民批评它纠正它的义务却依然存在。我们现时如尚不需要宪法，我们应请愿五全大会将颁布宪法的日期延缓下去。我们现时如即需要宪法，我们也应趁国民大会未召集以前，主张一种较健全，较适合国情的草案，庶几国民大会所采纳的宪法，于颁布后，一不至不能实行，二不至实行而有害。

---

　　①　当时三中全会有如下的决议：（一）拟定民国二十三〔四〕年三月开国民大会，议决宪法，并决定颁布日期；（二）立法院应速起草宪法草案发表之，以备国民之研讨。

一

关于中国现时是否需要立宪的问题，我在上月的一文中已有较详的解答。我以为如为实现民主政治而立宪，则大可不必，因为民主政治本身不见得适宜于现代的国家，而且中国人民也没有运用民治制度的能力。如为奉行民权主义，或树立法治局面而立宪，则犹御车者置车于马之前，而欲车行。要奉行民权，先得训练人民如何行使政权。要树立法治，人民先得有制裁违法的当局者的实力。要是人民不能行使政权，也没有制裁的力量，则纵有宪法，民权及民治仍是无法存在。无论在吴稿中，在初稿中，在修正案中，或在最新的草案中，国民大会的权力俱不能谓小。但是谁能保障国民代表真能由人民自由选举？真能代表人民？又谁能保障国民大会能行使宪法所赋予它的权力？谁能保障政府各部分的官吏能遵守宪法及法律？又谁能保障违法者会受适当的制裁？

直爽地说起来，无论从国民党的立场而论，或从普通国民的立场而论，宪法均是不急之务。国民党主要的使命在完成国民革命，三民主义的革命。如果真能革命，则世人即有不满于一党专政者，即有要求立宪者，国民党尽可充耳不闻，宪法更不必谈起。至于国民，则此时也没有要求宪法的必要。如果执政者有实行法律的修养，而人民又有行使民权的能力，则在现行的约法，及其它法律之下，民权及法治尽可有满意的起始，如果不然，则纵使有了一纸叫做"宪法"的空文，人民仍是缺乏有效的保护，而且仍是不能参加政权。若然，则有宪法仍等于没有宪法。所以从一般国民的立场而论，立宪既不是轻易可以实现之事，则要求宪法也无意义可言。

政府现在最大最急的任务在维持国内治安，增进行政效率，发展国民经济。要做到这些，则有待于执政者及各界领袖的觉悟及奋发，有了宪法不特不能有所帮助，且转恐因采用宪法与夫改制时所引起的纠纷而多所阻碍。

二

以上所言乃是根本的问题。如舍根本问题，而谈草案的本身，则立法院所三读通过的草案亦尚远不及七月九日所发表的修正案。三读案是退步而不是进步，谈不到适合国情，更谈不到完美。国民党如果于短期内定欲召集国民大会以制定宪法，则三读案实在不宜作讨论的根据。立法院对于初稿的草拟是费过一番苦心的，审查时的细心及虚心也是值得我们的赞佩的；但审查修正以后，二读以前，忽因一二人的意见，而将草案加以根本的改窜则是不可思议的，也是不足为训的。如果国人及立委们对于这根本的修改尚有长时期讨论的机会，则还有可说，但二读所历的时间又极短，一共虽经过十二次立法院大会的审议，然从二读开始到终结为时仅有半月（自九月二十九起至十月十四日止），三读则仅有一次。那实在未免太仓促而轻率了。

对于七月九日发表的初稿修正案我已于上月的文中批评过。三读通过的草案与初稿修正案相同的地方，我不必再作批评，阅者但请一读上月之文。今单就其不同的地方，分段批评如左：

（一）关于国民大会及国民大会委员会者　二读案与初稿修正案间最大的不同之点厥为国民大会委员会的取消。依照初稿修正案，国民大会之权由国民大会本身及其所选的委员会分掌。国民大会有下列各种重要职权：

（1）选举并罢免总统，副总统，立法，司法，考试，及监察各院院长，及立法委员及监察委员；

（2）创制立法原则；

（3）复决预算案，宣战案，媾和案，法律案，条约案，戒严案，及大赦案；

（4）受理总统及立法，司法，考试，监察四院提请解决的事项；

（5）修改宪法。

委员会的重要职权则如左述：

（1）代国民大会复决立法院所通过的预算案，宣战案，媾和案，条约案，戒严案，及大赦案；

（2）代国民大会受理总统及立法，司法，考试，监察四院提请解决的事项；

（3）受理监察院对于总统，副总统，立法，司法，考试，监察各院院长，及立法委员，监察委员的弹劾案；

（4）对于国家政策或行政措施认为不当时，得先向总统提出质问，再得召集临时国民大会，以作罢免与否的决议。

因为国民大会是庞大的机关，国民代表的能力又毫无把握可言，所以我在上月的文中主张再缩减大会本身的权限，取消其第（2）项，而以（3）（4）两项永远委托委员会代行。我以为只有用这样的调和方法，才能一方不违背人民有政权的理论，一方又可顾全二千国民代表无力行使政权的事实。而且过去七八年的政治为中央政治会议集权的制度（至少在理论上是如此），国民代表委员会产生时当然免不了选举的竞争，如果国民党中有力量的份子能占国民委员会的多数，则七八年来的习惯制度也不至于发生骤然的变更，更不至于因骤变而发生武力的争执。而且政治是现实的，决不是单凭理论的。无论有宪无宪，国民党当然仍想维持政权。与其由一人争总统之位以维持政权，毋宁由一群人操纵国民大会委员会以维持政权。所以国民大会委员会的设置，除了看得见的便利而外，尚有微妙的作用存乎其内。

照立法院二读及三读通过的草案，国民大会委员会是取消了，以前分隶于大会本身及委员会的权限今大部分归于大会本身，小部分则移于总统，立法院，及监察院，又一小部分则取消无存。计属于国民大会本身者有：

（1）选举并罢免总统，副总统，立法院长，监察院长，立法委员，监察委员，并罢免司法考试两院院长；

（2）创制并复决法律；

（3）修改宪法。

初稿修正案中的国民大会本有选举司法及考试两院院长之权，但这权今由总统及立法院合并行使（即总统得立法院的同意而任命）。国民大会第（4）项受理总统，立法，司法，考试，及监察四院提请解决的事项之权本议改归《总统召集五院院长会议决定》（孙科院长原提案），但于二读时未获通过，所以五院如发生争执，今只能由总统运用其个人地位来善为调处。国民大会委员会第（4）项的职权则已取消，换言之，在三读案之下，国民大会并不能向总统提出质问。三读案第六十五条固然规定"关于立法事项，立法院得向各院，各部，各委员会提出质询"，固然所谓立法事项的范围极大，但这是没有制裁的质询，答复不能满意时，立法院也不能予被质询者以制裁，所以不能与国民大会委员会质问总统之权相提并论。又以前国民大会（及委员会）的复决权包括预算案，宣战案等等，但今则只限于法律案。

但是，国民大会之权虽较前为略小，而行使者则为国民大会本身。国民大会是二千人左右的一个大团体，职权简单，则失败的可能性已不能免，职权愈大，则失败的可能性愈大。有了国民大会，产生政府的权力①，及修宪的权力本不能不交给它。但别的权力则愈少给它，愈是妥当。万一国家有些职权，别处无可寄托，而一定须给予国民大会，则只有设立一个委员会以代行职权。我不敢说委员会于行使职权时定可胜任而愉快，但我敢说，其失败的可能性必可比国民大会较少。此所以立法院二读时将国民大会委员会取消是一个大大的错误，也是失策。

据立法院负责人的解释，此次取消国民大会委员会的目的在将政权及治权厘分清楚，政权在民，而治权则在政府。表面上这诚是《建国大纲》第二十四条的正常解释，但按照《建国大纲》，施行宪政本在训政之后，现在地方自治尚未实现，人民行使四权的训练尚未成熟，训政尚未成功，则这时所采用的宪法又乌能拘泥不化？如果国民大会真应为行使政权的最高机关，则也不应每二年仅召集一次。② 如果《建国大纲》第二十四条也敬谨遵守，则何以五院院长中，有三院长（行政，司法，及考试）又可由总统任命，而不由国民大会选举？《建国大纲》应有整个的实行。如须变通则应有合理的，不自矛盾的变通办法，而不能不应变者变之，既变甲条而与有连带关系的乙条反而不变。

我们要知道二千人的国民大会定是一个效能奇小的集团。我们如不让它行使四权的全体，也不见得就违背了划分政权治权的原则。我们尽可先让国民大会（及其委员会）行使一部分的政权，然后再看行使的成绩，而逐渐将其权力范围扩充。国民大会（及其委员会）的权力小，固然等于政府的自由大，然这并不等于政府有了政权，政府抢了国民的政权，所以与政权治权划分的原则并不相悖。

总之，立法院大会将国民大会的创制复决权大加扩充是极不妥当的，取消国民大会委员会则等于促成国民大会的失败。

（二）立法院 取消国民委员会的动机似乎在扩充立法院的威权。新草案中的立法院是一个近似议会的机关，人数即在二百以上。本来立法院的重要议决案，如预算案，宣战案等等，须经过国民大会或其委员会的复决（初稿修正案第四十八条），但这条今已取消。司法及考试两院院长的产生，立法院今也有参加之权，一若这是治权而不是政权，更

---

① 法国有些宪法学家认公民团体为国家机关之一，将它叫做产生机关（l'organe createur）。
② 孙科院长尚提议改二年召集一次为四年召集一次，则更是不信任国民有政治能力的一种表示。

若五院独立并不因此而受影响者。① 又孙科院长于取消国民委员会后，本欲予立法院以会同监察院审议重大弹劾案之权。② 这意思固然未被大会采纳，但其扩大立法院权力的用意亦至为明显。

若照初稿修正案，则西方国家议会所享的立法权由立法院及国民大会（及委员会）分掌；照新通过的草案，则大致将由立法院包办。这个立法院的权力虽尚不及美国国会之大，但就它和总统间相对的地位而论，实亦不在美国国会之下。总统由国民大会产生，而立法院也由国民大会产生。万一总统与立法院失和，则即不至公然用武，至少亦不免发生总统或立法院联合监察院以自重之事。在没有守法习惯的中国，其间危险真有不可思议者。如果留国民大会委员会为政治的中心，并采用责任内阁之制，则只消行政院长能向委员会负责，许多争端便可不至发生。所以立法院权力的扩充，也不是一件可以乐观之事。

（三）监察院　因为取消了国民委员会，监察院的权力也有相当的增加。对于总统，副总统，及各院（除行政）院长的弹劾案本须由国民大会委员会受理，才得召集临时国民大会以决定罢免与否，但现在则只消弹劾案经过全体监委半数以上的审查决定，便可提出于国民大会，在闭会期间则得请国民代表依法召集临时国民大会，以决定罢免与否。③换言之，以前尚有国民大会委员会可以镇压政潮，但现在则半数监委的意见便可以引起政潮。这也是新草案的大缺点。

又按草案第九十三条，监察委员于行使监察权时得依法向各院部会提出质询。这固为与第六十五条立法委员的质询权对照而设，但这样一来，各院部会更将不胜答复之劳。如果将来的监委仍为古时御史式的人物，问〔闻〕风便要言事，那各院部会长官更将疲于奔命了。

（四）五院制　我于上文中尝主张五权独立行使，而不设五院；即设五院，其组织亦务求简单。然三读通过的草案中的五院仍是五大相峙的制度。改良者只有一点，即最高法院的取消，但第七十九条的条文实在欠妥，因为就条文而论，司法院之下好像只有公务员惩戒委员会，及司法行政部，而没有各级法院。

---

① 照二读时大修改的精神而言，政权治权的分别及五院的独立俱应维持。

② 依孙氏原提案"对于总统，副总统，立法，司法，考试，监察，各院院长之弹劾案，由立法监察两院联席会议，经全体委员四分三以上之出席，委员三分二以上之议决，召集临时国民大会，为罢免与否之决议"。

③ 三读案第一百条的末句极欠妥当。国民代表如不应监院的请求，则又当怎样，草案并未说明。

五院院长，照初稿修正案，除行政院长由总统自由进退外，其余四院院长俱由国民大会选举，任期四年，连选连任。照三读通过的草案，则行政，立法，及监察三院院长仍旧，而司法及考试两院院长则改由总统得立法院的同意而任命，但任期仍为四年。如果五院取消，则这些院长产生的方法本根本不成问题。即使五院制存在，也没有使国民大会，总统，副总统，及五院院长同时满任的理由。一国重要的执政者如果须同时更替，则试问政治的安定尚有何法可以保全？更试问世上那一个国家有这种既蠢且危的办法？我以为司法，考试，及监察三院院长总应使之成为不加入政治漩涡的人物，所以任期即非终身，也应较长。

（五）宪法的修正　宪法草案初稿规定修正案由国民代表三分一以上的提议，三分二以上的出席，出席代表四分三以上多数的通过，才能成立；初稿修正案易四分三为三分二，但又规定修改提议应由提议人于国民大会一年前公告大众。现在提议的人数虽减低到四分之一，但出席的人数又恢复了四分之三的巨数。所以修宪仍极不易。我主张宪法要柔性，所以我总以为修宪太难是不相宜的。

三

但是，话又说回来了。就中国目前的情形而论，无论如何仔细考虑，总不易有完美的宪法。即使有了合乎理论的宪法，也不见得即有实行的可能。所以我总望今之当国者，不急于宪法的完成，而努力于政治及经济的改进。如果为满足国内一部分人的要求而立宪，则亦须能真正立宪，才能消灭反对。

二三，一〇，一八，于南京。

论极权主义
（1935 年 2 月 1 日）

最近几年来欧陆流行的两个政治名词实有一为介绍的必要。一个是"权力国家"（Authoritarian State），又一个是"极权国家"（Totalitarian State）。前者于二十年前即已见诸著述；后者则为法西斯主义勃起后，一个簇新的名词。前者的意思是指一个富有威权力量的国家；后者乃指一个权力广大，一切权力皆为所有的一个国家。两者多少是指一物而言的，但极权国家一词比权力国家一词有更精确的涵义；而且就名词而言，因为极权国家是新起名词，所以也绝少有与别物相混淆的可能。

极权主义当然是对于民治主义的一种反动。何以见得？先让我说明民治的为物。我在去年元旦《东方杂志》所载《民主政治乎？极权国家乎？》一文中，尝说现代民治国家有五个共同之点，即：

第一，在这些国家中，各个人民，无论是挟资亿万的大地主大资本家，或是贫无所有的农民工人，在法律上是一概平等的。第二，国家的权力有限，而个人保留着若干的所谓自由权；国家如欲伸张其权力或限制人民的自由，则须依照一定的制宪程序；所谓制宪程序者大概都含有人民直接对某事表示意见之意在内。第三，人民有一代议机关，依个人平等的原则选出，较富有的阶级操纵较贫穷的阶级的事实，则法律一概不问。第四，议会中同时有两个或两个以上的政党存在，互相监督，且轮替执政。第五，为保障人权，且限制国家权力起见，政府采分权制：没有一个国家机关，无论立法，行政，或司法，能独揽国家一切的大权。

以上所述固不能算是民治的定义，但大家所公认的民治国家则无不具有上述五点。我们所以认极权主义为对于民治的一种反动者，即因极权主义之所表现者即在推翻上述各点。在极权国家中，人民既不平等，亦无自由，亦无代议机关。政党只有一个，而分权的制度也不存在。在民治国家所认为天经地义者，在极权国家绝不能存在。

不特从内容方面说起来，极权主义是民治主义的对端，即从历史方面说起来，极权主义也是民治主义的反对者兼替代者。现今自称为极权国家的有意德奥数国。他们的制度都是反民治的法西斯主义。法西斯蒂固然也同时反对社会主义或共产主义，但其主要的政纲之一即如反对民治及一切附带于民治而生的制度。莫索里尼反对民治，希特勒也反对民治，即奥国的现当局也反对民治。他们全是愿藉法西斯主义以推翻民治的。要是不以推翻民治为目的，则法西斯蒂便或不会存在。

自命为极权国家的意德固然是极权国家，共产的苏联及独裁的土耳其也是极权国家，因为他们的政制虽和意德不同，但其反对十九世纪欧洲的民治制度则与意德如出一辙。他们全是反对民治国家及民治国家的一切制度的。

将极权主义与民主政治比较起来，孰优孰劣固然不能一概而言，但我相信极权主义绝不是一种肤浅的理论。在这里，我们应辨别极权主义与独裁的异同。

现有的极权国家——即意德俄土等国——固然全采独裁制度，不是一人独裁，便是一党独裁，最普遍者则为一党的党魁独裁，但是，我们不能反过来说，我们不能说一独裁就可以成为一个极权国家。我们须知极权主义包含着国家的权力应有极度的发展，而这无限制的权力国家又有敏捷且利便的方法以行使的意义，而独裁则仅为行使这权力的一种方法。前者固然必包含着后者，但后者则绝不能与前者有同样广大的意义。如果一个非极权国家而行使独裁，那不但没有必要，而且流弊甚大。一个极权国家一则不能不用独裁，再则独裁也不易成为一夫自私自利的专制。莫索里尼及斯泰林等，专制则有之，如说他们自私自利，则恐怕太不公平了吧！

所以仅仅提倡独裁诚不免失之肤浅，但是为极权而主张独裁则又是一件事情。为先决问题自然是在现代潮流之下，民治较为合式呢？还是极权主义较为合式？关于这个问题，我的见解偏向于后者。我的理由已详于《东方杂志》的那篇文章。民治已经有深长基础的国家，固然不必太急急于改制，但民治尚未实现的国家，尽可向极权主义的道上走去。欲实现极权主义固是不易，但凭空建筑民治，其困难更大。如果为应付现代国际及经济局势起见，极权主义较宜于民治，如果美国亦尚且有倾向极权的趋势，则一般国家又有何种理由不以极权主义为鹄的呢？

至于就吾国的需要而言，我以为我们应努力培植一个极权国家，以图立足于世界之上。我们不必抄袭民治的陈义，以自陷于无力量的低下地位。即就民权主义而言，民权主义本非民治，且与极权主义又并无不可相容之处；只有旧时的所谓独裁才不相容。

我相信国家的权力愈大，则独裁的需要也愈大，但所谓独裁不一定就是一人的独裁，一党同样可以独裁。究竟一党独裁与一人独裁孰佳，我国此时尚无这种问题发生，我国现时需要者即大家先应认清极权国家的必要，而不枉费时间于民治的提倡。

我在《东方杂志》一文中有下列一段话：

> 我以为中国所需要者也是一个有能力、有理想的独裁。中国急需于最短时期内成一具有相当实力的国家。欲使全国工业化决非一二十年内能够做到，但在一二十年内沿海各省务须使有高度的工业化，而内地各省的农业则能与沿海的工业相依辅。只有这样，我们才能于下次世界大战时一方可以给敌人以相当的抵抗力，而一方又可以见重于友邦。欲达到工业化沿海各省的目的，则国家非具有极权国家所具有的力量不可。而要使国家有这种权力则又非赖深得民心的独裁制度不为功。

上面所谓独裁当然不一定是一人的独裁，更决不是旧时的所谓独裁。所以反对旧式独裁的理由决不能援以反对我所谓的独裁，旧式的独裁我自己也可举出很多的反对的理由。至于工业化先应在沿海各省实施，抑应在别地实施，则我也可以随专家的意见为转移，但无论如何决定，俱不足为推翻我主张极权的理由。

最近讨论独裁不独裁的文字颇多，而对于极权国家的义旨则转多忽视。我深愿国人先集中视线于极权国家的善成。至于应否有一人独裁的制度的问题，则暂时转没有讨论的必要。在制度上我们早已有了一党的独裁。到了一党的独裁有改为一人的独裁的必要时，自可再予讨论。

（《半月评论》，创刊号，1935 年 2 月 1 日）

对于六中全会的期望
——团结—领袖—改制
(1935 年 8 月 4 日)

中国国民党第四届中央执行委员会本为"九一八"的产物。没有"九一八",也不会有宁粤一炉共冶的四届中执会。他的首先几次的全体会议更无不与国难息息相关:第一次会议(二十年十二月)产生了所谓国难政府;第二次会议(二十一年三月)是淞沪之战的善后会议;第三次会议(二十一年十二月)所采纳的决议加速了热河的被侵。只有第四次(二十三年一月)与第五次(二十三年十二月)的会议则为应付西南的局势而召集。

现在第六次全体会议又决定于九月下半月召集了。国难日深,西南的局势亦迄未有明显的改善,我们万不能再让六中全会蹈已往几次全会的覆辙;我们必须扶助六中全会,使有成绩;我们应趁此两月期间,有勇气地,不自私地,提出一些有实行性的建议;空洞地督责六中全会是没有用的,公正的,有力的,有实行性的建议才是一百六十余个中央委员们所需要的粮食。

我所要建议的可以分作三点来说:第一,党内各派应在同一的领袖之下团结起来;第二,这领袖不应是独裁的领袖;第三,中央应有一个有力量有效率的决议机关,决议一切国家大计,参加决议者不得兼为执行者。中央的政制不能不有改良,不改良则既不能团结,更不能御侮。但制与人又有密切联带的关系,空谈制度而不问人事,是无裨于实际的。惟有兼顾以上三点,才能有一个统一的有力的中央政府出现,亦惟有有了一个统一的有力的中央政府,才能谈到解除国难。

何以团结应以一个领袖为中心呢?这理由甚多。第一,我们此时确实需要一个最高领袖。一个民族意识很高强,政治能力很发达的民族,遇到非常的事变，往往尚须赖一个最高领袖来领导解救国难；民族意识十分薄弱，人民政治力量十分幼稚，而国难又万分严重的我国自更非有一个最高的领袖不可。这是很浅显的道理，即使关心民治主义的人们也不能加以反对，因为在国家垂亡之时，救国是急事要事，而民治则为可缓之事。

我们现在所应问的，倒不是原则上应不应有一最高领袖的问题，而是实际上（一）党内有没有人配做这样一个领袖及（二）党的真正团结能不能容许他做领袖的问题。

谁都承认蒋介石先生是党内最有实力的领袖。不过这还不够。要做此刻中国的最高的领袖，第一必须党内各派一致的拥护；第二必须党外比较开明的各派，一致的承认。换言之，最高领袖须为全国人民所服从（背弃祖国，另有所图者，自然除外）。但要得到党内外一致的拥护承认，则又决不能单凭蒋先生现有的实力，而须兼具领袖的气度和才能。党内外向来不满意蒋先生的人们容或不肯承认他有此气度，有此才能，但他们至少也应公认他近几年来所得到的进步。五六年前他的武力统一的政策，他的急于求功的设施，我个人也尝引为失着，但这几年来的沉毅艰苦，和平宽厚，已使他成了另一个人，使他能担负以前所不能担负的大任。当然，他仍有许多缺点，但历史上的伟大领袖，及民族英雄，在成功以前，又那一个不有缺点（我敢说蒋先生做领袖的资格不会比在意大利埃及做统将时的拿破仑，在纽吉赛邦做邦长时的威尔逊，以倒阁为能事时的克利莫梭为下）。如果我们生长在太平之世，某人配不配做一最高领袖的问题，根本就不会发生。但我们今日既然急须有一个领袖，则我们又安能因蒋先生之未合理想标准，而有所迟疑，而使此多难的国家长陷于无领袖，无中心的状态中呢？

至于党的真正团结，能不能容许蒋先生做最高领袖，则是一个较难确定的问题。七八年来，党的分裂，党的不能团结，几无一不以反蒋，或不与蒋合作为主因。但所谓反蒋或不与蒋合作者，并非反对蒋在党中居领袖地位，而是反对蒋居最高领袖地位。胡展堂先生三年来的真实态度便是如此。如果蒋派能放弃拥蒋为最高领袖的成见，则胡殆早已在京服务。如果不放弃这成见，则六中全会殆仍难于完成大团结的使命。但是最高领袖的需要既如上述，则我们也绝不能因求团结而有所牺牲。

我们也不必过于悲观。我深信，如果蒋先生自己及拥他的党员们能相当的容纳异己者的要求，尊重异己者的看法，而舆论又能力促党内非蒋各派放弃成见，以共赴国难的精神，拥他为领袖，则非蒋各派将失去反蒋或不拥蒋的理由及依据。关于蒋方自处之道，下面当另有论及。关于舆论努力之道，则我以为非党员，不反蒋，则又多少能领导国民的人们（即向日对政治多少守着独立的智识份子及职业份子），应首先明了我国今日所处的危机，蒋先生的能力，以及野心国家利我无领袖且不统一的居心，而不羞怯地，并无所求地，主张国民党全部以蒋先生为中心而团结起来，主张六中全会完成这早应完成的团结。

根据以上所说，就发生独裁与不独裁的问题。中国应实行独裁制么？蒋先生应为独裁者么？我的答复俱是反面的。

关于极权主义，民主政治，及独裁政治的优劣异同，在此地我不愿有所讨论，因为此中涉及许多在在可以发生争论的定义。蒋先生在日后是否应做独裁者，我现在也不讨论，因为那要看日后的变化。我现在所要说的仅是：蒋先生此时不宜亦不能为独裁者。配做且应做最高领袖的蒋先生既不为独裁者，中国自然也不能有独裁制。

蒋先生不应做独裁者的理由甚多。第一，从上面我们可以推衍而得，蒋先生独裁，则党不能团结。第二，历来独裁者之所以能获独裁，不外两种原因，不是惊人的成功，便是法律的赋予。拿破仑的获得独裁是由于赫赫的武功。威尔逊的获得独裁是由于宪法上所设大元帅的作战权。就是希特勒的独裁亦基于一九三三年三月的选举大胜利。法律的赋予在中国既说不到，惊人的成功，无论文治或武功，则尚有待于更大的努力。第三，国际的形势亦不容我们此时有一名至实归的元首。野心的国家固希望我们有一这样的元首来签订丧权失地的条约，但他绝不会许这元首来复兴国家。所以就对外而言，我们绝不能行独裁制。

自去年二月以来，国内已发生多次鼓吹独裁的运动，但身居其冲的蒋先生则不但未为所动，且尝明白否认其需要及适当。（见去年二三月蒋复《大公报》电。）盖国内外的形势，他看得最是透澈，所以见解也最是正确。我以为真正爱护蒋先生者此时不应再炫于希特勒辈在国外所享的虚荣，而应积极的助他发展他的救国的实力，消极的使他少受国内外的责难，好意的指陈他的缺点。微特他自己此时不要独裁，即使独裁制度此时即能实现，亦仅足以增加各种的纠纷而已。

既然中国此时不宜有独裁，既然蒋先生亦不欲独裁，则蒋先生在实力上，在声望上，在民望上，在道义上，尽可是党国最高的领袖，而在名义上此时绝不宜为总理及总统。做中国今日的最高领袖务须做事比普通领袖多，责任比普通领袖重，而名义及享受则无别于别的领袖。必如此，党才能团结；亦必如此，党及国才有可资凭借的中心。

然则这不居名而有其实的最高领袖，将何以维持其地位呢？除了国内舆论务须推崇拥戴这最高领袖，而使普通的领袖不敢有损及他的权威的行动外，我们更建议将中央政制加以修改。

中央现行的政制既不合政治学原理，又不适目前的国情，无怪其既无力量，又鲜效率。

历史教训我们，有实力的政府不外独裁及民治两种。我国此时既讲不到民治，又不宜采用独裁，则惟有另想一种变通的办法。但中央现行的政制则绝不是一种办法。

中央现行的政制，说完全的实话，是蒋先生与中央政治会议分治的政治。军事及蒋先生所处理的其他事项，他有全权处理，中政会的决议仅是一种形式。此外的事项则中政会有全权处理。（中政会中，除蒋先生不计外，汪精卫先生的势力殆在任何人之上，但并不足以左右一切。）蒋先生所处理的事项，我们虽不能谓为事事妥当，但如由别的机关处理，亦不见得有较好的成绩。不过此中有一极大弊病，即蒋先生所处理的事项，其一部分往往仍由别的机关继续处理，以致法制与事权两不统一，设置禁烟总监以前的禁烟事务即其一例。至于中政会所处理的事项则往往有责任不专，缺乏实力及效率的大病。

中政会的不健全有四大原因。第一，可以出席之人太多。除了全体中央执监委员外，尚有十余特许列席的大员。在中政会议席上，出席的正式执监委员，列席的候补执监委员，以及特许列席的大员，实际上几无分别。但人数一多，则实际参加会议者通常乃不逾三四十人。但此三四十人又不固定。本周出席的人与下周出席的人往往可以大异，于是中政会的讨论乃不能有连续性可言。第二，出席者不能代表党的力量。蒋先生以及许多任封疆大吏的委员大都均不出席。第三，参加讨论及决议者即为执行者，所以对于任何难事，缺乏勇气，更缺乏超然的见解。例如今年四五月间所讨论的减政案，虽则在原则上人人赞成，但因执行不易，中政会竟不敢通过任何澈底的案件。又如外交案件，因为决议者就是执行者，所以稍为眼光远大的见解便不能贯澈于中政会。第四，中政会委员在实际上太不平等，所以讨论的价值大大减少。院长部长是委员，其直隶僚属往往也是委员。小委员又何能与大委员抗庭辩论？

中政会议的弱点就是整个中央政府弱点。六中全会应加以改组而使之成为一个十五至二十人的会议（或取消中政会议名义而起一新名亦无不可）。这个会议的委员，多数应为中央执监委员，而少数则不妨为国内其他的领袖。整个的名单在实际上应由蒋先生会同党中其他三四领袖预先拟定，但须由全会通过，以示党治的继续存在，非党员的领袖，不妨由全会特予党籍，以贯澈党治的理论，且有张汉卿先生等入党的前例可援。委员绝对不兼任何官职，任何官员亦绝对不能参加任何决议。万一中政会议与政府发生冲突，则由蒋先生会同两方的一二领袖（如中政会主席及立法行政两院长等）予以解决。

政府要员的产生一如中政会议的委员，和中政会议处于平等的地位。但蒋先生的地位则较特殊。他一方为中政会及政府的主要的产生人，但一方又为政府的重员之一。他应继续为最高的军事长官。其他的事项，得主管院及中政会的同意后，亦可划归军事机关全权办理；但为保持行政系统起见，不应轻易支划。蒋先生应留意于大政方针的贯澈，及国民自卫力量的充实；但为分工合作起见，应充分信赖其他人材来分司各部行政。二三年来南京各机关的缺乏推动能力是不足为训的。

根据以上的办法，蒋先生的最高领袖的地位当会有所增进，但党内其他的领袖当亦较多效力之处，所以党的团结当亦较易。

我们的讨论仍以党治的出发点，因为我们深信在此国难严重之中，维持党政府的系统为最方便的改良内政之道。充实党的中枢，增加中枢应付外侮的能力，实为当今的急务，而为六中全会所可努力做到者。愿国人群以此来策勉六中全会。

（《独立评论》，第 162 号，1935 年 8 月 4 日）

中央政制的改善
（1935 年 10 月 19 日）

　　讨论政制改善这个问题，我们不能太偏于理想，但亦不能太迁就事实。太偏于理想则很少实现的可能，太迁就事实则不易有所改善。我们姑以我国公务员的任用制度做一个例子罢。关于这事，唱高调者当然要求厉行考试制度。不但要求厉行考试制度，而且要求于极短极短的期间内，将全国的公务员尽改由考试出身，好像英美等国经五六十年很大的努力而尚未完全成功的考试制度，可以一蹴而就地实现于我们这个用人最凭私情的滥污国家似的。这真是高而又高的高调。同时一班自号为现实的大官们则极力推诿，不肯实行考试制度。他们不肯张开眼睛去观察考试制度的优点；他们仅力诋若干高考及格，分发到各院部会的青年之缺乏实际行政的知识或技能。这极高和极低的两种调子，我们于去年的全国考铨会议中俱可听见，而中肯的有实现的可能的进步办法，则极少能通过考铨会议。考试问题如此，政制改革的讨论更是如此。自民国成立以来，历届的制宪会议，我们俱可视为过高的调子，因为宪政从无在中国实现的可能。而当局之只知头痛医头、脚痛医脚，不肯求整个的治疗，并忽视学者们及冷眼观察者的意见，则为又一极端。我们以为正当的改革，应介于二者之间，一方面不应过于理想，至实现无方，又一方面亦不应过于迁就，以至无进步可言。我们应根据目前的事实，加以合理的纠正或补充。这种纠正或补充或不为一部〈分〉人所欢迎，但他们的反对不应大至于无法克制的程度。如果大至于无法克制的程度，则又必是陈义太高之过了。

　　我们首先所应讨论者为政体问题。我们应继续党治呢，还是应实行民治？应独裁呢，还是应立宪？应为极权国家呢，还是自由国家？这些问题不解决，政制的改革便无从说起。

要解决以上几个问题，应先说明上述各种名词的意义及相互的关系。

党治与民治相对立，与立宪不相容，也不能是自由国家；但不一定是独裁，更不见得是极权国家。民治必是立宪自由的国家；而不能有独裁，也不是极权国家。独裁与立宪自由不相容，与极权相容，但不一定就是极权。立宪与自由是相联的名词，与极权则不相容。换言之：党治即一党专政的政治。实行党治的国家，不能有真正的宪法，人民所享的自由，专权的党随便可以取消或缩减；但不一定是一人独裁的政治。国家的权力虽然可以胀得很大，但不一定即为极权。民治则为人民享有自由，任何政党可以参政的立宪国家；国家的权力有限制，行使治权的机关的权力更有限制，所以独裁绝不能有。独裁是一人之治。既是一人之治，自然不能有宪法，也不能让人民有自由。但独裁与党不党，及极权不极权，则无一定的关系。有不以党为依据，而实行独裁者，有则凭借党的名义而独裁者。有实行极权者，有国家权力并不胀大者。立宪国家就是民治国家，可以不赘。极权国家是国家权力，至高无上、不可限制的国家。因为如此，所以人民不能有自由，更不能设宪法以限制国家的权力。骤看起来，极权国家与民治国家，似乎并无不相容之处；但所谓民治国家，必是分权立宪，而人民又享有高度自由的国家，不然便不成其为民治。所以极权与民治不能相容。

极权与孙中山先生的民权主义倒可相容，因为所谓民权者，即人民须为基本的选举机关及最高的监督机关之意，却不限制国家的权力。我们须和民治的主要意义之一即在使国家的权力有限制，使人民的自由权利可获保障。为实现这种限制与保障起见，国家不能不有宪法，而国家的机关亦不能不在一个以上；这几个机关多少须含有互相制衡的意味。但在孙先生的民权主义之下，国民大会为国家的最高权力机关。国民大会是常常可以集会的机关。他的议决又随时可以变更任何根本法律，所以所谓五权宪法，只是一种国家的组织法，与民治国家含有限制国家权力的意义的宪法迥不相同，虽则在名义上都称宪法。由是，在孙先生的民权主义之下，国家的权力可以绝无法律上的限制。民权主义与极权主义并不不相容者亦正在此。我尝以为就形式而论，现今世界各民治国家中，只英国可为极权国家，因为在形式上英国无宪法，而英国的国会又是最高权力机关。换言之，英国的制度在形式上与孙先生的民权主义颇相合。不过这仅就形式而言。考其实际，则英国仍与一般的民治国家没有分别。英国实际的宪法，国会本身并无权力去变更，要变更还得人民有明显的表示。而且英国仍是分权的国家，纵其国会与内阁混而为一，其法院仍有独立的权力。所以英国在形式上固很易成为极权国家，国会要怎样就可怎样；但在事实上则英国离极权主义之远，正和其他民治国家一样。

明乎以上，可知今日的我国为一无宪法、无自由、非民治的党治国家。独裁已有趋势，但极权则相距尚远。一部分人非不欲独裁，但环境等尚不能容许其实现。在理论上极权亦非与党治有所冲突，但民族的组织力亦尚不够资格去实行极权主义。

就现实的状况而言，这党治仍有继续维持的必要。我们之拥护党治与我们自身之党不党无关，我们也并非满足于党治过去的成绩。我们拥护党治，因为不党治更无办法。取消国民党党治后代替物只有三种：一为个人的独裁，一为他党的党治，又一为民治。不以党为基础的独裁就是旧式的专制，决没有人能加以赞成。党魁的独裁随后当另有论及。另一党的党治在原则上同国民党的党治一样可以反对，在事实又绝不可能。民治也是没有可〈能〉性。

我以为批评国民党的党治极易，而谋所以代替之道则极难，自"九一八"以来，我们尝听见一班反对党治的人们，倡所谓公开政权或开放党禁之说。这真是未加思索的议论。如果公开及开放是指党外人可以做官的意思，则政权早已公开，而党禁也早已开放。如果公开及开放是指别的团体与国民党平等参加政权的意思，则绝不可以空论得之。须知政治是现实的东西，古今中外，我从未看见一个政党自动的以已得的政权拱手让人的事实。如果让人，那一定是迫于一种必不得已的形势。如果国民党已无维持政权的实力，则欲得而甘心者必早已以实力取而代之。如果国民党尚有这种实力，则要求其让出政权，岂不流于滑稽？

我再请提倡公开政权的人们仔细想想所谓公开后的结果。揣他们的意思，党部应取消，而党中的领袖应邀请国内其他的领袖共同组织政府，以应付国难。党部的取消，本与公开不公开无关。党部经费不由党员供给，而由全体人民供给，本是秕政，下级党部的不检点行为亦是可痛。但如党费改由党员捐助，党部不许干涉非党员的人民的行为后，难道党部还有非取消的不可？至于国事由党内外的领袖共同负责，则是一种又负气又热中的言论。提倡这种议论者，大都拥汪，更无不拥蒋；但汪蒋固国民党今日的领袖。如果愿让汪蒋居首要地位而与之合作，则何不干脆的加入国民党？如果做国民党党员是人格上的污点，则拥戴蒋汪，与蒋汪共赴国难又是什么呢？所以我以为要求集全国的知能，在党治之下，以共赴国难则可；而且国民党，在理论上，也并不反对这点，虽则在事实上未能实行。要求取消党治，或所谓公开政权，则大可不必，且亦绝不能以要求得之。

既然要维持党治，则民治自然是讲不到。我以为十九世纪的民治制度，尚远不及孙先生所倡的民权主义。国民党的训政，亦自应遵照孙先生的遗教进行。

在党治之下，立宪及自由当然也不必谈。政制可以改革，但西洋民治国家的宪法则我们不需要，也不够资格去具有。自由容或是我们许多人最重视的宝物，而且现当局之取缔自由——尤其是出版的自由——亦过于凌乱而缺乏见识，但为维持党治，以应付国难起见，在原则上亦无法为自由说话。

关于极权，我的看法完全是现实的看法。在原则上，我是赞成极权的。国家的权力愈大，则应付国难的力量亦愈大，而我们此时亦亟需这种力量。但如社会各种组织不健全，则虽要极权而无从。今举一例以明之。目前军事委员会委员长行营公布一种《国民劳动法规》。这当然是极权的一种表现；因为不极权，则政府机关不能有这种强迫全国国民服役的法令。但这法令的能否实行，则要看国家是否有细密的户籍登记、劳工组织，及地方组织，我国既然没有这些登记及组织，我就恐日前所颁的法令将只发生文书上的上令下呈，而不能发生多大的实际效果。这是一例。又如目前的金融的状况是十分危险的。如果全国币制早已统一、银行组织较佳、国家又有制裁人民私贮贵金属的实力，或者国家此时可以采用一种极端膨胀的通货政策，以救济银根的紧缩。但这种权力国家，此时显然是不能有的。所以我们在原则上尽可赞成极权主张，我们却不可操之过急。

至于独裁，则更是一个极难讨论的问题。一说起独裁，便须连带讨论到独裁的人选。在原则上，独裁不是好制度，个人的独裁不必说，即党魁的独裁，也不及领袖们的共和。此其理至为明显。因为党魁不能数十年无变动，而一人的智力体力亦有限；党魁一有变动，则国家立受绝大的损失。我国处存亡危急之秋，此种损失自应极力避免。而且如果独裁，则自非蒋先生莫属；现时国内外形势俱未容许他为独裁者。这点我已于另文说明（见《独立评论》第一六二期），我以为与其因独裁而引起可能的纠纷，何如在蒋的最高领导之下，大家分工合作，一方以增进政府的效率，一方则更可使他年来精忠谋国的苦衷大白于天下？但如此后蒋先生的德望威力更有增加，参赞左右的组织更臻健全，而救国的机会又已到临，则我不但不反对他独裁，且会赞成他集大权于一身，以振拔此国家于半附庸的地位。所以关于独裁，我的看法也是现实的看法。

总之，就政体而言，我们此时应维持党治，不言民治、立宪及自由。我们可以渐进于极权，但不必求之过急。独裁以能避免为贵，但如时机成熟，而又可藉独裁以救国，或加速国家的现代化，则我们也应拥护。

根据以上所说以改革政制，则中央首先应有一有力的批评、讨论、策划及决议的机关。

就我们所知，成功的政制有两种，一为民主政治，又一为独裁政治。在民治国家，议会除了立法而外，更为批评并监督政府的机关。不特在内阁制之下，议会有此权力；即在总统制之下，议会亦多少有此权力。我们敢说如果美国议会反对美俄复交，而总统定欲复交，则议会必将用决议的方式表示反对，最后且可强迫总统遵重议会的意见。在独裁国家，则独裁者除了自愿咨询某人或某人的意见以外，便无其他评论的机关存在。

我国非民治国家，自不能有议会。但我国也非独裁国家，所以不能不有一个评论的机关。如果一方面没有人独裁，一方面政府又可以不对任何机关时时刻刻的负责，则这个政府势必成为散漫、凌乱、认识不清、缺乏勇敢而步骤不整的政府。当局者尽管日夜孜孜，有心做善，而其结果仍必不良。一定要有一个不依赖政府而存在的机关，时常去批评、讨论、策划并决议一切，政府才有避免上述种种弊害的可能。

关于这个机关的组织，我在《独立评论》所载的文章中有下述一段：

> 中政会议的弱点就是整个中央政府弱点。六中全会应加以改组而使之成为一个十五至二十人的会议（或取消中政会议名义而起一新名亦无不可）。这个会议的委员，多数应为中央执监委员，而少数则不妨为国内其他的领袖。整个的名单在实际上应由蒋先生会同党中其他三四领袖预先拟定，但须由全会通过，以示党治的继续存在，非党员的领袖，不妨由全会特予党籍，以贯澈党治的理论，且有张汉卿先生等入党的前例可援。委员绝对不兼任何官职，任何官

员亦绝对不能参加任何决议。万一中政会议与政府发生冲突，则由蒋先生会同两方的一二领袖（如中政会主席及立法行政两院长等）予以解决。

上面所述固然不是绝对不能变通的办法，但其中三个原则，我们坚决的主张。第一，人数应少不应多。即使二十人过少，亦不能多于三十人。因为人数太多，恐又将有多人缺席，以致不能负责之弊。第二，总须由党产生。因为政府的服务人员固然可以不问有否党籍，但如这个最高统治机关亦不由党产生，则党治将无法维持。所以这个机关应由党产生，且为党的机关。第三，会员绝对不能兼任政府公职。因为如果能兼，则这机关势必成为政府的应声虫。兼职的人愈多，则应声虫的成分愈大。中央政治会员迩来常有批评政府之举，但批评者往往为闲散或不在政府中负重责之人，而要人及负政府重责之人，则大都皆不发言，如发言每为自辩。这即可证明兼职之不当。所以如愿负直接的行政责任者应不加入这机关，即使可以出席发言，亦不能予以决议之权；欲享决议之权者，自不能再享行政之权。

然则这机关究应由中央政治会议改组而成，抑取消中政会，而改以中央执委会任此权责，抑另外组一新的机关呢？我以为这些俱无多大分别。但最方便的自然仍以中执会办党务，而将中政会加以改组。因为如另立一个新的机关，则中政会的处置仍成问题。

中政会本为国民政府全部政治的策动机关，更为行政院所向负责的机关。依理他可命令政府，而不必屈身以作批评。但事实上，因年来蒋先生远处他方，许多军政大计往往非就地处理不可，故中政会已少实权。而且近年的政局为蒋汪合作的政局，于是对于外交，中政会亦鲜实际的处理之权。但是恢复中政会应有的地位又是不可能，且亦不妥当的办法。中政会人多而杂，其七八年前的地位决难恢复。且在形式上中政会又是事事都管的机关。事事都管者一定一件事都不能澈底的去管理。所以中政会虽不宜废，亦不能不大加改组。

如果中政会成为一个二十人的机关，则其人选的分配应兼重实力与才识，因为没有实力的代表在内，则中政会将为无力的机关，没有具有超然的远见的人在内，则中政会不易尽批评的责任。我以为国民党的十余个重要领袖应令一半为政府大员，而又一半为中政会会员。中政会的其余人员则应以党内外其他的英才充任。如果会员的总额增加，则重要领袖的额数亦应增加。我不否认中政会人选的困难。握实权者或不愿舍实权而就中政会。如果中政会会员尽是无大力的次要人物，则中政会又不易产生力量。但如国民党确予中政会以批评、讨论、策划及决议之权，则舍实权而就中政会者，当必有人。

至于中政会的职权，则当尚有商量的余地。批评并讨论政府的政策之权，我以为是不可少的。不如是则中政会便无存在的必要。决议权我也以为应为中政会的职权。但如有此权，则蒋先生的权力自然便有自行限制的必要。依我的意见，蒋先生在事实上为党中最高的领袖，而中政会又由党产生，是则中政会与他总不会有背道而驰的可能。为蒋先生计，应于中政会改组之始，慎选人材。既选出后则付以大权。凡军权及其他与治军剿匪必要之权，蒋先生尽可要求中政通过决议予以全权。其他重要事务，则任中政会议决，而政府执行，无论军事委员会本身及委员长行营俱不干越。万一中政会与政府各部发生冲突，则再由蒋先生以最高党领袖资格负责疏解。若能如此，则中政会定可成为一健全的批评、讨论、策划及决议的机关，而政府的种种政策亦可不至如年来之易令国人愤懑忧郁了。

照我所说，中政会的权力将与英国国会相仿，所不同者：第一，英国国会有立法及倒阁之权，而中政会则无此二权。立法权应由立法院或法制局行使，倒阁权则为中执会所有。第二，英国大小事俱可追问，而中政会则只应管大事。至于大事小事间的分别，则应另有细密妥当的规定。

除了设立中政会以监督政府外，中央政府其他机关的组织，则应以简单为主。

国府委员会为赘疣机关，应行取消。如果取消，则中央年可节省一二百万。即碍于情面，不能不予若干人以位置，亦不妨在行政院及军委会之下，设置若干高等顾问，以资调剂。

五院之制，在目前殊无意义。但此中有若干人的问题在内，此时取消五院恐徒然引起纠纷，故不如维持。惟各院应力戒铺张；于执行职权之时，更应力求实在。如果在改组中政会时行政院以外的四院院长多愿加入中政会为会员，则四院亦不妨取消。如四院取消，则立法及铨叙可设局，考选可设委员会，均隶于行政院。司法行政部及行政法院亦改归行政院。法院及审计部则独立行使司法权及审计权。监察权暂无庸存在，因为在事实上近年来监察权亦从未有真正行使的可能。

军事委员会为我国特有的机关。按诸各国通例，军事机关自是行政机关的一部分，只在日本，军事机关在实际上已成为与内阁并行的机关。我国自国民革命以来，迄在军事时期，而党的最高领袖蒋先生，又适为军人，于是军事机关乃有其特殊的重要。如果他于最短期内能为最高行政首领，军事机关的组织自可有合理的缩小。但这既不能，则我们惟有一方维持军事机关的特殊组织，一方则令之不妨害其他机关的健全发展。我建议正式改军委会为军政院，将一切军事机关，如海陆军等部改归管辖。蒋先生为军政院长。中政会并通过决议，将军事完全交他办理，以速成功。中政会对于军政院，除了通过总预算及决定和战等大政方针外，概不过问。行政院对于军政院当然更不应干涉。同时，军政院对于行政院范围以内之事，亦不应干涉。我们愿蒋先生主持党国大计，并全权处理军事，他日如时势需要且容许，我们且可赞成其独裁，但在为负责的独裁者以前，军事委员会之干预文事，实足以妨害立法及行政的统一，有独裁制的短处，而无独裁制的长处，从施政及制度两方面而言，俱无可取，故愿尽忠告之责。

以上云云，从事实际政治者或尚以为陈义过高。但如此而尚嫌其太趋理想，则诚不必再谈政制的改革。

（《华年》，第 4 卷第 41 期，1935 年 10 月 19 日）

国宪与党章
（1935 年 11 月 1 日）

要宪法与不要宪法？倘使要宪法，要什么样的宪法？倘使不要宪法，是否仍维持党治？倘使要党治，政制应否改造？党制又应否改造？倘使不要党治，政制又应如何改造？——这些都是当前需要解决的问题。自十一月一日起将陆续召集的四届六中全会，五全大会，五届一中全会，国民大会，其主要的任务之一即在解决这些问题。

这些问题看来虽很是繁杂，而中心的问题仍只是国民党此时应否放弃一党专政的问题。这个问题没有答复，其他问题也不能答复。从国民党自身看起来，这个问题是很容易答复的。从党纲说，训政未完成，自然继续训政。从实力说，没有人能抢走政权，自然不放弃政权。更从责任心说，国家在这垂亡而又没有一个团体可以代替国民党执政的时候，也自然不能轻轻地将权向空一掷。

不过从一般国民的立场看起来，这个问题却并不如此易于解会。站在国民的立场上，国民党应不应放弃一党专政，便要看放弃后的局面能否比现在为满意。（我们国家现在第一件要事就是救亡。所谓满意与不满意，当然应以救亡工作的进行顺利的程度为标准。）我们常听一部分人说，倘使放弃党治，建立新的局面，则这新局面便能如何如何的好。这究是可靠的么？

假设国民党放弃一党专政，则可能的后继局面当不外下列五种：第一是国民党为主其他团体为附的政局；第二是国民党与别的政党或政团互相争权的政局——即政党政治；第三是国民党分散，由一个有大势力的军人主政；第四是国民党分散，由财资的集团主政；第五是什么中心势力都没有，成了一种混沌的局面。这五种局面中，第五种绝对是退步，不在话下。第一种局面并不能算是一种改变，因为别种团体如愿附国民党的骥末以参政，则即在党治之下亦可相容。中央及地方官吏中向来即有不少不属于国民党的大员。第二种局面是更正的多党政治。政治〔党〕政治也一走是民主政治及议会政治。这种政治，在人民没有选举的能力与经验的中国，一定又会演成民初及安福时代的局面，自然比目前的党治更是不如。第三种局面有两种可能：一是由现属国民党的军事领袖主政，又一是由一党外的军阀主政。如是前者，则又何必放弃党治？党的组织如改采军事领袖独裁的方式，即可达到同样的目的。如为后者，则老实说，目下党外的军人更无一配做执政者。第四种局面的可能性本是很小。就令实现，其缺乏牺牲及火并的精神，及抵抗强寇的意志，恐将更甚于今日的国民党当局。

由上以观，可见取消党治后，其继起的局面，实难令我们希冀其有进步的可能。既然如此，此时取消党治的理由自不存在。要取消党治，仍得待到训政完成之后，或一个较好的局面可以继起之时。

党治既不应取消，则国民所应注意者，在如何改善党的宪法，而不在如何成立国的宪法。要求颁布宪法的理没有一个是充分的。

现在要求颁布宪法之人，大概不外四种。一是笃信宪政宪呆子。他们对于国家的实际情形或不懂得，或不过问；在他们的心目中，只有宪政是好的，其余全是坏的。二是主张践约的人，他们以为国民党既早有六年完成训练，到了民国二十四年即开始宪政的诺言，则便应实守这诺言，以收拾民心。三是党外有政治野心的人们，他们不愿入党，党亦未尝虚衷地请他们入党，所以他们不得不藉主张宪法，以达到政权公开的目的。四是国民的敌人，他们想借宪法以推翻党治。四种人中，前三种对党是〈无〉恶意的，甚且有善意的，而后一种是恶意的；第三种人与第四种人间的区别也几乎只在对党有善意与恶意间的分别。

对于第四种人的意见，国民党当然应有自尊之心，昂首不理，其或加以取缔。即一般国民对于这种兴风作浪，只知党争，不愿国家前途之人，亦绝无好感可言。第一种人的看法是错误的，而且也绝未提出任何具体办法。事先漫无准备，而虽一脚走入立宪之道，就等于向暗中一跳。第二种人的言论最值得考虑。不过就国家的利益而言，这诺言之应守不应守，还得看立宪的准备已否完成，颁行宪法后的局面是否可以较胜于今日，如果一面颁行宪法，一面国民党仍不放弃【的】保姆的权位（无论其动机为爱国抑恋栈），则更将贻失约背诺之讥。如果颁行宪法后，国民党即退居于寻常政党的地位，则就成了上面所说的政党政治的局面，必无好结果可言。第三种人最最值得同情的。有政治兴趣及野心的人，当然谋在政治上活动。论主义他们与国民党人本少出入，徒因一方面国民党这几年来不能令他们发生敬意，又一方面他们类为自命不凡之士，不敢低首下心履行入党手续，于是他们乃不得不提倡宪政，希冀可以藉选举作活动。但是他们的看法实在错误了，气量也太狭小了。在此国难严重的时间，国民党究是国内惟一的重心，而且用心也极佳。为国家计，他们与其站在党外作活动，因而分散这中心势力的力量，毋宁不问面子好看不好看，大智大勇地加入国民党共同活动。同时，在国党的方面，党自然也应有礼贤士的气度，凡可为三民主义努力者，无论其过去对于党的批评如何苛刻，俱应迎之入党，共策国是，国民党若仍不改过去一种骄浮不能容人的习气，那真是误党而又误国。所以就第三种要求颁布宪法之人而言，他们的问题实不是宪法的问题，而是能否入党的问题。

党治既不宜取消，宪政既不能行，主张立宪者的人既缺乏理由，那末现在的问题，实不是宪法应如何规定的问题，而是党应如何改良的问题，而是党章应如何规定，以期达到改良党的目的问题。有一好宪法而国民不能实行，不如有一好党章而党员切实予以遵守。

国民党的总章只全国代表大会可以修改，而且每次大会照例必加以修改。现在修改的时候又到了，我建议以下列几个原则，为修改党章的基础。

第一，党章须实行，不能实行的条文应加删改。党治总有一日结束，宪政也总有一日开始。要立宪即须有遵守宪法的精神。国民党既以保母自居，则保母自须先能遵守其自身的根本大法。

第二，党应尽量吸收国内优秀分子。关于党员的征求，或精选党员，不在数之多而在有干的精神，行动均以密秘出之；或尽量吸收不反党的公民，使党的基础民主化，二者必择其一。国民党年来党纪废弛，精的办法恐不可能；而且当此应举国一致以赴国难之际，尤以广的办法为较妥。

第三，组织的方式，或继续民主集权的原则，或改采领袖制，均无不可。如有人自问力可胜任，国内外环境可允许，则可径采领袖制，以一事权，而整步骤。如其不能，则党内自由选举的精神应令充分有表演的可能。

第四，党应有一权力集中的机关。依照现行党章，在全国大〔代〕

表大会闭会期内，中央执行委员会为最高权力机关。但中央执行委员会太大，太散漫。我以为中央应有一个二十人左右的权力机关。如果人事允许，中央执行委员会能缩小成这样一个机关，固然最好；即或不能，列中央执行委员会所举出的常务委员会应为这样一个机关。中央执行委员会全体大会可不常开，而以常务委员会为全会闭会期内的最高权力机关。

总之，党章应修改，修改的目的则在使党有较广的基础，较严密的组织，较有发挥党治的能力。如党能较健全，则党治尚可有进步的希望，颁布一纸宪法，则只等于向暗中一跳。

迩来施行宪政之说甚嚣尘上。如果宪法必须颁行，我但望宪法的条文条条切近事实，条条有实行可能。如何能实行，容当另论。但在决定实行宪政以前，我愿五全大会先考虑修改党章以改善党，改善党以发挥党治的可能性。

(《半月评论》，第 1 卷第 19 期，1935 年 11 月 1 日)

政治活动应制度化
（1935 年）

人治法治之争由来已久。古时西方的政治学说也不尽以法治为较好的办法。我国"有治法而无治人"一类的说法则且含重人而轻法的意思。不过西方各国到了最近一二百年俱已趋向于法治，即使政体已离立宪而复推克迭多，法治的精神仍不受多大的影响；而在我国则法治虽也有人提倡鼓吹，而终未成为事实罢了。

在理论上，我们本应提倡法治，法治究是近代国家所不可少的原素之一。但我们不主张空喊法治的口号，因为法律贵有信用，如果有法而不能守，则此后便可永失了实行的可能。与其空言法治，而使人民对于法治失信用，毋宁在可能的范围内，逐步推行法治。脚踏实地，步步前进，为实行法治的第一要着。

我们居尝以为关于私人间的关系国家应以全力来令人民守法，以全力来执行法律，来保护人民权益。中国的司法界，平心论之，其知识效率已在一般行政人员之上，但离适当的标准尚甚远甚远。而且国民革命以来，行政部分已不无相当的改进，而司法界则因民十七十八两年间的紊乱，几乎不如从前。法院的增设，及法官的充实实为政府当前的急务之一。一二年来教育界中弥漫了重实轻文的空气，一若中国今日治法律的学生已经太多。这诚是一种错误的见解。为经济建设计，我们也赞成工农一类的实科教育，但法律人材的缺乏政府也不应忽视。

但关于政府组织及政权运用一类事项，我们不主张此时即采用高度的法治。不是我们不要法治，不，我们是要法治的；不过此时尚未到提倡高度法治的时期。如果立了许多法律而丝毫不见实行，使法律永失尊严，尚不如因事制宜，利用目前的形势，而使之逐渐地趋于制度化，以作法治的张本。我们仅主张酌良修改政制，使之较适实情，使之效率较增，而不主张即实行刚性的宪政，采用细密的大法者也是为了这个缘故。

什么叫做制度化呢？让我们先举一两个例子来说明。英国的内阁制度，虽不见于法，实已成了一种轻易不得变更的制度。在起先的时候，它仅为国会操纵行政，而又不妨害行政效率的一种方便，一种变通方法。但这种方法，行了若干时期后，大家都认为极合国情，于是有权者多方爱护，不因个人的不便，而加以摧残，使它得成为一种制度，使它制度化。又如美国的总统选举为间接选举制，依法律总统选举人（由各邦人民所选出）可以自由投票。但习惯告诉美国人，自由投票必发生种种不便，所以选举人必选所属之党所选出的候选人。这样一来，选举人的职务仅成了一种机械式的行动。选举人不得乱投票这件事在美国也成了一种制度，竞选的纠纷及因而发生的不安定也减少了许多。

所以制度化者即使较合国情的方法成为制度之意，因执政者的努力遵守，不管对于自己方便与否，一种本无拘束力的方法，可得到永久的效力之意。我们提倡制度化，因为不如此，则人治永无尽期。人治不及法治的地方，即人治随人而改易，而法治则可以一成不变。实行法治者，有治人则进步更快，没有治人也可维持相当的标准。行人治者，人能则治，人不能则乱，故危险性太大。中国现在尚为人治的时期，且以目前的国情而论也只能如此，现在的领袖所给予国人的成绩恐已比一部空宪法所能给予者为多些。但当权者则绝不应以此自满，他们应自己检讨一下，在现在的组织中，及现行的方法中，何者尚合国情，何者即应使之制度化。不然领袖一旦变更，则优点便又一扫而尽，这样下去，法制将永无成熟之期，而中国将永不能近代化了。

如要我们举例，则可举之例甚多。大的不必说，也不方便说，仅说小的。每年夏季将全国军官调集训练确是一件好事，最好令其制度化。不要去年有，今年有，明年便没有。南京各部，以实际的行政情形而言，在部长之下，确有一人管政务，而又一人管常务，不过不定为政务及常务两次长。如果这事能制度化，能依法使政务次长随部长进退，专管政务，而常务次长永久任职，管理常务，则各部的行政此后也可较入常轨。以上所举仅为小事，执政者当知此外尚有较大之事值得制度化者。其能否制度化则要看执政者之肯否努力矣。

写于一九三五年

（《钱端升学术论著自选集》
北京：北京师范学院出版社，1991）

论中日关系
（1936 年 1 月 1 日）

一、亲善之不可能

我在前年二月间，尝发过下面的一番议论：

两国间的关系总不外（一）不相往来，无所谓好恶；（二）平等关系，虽有冲突，也能互存；（三）一强一弱，一为把持者，而一为被把持者三种。在近代的国际情势之下，第一种状态是绝不能存在于中日之间的。在古时代，我国海疆如有相当整饬的军备，我们便可拒海寇的入侵，而不问日本内部的情形。现在国与国间关系都是十分密切，而中日尤甚，故不相往来的闭关自守是不容再见的了。

第一种关系之不能存在不足为悲。中日问题之所以严重，乃因第二种关系之同样不能存在。日本与中国虽各有其众多的人口，两者却不能同时俱为强大的国家。日本如求为强大的国家，则不能不侵中国。中国如成为强大的国家，则日本势无继续为强大国家的可能。我们须知所谓强大国家，其最重要的条件即为经济上可以独立的能力。即旧日所视为强大征象的军力，在今日亦非建筑于繁盛的工商业基础之上不可。中国如能修明内政，走向近代的康庄大道，虽铁矿等微嫌缺乏，尚不难成为又大又强的国家，但日本则绝对不能独立以求强大。日本地小，而煤铁等矿又极缺乏。如要成为强大的国家，非特工商业的发展不可；但要发展工商业非求助于其他国家而依赖其原料不可。但求助于人终非独立可比。日本既不能东向南向以谋美澳南洋，则只有西向以谋亚洲大陆。所以中日及日俄关系的恶化，经济的形势实为促成的主因，而日本人的喜功好战尚是次因。日本如可得志于西比利亚，则中日关系尚未始无好转的可能，然他进取西比利亚的可能既并不大于进取美澳的可能，则除侵略此可侵略的中国外又有何法？

中国如强大，则中国必以自己之力发展其富源，而东北的煤铁森林及耕地在所必争；所以日本如让我暂时安居关内以图中兴，则中兴成功而后，我仍必与日争夺东北。这点即最短见的日本人当亦可以料及。我如强大，而后日本纵仍可向我购原料，纵仍可互市，但到了那时，把持者势将为中国而非日本。这当然不是日本之所能甘心。中日间的关系既是你强我弱，我强你弱的形势，则日本之不能容我统一，容我安定，容我振作，容我强盛，乃显而易见之事。

所以中日间，不发生关系固不可能，而平等互存亦不可能。中日两国必有一个在上，而一个为经济上的附庸。我如能强盛，则日本在经济上，势非依赖我国或别的国家不能生存；我如长此贫乱，则日本或可于短期中并我吞我，于掠夺东北华北福建之后，复控制中南两部的一切经济命脉及政治活动力。要日人处依赖地位，固非他们所甘心；要我们受日本的宰割，我们亦安能甘心？所以中日间的死拼是无可幸免的。

中日间只有在两种情形之下可以共存共荣。其一，日本向美澳推进（此处不提西比利亚，因为日人一到西比利亚后仍非南行不可），而不来侵我。但这不是国际情势之所能容许。其二，日本之于中国，其感情的融洽，一如比荷之于列强；我让日人开发富源。而日人不采经济侵略以制我。这固为向来提倡中日亲善者之所主张，但中日感情向极恶劣，两国人民又久已相轻相忌，重以"九一八"以来日人予我的奇耻大辱，则第二种的情形当然也不能存在。（见天津《益世报》民国二十二年二月二十日社论。）①

上面一番议论，不但三十四个月的经过不能改易其一丝一毫的真实，即再过了三十四年，其真实亦不会有一丝一毫的变动。民族主义存在一日，中日间的情势将一日如上面所说；列国间的经济竞争存在一日，中日间的情势也一日将如上面所说。

---

① 原文年份误，经查实为天津《益世报》民国二十三年（1934年）二月二十二日社论，题为"中日问题果能解决么？"，见本书第99～101页。此文所引文字与原文有不一致之处，遵底稿，不作改动，后文同此处理。——编者注

我国的一部分人民向日受了同文同种说的宣传，每每误认中日有亲善的可能。这种误认实在经不起最简单的分析。在民族主义澎湃之日，同文同种实在是算不了什么。德法两国的人民，其同文同种的程度，尚远在中日两国人民之上，然而德法仍不免为世仇。瑞士是欧洲大陆上最能维持统一及独立的一个国家。如果同文同种是国际间友好的标准，则瑞士应分隶德法意三国，而不能凑成一个国家。所以在今日的世界，文字与种族的相似，实在算不了什么。

而且我们也不要忘了中日在历史上的关系。在民族主义及经济竞争尚未发达的旧时期，日本就不是一个安分的国家。侵略是日本传统的政策；历宋元明清均是如此，十九世纪下半叶以来的举动更不是例外。国民党在历史上固然曾经受过日本朝野某种程度以内的庇护；但庇护的用意何尝是希望国民党统一中国，改善中国？庇护国民党的真正用意也不过是利用国民党来减削北政府的势力。安知国民党竟出乎日本人意料之外，居然能统一了中国。日本人对此又如何能不暗自伤心，自承错下了一个棋子？此所以民国十八年元旦张学良易帜之日，即日本军阀下了"膺惩"的决心之时。中国愈往统一强盛的路上走去，日本必愈欲得我而甘心。试将最近六七十年的中日关系作一仔细研究，诸问这铁律曾否有过一次的例外？迷信同文同种之说者，固常为日本的文人辩护，将侵略的责任，代日本的文人卸在军阀的肩上。但是在骨子里，日本全国的国民，在内心的深处，又那一个不赞成侵略中国？日本大多数的文人也岂不均在摇旗呐喊，攀龙附凤？试问在何处可以听到他们的反对侵略？即如室伏高信，他总可算是日本当代最有胆量，最有理性，最拥护自由的第一流人物了，但他所望于中国人民者，岂不也是孔子教曾子的一套孝道，要我们逆来顺受？

中日间之根本不易亲善既如上述，至于目前的形势则更不许有亲善的可能。盖今日的日本是军人本位的国家。军人要怎样，政府便得怎样。自"九一八"以至今日，军人在我中国的行为，无一不得政府的赞助与承认，自"九一八"以至今日，军人在国内所要求的预算，或军人所视为应该排除的学说思想，亦无一不获完全的贯澈与最后的胜利。推其所以得占优势之故，则缘军人有积极的理想，与坚密的组织，而其他国民则或者缺乏可以麻醉日本国民的理想，或者缺乏强大有力可与军人抗衡的组织，但军人的理想则又为一种最狭窄的军国主义。他们坚信大和民族为最优秀的民族，大和文化为最优秀文化；使黄种人尽同化，为他们的理想之一；而用以实现他们理想的手段，则是武力的压迫为主，而经济的侵略为辅。他们又深信日本的政客财阀为自私而不知"王道"的集团，议会政治则为政客财阀植党营私的利器；所以取消议会政治为他们的又一理想。至于取消后的代替物，则他们尚缺乏具体的提议；取消的时期已否到临，他们也缺乏一致的见解。此外他们反对资本主义，更反对共产主义；而在原则上赞成一种可以造福平民的经济制度。因此反共产反俄也是他们的理想之一。且他们只信任他们自己有反共产的坚强信仰，与反共产的能力，而不信欧美各国有坚决的信仰，更不信我们有反共产的能力。

细考日本军人的理想，认为是一种变相的法西斯主义固无不妥，但干脆称为日本式军国主义更是妥当。此种主义近正澎湃如怒潮，而渐为日本人民的共同信仰。对华的侵略多进一步，多一分成功，则此种主义亦多受一人的信仰。于是凡不以军人的主义为然之人亦只有二路可走，不是依附军部，作违心之论，以保全政治地位，便是明哲保身，不发议论，不作主张。

日本既以军人为本位，而军人的理想，手段，及势力又如上述，则比年以来，其舆论界之不能有正当的主张，其外务省之缺乏交涉的技能，其关东军之为所欲为，其大小武官之睥睨我全国官民，固亦情理之常，不足为异。然而欲同这样的一个国家讲亲善，则直是与虎谋皮。我如有武力，则非致兵连祸结不止。我如没有武力，则又非被侵吞不可。中日的利害既根本难以相容，而目前的日本，又是这样的一个国家，中日关系之成为一幕悲剧者在此，而中日亲善之不可能者也在此。

二、和好之不我许

在理论上，中日问题可有四种不同的解决：即"完全屈服"，"让步求和"，"消极抵抗"，"积极抵抗"四种。"完全屈服"即是"降"，"积极抵抗"即是"战"。"让步求和"与"消极抵抗"间的不同，不在让步之有无，而在让步后的状态；如两国和好则为前者，如我方仍暗图抵抗则是后者。但在实际上让步求和及消极抵抗俱是不能实现的理想；走上让步求和的路，必然不至完全屈服不止；而真欲消极抵抗，其结果亦非积极抵抗不可。简言之，解决中日的问题只有降与战。和是不可能的。这是"九一八"以来我的一贯的见解。在起先的时候，这种见解，虽建筑于很浅显的道理，但尚有待于事实的证明。自《塘沽协定》以来，则这种见解已有充分的事实上的证明，丝毫不容否认。

和，如果是可能，我当首先赞成，尤必绝对拥护。割地求和，我可以赞成；承认日本人的满洲国为独立国我也可以赞成。我也愿中国做能屈能伸的大丈夫；勾践事吴的事迹我也不比任何人为隔膜。但是，"我纵勾践，人非夫差"，识者已早有此言。在日本高压之下，一屈即须永屈，再伸恐无此时。华北尚未完全丧亡，而日机已至徐海。到徐海做什么？就恐怕中国有文种之流，在布置勾践复仇的工作。日本人的大志既在掩有中国，则我们不论让到如何的程度，如非整个的降服，他总不会放心。

最近二三年来，我们常常可以听见主张对日妥协的人们，盛道一种所谓抛糖喂鲨的政策。这种譬喻不但不能证明妥协的可能，反充分暴露了妥协的不可能。我于去年尝说过下面一段话：

> 我们近来在平津常听见这样一个譬喻。鲨鱼噬糖闻糖味必追逐，所以在火轮盛行之前，运糖的海船无不惧怕鲨鱼。为免得鲨鱼破船取糖起见，船上人常有陆续抛糖以饵鲨鱼的必要。有时鲨鱼继续追逐，则常有到岸而被捕者。主张抛糖政策者以为日本是鲨鱼，而中国是糖船，所以现在惟一的办法是抛若干包的糖，以保全整个的船。这个譬喻的根本错误即在以贪馋无计划的鲨鱼譬日本人，而以有灵犀的船夫譬中国人。所以我们现在如果采用糖船抛糖的办法，则我们于抛完了糖以后，还得把自己供献于鲨鱼的。现在我们提出一个具体的问题来问主张抛糖者，假设我们将东北正式割让于日本，而日本也正式签订和好条约，请问你们就能相信日本人的诚意么？如果相信，你们就能保证日本人不再作进一步的侵略么？你们割让的目的当然在求有整顿内部的机会，整顿内部的目的也当然在复仇。日本人非鲨鱼，非冥顽不灵者，他们决不会傻到让你诱他们到岸上，让你捕他们，让你有复仇的实力。（见天津《益世报》民国二十二年四月三日社论。）①

当我写上文之日，正是华北当局力主亲善政策及妥协政策之时，征诸华北年来的演变，我的预测，其应验乃丝毫不爽。但是我初非有过人

---

① 原文年份误，经查实为天津《益世报》民国二十三年（1934 年）四月三日社论，题为"论华北大势——兼送黄委员长南行"。——编者注

的明察，我所言者，凡稍知中日大势者均能言之。稍知中日大势者能言之，而所谓通晓日本事情者反看不到。此国运之所以否极而泰不来也！

让步求和既足以亡国，然则消极抵抗又如何？

所谓消极抵抗者，即一方面因受强力的压迫，而放弃土地与主权，又一方面则仍拒绝与日本谋妥协之谓。但这种抵抗是不可能的。日本今日所要求者不仅是土地与利权，土地与利权之外，日本更要求我们有诚心诚意的屈服心。人打了我们不算，还要我们不叫痛。消极抵抗就是叫痛，如果叫痛，还得再打；如果敢存消极抵抗的心理或有消极抵抗的行为（例如不用日货，不赴日宴，不收日本学生，不卑躬屈节地接见日客等等），还得另谋制裁。如服其制裁，则结果必是屈服；如不服制裁，则亦只有积极抵抗。所以以消极抵抗为积极抵抗的前趋，以积极抵抗为消极抵抗的后盾则可；只有消极抵抗而不图以积极抵抗为继续，则亦势非放弃消极抵抗而流于屈服不可。

但屈服是绝无讨论余地的。元后之有明，清后之有民国，决不可为今日之训，国民中如尚有以为我们即亡于日本后，我们仍能如明代及民国之得光复，或如菲列宾及印度之获自治者，便犯了没有认识日本民族主义的狭窄性的毛病。

既不能和，又不甘屈服，则惟有下牺牲的决心，准备作积极的抵抗，才可以维持民族的生存。我并不否认作战时民众势必遭受的悲惨，我也不否认战败后四分五裂，一蹶难振的情状。但如讲和即是屈服，则与其瓦碎，毋宁玉碎。自"九一八"以来，我常说这次中日的问题，不是玉碎与瓦全的问题，而是玉碎与瓦碎的问题。如果尚有瓦全之道，自然可暂求瓦全再说。如果只有一碎，则玉碎当然愈于瓦碎。如有玉碎的决心，天下事正未可限量，结果亦不一定是碎。如果希冀瓦全，而结果是瓦碎，那才是碎得不值一文钱。年来有一部分国人尚且在妄冀瓦全，而实乃正在一步一步的向瓦碎之道深入。这就是我们今日所处的险境。

三、置之死地而后生

由上所说，可知要维持民族的生存，便只有下牺牲的决心，准备作积极的抵抗。

积极抵抗的原则固已为全国有识者所共同承认，但实行的时期及步骤，则尚无一致的看法，有主张立即实行抵抗者，有主张稍缓若干岁月者，更有主张对方土地侵略如进展至某某地域，再予以总抵抗者。数者之中究以何者为利最多而害最轻，则应先就下列三种因素，加以考虑：（一）国内的形势——即知己，（二）日本的形势——即知彼，（三）国际的形势。

就国内的形势而言，无疑的，我们无作战的资格，我们军备不如人，经济实力亦不如人。我们如要作战有把握，势须先为长期的预备。所以单就这一点而言，战事愈推后，于我当愈有利。但这只是理论上的看法。在实际上，如其他两因素不变，我们的预备亦只能在极小的范围内有进步。这种进步于抵抗的前途不会发生多大的关系。而且有几种进步只是在抵抗的过程中，才能实现。

从另一方面说，此时如不取积极抵抗的态度，则民气将更衰，人心将更死，而汉奸之徒将更有蜂起的可能。单有民气这个东西，决不足以御侮，这是的确的。但没有民气，则纵有很完善的武备，亦难以取胜。近年来民气的衰落，及人心的麻木本为民族最可哀痛之事，而其所以致然，则政府的步步退让及不能保障舆论，实为主因。所以平津智识阶级最近激昂表示，以及胡适、傅斯年等坐危城而敢说敢言，不畏强暴的态度，实是政府所最应感谢，而国人所最应继续努力之事。但如此时不即采取抵抗的态度，则为敷衍日本起见，政府或不便任其存在，而人民亦将趋向于消沉或过激的两途。

至于汉奸，与抵抗成反比例，与不抵抗成正比例。如毅然采抵抗的态度，则畏死的汉奸将无立足的余地。如不抵抗，则他们因发纵有人，奥援可恃，必将风起云涌，难以阻止。即令下令讨伐，亦仍必等于具文，徒然丧失政府的威严。我国的民族主义是微弱的，贫穷又是普遍的现象，而日人又已深知我们民族的弱点；所以我们如一日不抵抗，则一日不能以严刑峻法部勒积极作恶的奸民，及消极附恶的愚民。我们如一日不对抗，日人试用已有相当成功的傀儡戏，势将更蔓延于各地。此亦延期抵抗的一大弊害。

至于共产党问题则诚是展缓积极抵抗的一个良好理由。攘外必先安内我亦完全同意。但攘外亦可促进统一。西南与中央貌合神离为莫可讳言之事。最近关系稍有改善，但亦不甚完全可以令人满意。西南此种态度我素向反对。但惟有在积极抵抗之下，始足以消灭西南一切的藉口。如果中央积极抵抗，而西南当局仍敢取不服从中央的态度，西南的革命人民亦将不许。西南而外，北方若干省亦有处同样之情形者。中央的态度游移，则这些省的当局亦乐得敷衍日人；中央的态度坚决，则他们亦必可完全服从中央。

所以就国内的形势而言，实以早日决战为得计。

若就日本的形势而言，则即战与缓战似无分别。有人谓日本少壮军人急于一战，我如即日迎战，适中其计；不如按兵不动，待其内部发生问题，然后再动。我以为这是一种虚玄的希望。侵华为日本的国策，日本的民众本来根本一致。日本内部如有风潮，无论何人均将利用对华的侵略，以消弭此风潮。如财阀有不利于军阀的行动，军阀固将在华滋事以自高其身价；即军阀有不利于财阀的企图，财阀亦将诱军阀在华滋事，以移转其目标。所以日本在最近数年内，如果有革命的预兆，则政府必将利用对华的侵略来消弭这革命。既然如此，纵再待几年，日本仍将是一个强暴的侵略者。

而且据我的观察，我如决心以武力来抵抗，日本或不见得会决心以武力来侵略。日本人的办法是得一步，又一步的办法，是利用汉奸割据，而不是直接用兵的办法，我如决心举全国的力量以一拼，日本人或者不愿牺牲，因而中止土地的侵略，亦未可知。我这种猜测固有错误的可能；但即使是错误，展缓抵抗的理由也不成立。

所以单就日本的形势而言，即日抵抗或者亦比展期抵抗为上算。

就国际的形势而言，则即战与缓战虽似各有理由，但均乏可靠的根据。现在欧美各国均承经济凋疲之余，且阿比西尼亚问题又未解决，所以稍缓决斗，或可多得国际的援助。但我们又安知阿比西尼亚问题之后，没有其他问题发生？安知近来颇表同情于我的英国，在贸易上能永与日本抗衡？安知德俄间的关系不比今日更为欠佳？国际的形势瞬息万变，我们此时似正宜利用列强对我的好感，而向日本表示不低头的精神。我们此时如不即采取抵抗的态度，则国联的立场，及九国公约的立场，不久势须放弃，如放弃前两种的立场，则国际间的同情势必尽失。如坚持前两种的立场，则冲突又势必无可幸免。至于前面两种立场之万万不能放弃，则凡稍知欧战后国际间的大势者皆能道之。其不知此中的大道理者，实不足与言外交，亦不足与言谋国。

所以单就国际形势而言，展缓作战的理由亦难成立。

在此处我更应一辟因"以夷制夷说"而起的种种误会。"夷"字固极易引起友邦反感，但以夷制夷是任何国家的外交根本方针，我们初不必因日本人的批评而放弃。法国畏德，于是联俄制德。英国畏意，于是联法制意。日本昔年恨俄，于是联英制俄。可知联甲制乙乃是讲求自卫的最自然的政策。日本既谋我如此之急，凡愿制日者，我自然与之联合。日本的抗议是不值得顾虑的。

考虑一切的形势后，我仍觉毅然即行抵抗是上策，亦是唯一应采之策。

如果政府负责当局的考量，得到相反的结果，认不即抵抗为不利较少的办法，则政府至少亦应采纳下列各点：

第一，定一最大的让步限度，实行公开的外交谈判。外交本以秘密为佳，但对日外交应推开了天窗说亮话，无所用其秘密。让步无论大至如何程度，必须早定；定后即可明白告诉国人，告诉日本，告诉世界。日人如果诚意的接受，那我们暂时可以相安无事。如果日人诚意的不接受，那我们只有打仗，不能再有屈服。如果日人的接受而没有诚意，那也不害事，因为我们反正再不能有让步。

告诉国人，可以使国人有齐一的意志，免得人心惶惑无定，亦免得人民嫌政府软弱，而政府嫌人民浮暴或消沉，如让步甚大，固会引起西南及一部分国民的反对，但西南及一部分国民也尝反对过《塘沽协定》，而政府并未动摇。我以为与其使人民反对于让步之后，毋宁使他们反对于让步之前。

告诉日本人，可使日本人知一止境，省得不断的来尝试我们的忍耐性。以理言之，人家未要求前，我万无自动奉送之理。但中日"九一八"以来的关系，早非常理中事。广田的三个原则，如果完全照日人，此后可以随机应变的解释，尽可使我们成为日本的附庸。与其不定限度，而使日人存中国可以逐步退让之心，毋宁干脆先告以最大的限度。

告诉世界可使世界知道我国的立场，而不致怀疑我国有被日本夷为附庸，成为爪牙的可能。

第二，让步可以极大，但独立国家的立场及独立国民的风度必须维持，为维持独立计，主权土地决然不能放弃。所以自治一类的傀儡戏不能容忍，而断送国联及九国公约的立场亦不能考虑。其次，日本自"九一八"以来的行为，当然是仇敌的行为。因为无力而不抵抗，还可以说得通；肉麻地和他亲善，则失了独立国民的风度。他们固然会要求所谓"亲善"，但我们应老实告以谈不到亲善，且应力避亲善。

第三，积极的欧美外交活动是必要的，是不能牺牲的。国内有几个较著名的日报及杂志，有时主张联络各友邦以自助，有时却又主张少与往来，以减日人之忌。这是对于国际大势，缺乏坚强认识的一种表现。友邦的援助是少不得的。交友也是独立国家不可少的权利，所以不在让步的限度以内。

总之，即日积极抵抗是上策，公开作一次的大让步，待其表现无信时，再作抵抗，为下策。但如认真奉行下策，我恐实行抵抗之日，亦即在目前。然则又何惜而不即作背城借一之举？

（《中国新论》，第 2 卷第 1 期，1936 年 1 月 1 日）

孙中山先生的宪法观念
（1936 年 1 月）

　　孙中山先生究于何时开始主张立宪，是一个无从断定的问题。一九二二年先生尝为《申报》著《中国之革命》一文，文中说道："乙酉以后，余所持革命主义，能相喻者，不过亲友数人而已。……及乎乙己〔巳〕，余重至欧洲，则其地之留学生已多数赞成革命；余于是揭橥生平所怀抱之三民主义，五权宪法，以为号召，而中国同盟会于以成立"。① 详考先生的著述言论，三民主义及五权宪法的宣传也确在同盟会成立以后。② 但单就"宪法"一词而言，则于一九〇〇年先生致香港总督的信中，早已见过。该信拟《平治章程》六则，其第二则云："于都内立一中央政府……惟其主权仍在宪法权限之内。"③ 并且我敢说，先生之信仰立宪必尚远在一九〇〇年之前；因为先生于一八九四年即游檀香山，自一八九五年起则先后留居美国及英国达二年以上；英美为民主先进国家，其宪法的功用自必早已引起先生的注意。我们如假设先生自一八九五年起，即主张立宪，则自那年以迄一九二五年先生逝世的三十年中，先生的各种宪法意见自不能一成不变。研究先生的宪法观念的困难即伏于此。

　　但是，先生关于民权主义的思想，比较起来，究算是固定的，一贯

---

　　① 见《总理全集》，第一集，第九二〇页。

　　② 同盟会初成立时（一九〇五年）所预拟的《军政府宣言》共有四纲三序，虽具"民族"、"民权"、"民生"之实，而尚无"三民主义"这个名词。（见《全集》，第一集，第二八八——二九〇页）。从先生为《民族〔报〕》所著《发刊词》（一九〇五年）中，可以首次看见"三民主义"这个名词。（见同上，第一集，第一〇三一——一〇三二页）。从先生为《民报》成立周年纪念（一九〇六年）而作的演说中，则可以首次看见"五权宪法"这个名词（见同上，第二集，第七一——八一页）。

　　③ 见《全集》，第三集，第一〇八页。

的；不像先生的民族主义可因满清之已否推翻，而有狭窄与宽大的不同；也不像先生的民生主义可因社会经济的剧烈变化，而有缓和与激进的分别。盖先生壮年受英美民主政治的薰陶，信仰至为坚深。英美人士——尤其是美国人士——对于代议政治的不满固然也影响及于先生的思想，但先生早找到了补救的方法。先生晚年固然也及见了苏维埃政制，及法西斯蒂政制，但后者对于先生始终没有发生影响，而先生对于前者又只注意其在经济方面的变化，而并未认苏维埃政体为一种反民权的政体。所以先生的民族主义及民生主义早晚变化极大，而赖以实现民族民生的政体则比较的尚算固定，这是研究民权主义者的便宜地方。

在可能的范围内，本文拟指出先生关于宪法的主张的前后不同之处，而断定何者为最后的主张。但先生的著述及言论，至为浩繁，而年期又未经一一断定，所以错误忽略或者难免，尚乞读者予以指正。

一、关于宪法的成立

先生主张我国采用成文宪法。这是先生一贯的主张。所以不主张采用不成文宪法的理由，则因其不易学。先生于一九○五年即说："历观各国宪法，有文宪法是美国最好，无文宪法是英国最好；英是不能学的，美是不必学的。"①

先生虽主张成文宪法，但是成文宪法的成立，决不能单凭理想，而须以经验的基础。英国的宪法是完全建筑在几百年的经验之上的，所以英国宪法虽不成文，而变动却极少。先生主张县省先行自治，然后中央再试行五院组织的政体。前者即训政，而后者则为宪政的开始。至于宪法则须本于训政及宪政两时期的成绩。②

宪法成立以前，革命政府究应经过若干种的预备时期，则先生的言论前后微有不同。在《军政府宣言》（一九○五年）中，革命治国共分三期，即"军法之治"，"约於〔法〕之治"与"宪法之治"。③ 军法之治侧重于"扫除旧污"的工作，每县以三年为限。约法之治为军政府督率各县自治的时期。各县的取得自治，自须在军法之治满期之后；故各

---

① 见《全集》，第二集，第七九页。

② 《建国大纲》，第二二条。

③ 《全集》，第一集，第二九○页。该宣言关去〔于〕年限一事，颇不可解。三年军法之治，加上六年约法之治，便已九年，又何得云"以天下平定后六年为限，始解约法，布宪法"？

县之取得约法之治势须有先后的不同；但全国行约法六年后，便须结束约法之治，而制定宪法，以进于宪治。

如按《中国之革命》（一九二二年），则革命进行的时期有三，即"军政时期"，"训政时期"与"宪政时期"。[①] 兹所谓军政时期仅能抵上述的军法之治的前期，而兹所谓训政时期则实包含军法之治的后期与约法之治的全期。训政时期究有多长，先生在当时尚欠明确的规定。在《中国之革命》一文中，先生一面说道："每县于散〔敌〕兵驱除，战事停止之日，立颁约法，以规定人民之权利义务，与革命政府之统治权；以三年为限，三年期满，则由人民选举其县官……而成完全之自治团体。革命政府之对于此自治团体，只能照约法所规定，而行其训政之权"。由此，则县自治的预备工作务须于三年以内完成。但先生又说道："俟全国平定之后六年，各县之已达完全自治者，皆得选代表一人，组织国民大会，以制定五权宪法"。由此，则先生亦预料军政告终之后的六年中，各县中必仍有经六年而仍不能完全自治者。然则宪法是否应待至全国各县均能完全自治之时，才予实行？抑"宪法制定，总统议员举出，革命政府归政于民选总统"之日，即为宪政实施之日？依《中国之革命》所云，似应为后者；但如为后者，则建设实未完成，因各县中固尚有未达完全自治者。如为前者，则各县的训政期限又究应长至何种限度？

在《建国大纲》（一九二四年）中，建国可分四个时期，即"军政时期"，"训政时期"，"宪政开始时期"与"宪政告成时期"。今人将宪政开始时期与宪政告成以后的时期往往混称宪政时期，实则两者间的分别甚是显然。兹所谓"军政时期"与《中国之革命》中的"军政时期"相同。兹所谓"训政时期"略当于《中国之革命》中"训政时期"的前半期；兹所谓"宪政开始时期"略当于《中国之革命》中"训政时期"的后半期；盖一省全数之县皆达完全自治者即为宪政开始时期，而按《中国之革命》，则宪法实施之日，训政始告结束。

先生在《军政府宣言》中，以三年为军法之治，六年为约法之治。是全国平定后九年内，即须从事于宪法之制定[②]；在《中国之革命》中，年期似亦无所变更；但在《建国大纲》中，则对年期一事绝无说

---

① 《全集》，第一集，第九一八页。

② 姑作如此说法。

及。换言之，先生因鉴于民国初元宪政的失败，训政未成，宪政不能开始；宪政未经相当时期，宪法亦不能成立；一切均须依次而行，欲速不达，故时期不能预有规定。

由上以观，可知《建国大纲》第二二条所云"宪法草案当本于《建国大纲》及训政宪政两时期之成绩"云云，实非无的放矢。如果一切严遵先生的遗教，则起草宪法时，实有许多经验可作根据，不若年来立法院起草宪法，则除先生遗教外，几无任何实际的经验可作根据。

我以为宪法所可资为根据的文件，除《建国大纲》不计外，可有两种：一为训政时期的约法，又一为宪政开始时期，中央政府的组织法。

训政时期应否有一约法，在民国二十年前的三四年中，尝成为一个重大的问题，但我以为约法是无疑地应该有的，因为《建国大纲》既不禁止约法，而《军政府宣言》及《中国之革命》又明说训政时期应有约法。约法的内容应规定人民的权利义务，县政府自治职权及中央政府统治权的内容，及训导人民实行县以内的自治权的方法。[①] 约法不必具有宪法的形式，也不是一个暂行宪法，而是一种有一定的目的——即训民自立，训民自治——一个法律。

在宪政开始，宪法未制定以前，这过渡时期中的制度[②]又应如何，则《建国大纲》的规定颇见详密。第一，训政时期当设立的国民代表会[③]自然应继续存在。这个代表会由已达完全自治之县各举代表一人组织之。第二，中央政府应设五院，院长由总统任命。至于中央政府是否于行政院院长之外，更设有总统，则论者颇不一致。有谓训政时期必另设总统者，因为《建国大纲》第二一条明白规定，"宪法未颁布以前，各院长皆归总统任免而督率之"。有谓训政时期的总统即行政院院长者，因为《中国之革命》一文中，曾有"宪法制定之后，由各县人民投票选举总统，以组织行政院"一语，因而断定，在宪政时期，总统即是行政院院长；宪政时期既然如此，训政时期亦当无另设总统之理。姑不论上述的推断是否准确，我则以为训政时期必另有总统。我的理由有二：第一，《建国大纲》第二一条只能如此解释；第二，先生极富于责任心，先生一日在世，则革命政府或国民政府的领袖自非先生莫属，所以由先生任总统而任命五院院长也是最自然之事。

---

① 见《中国之革命》，全集，第一集，第九一八页。
② 若按《中国之革命》所分的时期，则这过渡时期当为训政时期的末一期。
③ 《建国大纲》，第十四条。

至于制宪的机关，则先生主张以国民大会充任。依《军政府宣言》，宪法似应由国民公举的议会制定，因为在该宣言中，除议会外，尚无其他人民代表机关的设立。依《中国之革命》，五权宪法由国民大会制定，至于立法院是否应担负起草的工作，则未明言。依《建国大纲》，则宪法兹〔草〕案由训政时期立法院拟订，而由国民大会决定颁布。三种办法中，最后一种的办法自然可以代表先生最后最成熟的思想。

制宪权与立法权之有分别，制宪机关与立法机关之不宜相混，是先生所熟知的理论。所以我们如认《中国之革命》中的规定是一种进步，《建国大纲》似又犯着将立法权与制宪权，立法机关与制宪机关，相混的嫌疑。但先生本希望宪法草案能经过长期的宣传与多量的批评；要做到这层，草案自非于宪政开始时期即行成立不可。此时国民大会既未召集，则势须委立法院任议订草案之责。而且草案于日后仍须经过国民大会的议决。所以我们尽可说，立法院并未篡夺制宪机关的职权。我所不解者，此时期中，国民代表会如继续存在，则先生又何以不令代表会参加起草宪法之权。

二、宪法的内容

一、国民大会　关于国民大会的组织，先生的遗教至为肯定而简略。先生始终主张凡自治已经完成之县，每县得举代表一人。先生作《建国大纲》时，全国已有一千九百余县。照先生自己的推算，如未设治的地方亦设县治，则全国可得三千县。若然，国民大会的代表将有三千之多。

一县一代表有两种弊病：第一，选举的基础不公允，大县与小县无别；第二，代表人数似嫌太多。但先生之所以主张一县一代表者，则因县为自治单位，一个单位有一个代表确是一种办法。不过关于这一点，我们即使稍有变更，在精神上亦并不与遗教相抵触，而且代表的人数便可大大减少。

国民大会，除了制宪之外，又应有何种职权，遗教颇不一致。依照《建国大纲》第二四条，则"国民大会对于中央政府官员有选举权，有罢免权；对于中央法律有创制权，有复决权"。若然，则人民选出国民大会后，人民的四种政权，即由国民大会代为行使。如按《中国之革命》，则国民大会似仅有修改宪法，及制裁公仆之权。我以为关于这个问题，《中国之革命》中的规定实有自相矛盾之处①，故不必加以考虑。

在这里，我们可以连带讨论人民的选举权的范围。如照《建国大纲》，则人民对于中央政府，只有选举国民代表之权，因为中央政府的一切官员皆应由国民大会选举。如照《中国之革命》，则国民大会只有罢免，创制及复决三权，所以选举权可完全由人民行使；而且该文尝明说"由各县人民投票选举总统以组织行政院，选举代议士以组织立法院"。如采用前说，则人民的选举权较狭小，而五院须多少依赖国民大会；如采用后说，则人民的选举权较大，而行政及立法两院可以相当的不受国民大会的挟持。我以为《中国之革命》中的规定与《建国大纲》的文字固不甚一致，但与整个《建国大纲》的精神尚不至于冲突。

二、五权制度　关于五权宪法，先生于一九〇六年为《民报》成立周年纪念，而在东京作演说时，始有阐明。② 中国之有台谏制度及考选制度，先生当然知道。大概先生在英美时适读到哥伦比亚喜斯罗教授在所著《自由》一书中，主张弹劾权独立的言论，及另一学者叫做巴直的，在所著《自由与政府》一书中，盛称中国弹劾权的议论。③ 以及麦考来在英国会中称道中国试士方法的演说，及英国采用考选制度的经过，遂使先生益信五权之优于三权。而一般学者对于议会政治的失望，亦为促成先生五权宪法的一大原因；盖在五权宪法之下，议会并不能有把持一切的权力。④

监察及考试两权之应独立，我们绝无异言，不过在实行上颇有困难。简单言之，行政机关本为实力机关，所以行政权的之得以独立自无问题。议会有议决预算之权，故议会亦得独立。若夫法院的独立则已须以长久的良善传习为基础，不能一蹴而几。考试及监察两机关势不能有实力，亦不能有议决预算之权；所以他们的独立，一半固须赖国民大会的力予扶持，一半亦须赖有良善的传习。果然，则于宪政开始时期，便设立与行政立法两机关平等的考试监察两院，似转非计之得者。如果在宪政开始的时期中，考试监察两院尚未能树立良善的传习，则到了宪政

---

① 《中国之革命》一则曰："国民大会职权，专司宪法之修改及制裁公仆之失职"，再则曰："人民对于本县之政治，当有普通选举之权，创制之权，复决之权，罢官之权；而对于一国之政治，除选举权之外，其余之同等权，则付托于国民大会之代表以行之"。这两点显系互相冲突。

② 《全集》，第二集，第七一——八一页。

③ 《全集》，第一集，第八三二及八四一页。喜斯罗及巴直究为何人，未能查出。

④ 参看《民权主义》，第四讲。

完成时期，考试监察而〔两〕权的独立亦势必无望。这是《建国大纲》中一个至可讨论之点。

或者曰，《建国大纲》只规定宪政开始时期须设五院，但并未限制正式宪法亦须设立五院，而先生也没有主张五院与五权绝对不能分开，然则宪法或可不设五院。但根据《中国之革命》，则宪法又必设五院。我以为宪法必须规定五权的独立行使，不然便违了遗教；但正式宪法如不设司法，监察及考试三院，而设一较简单的机关，以助成其独立，则不能以违背遗教视之。

又《中国之革命》规定长行政院的总统及立法院的代议士由人民选举，而司法监察考试三院院长则由总统经立法院的同意而任命之。如果五院必须一一设立，我以为司法监察考试三院院长的产生方法，决不能再如《中国之革命》的规定。因为这种规定既与《建国大纲》冲突，又与五院平等独立的精神不合。

三、元首的存废　依照《建国大纲》的涵意，宪政开始时期必有总统。果然，则训政时期亦可有总统。但《中国之革命》又有"由各县人民投票选举总统，以组织行政院"的一语，于是有人便以为行政院长即是总统，而元首式的总统可以不必另设。我以为元首之应否设置，不应以《中国之革命》为根据，而应以宪法是否采用五院制度为准。如果采用五院制度，则五院之上可以不另设总统；如果只注重五权的独立行使，而不设同等规模的五院，则应设总统，以监视五权的独立行使。这两种办法，与《建国大纲》的文字及精神俱不抵触。

四、立法院代议士的产生　《中国之革命》主张由人民选举代议士，而《建国大纲》则主张由国民大会选举一切中央政府官员——包括代议士在内。两者之中，前者或较为合理；因按《建国大纲》，国民大会有复决之权，如代议士由人民直接选举，则将代议士所议决的法律交由国民大会复决，未免不甚合理。

四〔五〕、弹劾权　《建国大纲》关于弹劾权无规定。如按《中国之革命》则行政，立法，司法，考试四院人员的失职由监察院向国民大会弹劾；而国民大会自行弹劾监察院人员的失职。

五〔六〕、考试权　关于这点，《建国大纲》亦无规定。《中国之革命》则规定"国民大会及五院职员，与夫全国大小官吏，其资格皆由考试院定之"。所谓定资格者，可以经由考试，亦可以不经考试。以中国之大，全国大小官吏无虑百万。定此百万人的资格，纵不由考试，也不是一件易事。于此可知《建国大纲》之对于弹劾及考试两权无所规定者，实欲予宪法以伸缩自由之权。凡过分注重《中国之革命》中的规定者，实有未能了解《建国大纲》的精神之嫌。

六〔七〕、地方制度及中央地方分权问题 《建国大纲》第十七条规定，在训政时期中，"中央与省之权限采均权制度，凡事务有全国一致之性质者划归中央，有因地制宜之性质者划归地方，不偏于中央集权或地方分权"。但宪法应如何规定，则先生未作主张。

但先生之反对中央集权与联省自治则向为其一贯的主张；县应为自治的单位，而省与中央应采均权主义又为其不变的信条。① 至于省与县之间，则先生重县而轻省。先生对于县似乎求其必存；但对于省则并无此意，虽则先生也并无废省的主张。②

由此可知，依先生之意，宪法应保存县之自治权，而对于省则不必有太固定的制度，俾可以随时机而生变化。

七〔八〕、人民权利义务 关于人民的各种权利，先生的遗教殊乏有系统的规定。一九二四年《国民党政纲》对内政策第六条有"确定人民有集会，结社，言论，出版，居住，信仰之完全自由权"。但国民党第一次全国代表大会宣言又反对所谓"天赋人权"之说，而只认含有革命性的人民得享自由权。

先生倡四种直接民权——选举，罢免，创制，复决——甚力。③ 惟详究《建国大纲》及《中国之革命》，人民惟对于本县的政治，得享有四权；对于中央则绝无罢免，创制及复决之权。如按《建国大纲》，即选举权亦只限于国民大会代表的选举而已。

其于受益权方面，先生所尝说及者，则幼年有受教育之权，老弱残废及孕妇有受地方供养之权。④

综上以观，可见孙中山先生关于宪法的主张，并非历久不变，亦并未事事有所指示。我国将来的制宪者，苟能熟知先生所处的环境，严守先生整个遗教的精神，而不为文字所拘泥，则伸缩的余地自极可观。伸缩的余地既极广大，则求与遗教不生冲突，尚非难事，而于不违遗教的

① 见《中华民国建设之基础》（一九二二年），《全集》，第一集，第一〇二四——一〇二九页。

② 见同上，第一〇二九页。

③ 参看《民权主义》，第六讲。

④ 《全集》，第一集，第八六〇页。

范围中，求一适合国情的宪法，才是难事。研究最近两年以来各种宪草之后，我也深觉得他们与遗教出入之处固然不是没有，尚不是不可解除的困难；而求其如何能适合国情，则才是才智之士所最应悉力以赴者。

关于孙中山先生的宪法观念的专著颇多，就我所见已有下列五种：即谢瀛洲，《五权宪法大纲》；金鸣盛，《五权宪法》；徐照，《五权宪法之科学基础及其运用》；汪波，《五权宪法研究》；及陈顾远，《五权宪法论》。此外，泛论三民主义的书籍自亦不会置民权主义及五权宪法于不论。但是，除了先生自己的著作及言论外，凡欲研究先生的宪法观念者恐亦只有邹鲁所编《中国国民党史稿》，及中央宣传委员会所印行的《孙中山先生年谱》尚可利用。著者颇希望党史编纂委员会能多搜集一点关于先生思想的基础的材料。

（《民族杂志》，第 4 卷第 1 期，1936 年 1 月）

世界资源重行分配问题
（1936 年 5 月 15 日）

一

　　国际联盟的最高理想及最终目的不外世界永久和平的树立及人类共同生活的促进。要实现这种理想，达到这种目的，自然尚有待于全人类长期的继续的努力；但在这努力的进程中，重行分配世界的资源诚为不可少的工作之一。盖欲谋永久的和平，或维持现有的和平，势不能不先减少战争或其他国际纠纷的原因；世界资源分配之不适当，缺乏平均，既为酿成纠纷，引起战争的原因之一，势不能不重予分配。但资源之重行分配也不过是重要和平工作之一，而不是最重要的和平工作，更不是唯一重要的和平工作。不予这问题以适当的重视，固然将使和平难于获得；予这问题以非分的重视，也直接足以混淆我们对于和平工作的真认识，而间接足以妨害真正的和平工作。

　　资源分配不当之足以酿成国际纠纷，引起国际战争，其理由很是浅显，无须加以阐明。但资源之重行分配又何以不是最重要的和平工作，更不是唯一重要的和平工作呢？要明了这一点，我们应记得现代国家间冲突战争的直接原因多半仍是政治的，而不是经济的；经济的原因多半仍是间接的，多半不会直接引起冲突或战争；只有在不良的政治空气之下，经济的利害冲突才会助成战争的爆发。这样说法，我们并不轻视经济因素的重要，但事实确是如此。我们可以国际间两件最近的大纠纷为例：第一，关于意阿之战，意方的藉口，是阿比西尼亚的文化落伍，不肯前进，而不是经济的侵略；而且意国的目的如仅在资源及市场的占有，则确亦无须乎作战；他之所以不能不战者，则由于法西斯蒂国家不能不常获武功或类似武功的事迹，以维系人民的信仰，以继续麻醉人民。所以意阿之战的主要理由，仍是政治的而不是经济的。第二，德国驻兵莱因事件，则完全由于国社党的民族主义的情绪，所以冲突的原因更是政治的，而不是经济的。

即就经济的原因而言，资源分配的不当也不是促成国际纠纷或战争的最大原因。这有两个理由。第一，有许多经济问题，其对于和平与战争的影响尚远比资源的分配问题为大；第二，资源的富足或贫乏固然足以影响到国家的生产力量，但其间的关系亦并不十分明了。今分别说明如左：

第一，就目前及最近几年的情形而言，只〔至〕少下列四种经济问题比资源分配问题可以发生更大的影响：（一）是国际投资。国际投资在两种情形之下可以引起纠纷或战争。如果投资国所投之资多半作非建设之用，则所投国遇到革命时，便不免有否认债务之举，而两国间的国交亦将难以维持。又如所投国为一政治经济两者均十分落伍的国家，则如遇到纷乱或破产时，投资国又不免起而干涉。（二）关税战直接足以使国际贸易失调，间接可以使国际空气险恶。（三）金银两种贵金属的收储或操纵直接足以造成若干国家的经济恐慌，间接亦可以使国际情感恶化。（四）倾销及市场的分配不匀直接可以引起商业战，间接亦可促成真正的战争。以上四种问题，依我个人的观察，其足以引起国际的不安定，似乎尚在资源分配问题以上。一九三三年在伦敦举行的世界经济会议，对于国际关税战及货币战（实即金银两金属的争夺战）之所以曾作消弭的尝试者，即因该两问题的解决，与世界和平的保持，含有极大的关系。

第二，国家的生产力固与资源的富足或贫乏有关；但形成国家经济力的因素甚多，有时资源的增减并不能使国家的生产力亦随而增减。不列颠在欧战以后的领土只有增加而无减少，其资源亦自然只有增加而无减少，但他的生产量，对于全世界的生产量的百分比，就许多主要的产品而言，在欧战以前十三年内（一九〇〇至一九一三）反比在欧战以后的十四年内（一九一三至一九二七）为高。[①] 又如法兰西在欧战以后收复蕴藏极富的亚尔萨斯-洛兰，但其工业化的加速，在欧战以后转不如

	粗铁	粗铜	煤
① 一九〇〇——一九一三	四一·八	四二·四	二五·七
一九一三——一九二七	三四·四	八·八	一四·二

上述数字见 Hanson, *Economic Stabilization in an Unbalanced World*，p. 9.

在欧战以前。① 反之，德国在欧战以后，虽失去很可宝贵的矿区，而其生产的力量，以百分比而论，比欧战以前反有增加。日本在未占我国东北四省以前，因能利用机械的进步及人工的增加，亦能增加其生产的力量（以全世界作百分计算），虽则它的领土与资源并未增加（亦以全世界作百分算）。由此可知一个国家生产力的大小须视许多的因素为转移，不能单凭资源的多少。

所以我们虽不能否认资源这个因素的重要性，我们却也不宜过分重视这个因素。如果要为和平努力，世界的资源当然是应重行分配的，但他方面的努力或者更有其重要。

自从意大利不顾国联的公约，入侵阿比西尼亚以来，有许多人便以为意大利的目的是在略取资源。为诱致意大利停止侵略起见，更免得自以为资源不敷的国家，效法意大利，侵略他国，引起战争起见，于是有人乃提资源重行分配之说。自去年九月当时英外相贺尔在国联大会中公然提起此种主张后，资源重行分配之说，更见有力。但是资源分配的不匀仅是国际不协调的许多经济因素之一；如果仅是资源有了适当的分配，而其他的经济及政治问题不解决，则意大利当然仍会向阿比西尼亚进攻，德意志仍会剑拔而弩张，而日本仍会蚕食亚洲大陆。这是我们所应首先认清的。

<h2 style="text-align:center">二</h2>

在原则上，世界资源固应重行分配，但究应如何分配则却是一个十分复杂而且艰难的问题。所谓资源者究是何种东西？分配的标准究应如何？分配时应以全世界为一个单位，抑可就各地域而分成几个单位？这些俱不是容易答复的问题，但俱不能不有答复。

所谓资源者究包含何物，恐怕没有两个人会作同样的列举。最重要的争论，第一是，资源是否仅指矿产而言，抑兼指农产品？第二是，如果资源专指矿产，是否仅指与重工业有关的矿产，抑兼指一切与制造业有关的矿产？第三是，如果资源兼指农产，是否以食粮为限，抑兼指其他？这些问题当然可有种种不同的答复，但我以为资源应无农产品与矿

---

① 法国自一九〇〇至一九一三，工业化的增加率每年平均为百分之三·五，但自一九一三至一九二九，每年平均仅得百分之二·五。见同上。

产品之分。农产品应包括食粮，棉及羊毛，林木及橡皮，而矿产品应包括煤铁铜及石油；因为它们或为生存所必须，或为一切工业及交通所自本，缺其一，便会使一个民族因生存无保障或发展不可能而灭亡，或因感觉生存无保障，发展不可能，而存向外侵略的企图。但重行分配的资源也不应包括一切农产矿产，因为包含的愈多，则平均分配的方案愈不易制成；而且次要的物品，在正常的国际贸易之下，即有流转的可能，初不必由一个超国家的机关或会议来代为分配。

资源的分配究应以何为标准或是一个更难决定的问题。以各国的人口为标准呢，抑以人民的消费量及制造的需要为标准呢？以现在的人口及需要为标准呢，抑以若干时期后的人口及需要为标准呢？如单以人口为标准，而不顾到消费的程度或制造的需要，则生活程度较高的国家或将被迫而减低其生活程度；工业较发达的国家将难以维持其先进的地位。这仍然不能算是公平。而且世界人口最多的国家首推中国及印度；两者俱是生活程度低下，工业不发达的国家，而又俱是弱国。如果其原有的资源本不能与其人口为比例，而望其能取得与人口为比例的资源，在事实上亦绝不可能。但如以人民生活程度及制造业的需要为标准，而不顾到人口，则弱者将永为弱者，而强者将更有凌欺弱者的可能，其最后的结果则仍是战争。这未免与重分配资源的用意根本冲突。又如以现在的人口及需要为标准，则人民生活程度低下而工业不发达的国家，势不免将长处于落后的地位。如果以将来的人口及需要为标准，则又是漫无标准。

我以为在决定分配资源的标准时，有两大目标我们万万不能忘却：第一，我们要以普遍的提高人类的生活程度为目的；第二，我们要以普遍的增加人类的生产力为目的。世界资源有限，我们如多予甲国，我们便得少予乙国，这是无疑的；但我们如采用密勒关于功利主义的说法，以最大多数人的最大福利为标准，则我们于不妨害生活程度高及工业化程度高的民族，维持他们的先进地位的范围之内，自然对于数目众多的民族应当特别关心。讲得具体一点，衣食的原料的分配固不应单凭人口来结算，而应顾到消费的多少，但也决不能单凭消费的数量。我们对于将来（假定为十年以后）应有一种预测，我们应照预测的消费数量，来分配食粮及棉毛之类。我们对于工业化的进展也同样的应有一种预测，预测将来（也假定十年以后）的制造业的需要，而分配制造原料。如能如此，则先进者可以继续为先进国家，但落伍者亦不难迎头赶上。十年

（假定如此）而后，资源应重行分配。凡生活程度的提高及工业化的进步未能如预期者，则分配不妨较少。如此，则真正的公平分配才能实现。

我不否认，我所提议的活动标准是极难确定的，且有过于理想之讥。但我以为重行分配如不能建筑于公平的基础之上，是完全没有意义的；如不能产生公平的标准，则简直不必谈重行分配的问题。

我也不否认，如果资源真有重行分配的一日，则帝国主义的国家或会要求一种以上的标准；例如日本，他对西方必将要求以人口为标准，因为他的人口多于英美等国；他对中国必将要求以制造业的需要的标准，因为中国的需要比他的要小。这种自利的无理要求当然须得严厉地拒绝的；如果不能峻拒，则实用不到讨论重行分配的问题。

分配的时候，以全世界为整个的单位呢，抑就各国互相邻接的区域而分为若干的单位呢？如采用后者，则东亚的资源应就东亚各国重行分配，美洲的资源则由美国的各国互相分配。这种分配方法显然有其方便的地方，因为一个区域往往有这个区域的特殊需要，而原料的运输亦较为方便。但这种分配决不会得到真正的公平；有好些物品，有几个区域简直没有，所以就地分配等于没有分配。惟有以全世界为一个单位，而施以分配，才有公平之可言。

但以上所言，乃假设有一个超国家的公平机关能存在着，而世界各地的资源又可自由支配者。在事实上，现在全世界的土地几尽为独立国家的领土——不是直属的领土，便是殖民地——欲将各地的资源重行分配，在事实上至为困难。委任统治地在理论为国联的领土，他们的资源在理论上国联应可自由分配，但在事实上亦不易随便移转。如果由现在的国联召集一个资源分配会议，会议的结果恐怕只会由强国来瓜分弱国的资源，而不会有贫国之分得富国的资源。

所以要达到平均分配资源的目的，国联地位的提高，及实力的增加，实为先决的问题。有了一个公平正直而有力的国联后，尚须规定因分配资源而发生的赔偿方法。各种原料多少不一的国家间，自不难互相交换资源，或者不需任何赔偿；但是工业发达而资源贫乏的国家，与工业落后而资源充富的国家间，则更须藉互利的方法来移转资源。资源充富的国家固不能永将宝藏藏之地下，不让人家利用；但如工业发达的国家得以随便利用工业落后的国家的资源，而不顾到后者的利益，则便造成了一种侵略，一种经济的帝国主义。这样的重行分配不但不能消弭战争，或且更会引起战争。赔偿的方法当不外乎投资及机械与技术方面的援助。譬如工业先进而资源缺乏的甲国，向工业落后而资源较充的乙国取得原料时，甲国当视乙国的需要而畀以资本，助以机械，及技术人员。如是则甲乙两国的生产力俱可增加，而资源的重行分配亦成为互利之事。但国际投资甚易流为一种帝国主义的侵略，而机械与技术方面的援助亦未尝不可使援助国在被援助国得着一种超越的政治及经济势力。一定要等到国联对于国际投资等等事件有了充分的管理力之后，投资等等方能真正成为有利的赔偿，而绝无成为侵略的工具的危险。

因此，资源重行分配的原则，我们虽可承认；资源如能得公平分配之后，战争的原因可以减少一个，我们虽然也可承认；但分配的困难我们尤不能不有认识。目前最重要的工作，除了宣传重行分配的必要，及调查资源分布及利用的状态外，似应首先增厚国联的权威。资源重行分配问题亦不能离开其他经济问题而独立。一九三三年世界经济会议所讨论的许多问题，如关税币制等等，虽然在最近决不能得到解决，但与资源分配问题及世界和平在在有联带关系，所以俱应由国联加以讨论，以为时机成熟时逐一或一齐解决的张本。

综言之，在原则上，我们赞成重行分配世界资源，在办法上我们一方主张与其他足以妨害世界和平的经济问题联合解决，一方主张先事宣传。我们绝不存最近期内便可解决的奢望；因为在国联的权威没有增进以前，解决是绝对无望的。

在消极的方面，我们最反对一二强国，藉资源重行分配问题，牺牲了几个弱国，以减轻了各强国间一时的利害冲突。当去年九月，英国外相贺尔在国联发表重行分配资源的主张时，本欲藉以诱劝意大利之不侵阿比西尼亚，但以后贺尔及拉凡尔所一致提出的和平建议，则竟然牺牲了阿比西尼亚以满足意大利关于殖民地及资源的欲望。如果贺尔心目中的资源分配亦与这和平建议同一精神，则资源的分配势将一以弱国为资源施与国，而以强国为资源接受国。这样的资源分配不但不足以为和平之助，且更足为和平之害。

三

以上所言，乃站在任何国家的人民的立场而发。若单就我国的地位而言，在原则上我们虽也绝对拥护重行分配世界资源的主张，而在办法上，我们更反对由列强主持分配事宜，操切行事。我国地虽广，而资源并不多；如以人口为比例，则我国的资源更是缺乏；自日本侵占东北后，缺乏的程度更是增加。所以在原则上，我们绝对欢迎世界资源重行分配。我们更希望在分配时能以人口或将来的工业需要为标准。但中国是积弱的国家，而目前又受着日本的逼迫，如果操切分配，以分配为息事宁人的工具，而不以树立真正和平为目的，则列强为避免与日本决裂起见，或竟会赞成日本把持我国大部分的资源。所以我们更应主张由强有力的国联来主持分配事宜，而不能由列强急切从事。

（《中国国际联盟同志会月刊》，创刊号，1936 年 5 月 15 日）

论官等官俸
（1937 年 2 月 5 日）

一

政治的良不良，下列三种因素最关重要。第一是政策。没有一个适合国情，经过仔细考量，纲举而且目张的整个政策，则最优良的政治，充其量也不过是无为消极的政治。第二是法制。没有一部适合于实现前述政策，而又为人民所能奉行的法制，则最优良的政治，充其量也不过是零碎的局部的小惠，或偶然的暂时的英勇行为。第三是官。没有能理解前述政策，并遵守前述法制的官吏或公务员，则最优良的政治，充其量也不过是等因奉此的文书政治，或口是心非的宣传政治。

政策，法制，及官吏，三者之间固有连锁关系。但本文所欲讨论者，则仅为关于官的一部分问题。关于官的问题甚多，但最重要者不外四个：一是官的出身；二是这种出身的评定及官吏资格的正式承认；三是官的待遇；四是官的管理。出身即教育。评定出身的最好方法即是考试；在考试制之下具有某种教育（即某种出身）的人，须应官吏的考试而及格后，始能正式取得服官的资格。考试的重要尽人能言之，但考试制度之未能在中国推行，亦尽人皆知之。官的待遇大体上即指官俸。官俸以外本尚可有他种待遇，如公费，津贴，养老金，恤金等等；养老金及恤金在中国极不通行，而得领公费及津贴者又为公务员的极少数，故官俸在中国或即可视为官的待遇。论官俸必涉及官等，不分等则不能言俸，故官等官俸实为不可离的分题。同时，考试时，亦必须有官等之分，不然考试的标准将无从设定。官的管理，即所谓人事行政，小者如请假，大者如考绩及升迁等等，均属之。此四者中，严格言之，出身问题最为重要；如果根本没有人才，则纵有完善的考试制度，公允的官等官俸，及严密的人事行政，亦无所用。次则为考试问题；如果考试不得其道，则政府机关将无从罗致适当的人才。再次方为官等问题。人事行政则最不重要；因为官吏如皆为人才，而又给以公允的待遇，则纵少管理，吏风亦不致下坠。但出身涉及教育的根本问题，而考试之不易推行又由于政治上的理由，欲求改善，俱不易易，故今不具论。官的管理较不重要，今亦不论。惟关于官等官俸，应改良之处甚多，改良的可能性较大，而又不甚为一般谈政治改良者所重视，故兹特加以申论。

不过，官等官俸这问题虽有其重要，仍只是许多重要问题之一，单单解决官等官俸这问题，并不能解决关于官的全部问题，更不能解决整个的政治问题。国人向习惯于人治，向偏重人的问题，甚有以为有厚俸，必有好官，有好官即可改良政治者，因先说明官等官俸问题的实在性于上。

二

中国现行的官等官俸制度极为复杂，因为除一般公务员外，特殊的公务员尚有特殊的分等受俸办法。就一般公务员而言，现行的制度系根据民国二十二年九月二十三日国民政府公布的暂行文官官等官俸表。此表系由铨叙部会同各机关，参合民国十六年十二月二十五日，修正文官俸给表及十八年八月十四日文官俸给暂行条例制成，制成后便呈由考试院转请国民政府委员会议决公布。此表在形式上当然不是一个法律。铨叙部原呈云：

> 查此项俸给法将来应俟立法机关制定。本部前为急谋解除目前困难起见，仅将十六十八两年俸给旧表，参合修正。但既为适应需要，期速公布施行，似毋庸另订条例，以免周折。兹谨将前拟俸给条例及俸给表草案，改为官等官俸表，理合呈请鉴核，转呈核定公布。

从这原呈，铨叙部显然承认官俸应以法律来规定。如果官俸应以法律来规定，官等自然更应以法律来规定。事实上立法院至今未能制定关于官等官俸的一个正式法律，规定官等官俸的不易，盖亦可见一班。

暂行文官官等官俸表之根据于民国十六年的修正文官俸给表，及十八年的文官俸给暂行条例，已如前述。这两个表及条例则自民国十四年十月六日的文官官等条例及其附表（文官俸给表，十一月二日公布）蜕化而来，其官等则因袭民国元年北京政府所颁布的中央行政官官等法。但北京政府的法律则又直抄日本。今将其演变的经过述明如下：

民国元年十月十六日北京政府公布中央行政官官等法，分中央行政官为若干等：计特任以外，其有九等，第一等第二等为简任官，第三等至第五等为荐任官，第六等至第九等则为委任官。此为"特任"，"简任"等名词正式见于中国法令之始。但此实由日本抄袭而来。日本的文官，向分"亲任"，"敕任"，"奏任"，及"判任"四等。按明治四十三年高等官官等俸给令第一条，除亲任官外，其他敕任官及奏任官共分九等，此固与中央行政官官等法第一条完全相同。同日，北京政府更公布中央行政官官俸法，使各官按等支薪。自民国元年以至十七年北京政府覆灭，这两种法律一直有效；纵有修正，亦极微细。即袁世凯所颁的文官官秩令（民元七月二十八日）中，虽有卿大夫士一类帝制式的官秩，而"特任""简任"等分别则依旧保存。

北京政府时代官吏的分等原则，仍为国民政府所继续采用。民国十四年七月一日国民政府成立之日，即"特任"胡汉民等为国民政府各部部长。十四年十月六日文官官等条例将官吏分为特等及一二三四各等；以特任官为特等，而以简任荐任委任各官分配于一二三四等的相当级。在原则上，此种分等方法与民国元年的分等法毫无分别。十四年十一月二日所颁的文官俸给表（即上述条例的附表）亦与元年的官俸法相似，主要的不同仅有二点：第一，特任官昔有薪一千五百元及一千元两级，今只有八百元一级，俸额数亦较低；第二，旧时共有二十四级不同的俸给，今则只有十三级不同的俸给。分级较为简单。

民国十四年十一月二日的文官俸给表，经国民政府于十六年七月十三日及十月二十六日先后加以修正。经此修正，俸给的级数较前增多，而级与级间的差别则较前减少。

民国十八年八月十四日，复有文官俸给暂行条例的颁行。此项条例，系由中央政治会议议决，函国民政府令饬行政院遵行。如谓为法律，则按立法程序，凡条例因非经立法院的议决不可；如谓为非法律，则该条例又曾经中央政治会议议决。当时国民政府对行政院的原令云：

> 案准中央政治会议函开，"关于文官俸给条例及文官俸给表一案，前准函请核议；经本会第一百八十八次会议议决，交胡委员汉民等审查。兹据提出审查报告，'拟将原条例改称文官俸给暂行条例，并将调文酌加修正，请公决'等因。经本会第一百八十九次会

议议决：'（一）文官俸给暂行条例，照修正条文，由国民政府暂准行政院转饬所属各部会，于不牵动各该机关预算范围内依照办理；（二）将全案交立法院制定官俸法规'等因。除函立法院外，相应检同该暂行条例函达，希查照办理为荷"等由，查此案前据该院呈请"鉴核施行，并迅予公布"等情到府，当经提出本府第三十六次国务会议议决，送请中央政治会议核议在案，兹准函复前因，应即令行照办。

从此训令，可知十八年的文官俸给暂行条例，并非完全的法律，而且系暂行性质。最后的法律固尚有待于立法院的议决。

但立法院历久未能制定一个正式的法律，而各机关又不尽能奉行此暂行条例；因为暂行条例所规定的俸给，关于简任官者，固较民国十六年的修正文官俸给表为低。为谋迅速的救济起见，铨叙部乃于民国二十二年，制定暂行文官官等官俸表，呈请考试院，转呈国民政府于九月二十三日公布。

至在立法院方面，则自民国十八年七月三十一日中央政治会议将官等官俸全案交该院制定官俸法规后，该院当于八月十日议决将该案付法制委员会会同财政委员会审查。嗣据报告审查结果，复于二十四年一月十八日议决再付原审查委员会审查，但至今似尚未完成第二次的报告。

以上所述，为民国以来，关于官等官俸法规的演变经过。从此，第一，可知这种法规，廿年来，大体上一仍旧观，法律并未随时代而更新，国民革命并未引起若何剧烈的变更。第二，可知立法机关多年来迄未能制定一正式法律；既未有正式法律，则正应乘此机会为较澈底的革新。

至于暂行文官官等官俸表的内容，则为一般人所熟知。简单言之，官等有五，即特任，简任，荐任，委任四等，及雇员五等。雇员从严格的法律字义言，尚不得称为公务员或官吏，但就其一般的性质而言，则固可与公务员同列。各等官吏任命的方法，依其他许多法律所规定，各不相同。就其俸给而言，每等又分成若干级，计特任一级，简任八级，荐任十二级，委任十六级，按等级的高下，为支薪的标准。各机关的官吏，按各机关组织法及铨叙法之所定，均有一定等级，大概官阶愈高，则级与级间的差别亦愈大。高级负责官吏，于正俸之外，尚有所谓办公费者，则各机关各自为政，并无一定标准，其数往往超过正薪，审计机关亦若尚无法作有效的取缔。

以上所言系指一般的文官而言。此外，文职中尚有司法官（十七年四月六日司法官官俸暂行条例），法院书记官（同日法院书记官官俸暂行条例），监所职员（同日监所职员官俸暂行条例），使领官（十九年十二月二十七日外交官领事官官俸表）及警察官（二十三年五月十七日暂行警察官官等官俸表）五种公务员；则虽同有"特任""简任"等的分别，而其支俸方法则按单行法规办理。此种单行法规，或经主管机关径自公布，或呈准国民政府公布，但俱非经由立法程序的正式法律或条例。就其内容而言，则与暂行文官官等官俸表，虽微有出入，而无大别，故可不论。

文职公务员中，除以上五种外，尚有关邮电铁四类人员，其等级待遇均与一般公务员完全不同。他们均无"特任""简任"之分；至其俸给，则关邮铁三类人员均较一般公务员为优，而以关邮人员为尤甚。

武职人员取官职分离之制，其任官任职时亦有"特任""简任"等等之分，但其所得之俸，则依官或职而分，与"特任"或"简任"无关。就俸额而言，武职人员远不及文职人员。

各公立学员的教职员具有不完全的公务员的地位。校长有简任者，有荐任者，亦有委任者；职员由校长委任；教员由校长聘任。除教员外，政府机关中亦有若干聘任人员。政府机关中的聘任人员，其俸给相当于同等的公务员；但学校教员每较同等的公务员为低。

三

以上所述为现行官等官俸制度的由来及大概情形，今请稍作批评。

第一，是现行分等方法的不合理。本来所谓"特任""简任"等等名词，可以看作各种不同的任命方法，而不必定以官等视之。日本除"亲任"，"敕任"，"奏任"，"判任"之分外，于支给官俸时，复以明治四十三年所颁的高等官官等俸给令，判任官俸给令，以及无数的详细敕令，分划成许多官等，以为支薪的标准。但即在日本，此"亲任""敕任"等名词仍为划分俸给等级的主要标准。至在中国，则俸给等级完全先迁就"特任""简任"等等，所以"特任""简任"等等，不特表示不同的任命方法，而且确是官吏的基础分等。惟是此种分等方法殊不合理。所谓特任官者不尽是政务官，而简任官亦有为政务官者，于是"特""简"之分不著。简任官，荐任官及委任官中又不知各包涵多少种，职务性质不同，地位高下悬殊的官，于是简任荐任及委任三等的互分亦乏意义。加以"任"之外，又有所谓"派"者，亦有"特""简""委"之分，则更缺乏准确的意义。依常理言之，"派"者当指暂时之意，但侨务委员会的委员用"任"，而导淮委员会的委员用"派"。是则"任"与"派"间的分别，最多也不过存在于"老公事"者的心目中，而并无任何合理的基础。

第二，分等方法的不通与不当，足以妨碍考试制度的推行。现行的考试以高等考试及普通考试为主要类别，高等考试及格者得任荐任官，普通考试及格者得任委任官。高考普考又均分成许多门类，如普通行政、财务行政等等。但因荐任官及委任官每等俱包含无数职务不同，地位不同的官吏在内，所以考试的门类虽多，而所考的科目与及格后被派的职务，仍可不发生若何的关系。在考试机关，须广设种种门类，执行已见困难，而用人机关则仍可以所取之才亦非真才，诋责考试机关。如有较合理的分等方法，则此种弊病要可减少。

第三，现行的分等方法，因为不是职务上的分等，而是官阶上的分等，因之极易酿成机关庞大，经费浩繁的恶果。盖中国人向重体制与颜面，特任官与简任官之间或简任官与荐任官之间，既无严格的职务上的分别，则同一职务，未有不愿其为特任或简任，而不为简任或荐任者，机关首领的官阶愈高，则机关的编制亦愈大，而经费亦愈增。民国成立二十余年来，名器之滥及官俸在行政费中所占百分比之大，官吏分等法的失当盖亦重要原因之一。

现行的俸给表亦发生许多不良的结果，其较势显著者如下：

第一，官吏等级的高下，与所任的职务的轻重难易，不发生直接的比例的关系；因此，按官吏等级而定的俸给，亦不成其为正当的报酬。同一书记在高级机关可为高级委任官，支俸百元以上，在低级机关者，则往往为一雇员，支俸不满五十元。同一庶务，在高级机关者可为荐任官，支荐任官的俸给，而在低级机关者则仅为低级科员，甚或雇员，支低级科员或雇员的俸给。此种例子，不一而足。因此，在中国，俸给不是职务的报酬，不是工作的报酬，而成为地位的报酬。此种办法，不特有失公平，且对于吏风及行政效率亦往往发生极不良的影响。

第二，高级官吏的俸给过于高，而低级官吏的俸给又过于低。即舍雇员不论，特任官的俸给（公费尚不计在内）已十五倍于最低级的委任官。此种高下悬殊的状况实为一般国家之所无。在自由竞争的工商业中，俸给本无一定的标准，高者可以极高，低者可以极低，在艺术界中，此种高下悬殊的俸给，或比在工商界更为普遍。但公职究非私职可比。在提倡平等，提倡民权的社会，此种高下悬殊的俸给究不是善良的政策。而且在贫穷的中国，有了少数高俸给的公务员，其结果亦只会奖励一种过于奢侈的风气，过不经济的生活，其生活离一般的人民愈远，则其所愿见于实现的政策亦往往愈非利国利民的政策。同时，俸给较低的公务员，或则忙于糊口，日趋愚昧，或则非分的羡慕高官厚禄，驯至官常丧失，纲纪荡然。

第三，中央与地方之间，中央官吏的俸给过高，而地方官吏的俸给过低，省政府主席的俸给同于国民政府的文书局或印铸局局长，然而主席责任之大，固远在局长之上。县长的责任又何等重大，但其俸给只等于中央各部的科长，至于县政府局长科长的俸给则仅可与中央各机关的二等科员相比拟。近年来稍有才具之士之群集中央，而不肯赴地方服务，现行俸给制盖诚为一大理由。欲求国家的真统一，及全国的近代化，此种重内轻外的制度一日不变，恐亦一日不能收功。

第四，就中央的各种公务人员而言，一般公务员的俸给太低，而关邮铁三种人员的俸给又太高。管理一关的税务司，与管理一省邮务的邮务司，其俸给便可在省政府主席之上；责任轻微的特等税务员或甲等邮务员其俸给便可在县长之上。此种畸形制度，固为特殊的历史环境所形成，然亦不能不予纠正，且亦不难纠正。

第五，以从事教育的人员与公务人员比，则公务员的俸给过高，而教育界的俸给又过低。从事教育的人员固非严格公务员；但无论任职公立或私立学校，究为从事公职者。教育界人员俸给过低，则教育必难有生气。试观在德法日本等国，仕学俱不甚分，仕者亦有学，而学优者亦仕。在中国则至今仍只有学优则仕者，而不闻有仕优而学者。中国的工程教育极需一些有实际经验的教授。但事实上，则工程的学者，偶一踏进实际的工程事业，便不愿再回教职。工程方面如此，别的方面也大都如此。大学如此，中小学也是如此，其所以然则多半因为教员的俸给太低。

第六，就文职与武职言，则文职人员的俸给太高，而武职人员的俸给太低（空军或为例外）。中国将士之多，甲于天下，增高武职人员的俸给，对于国库诚可发生重大问题。然如不均平文武两种公务人员的待遇，则征兵之制决难实行，而武人的廉洁亦绝难维持。依现行法令，中将阶级的军职仅得月俸四百五十元，但中将可任总指挥，以现时官场的生活程度而言，总指挥即在理论上，亦决难在月俸四百五十元之下养廉。于是为军官者，其上焉者不能不赖公费以维持生活，其次焉者恃馈赠，其下焉者则恃征索，为维持军队的纪律，且为奖励军国民的精神起见，苟国力能容许增加武职人员的俸给，便应增之使与文职人员的俸给相称，即国力不能容许，亦应减低一般文职人员的俸给，使与武官处于同样生活水准线上。

总之，官吏俸给的多少影响于社会者甚大。如官吏的俸给低于一般的职业，则政府不能罗致优秀人才，而政治不易有生气。如官吏的俸给过高，则一般的职业必将有材难之感，而政治引诱力之过大，亦决非政治之福。故官俸的厘定实为一种重要的社会政策，不仅涉及官吏本身的报酬而已。

四

现行官等官俸制的缺点及流弊，已约略如上述。然则如何能补救这些缺点，并除去这些流弊？

欲补救上述的缺点，并除去上述的流弊，首先自须将官吏另行分等。分等的用处，上面已经说过，一可为考试的标准，再可为支俸的标准。特简荐委四等的分类，既因不合理而失其作用，自应毅然废去，而另求良法。废去后，凡须视为政务官而须经过二种政治上的考虑者（如现今须经中央政治委员会核准），索性加以列举，不必再混称特任官。其余的官吏，在事实上必由主管机关，就合格人员中委用，根本就无所谓简荐委之分。如果有一部分公务员须经最高行政机关的核准，则亦不妨加以列举。

至于新的分等方法，则以可推行者为准，而不必急求过分的精细与新颖。各国关于官吏分等或分类的方法，以英国的演化为最正常，而美国现行的方法为最精细；至于大陆各国，则行政机关对于所属人员的分类，至今仍不甚统一。

英国向将一般公务员分成第一级书记（但此不能与中国所谓书记混用），第二级书记，助理书记，青年书记数种；政务官与最高级的事务官则俱不在此分类之内。此种分类方法显太笼统，欧战前后十数年内因又成立一种新的方法。按现行方法，公务员分若干类。（一）为书记类。

按一九二九年报告，此类约共九万人，为公务员中的主要部分。（二）为视察员类有三千余人。（三）为专门人员，共六千五百余人。（四）为次要视察及技术人员，约近九千人。（五）为手工作类，近十八万人，邮电两业的人员大都属之。（六）为信差等，近一万七千人。书记类大都须经考试，其余各类则或不经考试，或仅经考核。书记类又分为（子）行政，（丑）执行，（寅）书记，（卯）助理，（辰）速记打字，（巳）临时打字，（午）税务人员七级。若以中国现行制度衡之，则自（辰）以下均是雇员，而（五）（六）两类亦非文官官等俸给表中所指的文官。

美国最初所采制度与英国大同小异，亦将文官制度范围以内的公务员分为一级二级三级四级四个级。现则按照一九二三年的分类法。按此法，文官制度范围以内官吏共分成五大类：即（一）专门与科学事务，（二）次专门事务，（三）书记，行政，及财务，（四）保管事务，（五）书记及机械事务。每类各分若干级与若干门，某门职务可有若干级，某级亦可有若干门。计共有四十七级，一千七百余门。级与门既如此繁复，故定法者更列举三千余种标准职位，以为各职分类时比照之用；即有新的职务发生，亦无不可比照各标准职位，而予以分类。至于俸给，则按所处的类门级而定。按美国文官制度的推行本只限于一部分的文官，但最近罗斯福总统有将全数文官，除极少数高级人员及亲信人员外，扫数纳入此范围以内之议。一九二三年分类法的精细程度似又将得一试验。

由简单的分类，到精细的分类，本为一般国家人事行政上自然的趋势。因之，谈新的分类方法者，颇有提倡美国式的职位分析制者。在理论上，最精细的职位分类自可赞成。但事实上中国此时不能，亦不宜，有太精细的分类。不能有此种分类，因为在此时期精细的职位调查无法实现，调查者所欲知之事，被调查者必不能予以准确的答复。我们非不赞成此种调查，但在最近的将来，此种调查只能视为试办的调查，而不能以之为计划的基础。不宜有此种分类，因为中国官场最善于因循，规避，并取巧，精细的职位分类，即是可能，亦难于实行。不但不能忠实的实行，且其流弊恐将更大于现行的分等方法。

我们建议一种近似英国现行制度的官吏分类方法，将一般的公务员分为（一）行政与专门，（二）执行，（三）文书与财务，及（四）抄录与机械四大类。若以此为分类的初步，则现在一般的司长，科长，技监，技正，厅长，县长，县政府科长等当属于第一类，科员则便应因其职务而分别安插在第二，第三，或第四类之内，邮务税务人员则大都当属于第二类以下。每类之中，自应参合英美成规，及中国向习，各分为若干级及若干门，但亦不应过于复杂。按现行文官官等制度，文官仅有三十七个的级，俸级亦不过三十七级。如每类分为六七级，再分为工、教、法、外文、普通行政等一百二十门，则总数即可有三四百种不同的职位。虽其复杂并不甚于现行制度，却尽可以满足目前的需要。至于武职人员的分等，则不妨暂仍其旧。

关于俸给，我们只能提出若干原则。第一，我们以为各职人员，无论文武，其待遇均应相等，不宜有厚薄之分，高下亦不宜悬殊。如以文书财务人员的俸给，为最多数人的俸给，则最高级的俸给似不应超过此平均数至五倍以上，最低的亦不应少于此平均数之半。我们的理想盖欲造成一贫富不太悬殊，生活程度亦不太悬殊的社会。至于平均数应为多少，则应将国家每年所需俸给公费的总数，加以总核，务使新法实行后的俸给总数不超过现支者为度。第二，每类官吏的俸给，应各分为若干级，如采每年晋一级之制，当使于若干年内达到最高级的俸给。假如文书财务类的最低级为月俸八十元，最高级为一百五十元，如今于八年内可以达到最高级，则每级便应相差十元。我们以为公务员的晋级不宜难，而擢升较高的一类则不宜较易（因教育不同之故）。晋级至无可再晋，加俸至无可再加时，便宜令之有如下的感想：即如再继续服务，虽不能加薪，但可受退休金及恤金的保障。第三，因职位的关系，俸给较低之人，亦可命令俸给较高之人。例如县长之俸虽三百，但仍可命令俸额较高的工程师；不如此，则行政的近代化必将因传习的高下观念而阻滞。第四，关邮铁三种人员的俸给表，一时如不易完全革新，亦应定一期限，使之逐渐就范于一般公务员的俸给表。第五，公费应一律取消，只使领官得有外勤费；官吏办公所需费用，应另定详细办法，准其作正开支。

根据上述各原则而定的俸给表，在初实行时，必将发生重大困难。现任内外要职之人，予以月俸八百元，公费又若干千百元，尚嫌不敷，如果再予核减，岂不将诱令伤廉？过渡的救济办法，或可由有权作政治考量的机关，于通过某人任要职时，酌加多少数目，为其特殊津贴；但此种津贴仍以政务官为限，一般的公务员则仍颁〔须〕严格的按俸给表支俸。

也许有人更要说，如果公务员的俸给，定得比一般私职的薪金为低，政府恐难诱致相当的人才。这层非难，诚有理由。但就中国现在各种职业而言，只新式工商业及自由职业的薪给甚高，其余皆甚低微。从事此种新式职业的人数，远无公务员为数之多，政府如稍作统制的工夫，当不难使此种职业的薪资减低。且如银行等业，其高级人员薪给之高，与夫低级人员薪级之低，亦反映着一种不健全的社会组织，政府亦本有纠正的责任。

以上所言，仍为原则；至于准确的分类及俸给表的制定，自仍须以事实为根据。入手的方法，似宜先由中央政治委员会制定若干关于官等官俸的原则，再交行政院会同铨叙部合组一调查机关，责以于半年内起草一种方案。这个方案只须求其合理可行，而不必求其精密高深。依此方案，便可制成一个新的法律。新法推行若干年后，然后再求成立一较精细较固定的职位分类法，而导中国的人事行政于最新式的方向。

（《行政研究》，第 2 卷第 2 期，1937 年 2 月 5 日）

建设期内的行政改善
（1938 年 10 月 20 日）

　　我们目前正在抗战期内，抗战期内好像只有作战是重要，其他都是次要或不重要。但我坚决相信，无论由于我方力量的增长，或是由于敌方力量的衰减，或是由于友邦援助的加强，在不久的将来，我们的抗战会得到差可满意的胜利和结束。因此，对于战后的国家，我们应事先作种种的筹划。

　　在各种的筹划中，我以为行政的改善，比大计的树立更是重要。这是因为后者将脱不了三民主义的轮廓，而前者是一种技术问题。技术方面的改良是需要很多有适当能力的人，经过长期的努力，才能见效的。

　　战后的国家大计我以为总离不了三民主义，这是因为除了三民主义外，决无内可以号召全国，努力建设，外可以取信各国，共立和平的主义存在。所以谁能真正实行三民主义，谁即可为领导的政党。如大家均能奉行三民主义，则党争且可消灭。

　　就国际政策而言，我们于取得生存独立之后，决须以和平的理想与温和的态度与四邻相处，赞助一切和平的组织，参加一切和平的运动，以促成世界的真正和平。就令国人中亦有好大喜功之徒，欲凭借我们日增的国力，以向外作违背和平理想的发展，我想我们对于经济建设专心一致，将使我们无暇向外发展。所以关于对外的政策，我们当不至有重大的分裂。我所唯一恐惧者，即我们因忙于建设之故，将对国际事件不甚关心，将只求不侵人，而无暇求人与人间亦不相侵。

　　就经济政策而言，我们当然须努力实现"平均地权"及"节制资本"两大口号。前者为改良农民生活的必要条件，在乱离之后其必要与推行的可能亦当较现时为大。后者为发展健全的农工商业的必要条件。我国经长期抗战之后，过去所有的企业即不破产，亦将失调，获利者仅若干无心肝的战时商贩。在此情况之下，节制资本，将含有一方管理，一方奖护的意义，而为事实所要求，人民所乐见。所以当局者如能秉天下为公的精神，诚实地推行这两大口号，我想民生主义将为一般人欢迎；纵于细节仍有争论，政策的本身则决无可议者。

就民权政策而言，全民行使政权的理想当然决不能于短期内实现。但政制的演变则必须顺合民权化的趋势。我想战事结束后，人民不致要求高度的民治；同时当权的政客亦不致开倒车，而减少党外者已有的参政机会。所以关于政制，争议固将不免，而大体上则总是趋向民权，不致发生相反的方向的。

然而国家大计尽管不难决定，尽管不生重大争执，如果执行这大计者，或是不得其人，或是不得其法，则什么大计，都是空谈，都是不能兑现。姑且不论抗战期内的行政，即以未战以前的数年而论，行政人员与行政方法已不能负担当日的政事。战后建设期内，国家的职务一定将有大量的增加，而新增的职务又多半将与生产有关，将需要具有新知识的行政人员，与科学的朝气的行政方法。如果行政方面没有适合新时代的改良，各种的建设，势难推动。

我敢说战事初结束后的起初几年内，政治上最严重的问题，决不是宪法议会等一类富有政治性质的大问题，而是怎样训练并录用新的行政人员，怎样改善行政组织，及行政方法等一类不具多少政治性质的行政问题。

行政问题甚多，我今仅提出下列五点，供大家的讨论。

第一，战后的行政组织中，须充分发展半独立或准独立的业务法团的制度。这种法团的独立性，或者近于完全，或者甚不完全，但决不能与普通的行政机关一样。这法团的目的或者完全在管理工商业务，或者兼有保安及其他地方行政的业务，但同须为法人。

在过去，一个纯粹的警察国家，国家的职务几完全以保境安民为限，所以其行政组织几尽采用普通衙署的方式。愈是近代的国家，亦愈多经济的职务。经济的职务往往非衙门式的组织可能管理。假如国家经营航运事务，管理这航运者决不能是一个纯粹的衙门，设立局长、秘书、科长、科员等一类整齐划一的职员，亦不能用呈令签注等一类手续。假令买船票者须用呈，发船票时须用批，则大家必须认为笑话，就是这个道理。

我国近数十年来国营事业早已有增无已。民国前，中央已办理铁路船运等许多企业，而中交两银行及若干采矿事业亦与政府有关。民国成立后国营事业微见增加，到了最近数年则更有大量的增加。固然大多数的事业也曾采用若干程度以内的独立经营的精神，但其独立的程度大都过于低微。铁路局是一例。铁路为一种营业，除须服从国家关于公司的普通法律，及关于铁路运输的特殊法律外，铁路管理应遵照一般商业公司的组织，并采用商业公司的方法。但我国向有的铁路管理局，政府的干涉既太严，而路局本身亦太类似一个普通衙门。近年各省的公路管理固不尽相同，但多半亦偏向于衙门化。若以四川省的公路管理而论，其表面上的组织已宛似铁路局，而其管理效率则且不如铁路局。又如招商局。招商局的全名为轮船招商局，其英文名应译为"中国商船航运公司"，在名义上及法律上固一商业公司。但在民国十六年国民政府予以直接管辖以前，招商局早已以商业公司而变为一个最腐化的准衙门，即经国民政府直接管辖以后，其腐化及衙门化的程度也视前没有多大逊色。以上仅就交通事业而言。若就近年新成立的信用事业及其他事业而论，独立的程度亦极狭小。

在建设期内，经济企业势必骤增。此种事业，有的将与人民的衣食住行有直接关系，有的将以增加人民的享受为目的，其重要不同，所以政府干涉的需要亦有大小。有的将完全以国家的资本来办理，有的将由国家与人民共同投资，有的将完全由人民投资，所以国家参加的限度亦有高下。但无论政府应如何干涉，国家应如何参加，事业的本身总应由一公司性质的组织来管理。不然建设事业增加后，不特政府机构将过于复杂，指挥不灵，即良好的公务员亦定将大大缺乏。

而且要生产事业增加，断不能将所有企业归国家经营。如欲一方使人民乐于投资，一方政府对于许多企业得有节制的可能，惟有广用半独立或准独立的法团的办法。这样，政府可以藉投资或其他协助，加入若干董事，而人民亦可充分信任管理机关不致衙门化，不致违背营业的原则。

第二，半司法性质的机关及半司法性的方法应广为采用。普通的行政机关，无论采首领制（或称独裁制）或委员制（或称合议制），其所为的决定，大都由行政官，就所有的资料，考察各方情形，各种因素，而为的单方决定。譬如某市公务局决定一条大路的路线时候，局中人员只就交通与经费及其他必要的观点加以决定，而不让路线上原有既得利益的人民，作某种司法式的抗辩。这就是行政的决定而不是司法的决定。

半司法的决定，就是介乎法院的判决与行政决定间的一种决定。这种决定，或由所谓半司法性的行政机关为之，或由完全行政性质的机关为之，但须遵半司法的手续。半司法性的行政机关在中国尚不发达，土地法中所设的土地评价委员会或近似之。在英国，则半司法性的机关极多，内政部及卫生部之下，有无数这种的机关。半司法性的机关，大都采委员制，藉以共同决定，决定时则每采半司法性的手续。半司法性的手续，即以最简易的司法手续，使某种权益的两造（或私人之间，或私人与市府间，或私人与某半独立法团间）有互陈互辩的可能，然后再为公平的决定。所以纯粹的行政机关，遇特种事件，亦可为半司法的决定。

国家职务愈增加，国营事业愈发达时，国家资本主义是免不了的。国家资本主义形成时，这国家在实际总脱不了极权国家（亦称全能国家）的色彩。但极权国家与人民的自由最不相容。自来政治学上的最大问题就在调和人民的自由与国家的权力。国家的权力愈发展，人民的自由也愈难保障。但是，在战后建设时期的中国，国营或国家统制的事业不能不多，而国家的权力也不能不大。如果行政机关能充分半司法化，行政机关所为涉及人民权利义务的处分，能出以半司法的手续，则人民的自由就可得若干的保障。

我们如以英国的行政与独裁国家的行政相比，我们就可发现，独裁国家几不知所谓半司法的行政机关，或半司法性的手续。德国在共和及旧帝国的时代，半司法性的行政亦远较今日为发达。设以恤金行政为例，从前关于请恤的争议，其决定采半司法的手续，请求者可以得半司法的保障；但今则凭行政式的决定，请求者自请求，而决定者自决定，其间关系亦如我国官民间的关系而已。所以英国的国权纵增至与德国同样的大，人民的自由殆仍可大于今日的德人。我所以提倡半司法性行政机关及半司法性行政手续，盖亦欲使国家权力的增加不致遽与人民的自由为不利的对峙。

第三，中央政府直属的机关，其数固应求少，但其组织则可不必一致。大概组织不一致的国家，机关必多，而机关少的国家，其组织必趋于一致。但我们尽可求少而不求整齐。例如交通部与外交部的组织，从真正的行政立场言之，势难相同。但中国至今仍取划一的组织系统。这种划一实在是没有意义的。我们固不必师法英国的多，却不能不师法英国各部组织的不一致。我们固不师法美国行政各部组织的一致，却不能不师法美国部数之少。我以为划一的组织将为我国行政改善的绝大障害。

第四，战后省区应予以缩小，而省的职权亦当予以重定。缩小省区说近年来常有提出讨论，年前伍朝枢且曾以提出于某次中全大会，不过因为实行的阻碍太多，离实现的可能太远，至今尚没有具体的办法。我以为战事结束后的四五年中应为缩小省区的最适宜时期。全国省区数目，除蒙藏新疆不在内外，须有一百左右，才能为适当的行政区域。至于新省应如何划分，则非预作详细的调查规划不可。而且在沦陷区域，省界的最后决定恐尚须待敌军退出以后，但这种规划则此时即可开始为之。

省的职权也当然有重新厘定的必要，省与省间，其职权不特没有一致的必要，也没有一致的可能。我意，省的基本职权应比今日为小，应于治安，义务及中小教育，卫生，救恤等若干事项，而责其尽力做好。其余若干种职权，如公路，地方经济事业等，则须视某一省的物力人力，而决定赋予与否。物力人力大者，其职务可增；物力人力小者，其职务应简。至于在那种情形之下，中央应决定赋予或不赋予，中央自然亦须事先制定若干原则，用为判断的标准。

如果蒙藏新疆亦划分为若干较小的区域，而此区域亦称之为省，则其职权仍应不与一般的省同样。且蒙古各省，西藏各省，及回疆各省，与中央之间，仍须加设一种特殊的总辖区域。

第五，在建设期内，法律人材将大感缺乏，我们应早日有所贮备。在建设期内人材的需要自必甚大，所以育材也成最基本的工作。现行的用人制度自须大加改进，但育材比制度的改良更为基本，更为重要。我在第一点中，主张充分利用半独立及准独立的法团制度者，其附属的目的之一即在减少公务员的人数，而使民间的人材能有充分利用的场合。但这种法团仍须专门人材。我们在现时正逢战事，学校虽仍开设，而真正的学术工作几已停止。这诚是可以忧虑之事，而值得当国者最大的注意。

但是，育材的需要，大家或尚可看见，而法律人材的需要大家或不甚注意，而按之实际，则第一点所论的法团需要大量的法律人材，第二点所论的半司法机关更需要法律人材，第五〔四〕点所论省区，其行政亦需要大量的法律人材。我国素向缺乏优良的法律学系，法院的法官既呈江河日下之势，地方政府则向少有过法律训练的公务员。我们此时如不一洗轻视文法，及马虎办法律系的精神，而加紧法律人材的训练，则不特我上面所述的新式团体及地方政府将无法进行，恐现有的法院及行政机关亦将缺乏必要的法律家，而永不跑上轨道，永不能改进。

以上所述各点，我不敢谓为建设时期最重要的行政问题，但其重要则无可否认，且亦未尝为社会所注意，所以特提出供国人的讨论。

现在正在战时中，但划省的方案此时即应着手预备，法律人材的训练此时即应办理，而第一第二第三三点此时亦应即有讨论，以为异日实施的准备。而且如抗战与建设诚能同时并进，则第一第三点所述者此时即应努力促其实现。

二七，一〇，二〇，成都

（《新经济》，第 1 卷第 1 期，1938 年 11 月 16 日）

论外交根本政策
（1938 年 10 月）

我们过去从没有一个眼光比较远大的外交政策。我们现在急需建立这样的一个外交政策。

我们如仔细研究近代各国的历史，凡是比较兴荣的，比较稳定的国家，都秉着一个历久可以不生多大变动的基本政策，以应付国际的局面；纵使与国及敌国有时不能不改易，甚或经过战争，而这政策依旧存在。凡是对外交政策无定的国家，不是这国家政乱民贫，因而不能有基本的外交政策，便是这国家因缺乏远大的外交政策，而致盛衰无常。

大国是英美法，小国如荷比瑞士，俱属于兴荣稳定，而有基本外交政策的国家。英国的基本政策一在防止欧陆产生一个足以威胁三岛安全的国家或集团，再在维持英国在世界各地巨大的商业利益。这政策的存在已有三四百年之久。在过去，大海军为执行这政策的工具；而和或战、亲德或亲法，则可以随形势而变。美国向来的基本政策一在防止欧洲国家干涉美洲国家之事，再在防止美洲产生拥有强大武力，足以抵抗美国的国家。所以欧亚如没有足以威胁美国安全的国家或集团产生，则美国便不顾问欧亚之事。美国上次参加欧战之是否合于其基本政策，则须问德奥势力，如不遭受打击，是否可大至足以危害美国的程度。法国的基本政策，自维也纳和会后，在维持其欧洲强国的地位，所以法国不能容许德国有称霸欧陆的雄厚势力，如法国的力量不及德国时，法即联络其他大小国家，以共同对待德国。一八八〇年以后的法国新殖民政策，亦不过是增加人力物力，以减少德法间国力的差数的一种方法而已。荷兰自立国以来，其基本外交政策约如英国，但以英为岛国，地又较大，易于守卫，而荷兰则地小，又毗邻列强，无法自卫，故不得不亲英以自重，更睦邻以消除冲突及觊觎。比国立国以来，以维持中立为基本的外交政策，欧战时虽以抵德侵袭之故，与协约国联在一起，但近年来仍返守中立的政策。瑞士之守中立政策，则为世界所共知，可以不论。

巴尔干，中南美，及亚洲多政乱民贫，因而不能有基本外交政策的国家。这是共见的事实，亦不必细论。

德日等国属于第三类国家。他们的地势及土地都有资格成为比较兴荣，比较稳定的国家，但因缺乏远大的外交政策，以致盛衰无常。一八七一年的德意志或普鲁士姑置不论，即以一八七一年以后的德国而论，其外交政策已有数变。俾斯麦时代以维持欧陆第一大国地位，不与英俄树敌，而努力发展工商业为政策。那时期，德国大盛。威廉第二时代则竭力扩张海军，欲与英国争霸，冀成为世界第一大国，结果为欧洲大战，而德国惨败。槐麦尔共和时代，斯特勒□曼国联政策成功，德国地位渐复，且渐为举世所信爱。今则国社党当权，外交政策又大变，但距最后判断之日恐已不远，德国的命运殆又将遭受不堪的打击。日本自维新以来，也缺乏一个持久的外交政策，今日联甲，明日联乙，今日南进，明日北进，今日拥国联，明日反国联，其唯一不变的就是向亚洲大陆侵略。但侵略绝不能成为一个政策。日本的外交，比较的要以华府会议后，"九一八"事变前的币原或其同志当权的时期为黄金时期，而后之历史家殆亦将视此为日本近代史上的黄金时期。如今日本的外交政策已经变了，而日本的黄金时期也已过去，崩溃时期也已开始了。

中国自与外国有繁杂的关系以来，也有了百余年的历史，但绝无一定的外交政策可言。起先是一味排斥洋人，兼看不起洋人。随后则联俄，联日，联英等论调此起彼伏，俱视一时的利害，不计长远的祸福；外人责我专恃以夷制夷的政策，而实则一国也没有联成。中间又有过昙花一现的排外政策与庚子之变。国民政府成立后，又叫了三四年"取消不平等条约"的口号，不平等条约没有废除多少，而可能的朋友则得罪光了。即在抗战的十五个月中，我们仍可听见许多所谓路线也者，或望日内瓦，或向英美，或攀莫斯科，或梦德意。我国近百年来外交之缺乏定策，诚是莫可讳言之事。

那末，我们究竟是因国家贫乱，而无暇顾问基本政策呢？还是因没有基本政策，而致国家常乱呢？关于这点，我们固不易为肯定的答复，但我们总不应该否认甲午之战以前，及国民政府北伐成功以后，我们曾具有采用基本政策的资格罢！无论如何，我们现在是意志统一的新国家，我们现在总应制成一个基本政策；否则我们总免不了政乱民贫之讯，或盛衰无常之惧。

要决定一个比较可以垂诸久远的基本政策，我们当然要考虑我们所处的国际环境。我们是太平洋上兼东亚的大国。要争取我们民族应得的地位，并永远维持这地位，我们不能容忍太平洋上或东亚有任何好侵略的强国存在。强国对我尚不妨事，但好侵略的强国我不能容忍，因为与侵略者为邻，则战争必将常起，国家将永无宁日。所以对于日本，我们为保持我们自己的安全起见，我们必须努力于下列各项工作的完成：（一）摧破日本的武力；（二）待日本人民以宽大，使日本渐成走上民主及和平的途径；（三）助长国联的权威，使国联成为强有力的制裁机关。日本如长为强而横，或虽弱而蓄心报复的国家，则我们的安全及和平便会长受威胁。

日本问题之外，我们旧有的属地也是决定外交政策时应得考虑的问题。我们四邻有旧属于我们的许多较小民族，如高丽缅越之类。我们将来应收回他们呢，抑采民族自决主义让他们自决呢，抑不加闻问呢？我们现在当然顾不到这件事，但我国一旦强盛后，旧属地一定成为一个极大问题。如我们政策太积极，我们或会使英日法等俱成我们敌人。一方为对得起这些民族，又一方为和睦英法等国起见，我们似应要求国联早日成立一个保护弱小民族，且给予【的】弱小民族自决权的有效政策。这个政策应适用于全世界，而不以旧属我国的若干民族为限，这样，毗邻我国的许多小民族必可得公平的待遇，而我与列强之间也可免除发展的冲突。

我们还有许多侨民散居于南洋及美洲，而在南洋者尤众。我国强盛后如采积极的民族政策，必将引起英荷等国的不安。怎样可以一方对得起这些侨民，一方又维持我与英荷等国的友好关系，也值得未雨绸缪。

舍了我们自己，而论世界的局势，则我深恐大战终难以幸免。如果徼天之幸，我们已满意地结束对日战争，而大战尚未开始，我们自然应运用我们的全力以防止大战的爆发。如果大战终不可免，则我们惟有竭我全力，以最大的武力（如中日仍在战争中）或经济力（如大战发生在中日战争结束以后），以援助被侵略者，使取到最敏捷的胜利。

基于以上种种，我以为我们应以信义和平为我们外交的信条，以联合世界爱好和平的国家，共同拥护国联的组织，光大国联的理想，发挥国联的实力为我们的基本政策。

我所主张的信条深合于我中华民族的较高贵的理想。我们民族也不是从来没有侵略过他族，但就全局的历史言，爱好和平的情绪确是超过了侵略的劲儿。和平有消极与积极的两种。我们过去偏重消极的不侵略人，而没有能积极的防人侵略。我党总理孙先生看得最为透澈，所以他的全部民族主义，是要国人恢复民族的力量，有了力量以后，则以全力维持世界的真正和平。我们如不能时，以维持世界和平的大任自勉，并以之勉我们的青年，我们将失了一种令我们可以自尊自傲的巨大理想。我们如坚持这种理想，则世界上比较趋向同一理想的大民族，如英美民族等等，必能引我们为友，而我亦可引他们为友。

我所主张的政策，老实说，就是拥护和运用国联的政策。国联成立将近二十年，其威望要以最近几年为最低小。但这不是国联本身的过失，更不是北欧瑞士等诸小国的过失，而由于英法等大国，未能忠实奉行国联盟约之故。我国在消极方面固可告无罪于国联，但在积极方面，我们过去是畏首畏尾，顺应英法，而不能处在严正的立场，翊赞诸小国的行动，以求国联盟约的实现，更说不到领导诸小国，以求国联的强化。

我主张我们在国联中采取一种新的积极政策。除了我们自己的事固应充分予以注意，冀取得国联的援助外，凡有关公益之事，只消于盟约有根据，我们应联络志同道合的国家，共同提出大会，要求讨论。如第八条所述的裁减军备，与第十九条所述的修改条约，我们可以不问有否实行希望，要求大会讨论，或恢复裁军会议，或另设新的筹备委员会，均无不可，而以愈积极者为愈得，我明知这些事一时不易实行，但天下宁有不预作长期的努力，而一旦可以遽成的大事，我们如知难为而不为，到了可为的时候，难道就可轮到我们来立功？

我以为我们如能在国联中博得"富于高理想主义"的赞词或贬词，我们便算得到了大成功。美国进入国联是不易的，但没有加入国联不是不可能的。美国今已加入国联劳工局及国联其他的附属组织，且国际法院中也有美国推事。我们如能与美国订立【各种】以国联赞助为条件的各种条约，我们就可以渐渐地将美国诱入国联。

一般读者读了上文以后，一定要以"著者是理想主义者，不知现实情形"相责，或且以我于作战期内谈和平及国联为迂腐。但正因我们刻在与狰狞的侵略者作殊死斗，所以我们不能不有高尚的理想及远大的政策以支持我们。我所主张的政策，纵与抗战无补，亦绝无害之可言。而且我以为这政策对目前的抗战也有补助。自台儿庄之后，欧美人颇多信我们在不远的将来可得胜利。但他们颇恐我们胜利之后，也成为军国而富于侵略野心。此种恐惧足以使友邦裹足不肯助我。要解除这种恐惧疑惑，惟有一面坚信和平的理想，一面复将这理想表现出来。又日本一般人民，堕在军阀的恶宣传中，亦确信我们一面是仇日的。我们如能待日本人民以宽大，且常向国外表示对于日本资源的缺乏，战事解决后，我愿联合世界各富国共同想法，我想此种德音迟早亦会宣传到日人的耳朵中去的。

我并且要还问难我者疑我者，除了我所主张者外，是否尚有第二个政策值得我们的考虑？我敢说，和平及国联的政策为唯一的康庄大道，其余的或等于无策，或则绝难成功，更绝无永久的可能。

孙先生最后的遗嘱是"和平奋斗救中国"。只有奋斗能解决民族目前之厄；亦只有和平堪作长期的外交政策。

（《新民族》，第 2 卷第 13 期，1938 年 10 月）

论国联政策为唯一正大而有利的政策
（1938 年 12 月 1 日）

"弱国无外交"这句话是含有一部分的真实，却并非全是真实。

如果我们因自视为弱国，对外事完全随时势漂转，外交上不打定一点点的主意，其结果必是误国。但晚近提倡中国应有所谓"自主的外交"者，也只看出了"弱国无外交"这句话的弱点，而没有顾到这句话的真实性。外交上有许多行动须以实力为后盾，更有许多行动可无须实力为后盾，如果所谓"自主的外交"者是指前一种的行动而言，则我们中国此时恐尚讲不到自主外交。

中国的外交向来有两种根本不成为政策的政策，不成为办法的办法。遇到于我无直接利害关系的事件，我们常常随便应付了事，不愿有所动作。在这种敷衍了事的办法中，及避之若浼的精神中，我们常常失掉了为国家争地位，博名誉，交朋友的绝好机会，而我们还没有觉得。这种失掉了的机会，最近就有过好几次；而这种机会之不应失掉，则可于抗议波兰瓜分事证之。百余年前波兰被俄普奥三国瓜分的事，本不与我相干，但当时（乾隆）的清庭〔廷〕，大概受了耶稣会教徒的请求，居然向俄皇抗议起来。抗议瓜分者除我国外，只有土耳其一国。近年来波兰有倾向日伪的行动时，我国外交官常常于言谈中，藉这件事迹，稍稍加以劝阻，有时也竟生效力。这正可见仗义执言是一件值得做，而不是毫无善果可收的事情。

第二种不成为政策的政策，与不成为办法的办法是：遇到与我们自己利害攸关的事件，我们如不能或无力与对方某直截爽快的解决时，我们常会作单相思的依赖。因为我们总【想】直觉地或次直觉地想依赖人，所以对于国际的形势，人我的关系，常不能为客观的分析〔析〕，常不能有不沾染的看法。就以目前抗战期内的情形而论，许多人对于某一国家或某一类国悲痛的失望，或过分的期望，其所根据动辄为主观的依赖，而不是客观的判断。我们所遭遇者为蛮横不讲理性，不服公法的强敌，我们本不应希望人家轻易来拔刀相助。但我们的抗战确是上顺天理，下应民心，外获同情，而事实上也无可幸免的一件正经大事，久而久之外援必能自畏缩不前的空同情，进而为可以左右局势的实际援助。我们此时妄存奢望，固是无聊；遽告失望，也着实显出我们缺乏忍耐性与自信心。

同时，因不满过去没有自主自动的外交，而要出奇制胜，以合纵连横的手腕，声东击西的方法，或拉拢几个强国做我们的同盟国或协约国，或使中立者不得不助我，或使与我不睦者互相分离，则是中了不知己也不知【己】彼毛病，也是妄想。这种所谓自主的外交，像我们这样弱国，尚主不起来。合纵连横的外交纵然是有利无害的外交，也不是弱国所能胜任。无论在战国时代的中国，或在近二三百年来的世界，我们只看见强国互相联合，或强国勾搭弱国，而没有看见弱国勾搭强国能成功，或成功而召好果的。原因是：强国本不稀罕弱国，即或偶与弱国联合，也往往只徒自利，而不让弱国有取得便宜的机会。弱国拉拢强国，其结果往往使弱国丧失了原来拉拢强国的目标。古今中外，弱国联强国成功的似乎只有加富尔。

加富尔的联络英法确是大成功。但加富尔的成功造基于一八五六年萨地尼亚王国之能参加巴黎和会。因为加富尔目光远大，能先参预与萨国无直接干系的事件，以博得英法的好感，他才能联英联法，而建设统一的意大利。我们苟不下本钱，不徒正义着手，而开始就想占便宜，必然难有成功。

重复言之，不顾问与我无直接干系之事，因而坐失良机，不是办法；遇到与我有关之事，单思想地想合纵连横一下，搭着几个好朋友，大大的依赖一下，也不是办法。自以为弱国，因而不想有自主的外交，对于与我无直接干系之事，不顾不问，坐失种种良机，固然是错误；不问自己如何软弱无实力，强谓弱国也可办自主外交，因而想拉此制彼，或以夷制夷，也是错误。深信弱国无外交者，固然是没出息，而以积弱之国，也想合纵连横，且称此为"自主的外交"，那也是不通不通。

我们应有，我们也只配有，讲信义，爱和平的正派外交政策。我们做什么，就说什么，用不到权术，也不配讲权术。在一个理想的世界，无论那一个国家的外交政策本来均应如此。但在这离理想尚远的世界，强有力的国家固然远可以运用波谲云诡的外交政策，或恫赫〔吓〕，或敲诈，或密盟，或利诱，而占得便宜。但积弱而又正被强敌侵略的我国，如何能有余力以恫吓或敲诈或利诱人家？

最正当最自然的外交政策当然是拥护国联的外交政策。

从正义及理想方面说起来，国联本应为全世界所拥护，大家俱应努力由国联以取得世界大同，及世界和平。二十年来的国联固然还没有实现国联的理想；不特没有实现，最近数年的世界似乎在开倒车，似乎没有因国联的存在，而稍近于真正的和平。但这不是国联的过失。如果没有国联，这几年的纠纷，决不会减少，多半或还要增加。而且国联虽然没有完成他的使命，而这使命依旧存在。即使世界发生第二次大战，国际的纠纷仍不能因战事而消灭。二次大战之后，大家仍须想方法以避免战争。不论方法的细节如何，其轮廓总逃不出国联已有的规模与经验。所以拥护国联总是不差的。美国虽非国联会员国，但因其为爱好和平的国家，所以历来支持国联。这可为爱好和平与拥护国联不能分离的一证。

站在国家长期利害的立场，国联政策也是利最多而害最少的政策。我对于抗战的成功有十二分的信任与把握，虽则在这抗战期内，我们尚须经过极大的困难与危险，虽则我们尚须十二分的忧勤惕励以避免堪虞的陨越。但是抗战胜利之后，我们也有不少可虑的变化在等待着。我们的民族主义尽可有过分的浓厚与过度的高强。我们处置我们旧敌的态度尽可是仇视而不是宽大；我们对待我们四邻的友邦尽可是偏激而不视温和。若然，我们的国家纵然十分强大，亦只能为人所畏忌，而不能为人所敬服。若然，我们势必先则增加国际间紧张的空气，继则与各国发生许多的冲突。

要我们既强之后，能为各国所敬，而不为所畏，能增进我国的地位，而不至引起他国的疾视，我以为惟有拥护国联，光大国联，并奉行建立国联的宗旨。我们如能诚心诚意，拥护国联，联合爱好和平的大国，共同努力于世界真正和平的建立，使民族无论大小，国家无〈论〉贫富，俱有欣欣向荣，各对人类为贡献之可能，则我们将永为世界历史上最光荣的国家，而中华民族亦可为人类最大的功臣。

上述的期望固然偏于理想，但这是最值得提倡的理想，也是拯救苍生的唯一理想。我最近得有机会游历欧美若干国家，与各国人士讨论和战问题，及民治独裁等一类问题。我发现大家都感觉和平不建立，则其他一切高尚的理想，物质经济的建设，以及学者们的研究或创造，均是空虚的，没有价值的，一旦大战发生，从事于建设者或学问者即不从戎，亦有被炸可能，而其一切理想与事业则化为毁烬，归于乌有。然而最可怪的，大家虽都有这种感觉，而大多数都以为无力去化战为和。不特受制于独裁者觉得无力，即英法的人民也觉得提倡和平是徒然的。他们都欲避免战争，但他们都缺乏建立和平的意志力。美国的孤立派固然是力主和平者，但他们建立和平的方法，是硬将美国孤立，硬说美国可以孤立求存。却也未真为和平努力。

欧洲人对于和平问题所持的态度实在是受了运命主义的毒。盖现今各国当权之人大都是参加过首次大战的。因厌战故望国联成功，但又不肯以实力为国联后盾，因为以实力为后盾又有战争的危险。国联既因缺乏实力而失败，于是蛮不讲理的侵略国家乃蜂起。对付这种侵略国家更须以强力为后盾，统治者先既无勇气以支持国联，今自然只有赖妥协让步以保持和平于不垂。在这样一个悲痛不光荣的过程中，一个人的意志力自然最易丧失，而高尚的理想最不容易有滋生之地。

但是，愈是在这样的一个世界，愈是需要人来提倡高尚的理想。我以为世界上最有提倡和平理想的国家只有我们和美苏三国。苏联的外交曾经过许多的变动。而现在确是以拥护国联，维护和平为其基本和平政策。疾恶共产主义者多谓苏联的和平政策是假的，而其所倡导的和平阵线或民族阵线是一种恶毒的策略，祖护共产主义者则几以苏联为唯一真能尊重和平维护和平的国家，诚意求和平当然绝无问题。我所知苏联的事情太少，我不敢以权威自居，但我看不出苏联要装假的理由，因为国联政策对苏联固有利而无害。苏联是大国，苏联能维护国联，坚守着和平的理想，世界和平当然可蒙其利。美国向未正式加入国联，但美国人民的情绪始终与国联的理想相暗合。美国人民最怕上当，最怕加入国联之后，卷入欧洲多事的漩涡而不能自拔，但这并不是对于世界和平不关心。正在反面，美人对于和平的树立容比任何欧美国家为热心。我们与美苏同为地广人多的大国，爱好和平本为我民族历史上的传习。徒因过去积弱，政废纲弛，故对于世界的和平没有关心，没有说话，更没有提倡。现在我们是一个新兴的国家，无论抗战何时结束，战后的建设何时上轨道，但提倡和平要为万无一失的政策。我们亟应以有灵魂有智慧的大国自居，积极联络美苏作种种和平的运动。我们不能因抗战而忘了和平的运动，尤之我们不能因爱好和平，而不积极的抵抗侵略。抵抗侵略者的暴行与提倡一般的和平是互相表里的，也是【二而】一而二，二而一的事。我们年余来还奋着大无畏的精神与顽敌抵抗，我们今后尤须以大无畏的精神提倡和平的理想。美苏能与我共同提倡，固然最好，即不能，我们亦应单独提倡。欧洲人愈是屈服于命运主义，愈是没有信仰和平，提倡和平的勇气，愈是我们表现民族精神，以救世救民的际会。我们须以宗教家传教的精神，来提倡和平，来提醒欧洲人民，来壮欧洲爱好和平者的勇气。

我绝对相信，我们此时如能将我们对于和平的信仰见之于我们的言行，不怕人家讥笑，更不怕一时没有效力，在极短期间的我们会增大我们的自信力，自尊心，更会使世界各国尊敬我们，而不畏惧我们。我们的言行——当然须一致——将使友邦各国益愿我国抗战胜利，益愿我国为东亚的领袖国家。种瓜得瓜，种果得果。我们如以义方教训我们的子弟，我们的子弟必成为慨悌君子，我们如以爱好和平的大国民自居，引建立世界和平的大任为己任，我们不久便可成为真正的大国民。要我们民族作大国民，我们忝居领导地位的人，也得以义方自勉，并以勉国人。单靠一点点小聪明，或想在此处占一点国际小便宜，彼处获一点国际小援助，是绝对不够的。

我也承认国联政策或和平政策对于我们目下的抗战，除了精神上的自慰外，殆难期有多大实在助力。但即在抗战期，拥护国联亦为比较有利的政策。我们所能想到的国联政策不是不利于我不可行，便是可与国联政策相辅而行。国内近年有主张与苏联作进一步的联系者。姑不论苏联是否当与接近，可否接近，但要接近苏联，则不特可在国联政策之下，与之接近，亦且只应在国联政策之下与之接近。苏联至今为国联的拥护者，在各大国中，或至今仍为最忠实的会员。接近苏联本与拥护国联不相冲突。而且接近苏联而不同时想到拥护国联，则易起国内国外一般人的疑窦。向来疾恨苏联者更可多一藉口。国内近时亦有谓美国为我们唯一可靠的友人，亟应与之发生更密切的关系者。这个政策与拥护国联及接近苏联均不冲突，正可相辅而行。于亲英亲法政策亦然。目下英法政府固对于国联相当冷淡，但英法决不至轻易放弃国联。英法如愿予我以援助，决不会因我之积极拥护国联而消极。

所以凡于我有利的外交行动，无一不可与国联政策相辅而行，甚且可以相得而益彰。与国联政策不相容者，只有接近德意及与日妥协的两种政策。这两种政策俱是要不得的。与日妥协则势不能不与国联疏远。

日本反对国联，而国联助我，我一旦与日妥协，则我实无以自容于国联。这为极显而易见之事。所幸抵抗侵略国人咸有决心，在日本放弃侵略政策，并停止侵略行动以前，国人绝不会作妥协之论，所以与日妥协政策可以不论。

接近德意亦与拥护国联政策不相容。德意近年所为者，无一不与国联的理想相抵触，所以与德意作共同的行动，必难免违反国联的精神。即以慕尼黑协定而言，该协定须用协定的方式，然其底子是德国武力的压迫，与英法向武力的屈伏，而不是平等的磋商，所以其所表现者乃大反国联订盟的精神。犹之列强对于德国，在一九二六年洛加诺公约以前，表面上虽用协商的方式，实质上，常为压迫的行为，所以也没有能确遵国联的精神。与德意作共同行动既不免违反国联的精神，欲接近德意，更必须疏远国联。

然而接近德意实是要不得的政策。接近德意的目的不外二种：其一求德意助我以抗日，其二望德意为中日间公平的调和者。前者是不可能的。我们最大的希望是德意不助日以和我捣乱，但要其助我以抗日，是不可能的。中德间商业上的交易不是不可能的，但这种交易无论于我有利与否，一定是于德有利的。苟于德有利，则不接近亦可成交。苟只利于我，于德无利，则这种交易，即已进行，一经日本抗议，德方便会停止。此中道理至为明显，奉劝国人，再勿作若何种的单相思。至于第二种的目的，也是不可得的。中日间的战争此时根本上无调和的可能。日本所求者是我们的屈伏，而我们所求者，是日本停止侵略，放弃侵略。此时只有准备压迫中国，要中国停止抵抗，或武装干涉日本的侵略行动，才能中止中日的战争。此所以英美政府直接间接多次表示调和尚未至其时。希望德意调和者，既不能望德意武装干涉日本，难道希望德意压迫中国停止抵抗么？所以接近德意是要不得的政策。

由上以观，千妥万妥，比较有利无害的政策，即在战事期内，亦只有这拥护国联的一策。其余若联美或联苏的政策则尽可相辅而行，丝毫不损及国联政策的正当。

我也认承国联年余来与我的援助太微小了，远不及我们之所望。但这并不是国联的过失，而是国际形势所造成。我们不要忘了，国联虽处于极不利的时期，而对我的援助，确显得有进步性。我们此时正应以全力促援助的加增，而不可轻易改辕易辙。如果丢了国联，可以取得更大的援助，则为目前起见，尚有可说。但上面已经说明，丢了国联，更无一可。而况为永久的将来，我们更应放大眼光，以大民族自居，有大理想，而以建立世界和平的责任自任。

以上所说明的为国联之应拥护，国联政策之兼利于将来及目前，及其他政策之无一可。至于我们应如何拥护国联，远以谋国联的成功，及和平的建立，近以谋抗战时的助力，则容下期另作一文以述之。

（《世界政治》，第 3 卷第 9 期，1938 年 12 月 1 日）

国联政策的实施及运用
（1939 年 1 月 1 日）

在本刊第三卷第九期《论国联政策为唯一正大而有利的政策》一文中，我主张立国应有伟大的理想，在外交方面则应以建立世界和平为我们的大任。我主张积极拥护国联。我以为惟拥护国联，加强国联威力，更藉国联以建立和平，人类才有安居乐业的可能，我中华民族亦才得永为伟大的领导者，永为其他民族所敬爱，而不为他们所畏忌。我并已说明，即以目前抗战时期的利害而论，我们亦应拥护国联。因拥护国联，总可得若干精神上及物质上的协助。这些协助，有，总胜于无。且不重要的协助，我们如继续努力，亦未常〔尝〕不可进为重要的协助。二因其他外交政策，或则仅可为拥护国联的政策的辅助，或则根本不利于我国。

我们究应怎样实行这个国联政策，以建立世界的和平，并怎样运用国联的机构，以渡过目前的难关，便是本文所要图谋解答的问题。

我们有很多事应做。这许多应做的事中，有些是不易成功的，有些是很容易做的。但既然是应做的事，我们便应不问难易，而以全力赴之。

我们应做的事，可分三类来说：

第一类是关于国联本身威力的事。这些事纵与中国无直接的特别关系，但中国既是国联会员国，国联的威力愈增加，中国自然也愈占便宜；所以有我们不应因为这些事目前于我无利（非不利），而漠不关心。今分别论之：

第一，欲维持国联现存的威信，或恢复国联已失的威信或培养国联未有的威信，我们对于制裁务须有一忠诚的主张，并力求这主张的贯澈。制裁本是国联盟约草拟时争论最激烈的问题之一，也是近年日意等国最不满意国联，因而退出国联的藉口。大国如英国，因欲诱致德意等退盟国家重入国联，故近年来常有减轻制裁条款的拘束力量的建议。小国如瑞士，因为不愿遭德意等国的敌视，故近年来也常有惟他们（瑞士等国）不受制裁条款的拘束的要求。为我们民族抗战的成功计，我们自愿制裁的条款发生完全的效力。为世界永久的和平及国联能尽维持和平的大任计，我们也自然愿国联制裁力发展到极高度。但是，我们如欲国联的威信不再下坠，而且得以逐渐恢复，我们也须顾到实际的情形。我以为盟约中关于制裁的条文，此时固不必作文字上的修正，加强固不能，减弱亦不智，但制裁一款的实施，不妨加以一不妨害我国取得援助，再可减少国联困难的解释。我不赞成修改条文，因为即取消了第十一第十六第十七等条，侵略国家也不会洗面革心，皈依国联；而且徒足示弱。但我主张将该项条款作一合理现实的解释。所谓合理现实的解释，应以在现状之下，最大可能的实际制裁为限度，而不应企图实际上不可能之事。说得较为具体些，军事制裁在目前是不可能的，我们尽可不必空望其发生效力。经济制裁不是不可能的，我们抗战的胜败大概亦须有赖于经济制裁的实施，所以必须早日制成一个有效的方案。这个方案不必以一九三五年对意制裁时调整委员会所制定的方案为张本；因为依照上次的方案，大小国家所负的制裁责任，并无差别，今后势必为邻近德意等国的诸小国所反对。制裁要在今后能实现，必须由各强大的会员国负起强制的责任，而各小国只须负起任意的责任。至于这个方案的具体细节，则自然须与各国会商。我以为我们如能提出一个具有现实性而又不妨害我国取得援助的解释方案，而以之提出于国联大会，并力促其通过，则一方可以增强国联的威力，一方又可以增加我国在国联内的领导地位。

第二，要国联的实力增加，我们不能不尽量诱致美国加盟，我们不能不尽量赞助苏联，使之继续为国联的忠实会员国，为集体和平的拥护者，我们亦不能不设法减少德意日一班人民对于国联的猜忌。今分说于后。

要美国加入国联为国联初成立时，世人所祈求，而亦为近年来世人所引为绝望之事。但要望国联实现其维持世界和平的最后理想，美国的加入为绝不可少的条件。因之，无论困难有多大，也无论目前可能性怎样的小，我们仍须努力。我以为要美国加入国联，第一要国联勿再自坠威信，第二要成立各洲或各地域（如太平洋沿岸各国）互保安全的条约。第一点是极显然，无须阐说。第二点也是必要的，因为美国多年来虽爱好和平，却不喜欢卷入欧乱，虽不喜欢干与外事，却又不愿失了在太平洋上不受威胁的安全地位。所以各洲或各地域，如能参考洛加诺制度的原则，各自成立互保安全的条约，而将这些互保的制度，纳于国联机构之内，则美国既不必畏惧因加盟而致牵入欧洲的漩涡，却又可以藉国联以加强太平洋各国互保安全的制度。我并不说成立了各洲或各地域分别互保安全的制度，便可以使美国加入国联，但成立这种制度要不失为诱致美国加盟的重要步骤。中美间向有好感，美国对我亦富同情，我国如能采取自主的外交，以成立太平洋保安条约为目的，先之以鼓吹，继之以征求各关系国的意见，终则请美国为主盟者，则若干时期而后，太平洋保安制度的成立亦绝对不是没有可能。所需者只是有志者事竟成的信念。

苏联自一九三四年加入国联以来，成了国联的栋梁，兼为集体安全的拥护者。但自慕尼黑会议成立德意英法四强协定，英法离开了国联的立场，压迫捷克，并与苏联疏远以来，苏联对国联几有爱莫能助之势。苏联此后是否对国联亦将取冷淡的政策，诚是值得注意的问题。明年一月行政院会议，开会时，如果李维诺夫不自出席，或用其他方法表示冷淡，则国联的实力又将受一极大打击。我以为为爱护国联计，兼为增高中国国际地位计，我们应支持苏联在国联内的行动言论，我们并应运用外交，使中国与苏联在国联内取得领导的地位，促使英法继续为国联努力。这样，我们可以对得起国联，我们也可以顾到我们自己的利益。

德意日三国的退出国联是为求得侵略弱国的自由。他们一日不放弃侵略的野心，他们亦一日没法与国联相融洽，没法重入国联。站在国联的立场，我们只有祝祷三国的侵略政府崩溃，我们本不必因三国的退崩而有所惋惜。但政府与人民不可混为一谈。统治者尽管与国联背道而驰，而一般人民对国联的同情心，已失者不可不谋恢复，仍有者不可不谋维持。这是减少反国联的力量的釜底抽薪的办法，我承认这不是容易做的事，因为德日意的人民并无意见的自由。我也承认这不是我们所能做的事。但我们至少可以督促国联秘书处注意对三国人民的宣传。

第三，各国军备的缩减或扩充为国联成败的关键。军备扩充，最好也不过是均势的局面，坏则至于大冲突，大火并。军备缩减，则集体安全的制度不难成立。国联近年的失败，英法要负极大的责任，因为英法始终没有认真执行盟约第八条关于军缩的规定。现在德意日的军备大增，在没有成立某种协定以前，英法自然没有片面裁军的道理。但军缩的原则却不可不尊重。为今之计，国联应提一普遍合理的军缩计划，并声明与非会员国共同奉行。对于这种计划，德意日现存的政府自不免将取反对的态度，但国联未尝不可以此作拉拢德意日人民的宣传。我们国家既以和平为立场，我们应积极促成这种计划。

第四，缩军而外，世界资源的重行分配亦为国联最重要的职务。缩军仅足以减低冲突的严重性，而不能根本免除冲突；只有重行分配世界的资源，使各民族的经济有欣欣向荣的可能，国际间的冲突——至少是由经济民族主义而起的冲突——才可免除。当一九三五年秋季，阿比西尼亚之战尚在酝酿而未爆发时，当时英国外相贺尔在国联大会中有资源重分配的拟议。当时如英法等国一方诚意地讨论这个问题，以期公平的重分配的实现，另一方又认真地以制裁为恐吓，则不特阿比西尼亚之战可以不起，即以后的许多国际大纠纷亦可不起，而国联的地位亦可不致降落。即往事可不谏，来去仍必须追上。资源重分配的问题仍是日后国联成功失败所系。即云现在的侵略国家蛮不讲理，与之言重分配，等于送礼于暴徒，但国联仍须有一比较完美而且绝对公平的重分配方案。国联应声明，如侵略国家放弃侵略，则这个方案即可实行。有一个方案摆着给全世界人士看，国联才可以维持现世界一般较富理想的人士的信仰。因之，我国政府于最短期内制成一个比较合理的方案，向国联提出；一次不能通过，则继之二次三次。这样，不特国联高尚理想的宣传力可以较为广大，即中国对于国联的贡献及国联中的地位也可以增加提高。

第五，凡盟约所规定的义务，以及国联议决案所规定的义务，我们亦须忠实地执行。像十许年前我国积欠国联会费至数百万法郎之巨，固是不应；即昔年对于烟禁之不切实执行，亦实与国联许多决议案不合。此外，对于劳工会议的议决案，我们对之采敷衍了事的态度者亦多。严格的说起来，这都不是忠实的会员国应有的行为，所以我们也不能不作自省的功夫。

总之，要希望国联能完成他的和平使命，会员国不能不尽最大的义务，不能不作最大的贡献。我们不可随英美冷淡国联，亦不可因我为弱国，而以为可采旁观的态度。我们应以信宗教的热心，来提出应该提出的建议，并力求其成功。

第二类我们应做的事是关于我国与国联的联系的。我们究应如何而可以使我国与国联的关系更密切，使国联认识我国是热心的会员国呢？

第一，我以为我国应罗致若干能干人物，设法送入国联秘书处及劳工局服务。这两个机关的服务人员来自各国，而以英法的为最多，亦最占重要。我国国民历来即少服务于国联的机关者；即有之，亦很难认为学识兼有，志趣远大之士。所以国联各机关的负责人士，对于中国人的感想向不甚佳，而同僚的器重亦不存在。这是一件可惜的事，且须怪我政府之向未注意此事。须知服务国联，待遇本佳，如我政府与秘书处及劳工局负责人员先有接洽，只令录用胜任的中国人，而不让任意觅人，则我国未常〔尝〕不可在国联机关中，有胜任的代表。如果我国职员能为同僚所敬重，且能居高位，则直接间接对我国国家的立场亦必多所裨益。

第二，我国的国联同志会殆亦有扩大组织，增加活动的必要。英国的同志会是有特殊的发达的。结果则国联的理想在英国亦特别普遍。我国同志会如能有同样的发展，则国人对国联的前途必更关心，而国联亦必加倍重视我国。

第三类我们应做的事是单关我国的利益的。我国究应如何运用国联，以取得援助，以增厚抗战力量，在目前诚是急要的问题。国联现在的力量是极微小的，各会员国更缺乏急公好义的精神，要国联在最近期内予我以有效的实际援助，似乎是很困难的，但是我们千万不能恢〔灰〕心。凡事在人为，有多少努力，必收多少效果。就目前而论，我们应紧守这样一个原则：凡事实上不可能的援助不必靳求，而事实上可能的援助，则我们应毫不放松地要求。国联应做而目前必不能做之事甚多。这种事之涉及国联本身或涉及其他会员国者，我们应不管事实上有无实行希望，仗义执行；但涉及我国者，则不必提起，以免自私之讥。这样做法可以表示我民族的人力与识大体。所以高度的对日制裁，我们此时不必要求，即要求也是无用。但是可能的制裁以及其他助力，我们务必以全力促其实现。现实的鉴别，是我国对国联要求的先决条件。

我以为国联或国联会员国，关于对日制裁及向我援助方面，目前所可做到之事，除同情或道义上的援助不计外，不外三种。第一，财力较富的国家应借款于我。第二，向来对日有军火及军需输出的若干国家应禁止这种输出。第三，各国——尤其是社团组织较为发达的国家，如英国瑞士丹麦瑞典等大小国家——应组织对华救济事业。我当然也欢迎其他的与更重要的援助。我知道根据本年九月二十九日国联行政院关于中日争端的决议，我们有权要求者绝不止此，但其他的援助不易得，所以我们应集中全力以求可能的援助。今再将这些援助分述如下。

第〈一〉，我们应求财力较富的会员国，或共同，或分别借款于我。我国在国联本年的许多决议之下，本有要求国联或国联会员国借款于我的权利。会员国如真借款于我，日本亦不能视为敌视的行为。各国的舆论对此事不特不无若何的反对，且有一部分人十分赞成。只各国政府不甚热心。我不否认借款的成功是不易的。但我绝对不相信我们已尽了最大的力。我以为要借款的成功，单靠外交上的努力是不够的；在财政的信用上，及生产的调整上，我们也须为最大的努力。

第二，会员国应禁止对日为军火及军需上的输出。会员国中以军火供给日本者不多，但以军需品如五金石油等输给日本者甚多。要做到禁止比做到借款更难，因为荷兰就怕因此而引起日人之攫荷属南洋。但根据本年九月二十九日的决议案，我们有权要求禁止。我们如能同时使美国为同样的行为，其可能性亦不是没有。关于此事我们在日内瓦及各国的外交官尚应作进一步的努力。

要求各会员国禁止借款于日，也是我们的权利。不过各会员〈国〉年来并无对日借款者，故可置而不论。

第三，要求各国在中国多行救济事业本是比较容易做到的事，但时至今日，除了国联所经营的若干微小医药救护事业，及英国若干微小数目的捐助外，不闻有他。救济事业不限于国联及大国，瑞士瑞典丹麦等国亦优为之。如我国驻在各国的外交官能善用外人对我的同情，则巨数的募集，与夫救护团及救济组织的派遣，实不是难事。

上述三项工作，即能成功，亦不见遽能化败为胜，但有了上述三项，必可更有其他的援助。如果上述三项做不到，则其他援助更谈不到。所以政府负责者，实有尽其全力，以赴事功的必要。

国联政策的成功与否，为我们兴亡所系。而要国联成功，我们尤须兼有远大的眼光，高尚的理想，及浅近的利国之图。没有前者，我们不能为人所重，亦不会有不顾一切的大勇。没有后者，则无以应付目前的大难。所以两者实不可偏废。

（《世界政治》，第 4 卷第 1 期，1939 年 1 月 1 日）

统一与一致
（1939 年 1 月 1 日）

中国近四五十年来的一切运动，其中最重要的当然要推求独立统一的运动。这是任何人所不会否认的。不但如此，求独立统一的运动实是中心运动，其他的运动只是辅助的运动。盖自中外发生密切的接触一〔以〕来，中国因实力后于人，而民族观念又远不如其他民族那样的蓬勃发达，至今尚未脱却灭亡的危险。所以中国数十年来一切稍具价值的运动，亦无一不以独立生存为直接或间接的目的。康梁的维新运动的目的，在刷新政治，以争中国的独立及生存。辛亥及其以前的革命运动是希望藉革命以产生比满清较有力较有远大眼光的政府，更藉新政府的建立以增强中国求自存的能力。孙中山先生的主义固然是民族、民权及民生并重，但他首重之点仍为民族，且亦始终以民族的独立生存为首要之图。昔年胡汉民先生尝提倡所谓三民主义连环性之说，当时颇多笑其迂者；但我们如脱离民族主义而言民权主义及民生主义，如果我们对于民权主义及民生民主的努力，不以取得民族独立为目标，则诚哉有离题万里之感。所以就几种方面而言，即胡先生的连环说亦实有其至理。

独立与统一本不是一件事。但就过去数十年与今后某一期内的中国而言，则两者是二而一，是不可分的。不独立固讲不到统一；不统一亦决难言独立。惟独立才能使统一有意义，亦惟统一才能保独立。为民族争生存计，维持已有的统一，并使这统一益趋巩固，当然是中华民族的要图，且其重要与抗日并无二致。凡是足以妨害统一的言行，当然应设法消除；凡是有裨于统一的言行，亦当然应设法倡导。

统一的重要性是无法过言的。但统一的方法则不可不出以审慎。

中国近年颇有一班人热烈地企求一致，企求人民思想一致，习俗一致，礼仪一致，各地政教一致，以及其他方面的一致。主张一致者的用心是极可佩的，他们很希望藉思想政教等的一致，以迅速达民族高度的统一。骤看起来，一致诚似统一的最好的基础。但是一致是不是可以强求？应不应强求？如果人民思想等等真归一致，是不是民族之福？如果求一致而不得一致，又有什么危险？凡此种种，实值得最澈底的客观考虑。

人民习俗礼仪上的一致是比较的不重要。太不同固足以妨害民族的统一，但太相同也不免使得一个广大民族缺乏许多有趣味而无妨统一的地方色彩。有许多方面的参差，交通便利后，一定可以渐归消灭。另有许多方面的参差，则建筑在不同的气候地势之上，根本无法消灭，也不应强求消灭的。更有许多习俗礼仪是根据宗教而产生的，要是许多宗教可以并立，则许多不同的习俗礼仪当然也得同时存在着。好在近年虽然也有人在提倡划一全国习俗礼仪，这种提倡尚未成为一种普遍风气，所以关于强求习俗礼仪一致的危险，尚不必腮腮〔鳃鳃〕过虑。

求宗教的一致，必发生极大的纠纷。这在欧洲各国已有过历历不爽经验。西欧各国今日之有信教自由，俱是长期纷争及巨大牺牲所换来的教训。中国在国民革命成功的初年，也有一点求宗教一致（即无教）的倾向，所幸今则信教自由绝无问题，故提倡宗教一致的危险，根本无须讨论。

政制一致的问题，其重要性较大。中国自秦汉统一以来，在统一的时代，各地政制，除了边境不算外，在名义上形式上向来号称一致；但在实际则并不一致。美国是联邦国家，但美国各邦间政治制度上的参差，实远不及中国过去的各省。而且中国各省政府的职务，在向日并不繁杂。职务既简单，则大体上的一致，较易维持。现在各省及省以下各地政府的职权正在增加，如果各省各地方职权一致是不必有，也是不可能的事，则强求一致，不但不能巩固统一，反足以阻滞统一。所以今后各省各地的政制，应保留着若干限度以内的参差，所有的省及地方才可顾到地理及环境上的不同，而各自有充分发展的可能。

最关重要的问题，则为思想一致的问题。思想一致本与思想自由不相容。在思想自由的若干民主国家，人民的思想是极纷歧的。选举占多数的党可以取得政权，但并不能禁止少数党的思想自由，及由此而生的意见自由，言论自由，出版自由。在德意等一党独裁国家，则独裁的党绝对禁人民发表立异的意见，甚且禁止人民怀着立异的思想，不但党外如此，党内也是如此。纳粹党及法西斯党的少数有力份子可以包办全体党员的思想，全体党员只能以领袖的思想为思想。

中国年来因急求统一之故也有思想一致的趋势。当政者在年前颇努力于人民思想的一致。在各党既公开活动，思想之是能否一致，本应为人人共喻的常理，但事实上，欲使人民思想趋于一致者，与夫以齐一人民思想为要务者，盖尚不限于一党。

思想一致在事实上本是做不到的。以德国秉政者的严峻澈底，加以德人之富于服从，德国人民的思想亦尚未能一致。一旦秉政者去位，其思想的纷歧，识者预测将为世界各国之冠。至于中国人民则向来偏向自由，而较能有思想，较多发表意见的读书人，更素来习惯于自由表示意见。言官制度之所以能为中国政治上最特殊最善良的一个传习，士子上书当局之所以能成为一种风气，以及历代学潮之所以时起，均足以表示中国读书人向来能自由表示意见，且喜自由表示意见。现在要中国人，尤其是读书人，做应声虫，不许其自由思想，不许其自由发表意见，在事实上是决难做到的。将来教育愈普及，民智愈发达，个个中国人，或差不多个个中国人，成为读书人，则困难自必更大。

若舍事实而言理论，而问应不应，则思想一致更为不必提倡之事。思想自由为自由中的最重要者。要各个人能取得自尊心，要各个人能得到人格上最高的发达，要民族的思想文化有久远的进步，各个人的思想自由决不可少的。这是西方民主各国由经验而得的真实。这也是中国人对于其固有文明可以得到安慰的一点。如果旧日言官敢言的精神及士子直言不阿的风气，值得垂诸久远，我们决不应忽略思想及意见自由。如果我们决计向民主的道上迈进，我们更不应忽略这些自由。

若云思想的一致是方法，而国家民族的统一是目的，则以一致求统一不特是缘木以求鱼，且将适得其反。如果一国的人民，都是没有思想的，那也罢了；否则要人民思想一致，其结果必使有不同思想的人民，常与政府处于敌对的地位，而不仅处于责难的地位，因此发生叛乱或革命的行动，更因此陷国家于分裂。

中国现在亟须巩固统一。即使没有战争，这急需也极显然的，这是说此刻尚须集中国力以抵抗侵略。但是，求思想的一致，决不是促进统一的方法。统一与一致决不是一件事；统一固然是要紧，但一致不是统一的基础。凡是足以妨害统一的言行，政府本有予以防止消灭的义务。统一的言论，根本不在思想自由及意见自由的正当范围以内，所以不能以自由为凭借，政府亦务须加以严厉的限度及取缔。但政府如利用国家的权力来强迫人民具同一的思想，表同一的意见，则政府取缔不正常思想意见的权利，在道义上便受了减损。不负责任的言论固有害于统一，强人民为一致的言论也有害于统一。

现在中国统一的程度还不够高强，各方的团结尚不够精诚，互相消耗精力的地方还嫌太多，而求思想一致，以及其他方面一致的欲望则似又为各方的通病。这种不健全的现象，倘在抗战期中尚无澈底的纠正，则抗战结束以后，将更无纠正的可能。我们对于完成统一的努力不敢后人，但我们以为思想自由与意见自由也是真正统一的必要条件。

（《今日评论》，第 1 卷第 1 期，1939 年 1 月 1 日）

对于六中全会的企望
（1939 年 1 月 15 日）

　　中国国民党中央执行委员会将于本月二十日举行全体会议于重庆。这是本届中执会第六次的会议，第五次是于去年四月中与临时全国代表大会相连接而举行的，所以中执会又有七个月未开全会了。

　　在过去七个月的期间中，国内外发生了不少足以影响我们民族运命的事件与变化。就中最重的事件为徐州的失陷，为张高峰日苏冲突事件，为英法德意的慕尼黑协定，为广州武汉的失陷，为汪精卫提和的失败。最重要的变化为我们民族自信力的增强，为我们抗战军事力量的维持并充实，为西班牙政府军的继续抗战，为美国憎恶德意独裁主义的尖锐化，为英美对日态度的强硬化。

　　徐州与广州武汉的失陷，从人民及土地的立场言之，是大损失；从军〈事〉的及经济的立场言之，则逼我变更战略及方策。张高峰事件判明了日苏两方的军事力量，同时也证实了日苏均不愿战，日本不能于侵华时同时为攻苏，苏联也不因同情于我，而对日作战。慕尼黑协定是德国的大胜利，是英法怯战爱和的大表现；在慕尼黑协定以后，在反独裁（即日德意），反侵略（也即日德意）的壁垒（假使能成立）中，英法永远丧失了做主动者做领导者的地位，同时我们也再无与日本争德意友谊的可能。汪先生提和的失败统一了国人抗战的意志，澄清了国内对于和战的矛盾，庞杂，且不健全的思想与看法，并改善了友国对于我国的观感。

　　民族自信力的增强，与抗战军力的维持并充实，是两件最可以自庆的变化。自信力不是一件可以一朝一夕养成的事，在台儿庄以前，国人的自信力实极薄弱；但自台儿庄之后，虽经徐州与广州武汉的失陷，而国人的对于抗战仍坚持如故，这是自信力增加的表现。至于军力亦显然地在增加，所以徐州陷落与广州武汉陷落以后的情形，便与京沪失守以后的情形不同。因为军力的充实，所以军事当局对于第二期的抗战，能抱着极大的希望。西班牙政府军的继续抗战阻止了法西斯势力的勃涨，减少了德意对英法两国的威胁。这件事直接增加了英法反法西斯的大众的信力，间接减少了法西斯集团（日本在内）的危险性。美国憎恶德意独裁主义的尖锐化使全世界民主势力较趋积极，更与柏林—东京—罗马轴心以当头一棒。英美对日态度的强硬化当然更有利于我们的抗战。

综观过去七个月中的许多重要事件与变化，总算有利于我们者多，而有害者少。这是中央执行委员会于日内集会而对于过去作一检讨时，尽可引为欣慰的。但全会当然不能因此而引为满足。对于于我有利的变化，全会应督责政府，加意促进。对于于我不利的变化，全会应督责政府，加意防阻，或谋为补救。其他应做而尚未做之事，全会更应责成政府努力去做。

说得具体一点，我们谨以下列数事，期望于全会：

第一件，政治及经济财政方面的必要改善，必须与自信力及军力的增加同时进行。要抗战胜利，单靠自信力及军力的增加是不敷的。我们是穷国弱国，我们一定要以最经济的方法，利用我们的人力物力，才足以支持战局。而要能用最经济的方法，则政府的用人之道，行政方法，经济的设施，财政的调度，非有与军事方面同样澈底，同样敏捷，同样妥当的改善不可。抗战十九个月以来的我国的军事确实在有惊人的伟大改进，但政治等方面的落后也是无可讳言的事实。这是全会所应首先注意的。

第二件，民主的势力需要最大的扶植，民主的习惯亦需要最殷勤的养成。民主制度为政治上最成熟的制度。我们固然不能，也不必，事事学英美，但大体上，民主制度的基本原则我们当然应接受。而且在这民主国家与独裁国家对立的世界上，我们为求保持美国等国的同情及援助起见，我们更不能不有所自白。我常被英美人质问，问我中国凭何资格，堪称民主。逢到这个问题，我自己觉得我的答复总不免有些牵强。我着实以为在此抗战期中，拥护抗战的统帅，授统帅以统帅指导的大权这件事，与尊重民主精神，采纳民主制度这件事，应并行不悖，而且也有并行不悖的必要。现在制度之下，国民参政会为代表民主主义的机关。本届国民参政会于半年内，即须中止职权。我希望这次全会能对于下届的参政会作一番规划的功夫，庶几下届国民参政会的代表人民性可增加，而监督政府的权能也可增加。

第三件，在抗战期中，一切无谓的摩擦与无谓的纠纷应予避免。这也是节省时力，以应付大事的必要条件。非更张不可之事，与非更换不可之人，固然不能姑息；但可以不必更张，或不必更易者，或即有更张更易，而不能有若何显著的进步者，则绝对不应更张或更易。如果因轻易有所更张或更易，而致发生机关与机关间，人民与官厅间，或中央与地方间的摩擦，则便足以直接间接影响前后方的战局。所以关于此事，全会亦应促起政府的注意。

第四件，为养成人民的民主力量及增加人民知己知彼的能力起见，宣传政策应有一番新的考虑与新的决定。民可使由之，不可使知之，决不是今日的办法。国人中没有运气受过教育的人不必说了，即使受过教育的人，甚或受过高深教育而十分关心国事的人，亦能有多少机会知道一些真确国情？因为新闻的检查太严，而公布的消息太少，于是有许多本来热心国事的人们，也闭户不问国事。这决不是一种健全的现象。我们要知道有许多看起来好像不利的消息，公布了也只会使有志者激励，而不会使一般人沮丧。更有许多好像机密的消息，在未公布以前早已传布于国外，公布了至少可以免除种种无谓的猜测。这只就新闻多开放与少开放而言，至于书版及其他印刷物的检查，亦足以发生种种流弊。受审查者如果遇到了几位近情入理的审查者，固然是无甚大苦；然以中国之大，又安能希望个个审查者能尽情合理呢？此外，在积极方面，宣传机关所应做而未做之事，或没有做好之事亦在在皆是。对于宣传政策，这次全会诚有加以改善的严重必要。

末了，要抗战早日成功，更要友邦早予我国以援助。要友邦援助，外交与国际宣传自然均有重要。我国现在英美法的大使固差强人意，但在国际宣传方面，在数量上既极微小，既极不普遍，而在质量上，则更因缺乏切实，合理，有远大准确眼光的指导，而有种种参差矛盾，且无补实用的不良现象。关于这层，全会也应制定方案，责成主管机关迅予改善。

临全大会所通过的抗战纲领固然是尽善尽美，但政府须有具体的设施，纲领才能显出力量来。上面所举几点，在大体上当然仍不出抗战建国纲领的范围，但俱系针对我们最急之需而言者，且又比较具体，所以谨以贡献于将开的全会。

（《今日评论》，第 1 卷第 3 期，1939 年 1 月 15 日）

政治的制度化
(1939 年 2 月 12 日)

　　本刊第一期中傅孟真先生有一篇文章，论《政治之机构化》。他所称的机构，不是什么"调整机构"的机构，而是"文物制度"的制度，亦即西文 Institution 之意。他所主张的政治之"机构化"，不是说政治贵有适当的机构，而是说"政治之非个人化"，政治之应制度化（Institutionalized），政治之应以制度为基础，应有制度的基础（Institutional basis）。这"制度化"一道手续，这"制度的基础"一个基础，实在是古今中外任何有进步性的国家所不可不经的一道手续，所不可或缺的一个基础，而尤为当前的中国所应努力以求者。问题是十分重要，故今特将傅先生之意再加以引申。

　　人类的文化本是日积月累而成的。无论在那一方面，在烹饪方面，建筑方面，耕种方面，文字方面，礼仪方面，或是在其他方面，我们均可证明人类今日所具有的造诣，是经过长时期的累积而获来的。

　　在政治方面，这累积的作用尤其是显著而不可少。政治的进步全靠两种作用，第一种是累积的作用（Cumulative effect），第二种是革命。革命的需要任何人都不能否认。不论那一个国家，到了政治积弊太深，无法改善，或是旧的制度绝对无法适应新的环境时，只有采用革命的手段，创造一个新的局面与新的制度。但在革命完成以后，在平时，要新的局面能巩固，要新的制度能发生效用，能发生福国利命〔民〕的效用，则又非靠累积的作用不可。而要望日常的政治设施能累积起来，则又非靠政治制度化不可。政治制度化的重要即在于此。

　　我们中国的历史上充满了革命与累积互相辉映，以使政治进步的例子。在君主的中国时代，所谓创业就是革命。大概一个旧的朝代，因为有着政治上的怠性与忠君的思想做护符，除非实在腐□败得不可救药时，是不容易推倒的。同时，一个创业之君，除非他自己有政治的天材（尽管他是一个草莽英雄），或是有极高明的辅佐者，也不易成功。我国历朝创业之君，尽多有许多不自知在革命，实在多是革命者。

在君主的中国时代，所谓守成也就是收累积的效果。在这里，制度化便成了一道不可不经的手续。天下可从马上得来，但不能以马上治之，所以汉高祖那样一个粗人，也须命叔孙通制礼作乐，至于政治上必要的轨范制度的树立，更不必说。我们如以汉代文景之治，唐代开元贞观之治，为我国历史上最璀璨光明的时期，那我们也必须要知道那两个时期，不但是君贤臣能，而且也是制度确立，大家都循规蹈矩去任事的时期，政治上累积的功用特别显，而收获也特别大。"萧规曹随"的一句古语到了今日固已成为新任官安慰旧任官的僚属的一句套语，但在向昔则可以表现政治制度化的一种精神。

撇开中国，而言西洋各国的政治经验，革命与累积之相互为用，以及欲收累积之功则政治必须制度化，必为最昭著的事迹。我们取十七世纪英国克伦威尔（Gromwell）的革命及十八世纪法国的大革命为例。英国在十七世纪中叶实在需要革命，而克伦威尔也实在是一个了不得的人。他是能文能武的一个全材。他主张宗教自由，他主张民主政治，他主张为大多数人民谋福利。他是熟通战略的一员大将，他又能深得军心。他的治军的能力至今仍传为美谈。至于他个人的清廉克苦尤为千古所稀有。他之能公忠为国亦为人所共认。但是，因为他不能于扫除斯图亚特王朝的暴政以后，赶紧树立一种可以全国共守的制度，因为他不能以最大的决心树立宪法（几个草案或则未成立，或则成立而未实行）及其他必要的法制，因为他好独办，大小文武一切之事统于一身，所以一六五八年他去世以后，虽然革命的群众拥戴他的儿子为继者，而斯图亚特王朝终于一六六〇年复辟，而克伦威尔的革命终归于无成。

拿破仑便不同了：拿破仑掌握了法国的政权几达二十年之久。在军事上他终是失败了；他也没有能建立一个新朝，在个人的行为上他更多可以訾议之点，绝不能与克伦威尔的纯洁相比。但他的革命毕竟是成功了。波那派脱（拿破仑的姓）的王朝可以倒，波旁王室（大革命前的王室）可以复辟，但大革命时许多建树，并不随拿破仑之倒而倒，大革命所革除的许多大弊并不随波旁之复而复。为什么？因为拿破仑于在位的时候，曾经多方求政治的制度化。他不但改善了中央及地方的行政制度，修订了许多法典，他并且以全力气促成法国政治的制度化，防制其个人化。他有许多兄弟及内兄弟们要敷衍，但他绝不纵容他们在法国活动。他每征服一个国家，便在〔为〕他私人制造了一个地盘。固然他卒因这许多被征服国家的处理失当而致有滑铁卢的惨败；但是法国本身亦卒因政治的制度化而着着进步；这进步亦不因波旁复辟而中断，且至今仍在累积着。

再反过来看近代的中国，清代自开国直至和珅用事，政以贿成，政治渐渐变成宫廷化，甚或宦官化以前，除了歧视汉族这一点无可容忍外，实在不算一个恶朝代。我们如研究当日大一点的如吏治制度，考试制度，地方制度，小一点的如军机处处理公牍的制度，我们俱可发现其政治有一定的规范，一代比一代多一点的经验，少一点的轻率，而无人存政存，人亡政亡的现象。固然，清代的吏治制度等，取法于明代，得益于明代者甚多，但清代初期及中期之能遵循制度化的原则，则是无可否认的。及乾嘉以后，首有和珅，末有庆王之流，将二百年来的规度推翻，将政治变成个人化，于是清政不纲；重以近世民族主义的激荡，而毕命亦终不可免。

辛亥革命以后，起初十余年本非革命党人秉政，失败与紊乱是必然的结果，不值得感叹。最近几年，因为革命的党当了权，更加以党的领导者的贤能，诚如傅孟真先生所说，"中国政治的进展，其神速为明初以来数百年中所未有"。但也诚如傅先生所说，其所以有此成绩者，实由于人力的发挥，而并不由于法治的运用。因为政治的进步只靠人力而不由法治，所以第一，尚有许多应该可以实现的进步至今未能实现，第二，已经有的进步，在将来也未必见得能永久。换言之，因为我们的政治尚未制度化，累积的功用绝对不能发生。

我记得民国十七年《中央日报》刚刚创办的时候，就有人大声疾呼，说政治应制度化。可见当时已有人见到因政治不能制度化而生缺陷与危险。此后也有许多人提过政治制度化的重要。但是政治之未能制度化则前后十年，似未有若何变更。这是近十年来我国政治上最可引为遗憾之事！

推究政治未能制度化的原故，全国人民，尤其与政治有关及于政治有兴趣者，都得负责。在上者往往因人治有若干的便利，不能耐烦地努力于制度的树立。在被用之人，则亦往〈往〉重视对人的服从，而轻视对法的服从。再进一步，则法为人立，人改法改；于是一切制度不是虚设不予实行，便是朝令夕改。制度既无一能有相当的永久，且能有真实的试验，则其宜与不宜，或应否有所纠正改善之处，自亦无从测知。更进一步，则大家对于制度之为物，便根本不能重视，不能有敬意了。

所以欲求政治的制度化，政府固然须深切知道制度化的可贵及制度化的必要，国人（尤其是对国事可以说话的国人）更须以最负责的态度，督促政府。凡合于制度化的设施应同声诩赞之；凡不合者应同声抗言之。国人但知贞观开元之治之盛，而大多不知此盛治之由于制度化。国人亦知魏徵之直，而大多也不知魏徵常常劝唐太宗牢守法度。民国的政治本全国人之事，须全国人知制度化的可贵与必需，务须个个人能以魏徵事唐太宗之法来对付国家，中国的政治才能由人的基础，而进于制基制度化。

（《今日评论》，第 1 卷第 7 期，1939 年 2 月 12 日）

几件战时的不急政事
（1939 年 4 月 23 日）

"胜利第一"应为战时一切措施的最高原则。

抓住了这求胜的基本原则，何者是政府应有的作为，何者是不必有的举动，何者是不应有更张，便不难判明。

近来政府召集会议，有的已成过去，有的尚未召集。其中，军事机关所召集的许多会议均是军事上所必需。不有去年十一月的衡阳各将领的会议，何以定第二期抗战的战略？不有今年二月的兵役会议，何以探求兵役行政方面的流弊，并建议兵役行政上的改良？像去年十月的西南各省的交通会议，或许尚有其必要，因为西南交通关系军事者甚巨，而交通上许多技术问题亦有待于会商。像今年三月已开的全国教育会议，地方金融会议，五六月才开的全国生产会议，内政会议，以及其他已开，将开，或正在拟议中的模范小的会议，则不是不必开，便是不应开。开而无大结果，或即有些须结果而此结果可不从开会得之者，属于不必开之列。开而必无结果，徒然劳民伤财，甚或使地方行政大员长期跋涉公路颠沛空中，而致庶政皆废者，属于不应开之列。

我并不是说，非军事性质的会议均要不得。我所要昭告于国人及政府当局的是：战时与平时不同，战时的行政贵敏捷，而战时地方官，尤需要坐镇地方，不轻易离开管地。我们民族（至少在近年）是一个好开会而不善开会的民族。开会的表演往往是训话，演说，报告，提案供政府参考，乃无数的宴会而已，召集者，被召者，及参加者则往往须多日停止其正常的工作，以应付会议。即偶而有一二有价值的建议，也是得不偿失。而且如果政府有真正有价值的建议案，或会员有真正有价值的建议案，亦总可用命令或呈请采择的方式令之成为事实，何必非开会不可？

近来会议之所以这样多，分析起来，有下述各种理由：第一，行政当局太喜欢闹热，宣传，与捧场一类形式上的威权。第二，上以成绩责下，下无以报命时，则召集会议后便可有所报告。第三，彼此效尤，相习成风，甲既召集会议，乙亦仿之，而丙亦不能不随，然而这些理由固应成为理由的么？

老实说，不但行政机关所召集的各部门会议是如此，即对于参政会议我也有同感。如为集思广益，或希翼有具体的建议，而在此战时召集参政会议，因之增加许多无谓的工作，我不知其可。我们今日有虚怀若谷的最高领袖，时时刻刻在征询各方意见及建议；没有参政会议，仍可建议；有了参政会议，也未见得有特异的成绩。但如为培养民主基础，加强团结精神，一面以示信中外，取得全国人民的一致拥护，和民主国家的同情协助，另一面以监督行政，树立负责政治，如为这些而有参政会之设，则我自然绝对赞成。

与会议性质相若，而其用处亦成疑问的，是各种非军事的训练。军事训练当然是应有的，不必烦言。由最高领袖主持的各种精神训练，如昔年庐山所举行者，只消主持者有余力顾问，我们也无间言。但如主持者方以军书旁午，不暇顾问，而尽由旁人应付，则我们亦以为应少举行。至于其他与军事及技术无关的训练，则我们的感想与我们对于各种会议的感想相同。我们总觉得地方行政要员不应轻离服务地点，在作战时期更有常驻服务地点的必要。而且对于高级官员所受训练的实质，我们也十分怀疑。最近某训练班由一地位极崇高者负责讲党政的联络。这位主讲者请一位负重要职务的中央委员代拟讲稿。这位中委又请某院的高级公务员代拟。这高级公务员则又以某杂志上某青年所著关系行政效率的文章做底子。如此辗转相委，这位无甚经验的青年作者成了实际的讲演者。然而听讲演者则是各省民政厅长及地方其他行政大员。这一事实虽然不见得能代表各训练班的一切讲演，但也未必是独有之例。又何必不干脆令受训练之人多读些有用的书报呢？

会议训练而外，行政计划与行政报告，在战时是否可容太多，亦成疑问。战时贵统制，统制须以计划为基础。如有真正的经济计划，我们当然赞而欢迎。但拟计划是一件最难能之事。例如一个国际运输计划，其拟定时，必须将交通设备（包括车辆、飞机、驮兽等，及道路航线及其附属设备等），可以征调的交通员工，某一期内的进口及出口货的数量，国家能用于国际运输的经费大小，运输业的收支概数等等，详细查明。如果不切实查明数字，并考虑某一期内因军事政治而发生的可能变化，则所谓计划者便等于纸上谈兵，既不切实际，更令主管人员徒劳无功，有时且乱人听闻。所以政府应自己检查一下：凡关于此刻尚不能作计划之事项，不必乱作计划；关于此刻已可勉作计划之事，应黾勉地用最谨慎及最可能的科学方法，作成计划，期以实行。

各项行政报告，以及各项统计，纵使造得不好，在平时尚无大害。但在作战之时，则不急之务应减少至最小的限度。最近数月政府所召集的会议既多，报告工作亦随而增加，几乎有一会便需一报告。有工作报告，有施政报告，亦有会议报告，名目繁多，不及备举。各部会主管长官类能道制造报告之苦。而多年来闭门造车式的统计工作（当然不是所有统计均是如此）也至今并未减少。

以上所举者只是几件比较流行，而需要不显，或毫无需要，或竟无益有害的行政措施而已。其余如地方制度改革的拟议，如若干新的机关的添置，如许多委员会的设立，亦尽多是不急之务。

我们须知，作战时的国家无不力求节省人力物力以应战。我国的财力与人材更是有限，现在应以所有的财力与人材用于与抗战最有关系的事业，如军事、外交、国防工业等等，而虚假的工作不必做，财力人材一定不敷用者，亦不必试。地方制度等改革我们认为极重要。但这类改革需要大批的人材与巨数的经费。如人材与经费不敷，即在承平之世，亦无法实行改革，遑论今日？若仅是纸面上的改革，则实在无聊。对于地方制度一类事，我们只须求必要的调整，而不必空谈改革。我们此日既须节省一寸一刻的光阴，与一分一毫的金钱，以应付抗战。则对于一般的行政只须实是求是以赴之，有所改革，亦应以无须增加支出者为限。若夫侈谈改革，徒耗金钱时光，则实在不容于今日。就行政而论，最必要的急务是在如何使中央行政机构能实现事权集中，指挥灵敏，及责任专负三个原则，而不是多开会议，随便训练，样样计划，天天报告，以及一切类此的不急之务。

（《今日评论》，第 1 卷第 17 期，1939 年 4 月 23 日）

论战时的行政机构
（1940 年 5 月 12 日）

作战的目的在致胜，即所谓"胜利第一"者也。致胜之道，不外乎二：一要发挥我方特具的长处，以致敌之死命；再要补救我们特殊的短处，以免为敌所乘。以此次欧战为例。战事初起，英法方面的长处在海军及经济力量，故英法一宜发挥其经济组织，一再改善其□司经济封锁的工具，欲藉经济封锁以致德的死命。同时，英法方面的短处是空军不如德国。因空军的补充需要时间，所以英法一面增加防空设备，一面强迫人民疏散。

我国抗战本是抵抗的意义大，而进攻的意义小。换言之，我国作战的目的在如何□□敌人的前进，使久而久之，精疲力竭，狼狈退却，驯至劳疲之余，一蹶不振而死。既然是抵抗战，我们作战的策略自然多少要处于被动的地位；敌人进攻战的策略变，我们抵抗战的策略也须随之而变。

在战事的初期，敌人的策略无疑地是以重军击破我们的主力，并进据我们政治经济的要点。敌人渐以为这个策略必可成功；期待我们主力击破，京沪陷落后，战争便可终了。那知敌人虽据京沪，随后且占粤汉，但我方的主力依然存在。敌人的破坏赶不上我们的补充。敌人击破了一军，我们已补充了二军。因此，我们的主力不但存在，且愈战而愈强大。

敌人军事进攻战的策略既不得逞，乃转而采取经济进攻战的策略。这个策略有几方面。第一，积极开发沦陷区的资源，实行以战养战。第二，竭力破坏我方财政金融及经济的机构，使我无法支持。第三，扶植傀儡组织，以便利他们的开发及破坏工作。我们可说，自敌人取得粤汉，并无大□，同时并发现我方军容仍甚壮盛，军心仍极稳固以来，敌人即改取经济进攻的策略，而军事的进攻则转居次要地位。

我有一种推测愿促国人注意，并作未雨绸缪之计——虽则所有的推测□有不证实的可能。这就是：如果敌人的经济进攻再历一二年仍不成功，则敌人或会改采外交进攻的策略，而以军事及经济的进攻均为辅助战。敌人残暴有余，而识智不足，自开战以来，迄未运用外交策略。初时敌人醉心反共同盟，将其他强国几乎一致开罪。及反共同盟瓦解，又张皇失措，怨天尤人，而不知观风使舵，以修好□英美。所以敌人至今无一与国。一旦如经济进攻又如军事进攻的无成，敌人或会梦醒而改采外交进攻的策略亦未可知。敌人如一变其对英美法苏的态度，尊重四国的面子，或更进一步，表示助英法以抗德国的态度，则他在远东，必可取得优越的交换条件。此在我国诚将成为大患。

我们此时当然须以全力抵抗敌人的经济进攻。如有远虑，我们也应预备抵抗敌人或能的外交进攻。但是我们关于经济及外交的行政机构足以当此重任乎？曰不能。

敌人的军事进攻是失败了，我们的抵抗战是成功了。我们所以成功，当然是赖蒋委员长的神算，将士的用命。然而军事机构的差强人意也是胜利的主因之一。十数年来中国的军事重心在蒋先生身上，而蒋先生最致力之处亦向为军事。论军事的行政组织，自十五年北伐以至于七七开战，自总司令部以至于军事委员会，蒋先生恒为其领导人。故无论在逻辑上有无缺点，这个组织这个机构蒋先生确可指挥自如，且可完成蒋先生所预期的工作。纵有若干困惑不□之处或其他缺点，蒋先生亦可以其亲身体察所得，临时纠正；或本其个人所专的威权，作法外的补救。

经济及外交的行政机构则向无军事行政机构的健全。在七七以前，经济建设的工作虽已开始，财政金融的权力既已暂向中央集中，但经济机构所掌的职务，以和现时的比较起来，赫然有轻重简繁之分。同时，自国府成立以来，除军务向归总司令部或军事委员会及其可以指挥之机关如军政部等集中负责外，其余一切政务向无一个机关可负责办理。直接处理各种政务者固为行政院的各部，但部之上有院，院之上有中央政治会议及其类似机关如今日的国防最高委员会。且一项政务亦往往无统一的指导或执行机关。例如对外贸易，财政部的中央信托局，财政部的贸易委员会，及经济部的资源委员会，均有分焉。事权既分，又无统筹机关，或即有而不能实行统筹。再以对外宣传为例。外交部有情报司，中央宣传部有国际宣传处，虽云其间有联络机关，而此联络机关初不能尽联络的职责。同时对于国际宣传，则外交部可以派人，国际宣传处也可以派人；此要人可以派人，彼要人也可以派人；□至中央可以派人，地方也可派人。如以运输为例，则事权之分裂更可惊人。在这种情形之下，试问事权如何能集中，责任又如何能集中？于是有许多应做之事，大家不做；有许多应做之事，大家抢做而做不好；再有许多不必做之事，大家白做。

我们今日正处经济战的最严重的关头，经济方面捉襟见肘的窘状在在可以见到。举凡物价的高涨，外汇率的降落，税收的缩减，运输的不灵，对外贸易统制的无方，财务行政人员的浪费，有一于此，便可妨害致胜，何况百弊丛集，万病皆来？

我们要抵抗敌人的经济进攻而取胜之，我们务须首先改善经济的行政机构，使之系统明，权力大，责任专。

我以为财政、金融、生产、运输、对外贸易、资源调整，六者皆应有一专设机构办理。财政专司出纳，而不必涉及财政经济的大政，故应比现时财政部的职权为小。金融掌深通货币及厚用利生之职，国家银行及农本局等应归其调度，私家银行应归其监督，售银等事亦应归其处理，四行总处则可以取消。生产司军需品及农工矿的生产事业。农业的急务为指导奖励，而非直接经营。工矿军需等业则除指导奖励私营事业外，尚需国家直接经营。故生产部分所管辖的事务可因事之不同，而异其组织，不必强求划一。现在兵工署及经济部农林部，除农本局及资源委员会所掌的销售事业外，似均可并入生产部。运输为严格的运输机关，或直接执行或严格监督一切运输事业，无论军运民运商运均属之。现在的交通部，军委会内无作战性（有作战性者如兵车队）的交通机关（如西南运输委员会，如后方勤务部）均应并入。邮□非运输事业，或令独立成局，或仍属运输部，尚少重要，可以不多论。对外贸易司中外贸易，凡以货易货，以及国营的购入鬻出均归处理。商人的购入购出亦归监督。资源调整司调查全国各地物产及商品的分配状况，沦陷区资源的抢收，若干药品的开放，米粮的收买存储，及物价的统制等等。六者之中，财政、金融、生产、运输及对外贸易五者偏重执行，故应采首领制，由部长负责；资源调整虽亦带有执行工作，但多半为调查计划工作，故应采委员制，而于其下再设必要的局处。此六机关设立后，凡全国的经济机关，无论向日如何隶属，务令分隶于此六机关下，而不得再有支离分散，或骈支纷立的现象。

但以上六者既为执行机关，则大政的决定及重要的筹划，自应不分属于六部，而共属于六机关首长合组的一个委员会。四月初英内阁改组，内阁设立经济委员会，由财政西蒙为主席。我们可仿此意，亦设一经济委员会，而以六长之一为主席。各种重大政策，如法币法□之是否放弃，如何种土产□□□外汇，如□□布是否应有政府贴运费，如财政亏□应用何种方式弥补；凡此大政均应由委员会决定。委员会在决定以前自应商承蒋先生，决定后亦需报告蒋先生。但在可能范围内，蒋先生宜予委员会决定大政的全权。设或六长之中，有一能力极大，人望素负之人，则应令此人渐成为一个有力的经济委员长，庶几他可以发挥军事委员长应付军事战的那种力量及效率来应付经济战。

如是我们一面能有上面所略说的经济行政机构，一面复慎选贤能，使负专责，我想我们定可以在经济战中获胜。

至于外交机构，则改善较为容易，只消任用有魄力有大志，有细心者为外长，令之负起外交全责，并予以斥黜昏庸及选贤任能的大权，则便可应付有方，运用自如。如敌人果不出我所预料，于经济战失败之后，改采外交进攻的方式，则我亦可以无恐。若外交机构仍如今日的散漫，大权不集中于外部，则遑云敌人采取外交攻势后我将难以应付，即在今日亦有疏懈凌乱之势。

经济及外交的机构改善后，我们即可以军事委员长，经济委员长，及外交部长三人，最多再加入参谋总长一人，组织战时内阁，一切作战大计不必经过各种重床叠被式的会议，而即可早付执行。如军事委员长兼行政院院长，经济委员长兼行政院副院长，则此战时内阁或可不具名义，而径以行政院长及国防最高委员会的一个专司战时大计的小组委员会视之。若然，□法规方面亦可无大更动。

总之，要致胜须改组行政机构，尤其是经济的行政机构。现在的财政当局所管事太多，而能力人望两不足以当之，固须更易；但人易而机构不改善，也是无用。必须人事机构两有调整，然后各种隐患可以消除，而致胜有了把握。上次欧战，英国到了第三年才组织紧小的战时内阁，由鲁易乔治为首相，于是形势大变，而胜利随之。难道我们不应或不能有这样的改组么？

制宪与行宪
（1940 年 5 月 26 日）

宪法在抗战期内本不应成为问题，但七八月来既因各党派之活动而成为问题，则我们自应谋一合理的解决。

中华民国既以"民国"称，各党又无不主张民治，是则中华民国之应有宪法，应为立宪国家，绝无问题。故此点可置不论。问题在如何入手立宪？宪法应于何时实施？应不应有先决条件？何种先决条件？

依孙中山先生的主张，实行宪政开始以前应有训政这个时期。训政的意义，简单地说，即实行地方自治以训练人民使用民权之意。又按《建国大纲》，某一省完成自治时，即在该一省开始宪政；过半数省份完成自治时，即制定宪法，全国实行宪政。换言之，宪政在此省开始时，训政或仍在他省进行中；即宪法颁布，国民大会行使统治权后，少数的省份或仍在完成训政的过程中。

《建国大纲》中关于训政宪政的交替颇含有弹性，所以国民党对何时立宪这个问题因此往昔亦有两种主张。其一主张先训政后宪政，训政未成不谈宪政。其二主张训政与宪政同时并进。更有许多人起先持第一种主张，而后来改采第二种主张者。依我个人的意思，《建国大纲》中关于宪政两时期接替的条文既具弹性，而全国同时训政全国同时实行宪政的试验——无论在原则上若何爽捷合理——又未成功，则一面于中央试行宪政一面于各省县积极训练人民行使民权，不但在文字上不能认为违背《建国大纲》，且在精神上容许是奉行《建国大纲》的不二办法。

从国民党的立场言，一面行宪一面训政早已成了唯一的合理办法。在事实上，国民政府自民国二十一年年底以来的措施，如草拟宪法，如办理国民代表大会的选举等等，亦是执行这个办法的表现。

非国民党党员及与国民党处于反对地位者，在数年前颇有不以国民党的一党训政为然者。但国民党自二十一年以来既承认宪政训政同时并进的原则，□一种政治上的歧异点亦□不存在。

我们再重复说一次，在七七事变以前的四五年中，国内绝大多数人民对于宪政问题，俱已同意于一面立宪一面训政的办法，政府也正在实施此项办法。

不幸国民大会未召集，宪法未颁布，而七七事变突起，抗战军兴，一切情势大变。宪政问题的解决于是亦不能不有一番新的考虑。

一个国家在对外作战时期内，当然是胜利第一，一切第二。一个独裁的国家如果更独裁可以获胜较易，他自然须更独裁；如果改采民治可以获胜较易，他自然须放弃独裁，改采民治。一个民治的国家，如果继续维持民治可以获胜较易，他自然须维持民治；如果稍偏独裁可以获胜较易，他自然须稍偏独裁。举例言之，英法本为民治国家，如因作战而停止议会职权，由内阁独裁，则必失民心，必致败绩，故英法即使作战，仍须维持民治，上次大战如此，今番大战也是如此。但为作战易于成功起见，政府指挥人民以及管理工商业的权力势须增加，故在作战期间，即人民的自由即在英法也须受重大限制。又德俄在上次大战时均为专制国家，德国政府因为能早日尊重社会民主党的地位并采纳其主张，故德国的作战极为顺利。俄国政府因为一意孤行，人心涣散，遂致革命突起，不可收拾。这可为专制或独裁政府，因稍倾民治而成因不重民意而败的例证。

我国在抗战开始之时究为独裁国家与否可置不论。我们所应问，即如何而可以获胜较易。往独裁的方向走呢？抑往民治的方向走呢？不但我们的答案是往民治的方向走，政府的答案也是往民治的方向走。国民政府在民国二十六及二十七年的各种措施，如废除危害民国紧急治罪法，如罗致异党及□党人员，如设立国防参议会，如设立国民参政会，盖均是偏向民治的表现。何以要偏向民治呢？为的是增厚抗战力量，减少无谓摩擦，并发动友邦同情。

决定了偏向民治为正确的方向后，我们便要问何者是正确的步骤，继续七七前的制宪工作是否有其必要。我们的答复是：第一，继续制宪工作不但无必要而且有害；第二，正确的步骤应以树立制度精神，加强民意机关，有如国民参政会第三次大会周览等五十一人提案所示。

何以继续制宪工作是有害而无必要呢？有害者，因为立宪免不了总选，总选必多纠纷。盖要立宪必先颁宪，要颁宪必先召集国民代表大会。如沿用四五年前由操纵舞弊中选出的国民代表,实在不经。如另选则纷扰太烈,足以妨害抗战大业。即使四五年前的国民代表可以沿用,但宪法颁布后的国民大会仍非选举不可。一面作战一面选举亦为不经之事,即英法两国亦总予避免。加拿大今岁三月因举行总选,但加拿大虽参战而远隔重洋,固不能与英法或我国相比。

如云,宪法可由多年前选出的国民代表大会颁布,颁布后可不即实行,故总选可不举行。诚然,又何必有此宪法?如云,颁布宪法可以使人民深信政府对于立宪的决心,则周览等所提办法实行后亦可取信于人民。继续七七前制宪工作的无益即在于此。

周览等所提之案,其注重点为:(一)政府行动应有法律的根据,庶几可养成法治之风;(二)政府设施应以制度为基础,而不仰赖于一二人的大力,庶几政府得成为一个健全的组织;(三)民意机关的权力应逐渐扩大,民意的成分也应逐渐增加,庶几政府可向人民负责。如果周览等所提案能付诸实施,则全国的团结,友邦的信赖,可以有进步,贤能的举任,贪污的清除,可不难实现;而且抗战功成,真正立宪政治也不难即刻实现。只可惜当时党既对之无好感(党报且讥周等为不谙党义及政治情势,揶揄备至),而政府亦未作诚意的接受(国防最高委员会决议仅云原则可接受,但对所提办法即卸责于中央执行委员会,而不置可否)。

依常理,周览等无多要求的提案,尚且不能被采纳,则立宪的要求当然更不能被采纳。□知二十八年九月国民参政会第四次大会各小党提出立宪要求后,国民党继之以"定期召集国民大会,制定宪法,开始宪政"的提案(孔□案)。这些案子居然迅速地通过了国民参政会。同年十一月国民党开六中全会,更有二十九年十一月十二日召集国民代表大会的决议,于是七七以前的制宪工作的继续更迫切而不可须臾缓了。

党与政府的机关既均决定早日颁布宪法,我们既无可反对,□我们惟有在既成事实之下找寻一条比较走得通的路径。立宪问题在今日已不是要不要宪法的问题,因为政府已决定要,决不能又说不要;也不是何时要宪法的问题,因为十一月十二日这个日期既经决定,最好不再变更;也不是由何人制定宪法的问题,因为政府已决定以多年前选出的国民代表为宪法会的会员,即使反对也少实效,而且此时举行总选也不相宜;而是何时实施宪法,及何种宪法最为相宜的问题。这两个问题当然是连贯的。

先决的问题是实施的日期。关于这点，我以为与其名义上实施而实际上不能实施，毋宁不实施；与其早日实施而实施不了，毋宁缓日实施。上面说过，真正行宪，必有总选。我是反对在作战期内举行总选的；而且即举行总选，在事实上也"总"不起来。即此一端，已可打破一切即日实施宪法的论调。故实施宪法应在抗战功成之后。

宪法既不能即付实施，则本年十一月所颁的宪法便可有两种：一将今日所认为合理的需要的决定——用条文明白载入，不厌繁详。这样一个宪法本具硬性，即在平时亦时需更改；所以到了抗战终结，宪法实施之时，或已不甚适合，而需要修改。先期颁布这样一个宪法，自然不妥，且类滑稽。再则条文务求简单，凡若干年后，不能无变之事，均不作明文的规定。例如中国行省今有二十八，但最近数年内或会缩小省区，故行省在宪法中不列举。再例如依现时思潮，省区有中央任命的省长及县市议会选举的省参议会，但若干年后人民政治能力增加，或可直接选举省长及省代表会，故省制在宪法中亦不规定。再例如所谓中央地方权限的划分，现时多数人固拥中央及行省间酌分权，但若干年后省区缩小，则分权办法势须大变，故分权办法亦不载于宪法。这样一个简略的宪法到了实施时当可尚无不适之处，但先期颁布一个须待详细填补的宪法在政治上又能有多大意义呢？

由上以观，宪法既不宜即时实施，则先期颁布的宪法才难策万全。因此，现时国内关于宪法草案内容的争论，不免成了枝节问题。

我以为为示信于人民，为示信于各党，为加强抗战的团结，为避免无谓的纠纷，为解决政府及各党目前所处逻辑上的困难，莫若暂不谈百年大计的正常宪法，而由依期召集的国民代表大会制定几个与法国一七八五年三大宪律相似的大法，而即予实行。第一个宪律□规定制宪国民代表大会应于抗战结束后一年内召集，以决定永久宪法。第二个宪律之规定以国民政治会议（名称可另择更宜者）为最高统治机关，兼有国防最高委员会及国民参政会现有的权力，其人数不逾一百，由蒋先生选定之。第三个宪律应规定国民政府及五院的组织及职权。组织应大致仍旧，以省变更之繁，但行政院应采战时内阁式的组织，负责份子令皆为政治会议委员。立法程序从新规定，以简捷为原则。上述三个宪律成立后，互相冲突的训政时期约法及国民政府组织法均应废除。宪律则俟永久宪法颁布后废除。宪律应以不修改为原则，如有修正必要，则可以国民政治会〈议〉全体委员过半数的决议行之。

上述三种宪律含有种种优点而无颁布永久宪法时所定须引起的种种难题。有一最高统治机关后，向日党国间系统之缺乏分明可以免除，由蒋先生以全国领袖的资格选定政治会议委员，则一方可以顾及全国的利益，他方又可避免各党各派之争。政制大体不变，则施行较易，而纷扰较少。战时内阁为政治会议中人，则政治会议信任内阁时，内阁之权可大而且专，但同时又不至毫不负责，一如国民参政会过去之恶恶而不能去。

我以为上述宪律的实行，不特将大有助于抗战，且对永久宪法的形成及总选举的举行也可作一番有效的准备工作。同时，政府立宪的诺言亦可得着相当的实践。

（《今日评论》，第 3 卷第 21 期，1940 年 5 月 26 日）

论　党
（1940 年 6 月 9 日）

党的问题多年来国人向少讨论。但这问题确需要开明的讨论，更需要合理的解决。

谈起党，首先要决定的是，我们究需要一党呢，抑需要多党呢？世界各国在二十余年前均为多党制度，一党专政为不可思议之事。一直要到布尔雪维克党在俄国革命成功，始有一党专政，严禁异党存在的创举。嗣后莫索里尼及希特勒效法苏联，以法西斯党及国社党统治义德，一党专政制度遂大见流行。但即在今日，多党制度的国家仍远较一党制度的国家为众多。

一党制度与多党制度各有长短。一党制度的长处是权力集中，运用灵敏，效率高卓；但往往对外好侵略，对内好压迫，和平自由俱讲不到。多党制度的长处是人民得有选择的机会，政府因有反对党的存在不敢不时时刻刻注视民意，换言之，民主精神可以贯澈；但往往党争太烈，权力分散，遇到国难难以应付裕如。

就理论言，一个国家如果实行民主政治，非采多党制度，非容各党公开活动不可。但民主国家到了国难严重时却又不能不集中意志，停止党争，或组织混合政府，或信托少数有力人物，以全权处理政治。非然者，则因国且不存，党更焉附。

以上所述系指一般国家而言。

论到中国，我们不能不顾到两种事实：第一是中国国民党十余年来统治中国的事；第二是最近二三年来中国国民党承认异党存在的事实及颁布宪法实行宪政的诺言。不承认第一种事实而单单要求党与党间之完全平等是不可能的；犹之不承认第二种事实而欲坚决维持一党制度是不智的。

中国国民党在未改组以前本与一般多党国家的政党无二。但自十三年改组后，党的性质显与苏联的共产党相似，虽则经济方面的主义是不相同的。细考孙中山先生的言论，似乎宪政完成后，多党可以同时存在；但自军政至宪政的过程中，中国国民党无疑地应是一党专制的党而不是多党中的一党。如果孙先生的遗□能完全实行，中国自然可以由旧而新，由弱而强，由乱而治，由不民主而民主。不幸，国民党秉政十年，并未能实现上述理想，而抗战军兴。军兴以后，依常理，更应由国民党负全责抗战；依常理，更无异党活动的余地。但事实上，国民党对各小党却又有让步的必要。到了去年九月，国民党且须允诺于短期内颁宪法行宪政。既有事实，有此诺言，而再要坚持一党之治，再不许各党取得相当平等的地位，则不免将自损其威信。而且不谈宪法则已，谈宪法必须容纳多党制度；不然更有玩弄宪法之讥。所以我说，从国民党方面言，从今以后，尤其是今年十一月国民代表大会集会以后，再欲坚持一党制度是不智的。

在又一方面，国民党多年来的努力，纵未能避免空前的国难，纵未能使国家臻于一种我们所想望的境界，但其功绩究不可抹杀。他的三民主义不特在任何种解释之下可以站得住，可以被认为爱国主义，可以为中国进步的路标，而且抗战军兴后，各党曾正式表示接受拥护。此外，国民党因为已经连续秉政多年的缘故，中国目下的领袖人才也当然大多为国民党党员。在这种情形之下，拒绝承认国民党占有特殊的地位，而欲求各党平等，不特非事实所许可，且也决不是抗战之福，国家之福。所以我以为从各小党方面言，他们应承认国民党之领导权，即在今年十一月以后也然。

我以为为兼顾理论事实过去将来计，我们自今以后应采多党制，但在抗战期内，各小党仍应承认国民党的领导权而暂不进行政权之争。

当然，国民党人要问：如一旦承认多党制，则三民主义将何在？国民党党部现在执行的许多繁杂国务又将如何处理？

我以为三民主义应确认为中华民国立国之道，而不单单是国民党的党义。在国民党的立场，这应当是一种欢迎的进步。党义成了立国之道，为国民所共戴，当然是可喜之事。在国民的立场，这也是应该的。我常这样想：假设有一个热心爱国，而无任何政治野心的人民，他要研究何种主义可为立国之道；他如果虚心研究，他决离不了民族民权民生三大主义。证以各小党所公布的党纲，或各小党领袖所发表的政论，也无一不与三民主义暗同。此所以各小党前年正式表示接受三民主义实不是一件违心之事。

三民主义既确认为立国之道后，各党的主义自然不能违背三民主义，即人民的政治活动也不能违背，犹之法美等国虽容许多党存在，但凡谋推翻共和国党者，在□□均如违法，均为有罪。换言之，中国的各政党，尽可对外交方针有异同，却不能违反民族主义；尽可对政制及政治问题有异同，却不能违反民权主义；尽可对经济政策，租税政策，土地政策有异同，却不能违反节制资本及平均地权两大原则。在国民党应容纳这类党见的异同，因为这类不同的党见本无损于三民主义的毫末。各党则应不以接受三民主义为有害于意见之自由，因为在共同拥戴三民主义之下，各党在理论方面活动余地之大初不亚于英美的各党。若国民党坚持三民主义为一党的主义，以若干人的注释及申辩强迫全国人民接受，则实是亵渎了三民主义的广阔，并亵渎了孙中山先生的伟大。反之，若各小党坚持门户之见，以三民主义尝为国民党的主义，辄加以排斥，则也不免成见过深，度量过小，而□国不够公忠。

至于国民党党部所担负的所执行的许多公务，我以为应分别党务国务，应将国务完全移交政府。国民党党部所负的任务，其完全属于公职性质者至夥。宣传部所做的事，如国外宣传，如书报审查，如戏剧审查，如报章杂志的登记，如新闻检查，盖均可归政府机关办理。训练委员会的任务，其最著者如正在进行的党政人员的训练，亦是如此。即组织部一部分的工作，如反侧的调查，亦可移归内政部或其他政府机关而不虞不当。海外部的工作则与侨务委员会的职掌更多雷同。我以为最近社会部之改隶行政院是一个良好的转向。至于地方党部，军队党部，及军队政治部所任的工作，也可分别其性质，仿照中央的办法，移交地方机关或改为军事行政或军事训练。

上述的办法，骤看起来，或似不经。国民党人或会表示不愿，而非国民党人或更不愿国家办党务。对于后一种人，我要请他们注意，我建议划归政府办理的事务，实在非由国家担任不可。纵使有若干应予改善之处，如新闻的检查，如地方行政人员的训练，也只应徐图改善，国家却不能拒绝担任。对于前一种人，我要请他们注意，三民主义既成为全国人民所遵守的主义，则党务与政务愈分清，于国民党愈有利。历年以来，责备国民党者动辄以人民年纳数千万元以养党责国民党。但细考之，则此数中大部分固用于办国务，而不用于办党务，党务国务一分，则国民党便可不受此种责难。

完全从人民的立场言，国民党党部现掌的国务，如移交国家机关，也可增进效率。以宣传训练二事为例，国际宣传本须博具国际知识。苟国民党党外有人才，亦亟需予以罗致，徒因隶属党部，罗致遂不太易。行政人员的训练也是要事，但如由党部办理训练，则党外贤才无论训者与受训者，也常有裹足不前之势，如改由国家机关办理，则党不党的考虑也不存在。

将三民主义确定为立国之道，且在宪法及法律上予以充分保障后，更将国民党党部现掌的国务划归政府后，一党制度即可停止，而多党制度即可开始。最好即以今年十一月为划时期的日子。在那时候一面颁布宪律（见本刊二十一期拙论《制宪与行宪》），一面准各党公开活动，国民党亦自跻于各党之列。为抗战的有力起见，国民代表大会可授权全民所拥戴的蒋先生组织国民政治会议（见《制宪与行宪》），并授权蒋先生与国民政治会议于抗战期内集中一切权力以应付外侮。

民主政治与一党制度不相容，立宪政治与一党制度当然也不相容。本来自军政至宪政期间，由国民党专政是极合理的，抗战期间由一党负责也是极自然的。这在上面俱已说过。但事实上既做不到，而国民党已有早行宪政的诺言，则莫若改变作风，准各党公开。

各党公开后，国民党自然只是各党之一，并不能享受特殊的地位，所不同者，操政权者当然大多仍为国民党党员。但各党的公开，对国民党实有利而无害。国民党十余年来因凭借了国家的力量，故已丧失了不少自动的力量与奋斗的力量。青年有志之士也往往以加入国民党为近似做官，无不愿加入。公开之后，国民党如欲维持其固有的优越地位，势不得不忧勤惕励，以与其他各党争优胜。在那时候，三民主义既为各党共同的主义，则说几句口头禅决不足以增加党的势力。必定要党内有人才，对于三民主义有引人入胜的解释，对于实际政治问题有圆满的解决方法，才可使党□地位优越，而且各党公开后，党费俱由党员自筹，而不仰给于国家。所以入党者必有所□而入党，入党后必对党务热心，可一变今日的消极风气。

我们要知道，一个政党握政权太久后，必定要萎靡不振，损失战斗的能力及批评的能力，徒然固步自封，少有长进，唯一的例外，就是专以压制人民为务的专制政党，如国社党等。国民党既不欲为国社党式的政党，则莫若任各政党取得竞争的权利，在竞争的空气中，我想国民党必可恢复当年奋斗时的大力。如果一公开一竞争，国民党就要不济事，那更是一件值得深省之事，而决不能以不许异党公开活动了之也。

如许各小党公开，唯一的可虑之点就是共产党的问题。说到这问题，我们颇感觉到愈不能讨论，则神秘性愈大。我以为共产党的问题应分别为若干问题，而不可混为一谈。第一是苏联的问题，第二是红军及边区政府的问题，第三是共产主义与思想的问题。苏联的问题是一个独立的问题。苏联的外交政策一日与我们有利，我们一日须与之亲睦。苏联的外交政策一日与我们有害，则我们立须另采对策。我们亲苏时，共产党的声势当然会有相当的增加，但我们也不可介意。我们不亲苏时，则我们绝不能容忍共产党或任何一党有违反国家利益的行为。好在据我的观察，在抗战期中，苏联并无远我亲日之理，故苏联问题实不成问题。红军及边区政府的问题在理论上极易解决。他们当然应取消其特殊组织。军队只能有国军，不能有党军。政府只能是政府，不能是党政府。理论既如此，事实就应速令与之符合。今年十一月而后，国民党的党治如能取消，则中央政府更可有辞严令红军及边区组织取消。共产主义与思想的问题，我主张在国法之下，准予自由。国法者，一是三民主义，再是严禁叛乱。三民主义当非共党之所难堪，共党本已接受三民主义，在三民主义之下，共党也才有宣传其若干澈底改善调度的主张的自由。唯一的区别就是不能宣传暴动。

国民党人或者要说，三民主义一经共产党人解释就要变成共产主义。这危险诚或有之，但这不是一个了不得的大危险。我们一面希望法院能执行国法，对于假思想以实行谋叛之人执法以绳，藉以维持社会的秩序，一面对于主义的解释采最优容宽大的态度。十六七世纪欧洲的宗教战争可为殷鉴。当时欧洲人对于耶教思想每抱狭窄的门户之见，结果战争不已；但战争的结果，大家仍得采取广泛的解释（Latitude Narianiam）。与其酿起无数的冲突于将来，何不大家此时就均做广泛派？

共产党最可令人忧心的，当然尚不是主义，而是其办党的方术，关于这点，我想公开而后，可以改善许多。我认为我们中国人是富于理性。现在有许多人醉心于共产党而不嫌其方术之不正者乃是受一种好奇心及不平心所驱使。如果一旦公开，共党得与各党共享活动权利，而仍维持其若干不正的方术，则有识者必共弃之，有为之士亦不屑参加矣。

各党公开而后，愈努力者必愈得势，优胜劣败，决无可逃于公理。国民党如努力，必胜；国民党如不努力，必败。但三民主义既确认为立国之道，而孙中山先生又为国父，我们对国家的将来固无庸忧虑，抗战大业既委托于蒋先生及国民政治会议，我们对抗战的成功也无庸忧虑。既然如此，何以我们定不能容多党存在呢？

（《今日评论》，第 3 卷第 23 期，1940 年 6 月 9 日）

大学往何处去
（1940 年 6 月 16 日）

我们说到高等教育，平常是指大学教育及与大学教育同等的专门教育。然而大学教育与专门教育却又不能不分。

大学应研究学术，而更应提倡研究学术的精神。大学的基本目的是求知，而不是言用。如果大学教育能同时发生实用，那是一种副作用，而不是原始的目的。专门教育的目的则在养成技术人材，他的原始目的即是实用。两者不应相混。如误大学教育即专门教育，则研究的精神将荡焉无存，学术的水准也必低落。如以办大学的精神办专门教育，则不特实用人材一时无从造成，且整个的高等教育也太不经济。

我国教育方针晚近有一大不幸的错误。这就是将大学教育与专门教育混而不分。民国十八年四月国民政府所公布的中华民国教育宗旨，其关于高等教育者，有如左的规定：

大学专门教育必须注重实用科学，养成专门知识技能，并切实陶融为国家社会服务之健全品格。

民国二十年的国民会议关于《确定教育设施趋同案》中，又决议：

大学教育以注重自然科学及实用科学的原则。

这两个规定为政府十余年来处理高等教育的最高原则。但在这两个规定之下，大学教育与专门教育是不分的。换言之，我们只有专门教育而无大学教育，所谓大学也者也只是数个专门学校的集合体，再加上一些文史哲法政经之科目为点缀而已。此所以大学各学院或独立学院与专科学校间，其为学方法与授课内容也无甚可分。再质直言之，因为大学各学院，尤其是所谓实科也者，根本就是专门技术训练机关，于是专门学校的设立反不见有什么需要。如果有极少数大学近年来仍维持若干研究学术的风气，研究文法者不因政府之极端歧视而失其自信力，研究科学者不因政府之注重实用而放弃理论的探讨，那是例外而不是经常，那是要归功于这少数大学的学者自尊自信心，而政府无与也。

如果我们不甘长为一个学术落后的国家，我们自今以后务须认识大学的使命。一扫过去对于大学的错误观念。真正的大学决不能对于"实""不实"的科目之间有轻重之分。科学是重要的，但科学之中，纯粹科学与实用科学有同样的重要，专□实用科学而轻视纯粹科学，则科学永不能昌明。同时，文史哲，法政经，也与科学有同样的重要。从学术立场上，有科学而无文法已好像是食而不饮；如果只有实用科学而没有其他的一切，则所食者更像抽去了维他命似的。食固可以饱，但不饮也可渴死。如果所食者没有一点点的维他命在内，则更是百无一可了。

大学本不是可以速成的，所需的财力及人力也大而巨。欲办好一个大学已经是困难，欲办好许多个大学当然困难更大。与其多而滥，有名而无实，宁可少而严，名实俱符。国民政府成立以前的几年，固为大家想染指庚款，京沪充满了挂牌的"大学"。国府成立，严予取缔，无数的野鸡大学封了门。这是一大进步。但因取缔还不够严，以致不像大学的"大学"仍有存在者。到了抗战期间，各大学所在地多被敌人侵占。这本是存真弃假的大好机会，无如政府姑息，并没有能利用时机。到了最近，大学的质绝少改善，大学的量反在增加，则更难以索解。

依我的看法，在抗战前夜，国内大学中配称大学者最多只有两三个，这两三个大学的各部门也并不是全体均够得上大学的标准。这几个大学，因为经了数度的迁移，现在的标准还不如抗战以前。如果我们真要将大学办好，最好的办法，莫如政府以全力辅助这少数大学，使其设备能充实，师资能胜任，学生能优良，使其于最近将来可成为优良大学，程度可与欧美的各大学相垺。其他的所谓大学，既然在实质上离真大学甚远，最好改为各种专科学校或断然停办，如偶有一二科目，三数教授，够得上大学标准，则可以之并入到上述两三个大学内。学生之中，其够得上入大学者，当然也可经甄别后转入继续办理的两三个大学内。反过来，这两三个应予诱掖的大学，其中当然也有不够格的科系，教授，及学生，这些当然也在归并（向专科学校）及停办之列。

有人要说，我这个办法太理想，太激烈，实行不易。我的答复是，如果政府有革命的勇气，有大公的怀抱，实行也不甚难。即使改大学为专科，在事实上做不通，政府只消在实际上应付较有希望的两三大学以全力促其上进，藉以提高大学的标准。待全国学术水准较高，财力人力较裕时，再培植较多数的大学。

政府方面或者要说，政府刻正命令若干比较优良的大学办研究院，同时比较低劣的大学则不许其办研究院，这就为提高学术水准，也含着培植少数优良大学之意在内。政府如果有此用意，则用意虽善，而方法仍大错。上面所指比较像大学的大学俱经过迁移。现在元气未复，普通教学尚且困难，那里谈得上研究。政府如果不知道，应力求较深切的认识。如果知道，则未免过于喜欢粉饰太平了。

回到我原来的主张。我以为最好的办法是择少数优良大学力加培植，其余或改为专科学校，或停办。纵不改专科，政府仍应分别各大学的优劣，对优者以大学之道行之，对不够格者或闭之，或实际上以待专科学校者待之。

培植大学之道，第一须养成自由言学的风气，而不可稍加统制。我们须时时刻刻记着，我们希望中国成为三民主义的国家。在这样的一个国家，个人的人格应该是十分尊严的，而不是国家之下的一个小小工具，好像在德意志似的。要个人能自尊，且被人所尊，思想便要自由。要思想自由，则大学须有自由的学风，教授自由教，学生自由学，教授学生俱自由做学问。只有在自由的空气之下，何者是真，何者是伪，何种人生哲学合于中国民族，何种不合，何种政治经济制度可以实现三民主义，何种不能，可因切磋而得着一个正确的答复。如果政府事事要统制，课程要统制，教材要统制，教授学生的思想要统制，无论统制之人在知识上是否能比得上被统制的人，即使够资格统制的话，也徒然使大学成为一所工厂，或则成为反对份子的秘密活动场所而已。

我这里所谓自由，当然不是放荡□□□之谓。教授可以自由教，这并不是说教授可以随随便便不负责任。学生可以自由学，这并不是说学生可以罢考不上课。学术自由，学说自由，这并不是说可以提倡荒诞不经，或谋叛作乱。不负责任的教授，大学自身应有且能有制裁之道，违法乱纪的言行，国法应有且已有严厉的制裁。自由与放荡不同，晚近有许多人往往将自由曲解为放荡，于是大加抨击。我所谓自由当然不是这种自由。

至于专门学校，则当然与大学不同，专门教育的目的在造就技术人员，而大学教育，树立一国高深学术及宽大思想的基础。故大学贵自由，不能因时更不能因地而变，而专门学校则宜视某一时某一地的需要。我国现在缺乏各种专门人材。不特工程师医师这一类所谓实科者甚为缺乏，即□□律师□种所谓非实科者亦甚缺乏。政府自宜开设各种专科学校，不厌其多，只厌其少。如程度能高些，固然是好；即因师资财力不敷而低些，也总比没有为胜。

专门学校的科目及教材，政府自应严加监督。种瓜得瓜，不监督，则专门学校所造就的人材或难副政府所预期。故政府的统制，在理论上，是讲得通的，不过政府也不要有过分的或不通的统制，更不必为统制而统制。

再重说一次，政府对于大学及专门学校务须分作两事看，混为一谈，大学教育及专门教育将两受损失。

（《今日评论》，第 3 卷第 24 期，1940 年 6 月 16 日）

浅说民权与极权
（1940 年 9 月 1 日）

目前的世界正值民主政治与极权政治作殊死战的当儿。全世界比较重要的国家，不是已经加入，便是将要加入。唯一的例外是苏联，即是苏联也不见得能永久置身事外。

这个大战决不是短期内所可结束。德国自战胜法国后，已成了欧洲大陆的霸王。他又有义日及西班牙等若干小国做伙计。将他打败，需要长期的斗争。反过来，德义能否打败英帝国根本就成问题。即使有了日本的协助，可以打败英国，尚有美国有待于解决。而且无论英美胜或德义日胜，胜利的一方总须使苏联不站立在对峙的地位，才可以建设新的世界秋〔秩〕序。这当然也将使战事的最后结束多延长些时间。

在这个大战中，我国能发挥的力量可以大，也可以小。如果我们认清了这是真正的世界大战（一九一四———一八的战争只是欧洲英帝国及美国的战争），认清了这大战是民主国家与极权国家的火并，认清了我们不在这边，定在那边，没有骑墙徘徊的余地及余暇，因而以最坚决的态度，协助甚或领导民主国家，打倒极权国家，则我们所可发挥的力量可以极大。我们容或可以一举而贯澈三民主义于整个的世界，我们容或可以一举而建设三民主义的新的世界秩序。如果我们不承认欧战及亚战会合而为一，不承认民主国家与极权国家会有严整的分野，一方面虽抵抗极权化快要完成的日本，一方面于欧战的双方却又不肯有所抉择，徘徊歧途，多所矛盾，则我们在这大战中所可发生的力量，必然小而又小。甚至于打败了日本，还是不能独立自主。

我们对于民主政治与极权政治间要有所抉择，不能稍存惰性，也不能丝毫投机；不能因为我们讲了民治已有三四十年之久而不敢毅然放弃，也不能因为德国最近有空前的胜利而趋炎附势。我们的抉择不但应以民族的利益为前提，而且更应以人类的将来为前提。我们所处的时代是大时代，我们应有的气魄是大气魄。

民主政治在西方已经有了六七百年的历史，一二百年的流行。无疑地，他代表一种进步，他给了个人以尊严，使个人脱离了贵族及君主的桎梏。数百年来，民主政治的怒潮所及，贵族政治与君主政治无不披靡。数百年来，只有民主政治代替贵族政治与君主政治，尚无君主政治与贵族政治代替民主政治的事迹（短期的复辟等等当然不算）。由此可见，在人类文化演进的过程中，民主政治是迄今为止最进步的制度。

但是，民主政治——迄今为止——也有两大问题未能解决。民主政治在十八世纪本喊着自由，平等，博爱三大口号；当时，也确曾谋过这三个口号的实践。不幸到了十九世纪工业文化降临后，自由与平等间发生不可融洽的冲突。如尊重自由，则资本家与劳动者间的不平等愈是尖锐化。如实行社会主义以消灭社会上的不平等，则企业自由必受限制。先进的民主国家，如英美等国，狃于习用的自由，既不肯放弃企业自由，更不愿任政府负担向为私人所负担的职务；于是平等的原则从无实现的可能。美国罗斯福任总统（一九三三），推行"新政"，稍稍往平等的方向走去，则又为国人多方牵制，迄今也未有太大的成就。

民主政治第二个大失败是迄今未能建立一个博爱的世界秩序。一九二〇年的国际联盟是民主政治关于这一方面的最大贡献。但因民主国家本身缺乏理想及决心，以致国联成了一个历史上大失败之一。世界秩序既未建立，于是极权政治以及与极权政治不可分离的独给经济（Autorchy）随之而生。民主政治既未能防止极权政治的产生，迨产生而后，又不能与之作经济上战备上（二者是不可分的）的竞争，于是乃有英法之败，德国之胜，与美之恐慌。

极权政治，无疑地，产生在民主政治缺点之上，而且对于民主政治将有极大的影响。如果极权国家能战败民主国家而消灭其势力，民主政治或将永不存在。法国最近的经过即是此种变化的前奏。即极权国家失败，民主国家胜利，民主政治亦必将发生若干重大的变化。何以故？第一极权政治既因为民主政治有重大缺点而产生，则为根本消除极权政治的复萌起见，民主政治本身不能不有一番重大的更张。第二因为在抵抗极权国家的过程中，民主国家对于其政治及经济的制度也得有一番的调整，才有应付极权国家的力量。

极权政治对于民主政治虽将发生重大的影响，但无代替民主政治的可能。假设极权国家获胜，民主政治消灭，极权政治也不能长，极权主义只是在破坏方面有贡献，而在建设方面无贡献。极权主义建设在战争之上，以战争为美德。就令民主国家一一毁灭，极权国家之间仍须互战。就令德国能征服义大利与日本，尚有苏联有待于征服。是以极权主义必将与战争共终始，极权主义一天不消灭，战争也一日不停止。在此情形之下，世界与人类只有往毁灭的道上走去；世界秩序决无建设起来的可能，其可能性且远比在民治主义之下为小。人类为自存起见，也总得起来扑灭极权主义。

这是就族与族的战争而言，就个人的生活而言，极权主义也是百无一可。德国固然因极权化而强盛了。但强盛的德国并不能增进德国人民的福利。强盛德国的目的在征服邻国，征服世界。德国愈强盛，则德人愈须在战争中过生活，直至全世界征服为止。就令全世界俱为德人所征服，全世界成了一个组织，全世界其他种族俱在德人领导之下生产消费，再没有战争或内乱发生，这社会也必是强凌弱，大欺小，有阶级，不平等的社会。德人自是统治民族，但德人之中也有阶级之分。至于个人的自由及尊严则更说不上。在民主的社会之中，虽无平等，尚有自由。在极权的社会之中，自由平等将两俱难存。

由上以观，可知极权主义即能消灭民主政义〔治〕，仍不能代替民主政治。民主政治消灭而后，人类仍须另觅出路以谋自存。在中国的历史上已有前例可援。春秋战国的制度固然有种种缺点。因为有缺点，所以秦能消灭六国统一天下。但秦始皇的暴政却不能永久存在。消灭战国的制度者固是无制度有力量的秦，但代替战国的制度者却是有制度的汉。我们人类目前最重要的工作就是如何使六国直接进为汉，而避免有秦一代的残酷毁损。我们不否认这工作的困难，但我们却不能不有此勇气。

实行三民主义就是人类当今的生路。西方民治国家能尊重个人的尊严，却未能使国家有充分的权力，也未能使社会主义有满足的发展。极权主义能使国家有大权，却忽视了个人的尊严，并引起了民族间人类间不断的残杀。苏联的制度颇能实行社会主义，却也未能充分注意个人的自由。只有三民主义可以补救民治的短处。民权主义尊重自由精神本与民治主义一致，但在制度方面则目的在藉国家的权力以实现平等的原则。民生主义是社会主义，但民生主义的社会主义不以阶级为出发点，因之不妨害个人的尊严与自由。民族主义的最后目标在建设各民族互相尊重的合作大同世界，所以大可补救民主政治未能建设世界秩序的缺点。

一说到三民主义，读者易有老生常谈八股文的感觉。其原因则由于自来一般论三民主义者每忽视孙中山先生创此说的背境，与其所要达到的广大目的，而反偏重于孙先生关于三民主义的本文。孙先生的本文本不精深，而孙先生的看法却极独到，目的却极宏大。世人不于孙先生独到及宏大之处着眼，而只斤斤于疏简的本文，于是三民主义乃大失其色。实则三民主义却从未因解释者的浅狭而失其伟大。

我们处此民治与极权作恶斗之日，务须认清极权主义的毁灭性与民治主义之可以改良，务须以三民主义救民治之短，务须从速建立三民主义的中国，并进而感化民治国家及苏联，使之仿效我们，同时则以全力协助甚或领导民治国家，击毁极权国家，使人类元气得以多所保存。

因为我们是在一个重要而危急的时代，我们不但应知我们所应采的态度与所应任的工作，而且应积极组织我们的力量以担任所应担任的工作。我们应悉心悉力拥护蒋介石先生建设人民有权政府有能的民权国家，我们应悉心悉力抗日，我们应与民主国家保存最大限度的合作。

（《读书通讯》，第 9 期，1940 年 9 月 1 日）

论党务
（1941 年 4 月 13 日）

我是主张一党制者，本文所论的党务当然是中国国民党的党务。

中国国民党是主政的党，党务的重要不亚于政务，党务的改进就是刷新政治的先决工作。依常理言，国民党党员，就是一班国民，应该如何讨论党务以期改进党务。然而在过去，关于执行的琐屑事项尽管有许多会议，许多商量，而关于政策的基本事项，则绝少闻有所讨论，有所辩难，这不能不说是一种可怪之事。

"目前的根本问题，是要使政治有新的气象，党务有新的精神。"这是总裁蒋先生勖八中全会之词中的警句。他更说：

> 但是我们观察过去三年八个月以来，尤其是最近半年之间，我们奋斗的精神，确是一天不如一天。从党到政府，从我们中央到地方，无论党务、政府、军事、经济，各种事业，都没有新的精神，缺乏新的活力。我以为这一点，就是绝大的危机，值得我们惊心的。为什么我们全国上下在抗战初起之时，明知我们是以弱国而当强寇，都能紧张振奋，不惜牺牲一切，而到了今天抗战紧要关头，最后胜利已在不远，反而有因循怠忽的现象呢？这个责任，我们不能归之于政府，更不能归之于民众，也不能归之于内外环境之险恶，而完全在于领导抗战建国之本党，尤其是今天在座各位中委同志。我们应该念念不忘"革命尚未成功"的一句遗教。尤其要知道，此时真是我们存亡绝续的最后关头，那里可以有一点侥幸自矜之心，那里可以有一点苟安怠忽之意。如果我们今天在座的一百五十余位同志，大家能一致振奋，仍旧□过去三年以前一样，来发扬我们悲壮奋斗的精神，和凌厉无前的气概，那本党同志和全国同胞，在我们精神感召之下，一定能重新鼓舞起来，向危险艰难的路

上奋勇前进。反之，如果我们有一件事不努力，不振作，那就要使得全体部属，以至全国同胞，都要随之松弛懈怠下来。国家的前途，也就不堪设想。希望今天在座的各位同志，要一致将目前这个内在的危险，从此革除旧习，共同鼓励，力行不懈，振作我们愈困愈奋的大无畏精神，来领导自己的部属，和全国的民众，使我们一致自信有本党和政府领导，一定可以达到抗战胜利，促进建国成功，必须如此，才能不负国民的期望，不负友邦的同情，也才能增加我们抗战建国的力量。

这一番话应有振聋发聩的效用，有了这番话以后，党员们自须格外努力，以求"党务的健全"，才可不愧为党员，不负领导者的领导。

就我所见，欲使我党更能肩起抗战建国的大任，我们应做到下列数事：（一）三民主义的阐扬应具精彩及生气，且处处须以全民的利益为出发点。（二）党员的数量暂时不必求其大；而其质量则须加意注意，务使全国富有政治意识的优秀分子俱入党，而在党者皆具有朝气。（三）党的组织与党费不必求庞大，不要依赖政府，而须求其能独立自给。（四）党与政府应成两个不同的系统，而不可过于错综混合。请分论之：

（一）三民主义之所以能成为救国的主张，且其价值可历久远而不灭者，乃因其有极广极厚的根据，而不是一种投机主义，或是一大串头疼医头，脚疼医脚的药方。孙中山先生为近代第一通人。他不是一个国学家，但他对于中国民族数千年来的演进，以及今日所具的物质，知之既最详审，又最透澈。他不是一个经济学专家或政治学专家，但他对东西各国的经济及政治制度，既有确切的认识，又能善为比较，知其得失。三民主义乃是他根据古今中外的比较，而获到的一部富于理想而又不是无实行可能的主义。这主义是适应中国的需要的。如果阐释者没有把它曲解了，或是把它缩小了，三民主义决不致使任何人（蓄意反对或诬蔑者当然除外）发生不合时代或不澈底或缺乏进步性之感。如果在过去，他曾使一部分优秀分子发生这一类的感觉，那不是由于三民主义之未能实行，便是由于三民主义的解释方面有缺点。

在过去，三民主义的解释常易有下列各种缺点：第一，关于民族主义的解释往往太狭窄，偏于自卫，而缺乏崇高的理想及进取性。第二，关于民权主义者，先后往往不一其说，有时迹近释民权为极权，有时又类似英美的民主政治，而孙中山先生主权在民及推行宪政的基本思想往往消失无遗。第三，关于民生主义者，解释者不是大做"平均地权节制资本"的八股文章，便是故意闪烁其词，徒使读者坠入五里雾之中。这都是要不得的解释。但这种解释自然使有偏见者得以攻击，无偏见者感觉乏味。是故为发扬孙中山先生的主义起见，解释者务须从大处高处入手，而又处处不忘三民主义俱以民为本的原则。

（二）党员的数量质量有关党的基本。如党能拥有巨数质量至佳的党员自是最好不过。如果二者必不可兼，毋宁少而佳，不可多而劣。政党以左右政治为目标，其领导者务必有政治意识。而具有政治意识者（当然也除了蓄意反对者）则必须使其加入。以此为衡，则过去所收党员常嫌太滥，而对于善良份子的吸收，则又未到最大努力的程度。

国内有许多人是反对学生入党的。我也反对中小学生入党，因为他们的政治意识还不够发达。但大学生则我以为绝对可以入党。吸收党员时，大学生应是最良好的一种党员。如果一面说要征求党员，一面又不积极设法使有政治意识的大学生入党，则久而久之，这种学生势必加入其他政党。这当然不是国民党所应放任之事。

（三）论及党的组织与党费。国民党今所采用的方式是偏向于国党混合的办法的，所以党费大部取给于国库，政府可以推行党务，党部也可以治理人民。我以为这不是最好的办法。尤其在"有人批评我们，讥笑我们说，本党的工作不紧张，太懈怠，甚至说我们太腐败了衰老了。"而对"这种批评，我们都要承认，都要接受"的时候，我们似宜采用一种新的办法，以冀增加惕励精神，并以减少衰腐的因素。我的意思，党费应恃党员的捐献，而不恃国库。如果党员的服务及热诚够程度，则纵使经费减少，党务也不见得因而不颖。至于各级党部的组织，更应竭力避免衙门化。衙门化的党部常会变成开会填表的机关，而不易发生党组织所应发生的作用。

党与政府关系的保持，与其仿效德义，毋宁仿效苏联。在前者，党与政府混成一起，党成了国的部份。在后者，党成立政府，并指导政府的大政。但除此而外，党不与政府发生自上至下的并行关系。我不是说，这两种办法，前者不如后者。但中国今日需要的，是要使主政的党由不健全而变成健全，由暮气沉沉而具有朝气，由侧重消极应付而改取积极作为。要引起这种不可少的变化，莫如使党的依赖性减少，同时自主力增大。如果做一个国民党党员一定要靠自己的智力毅力及革命精神而不能靠政治实力，如果做一个国民党员的报酬是艰苦奋斗及精神上的满足，而不是"有特殊的地位"与"享特殊的权利"，则党质党德必可丕然大变，而成为一个有朝气极健全的集团，而一切的讥笑也失了根据。

因为我心目中的中国国民党，是一个主政服务以救国，而不是一个做官享受以误国的党，所以我虽主张一党制，而却不主张用压制的方式以消灭其他各党。我以为我们可任其他各党存在，并且可任其他各党活动。惟一的限制是他们必须奉公守法，必须努力抗战。如果国民党是一个有声有色能获人民热烈钦爱的党，而不仅是一个不能不接受的党，则其他各党在若干时期内，必定要失了存在的理由。如果国民党不能做到这项理想，则纵使禁止各党存在，各党活动，暗地里的活动反而莫可阻止。为表示国民党伟大起见，我以为确立一党制最敏捷的途径，莫过先予各党以合法限度内的自由。

党本是不方便讨论的一件事。在常情之下，党员要求改革党，常易引起党内部的纠纷或分裂，一般国民要求改革主政的党，常易引起政治上的大波动，甚或内乱。这种纠纷，分裂，波动，内乱，在战时更不应有。幸而我们此时无须忧虑有这种不幸发生。就国民党言，我们有站在任何党员前面的总裁，总裁自己即是时时刻刻关怀于党的健全者。就全国言，国民党的总裁是全国的共戴的领袖，国民如要求国民党之健全化，亦不致牵动抗战时期中的中心势力。如能把握住这一要点，无论党员国民均因重视党之健全，而多作革新国务的讨论，更由讨论而付诸实行，则党健全之日，即是政治上轨道之日。

（《今日评论》，第 5 卷第 14 期，1941 年 4 月 13 日）

新中国与一党制
（1941 年 9 月 4 日）

中国此时在极大的动荡中，世界此时也在极大的动荡中。战时问题固然很多，战后问题将更多而更严重。第一，战事所引起的社会变动战后须有合理的归宿，不然社会将永远不得安定。第二，中国经过此次战争，国际地位将与前大不相同。大国有大国的责任。我们如一贫如昔，将使我们负不起这种责任。如何可以使国家富强也将成为战后急切而艰巨的工作。

依照我的看法，在战后我们只有两条路可走。一条是立下一个极高的理想，以最大的决心与毅力，于最短的期间，实现这个理想。又一条是得过且过，毫无理想，使中国降为新的侵略的牺牲者。这两条路，我们必采其一。

我的理想如下：我们早日产生一个贤能当道的强有力政府，由他来为人民谋普遍的福利，为国家尽雄伟的力量；近则抵制个别的侵略，远则保障世界的和平。

我不否认，上面所说的是一个不易实现的理想，然而也是不能不求实现的理想。这理想不能实现，新中国决不是乐土。盖战后的世界决不是一个易处的世界。法西斯主义及所谓武士道者尽已消灭，但新的纠纷一定不免。战后的中国也决不是一个单纯的社会。如果人民不被一个崇高的理想所笼罩，则各种破坏势力也将如人欲的横行。不进便退，本是文明演进的逻辑，而在战后的中国尤将有此景象。所以我们不能不悬一鹄的，努力以赴。

要实现上述的理想，无疑的，国家须有大权，而人民须保其自由。在过去，自由与极权向为对立的而不调和的。极权国家只知有国家，而不知有人民，更不知有国外的民族，人民只是工具，而外国民族则是奴隶。自由国家只知有个人的自由，而不知有国家的全体，国家遇到危难，个人随而牺牲。我以为战后的新中国必须避免极权国家与自由国家的短处。国家须有权力以促进世界的和平，以谋全民的福利，但人民仍须有自由，庶几国家不至忘其所以，妄自尊大，对内滥施淫威，压迫人民，对外东侵西略，兵连祸结。

就政党的制度言，在这样的一个国家内，决然是一党制度，而不是无党制度，也不是多党制度。

先说无党之不可能。国家的职务愈繁杂，则当政者愈须有组织。如果没有党的组织则领导人民者无人，□意企划者无人，防免独夫专制者也无人。

次说多党制之不相宜。国家如只有一党则已，如有多党，任何一党都希望地位与最大之党能相等相若。像中国今日的政党制度决不能算是多党制度。如果真正的多党制度存在，则总有此起彼仆的现象。在甲党当权时，乙党或其他政党必设法谋代替甲党当权。在此情形之下，当权之甲党在其施政时势须受种种限制。设无限制，则乙党将无法推翻甲党而代兴。无疑的，在英美等实行多党制的国家，国家的权力确是有限制的。如果战后的中国亦受此限制，则理想的新中国决无从实现。

我意，从保障国家权力完整的立场而言，无党制与多党制决不如一党制之相宜。这一点似无多加发挥的必要。

但是从保障人民自由的立场而言，政党的制度又应如何呢？在答复这个问题之先，我们自不能不确定我们需要之自由为何。"自由"的意义向不确定。在若干年来的中国，一班人又往往硬将"民族的自由"与"个人的自由"对立，若为民族谋自由则个人便不能有自由，个人言自由则民族便将丧失自由似者。这是一种不幸的错误看法。我们如一日不能脱离这种错误看法，我们的政治建设便将一日不能有一光明的目标。

我以为人生的第一目的为求生活的幸福，物质的及精神的。人不能离群而独立，故最幸福的生活一定是大同世界全人类互相协助的生活。如果这看法是正确的，则国家的光大决不能是人生的最高目标，因欲提高国家的地位而牺牲各个人民的或是旁的民族的利益是一种浅狭不通的见解。我们只能将国家视为一种工具，一种在未臻大同以前保障国内各个构成份子的利益的工具。换言之，不论国权如何发达，人民所赖以维持其自己尊严的言论自由决不可剥夺。这言论自由应从广义解释，凡思想、信仰、出版、集会等等一切足以助人类维持并发扬独立庄严的人格的活动均属之。

但财产、工作、结社等自由则不必亦不宜为新中国国民自由。财产的自由积置及处分形成了资本主义。工作自由的容忍势必妨害计划经济的实施。自由结社亦必多方妨害国家的权力。这一类与人民经济生活刻刻相关的自由再不必容其存在；这些自由的存在必引起社会上的各种畸形。我们所欲保存并加意保障者只是与人民精神生活有关的各种自由。在这类里，我还可附带说明，即在向日尊重财产自由及工作自由等等的英美等国，战后恐也将不再保障此种自由。罗斯福在本年一月六日广播演说时，曾说民主国家反抗侵略并重建世序的目标在树立四大自由，即（一）言论自由（二）宗教自由（三）无不足的自由（四）无恐惧的自由。第三第四两种自由是新自由，而与传统的自由完全相反。如用三民主义的说法，则第三种自由是实现民生主义的意思，而第四种自由是树立和平，实现大同，以弭战争侵略的意思。换言之，在罗斯福心目中的未来世界中，亦只与人民精神生活有关的自由应获保障，而并不是十八九世纪民主宪法人权章中全部人权均予维持。

如果自由的范围依上述的规定，则我以为只一党是相宜，而多党制度无必要。

我们不能忘记，在英美等国，党与党之间发生异同，除了人事的问题以外，由于经济政策之不同者多，而由于其他原因者少。即以十九世纪英国保守自由两党对于爱尔兰问题所生的大争执为例，两党争执的焦点是地主阶级权益的问题，而不是政治宗教的问题。一个国家如果须保障财产自由，则不能不容忍对财产问题作不同看法的若干政党存在。如只有一党一种看法，则财产自由丧失了意义。但在战后的中国，财产自由既非□有的自由，而国家的经济政策又必以普遍地改善民生以增进国力为第一目标，则决不能容忍多党同时存在，而以经济政策为党争的足球。

就新中国应予保障的自由而言，则一党制与多党制并无分别。自由之能否保障将视法院之能否独立。如果法院能独立，自由即得保障；如果法院不独立，自由即少保障。言论一类自由之所以能在英美得着最好的保障，乃是由于英美法院的健全，而不是由于多党制度。这一点是论自由者所应牢记的。

根据以上所说，我们可得如下的结论：为使新中国的国权完整起见，只有一党制度是相宜的制度；为保护新中国的新自由起见，多党制度并无必要。

此外，尚有两种对于一党制度的怀疑应有答复。

第一，如果一党当局，滥用权威，实行专制，则将如何补救？我不否认，近年来一党当政的国家，其专制类皆达于极点，而人民辄成可怜的动物，无复一点人格及尊严。但是，我们也得记住，在这些国家，自由本为当局者所鄙弃，而民权则被视为不祥。如果新中国为尊重自由尊重民权的国家，而又有胜任的法院以充自由的保护人，则避免专制的可能当不在多党制度之下。

其次，如果一党之内分成数派，则实际上□不等于多党？答曰不然。建设新中国的政党必定有其建国的政策。党内纵使有派，其不同之点也不能如党与党间之□。而且，一党中的数派可以分合无常，不易形成永久的裂痕，而同时并存的数党则界限甚深，融合不易。所以党内分派与多党制究有不同。至于近年来若干国家党内自相残杀的情形则是由于党中首领阶级的嗜杀性成，初非制度之过，可以不论。

我以为不但战后的新中国将采取一党制以建国，我还可进一步推断英美等国战后亦将采取一党制以建新英国新美国，并进而建设新世界。这固是预测，而所有预测均有不验的危险。但证以两国国家权力的增加，以及统制经济的进展，则多党制度的继续势必发生重大的困难。现在英国已成立混合内阁，战争的趋势正在使三党中主张高度国家社会主义的份子逐渐增多，且无分彼此。美国方面，迹近社会主义的新政派与资本主义派固仍在斗争中，但大战的进展无疑地将使新政派渐渐得势，在战后拥护资本主义的政党及派别或竟无立锥之地亦未可知。

事实上，就中国而论，舍一党制度外，亦别无其他可以代替的制度。中国国民党是多年来主政的党，三民主义又为国人及其他小党（中国共产党在内）所共同接受的主义。如果我们秉此主义以建设新中国新世界，则当权者势必仍为国民党，而其他政党，久而久之，必失去独立存在的理由与可能。一方面接受三民主义，而又一方面与国民党对立，这局面我以为是不忠实的，也是难以持久的。

但从国民党应有的立场上说起来，一党制度的不可避免只是加重了国民党的责任。因为我们希望能于最短期内实现一个崇高的建国及建立大同的理想，我们才要一党当局，以集中意志，以增加效力。要党能负得起这样一个大任，党之自满是最大的戒忌。

三民主义的阐扬与宣传
(1941 年 9 月 27 日)

　　国民党在中国虽有很悠久的历史，但三民主义的宣传尚属不够。这话骤听来或不无诧异；然而这是事实。单就对外宣传而言，我认为本年五月底外交部部长郭泰祺氏于赴任经美时的广播，将英国的大宪章及美国的独立宣言和我们的三民主义相提并论，尚是首次有力的宣传。因为这样的宣传可使外人于感觉中国人对三民主义的重视之外，更使他们能了解三民主义的一般性质。将三民主义与大宪章独立宣言相媲美，所以表示三者在三国有同样的重要，且三者具有同样的基本精神。

　　我尝细考孙先生晚年的行动言论，而得到一种感想。这感想是，孙先生于十二年改组国民党后有三件事是他注意的最大目标：第一保有广东以为革命的据点及试验地；第二训练党的干部以备将来治国之用；第三充实并宣传三民主义。这三件事中，当以后者更加使他个人关心。因为前二者多少可择人而托，但后者却不易付托他人。孙先生十三年底北上的目的，与其说是为感化段祺瑞一系势力，毋宁说是为宣传主义和吸收知识份子入党。我深信，如果孙先生十四年不逝世，他对于主义的宣传必将亲自作极大的努力的。

　　孙先生的逝世使三民主义丧失了一个最有力最有权威的宣传者。同时，十六七八年党治进展的情形又影响了宣传的本质。使宣传的本质趋于恶劣的因素约有三个：第一个是党中解释主义者气度过于狭隘而理解过于肤浅；第二个是党外知识份子不是缺乏政治意识，便是缺乏宽宏之量；第三个是党内知识份子过于消极缄默而未能对主义作恰当的宣传。

　　"党八股"这个名词到了今日已失去了尖锐的讥刺意味，而只是一个平淡的形容词。但"党八股"这名词的成立和流传却充分说明了十六七八年间上述三种人的过失。由于第一种人的狭隘浅薄和第三种人的畏缩缄默，于是论党策说主义的文字流为陈腐拘泥的成套。由于第二种人恶意的吹毛求痴和不同情的批评，于是这成套的文字才得了"党八股"的讽刺。

在民国十六七八年的期间，解释主义的著作，无论为书本，小册子，文章，或讲演，都远比今日为多。这是很自然的现象。当时北伐方告成功，国民党方取得政权，而一般国民对三民主义多无所知，解释宣传自有其必要。然当时解释主义者不出乎两种人。一种人是党中的许多老同志。他们对于国学虽都极为渊博，但他们由于所受的教育之影响，似乎有两种弱点：一是对于治学方法不免带有科举时代的色彩；一是对于西洋文化没有深切的认识。可是三民主义乃是集古今中外大成的一种主义，非学贯中西，就不易负起阐扬三民主义的责任。所以，他们解释主义的时候，往往不是以程朱自命而不容旁人作较真切较新颖的发挥，便是拘泥于文字而不能道出三民主义的大处要处。不过，他们都是三民主义的忠实信徒，其流露于字里行间的一片耿心，都至为感人，所以他们有其不可磨灭的功绩。另一种人对于现代学术虽比较地有基础，但其中却不少是投机者流，发为文章，往往是言不由衷。当时党方得势，他们多藉文字为晋身之阶，因此，他们所写出来的文章，不是附会前一种人的论点，以博其欢心，便是断章取义，以因缘时会。惟其因为他们对于西洋文化的认识优于前一种人，所以对于三民主义某些部分的解释，也比前一种人较胜一筹。然而他们的信仰既不坚定，故其所有言论，终不免朝三暮四，时时陷于矛盾之中。因此，三民主义的宣传与阐扬，在十六七八年之间，并未能得到很满意的结果。

但当时党外知识份子的态度确也成了三民主义顺利宣传的一种障碍。国民党那时方获政权，公然反对三民主义的言论虽不多见，但消极的表示不同意，或故意挑剔者，却比比皆是。他们之中，也有两种分别。一种人自以为懂得世界大势及中国政治，社会，经济的情形，因而以为治国之道不在三民主义，而应别有所本。另一种人是对三民主义本可赞同，徒因党人的态度和言论，往往咄咄逼人，遂有意的立异鸣高，以示其身份。这两种人俱缺乏虚心谋国的诚意，而其评讪主义的言行，实使主义的流布发生了重大的障碍。

当时一般人间原有一种无足重轻的讥讽，说国民党缺少文人，说国民党人写文章写不过研究系，说国民党只有三翰林若干举人等等。这一类的论调无非表示知识领袖多在党外而不在党内。但事实上，这种说法根本是不对的。科举与知识的关联，自本世纪起早不存在；即使同盟会中没有一个秀才，也不能说同盟会为非知识份子的结合。若就十六七八年的情形而言，国民党所吸收的知识份子，为数委实不少。我们如果翻阅那时的刊物，我们就很容易发现党内写文章之人为数远过于党外写文章之人。徒以党的宣传三民主义之文字往往格于形式，不易动人，于是党外讥评或怀疑三民主义之文字反有时转见犀利而已。这种情形当然影响到三民主义的流布。

上面是我对于党内宣传主义者及党外阻碍主义者的责备。我已说过，在十六七八年时，党内知识份子多半在党内而不在党外，那末，党内较高明较渊博的知识份子又何以不出来作主义的宣传，不出来写阐扬主义的文章，以纠正党内狭隘肤浅的风气，且驳斥党外讥评非议的论调呢？这种知识份子也许要这样地自辩："若仿党中大老们的口吻，以责党外的异端，恐不啻推波助澜；若对主义作广宽的解释，又易授批评者以攻击之柄：在此种情形之下，毋宁缄默无言。"然而我以为这种消极畏缩的态度是极不应有的。如果党的知识份子当时能以大勇的精神，说应说之话，对主义作正确生动的阐扬，则当时党外党内的知识份子又何至有意无意地阻碍了立国原则的阐扬，而使主义失去正当的宣传呢？

大凡主义的宣传总得靠知识份子。上述对主义作狭隘或浮浅的阐释者，对主义恶意的批评非议者，及对主义的阐扬持缄默态度者：这三种人合起来几乎抱括了知识份子的全体。全体知识份子如此，主义之不获阐扬自然是无可避免的了。

然而我之所以检讨十六七八年间各方对于主义所持的态度，其用意原不在责备各方，而在说明主义的发挥和宣传所以结果不良的原因。今后我们如愿主义得到人民的充分了解，自须根本改变宣传的方针。

我以为我们对三民主义首先应有一个合理的看法。我们不可把《三民主义》一书看做耶苏教徒的《圣经》，或是明清士子的《圣谕广训》，或是共产党人的《共产党宣言》，而仅加以集注式的解释引伸。我们要有一个合理的看法，须先知孙先生的学诣，孙先生所处的时代，及《三民主义》成书时的环境。

关于孙先生的学诣，吴稚晖先生说得最好："孙先生是通人"。通人举世不多见，经久不多出。通人所读之书最多，但不流为学究。通人理想最高远，但非幻想家。通人认识最现实，但不是妥协主义者。这几种很难集于一身的长处，却都集于孙先生一人之身，而著作成一部合于时代而又富于理想的《三民主义》。所以要了解《三民主义》，决不能仅以一部学术论著，或《乌托邦》，或《霸术》视之。以《论语》比之，或大体无误；但《论语》偏重修身，而《三民主义》则兼重治国平天下，二者范围之广狭实大有不同。

论孙先生所处的时代，我们万不可忘了他的经历。他眼见清政的不振，列强的压迫，日俄的战争，第一次的欧战，苏联的革命，民国初年政治的紊乱，及人民的涂炭：这些大事对于孙先生的思想均发生过极大的影响。要了解三民主义，我们便须追记这些事变的因果。

《三民主义》成书的环境也很值注意。孙先生对于述作一向认为是一件大事难事，丝毫不苟。我们读其《实业计划》，便可窥其写书时构思及用心之苦。《三民主义》一书却不幸是个例外。推其故，则由于陈炯明的叛变以致损失了底稿与参考书籍。苟无此叛变，则《三民主义》必将是一部条理井然引证确凿的巨著。设叛变之后，先生仍有余暇从事述作，则《三民主义》亦仍可如先生所预期的精审。但叛变之后，即有党之改组，而主义的宣传，刻不容缓，于是不得不以演讲笔记付印。当时的听众本极复杂，演词自不能不从俗。笔记者又是不长于史学与社会科学的黄昌谷先生，所记者，当更不免遗误之处。凡此均见于先生于《民族主义》付印时所撰的自序。先生自己说得最近情。先生"望同志读者本此基础，融类引伸，匡补阙遗，更正条理，使成为一完善之书，以作宣传之课本"。故宣传三民主义者，基础不可不本于先生；若奉为《圣经》，咬文嚼字，反而使其精神不显，此决非先生的原意，亦决非宣传的正途。

我深以为际此抗战已见曙光，国民党对民族对国家已树大信，总裁蒋先生德望翕服海内，而新中国及新世界的建设行将开始之时，我们为民族为人类计，正宜及时宣传三民主义的真谛，以作建设的南针。要想三民主义得为国人及世人所了解所折服，则负宣传之责者除对主义要有坚强的信仰外，还要对主义能心领神会地了解，及对被宣传者持以平易的态度，而以现代社会科学的智识来发扬主义的精义，以研究讨论的精神来坚定国人的信念。十六七八年的作风，实在不能不加以改革了。

（《三民主义周刊》，第 2 卷第 1 期，1941 年 9 月 27 日）

三民主义与新世界的建设
（1941 年 10 月 4 日）

我尝深感三民主义的理想虽最崇高而实现却不难。其所以至今尚未能顺利地见诸实行者，则由于三大障碍：一是愚，二是私，三是暴力。愚须靠宣传启发来祛除；私须靠大公大义来感化，暴力则须靠革命武力来打倒。这三种阻力，有的是能在国内作梗，有的尚是在国际间猖獗。

就国内言，北伐的成功本已将反动武力大体肃清。第因主义的宣传不得其道，政策的执行不得其方，致愚及私二阻力尚未肃清，而训政的成效未能大著。当内乱甫平之时，日本之暴力侵略，又咄咄逼人，其为害之大，实甚于北洋军阀。所幸者，时至今日，日本之侵略势力，崩溃在即，而四年的抗战既消除不少的私心，蒋先生的兼仁兼智和任劳任怨，又收了不少的感化功效。所以，今后的宣传如再得其道，则三民主义的实现，就可很顺利地推进了。

就国际言，三民主义的实现，更是到处遇到障碍；其中最大者当推极权主义。此一主义的表现为侵略异族，为压迫人民，为戕害众生，实无一而不与三民主义背道而驰。即所谓民主国家，对资本主义既未与以应有的节制，而对暴力的扫除亦多畏缩而不彻底。但时至今日，形势亦大变；而宣示此大变者则为八月十四日罗斯福与邱吉尔的联合宣言。

在大体上，我们可以说，罗邱宣言的精神与三民主义是一致的。宣言中的八点，除第一（美英声明无领土或其他野心）第七（海上自由）两点无关宏旨外，第二第三（民族自决主义）及第八（放弃武力政策的必要）三点为民族主义的一部分，第四（贸易资源平均分配）第五（经济合作以取得高度劳工标准、经济进步及社会安全）及第六（建设一种使个个民族得以安全生活并得免于侵略及饥饿之惧）三点则兼具大同及民生的精神。罗邱宣言虽没【设】有提到民权，但这却极易理解。英美为取得苏联的合作计，自不便对政体多所主张。其实要想实现这八点以建立世界和平的新秩序，没有民权就等于缘木求鱼。

我们更可以说，世界上最进步的思想一定将以三民主义为依归；或说得客观一些，一定将与三民主义相暗合。其中的道理极是平常的。盖主张三民主义的孙先生不特是中国一国的通人，而且也是整个世界的通人。三民主义的根据不特包含中国一国的文物民情，而且也包含西洋整个文化的精华。民族主义的鹄的中国达之自然可以自强独立，若举世各国皆达之，则可以相安共荣。民权主义的理想不特合乎中华民族的性格，即文化较新或较落伍的民族亦可力行，以求人类的平等。至于民生主义的社会更是合乎人类理性的社会，为全人类所企求；实现之后，则无攘夺霸占的阶级冲突。你固然可以提倡族性主义的统治国家，如希特勒之所梦求者；但久而久之，你必被打倒。你固然可以主张主权丝毫不能放弃，国与国间不必合作；但久而久之，你必身处于纷争中的世界。你固然也可以对侵略者采取妥协政策；但久而久之，你必发现祖国有遭受危险之一日，而了然集体安全之必要。质言之，无论你开始采取何种外交政策，但归结你终不能不走上民族自决及世界大同的大道。你可以提倡领袖国家（纳粹党的最高政治原理），漠视人民的性格；但久而久之，你会发现服从性的限度超过后，人民会起革命。你也可提倡以少数人为政治基础的政体，为资本家当权的民主政治或僧侣地主军官当权的贵族政治；但一遇到国难，你会发现这些当权者因经不住狂澜或不能发动全民动员而被推倒。质言之，无论你开始采取何种政治理论，但归结你终不能不让全民握政权。你可以提倡资本主义；但有生产总动员的必要时，你会发觉你的错误。你也可以提倡马克斯派的共产主义；但在实践的时候，你定要感觉到事实的困难，而有改弦更张的必要。质言之，无论你开始采取何种的社会理想，但归结你终不能不饮服民生主义的温和剂。

不过，说明全世界开明的思想正走向三民主义的道路，是一件事，而阐扬并推行三民主义于今后的世界，则又是一件事。我们固可自骄地庆幸我党我国的三民主义是举世最昌明的政治社会思想，且正为世界最前进最有力的国家所倾向；但我们若以"三民主义的世界性""英美政治家皈依三民主义"一类的题目为题，而乱写文章，恐怕于三民主义不特无益，而且有害。我们可坚信世界将循三民主义的大道以前进，但我们却要顾到任何民族都当有虚骄的心理，我们可尽力以求英美等国与我平行前进，却万不可说他们追着我们。"谦"这美德，在我们向国外宣传三民主义的时候，更是应当格外注意的。

在现阶段中，我们中国人的重要工作有二：一是对外宣传三民主义，二是要于民权民生两方面做一番实行的工夫。前者的作用在使中英美的思想能日趋接近。思想接近，则抗战期内英美对我可以多助，战后对我经济建设，可因富于同情而大量地供给我们的需要，就是世界新秩序的建立，亦可顾到我们的主张。后者的目的则为增加在战后和会中我方的力量。如果我国于最近一二年内不能对民权民生两方面有伟大的进步，则在和会中势难有力量之可言。我们必先能实行民权民生的一部分，才可有左右新秩序的资格。

说到国际宣传，我以为对三民主义各有不同的注视点。外人只知我国为新兴的民族国家，民族情绪至为浓厚，而不知孙先生的最后理想是大同而不是民族对立。所以关于民族主义，我们应令人认识我理想之崇高。取法乎上，仅得其中。我们如坚持高度理想的世界秩序，或者尚可勉强得到一个相安无事的新世界。关于民生主义，外人根本缺乏了解；其中稍有一知半解者则又往往讥我泛而不实。所以宣传民生主义时，我们似应先定下若干较具体而固定的经济建设之原则。这些原则应本着民生主义的昭示，谋与罗斯福的新政及英政府年来所采的社会政策有相吻合之处，使英美人士对于民生主义的纲要容易获得一个简明的印象。这些原则的陈义不必过高，而贵能实行，藉以苏民困而增国际信仰。所以比较地说来，宣传民族主义易，宣传民生主义则甚难。

在国际间宣传民生主义固难，但宣传民权主义尤难。我国自抗战以来，英美人士往往以中国是否民主询问我们的国际宣传者。我以为我们决不能只以"我们信仰民权主义"为答，而必须能诚实地以"我们正在推行民权主义"相回，而后始能取信于人。我们要想能这样答复，就一方面必须积极推行民权制度，一方面对于民权的理论亦须考虑周全，而战前苦于部分国人所受于法西斯主义及苏联共产主义的恶影响须首应排除。关于自由，我们尤须有合理的看法及说法。我主张排去旧有许多经济性的自由，如财产自由，契约自由，及工作自由等，而保持精神性的自由，如出版自由，言论自由等等。罗斯福总统在今岁岁首倡四大自由之说，内为言论自由，信教自由，无恐惧（即恐惧侵略）的自由，及无缺乏（即衣食足）的自由。后二者与民族民生二主义暗合，且已列入此次罗邱宣言第六点，至前二者实即我所认为应加保持的自由。我们如果坚持旧日一切自由的观念与学说，则民生民族二主义决不能推行。反之，如连精神性的自由也要放弃，则人失尊严，民权亦将无从说起。所以，我以为国人言论如再对个人的自由有所轻视或仇视，则于民权主义的宣传实有重大的不便。任何国家在战时必有许多束缚言论以免有害国防的法律，而此种法律且应严格执行，以利作战。但原则上，言论等等自由之应尊重，战时平时应无分别，此则国人所不可不深切注意者。

总之，在这次大战结束召开世界和会之前，我们除了溅血抗战来求民族解放实现民族主义外，在民权方面及民生方面，都应有具体的表现。关于民权方面，民选县参议会的成立是一个重要的步骤。如由此而改进省参议会及国民参政会的组织并确定其职权，则纵无宪法的颁布及国民大会的召集，亦可以充分表明我们对于民权主义的忠诚。民权主义的推行尚不十分困难。比较困难的，还在民生主义方面。自抗战以来，国营事业日增一日。此固为推行民生主义应有的步骤。但自另一方面观之，贫富的不均则比战前更甚，新富大富在在皆是，其行为之违反社会利益或甚于昔日的地主及资本阶级。此风不改则我们将如何能以奉行民生主义，取信于人？如民生主义不能奉行，则我们又将如何使人信我能忠于高尚的大同理想？且不行民生主义，则官民间尽可有巨富，而国决不能富。国既不能富，又焉能负起大国必须负的责任？不行民生主义，又焉能希望实行民生政策的英美以大力援助我之经济建设？推行民生主义的重要性于此可见。

为着重起见，容我再归结一下。目下英美正循三民主义（虽不居其名）的轨道而努力。为良好的世界新秩序计，此诚可庆幸之事。我们应以全力促成这新秩序的建立。我们在这新秩序中并须力求居于重要的地位。为达到这双重的目的计，我们一方面应向世界宣传三民主义的内容，另一方面也应于战事结束前竭力推行民权及民生的制度，既可示信于人，又可增加我们战后的发言力量。至宣传主义时，则应尽量顾到美英开明政治家所有的主张，以求增加思想的接近。如此，我所欲引为友邦的美英亦可更愿助我从事经济建设。兹所论者仅以三民主义与新世界新秩序的建设为限。若就我党同志的责任而言，则宣传并推行主义自然更有加倍努力的必要。

（《三民主义周刊》，第 2 卷第 2 期，1941 年 10 月 4 日）

新世序与世界公务员
（1943 年 1 月 30 日）

　　我相信经此次大战而后，世界新秩序定可有相当规模，定可比战前有显著的进步。我确有此信心；目前一切不甚可乐观的现象，与若干国家的领袖因憬憧于过去的光荣，不肯毅然采更新的态度，均不足摇动我的信心。良以凭我的看法，这次的大战确为人民的大战，而不是政府或少数领袖的大战。联合国所有的人民均不欲战，经惨痛的经验后，始发现不能不应战。他们体验到战争所给予他们身体上的苦楚，他们更体验到欲避战而不能这一种情形所给予他们精神上的苦楚。所以他们必将要求能确保和平的新世序的建立。为达到这一个最高的起见，他们将不惜作一切的牺牲。即若干狭窄性的民族虚荣，如帝国的维持等等，也可在牺牲之列。凡不懂得人民心理，过分顾全一民族利益，致使公正的秩序无法出现者，纵一时可获一部分人民的拥护，最终仍必为大多数人民所斥弃。盖不如此，则公正的秩序势将因民族利害的冲突而流产。这一个结论各国人民我信不久必可得到。五年前我们开始抗战时，在英美等国，也是人民先表同情于我，然后朝野领袖们跟上（罗斯福总统及新政领袖为例外，他们在始即和人民站在一起，表同情于我）表同情于我的。此一前例更使我深信各国人民于媾和的要紧关头，定能主持正义，从大处着眼，而要求一个可以维持和平的世序。

　　除了对于各国人民政治意识的纯正，可容我们乐观外，若干国家若干领袖的态度也足为乐观的基础。中国国民党总裁蒋先生，去年十一月在纽约前锋讲坛报的论文，及美国共和党领袖威尔基先生及副总统（亦民主党领袖之一）华莱斯先生一年来所发表的言论，均能以全人类的幸福及全世界的和平为着眼点，公正通达，向往大同，无后一班民族领袖偏私护短之病。目下最有力的国家的最大领袖——罗斯福总统——其论调虽未能如华莱斯副总统的显明，然他的地位颇似联合国的大统帅，为获取胜利起见，他或不便多说。他既然能容许其副总统一再作陈义甚高的言论，则他本人之能竭诚赞助健全的新世序的建立，似亦无须怀疑。

而且像英国等国之亟欲往民生主义的大道切实做去，也不是对新世序的建立没有促成的功用的。数月前英政府发表所谓毕佛立治社会保险报告。毕佛立治前为伦敦经济政治学院院长，战起后加入政府，襄助关于战后经济建设的一部分的计划，并主持社会保险计划的拟制。原报告我未得寓目，然证以英人注意之深，在美流通之广，及英美进步人士之交口称评，如获实行，当可使英国社会中之贫富一扫而空，使英人全体得获裕足的物质生活及尊严的精神生活。如果英国人对内能有这样合乎民生主义的伟大改革，则对外亦决可不致牢守古老帝国的成见，不肯澈底与天地民族和衷共济，而坐令健全的新世序流产。

从以上及其他种种看法，我因敢断定战后我们必可获得一个有伟大规模，广泛职务，且有雄厚力量的世界组织，规模一定宏于国联，职务一定繁于国联，力量也一定大于国联。

在这样的一个新组织之下，一个新的公务员制度良有必要。昔日的国联，其规模不能谓宏，职务不能谓繁，力量亦不能谓大，但其秘书处与劳工局的工作人员，当其盛时，亦几近二十人。将来的组织将负起制裁侵略，控制国际经济生活，促进国际文化合作等大任；且总组织而外，殆将有区域组织并存。□所需要的工作人员或须百倍于往日。平时十倍于往昔，则世界公务员的数额亦须有二万人之巨。这一个二万人乃至二十万人的公务员，如何募集，实是一个相当重要的问题。我们中国人本有治人须与治法并重之说。有治法而无治人，则□治不隆。如果我们单单有一个理想的国际公约及组织，而没有合式之人以承担各种职务，则新世序徒成纸上空谈，实际无由建立起来。

近百年来各民族国家均曾有过公务员制度□□□，而且在许多国家，公务员制度至今尚未确立。世界公务员制度比国家公务员制度一面较易树立，一面又较难树立。较易者，因世界组织是一簇新的组织，故其公务员制度可不受任何既成事实的限制，亦可不受旧国联秘书处人事制度的拘束。较难者，因为对世界公务员制度，各大国间或不免有不同的看法，一有争执，则困难便多。但无论为难为易，最合理的办法自然无过于在新组织成立之始，即确定了一个公务员制度。

要建立一个世界公务员制度，首须解决的问题便是公务员应不分国界呢，抑应由各国凑合呢？如按国之大小，由各国分头供给一定额数的公务员，其事自较易为，且各国亦可不致反对。但此与人材主义的原则不甚相合，且如此凑合的公务员势将富于分离性，不易成为一个团体，且亦不易有世界的看法。故我以为折中的是合理的办法。我以为世界公务员可分为两类。其工作之含有政治性者应于有关国家的人民中选任之，但其工作之全为技术性质者则应全凭能力，不问国界。前者如管理某一特别区域的公务员。这种管理自应尽先由当地人民，邻国人民，及有重大经济利益的国家人民参加。后者如扫除黄热病的卫生人员。这种公务员自可专问能力，不问国籍。

征募世界公务员时，下列各项资格或条件是不可少的：第一是教育的条件。这条件不应低于现今一班国家所需求于各该国的公务员者。换言之，任高级者必须受过大学或高等的专门教育，任低级者必须受过中学或技术教育。第二是语言的条件。将来的世界如有一世界〈语〉所产生的可能，则世界公务员自应以粗通世界语为尚。如无世界语之规定，则通语言愈多者自最合理想。再次，则通比较流行的语言为英语者较仅通本国的语言者为得用。第三是信仰世界组织的条件。近代论公务员制度者恒注重所谓"公务员的中立"，其意即谓无论当政者属何政党，公务员务须能守中立，以同样的忠诚，执行政权机关的意志。世界公务员则务须能忠于国际组织，而对各国不作左右袒。此则惟有能对世界组织有信仰者才能有之。故世界组织将来征募公务员时应有权利设如种种方法，以察知候补者之是否有此信仰。

如世界公务员制度果秉上述的原则及条件而建立，则我深恐我国人民将不易大量获选为世界公务员。我们如对此可不作计较，则自然无话可说。我们如忘不了我们幅员大于人，人口多于人，因而希望巨数的国人能为世界组织的执行人，则我们殆不可不早作准备。近数月来，国内颇多关于未来世界组织的讨论，且颇注意于我国在此组织中应占的地位。然地位的高下决不能单凭条约所定，亦不能全视所派代表的人数或所获票权之数。最有关系者当然就是经济力量。经济力量宏厚者，地位自然地会高。经济力量薄弱者，地位无法提高。但除经济力量这一因素外，最有关系者乃是一国所出公务员的数目。数目大，地位高；数目小，地位低。故我以为我们与其斤斤于条约上所定的地位，不如多多训练人才，庶几新组织成立时，我们可以有巨数人民得入选公务员。

或者曰，战后我国的建国工作既大且繁，凡一切可能的人材将用诸于本国之不暇，安能投往世界组织？我则曰，此乃大国注定的命运。大国有大国的权利，也有大国的责任。我们如不欲为大国则已，欲为大国，则不能吝惜人材，国内需要人材，国外也需要人材。不特世界组织需要人材，台湾等失地收复而后也需要人材去负治理之责。日本人在台是非常刻薄的，非常不能容许台人有爱国心的。但在物质方面，无论市政、卫生、户籍、治安，甚或奴化教育，日人均有极高的行政效率。我们如要治理得有色有声，我们确须作一番极大的努力，而接替者之得人尤所不可忽视。所以无论为建国，或为治理收复的失地，或为参加世界组织的管理，我们此时均须急作准备，有计划地训练巨数行政人员。

我因为欲求这个问题于我有满意的解决，我们急须早作准备。如果日后世界组织成立，我国依约取到领导地位，而又无法供给大批合用的公务员于这组织，则必临时无法补救，而我所得的领导地位也将成为毫不实在的空幌子了。

（《世界政治》，第 7 卷第 19、20 期合刊，1943 年 1 月 30 日）

新世序的设计
（1943 年 2 月 28 日）

近年来我国有行政三联制的试行，一切设施均有设计，执行及考核一个步骤，执行以前必有设计，内政需设计，未来的世界也需要设计，要有某种样的和平，须先有某种样的计划。种瓜得瓜，理所必至，但单单提出若干主张尚不能称为设计，要使主张贯澈于将来的和会，尚须先作慎密的准备，有了主张，有了准备，尚且不一定能使和会的决定一一如我们之所预期，假若没有主张，或仅有主张而没有拱护这些主张的论据和宣传，则将来的和平自然益将难与我们的期望相符。

有人以为战争尚在进行中，什么时候结束，怎样结束，结束时各方面的实力与地位如何，均不知道，故此时谈和平的办法，等于空中建造楼阁，不切实际。此说诚有若干理由，但此说只能说明我们此时所预定的和平政策随时有修正的必要，而不能说明我们绝无准备的必要。事先需要准备的事件太多了。这些事件不能待到和会开会时为临时的肆应。而且有许多事件，在战争进行中，正发生着决定性的演变。对此等事件，如果我们不作通盘的筹划，没有肯定的主张，则决定之权操之他国，而我为被动者，无论是临时的肆应，或是既成事实的接收，俱为谋国者所应力求避免之事。

新世序的设计可分两层来说：第一是关于政策方面的，第二是和于〔平〕机构的。

某一种的政策便连带发生某一种的问题。今姑举数例以示我意，不许日本有军备，不许它有重工业，也不许它继续发展它一向藉以榨取我们的轻工业，这或者是我们对日应有的政策。如果这是我们的政策，则下列一类问题，如怎样可以有效地严防日本之重武装，如往昔日本重工业与军备之关联，如日本轻工业往昔所加于中华人民的祸害，如日本今后怎样可以觅取一条生路，便应一一有研究，有解答。如果不能解答，则我们所假定的政策或者便是不妥的政策。反过来，我们对日本采宽大的政策，于限制其军备而外，如不拟有其他限制或束缚，则下列一类问题，如怎样可以使中日两国的国民经济相生而不相克，怎样可以使日本国民的侵略野心不复燃，便成了重要的问题，如果不能解答，则我们另一种的假定政策或者也缺乏健全，此为例一。与我们接壤的若干小邦应令独立呢，还是应由未来国际组织去管理，以培植其独立的能力呢，我们也宜早有定策，独立或国际管理与我们的民族利害各如何？独立或国际管理的方式又各应如何？凡此问题也有待于研究，此为例二。和平的保障或藉国际武力的设置，或由于国家武力的消弭，或兼顾二者之并现，究竟如何最于和平有利最于我国相宜，这也须有定策，无论如何取舍，均发生相连的问题，如赞成国际武力则这武力由那几个民族担任，并如何分配，这武力应包含何种队伍或配备，均是问题，如偏向普遍弭军，则如何才防止各国之暗中恢复武装，何种警察力量可以容许，各国继续维持，均成问题，此为例三。我们对于国际移民政策亦应有所决定，我们或者主张广泛的移民自由，或者只主张侨民待遇的平等，如为前者，则世界各地户口及资源的分配，移民对于各地土著生活标准的影响，以及各国向来所采对于入移的政策，均应详为研究。如为后者，则我国侨民在各地一向所受的待遇，以及改进的具体办法，均应详为研究，此为例？〔四〕。

以上所举仅为讨论新世序的建设时必然发生的题目中的若干个，而决不是所有题目的全部，所有的题目我无法在此文中一一列举，且亦无须一一列举，因为我的目的只在说明事先假定某政策的必要，关于某一个问题如假定了一种政策，则研究问题的内容者及假定内容之得失者便可有所着手，最后确定的政策亦可望适合于世情，有利于我国，如对于政策无原则上的讨论，无某种的假定，则研究者将因缺乏一种中心观点而有无从捉摸之感。

假定的政策可以影响研究的方向，研究的结果也可变更假定的政策，此为必然之理，也可举例以说明之。假设我们拟令日本补偿我们政府及平民所受一切因战争而起的损失，我们便须计算我们的损失共有多少，日本补偿的能力又有多大，假设研究的结果发现日本无此大力，则我们倒有减少我们的补偿要求的必要，我们或者应剔去军事方面的损失，而只求日本补偿我们平民所受的损失，这种例子除了说明假定政策和详密研究的机关外，也可说明两者均有其重要性。

无论是政策的原则的讨论，或是政策的假定或确定，或是各种问题详密的研究，均需要适当的机构，这机构我以为应包括两个部份：第一个主持政策的讨论、假定和确定，第二主持研究的〔工〕作的分配、指示、汇集和考核。主持政策者应为一个为〔人〕数不多〈的〉工〈作〉委员会，委员应以参与国家大计或军事外交及经济的主要负责人充任，直接向最高当局负责，且应与其维持密切的接触。主持研究者应为一个人数较多的委员会，委员应包括各有关部门，如军事，如经济，如历史，如地理的第一流专家学者，和约之所涉及者与和会之所讨论者势必牵涉甚广，举凡军事的，经济的，历史的，地理的，及国际公法等问题，势必无一可少，欲将所有问题一一付诸研究，势非动员大量的各部门的专家不可，如委员会不能将各部门的专家兼容并包，则第一，将不知有多少题目须待研究，第二，有了题目不知将如何分配，第三，对于承担研究工作的专家将不知有何指导，第四，对于研究报告将不知如何评判利用，故第二委员会大概须有十五人左右方可兼顾不同的各部门的需要。

承担研究家者应不以一界人为限；公务员，大学教授，银行家，实业家，著者，旅行家，军事分析家，均可委托，凡公私研究机关或学者已经完成或正在进行的研究工作，也应充分利用。譬如说，某旅行家对于泰国情形向称熟悉，则委员会即可委托他研究泰国问题，同时并告以政府所规定之政策；又譬如某大学的经济系，对于战后世界经济秩序正有集团的研究和讨论，则委员会亦应与之取得密切的合作与联系。

新世序的建立将包含无数专门问题，我可随便举七八个例子来说明这整个工作的繁重。我国工业所遭受的损失，南满铁道株式会社的资产，环球居民的种族与历史，环球经济关系，英美法等过去在华的投资，我国所需要的世界资源，各国禁置空军对我利弊，美属华侨的经济地位，这些问题，我们均得弄个清楚，然后和人交涉时可以应付裕如，而免去空口说白话之讥。以此类推，我们和会一百五十乃至三百个问题有待于一一研究，故研究委员会的设置良不可缓。

一部份的结果应予以发表，有些且应同时以英文或俄文发表，藉以观察国内及同盟舆论的反响，这是很重要的，惟有这样，我们的主张才可以内则为国人所拥护，外则有实现的可能，如果不及时观察国际舆论，则我局〔国〕的和平计划或将陷闭门造车之弊。

上面已说过，研究之人，在研究之前，最好先略知政府的意向，这是政策领导研究，但研究的结果仅可显出假定政策之不妥，因而使政策委员会感觉有修正政策的必要，这乃是研究影响政策，故两个委员会间宜有最密切之联系，不是研究委员会的主任委员同时为政策委员会的委员，便是由政策委员会委员之一兼为研究委员会的主任委员，两者必需有其一，不然两委员会间便将不能收合作之效了。

上次巴黎和会时，我们因漫无准备，在肆应上发生极大困难。这次我们已大有进步，为讨论和平问题，政府早有委员会之设，工作亦正在进行，绸缪未雨，洵可令国人闻而发生一种愉快感。但委员会兼任讨论政策及研究专题两项工作，对于两项工作俱难期其予以充分的注意，因为政策之讨论负责当局参加太少，关于专题的研究，委员人数有限，绝难为周全的照顾。

反观我们所知较谂的英美两国，和平的准备团体，无论公私，大有不可枚举之势，他们从事既久，又各有领导及统率的机关，我们对英美等国的殖民政策只有若干种空泛之意见，而英荷则均有详尽的辩护文件，假设此时即开和会，有人提出由新国联管理英荷殖民地之建议，则英荷必有充分的事实及数字，以证明殖民地的进步，又假如有人提出台湾不应受我的主张，则他们也必有提出可以证明台人非华人，及台湾治安优于福建的文件，而我或未必能提出反证，此无他，英荷对和会已有充分的准备，而我尚缺如而已。

和会之期已在不远，或即在民三十三年之内，我们要争取合理而适于我国的和平，则设计工作良有急起直追的必要。

（《大路》，第 8 卷第 6 期，1943 年 2 月 28 日）

新世序的建设
(1943 年 3 月 15 日)

　　战后的未来的世界究应是怎样一种世界，新世序究应是怎样一种秩序，各有各的看法，动辄不同。不同的最大的原因则由于态度的各异。孟子主性善，荀子主性恶。因为对人的态度不同，故二子所倡立身涉世之道亦大异，同样的各人对于此新世界的看法，亦随他对于人性所持的态度而异。有的人认为经此次大战而后，人类会有根本觉悟，可与为善，故应以建设理想的和平为鹄的，而不必斤斤计较民族本身的利害；有的人认为经此次大战而后，将有第三次、第四次，乃至第无数次大战发生，故新世序的建设应以有利于我民族的强大为前提。因为对人类好战或不好战的态度根本不同，故所期望的新世序亦大异。

　　要于这两种截然相反的态度中，采取其一，实在不是一件等闲之事。愈是平正谨慎者愈会感觉抉择的困难。两者间之缺乏调和，与真正的折中看法之不存在，使抉择的困难益见增加，盖一般的极端之间每可有调和，但上述两种态度间则不易有调和。自以为能持折中的态度者，如果加以严格的解拆〔析〕，则仍可归纳为两种极端的态度之一，不是认人类今后能有和平且应有和平者，便是认各民族间今后仍将有不断的斗争。

　　我自己的态度是倾向于理想主义的。我以为环境重于遗传。姑不论人类的本性好战或好和。我们如果能造成一个和平的环境，则从〔纵〕使天性好战的民族也可受和平的感化。我以为理想可以胜现实，真正的理想主义者即是最好的理想主义者。我们如有崇高的理想，辅之以伟大的气魄，及坚毅的意志，则一切现实的环境均可克服。所以从革命的精神言，那种深怕和平不能树立，第三次大战无可避免，因而于讨论到此次战后的秩序时，处处偏重我们一民族的利益的态度是要不得的。

　　即退百步而单为我们民族的利益着想，我们也应当诚心诚意地求一个和平公正的世序的现实；而不应多所猜疑，偏重与国防有关的诸种问题。我们须知，在各大国中，我们的国防最落伍。我们如可讲国防，旁国也可讲国防。大家交讲国防，则我们的国防仍然落伍。我们重国防而旁国则潜心一意于理想的和平的建设，我们的军力乃可出人头地，我们的国防乃可固如金汤。这种单相思的便宜事既然是不能有，则我们更不可不信理想，力戒猜疑。消极言之，己所不欲，勿施于人；积极言之，我们如要人家力行和平无所自私，我们自己先须力行和平，无所自私。

如果我们国人全能采取理想主义的态度，则理想的世序应以完成下述三种职务为目标。

第一，民族与民族，国家与国家，或人类政治单位之间，应有永久的和平。这一点为人类求进步求生存的最低条件，无须阐说。

第二，在新世序之下，各民族各国家或政治单位，能有集中全力以求全部精神及物资上进步长育的可能，不受外界的干涉，不受战争的威胁。在过去，因为战争的存在及民族富于侵略性之故，这种求进步或长育的努力常受不正当的干涉或牵制。这种努力，新世序应予以保障。但各单位求长进的努力应限于对内，对外的努力便无异于侵略了。

第三，在新世序之下，各民族各国家或各政治单位应有共同的努力或国际的活动，以增加共同的相互的福利。闭关自守的孤立主义在今后绝对是不可能的，所以国际活动今后势将比昔日增加。这种活动如果可能增进共同的福利，则必然将于若干单位为有害。新世序的责任之一，即在如何使这种活动能为一切民族一切国家或一切单位造福。

要使新世序能完成以上所说的三重职务，我以为我国对于新世序应主张下列五个原则，牢守不移，以冀为和平会议所接受。

（一）应有一包括一切国家或政治单位在内的组织。在这个组织中，不特一切独立国家为会员国，即未具完全独立资格的单位亦应有参加之权。过去的国际社会以国家为主体，故严守独立国家与不独立单位间的分别。今后世界社会应以全人类为主体，故即未具独立地位的单位，如果他不是某一国家的完整部分之一，亦应予以参加之权。只有如此才可使民族国家对立的时代进为世界大同的时代，亦只有如此才能逐渐消灭殖民地或藩属的劣制。又这个世界组织应具有弹性，庶几可自一个散漫的国际组织进而为一个世界政府。

（二）世界组织应具有国际武力及制裁破坏和平者的可能。国际武力与有效的制裁，是相关而不可分的。时至今日，很少人不主张世界新组织应具有效的制裁；很多人却仍怀疑设置国际武力的可能。实则舍设置国际武力外，一切制裁的议论均成空谈。根据过去的经验，没有国家甘愿以其武力，打击侵略者，除非他自己就是侵略的对象。故我们必须要求设置国际武力。

（三）各国与各政治单位间的经济关系，无论关于贸易、汇兑、劳工的入移出移，或是资源的分配转运，均应建筑于平等、合作，及互助的原则之上。此事包含广大，性质复杂，入手亦至不易。但新秩序的安定及有序的进展非此莫办。故于新秩序建立之始，我们必须排万难以使经济关系踏上平等合作互助之道。我们中国固不是具有经济大力的国家，但我与各大国间的经济冲突也无他们间相互冲突之大。我们如无一点自私之心，一心一意主张公平，我们所能发挥的道义上的力量或不甚小。

（四）待旧日的敌国应从宽大。联合国家，受日德意诸国的侵略，今方作重大的牺牲，怨恨敌国，人之常情。但为永久的和平计，此种怨恨，不可历久。我们应力主解除轴心国的武装，毁灭其侵略政权（日皇室在内），并责令负不亚于我们所受的损失。我们所以作此主张，却不是出于仇恨，而是为和平，为公平。但除此而外，我们应望旧日敌国同有享受和平的权利，同有欣欣向荣的可能；我们不应令仇恨或畏惧直接宰制了我们的政策，间接将世界划成战胜国与战败国两大壁垒。

（五）殖民地制度应有澈底地合理的建设性的清理。殖民地问题不解决，则民族的斗争及经济的冲突俱告存在，而一切崇高的理想俱无归宿。但空言解决，而不脚踏实地，厉求实地的进步，则徒伤殖民国家的自尊心，而不能予殖民地人民以实惠。我国非殖民国家，亦不需要友邦的殖民地，其所处地位与美苏相若。故我们应联合美苏，一面援助殖民地走向自主之道，一面维持旧殖民国素有的善政，并从而促进之。为正义计，我们即开罪殖民国家亦无所惜。但为公平计，我们亦应兼顾旧殖民国家的正当利益。我们应极力主张将殖民地改归新国际组织保护或统治，而以旧殖民国的人民为保护或统治的主要参与者之一。

以上所述虽仅五端，□建设新世序的主要问题要不外此。我们如对此五端能有一种一致的不自私的合乎理想主义的主张，则我们的建议可有号召世界民众的力量，再可有被各国采择的把握。我始终以为兼能利人的办法即是最能利己的办法。我们此时应高瞻远瞩，不狃于一时一己的利害，而以全人类亿万年的利益为我们考虑新世序的出发点。

（《三民主义半月刊》，第 2 卷第 6 期，1943 年 3 月 15 日）

罗斯福四大自由之知与行
（1943 年 3 月 15 日）

　　大运动不能无大口号。法兰西革命徒众的，苏维埃革命时共产党徒的"无产阶级专政"，以及我们国民革命中的"民族民权民生"，与革命的成功俱有离不了的关系。即以此次中日之战而言，我方也有"抗战建国"四个大字来加强我们的信念，并鼓励我们的勇气。

　　美国人向以善呼口号著名，林肯的"民治民有民享"及威尔逊的"使民主政治能安存于全世"均为显例。罗斯福总统尤长于此道。他有他的世界政策。他欲善用美国雄厚的力量以建造一个民族合作共荣的世序。因之他在一九四〇年一月七日于国会开幕演词中倡为四大自由之说。即言论自由，宗教自由，不虞贫乏的自由，及不虞威胁的自由四者。据他自己的解释，言论及宗教自由为美国人民传习的自由。他将一面力保此种自由，不任剥夺，又一面力使未获此种自由的民族亦取得此种自由。第三种的自由大部美人尚未取得，故他将努力使人均无失业或贫乏之虞。第四种自由只能滋长于有秩序的世界，故他将努力求良好世序的建立。在今年同日国会开幕词中，罗斯福总统于检讨全盘战局之后，复重申此四大自由之义，力言如果美人不能获得第三及第四自由，则前二自由也将有皮之不存，毛将焉附之概。

　　四大自由中的第三第四两种自由已被采入《大西洋宪章》；宪章的第六点即包含不虞贫乏及不虞威胁两种自由。近年来因美国报章杂志时常提及之故，四大自由之义，在英美等国颇能家喻户晓。如果此义能为战后一切国家所接受，则熙熙攘攘的大同社会即可开始实现。四大自由之重要于此可见。

　　我们是崇奉三民主义者。三民主义与四大自由不特在精神上一致，而在目的上亦复相同。如各民族均可不虞威胁，则退为民族独立，进臻世界大同，与民族主义固少分别。如人民而无贫乏之虞，则民生主义的理想便已实现。而且祛除贫乏之道，除民生主义外，亦无他途。有了言论及宗教自由，则必有民主政治；人民欲有权，则亦必须先有言论及宗教自由。故第一第二自由的涵义虽狭于民权，而其为民权主义的基础则亦显然。

三民主义与四大自由之相似相同，是一件值得中华民族欣慰的大事。在现世界中，中美两大民族所居的重要地位是无可忽视的。我们是人数众最多而面积又广袤的民族，美国则是人众地广物博的国家。两国的理想如相同，则全世界的合作易。两国的理想如不相同，则国际间的对峙将无法幸免。此所以我们应知四大自由约略即是三民主义；而美人则应知三民主义约略即是四大自由。这种相知互解可以增进两民族之互相尊敬，也可以增进两民族间的合作。

然而知之外，尚贵行。我们必须实现三民主义，美人亦必须实现四大自由，然后两国能诚信相处，共为光明的前驱者，共为世界和平的柱石。两国之中，有一个不能尊重言论自由及宗教自由，或不能实现民权，则其人民便流为奴隶，在世序中应有的力量亦归于乌有。两国之中，有一个不能保其人民足衣足食，生活无虞，则其国力必弱，亦不能在世序中发生任何力量。两国之中，有一个不能保持独立，或不能信赖大同之治，则国际纷争将无法消灭。易言之，必两国均能确守四大自由或三民主义，然后未来的世界可有希望。

中美两国如此，其他国家亦如此。必须个个国家能完全尊重四大自由或实行三民主义，然后世界新秩序可以建立。

关于知，国人大多均知有三民主义，而不知有四大自由；即知有四大自由，亦不知其与三民主义相似。美英人士有四大自由，而大多不知三民主义为何物。此种相知的缺乏，尚有待于补救。

关于行，我们希望个个国家能尊重四大自由或实现三民主义。我们责无旁贷，须首先负起实行三民主义之责。我们必须先责己，然后责人。我们必须先能使四大自由一一确立于国土之内，然后可侈谈三民主义的世界性。

（《东方杂志》，第 39 卷第 1 号，1943 年 3 月 15 日）

国际的经济分工合作为和平基础论
（1943 年 5 月 16 日）

建立永久和平或消弭国际战争之道有治本与治标之分。治标之道不外惩治侵略国家解除其武装，使向之好战者无从发动战争，并规定缓冲的办法，辅以必要的工具，是国与国间发生冲突时，得有化干戈为玉帛的机会。治本之道则在如何根本消灭国与国间冲突的原因。

国与国间冲突的原因甚多，大别之，则不外政治的与经济的。在商工业革命以前，政治的原因远较经济的为普遍，亦远较重要。在商工业革命以后，适得其反。自十九世纪下半叶以来，政治的原因几成了经济原因的附属物，没有经济的因素存在着，单单政治的因素多半是不够成为战争的动机的。南非之战系英人扩张势力，侵入波尔诸邦所致。日俄之战由于两国之争东三省及其资源。第一次大战的原因较为复杂，但主要的则为德之求为世界第一强国，求增加领土，并控制国际贸易。此次大战的原因更是复杂，但如稍加分析，则经济的背境，无疑地站在很显著的地位。日本之侵中国乃以占有中国的人力物资为目的。德国之占奥捷为同一目的。德国之欲击败英国则在于摧毁希特勒新秩序的最大障碍物。什么是希特勒新秩序？就是一切民族为德意志一族奴役，一切国家为德意志国家生产，藉使德意志民族国家能有效地统治世界秩序。固然法西斯徒众之侵占阿比西尼亚也是具有雪耻复仇的意义的，固然国社党之进攻波兰也是为了贯澈其凌虐所谓劣等民族的主张。但前者的主要标的在建立北非帝国，而建立北非帝国的主要标的则是较富的资源与较大的市场，而不是单纯的民族虚荣；后者的主要标的也是资源与耕地的芸芸众生。如果波兰无德国人所需要的资源与可为德人增加农产的人民，则德人也失了进攻波兰的重要引诱。

无疑地，民族的冲突是近代战争的主要原因。但是，最值得我们注视的尚不是这一点，而是另外一点。这是近代民族主义的表现往往是经济的，而不是政治的。最极端最疯狂的民族主义无过于德国的国社主义与日本的大和主义。他们固然均有并吞四海臣服异族的野心，但他们的方法无非是经济的侵略，而他们的最后标的也无非是利用异族的人力与举世的物力，以满足他们自己的经济欲望。他们最近二三年来在占领地区内的设施可为明证。

国社主义与大和主义将随这次的大战而消灭。但经济的民族主义是否也能随而消灭，是另一问题。如果不消灭则对峙的民族纵使在本来不至流为德日民族近年那样的狂戾，战争仍是无可幸免。盖经济的民族主义建筑在一个反博爱及不信任他民族的根本观念之上。因为不兼爱他民族或爱人不如爱己真挚之故，奉行经济的民族主义者每知有己民族的福利，而不知有他民族的福利者，每顾于提高己民族的生活标准，而不顾他民族生活标准的低落。因为不信任他民族之故，奉行经济民族主义者每惮心于己民族之自给自足己民族经济之独立发展，无所仰顾于人并无求于人，而不顾他民族之莫能自给自足。经济民族主义的出发点，尽可是求利己而不是害人，不会有一点战争的意念。然而如果奉行此主义者不限于一个民族，则势必先则发生利害上冲突，再则因冲突而备战。既欲备战则必须更求民族经济之自足自给。愈求自足自给则战争亦不可免。战争与经济的民族主义乃相互为因果，成为莫可分离的现象。故奉行经济的民族主义者尽可不存日本统治阶级及希特勒的狂妄野心，但推演所极，也鲜有不为大和主义国社主义之续者。

经济民族主义的危险性，今代人士已渐多明了者。绅绎美国威尔逊总统的和平言论，我们不难窥见他已深知这主义与战争之不可分离性。罗斯福及赫尔等则对此点尤多发挥。赫尔历年来所持的外交政策可说是建筑于国际经济合作的大原则之上。自《大西洋宪章》成立以来，罗斯福总统与华莱斯副总统亦同赫尔一样，屡次强调合作的重要与经济民族主义的危险。然而他们所建议的方法足以达到他们的目的么？我的答复是否定的。

大概经济合作之道有六个方面：一是资源的分配，二是国际投资，三是国际劳工政策，四是国际贸易政策，五是国际货币及金融政策，六是生产的分工合作。这六个都是很重要的方面，有一个方面成问题，经济合作也成问题，因为如此，美国英国的政府及两国前进的经济家近年来颇知注意于各个问题的解答。关于第五个方面的问题，美财长已有初步计划发表，英政府也发表了所谓凯因斯计划（但尚非政府的计划），美政府且已邀请各国财长，预备开会作初步的磋商。无疑地，在其他方面，联合国也必将有所准备，也将有所商讨。在这许多磋商之中，最重要的最根本的，是第六个方面，生产的分工合作是最重要最根本的问题。有了生产的分工合作，其他方面的合作是不难取得的，问题亦不难解决的。没有生产的分工合作，其他方面合作是不能澈底的，也是比较不重要的。即使有部份的合作，过去经济民族主义对峙互斗的局面是消弭不了的。

所谓生产的分工合作，其国际的意义一如国内的。原来在工业革命以前，一国各地的经济都半是自给的。一地生产一地所需的粮食，布匹，鞋履，工具，农具，及日用必需之品，只有少数特殊物品则仰给于他地，如贵州无盐则仰给于四川，法北无丝则仰给于法南。工业革命以后，生产的规模既大，生产的地带亦见集中，于是某一地专产棉织品，另一地专产钢铁制造品，而其他必需品则来自他地。此即生产的分工合作。

生产分工合作的原则本不限于国内各地之间，而可推行于全球各国之间。在十九世纪中叶，经济的民族主义还没有如近年的勃盛，而国际贸易还远较近年为自由时，各国之间曾有过相当的分工合作。但经济的民族主义需要自足自给制为完成主义的条件。故主义愈厉行，分工业愈受限制。在第一次大战以前，化学工业及光学工业是德国的专长工业，也是独占工业。但大战使英美知这两项工业之需要，于是战后的英美也有这两项工业。汽油工业向是美国的特长工业，而德日则仰给于美国及荷印等处。纵成本大于购运，亦所不惜。粮食棉布亦为德国所缺少。德国数十年来努力以增加番薯的产量，与夫近年之发明棉布代替品，为的也是自给与战争。这些不过是无数例子中的几个，如果这次大战的爆发再延迟若干年发生（这当然是不可能的），各大国的经济定可进于更自给的程度。

一个民族如准备战争，决不能放弃自给制，也决不能采行分工制。粮食不自给，则战时有被封锁，乃至于人民悉成饿莩的危险。钢铁不自给，则军械军火将无所出。即些微至滑油亦不能或缺，缺则飞机，舰轮，汽车，及一切近代交通工具将无从行驶，而作战亦将感受无量困绊。此所以要备战则必须求自给制的确立，然而十全的自给制，是除了以天下为一家外，无法确立的，世上没有一个资源富裕的大国能具备一切的资源的，也没有一个技术卓越的国家能发明一切的代用品的。要十全的自给，便不能不求一统天下，于是战争便不可幸免。近年德日所走的途径，可为明证。此所以民族经济自给之制与战争相互为因果，有不可分离的关系。

这次战后，各国如不能毅然决然放弃自给的观念，而采用生产分工之制，则纵使战争的其他原因，如疯狂领袖的当政，如不合理疆界的存在，如民族虚骄心理的滋长不能一一设法消除或防止，战争的基本原因，依然存在。战争亦仍无可幸免，只有改采分工制战争才无从发生。盖在分工制之下，将没有一个国家能从事于今日式的战争。缺乏粮食，则封锁可用。缺乏钢铁，则军械军火无着。即百物无缺，而其缺乏滑油，作战仍有困难。在分工制之下，各民族平时既须相依为命，离群而谋戕害他人，自少可能。

生产又将如何分工呢？恢复此次战前的生产情形当然不是分工，那时经济的民族主义已经风行全世。倒退至十九世纪下半叶的生产情形也不是分工，那时世上也没有经济的公谊。一个合理的生产分工定须建筑在两大原则之上。第一，能使一切的民族均有提高生活标准的可能。第二，能使各地的人力与资源最大的利用，而分配的消耗则减缩至最小限度。我们一面须顾到事实，不能强无为有，强有为无，也不能太过于奋进。但我们也不能不作一番有计划的改进，无论这改进在目前有多大的困难。

较具体言之，工业较发达的国家其生产应求调整，而不须速度的更张，工业落后的国家则应求工业化，而不可强其停滞于农业经济的阶段，单位较小的国家应以专门若干种产业为原则，单位较大的国家则应以发展大多数都属于日常必需品的生产为原则。工业较发达的国家，除了蓄心备战的如日德外，其生产业的分配在大体上已达合乎国情的平衡状态，故只须相当的调整，而不必多所更张。以英美为例。英国以各种重工业及纺织工业为主要生产，农业则居于不重要的地位。除纺织工业因原料距离过远，向日的市场亦不易维持应为适当的整编外，其余似无变的必要。美国以地广物博人众之故，生产亦较英国为多方面的。这种多方面的生产，除汽车制造或有整编的必要外，似可继续，不多变动。工业落后的国家自然要求工业化，不然则这些国家的人力将多半耗费于农业与旧式的制造，殊不经济，且其人民的生活标准亦难期有有效的提高。单位较小的国家应以生产专门化为原则，而不宜从事于多方面的生产者，其理至显。他们地区小而人口少。他们从事于各式样的生产，不特为事实所不许，也太不经济。单位较大的国家则反是。以中印为例。中印地广人众，对若干重要生产，如粮食，如纺织品，如机器业，如化工业，如电工业，凡消费资源者，自应大部取给于本国，而不赖外国之输入，如赖外国输入，则运输所费将极不经济。但本国缺乏原料的制造品，中印亦毋须强求生产。

我以为在世界各国各地如能有合理的生产分工，则其他方面的经济合作均易如反掌。资源的分配不成问题，因为各国的生产于各该国于全世界将均为最经济最有利的生产。国际劳工政策不成问题，因为各国将均有最大可能的生产量与最大可能的人工利用。国际贸易政策不成问题，因为分工的生产是各国相依为命的生产，多余的制造品必有市场去吸收。国际货币及全球政策亦只能是技术的问题，无足□□。

反过来，如果战后的世界仍无生产分工之制，其他方面经济合作亦决无实现的可能。因为各国都想维持并发展若干基本的工业，于是若干种原料将为各国所必争。因为资本雄厚的国家不见得也是具备自给经济各天然条件的国家，于是他们便不免想靠投资政策来操纵资源的分配以及市场的分配等等，于是投资政策仍不免带有帝国主义的色彩。因为工业前进的国家不见得是劳工充足的国家，于是工业落后的国家便不免利用较贱的劳工，以图争取市场，而国际劳工政策亦难树立。因为各国均想自给，于是世上便有剩余的制造品或农业品，于是国际贸易永远不能达到平衡的状态。国际贸易不得平衡，国际货币及金融政策亦不得实现。凡此种种盖俱可说明生产分工制的存在实为国际经济能否合作的关键。

有的人也许要说，我心目中的生产分工制，将大有利于大国，而大不利于小国。我的答复是：如以自给与否为衡，则分工制诚将有利于大国而不利于小国，但如以全人类最经济的生产与最大可能的享受为衡，则分工制对大国小国并无一点偏私。固然，单位愈大，自给的可能性亦愈大。但各国之间既有完全的合作，则小国取给于异国的可能亦不小于大国的自给。如果说，分工制将有化零为整，提倡大国制的嫌疑，则我诚有此用心。我以为人类政治经验愈宏，其政治单位本应愈大。单位愈大，计划经济愈可能。合理的计划经济只能实现于一个四海为一的国家。从前的所谓国家计划经济只是削足适履的经济，徒然使国与国间的冲突尖锐化，而不能为国家的分子获得永久的经济进步。我们此时虽尚未进到实现世界国家的成熟时期，但生产分工之制如有促使各小国合作为较大的单位的功效，则我们又何乐而不令他发生此良好的功效？

我不否认生产分工是一个极高的理想。在民族与民族尚缺互信的今日，这种理想或是不易实现的。邱吉尔三月二十一日的广播曾经表示，英国于今后的四年计划内将注重农业。英国久已不是重农的国家。他久已依赖自治领及其他国家供给他粮食水果之类。苟世界无战争，以制造品交换农产品的办法本来是于他有利的。但如果有战争而他又遭封锁，则他的危险，是不言可喻的，邱吉尔的表示，就是说他不相信今后可以没有战争。为备战起见，英国不能不求自给，也不能不重农业。他这种看法如果是今代的普遍看法，则分工制的理想自然尚离实行尚远。然而我不信，邱吉尔的现实主义是多数明远人的态度。无论多数明远人如何看法，分工制与和平不可分离正与〔如〕自给制与战争之不可分离，应使今世希望树立和平者了然于分工制的必要。故他的实行无论如何艰难，他的理想不能不提倡。以言实行，今世六十余国中，美国自然处于最有力的地位。他自给的天然条件向比任何国家为充足，而农工业的发达又在各国之上。故他如以身作则，不作完全自给的企图，而以合理的生产分工为各国建议，则各国势难拒绝其建议，势难不唯他之马首是瞻。但我们有"当仁不让，求其在己"的古语。我们固缺乏领导的资格，但我们如亦放弃自给的企求，而力求生产分工的理想，如得中美两大国的支持，则陈义纵高，亦非无实行于今世的可能。这为谈和平者所不可不有的信心。

（《当代论坛》，第 1 期，1943 年 5 月 16 日）

现代化
（1943 年 6 月 15 日）

　　"现代化"到底是什么。"现代"这两个字，无论在英文，在德文，或者在法文，都是 Modern。在目前中国一般人的习惯，听到"Modern"——"摩登"这个名词，总会联想到摩登装饰，摩登家具，甚或摩登女郎一类物一类人的身上去。因此，社会上一般人对于这名词的印象，总不甚好。记得《中央日报》在民国十七年创刊的时候，有一个以"摩登"为名的副刊，他上面所刊载的，都是正经的东西，都是值得提倡的关于"现代化"的各种事物。我今天所讲的"现代化"，也就是正经的值得提倡的"摩登"主义。

　　所谓 Modern 的，或是现代的，当然和 Ancient 的，或是古代的，是相对的。由 Ancient 的而到 Modern 的，在西洋历史上，政治上，社会上是一个很大的分界线。无论在历史上，在社会上，在政治上……各方面都有这种分界线。"摩登"主义的涵义很广，并不是一点小小的主见，或是一个狭隘的名词。他的定义，当然有许许多多的说法。但是我们要明了"摩登"主义是什么，重要之点不在他的定义而是在他的含义。所以我现在不愿给读者一个定义，我只说明他的含义，说明"现代化"到底是什么东西。我现在分开三方面来说明他：第一是他的哲理的背景，第二是他的政治的表现，第三是他的经济的或是物质的表现。现在分别来说。

　　从哲理的背景方面来说，所谓现代化者，乃指古代思想的解放。古代西洋的思想，受了许许多多的束缚，而最大的可以说是宗教思想的束缚。本来欧洲的思想，并不全是耶稣教的思想，但是耶稣教发达很速，渐渐凌驾其他各种思想之上，不久以后，什么事情都带了宗教的色彩。到后来文艺复兴，古代希腊的思想——那种非宗教的思想——在欧洲渐渐抬头。再由于以后地球的发现，使大家碰到许多新的，并不是单用宗教思想所能解释得通的事情。由于许多新的发现，便得到了许多新的真理，于是中古的学院主义——学院派里面的人，大多数都是教士——便渐渐衰败了。到了十六世纪宗教改革也就发生了。这样一来，真正的科学便也就开始。到这时，古代一切受宗教束缚的思想便大大解放，而新的哲学继起。这一点，因为时间关系，不能详细去讲。简言之，现代化在哲理的背景方面所表现的，可有三点：第一就是科学的发达；二是自由传统的养成，讲到自由，许多人每误认它就是散漫放荡，我现在所说的自由是指近代思想解放后，大家得以自由地去探讨真理的那种传统；三是相信进步，到了近代，思想的进步，与社会的进步，是宗教束缚时代所没有的。以前教会的人狃于成见，对于一切事物，都以为古的好，而新的不如，不知道有所谓进步。再重复言之，在思想哲理方面从古代解放出来的结果有三，一是科学发达，二是自由传统的养成，三是相信进步。

现代化在政治方面的表现，最主要的不外四点。第一是平等，法律上的平等，扫除以前一切阶级的关系。古代有阶级制度，封建社会可以说就是阶级社会，有种种的阶级，有贵族有平民的分别；就是在贵族之中，也有很多不同的阶级。这种阶级的形成，在古时是认为天经地义的。当然古时候也有人起来高叫推翻阶级。如果没有这种举动，那么历史上也就没有那些斗争了。但是这种举动并没有多大效果。特权阶级所享的许多特权，都为一般人所没有。到后来宗教改革，思想解放的结果，于是便有平等的观念，法律上彼此都要平等，没有阶级之分，不因为他出身的不平等而享受也不平等。第二是知识普及，所谓知识普及，自然是比较的说法。他自然是一代比一代来得普遍。我所以说他是现代化的特点者，乃因为在平等，在推翻了阶级以后，人人都能够受教育，都能够得到知识来判断宇宙的真理。过去的情形，知识为教士或贵族所包办，其他的人大半都是没有智识的。如果中世纪的佃农要和他的地主谈起平等，那真是一件不可思议的事。第三，由于宗教改革，大家便将各国君主的君权神授说推翻。中古的时候，欧洲四分五裂，当时每一个国家的君主，为想表现他有力量，于是便倡君权神授说，说君主的权力是神所赋与的，是神圣不可侵犯的。这种说法，英国在十七世纪，法国在十八世纪后先后消沉。但在形式上，直到现在，英国国王在许多文告中还常常用"蒙上帝降临照佑"等语，这都是古代的遗习，在如今不过是一句话而已。但是在古代的时候，确实如此。思想解放以后，君权神授说便逐渐推翻，于是人民便要求种种权利，倡政府根据契约之说，甚而要求宪法等等，这些要求之所以起，乃因神权思想的推翻。人民既逐渐有权力，国家也逐渐进入民主制度。第四，在行政方面也发生了一个极大的变动。这就是人民如果有能力，就可以参加政府，参加行政，并没有阶级的限制。原来在阶级社会里面，能够出来负责行政责任的，只是一些特权阶级。宗教改革，思想解放，神权推翻，民权日张，于是大家就都可以参加行政。到了后来，行政组织亦大加扩充，效率因此亦逐渐提高。现在许多人常常说中国行政效率太低，但这只是和目前西方若干国家比较的结果。西方国家在若干世纪以前的行政效率是极低的。如果以任何一个西方现代国家的政治组织来和古时那个国家的政治组织对照一下，中间的进步诚有不可思议之处。西洋诸国在十八世纪以前，政治组织的规模很小，没有什么制度可享，西洋各国行政组织的现代化，实在都是十八世纪以后的事。十八世纪普鲁士腓特烈大帝开其端，其他国家在十九世纪的时候才陆续仿效。由上所述，现代化表现在政治方面的有四种结果可见：一是平等，二是知识普及，三是民主制度，四是行政改革。我虽不敢断定他所表现的就只有这四点，但是这四点是缺一不可的。如果缺少了其中任何一点，现代化的资格也就没有具备。

至于现代化在物质方面的表现，最大的可以说是在现代化以后，人类就可以控制自然，以前的人类是无法控制自然的。在这方面大致可有三种结果：第一是产业革命，产业革命以后，生产制度焕然一新，规模扩大，方法进步，于是人类渐能控制自然。第二，由于产业革命，经济单位也就扩大。以前的经济制度乃是小单位内的经济自给制度。产业革命的结果，小单位的经济自给制度便被打破。只靠本单位以内的生产品，不够消费，于是单位逐渐扩大。到后来就连在一国之内，也还有许多东西要仰给国外，国家自给经济制度亦即打破。这种小单位的经济自给制度打破以后，人民的财富便大为增加，以前贫穷的人，如今多变成富有。不但如此，财富的分配，也比较普遍得多。本来产业革命以后，新经济制度产生的结果，形成资本主义，在资本主义的经济制度之下，往往贫者极贫，富者极富，贫富之间，极为悬殊。但是尽管贫富益形悬殊，而富有的现象较之封建制度时期却要普遍得多。第三，因为富有的普遍化，于是就产生些比较有闲的阶级——这里所说的有闲阶级，是指工作之余，比较上有闲暇的人。他们在比较的有闲以后，对于科学的倡导，自由的争取，俱能多所致力。以十九世纪中叶的英国而言，那时新兴的工商阶级是有闲的，因为有闲，他们便有兴趣去倡导科学，去争取政权。愈倡导科学，愈争取自由，一切的进步就愈大，政治的表现就愈澈底，物质方面的进步也就愈快。

由上面所说的，所为现代化，必定要看他的哲理的背景，政治上的表现，和经济上的表现如何而定。能够完全具备这三个条件，那么才有真正的现代化。如果欠缺其中一个，那么那个现代化一定是假的现代化，或者说是现代化不健全。

说明了现代化的含义以后，其次就要讲到欧美各国现代化的情形。现代分开英美，西欧，苏联，日本诸国来讲。

在欧美各国中，比较起来以英美两国最合现代化。美国立国时期虽短，但背景与英国大抵相仿，现在只提出英国来说。英国的政治环境是很有利于现代化的，国内统一最早，封建制度在十二世纪起就开始消灭。在地理环境方面，英国又比较孤立，不与欧陆相接，于是欧洲大陆上教皇的势力和那些专制的议论，英国所受到的影响较小。宗教改革以后，欧洲中部许多国家，发生了路德派的宗教。马丁·路德虽然是宗教的改革者，但是他的思想仍然是有一层层的阶级观念的。中古欧洲国家，大都逃不了路德主义的宗教。英国与欧陆隔海相对，路德教未曾传入，他自己却自成一个国教。所以英国的政治环境，地理环境都是有利于现代化，思想解放很早，自由发达，三权取消益早，民主精神盛行，这都是很合于现代化的条件的。其次，他的生产革命亦早，大约在一千七百六十年左右的时候，农业革命始于英国，其后又发明纺织机。（这种生产革命之早，当然也有偶然的因素在内。因为某一个国家能够偶然的发明了一些新的生产工具或方法，那个国家的产业革命就早。）英国的产业革命虽然很早，但是经过产业革命之后，是否就一定能够发生新经济制度，本来这是一个疑问。可是英国在产业革命以后，刚巧碰到拿破仑的战争，还受欧陆的封锁，环境所迫，于是便不能不自力更生，加紧生产，产业因此日盛。由上所述，可知英国思想解放很早，产业革命亦先，而政治方面，人民也早就竭力要求民主，所以他在思想，政治，物质三方面的现代化都最早。大致看来，在欧美各国之中，以英美两国为最具备现代化的三类大条件。

西欧方面，可以德法两国为例。以意大利西班牙两国与德法比较，则意西两国的现代化太不完全了，故可不论。就法国而论，假定英国十七世纪的时候思想已经完全解放了，那么法国的思想则迟到一七八九年大革命以后才开始解放。这中间，两国相差几乎有一世纪之久。在政治方面，英国早已铲除封建阶级而进入民主，但是法国则远较落后。至于生产革命，更全受英国的影响，英国农业革命发生在一千七百六十年左右，工业革命则发生在一千七百八十或九十年左右；法国的产业革命，那大致都是一千八百三十年以后的事了。至于德国，他向来就不是一个统一的国家，国内有许多小邦。就地理方面说，所处环境颇不适宜。因为他处于欧洲的中部。大部份的小邦都受四邻的侵凌，所以他有团结的天性，事事与人竞争，因而尚武主义较为发达。同时因为地势所限，颇不容易统一，经过了许多大的波折，直到十九世纪才统一。德国的革命本来是跟着法国的革命来的。德国在十九世纪上半期，他的自由思想本已追上了法国。不幸，这种崇高的理智及自由的本性，并未能促使他统一的成功。他在十九世纪中叶的统一，实在还是靠俾斯麦的武力。德国的统一既由于武力，所以在统一以后，便迷信武力，轻视理智主义，所以政治上的表现不够现代化。像平等，法国在十九世纪下半期虽然还有公爵贵族之名，但也不过只是一个名称而已，可是德国在第一次世界大战以前还有许多阶级。所以德国的情形，一般说来，知识固然普及，但是他们迷信神秘的观念过深；行政虽早有改革，但阶级颇严；直到十九世纪下半期，他在现代化表现在政治上应有的四个条件中，还只有其二而缺其二。所以就法德两国来说，法国一切情形大都跟着英国后面，表现得虽不很好，但是多少还有点现代化。德国则除了物质方面以外，这里思想根本谈不上现代化，政治方面的表现也只有一半，所以德国的现代化乃是畸形的。至于西班牙，意大利等等，那就更不足道。像西班牙，既缺乏哲理的背景，物质的进步，而天主教的势力仍然很大，神权思想仍然盛行，离现代化尚不知有多远。

苏联怎样呢？俄国自从十七世纪末年的大变动以后，若干地方，都竭力想西欧化——或者叫做现代化。像彼得大帝到英国学造船，或是十八世纪初期大加萨陵女帝之仿效西欧行政制度。不过俄国在思想方面久已落伍。在十九世纪，一千八百四十年左右的时候起，几十年间，有西方派和斯拉夫派在理论上斗争甚烈。斯拉夫派主张本位文化，主张一切不接受外来而由本身改革求出路；西方派则说俄国原来的东西完全要不得，完全要接受西方的潮流，这两派的思想，冲突很烈。我们平心静气说来，他们当然都是各走极端，均属一偏之见。后来共产主义的盛行，乃是西方派的得势。斯拉夫派和西方派闹得很久，他们的思想背景总在两个极端之上不能解决。虽说欧化，事实上西方的前进思想钻不过来。所以俄国到很迟才有思想解放。现在解放到怎样的程度？这因为时间关系，无法详加讨论。总而言之，俄人的思想，并未能在短时间内直接随着西欧见解随着英美之后完全解放。而在政治方面，像近年共产主义的执政，许多措施，仍未能及得上现代的标准。至于工业化，那是在一八八〇年以后的事，发展更迟。所以俄人的现代化，并没有什么高的程度。最近一二十年来的情形怎样？因为时间关系，不能多讲。可以说的是：今日的苏联，无论在那一方面，其现代化的程度还未能赶上英美。说到日本，那也是一个畸形的国家。他无论在思想方面或者是政治方面，都未够得上现代化。只是在物质一方面，他竭力想造成现代化。然而他物质方面的进步虽然相当可观，思想和政治两方面却很难和物质相调和，于是种种不健全的现象也暴露了出来。因为时间关系，我也不能详细去说明。但是我敢断定日本在这次大败以后，一定会一蹶不振，历久才得复兴的，其中原因，乃在他现代化的不够，物质方面虽力求现代化，但是思想和政治方面，都还未及现代化的标准。日本的复兴，须在思想及政治现代化之后。由以上所说的，可知现代化在哲理，政治，物质三方面的发展一定要平均。如果这三者不能并进，甚或有所偏重，那么这现代化必有毛病，经不起丝毫打击。若能整齐发展，那么现代化的基础稳固，难以摧毁。平心来说，欧美诸国的盛衰，实在可以由他的真现代化，假现代化或者是畸形的现代化而判断，我的看法，真正的现代化，必定不能畸形的。

说明了欧美各国现代化的情形，最后我就讲到我们中国的现代化。

中国现代化的条件，有好有坏。先从哲理方面来讲。我感觉到中国思想哲理上现代化的条件在消极方面并不错，但是积极方面则似乎还不很够。这就是说，过去中国思想上的束缚很少，解放容易；或者甚至可以说过去中国思想根本就没有束缚，也无所谓解放。中国历来思想上都印着四维八德等等观念。这些都是中庸之道，在古代看来是美德，现在看来也是美德，将来看起来仍然还是美德，这谈不上什么思想束缚。至于《论语》《孟子》等四书上所说的一切，也都是中庸之道，也不能说对于中国古代思想有什么束缚。我们将中国这些东西来和欧洲宗教改革以前思想上所受束缚的情形【来】相比较一下，真有天渊之别。如果有人说中国儒家思想对于中国思想方面有一种很强的束缚，这实在是不对的。中国人民的思想古来就没有什么束缚，宗教又没有什么势力，所以我说中国现代化在思想哲理上的表现，从消极方面说来，是比较具备的。然而他在积极方面的表现并不够，人家科学发达，我们却欠缺，人家提倡自由，尊重自由，我们讲自由，虽然多年，但其含义却是消极的。我们仅在消极方面立下几个法律对于自由有所规定而已。我们向不从积极方面推崇为人的尊严，直接以发展个人的力量，间接以增厚团体的力量。讲到思想的系统，我们也至不完备。譬如像宇宙的问题，我们向少讨论。所以在思想方面，西方在解放以后是有系统的思想的，中国却从来就不大有束缚，可是很消极，很少有系统的思想。从物质方面说，则我国向日因没有科学之故，吃了大亏。西方的科学乃是近代产物，不过是十六七世纪以来的事。西方在有科学以前，其物质情形，并不怎样优越。当时中国正在乾隆年间，即在乾隆时代，中国和西方各国相比，并不很差。但是乾隆以后，西方各国国富日增，生产丰盛，财富普遍，我们则一切落后，一日不如一日。这是什么原因呢？为什么乾隆以前大家都是一样，而乾隆以后就相差得这么远呢？这问题很简单，因为人家现代化，我们却未曾现代化；人家科学发达，进步神速，我们墨守旧法，追不上去。所以我们中国的情形，就思想哲理上说，消极方面的束缚虽然很少，不至妨碍发展，但在积极方面则思想大不够系统。现在要有系统，那就要学科学。欧洲在思想解放以后才有科学，到如今为期亦不很久，然而颇有成效，这还是因为他能竭力提倡所致。我们中国对于科学的提倡太不够了。如今倘若希望科学发达，还需要积极的力量。据我看来，我们提倡科学，就连方法还有讨论的必要；像提倡实用科学而忽略纯粹科学，那么根底不稳，将来也要落后的。至于政治方面，我只简单说几句。在政治上，要能够有现代化的表现，先要国家安定，以前国家未安定，政治难上轨道，自今而后，国势已经人定，在国家各方面安定了以后，政治上的现代化的条件是不错的。总之，我们要注意到要求现代化，不能单单侧重于物质方面，必定要思想现代化，政治现代化，然后物质现代化方有意义。如果不能这样，那么好像德国的情形一样，过份加强物质，而思想政治的基础不够，那是毫无意义的。不过物质方面，我们也希望短期内能够达到生产革命化。总而言之，就现势而言，我们中国的现代化的条件尚可乐观。以前因为有种种环境关系，一时未能表现，到这次战争胜利以后，现代化的加速应当是有望的。

根据历史的看法，我个人认为要现代化，眼光一定要远，一定要在各方面同时并进，平均发展，那么基础稳固，不虞动摇；要是急功好利，有所偏重，即使某一方面可以在短期内得到效果，但是基础是不稳固的，一经打击，便有崩溃危险。现代化是要各方平衡的，我们的努力必须同时并进，切不可因为环境关系而有所偏重。

（三民主义青年团中央干事会、文化建设运动委员会编：《文化建设论丛》第一辑，1946 年 6 月。原刊《中国青年》，第 10 卷第 6 期，1943 年 6 月 15 日）

建国完成的期限
（1943 年 6 月 17 日）

　　国家建设之成功者类皆及时而成，及身而成；如果□的复杂，时期遥远，数易其人，必致困难丛生，久而无功。此中原因，实极明显，特每不为人所注意。大抵各时代有其当时人物与环境的因素；这些因素甚少固定，而常在变动或剧烈变动之中。人物有新旧，政治有泰否，外交有顺逆，经济有进退；此种因素可能之变迁，二三十年有如隔世。国家之建设必凭借此种种因素，而几乎不能于此外另有凭借。一经□往问题之中心枢纽，必须迅赴事功，赶速完成。其完成所需之时间愈短，则所受时代变迁之影响愈少，而其成功之希望亦愈大。

以上为吴之椿先生三年前讨论我国国防建设问题时所发的议论（见二十九年《今日评论》），我今特借以作本文的引语。

人类的努力，就成就的时期长短言，本有两类。藉积累而成者，其期长而无定，初不可以计日程功，教化方面之事属之。依计划而成者，短而有定，必须计日程功，营建敷设方面之事属之。古代科学未昌明，人与人的接触稀少，成事的速率小，故对应予计日程功之事，亦往往不定期限，而好以"我之所未能完成者，我之子孙后裔必能完成之"自勉。在宗族制度发达的我国，此种情绪尤为强烈。今代科学昌明，人与人的接触殷繁，成事的速率大，故即对于向不计日程功之事，亦往往严定期限，希望及身而成，而不复以"我之所创始者，我子孙后裔必能完成之"为满意。大概科学愈发达，则此种急求事功的情绪愈切。改变种族本千百年始能见效之事，而德人则存数十年内必有成焉的奢望，改变土壤亦千百年始能见效之事，而美人亦作短期必须收效的尝试。以我们科学及其他的落后，我们故不必事事效法德美，求其速成。但国人近来萦萦在心的建国的大业，则必须争取时间，求其速成。

所谓建国大业，约略言之，与近代化同义。而要近代化中国，除尽人皆知为必要的工业化而外，我以为同时尚须做到国民教育与国民保健的普及，及学术研究的提高。没有后三者，工业化决不可能，即使幸获外力之助，工业得有短时的突飞猛进，也是无法维持于久远；因为无教育的与不健康的国民不配做新式工业的工人的，而没有学术研究与之配合，则工业的精进也无希望。换言之，我们如要工业化到英美德的程度，我们的民智民健及学术研究也须做到德美英的程度；我们如要工业化到苏日法的程度，我们的民智民健及学术研究也须做到苏法日的程度；即使我们取法于下，仅以义大利工业化的限度为满足，我们的民智民健及学术研究也非赶上义大利不可。

我们要在极短期内赶上英美那样程度的工业化当然是不可能的。但倘使像法日那样的工业化尚赶不上，则所谓工业化者，纵使得了一些，也将于事无济。赶上法日那样的工业化，而外交有道，我们或可以应付日后可能的国难。赶不上，则我国国力势将远落人后，无足重轻。假定工业化的程度先以赶上败绩奔溃以前的法日为鹄的，则我们务须于一定的短促的期间内，求达到此鹄的，而不容一丝一毫的马虎，与一时一刻的松懈。这期间务须是一定的。没有一定的期间，则计划既无从着手，而计功亦无所依据。这期间务须是短促的，否则人物与环境的因素，近如吴先生所谓，可以大变，而计划将失去实□的可能。

以言人的因素，建国之主持者为总裁，而工作干部将为一群年在三十至五十而有受过专门训练之人。主持者纵不能及身而见其建国计划的完成，至少亦应有可能使此计划的实现上于轨道。如果计划的所需年限过长，如果主持者须数易人，则此计划势将有未及完成而改弦更张，甚或推翻的危险。计划在执行中可以修正，而不能有剧变，剧变就等于推翻。主持易人的危险盖在此。至于工作的干部，则最理想的莫过于一手成大业。工作者可以增加，所担任的工作亦可以移动，但计划者应即是执行者，而执行者应即是完成者。必如此，然后计划的实行可以速，也可以准。苏联第二次五年计划与德国戈林四年计划之所以有完美的成绩者，其故正在于此。故计划所需以完成的年限决不可过长。

环境的因素且远较人的因素复杂。我可举其最重要者而略其他。最重要者有二：一是国民革命成功的信念，又一是大战后和平的空气与英美盟国的同情。国民革命的范围过广，故完全的成功需时颇长。然成事之难易往往须看领导者之是否能善用机会。机会错过，成事便难。北伐告成的时候为中国国民党谋积极建树的绝好的一个机会。此次抗战的圆满结束又将为一个创业的绝好机会，此其理至显，无须赘述。届时，党政府如以伟大的建国计划昭示大业，期若干年以成功，国民既深信成功的可能，自将乐于实施，力促其成。如果计划所需的年期过长，则若干年而后，民众对于成功的信念将不免□□，而失败的危险亦随以增加。此年期之应短者也。又战后世界必趋向于和平，而和平却未必牢靠，未必能永久，必中印两大民族能为强有力的民族，能以其实力为和平的后盾，和平才能永久。设或和平不能永久，战事又起，而是时中国尚未工业化，尚未能自卫，则不特中国的建国大业又须中断，即世界文明亦将不保。故中国不言建国则已，言建国则必须于大战复发前达到一个可以自卫的阶段。此年期应短之又一理由。又次，此次战后，工业最发达而又最有余力足以助我者，莫过美国与英国。如两国联合以助我，则我之工业化可以进展甚速。反之，如两国不我助，则其他方面的助力类皆不足道，而我之工业化亦势将无法加速，然国际形势易变，时期愈短则变愈少，愈长则变化愈多。此亦年期应短之一理由。

无论从主持及助成建国者的寿命言，从中国国民党抗战成功的余威的延续期间言，从世界大战复发的可能时期言，或从盟国友谊继续不变的期间言，完成建国的期限俱不应后于抗战结束后之三十年。逾三十年，则主持者将不及一手领导建国大业入于正轨，助成者将不及一手完成此大业，中国国民党将坐失其领导国民悉力以赴大业的余威，而大战或且又作，英美同情或且逝去。然短于二十五年亦不可能。因我们之所欲促成者不仅是某铁路线的通车或是某工厂的出货，而是整个中国之相当高度的工业化，与夫必须同时促成的普及国民教育，普及国民保健，与相称的学术研究。

在常人，时日假之以愈多，则可期的事功亦愈大。反过来，如所期的事功愈大，所假的时日亦应愈多。其一□另一□变，故伸缩之余地至大，而勉强的成分甚小，然于我国建国大业，此通例不能适用。时期是有限的，而"建"之范围亦几乎是固定的。时期太长，则成功的可能太小，而且有不及应难的危险。时期太促，则某种限度的大事业决无完成可能。"建"之范围过大，则在一定的时间内决不能完成。"建"之范围过小，则纵得为期完成，亦不足以应付可能的国难与世难。易言之，我们如不能于二十五至三十年内使中国赶上法日在战败前的工业化及其基础条件的标准，我们将遭遇莫大的国难。此乃我们的艰苦所在。但我们既有于此期内完成如此大业的绝对必要，我们便当有决心；既有决心，我们便当有成功的途径。我们的艰苦在此，而我们的幸运亦在此。

我们既须于短短的二十五年以至三十年之内，完成为法日败绩前所有的工业化及工业化的民智民健及学术基础，则战后最急之务，莫过于减少各种障碍。于此，我仅呼号两事。对内，我们要比抗战期内有更完全的意志集中与力量集中。只要忠于三民主义，只要热心于建国计划，这种人均是我们的同志，我们再无其他的要求。如是，我们可望得到建国必须的政治安定。其次，我们要比抗战期内采与盟国更协调的政策。我们要强调国际合作，我们要避免一切争执。如是，我们可望得到建国必需的国际环境。

（《中央周刊》，第 5 卷第 44 期，1943 年 6 月 17 日）

战后应否有一国际人权宣言
（1943 年 8 月 15 日）

经此次大战之后，如果民族主义能以理性为范围，成为全人类的政治组织中的组成单位，则大同之治可谓得了一种开始，而民族国家的性质也将遭遇一种重要的变化。

大战方在进行中，各民族的趋向尚不易窥测。有识之士中，主张战后各民族应成立一个共同的强有力的组织，以抑制民族主义不正当的发展，并以促进全人类的福利者，固不乏人；然而深信人性改易不易，并有鉴于国联的失败，因而怀疑一切国际合作，牢守主权旧说者，也在在皆是。如果后一种人得势，则战后一切保障和平，增进互助的组织皆等虚设，不能有实力，亦不能收实效。反之，如果前一种人居多数，而有较严密、较有力的国际组织降生，和平及互助也不见得就可因此而有成。要有国际永久的和平与日增的互助，各民族须首先承认大同之治为人类最后的目标。

在大同的社会中，民族的存在是无须取消的，民族的个性也无须抹杀，犹之在国家之下，个人仍维持着各个的存在，各保持其个性者然。但在大同的社会中，各民族却不能有破坏公共法纪，妨害他民族的利益的行为，此犹人民的自由须以法律所定者为限度，而不能有损人以利己的行为。考人民之所以能遵守法律，虽亦由于国家之设有制裁，而主要的乃由于他们之有同一的道德观念。同样的，我们如期望民族能遵守国际公约，亦须从同一的道德观念着手，而国际的制裁则仅能为次要的约束力。如果各民族缺乏共同的国际道德观念，则国际制裁无论如何严密，亦不易产生守法之效。如果各民族有共同的道德观念，而又辅之以法，则他们不难共守法律，而国际秩序亦不难维持。简言之，要有大同社会，全世界民族虽仍可保持着他们的民族个性，然而共同的道德却是绝对不可少的。

那些道德观念应否为全体民族所共有呢？这不是容易置答的问题，而且将随时代的进展而变化，犹之某一国家人民的道德观念也常在变更似的。我们固不能希望战后各民族的道德水准太高，太高则决无被大多数接受的可能，但也不可太低，太低则战后的世界社会比战前的将少进步可言。战后的道德观念须是各民族的前进分子所提倡拥护的，而又为各民族所能服膺者。举例言之：世界一切人民贫富均等，无民族之别，容或是一种高尚的理想，但决非战后各民族之所能接受，故不能成为最近的道德观念。但各民族应有取得原料的平等机会这一原则，既为举世前进思想所许，又无不可实现的困难，自应视为国际道德的一部分。以此类推，我们或不难推断何者应可为战后全体民族的道德观念。

近年有不少人士主张战后参加国际组织的国家——亦即是全体国家——发表一国际人权宣言。这种人是深受国家人权宣言的指示的。国内法常须与习惯道德的标准一致。如两者距离太远，法律太站在前面，法律将无执行可能。但除了符合习惯道德的法律以外，一般国家也常有人权宣言的颁布。宣言所标示的立法原则往往远较习惯道德为进步，故每可提高道德的标准，促成立法的进步。同样的，如国际亦有人权宣言或类似的文件，将各民族应尊重，可能尊重，而尚未能一致尊重的民族及人类权利——郑重宣告，则两种好果可以预期。第一，国际的道德标准可以提高；第二，民族相同的道德观念可以较多。两者均有增加国际约束之功，两者也均有促使国际社会日近大同之功。

然国际人权宣言既以增加共同的道德观念，并提高国际的道德标准为目的，则各国所不能一致接受的观念，或标准不能与最前进的国家的道德标准相垺者，自不配列入国际人权宣言。如甲国愿遵守道德标准较高的约束，而乙国反对，则此约束自无法被全体国家所采纳。如乙国以较低的标准为满足，而甲国又愿于迁就，则一致采纳固无问题，然与提高国际道德标准的原旨又不相符。又如各国大都不以认真的态度出之，接受许多崇高的原则，而毫无遵守的诚意，则宣言必等于废纸，不特不能得上述两种好果，而且有使国际道德益见堕落的危险。基于以上种种，反对有国际人权宣言者亦不乏人。

任何人不能藐视成立国际人权宣言的困难。然而天下值得尝试之事那一件没有困难？如果因难而放弃，天下那一件大事会获尝试的机会，更不必说到成功？国际秩序的树立与大同的实现本是难事。大同的实现固须靠人类不断的努力，国际秩序的初步树立亦未尝无困难拦阻在前。

如果国与国间无可合之处，无企求进步的共同愿望，则人权宣言固难以产生，即国际组织亦难以成立。如果若干个少数领导民族间能先有若干种共同的观念，则其他的国家亦不难望风而起。故在原则上我们既不可因困难而放弃国际人权宣言，而在实际上则此种困难常可由各领导民族的协调而克服。

中美英苏今已公认为四个领导民族，凡中美英苏之所能共同接受者，全体民族亦当能接受。我们之所欲问者，乃此四国是否能代表今世最前进的国际思想。如果四国在思想上均为落后的国家，则四国已所接受者将缺乏提高国际道德标准的功效。这种人权宣言无补于国际政治的进步，亦与大同之治无补，有宣言且不如无宣言。幸而以四国之大，国际最前进的思想几无不可以代表。故四国所能共同接受的宣言，在国际上，当可发生人权宣言在一国国内所能预期的好果。

然则那些是进步的国际道德观念，而又可为四国之所接受者呢？我以为有三点：第一，个人地位之应尊重，必须于宣言中郑重宣告。自从赫格尔一派哲学家以普鲁士重国轻民之旨归纳成哲学以来，百余年中，国家为人类最高发展之说盛极一时。希特勒之流因之，复以民族代国家，遂产生德意志民族为统治民族之狂论，然德意志民族虽高于一切，德意志民族的组成分子——德意志人——则并无其独立的意志与人格：只有玄秘的民族意志而无天然的德人意志；只有玄秘的民族人格，而无天然的德人人格。德意志民族的意志与人格又在那里呢？则当今之世，希特勒所代表者即是民族意志，希特勒所化身者即是民族人格。如果德意志人不自救，而仍憧憬于这种传统的民族观念，则数十年而后希特勒二世必又将为希特勒之续。日本民族缺乏理智，自昔已然，自受德意志思想的熏陶后，日本人的地位益见低落，而所谓"大和"民族者则也中了如德意志民族所患的疯狂。特所谓"大和魂"者既不由东条一人代表，亦尚不由他们的天皇一人代表，而由一群军阀妄人假窃天皇的偶像以代表。这种不以人为重而为一种玄秘的民族狂所宰制的主义，衡以中山先生的学说，实不能称为民族主义。故德日的所谓"民族主义"不容一日留在人世，而这种主义所取缔仇视的个人尊严、个人地位则必须恢复，必须尊重。人不能无群，无群则个人的安全自由及地位俱无从保证。但我们亦不能因过分重视群的权利，而抹杀分子的权利。此中惟中庸之道足以救逻辑之穷。我们如只知有国家或民族而不以人为贵，则世界将不断有国家的冲突，而全人类无协商的可能。惟有郑重宣告个人地位之应尊重,然后各国所推行的政策将以人民的福利为出发点,而无冲突的危险。

就中美英苏四国而言,中美英三民族向以富于理智著称,向不为任何玄秘的主义所笼罩。英美之注重人权固为近代史特彩之一,而"民为贵社稷次之"之说又深入于中国的人心。中国以受帝国主义压迫,民族地位日堕,于是中山先生以民族主义为呼号。然于民族合力以求自拔之外,中山先生又倡民权及民生之义。夫有政权而生活又获得保障之民不可谓无尊严,无地位。故中美英三国之能同意于个人地位之重视,无待赘言。苏联昔年历行共产主义,颇有重国轻民之嫌。然其一九三六新宪法颇有一反此趋势的用心。抗战胜利后,苏联亦可望能逐渐尊重人权。故四国共同接受尊重个人地位这一点当不难实现。四国接受后,其他国家当亦不难接受。

第二,各国共同宣言。福利经济应为国家经济基础政策。这是由于第一点而来的。在战争期间,一切原料及生产资料用于战争,故国日富而民日穷。不采福利经济的政策,则个人的地位,即在富强之国,亦永无增进之日。至于各国愿否并能否弃战争经济的政策而改采福利经济的政策,则当然以四国的马首是瞻,可不深论。

第三,各国宣言,各民族在国际关系上一律平等,无种族之分。此点也是一反德日向日的行为,而可以消灭许多纷争之原。四国之中,英美向日亦微有歧视异族之薄德。此次的大战已予这种薄德以不少变更,在战后英美亦且有非尊重平等不可的趋势。有了平等宣言而后,少数民族的纠纷易获解决,而文化或经济落伍的民族在理论上亦获得急起直追的机会。

以上荦荦三点,在道义上,四国俱不能拒绝接受。四国如相率接受,而以之订立国际人权宣言,或径以放在国际盟约的首端,□其所可能发生的道义上的力量将无限量。盖这三点所代表的道德观念实较今代习惯者为前进,而四国又为今世力量最宏之国。由四国提倡若干前进的道德观念,而全世界的民族又一一视为共有的观念,则各民族共同的信念可于此增多,而大同的始基亦可于此建立。大同本我国固有理想之一,而民贵及平等的观念又为我民族所普遍推崇者,故我深望战后的中国能为上述一类国际人权宣言的始倡者及力行者。

(《国际编译》,第 1 卷第 2 期,1943 年 8 月 15 日)

僵局如何打开——论中国政治的前途 [*]
（1945 年 9 月 1 日）

新中国的轮廓

我以为新的中国，一定要为全体人民谋利益。这几年我最喜欢听的一句话，就是华莱士在一九四二年所讲的：二十世纪应该是平民的世纪。这话真正代表了时代的精神，许多国家无不向这条路走，把他们的国家变成平民的国家。以美国为例，我去美国多次，对美国相当明了。但这次去的两个月里，受过了一种从未受过的感动。罗斯福实施新政，我并非不晓得，但我还是感动。在几年战争中，老百姓的地位是提高了。这是作战几年的极大成功，比一九三三年实施新政时有出人意外的地方。我们中国人应该怎样学习别人，但适得其反。我想，你假如站在人民的立场，去观察美国，你的感动一定比我还深。罗斯福死了，政策并无改变，继续向新的大道前进。美国如此。英国怎样？英国大选时，我大胆地预测，保守党非失败不可。这不出自主观，而出自客观分析。战争几年，一般穷苦人的幸福比战前还大，以前的壮丁身体多不及格，战争几年，反而及格了。他们就怕邱吉尔把英国拖到老状态中去，邱吉尔就有可能，因此我推测，工党必然胜利。英国也在往前进，也符合华莱士所谈的：平民的世纪。从东欧到西欧，无一不向为平民谋福利的路上走去。今天法国选举必然再次证明华莱士所说的：平民的世纪。因此

* 钱端升讲，天凡记。1945 年 8 月 3 日晚上七点，受西南联大学生自治会邀请，钱端升在联大演讲"参政会与今后中国政治"。这篇讲演的记录稿随后被《新华日报》和《民主周刊》等刊载。《新华日报》以"中国需要联合政府，除了各党派联合起来，参加领导权，没有第二种更好的方法"的标题发表通讯（《新华日报》，1945 年 8 月 5 日，第 2 版）；《民主周刊》的编辑认为钱端升"在这演讲中提出组织政治解决委员会与联合政府两项具体建议以为打开中国政治僵局的方案，对当前问题的认识及解决途径之寻求颇有参考价值"。——编者注

我们应该把全部注意力集中到大多数平民身上去，应该把眼光向他们集中，因为世界潮流如此。中国不能走别的途径；没有政治意识的中国人则已，不然，必有此看法，除非他有既得利益。我们想我们有多少言论自由呢？有多少集会自由呢？没有。但是在这样的环境之下，我们还是要说话，要表示。为什么？因为我们发表的意见，都是趋向于全民利益，这一要求，你无法阻止的。你假如离开这大题目，而与政府站在反对立场，早就被禁止了。因此，我说我们的新中国应该是一平民利益为最高利益的国家，在老百姓没有饭吃的时候，我们凭什么资格讲国防，讲军队？因此，我认为几年来嘻嘻嚷嚷的国防是不可靠的。我们没有野心要把中国变成一个大强国，大帝国。我讲这话，并非无的放矢，因为几年来很多有政治地位的领袖们有过这样的想法。我们也不可能用过去建设南京那样的来建设我们的新中国，因为这样除非给少数人以享乐外，充其量不过以充国际观瞻。假如这样，我们宁愿要工业化。这话怎样讲呢？有很多人希望中国成为美国那样富强的国家，因此中国应该加速的工业化。但我认为这是梦想，要做，反而妨害大多数老百姓的利益。我们地大，并不物博，而人口则多得不可思议。有很多国家的土地比我们大，但人口比我们少。我们的可耕地比人家少得多。地里面又无大多丰富的蕴藏，加上众多的人口，要想赶上英美是不可能的。这一点，我想我们应当承认的。除非将来科学上有一种奇特的发现就差不多。我们目前只能把人民的生活弄得舒服一点，但这时人口又增加了。在这种情况下，像美苏的工业化是不可能的。我自然不敢说这是永久的情形，我只是说，二十世纪中国的政策假如不着眼于农民身上，那就没有良心。要在农民身上下功夫，就应该减轻农民的痛苦，提高他们的生活标准。即使这种生活标准只能提高一点点，但还是不容易做到的事情。要保障中国农民的最低生活水准，就得减轻甚至免除贫苦农民的租和税，让他们担负到富有者身上。还有，就得解决荒年问题，要改良水利，要尽量扩充交通，因为中国过去有荒年者，因为物资不流通的缘故，水利改良了，运输改良了，加上中国旧有的仓库调度，荒年不是不可避免的。上面两点做到了，中国农民就能获到最低生活标准。工业并非不要，但也应该奖励家庭工业，手工业。这里一定有一部分产物出口，对农民生活不是没有帮助的。假如对货物出口有计划，有奖励，对农民生活一定大有帮助。渔猎、森林，都能大量提倡，农民生活更能提高。离开这些，单讲工业化，我真不晓得是否有效果？对农民有利益？

我并非赞成以农立国，过去持此种立场的人都是反动，我只说，我不强调工业化，我们应该注意农民。有些工业是要的，比如交通工业，机械（跟农民有关的机械）工业，肥料工业。美国有位水利工程专家塞维奇认为在宜昌可以建立一大水电厂，可以灌溉大量的田，可以产出大量的肥料，这我当然赞成。还有纺织工业，没有它，农民没有衣穿，造纸工业，药品及土生材料工业，罐头工业，因为交通便利了，有些地方肉多了，便制成罐头运出。离开这些工业，谈别的工业，一定对农民无利。因此我赞成工业化，但是从农民出发的工业化，这是一条合理的道路，我深信不疑。

新的政治领导

要使我们的政策配合到大多数的农民身上去。怎样做呢？现政府的政策要得不要得呢？自然要不得。但没有行政机构也不行，因为没有它，就不能进行巨大的调查工作，现政府能不能供给我们这一机构呢？也不可能。这里，需要一个和平时期，需要一个开明的民族政策。不然，是不能得到其他少数民族的好感的。目前大家晓得，新疆处于一混乱状态中，独立不像独立，反叛不像反叛。为什么？因为中国对哥萨克的政策和俄国对他们的政策大有不同。假如有新的政策新的机构，人家也才能看得起你。所以假定我们要建立一个新的中国，政治应有一个配合才行。因此，我们需要一个新的，真正代表全国的政治领导。我这里不讲领袖，因为一个新的进步的国家，绝对不依靠一个 Leader，我讲的是 Leadership，我相信罗斯福是一个了不起的 Leader，但十余年来美国的进步主要的是一个 Leadership，假如罗斯福没有许多年轻，有理想的人帮他的忙，罗斯福一个人是不可能有成就的。对于邱吉尔，我应该在这里表示同情，同样的，他这几年所做的事，还是集群力而成的。正因为他有个时候，专制独裁，所以失败了。就是斯大林吧，从斯大林格勒战役起，我就不相信斯大林是个独裁的人，没有人帮助，不会有如此胜利的。因此我们中国，也需要一个 Leadership。何谓新的领导？所谓新的当然应该有进步性，即向前看的，就是有华莱士那样看今天的看法。它应该为群众服务，而不是为自己。同时，新的一部份有年青的意思。我并不反对年老人，只是说年青人进步一点。我向不喜欢当面恭维人家。这次在参政会上我却恭维邵力子先生一次。我说："我们党里，六十岁以上的人都不行了，但你老先生除外"。中国过去的当政者都受过一种要不得的熏陶。因而年青人是比较有作为些的，只有这样新的领导，才能订出新的政策。国民党当政这么多年来了，也时常"老百姓""老百姓"，但真能了解老百姓及年青人的情感的人见有几个？旧的人根本就感不到这种需要。因此只有新的领导才能产生新的政策，才能产生许多新人来执行这新的政策。同样的，只有新的领导，新的政策才有执行的可能。新的政策必须有新的执行，不是等因奉此所能做到的。所谓代表全国又是什么意思呢？这里不是主观的决定，而是客观的决定，不能说"我是代表全国！"就是代表全国了。自然革命时情形可能有例外。只要没有人闹了，人家稳稳贴贴的听你的话了，这才是代表全国的领导。要做到这点，有两种方式，没有第三种，一是反对派参加政权，二是联合政府式的政权。反对党有参加政权的自由，你不能专个独裁。否则各种政治力量联合起来组织联合政府联合地参加领导，也能代表全国。在中国现情形下，要在二者中挑选一种，自然以第二种为合理。对于第一种，中国人根本还不甚了解。因此我们要求新的领导，旧的领导不但思想旧，而且太久了，而且更痛心的，这是一个旧的领导，是愈来愈旧，基础越来越小的趋势，换来换去，还是几个旧人，是不会有什么效果的。

怎样可以做到这样的一种 Leadership 呢？我也虚心地想过。结果是认为除了各党各派及其他有政治意见的人来共同协议外，没有其他办法。单在旧的领导中参加几个人，依照过去的经验，是不会有成功的，因为旧的领导根本不想革新的原故。目前不仅国民党不能独断，因为事实如此，同样，共产党也不能独断。因为除开共产党外，还有新人，就是国民党里也还有新人。而共产党并未要求独断，这是一种合理的行为。但要大家来献议，必须先要国共谈判得很清楚。大家协议，新的领导成立了，这才是国家的大幸。共产党几年的农村政策和农村组织，我认为无论在政策和实际上都是相当进步的。我没有亲自看过，但是读书的人，他自己可分析。这种优点，在新的领导下是应该予以发扬的。同样的，国民党的专门人才，比其他的组织多，在新的领导下，他们应该发挥更大的力量和效果。没有他们，进步一定会慢得多的。除开两党外，还有很多自由职业者和从事教育的人，他们只有在新的领导下，才愿意服务，发挥他们的力量。只有这样的新的领导，才把中国引向新的大道。这里我没有讲到统一，讲到民主，因为有新的领导，这都是小的问题了。有人会问：假如政治统一，军事不统一，怎么办呢？其实政治统一了，军事问题就迎刃而解。这里不多讲，诸君可回去私自分析。

但虽然这样走，困难还是多，原因是彼此缺乏诚意。有的根本不赞成联合政府，有的就想跳过联合政府的阶段。但困难是必须克服的，因为只有这样，才能适合国情。国民党必须这样做，共产党也必须这样做，国内人士都应该对这都〔有〕坚定的信心，不可妄自菲薄。

政治解决委员会与联合政府

国民参政会成立了八年，向来是四不像的动物，但假如他能好好集合各种人才成立一种献议，也可以对得起人民。至于我，有时想天气热，何必跑去，但又想假如能对这一献议工作有所帮助，又何必自视清高。然而这次我很失望，这次大会中的大问题是国民大会，国共两党对此争执得很利害，解决不好，国家前途不堪设想，解决好的，就有大帮助。国民党坚持十一月十二日召集国民大会。因为：第一，你们早就要求过了；第二，总裁三月一号说过的；第三，代表大会通过的（六全大会）。至于代表，一定要坚持旧代表理由是依法选举。但是应该老百姓定的，老百姓不要你们了！还有什么话讲。

还有争执问题：国民党坚持制宪与行宪，这点有好些人不明了，其实问题甚大。三方面共产党当然反对，至于其他党派是否有自己的立场，我不知道，似乎有，似乎没有，讲得简单一点，我有点莫测高深。二百九十名参政员里，国民党占了多数，到会二百多名左右，共产党及各党派占二十五名左右，无党无派有五十名左右，但到底无党无派到甚么程度，很有问题，在这种情形下共产党自然不出席，这是国民党一个大错误，表示他们没有诚意。假如你希望参政会发生点效力，为甚么要这么多国民党员？共产党不出席，于是开会前，有五人赴延安，企求挽回局面。五人里面有国民党老前辈褚辅成，以此人甚有独见者，有无党无派傅斯年先生，有青年党左舜生先生。职教社黄炎培先生，冷遹先生，第三党章伯钧先生，他们去的时候是否和政府商量，不知道，谈些甚么也不知道，因为他们讳莫如深。政府在开会时并未坚持十一月十二日开国民大会，但提议该日开的有二十四件之多，反对的有三件提议交特种审查委员会审查，但政府坚持对决议特种审查会及大会必需有一对意见，这点政府成功了。可是我跟周炳琳先生却不敢一致，我们的要求实际很低，我们认为只要全国对这问题有一致妥协，那天开会是很小问题。但要求虽很低，与政府的要求还很远，自然我们没有怨言，但这次决议等于不决议，却是事实。经过这次经验，再开始认为要利用它集中其意见（指参政会）成立协议以成立新的领导是不可能的。

参政会里有人提出政府预算问题，政府说：这应该提交国民大会通过，至于参政会则连审议一下亦无需。

参政会里有很多质问案，也问得有声有色，一般有特务嫌疑的人被参政会参了一下很不好意思。

这次参政会有一不良现象，就是地方性太重，研究政治制度的人是清楚地晓得假如一个全面性的会，地方性太浓是不会有成果的。

我们到底用什么办法产生一个新的领导呢？我觉得只有召集一个由各党各派及其他具有政治意见的人共同参加的会议来产生，共产党提议是党派会议，我觉得以政治解决委员会的名称较好，参加代表的人数，国民党一个，共产党一个，民主同盟一个。实际国民党已提出了政治会议的名称为什么还争持不决呢？越拖下去，后果越不堪设想。

有了协议了，国民大会就可以开，没有协议，国民大会是不可开的。

要协议成功我希望当政党诚诚恳恳同意这一协议，同时也希望共产党及其他党派百分之百诚恳同意这协议。自然这是一种主观的希望，希望不成功就只有悲观了。但我一点也不悲观，我想〔相〕信国内大多数人同意我这一看法，而且也只有这样作才能配合国际潮流。有这样的客观条件，就有了成功的希望。

教师与进步
（1946 年 9 月 1 日）

现在是一个动荡不安的世界；我们的又是一个混乱没进步的国家。我们要是老这末没进步没出息，世界的继续动荡固然可以使我们这个国家沉沦到万劫不复，即使世界安定起来，我们还是走投无路。那时，我们好比一个村塾顽童，人人将成了我们的严师；好比一个市井无赖，众邻均所不齿。所以进步——而且是最大可能的最速可能的进步——是我们最急切最重要的要求。在有秩序的世界中，进步的中国可以很快的达到富强康乐；即使世界继续纷乱，这个中国至少还可以漂浮而不至于沉沦。

然而，在现实的情况之下，进步岂是一件容易工作？我们本来就是穷，战争使得我们更穷。我们本来就没有建立过法治，党治人治使得我们离法治更远。我们本来就很少自由的科学的思想，愚妄的（不基于知识的）和自私的（不为大众利益着想的）宣传使我们更不认识自由和科学的精神。加以近年来蔓延不已的内战，和因此内战而引起的多方面的物质上和精神上的利害冲突，更使我们贫穷，混乱，落伍。在这种种不利的情况下要求进步，其实现必然千难而万难。不但实现进步是难事，连什么是进步也好像成了问题似的。不但把握实际权力的人所说的进步不见得是真正的进步，即使为外国人所誉为进步份子所说的进步也不见得是真正的进步。

止因为实现进步的不容易，所以有一群有资格的人来说明进步，提倡进步，乃更有其重要。必定要大众认识什么是进步，人们才会要求进步，而他们所要求的也才可不为他种东西所鱼目混珠。

进步不能单单是抽象的观念，也不是几件具体的改善之谓。假如说，近代前进思潮倾向自由主义，民生主义，共产主义，我们并不能因嚷嚷"自由主义""民生主义""共产主义"即算进步。再假如说，报纸发行普遍为近代进步的一种表现，我们也不能增加了几十种几百种报纸，即可自以为有了进步。进步须是一种整个的看法，具体的表现须和抽象的理想符合，而所谓具体的表现者又须是一切表现的总和。

须能超过少数人或是一部分人一时一地的利益，须能顾到大众（就中国言则为中国大众人民）长期的利益，更须能顾到这一群大众在所处时代中的竞存能力而思有以保存之并增强之，才能抓到进步的意义。不能认识时代，明晓整个人类前进的过程与夫中国人民在这过程中所达到的阶段，不能谈进步。不能对大众人民发生同情心，发生一种救苦救难的慈悲心，也不能谈进步。空空洞洞向往进步，而对于阻碍进步的人们或噤若寒蝉不敢置一辞，或阳反阴附为虎作伥，更不能谈进步。

再说得切实一点，进步者无论对于文化，对于种族，对于经济制度，对于政治关系，或者对于文艺生活，均得有一种前进看法，而这看法的基本要点即是承认人的尊严，生的重要，以及人类的整个性和进步性。

承认了人的尊严，则人间的平等，民族间的平等必须认为是天经地义。个人的自由必须尊重。人必定认为是理性的动物。因之，一切否认平等自由的思想制度均是改革的对象。不如此便不是进步。

承认了生存的重要，则一切妨害生存，限制生存，给生存带来了痛苦的因素均在扫除之列。小而言之，迷信是要不得的。大而言之，战争是要不得的。因为迷信与战争都是生存的敌人。从方法言，科学技术是需要的，从实施言，社会主义的经济也是需要的，因为两者都可以增加生产，增加人的享受。

承认了人类的整个性和进步性，则宗教集团间的倾轧，阶级间的斗争，民族间的对峙，以及某一群人或某一民族的优越感都成了反进步的表现，必须予以摈斥。

再举几个例：拥护统治阶级，而不问统治阶级的行为是否合乎被统治大众的利益，是不进步反进步，因为这就是否认了人的平等，人的尊严。赞成内战而不问内战之如何消耗民命民力，是不进步反进步，因为这就是蔑视了人的生存权利。提倡国粹，而不问国粹之如何不能通行不能适时，也是不进步反进步，因为这就是抹杀了人类的整个性及进步性。

那种人应该有资格来说明进步，提倡进步呢？政客们以政治为生活，应该知道中国之急须需进步。然而中国近百年来，没有一个时期的政治曾经和时代配合过。道咸时代的政治和十九世纪自由主义与生产制度不配合，袁世凯时代的政治和首次大战的政治经济主义不配合，今日的政治和原子能与社会主义更不配合。加以政客们在高度的个人集权主义之下早已成了少言语更少思想的机体，希望他们从不进步中挣扎出来显然不易。生产家怎样？从事生产业者，无论农夫、工人、企业家，历年来都是遭逢着极端不利的境遇，他们不特不能改良生活或是扩充事业，就连温饱的维持都成了问题。但农人工人大都未受教育，且习于定数之论，绝少自求超脱意念。企业家则为既得利益所囿，投鼠忌器，更难有所发挥。只有教师们，知识高于农工，时代的趋势以及中国所遭遇的危机也该明了，又没拥有像企业家们所拥有的既得利益，说说话应该可以没有危险。这样说来，教师们该有资格来说明进步并提倡进步了。

然而教师们毕竟能不能呢？第一要问，他们的传统是否依旧是过去士大夫的传统？他们是否也拥有着士大夫们自以为拥有着的既得利益？对于中国过去士大夫阶级作公平的评价本不十分容易。可得而言者，士大夫阶级所曾滋长的社会一贯的是少数特权阶级的社会。这少数人或许是阀阅世家，或许是将帅大吏，或许是皇族国戚；在某一个时代的，这少数人定必是现时所谓统治阶级。士大夫阶级最奢的欲望是和某一时代的统治阶级打成一片，最起码的企图则求为这统治阶级所垂青，所引用。因此，士大夫阶级纵可以转移社会的习尚风气，而绝少有左右社会的力量。中国历史上最标准的，最为士大夫所称道而师法的人物，如董仲舒，如魏徵，如范仲淹，如王守仁，如曾国藩，那一个不是立德、立言、立功的士大夫？然而他们究有多少左右社会，促使社会进步的力量？他们毕生充满了依附一种现成力量的意味。他们都是卫道者，他们很少能超越他们的阶层利益，而为广大人民的利益设想。为广人的民众设想便须变制，而变制即不是卫道。我们如果将士大夫领袖曾国藩和没有士大夫阶级的英国格拉斯东（和曾同时）比较，而研究何以好像开明的曾大学士对于法制经济那么没有建树，何以生性保守的英首相对于选权、宗教、财政等事倒有大作为大变动，我们或者可以窥见进步和士大夫传统之两不相容罢！

今日的教师们又怎样呢？无庸讳言，他们是分歧的。一部分，无论是有意识地，或是无意识地，牢守了过去士大夫的传统，绝对不想跳出那传统。又一部分则接受了近代的社会思想，放弃了依附统治势力的传统心理，决心为全社会的利益努力。另有一部分人则彷徨歧路，不知如何自处。人人有惰性，比较简单的自处方法似乎应照传统而行。但人人也有理性，比较满足良心的自处方法又似乎应作一番检讨，一番自新。他们于是彷徨无定，甚而至于烦闷。在今日的教师们中，第一第二部分人或许俱是少数。第一部分人或者只限于少数"成功"或自以为"成功"的人们。因为"成功"了，所以也有了"既得利益"的观念。第二部分人则只限于少数最明白最热心最富于同情（同情大众福利）的人们。彷徨歧路者或许占了多数。教师们能各〔否〕成为进步的力量，就要看这一个多数能否毅然脱离了士大夫的传统，把他们自己看做了一切社会利益的酿造者，而不是统治群的支持者，点缀者，最后乃是参与者。

有若干因素说明这一群众多的教师，是不易终止彷徨而负起倡导进步的大任的。但也有若干因素则在指示着，他们必可负起这个大任的。士大夫传统力量的深固，以及若干人继续不断地赞美这传统，可以使教师们不能从憧憬中觉醒。还有，政治斗争的尖锐化，不朱则朱必诋为墨，不墨则墨必诋为朱；朱容许是极糟，墨亦未必是百分之百的进步，这种夹攻也可使本性温和的教师们越趄不前。这两者都是不利的因素。

但在另一方面，中国长期的不进步，近今高度的混乱，与夫人心极度的厌乱，都在急切地要求进步，要求不流血或极少流血的进步。绝大部分教师们因自己的穷困，和他们从战争中体验出来的人民普遍穷困，以及他们的学生们之逐渐变更阶级意识，学生们之减少以未来统治集团自视，学生们之增加以大众人民之发言人自视：这些也在逼迫教师们和士大夫的传统诀别。还有，世界在大变动中。十年以前世界是法西斯主义强抓住了全世界人民的喉头，全世界人民几乎要窒息死去。但是曾几何时，纳粹之德和法西斯之义两俱灭亡。在一百年以前的世界中，大多数人民不是奴隶，便是被宰割着被统治着。最前进的政治经济只是目下英美人所一致认为落伍的贵族政治和放任经济。到如今，则大众的知识，生活的水准，和人的自尊心已有了百年前所不可思议的提高。这样的变迁所发生的力量，必不能容许我们故步自封。我们顺着潮流走，则进步快而心境愉快。我们逆着潮流走，或是挡着潮流不走，进步也终会降临；不过，进步就要迟慢，牺牲就要重大，而身处其境者亦必十分痛苦。这三者都是有利的因素。

我们当然十二分希望这大多数的教师能终止他们的彷徨，能为中国人民的推而至于为全人类的进步而努力。如果他们不拿起进步的旗帜，目前国内将更无另一群人能负起这重担。这样，如上面所说，进步不但将延迟，而且必为世界所逼迫出来的结果，也必将从大流血大牺牲中得来。多少年代之后，头脑冷静的史家们一定要诅咒我们这一代教师们之没有出息！

反过来，如果教师这一群人能提倡进步，歌颂进步，代表进步，进步的力量一定可以很快地压倒不进步假进步和反进步的力量。尽管教师们仍是以教师为职业，不参加实际的政治服务或是社会服务，反的力量试问将有何法以维持其自信力？将有何法以取得理论上的支持？

（《观察》，第 2 卷第 1 期，1946 年 9 月 1 日）

今后世界民权建设之展望
（1947 年 1 月）

　　我可以想像，距今百年或更远的史家，追述到一九二〇至一九七〇这五十年的世界史或是政治制度史的时候，会将此时期当作民权发达过程中空前绝后的危险时期，而同时也是一个最光荣的时期。

　　自一九二二年法西斯党在意大利取得政权，一直到一九四〇〔五〕年希特勒主义及大和主义最后崩溃，这二十余年间无疑的民权主义遭逢了空前的大危机。反民权的极权主义本不能长久存在，也不能通行全世界；它自身所含着的极端毁灭性必定得极端地毁灭了它本身。但在它本身毁灭以前，它尽可毁灭民权主义，毁灭人类文化，甚或毁灭人类本身。极权主义好比一种醇酒，它可以毒杀人，但它也有麻醉力。我们如回忆到当极权主义澎湃全世界之时，即使在像民权最发达的英美等国内，也泛滥着这种主义的毒流，我们便不难认识民权主义所遭遇的灾难。

　　危机是大得空前，幸而这也是绝后的大危机。经过这一次民权与反民权的大斗争之后，我以为民权主义将永不再遇到凶暴的敌人或是严重的威胁。

　　民权主义的基本观念是人格的尊重。因为尊重人格，故自由平等的观念与人人得以参政的观念随之而生。没有自由，人不能为人，不能异于牛马机械。不能参政在得不到自由或平等，故其人格亦得不到尊重。从人格的立场来观察，古代的君主专制或贵族政治与今代的领袖主义（德人称为 Fuehrerbrinzip）或一党专政均是民权主义的敌人。这些政体无一能尊重人格。而在这些敌人中，无疑地希特勒的极权主义是最蔑视人格者。希特勒最看不起人。不特非德意志人他看不起，即德意志人他也看不起。不特非国社党的德意志人他看不起，即国社党的德意志人他也看不起。他所看得起者只有他自己。他的主义实在集了一切反民权主义的大成。他的领袖政治的专制甚于古代君主政治的专制，而他的党徒之擅作威福，凌虐平民，亦甚于古代贵族之擅作威福，凌虐平民。我所能想像的□民反民的理论，或反民权的制度，实不能再过于希特勒主义之登峰造极。自今以后，民权主义纵然在若干国家仍可遭遇敌人，逢到挫折，但就整个人类社会而言，民权主义再不会遭遇像过去二十余年中所遭逢的威胁。所以希特勒主义的败灭即是民权主义对于其最大可能的敌人的胜利。我所以说将要过去的危机是民权主义永不会再逢的大危机。

民权主义能战胜其最大可能的敌人是一种光荣。但民权主义的光荣尚不止此。民权主义与希特勒主义作殊死战时也遇到了不少严重的问题，受到了不少宝贵的教训。这些教训将使民权制度内部起着数百年来所未有的变化，而这些变化于最近二三十年内可以得到大体上的实现。一九二〇年至一九七〇年这半世纪之所以可望为民权发达史中最光荣的一页者盖在此。

下列五个问题有待解决，而且必定可以得到满意的解决。

第一个问题涉及人民代表之如何产生。关于此事，民主国家于大危机发生以前本有许多争论，争论的焦点为如何可以使代表机关，真正反映民意，亦有许多改善的建议，其重要者有二：一为比例选举制，其目的在使大小政党得到比例于党员数额的代表名额；其二为职业选举制，其目的在使代表者，可以代表各种职业或生产团体。比例选举在两党制的国家本无多大需要，而在多党制的国家则产生了增加民意纷歧，减少国会力量的趋势。职业代表在民主国家从未有过试验，而在反民主国家，如意大利，如战前的巴西，则反成了独裁者的一种工具。战后民治的最大敌人既告消灭，而求善之心又极殷切，无论仍就比例选举及职业代表两制加以改善，或另拟新制，以增加代表机关的代表性，其实现的可能自必大于过去。

第二个问题涉及人民与其代表间的关系。研究国家学者对此问题本有两个相反的见解。第一种见解以为代表是人民的领导者，一经选出，代表可以凭良知为主张，不受所代表者的意见的拘束。第二种见解以为代表为人民的喉舌，人民如何主张，代表便如何主张，不容巧立己意。第二种见解不易成为事实，而第一种见解有违代表意愿，两者均有变通必要。现代报纸发达，交通便利，如采第二种的理论，而辅以人民得有创制复决之权，自较近情合理。然创制复决究应依附立法而实施呢，抑应仿英美办法，藉较频繁的大选以总检讨过去及未来的一切大政呢？亦仍有研究的余地及解答的必要。

第三个问题涉及多数与少数间关系。民主国家必有多数与少数相峙。如果为少数保障少数权利之故，而畀少数以否决多数的一切决定之权，则必致政事无法推行，国且不国。如果侧重国家的方便，而渺视少数的利益，则所谓多数者，必定先则固步自封，渐与民意隔绝，终则为一二领袖所篡夺，多数政治成为寡头或独夫的政治。此多数与少数之争究应如何平衡而可以一不妨害政事的推行，二不剥夺人民的政权，诚有赖于有力的舆论的存在。英美之所以有平衡，良因他们的舆论势宏力大，苏联或战前的法国因为缺乏有力的报纸与公开的论坛，于是便发生多数专制或少数牵制的流弊，但是经了这次大战之后，这平衡应当是可以存在于任何民主国家的。

第四个问题涉及国家权力与人民自由之争。国家权力愈大，则人民愈难保有自由，人民保有完全的自由，则国家的力量又未免嫌小。极权国家的失败将使国权无限之说成为学理上的笑柄。人民赖以生存，人格赖以陶冶的各种自由，如身体自由，思想自由，交换意见自由等等，决无横加限制的理由存在。但国家之权虽不可侵及与人体人格攸关的自由，而为全民增进社会福利起见，如关于卫生、教育、保险等等方面的设施，国家之权却应获得尽量的发挥。英美及斯干底那维亚诸国，近数十年在此方面国权的增加，最是合理。战后的民治国家似均可循他们的路径以求进步。

第五个问题涉及国家权力对外的限度。依旧日主权无限之说，国家对外绝无法律上或道义拘束。国家如有实力，它尽可向外求发展，即侵略亦不受限制。此种理论近常大为极权国家所利用。苟战后民主国家仍坚持主权无限之说，而不能勇敢地接受国际社会及国际公法之约束，则侵略主义仍将存在，而民主国家仍无法安居乐业。为求民主制度的安全起见，国家的主权绝对有归纳于国际社会的范围以内的必要，离开了人民的利益，国家也绝不应有所谓国家的利益。

世上民主国家民主化的程度本不一致，先进国与后进国之间大有里程上的差别。但经此次大战，民治大敌极权主义败灭而后，任何国家之必须循民治的大道以求进步是无可疑义的。在此大前提之下，一切国家，无论先进或后进，均须对上述五个问题作研究，求解答。大战前及大战中的经历，我以为将使他们作同一趋势的解决。这五个问题解决而后，民治必将达到一个从前所没有到过的辉煌境界。这不但我所企望的，而且也是我所认为最近二三十年内所必有的事。在这个灿烂的时期中，不民主的与民治不太发达的国家当然也会自动的或被动地随着巨潮而前进。我们对于今后世界民权的建设所以尽可乐观——固然我们也应因之而格外努力。

（中山文化教育馆民权组编：《民权建设中的世界与中国》，上海：中华书局，1947 年 1月初版）

世界大势与中国地位
（1947 年 3 月 15 日）

　　国际政治具有两种不同的矛盾的性质。其一是现实性，其二是进步性。现实性的存在是极显明的。各大国多替自己打算。各小国或依附大国，或自成集团，也多为自己打算。明明有利于大家也有利于自己的主张办法，如同普遍的真正的裁军，如同积极的合理的经济合作，常因私心自用，缺乏互信，偏偏无从贯澈。再加以各大国握有统治权力的人们，多半从玩弄权力中起家，过分自信其能力，让"爱国"的主观信念过分超出于爱民的客观分析，于是国际政治的现实性乃大大发展起来。只消目前可以占得一点便宜，无论这便宜多么妨害国际合作，给大家多大折磨，也无论这小便宜多么短暂空虚，总可引为"爱国"的行为，外交的"胜利"，而沾沾自喜。

　　但在另一方面，国际政治的进步性也是不可否认，现实主义的崇拜并不能摧废了国际社会多方面的进步。最有力的证明可从近百年的世界史中找寻出来。先以各国家各民族间的接触来说。十余年以前，他们间曾有现有的频繁的接触么？没有。百余年以前有么？更没有。我们如将一八一四的维也纳会议及一九三八以前的国联大会，和一九四五的旧金山会议相比，从参加人所代表的民族的多寡，种族观念的强弱，所涉及问题的广狭深浅，我们那能否认国际合作的伟大进步？次说主权观念。这是近代国家所由成所由立的重要基础，也是国际合作的重要障碍。百年以前，主权论是天的经地的义。三四十年来已有了不断的攻击驳斥，固然这攻击驳斥只限于进步的政法学者。但在《联合国宪章》之下，那一个不自欺不作诡辩的人还能说会员国有完全的主权？你加入了联合国之后，还能禁止旁的国家不来论长论短管头束脚么？不能。你能因讨厌这品论管束而脱离么？也不能。除非你甘冒天下之大不韪，准备最后挨大家的痛打。再说文化及货品的交流。百年以前，即使在英美英法之间有目前的关联么？没有。十年以前，国际有粮食流通或欧美有煤斤分配的经常机构么？没有。但是现在有了。这种例证，而且都是涉及人类生活有关事项的例证。国际社会的进步是无可置疑的。

何以国际社会能不因各国国策之侧重现实而迈步前进呢？那是因为人类物质文明的进步在促成全人类互相关切的增强，道德水平的放大，道德水准的提高。和平互助的观念在替代了战争排他的旧习。人类于若有知若无知之间在脱离近代的民族国家制度，而跨入未来的世界制度。注重现实的人不易体会到这种变化的实在性。纵观古今大势的人则应易看到每十年之必有小进步，每三十年之必有大进步，每相隔百年之必须刮目以看。

当国者或是谋左右国际社会者应当对于这两种性质兼予注意。单单注视现实者往往只看到各国（尤其是各强国）的自私自利，看到各国不惜为自身的利益，而漠视国际的合作，甚而破坏世界的和平。因而他们囿于权力观念，对正义观念则嗤之以鼻。他们的看法得势时，国际便无事化有事，小事化大事。他们纵然不能挡住国际社会的进步，但小之他们自己的国家，大之则全世界，总不免要多遭逢些灾难。单单迷恋进步者往往偏重理想，对于已经暴露出来或是没有暴露出来的国际争执，以及酿成这些争执的民族心理与执政人的个性，不是漫不经心，便是认为无足轻重。因为他们不求疏解或消弭这些争执，国家社会在进步的过程中也往往遭逢了无数不需要的波折和牺牲。

无疑的，目前各大国的当政者大都狂于现实，难于自拔。杜鲁门本人没有成见，更乏信念，但他为年余来滋长美国的一种靠自己力量应付世界局势的看法所左右，更为于选举中方获全胜的反苏势力所挟持，所以他成了不折不扣的现实主义者。史达林向来是从现实主义中锻炼出来的。加以苏联自从立国以迄大战，均在强恶势力环伺之中。长期采用现实的自卫政策的结果，使得他更易于高估英美反苏势力与这势力的延长性，而低估国际社会的进步性和英美反苏势力的薄弱性、暂时性。艾德礼应可理想经验两不缺乏，应可不偏重现实，应可推进国际社会的进步。不幸的，英国在外交上有攸〔悠〕久的帝国传统。他尽可以在理论上放弃帝国主义，但在行为上，他的政府总未免下意识地要借重传统制度来维持三岛的声势。于是艾德礼政府乃亦未免过分重视现实。在近年大国领袖人物中，只罗斯福与赫尔能兼顾到国际政治的两种性质。罗斯福、赫尔的不重见诚是世界的大不幸。

但是大国当政首领之过分重视现实，与年余来大国间的过分龃龉只能暂时延缓而不能长期阻碍国际社会的进步。相反的，合作的需要已有力地在消解紧张的形势。过去一二年中各种争持之缺乏实在性也将为形势好转的一个重要因素。

分析〔析〕过去一二年的国际纠纷，主要的原因是：苏联之求取得自保绝对安全的力量，英国之求维持其向有的领导（在欧洲兼在世界）地位，美国之追求一种可以确保世界和平兼保其本国不蹈战祸的方式。平心言之，三国的要求都是正当的。不幸的乃是三国都只知道自己立场的纯洁，而不肯予他国的看法以同情的考虑。于是由波兰之争，而有巴尔干及整个中欧东欧之争。于是原子弹成了威胁的武器。于是整个亚洲的东北部也成了美苏逐鹿的广场。

试以波兰问题说明自信而不信人的恶果。战前波兰的缺德使苏联吃亏至大。在联合国的力量确立以前，苏联之欲得一可靠的波兰为与国是绝对说得过去的。无如战时伦敦政府早存防苏之心，而在英之波兰流亡政府（西考斯基将军飞非失事以后的）且有显著的反苏色彩，故英必欲与苏争控制波兰之权。对于此种英苏之争，美原可居间调停，有以消除苏联合理的长惧心理，更努力使旧日笼罩欧洲之权力政治不再抬头。不幸美国国内住有大批波兰种族的人民，而共和党的领袖亦辄和英政府同一看法，于是罗斯福在雅尔达以前及雅尔达中间不能完全以调协者自居，而多少扮演所谓"苏联膨胀政策"的抑制者的身份。由此以往，对于东欧的政治纠纷美国再无法自脱。由此以往，美苏英间在作战初期时不甚明显的政治分野一变而为美英与苏的对峙。在实际上，到了今日，苏联对于波兰的政策也已贯彻，英美纵有微辞也是莫可如何。如果英美一早就承认苏联政策的说得过去，不加以无谓的牵制，容许目下的波兰还可以民主得多，还可以和英美友好得多。如果波兰问题这一类无谓之争，因英美方面之有远见大度，而没有成为争端，那最近两年英美与苏联对峙的整个局面可以不发生，而世界局势也可改观。波兰问题如此，其他问题大都也是如此。

我们并不是说局势恶化的责任在于英美单方。苏联又何尝不是只肯自信，而不肯信人？美国之不愿再有大战是可以信得过去的。纵有少数武人顽棍，坚求单独控制原属国联的太平洋岛屿，更凭借目前的强盛求以扫除异己为快意，苏联也必定明白这种少数偏激意见绝少贯彻可能。

那末苏联又何必事事疑虑，处处防范，好像美国真会于短期内手执原子弹，足跨大飞机，联合全世同志武士，作十字军式的征伐呢？

至于英国，其处境之苦，和情感与理智难以调和，更应得到世人的同情。理智在迫着英国放弃它的帝国传统和传统的欧洲政策，而专力于英民文化和生活水准的维持及提高。一世纪以来英人水准之高本来值得他们自傲。这个高的水准更值得他们努力维持，并继续提高。在情感上，则英国极不易忘情于三四百年来在世界更在欧洲占领着卓越地位和随此地位而来的威望。但是，英人理智力的高卓是可以信得过去的。假之以时日，并予之以经济上补充的可能，不要使它面子上太过不去，也不要使它害怕有被大国用经济斗争方法使之挨饿的可能，英国当可成为未来世界中一个理想的和平分子。不要说一个邱吉尔不足轻重，即使有一百个一千个邱吉尔也不足轻重。苏联不去和英国的进步分子讲求调和彼此需要的方策，而特别看重邱吉尔一类的人，好像邱吉尔是英国，岂不也是自寻麻烦，向着余烬上抛火油么？

美英和苏联间的冲突既然在大体上由于缺乏互信，而不是由于怎样实在的利害冲突，它们间的关系无法更恶化而成为战争，甚且也无法长存于武装和平的状态之中。英国之须减少军费，努力于经济力的培植，是人所共喻的，而其求减少国外承担——尤其是需要军力来支持的承担——的急切尤为显然。苏联目下维持了多少军力大家认为是一个谜。但我敢说这军力一定比战时为小。而且要使它正在进行中的五年计划及再后一期的计划成功，它尚须继续减少军备。不但要减少军备，还须力求英美（尤其是美）的经济协助。美国固然比较地最是无求于人，然而也未尝没有减少军费，以增加消费货物和生产器材的制造的需要。美国人民更何尝有备战的旨趣？这些客观的事实，在最近的将来，定可减少美英和苏联间的对峙，而增加三国间的协调和互助。在这个大趋势之下，不但德国问题可以得到一国过得去的解决，不但东亚问题要被置在比较冷淡的空气之中，即使关于裁军及原子能的争执亦将自无可调和而进入于寻求调和的阶段。我所以敢大胆地说，美英和苏联对峙的局势即将改变，英法将渐变为调人，而美苏将自敌对者变为和平的合作者。在平静的大湖面上波浪容许是免不了的，但是波浪改变不了大湖平静的本质。

如果上面的看法是准确的，是比各大国的当局者或纵横家的看法较为客观，较能兼顾国际政治的现实性和进步性，那末中国今后的国际行动便须适应这个看法。

中国过去一二年的作法是基于美苏必将剧烈斗争——甚或开仗——的一个大前提。不特政府中有力人物作此看法，准政府派，甚或政府以外的人士也多作如此看法。作如此看法者固然未见得全是亲美者，但他们更不亲苏。他们的利害观念怀于心者则为态度，发于言者则为政策，见于事者则为行动。行动需要力量。力量既然薄弱得可怜，行动乃只能限于迎合美国，并在国际场合附和美英作若干表决。然而凭他们的态度和政策，他们又那能以中立自欺，更那能以中立欺人？

这种偏向一方的，甚或结此攻彼的作法，在美苏不走战争方向的大势中，实在毫无意义。唯一的结果是减少了中苏友好的可能。

即使假定美苏的斗争仍将加剧，我们仍是没有理由偏美反苏，美苏如有斗争，我们第一工作应是尽力以疏解两方，使斗争变成合作。疏解不成，则我们应本我们的道义感，站在有理的一方。从过去美苏的争执中，我们能说美国总是直的，苏联总是曲的么？他们间的争执既然由太富于自信太缺乏互信而起，其曲直诚有难言者。对于某一个问题或可有曲直之分，对于整个的对峙实少是非之可分。我们应憎恶权力政治，美国的权力政治和苏联的权力政治同应在憎恶之列，何以美国的可以赞同而苏联的必加反对？我们应主张殖民地独立或真实的取得国际托治，又何以美英的相反政策当可为容忍赞助，而苏联的正当提议反可加以反对？一言以蔽之，在过去一二年中，党此伐彼是原则，而分别是非则是凤毛麟角的例外。

再退一步，如果我们之不分是非曲直是的确为了我们自己的利益，那我们还有自辩之道。（虽则我绝对不相信在今后国际社会中，和国际公利冲突的私利可以存在可以顾全。）然而我们之袒美反苏能认为是为了自己的利益么？

中苏关系久欠圆满，这是一个事实。其所以如此，第一因为我们自己有国共之争，第二因为中苏之间存在着许多非汉非俄的较小民族，第三因为苏联要把握东北若干帝俄曾自清室挖去的若干利益。国共之争产生了共产党友苏，国民党反共因而国民党不得不反苏一大套连串关系。这一大套连串关系，有的表现在事实上，有的仅为空玄的逻辑。我们绝不能因有国共之争，而即断定中国应反苏或亲苏。我们只能说，如果我们应亲苏要亲苏，则我们宜先消弭国共之争。较小民族的存在在帝俄时代使强俄有了攫管向属弱清的较小民族的企图。如果形势相反，俄弱清强，则强清也同样的会有北向西向的企图。在最近三十年，苏联民族政策的改善，和我们民族政策之未能改善成一反照。于是外蒙离去，而新疆伊族也成了问题。正本清源之法在成立并实行新的合理的民族政策，而不在亲苏，更不在反苏。帝俄在南北满拓张势力纯是帝国主义，非今代国际法或国际道德所能容许。帝俄所能做者不是苏联之所应做。苏联一九二四年取消不平等条约的行为表示了它的进步。苏联一九四五年在雅尔达的要求表示了它的退步。但中苏既有了一九四五年八月之约，则我们除遵守条约，或俟约期满时由我依约收还，或望约期满前由它自动归还外，我们无话可说。此外，苏联又基于单方关于战利品的解释而自东北拆运去了许多机器器材，予我东北的复兴以重大的打击。但这尚是未获解决的问题。像许多对日问题一样，这个问题尚可于签订对日和约时折冲，并不能构成反苏的理由，更不是一个非诉诸战争不可的事件。

我们所以要从大处看中苏关系者，乃为要明了单从我们自己的利益着想，我们是否非反苏不可，非准备与苏联一战不可。根据上述的分析〔析〕，我们实在看不出苏联有威胁我们安全独立的企图，甚且连重要的可能冲突，也是找不出来。所谓冲突也者，三之二是我们自己内部的纷乱及无能，六之一则已经有了条约的协议，只余六之一方是悬案。在这些悬案中，关于苏联所谓战利品的拆运，我反对苏联的行为。我可以赞成苏联自东德拆运广义的战利品，我也可赞成英美自西德拆运战利品（如果英美也有此举），我却不能赞成苏联不经盟国同意，拆运生根在盟国土地（东北）上的广义的（国际法无明确根据的）所谓战利品。但是反对某一国家的某种行为不能即演为反对某一国家。只有要侵略某一国家，或要被某一国家侵略时，才应反对，才须反对这一国家，此理至明，不须多说。

更退一步。就令苏联的拆运事件足够成了反苏的条件，那末稍为有一点责任心者也得看看我们有没有反苏的本钱。反对一个不是好惹的国家，不但要有理由，而且要有本钱。只有在一种情形之下，我们可以不问有无本钱：那就是遇到了日本或是日本一类的国家。遇到了这一类的侵略者，唯一的正当办法是抗战。我们抗日之时因为有理得助而胜，我们抵抗同类的侵略者之战也会同样致胜。但如对方不是日本或日本第二，并无威胁我们安全独立的策动，则我们必须有本钱然后能考虑到诉诸战争的可能。

关于本钱这一件事我也不须多说。即使中国此时没有内战，即使中国此时只有的一种军队，谁敢信这个军队可和苏联的军队角逐？

或者说：我们纵然无力，但依附美国与苏一战必可大占便宜。无论美苏不战，即使美苏不幸而战，我们除了国土做战场，田舍为毁墟，人口当弹灰外，还有其他？如果美苏不幸而战，我们将求中立之不暇，那有闲情逸致去甘作牺牲？（这当然完全为自己利益着想。如以正义为出发点，我们自应站在直的一方。）

以上所说明者：第一，国际政治的变化不容我们将美苏视为敌对国家。第二，就过去的是非曲直言，我们没有偏袒一方的理由。第三，从我们自己的利害看来，我们不可联美以反苏。

我们惟有兼亲美苏，才能因世界的安全而获致中国的安全，才能因两国之资助而致力国内的建设。

要建立兼亲美苏的健全政策，我们固然先要认识世界大势，但是要执行兼亲美苏的健全政策，我们尚须先求统一，而且要和平的不靠武力的统一。这一道理以后当另有机会阐明。

（《观察》，第 2 卷第 3 期，1947 年 3 月 15 日）

唯和平可以统一论
（1947 年 3 月 22 日）

在这个当口，主张和平是不时髦不识相的。可是真理往往是不讲时髦，也是不识俗相的。

由和平以求统一是极难的。可是由战争以求统一绝无可能——除非先任全国糜烂。糜烂之后，何时统一，如何统一，谁来统一，谁都不能知道。和平与战争外，又无第三条路可走，难的路子也就成了唯一可走之路。

一

和平之难，年半以来，已是家喻户晓。两个革命的政党，各自树立了政府（指有实际的统治力而言），而又各以军力为后盾，是不易从和平中求统一的。要和平统一，下列三个条件中的一个必须满足。第一，两党共同接受 种纯粹政治争权的方式，以代替过去武力（包括用宪警各色人物来执行的恐怖政策在内）争权的方式。第二，两党因重视国家统一的重要，各愿缩减其争持的范围（或指地域，或指事件），缩减到无争的程度。第三，两党中的一个能重视国家统一到一种极高的程度，高到为求取统一，连摩顶放踵以利天下，取消自己以救倒悬，也所甘心。从逻辑言之，第三只是第二的引伸；两者性质相同，意义相同，仅程度有不同。

第三个条件是绝对的不存在，也无成熟的可能。无拳无勇无既得利益的老百姓们尽管可以焚香祝天式地幻想着这样一个奇迹，但是这个奇迹决不会降临到我们这个现实的世界。两党都痛诋对方为不爱国者，而又都自以为负有救国救民的大任者。他们那甘自我牺牲以成全对方的统一呢？

第二个条件包含着某种程度的可能性，但在过去未尝被考虑为和平途径之一，暂且不论。

第一个条件是年半以来两党在表面上都是一再承认了的。这就所谓"政治民主"也者。也就是说：两党同意使国民政府扩大基础，使国民党的政府变成各党及无党者共同参加的过渡政府，再由此过渡政府建立民选宪政的政府。如何建立民选的宪政政府，亦不由一党决定，而由各党及无党者共同决定，以保障新政府之确为民选确符宪政精神。在这个新的政府中，国共两党及一切党派均有以政治方式争取政权的平等权利。在此条件之下，国共两党均愿放弃过去武力争权的方式，以换取中国的统一。

自去年一月十日开幕以至三月二十七日停止东北冲突办法成立（包括蒋主席的四项诺言，政协的五种决议，及军事三人小组，一月十日的停止冲突，二月二十五日的整军方案，三月二十七日停止东北冲突办法在内），政协的整个精神即在满足并充实这一个条件。对于这些诺言协议的成立，不特两党有过正式的承诺，而且有其他小党的参加及全国无党人民的赞许。不特有中国全国人民的赞许，而且有美国正式的斡旋。不特有美国正式的斡旋，而且为全世界爱好和平人士所祝福者。所以这些诺言协议的力量，法律的束缚力和道德的束缚力，俱是十分雄厚。然而一年以来，这些诺言协议没有一件成为过真正的事实或有过规规矩矩的实行。不实行的责任两党互相推诿：甲说乙破坏协议，乙说甲破坏协议。做调人的马歇尔说两方猜忌太深，缺乏互信。一班的国人则说两方都无诚意。

照去年年初的形势，和平统一应该有望了，而结果又成泡影！如今国共九年余公开的联络完全中断，内战烽火弥漫半个中国，今日而言和平，其困难自然比从前更多，也自然没有一个熟识目前情形的人有胆量去漠视这种困难。

二

然而今日中国的统一又决不能从武力中去追寻。不能就是不能，而尚不是应当或不应当的问题。倘使应当或不应当可以发生作用，那中国此时早应该没有内战了。我们所要说的只是：内战决解决不了国共的问题，也决产生不了统一的中国。不能的理由有四：

先从军事说。如果国共两方中有一方在军力上能将另一方于短期内打垮，于不出岔子之先打垮，那国共之争也就有了解决。不幸的这个可能是不存在的。不但延安打不垮国民政府，国民政府也打不垮延安。

相信国民政府有力打垮延安者不外根据于前者军队较多，地面较大，财力较富这些事实。实则这一根据并不可靠。延安军力少于国民政府，这是确的。但延安善能利用其所谓游击战术。游击战术就是长期战破坏战。要打垮延安，必须以游击战对游击战。不采游击战便打不垮延安；采游击战则你游击我也游击，全民游击，亦即全民牺牲。试问在这样长期的混战中，人数稍多有何意义？地面较大有何意义？财力较富又有何意义？要在这样一个战争中致胜，国民政府必须具有远大于今日所有的优势。而且非民众组织和队伍的待遇纪律斗志两个方面有优于延安的表现不可。这两事牵涉到行政及经济问题，容后再论。

国民政府另有一种打垮延安的可能。这就是军力上的绝对优势，如同盛大的空军，精良的机械队伍，新式的通讯部队等等，可以使它能于极短的时期内消灭共产党散在各地的主力。这样一个优势非美国援助不能实现，而美国可能的援助纵可稍稍增强国府的军力，但不可能增强到使之有压倒的优势。这个道理下面也当另论。

第二从经济说，长期的全面性的内战——尤其在八年抗战之后——在经济上的消耗是具有毁灭性的。这毁灭性的负担要压迫着内战的双方，而有着正式政府得着国际承认的那一方特别会感到经济的压迫。内战继续不停，经济崩溃总不能免。吃崩溃的大亏者当然先是国民政府而不是延安。经此之后，如果延安占了上风，而国民党的武装部队也用共产党队伍的游击术以延长内战，则吃崩溃的大亏者将轮在共产党身上。推演下去，直到全民毁灭为止。

只有一种情形或者可以免去经济的崩溃。那就是美国全面援助国民政府，使之物资充裕，货物流通，通货稳定。但美国也不会有此豪爽，其理由与美国之不会赠给全力的军事援助相同。而且以国民政府行政机构的寡能，美式的经济援助也是不易见效的。

第三从外交说。关于外交，中国在今后三五年内必须做到兼善美苏的地步。这所谓"必须"也者不仅是含着"应当"或"不应当"的道德观点在内，不仅是含着"有利""有害"的打算在内，而且更含着"非如此不可"的客观在内。固然美苏有过对峙的形势，固然这形势尚未完全消逝，但美苏均需和平，这一个共同的需求将使两国的合作代替了两国的对峙。在两国合作之下，我们即不问兼亲美苏是否应当是否有利，我们在事实上将无亲一反一的可能。

但是，谁能执行此兼亲两国的外交政策呢？在内战进行中的国民政府能不能呢？不能。因为无论共产党是否得着苏联的接济，它一定会对苏联表示极友好的态度，而国民政府也一定因之会疑心到苏联的援共。共党消灭后的国民政府能不能呢？不能。因为在内战进行期内，国民政府与苏联的关系将会恶化到不可收拾的程度。国民政府崩溃后的共党政府能不能呢？也不能。因为共党与美国关系也会经过同样的恶化。

既然在内战进行中国民政府无法兼亲美苏，内战结束后任何一方主持的统一政府也无法兼亲美苏，那末美苏兼亲这一个"必要"迟早将使内战无法进行。这一道理，骤看起来，有类意愿之思。但是美苏关系的好转将证明这道理之极端客观。

第四，从政治上说，内战不特走不到统一，而且是一条瞬息走尽的绝路。须知全面战争无论是内战外战，都是人民所最不欢迎之事。外战尚易维系人心，因为外战可能是合乎民族的要求的。抗日之战就是这样一个战争。但是，即使在人民愿予支持的外战之中，政治还须有一番改良，政治上的摩擦尚须力求减少。此无他，就因战争总不是好玩之事，所以总须以全力排去胜利的障碍。内战而要有一点点的成功希望，政治上更需要大大的改良。然而国民政府能在内战进行中有充分的改良么？不能。共产党于占了上风之后（假定有此一日）能有充分的改良么？也不能。

共产党假使能有军事上占上风之一日，这个日子一定在整个国民经济溃烂之后，也是全国生灵涂炭之后，在那时，政治的之难以改良是可以想见的。

国民政府如要以军力消灭延安，以完成统一，则在内战进行期中必须刷新政治以（一）收拾民心，以（二）争取国际同情及赞助，以（三）维持队伍的作战及补充力量，更以（四）产生足够支持军事及一般行政事业的经济力量。国民政府非不想这样做，而且也正想这样做。但是内战一日不停，这些目的亦一日无法达到。

收拾民心最需要予人民以喘息的机会，并尊重其自由。战争不停，何能喘息？干戈扰攘，何能法治？没有法治，又何来自由？其结果则不但其约法一辈子为具文，即其新颁的宪法（其关于人权者已经宣布有效）又何能实施？如此下去，人心将日见仳离，更何能讲收拾？

目前所盛传的改组政府与三十四年十二月十五日杜鲁门之所谓扩大政府基础，和今年一月八日马歇尔之所谓自由主义份子参加政府有关。政府基础如果真正扩大了，或是自由主义份子真正参加了，那末国民政府外可以得到美国的援助，内也以可以为民心所归附。到了那时候，不要说战可以胜，即和也可以成。在那时，国民政府可以不必怕共产党捣乱，而共产党也决无捣乱的可能。不幸在内战进行之中，政府基础决不能如此扩大，自由主义份子也决无从参加。盖所谓扩大基础者乃是放弃一党专政，而容纳党外人参与政权，与国民党共同执政之意。如果政协决议实行了，共产党等加入了，自由独立份子也加入了，加入之后，可以发生多种主张相为上下，有理者取，无理者舍，诸如此类的争议消长的作用，这自然是扩大。如果像最近报上所说，政府改组由青年民社两党加入若干人，由接近政府的社会贤达加入若干人，则政府的素质并无变更。如此改组，而谓可以一新天下耳目，产生新的力量，其谁敢信？即欲信之，亦是催眠式的信，经不起浇上一阵冷水。如果美政府信之，也经不起舆论的指摘。此种改组何能争取国外的同情与赞助？

那末，除了此种形式的改组外，在战事进行中，有没有实在的改组的可能呢？没有。国共内战比不得抗日之战。在抗日之战中，国民政府如果愿意扩大基础，那一定可以扩大到可以代表全民，因为全民都愿抗日。但今日中国人民，除了少数当事人以外，大都不愿有内战。不愿内战者决不愿加入一个政府，除非这个政府立志不打内战。换言之，如果国民政府不打内战，纵使共产党不参加改组的政府，旁的份子没有不参加的理由。如果政府要打内战，则除了愿打内战者或是认定共产党非打不可者以外，谁肯参加？此所以在内战进行中，政府改组的程度亦只能止于近来报上所传的那种程度。

至于队伍作战及补充力量的维持及经济力量的增厚，更有需乎政治实在的刷新。这就牵涉到行政机构的良窳问题和行政效率的高下的问题。近来大家好言贪污，因为贪污是大家容易了解的恶事。殊不知行政机构的瘫废和行政效率的低劣更为中国近年致命之伤。如果机构较为健全，效率较为高强，又何至有征丁则虐丁，征粮则偷粮，运输则走私，管制则自肥的丑事？又何至执政者愈昌言设计考核，则法令愈是紊乱，执行愈是虚假？愈要求分层负责，则层次愈见混淆，责任愈相推诿？要增强士气，补充队伍，要维持公教人员的生活，要对国民经济作相当的管制，此种行政机构和此种行政效率决然是担当不起，有败无成。但是要改善这种机构和这种效率亦决非空言所能奏效，也不是加上若干青年民社党人和社会贤达所能济事，而有赖于政府的彻底改组，新人的当政，及新风气的树立。如果因内战进行之故而新人裹足不前，新风气无由树立，则内战又如何能打得下去？

由上种种分析，可证内战不但不能取得统一，且也无从持久。持久的条件无一存在，更如何能说到成功？

内战的唯一结果是糜烂而已。中国总须有统一的一日。与其坐待无可捉摸的统一于糜烂之后，毋宁争取可以捉摸的统一于糜烂之先。与其以不可能的长期内战来试验统一之是否可能，毋宁以自我的牺牲来把握全民所希望的和平。

三

战争和和平之间有着我们可以想得到见得到的分别。

长期内战的最后结果将不是国共某一方的显明胜利，而是两败俱伤中的全国糜烂。糜烂之后，少则一二十年多则三五十年之后，中国当然仍会统一，但这数十年的过程则我们不敢想像，也无从想像。

在内战的初期，国民政府当可把握着相当的优势，但优不到可以迅速解决共党的地步。共党在军事上愈是失利，则其所用以破坏对方据点、交通线，及经济机构等等的方法愈是层出不穷。在战事进行期内，国民政府既然没法作政治上真正的刷新改革，机构效率没法有若何的改善，国民政府自亦不能对此种破坏为有效的防御。下焉者，国民政府或且实行压迫政策，压迫一切批评不满的自由言论，甚或诬之为受共产党的利用，而加以打击。如此，不特国民政府绝无作进一步改革的可能，而且连青年民社党中比较耿直的份子之先已参加政府也将外撤。

这样的推演可以说明下述一种循环：战事愈长则艰苦愈大，艰苦愈大则需要人心更大的归附，然而长期斗争的结果事实上将愈失民心，愈增艰苦。

拉锯式的内战不能是一方永占优势的。如果美苏关系不即改善，国民政府在失利时可能得到美国的援助——尤其在范登堡辈当权的时候。但是源源不绝的援助仍须靠自身的争气。美国的援助既然不足以发生短期内消灭共党的压倒力量，崩溃和糜烂自然继续进行而无已。

假使在这崩溃糜烂中，共产党幸而胜了，试问他们能如愿以建国么？也不能。中国本来就是穷。穷而又加以糜烂，参加糜烂内战者决不能再有力量——实际的和道义的——去做恢复的工作。且中共可能有的力量亦不能和一九一八后的布尔雪维克党相比拟。不但对于内部的复兴工作是如此，对于应付四邻的涉外工作也是如此。其中道理不难说明。一九一八后的苏俄虽被英美诸强所疾视，但苏俄的原气并未大伤，英法与苏俄之间尚有若干相当中立的国家，而诸强也没有在苏俄领土上作树立势力范围的企图。经过糜烂之后，中共无论在那一方面，都是不能和这样的苏俄同样有利的。

以上无非要说明，经过长期内战全国糜烂之后，谁都没有把握统一中国。

和平的结果便大有不同。

第一，人民的生命可以有所保全，社会的资源可以避免毁灭。

第二，过去中国人民所享受的自由实在太少。战事停止，而又有数党同时存在，自由总可增加若干。

第三，国共两方可以各在其范围内进行其所主张的各种经济改革，经济建设，在原则上，两方的主张本无多大出入。在实行上，共产党替贫农做的工作多些，而其手段则有时有地过分暴烈。如果两方有竞赛的可能，竞赛愈烈，则愈能得民心的作风也愈必盛行。这种竞赛，只要不演为比武，总该是有利于国计和民生的。

第四，目今中国在国际局面上实在太噱头了。号称五强之一，而什么事都不能说话。号称亚洲战胜国家，而对日本，对高丽均无发言的资格。甚至菲、暹的凌人态度和法国对越的强硬政策我们也须忍受。我们再不统一，再无力发挥独立的外交，为亚洲和平着想的外交，则面子问题固可忽视，其如在紊乱的甚或反华的亚洲中，我们也不能自保何？然而独立自主的外交绝对系于和平和统一。有了和平和统一，才能发挥独立自主的外交。

四

由和平以求统一，其困难前已言之。然困难与不可能不相同。不可能者言其有内在的矛盾，有客观的障碍；困难之起则或因人力之未尽，或因观察之未周，只消多尽点人力，多作些观察，行多知多，便可克复。和平统一的困难亦即如此简单。

要和平统一，仍只有两条道路，其一是去年政协所走的道路，即国共两方共同接受民主政治，以政治争权的方式来代替武力争权的方式，其二则是减少争持的范围，由争持而变为互不侵犯的合作。

先说后一条路。这为政协所未尝试探之路，可称之为联立之路。国共两党既争持多年，分裂多年，谁也不了谁，毋宁两方均承认此分立的事实进而为联立的统一。两方在其现有的辖地上可各维持其政府，但在此两个政府之上更冠以一个共同的政府，或不妨即以国民政府兼充共同的政府。如采此办法，则国民政府将具有两重的资格：一为国民党的政府，统治今日国民政府号令所及之地；又一为全国性的政府，代表中国管理全国性的交通，并执行两政府协同的外交政策。

国共两政府的对内事务，皆凭自主，不相干涉。裁军可，扩军亦可。资本主义可，共产主义亦可。一党专政可，联合政府亦可。惟两政府必须相约互不侵略，更必须承认由联立政府管理全国性的交通，并执行两政府所共同协议的外交政策。

这样的统一有三大困难。第一，今日国民政府号令所及之地所谓解放区者犬牙相错。要两者不生时起时伏的争执，岂不过于理想？这个困难我可以完全承认。但如两方能体念人民的苦痛，承认这样不高明的和平办法总比内战高明一些，则两方又何难而不能就实际的占领为分治的界线，再徐图厘正？

第二个困难在交通之如何办理。两区域间的交通是不能不畅开的。没有交通，民不聊生。好在过去交通问题所发生的困难多半由于军运而起。如果两方能放弃战争，则军运问题随而消灭。军运问题不存在后，像去年六月国共两方所协议的恢复交通办法也没有不可实行的症结存在了。

第三个困难乃是对外政策如何取得协议。我以为这并无多大困难。法国三大党——共产、社会及人民共和——所愿共同维护的政策亦即是我们所应采取的政策。兼亲美苏，不于美苏之中作仇友之分，对于我们利最多，害最少。内战一旦停止，这样的一个政策也应为两党所同意。

有的人或者要问，世界上一切联邦必设政府，亦必有复杂的宪法和机构。这里所提的办法得不过于简单？我的答复是：我所以避免联邦这个名词者，就恐一称联邦，则国共两方又将对联邦制度大作争执。现在所提的联立办法并不是联邦制度，而只是一种最低限度的统一方案。如果两方真愿停战，则停战之后，两方的猜忌必可日趋减少，合作亦必日趋密切，由是至于真正的联邦或是一统的政府，亦多可能，固不仅一个只有交通管理权和外交执行权的联立政府而已。

前一条路就是去年政协所尝试而没有成功之路，可称之为联合之路。没有成功却并不等于没有可能。不但无不可能，而且一旦成功，尚比联立政府为妥当，为圆满。

要做到国共两方共同接受民主政治，以政治斗争代替武力斗争，我们认为政协所拟的方案在大体上是准确的。换一句话，必须联合政府根据各种有关的协议以成立一个民选的立宪政府，然后中国可有真正民主，而国共可有和平争政的方式，国共以外的党派也可有和平争政的方式。政协的缺点不在其方案的欠佳，而在政协本身之未能充分表示国共以外大众人民的力量。因为大众人民没有代表参加政协，所以政协决议被破坏时，只见到国共间的互争互诋，而见不到大众人民对破坏者之争，或是大众人民加于破坏者的责备。

政协会员三十八人虽国共只有十五人，然而其余二十三人多半是国共的附庸，而极少真能代表国共以外的势力。此为政协决议不能实现的最大原因。所以如果今后的和平仍须循政协之路，则政协的参加者，国共而外，须有大量可以代表非国非共不附国亦不附共的中立份子。倘能如此，则破坏决议者将稍有顾忌，而责备者亦将不限于敌对的一方。如责备破坏者只限于对方，则破坏者必将有所自辩，而以破坏的责任诿诸对方，从而是非难明，破坏者反可肆无忌惮。如果中立者的力量较大，中立者可以监督决议的执行，可以指斥破坏者的责任，则中立者纵无武力为后盾，亦总可藉舆论以自雄，而舆论也可因有所寄托而飞腾。

以上两条和平之路，走任何一条都可以获致统一。走战争之路者不久总会走到绝路的尽头的。此时纵不和平，统一纵不在望，但是坚主非和平不能统一的人们不妨先发出和平统一之声，计划和平统一之路。

建国途径[*]
（1942 年 3 月）

序

在二十九年的冬月，我尝在《今日评论》发表过关于建国途径的七篇文章。这七篇文章包含颇广，无论政治，经济，教育，外交，均有所论及。然而他们都有一个中心目标。这就是怎样在短期内完成新中国的建设。我的理想不算低，但同时也还是可以实现的理想。

我今将这几篇文章依原文汇印成书，而以"建国途径"为总题。建国途径诚有切实讨论的必要。引起切实的讨论就是我去年写文今年又汇印的目的。

钱端升昆明，三十年九月。

目　次

---

[*]　该书由重庆的国民图书出版社印行，中华民国三十一年（1942 年）三月初版。正文中模糊难辨或表述欠通之处，已参照原发表于《今日评论》上的文章予以校正。——编者注

〈一〉 我们的任务——国家今后的工作与责任

世界最近的剧变引起了不少关于我国今后政治制度，经济的结构，与夫对外政策应如何以求适应的讨论。当局者关心这些问题；论政者关心这些问题；青年有为之士更关心这些问题。然而要对这些繁复重大的问题得些切实中肯的讨论，我们首须确定我们国家今后若干年内应做的工作与应负的责任。知道了我们的工作与责任，然后可以决定我们应有的制度与政策。

我们今后若干年内的工作——也就是我们各个中国人对整个中华民族的责任。简括地说起来，不外抗战与建国。两者是相关的。不抗战则无国可建。不建国则抗战即使获了胜利，这胜利也只是极短期间的胜利，难以永久；因为世界尚是一个强凌弱的世界，所以建国之"建"字决不能脱离了国防的意义，建国也很可视为抗战的延长。

由上之说，我们首应牢记：抗战与建国很难截分，抗战时须即建国，建国时或又须抗战。

如强分之，则在抗战期内我们先后有两大工作须加以完成，建国期内有三大工作须视为特急。抗战时期的两大工作，一为抵抗日寇本身及助日为虐加害于我的其他敌人，二为战后的善后工作。建国时期的三大工作，一为国防的充分布置，二为国富的努力增加，三为人民民族意识与大同理想的普遍灌输。

抗战的工作我们已进行了三年有余。无论这工作尚须多少时候才可完成，我深信我们必可圆满的完成。惟在抗战的过程中，我们或尚须经过短时期比过去更艰苦的境遇。在过去的三年余，英、美、法，固然始终没有能如何助我，但他们牵制日寇的作用始终存在，始终没有消灭过。如一旦战事扩大，日寇与英与美与法属安南作战，则在英美等能以全力与日周旋以前，日寇或可一度在远东横行无忌。在那一刹那间，我们的处境难免比现在或过去更感困难。但战事扩大的局面不特最后有利于我，或且是势所必至。既然如此，我们只有二事可做。一是加强国内抗战实力，庶几在那危险的一刹那间，我们可无所惧。二是竭力调和美苏间与英苏间的不睦。如果日寇与英美作战时，苏联可以援助英美，则日寇将始终无横行远东的可能，而短期的危险也可避免。就现在英美苏的关系而言，英一意承欢美国，美有所求，英无不应。故美苏睦，则英苏更必可睦。美苏间除主义外无冲突；今时美疾视德日，亦畏惧德日，共产主义已不足为美苏交欢之梗。我常说，我们万不可妄自菲薄，菲薄我们自己的国际地位。我们在抵抗侵略的十字军中是本拥有相当的领导权的。我们不患无地位，而患不善用。对于联络并调和美苏的责任，我们应有"舍我其谁"之概，才可以对得起我们自己。

战后的善后工作，其困难将不在抗战本身之下。常人总是共患难易而共安乐难，故战时团结易，而平时团结难，战时耐力大，而平时耐力小。这是善后时期心理上的困难。而且我们的善后时期或者也就是世界的善后时期。我们是承兵燹之后，世界或者也是承兵燹之后。我们穷，世界或者也是穷，告贷无门，我们只有靠自己。这是善后时期物质上的困难。有此两大困难，我们对善后不应具一种当人所具的心理。我们应视善后为战时另一个阶段。再引伸言之，在中国一日没有达到进可以实现大同退可以抵御任何强敌的地位以前，我们一日应以在战时自喻。

善后时期既然不是苦尽甘来的时期，我们不应对战区的破坏，流亡的人口，内移的机关，以及其他等等，求消极的恢复，而应对整个国家作积极的调整。今举数例言之，首都的交通部已被毁于敌。交通部回京后，势必有屋方能办公。然与其糜费巨资于另建新厦，毋宁觅一平常屋舍作为部署，而以巨资投于建设事业。又军兴后，沿江海入口之内移者当有千百万。此类人民在原籍的工作，大抵或已有人代替，或已根本消灭，而在内地则又大抵有所工作。故与其助之战后东迁，毋宁增厚其保障，鼓励其留居内地，以从事各种生产事业。沿江海的工商文化机器内迁者亦不计其数。其中固有非迁回不可者，但亦多可以不必再迁者。我们如放远眼光，则战后的中国本是一个簇新的国家。在簇新的国家中，人口及机关均应有一新的分配。要有新的分配，则当政者必须具有新的看法及大的权力。如果当政者缺乏眼光，而以恢复原状为善后的不二政策，则心理困难固无法解决，即物质困难亦未必消灭。

建国工作之一为布置国防。这是绝对必要的。因为抗日胜利后，不特日人再度侵略的危险未必消除，世界的和平更未必树立。此次中日之战，如无其他国家参加，则日即退出我国的领土，固仍有卷土重来的可能。如中日之战与欧战混而为一，则中国势必与英美站在一方，而日则将与德义相盟。这样的大战之后，如德义等胜，则我须于十分隐忍中急求国防的建立。如英美等胜，则英美未必遽能创造世界和平，故建立国防仍为要务。如西方不决胜负而停战，则战事之重来自是指顾间事，故建立国防更为急务。换言之，战局无论如何解决，国防总是必要。

上面已经提及善后时期物质上的困难。如善后尚且有困难，则建立国防自更有困难。现代的国防本极费钱，以我国疆土之广，邻国之多，海岸线之长，以及空军的微弱，海军的不存在，整军经武自将耗费不可思议的巨资。巨资既不易借，则惟有自筹。但我本是穷国，又加以战后，自筹谈何容易？是以国富的努力增加实为建立国防的基础工作。有了一文钱，然后能有一分国防工作。多一文钱，即是增加一分国防工作。

国富与民富决不能分开。民富然后能国富，人民多【不】〈文〉钱，即国家多一文钱。是以建国期中增加国力的工作应以增厚民力为捷径。必人民间有最大可能的平等，然后生产力可长。必人民人人能直接或间接从事生产事业，然后民富可增。必人民竭力节约，然后国力可裕。大概我国战后的经济建设必须循苏德过去数年所走之路。我们以资源农产换取他国的机器。得机器而后，复佐以劳工，然后有工业出品。有工业品而后，然后可言国防。复以特有的产物及若干种制造品换取其他的必需品，然后国防用品或可无缺。

在上述增加国富的过程中，人民将多劳作而少享受。何以多劳而少获？则因我们须以增加的物力用于国防。但我们如要求一班人民作偌大的牺牲，则社会中固不能容许有牟利者，而政府中更不能容许有养尊处优者。"不患贫而患不均"这句古话，尚须有"不患苦而患不均"一句话来做陪衬。但要做到贫富均，苦乐均，则当政者固须有超人的贤明，而政府亦须有极大的权力。

上述增加国富工作的成功，更须有两个条件：一是当政者有大魄力，二是于短时期内完成。当政者如无大魄力，则兵燹后民穷财尽的国家实在谈不到大规模的建设。当政者如无大魄力，则决不能领导国民作大规模的建设与牺牲。当政者如无大魄力，则工作决不能于短时期内完成。这些工作如不能短时期内完成，便永不能完成。吴之椿先生在论及"国防建设的中心纲领"时（见《今日评论》卷四期七）尝说："国家建设之成功者类皆及时而成，及身而成；如果标的复杂，时期遥远，数易其人，必致困难丛生，久而无功。"此是至理明言，应为当今谈建设者所长思。

但是与上述建设并重的应是民族主义的教育工作。这个工作有双层的意义。一方我们应藉教育以增强民族意识。民族意识不增强，则人民难以认识工作及耐苦的必要，建国工作因亦不易成功。另一方我们应藉教育以确立世界大同的理想。无此理想，则纵使建国工作能于短期内有伟大的成就，中华民族也将无以自别于年来的德意志民族：骄傲而不知自尊；有一族而无人类；狃于战争的效果，而不知兵凶与战危；为世界所畏惧，而不为世界所敬服；可以一时侮人，而终且为人所败。换言之，我们在建国的时期，万不能丝毫忘了我们民族的使命。忘了以后，不是建国无成，便是躬蹈帝国主义的覆辙。

我们今后数年内的中心工作，简单言之，是求为一个独立强盛的国家。在作此努力时，一切的制度，政策，甚而主义，凡足以助我成功者，皆是好的；凡是足以妨害成功者，皆是坏的。如果在详细并虚衷探考之后，我们发现惟有确遵孙中山先生的民族，民权，民生三主义，才可以使建国工作迈步【的】前进，则亦适见孙先生之特别伟大而已。

（《今日评论》第四卷第十三期，二十九年九月二十九日）

〈二〉 政治制度——我们需要的政治制度

我们需要何种政治制度。这个问题是决不能以主观的态度来作答。你可以用完全主观的态度来表明你所喜欢的政治制度，但是你不能凭主观来解决国家的需要。国家的需要是一种客观的事实，无所用其主观。

如果单凭主观，则你有你的理想制度，他有他的理想制度。如果你是一个所谓"宿儒"也者，你一定感到君主与科举的混合制度是理想极了。这里，圣王在上，而野无遗贤，三代之盛与夫唐宋之治俱可指日而几。如果你是一个维多利亚时代英国式的政客，则英国式的国会政府制〈度〉定是你的最高理想。这里，个人有自由，少数有保障，社会进步而从不须流血，安定而不至于反动。如果你是一个迷信某一种族或某一主义的疯狂专家，则集权制度定是你唯一无二的法宝。这里，你可以集中一切力量，来将其他的种族压倒，或是将其他的主义诛除，庶几你的种族或是你的主义可所独尊。

但是，你的主观的好恶与国家的需要毫无相干。你所认为理想或者是不宜于中国，或者是不能行于中国。要一种制度能合乎中国目前的需要，下述三个条件必须具备：第一，要能担负起国家今后工作与责任；第二，要有实行可能；第三，要合乎民族性而可以久长。不合第一个条件则不能顾及国家民族的利益。不合第二个条件是等于空谈。不合第三个条件，则国家的秩序将欠安定。

中国今日所需要的政制决不是旧式官僚政客所半把握半放任的政制，因为这种政制决不能负起抗战建国的大任。也决不是英美式的民主政治，因为这种政制既不易实现，也不能负起抗建重任。更不是极权制度，因为极权政制纵能助我们抗战，决不能助我们建设我们心目中所企望的新国家。而且极权政制，即在德义等国，也决不能永久。

我国今日需要一个拥有大权力，而且能发挥大效率的政府。只有这样一个政府才担负得起抗战建国的各种伟大工作。但这个政府也须能尊重各个人民的人格与尊严，并能容许各个人民对于人生及社会重大问题有怀疑论难之权。我们不能不承认纯粹一点的极权政府确实拥有极大权力，这样的政府有时也能发挥高度的效率。但极权政府只能有大力去侵略旁人，去欺凌旁人，而不能和平的建国。为什么呢？因为极权主义藐视人民的人格与尊严。在极权主义之下，人民仅是工具，人民仅有工作而无主张。当政的人固然可以国家民族的大帽子来自诩，说他们的国家如何如何的繁荣强盛，他们的人民如何如何的满足快乐；但实则他们的国家必定顺着疯狂道上迈进，而他们的人民不是疯狂的细胞，定为疯狂的牺牲品。所以极权国家好比是昙花，一现之后，便是破灭。在一现的时候，国家尽可以很强，但人民必定没有福利可言。一现之后，则国家人民两归于尽。凡是政府的强力者一定也得有站得住挺得出的人民为辅，国运才能永昌。

骤看起来，要政府有大权，又要政府能尊重人民的人格与尊严，是一个很难解决的问题。实则孙中山先生早解决了这个问题。我们如细考孙先生关于政制的许多理论，而不加以主观的曲解，则可发现孙先生实早因这困难问题而有过一番思索与研讨。思索与研讨的结果指出了一个新的途径。这途径就是民权主义。他的民权主义实是一条经过大努力后可以走得通的康庄大道。他的民权主义曾遭受过两大不幸：一是解释者的失当，二是实行者的乏力。向来解释民权主义者不是戴了英美民治制度的有色眼镜，硬把他当做英美式的民治，便是丝毫不懂法律政治，不懂中外政制的演变，不理会孙先生所要解决的难题，而将孙先生畅达的理论死板板地下了一些无可咀嚼更无可欣赏的注解。前者是二毛子派，其说容或通，而决非孙先生的原意。后者是党八股派，其用意或尚忠实，但其说则绝不通。两者均是孙先生的罪人。依常识的解释，孙先生之所指示者乃是如下的一套理论：先由国民党训练人民能行使政权。这政权包含选举罢免创制复决四者，但最重要者当然是选举。换言之，奉行孙先生遗教者应知选举权的重要，却不必拘泥于四权之同时行使。人民能行使政权后，人民得藉国民大会以表示其主人翁的地位，但治理之权则操于政府。政府须有极完全的治理权；人民固可以表示不信任政府，但在平时，则人民不能时时加以牵制，政〔致〕使政府因应上发生困难。治权固然有五，但行政机关因与人民接触最多，且推行政令之权也在其手中，故行政机关自为独大。再简括言之，我们如忠实地奉行孙先生的遗教，我们的政府应是握有大权的，政府所有之权原不必逊于极权政府所有者。但因政权在民，且有国民大会的存在，故人民的地位又不必低于人民在英美民治国家所享的地位。换一句话：孙先生所企求者实是一种兼有各政制之长的政制。孙先生要提倡他所提倡的政制，因为一方他醉心于欧美的民治情〔精〕神，另一方面他又要建立一个可以有力提高民族地位，也可以有力实行实业计划的政府。这两种目标我们都要注意到，否则我们不易理解孙先生的主张。

孙先生关于政制的主张是十分适合于中国的国情。无如除了解释者的失当外，北伐统一后的国民党当局又未充分具有实行并完成训政的力量，以致中国的政制限〔陷〕入了不上不下可左可右的状态。到了如今，要回到《建国大纲》所定关于军政训政宪政的步骤，事实上已不可能，在抗战的局面之下，我们不能刻板的将国民党训政之事再从头演来。但反过来，我们一点不做预备工作遽而立起宪来更是不妥。这层孙先生在《建国大纲》序文中已概乎言之，政府去年决定于今年开国民大会制定宪法，最近又宣告延缓。这事正可为轻易谈不得宪政的一证。孙先生的思想深见解远，故其主张可以历久而不失其〔适〕宜【性】。但论到实行的方法，则我们不能承认十五年的演变。十五年来，尤其是最近三年来，国事的演变，迫使我们对训政进至宪政的步骤不能不重加考虑。

第一个事实我们得承认的就是蒋介石先生是全国共戴的有力领袖。第二个事实是蒋先生是国民党的总裁，离开了国民党，蒋先生便不是我们今日所知的蒋先生，第一个事实无人不承认，第二个事实却不是一般国人的见解。国中今日有甚多拥蒋而反国民党，誉蒋而毁国民党者，更有许多善于投机者流以为蒋不可不拥，而国民党却该痛骂。这一种误解是建立合理政制的最大障害。这一种误解一日不消灭，则合理政制一日不能建立。患这一种误解病者，如能细考蒋先生十五年的言行，一定可发现中国政治领袖蒋先生与国民党领袖蒋先生是决然分不开的。

所以在国民大会未能成立，宪政未能实施以前，我以为最合宜的政制是由国民授【国民授】国民党总裁蒋先生以处理政治全权。蒋先生于受权之后，则立须完成二件大事：一改组国民党，加强党的实力与作用，使能一面负起训政大任，一面在最近若干年内担任抗建工作；二成立一个辅佐的民意机关，使蒋先生自己永无成为独裁者的危险。在形式上这样的一个政府与极权政府相似；但在精神上则他与极权政府绝不相同，因为领导此政府的蒋先生是笃信民权主义者。

国民授权之事可有若干种方式。或由政府召集国民大会，由大会决议授权，或由国内各界自动主张。国人对此事如没有他项意旨，即避免授权的形式，而认为已经授权，亦无不可。

改组党的目的在吸收一切笃信三民主义而又有为之人。有好党员便有好党；才智之人尽在党中，则党亦必有力量。前年三民主义青年团的设立，本含澈底更新之意，但其成就仅多了一种与各级党部并行的组织。党中人当不能以此而自满，笃信三民主义而仍立党外者，为国家计，似更有入党以强党的义务。盖党的人材如不富，党的力量如不宏，则训政工作决难入手，而最近数年的抗建工作也决难胜任。

依西洋的说法，委任的机关本不能尽代表民意的责任，但我之所以主张蒋先生设一辅佐机关者，乃因我国即在君主时代亦尝有直言极谏的良好传习。蒋先生不难用委任的方式，成立一个规劝建议的有力民意机关。唯过去的国民参政会似尚未足以语此，无论其地位或其份子似俱未够分量。

至于党应如何改组，辅佐的民意机关如何成立，则均可委请蒋先生，以表示国民授权之广，与蒋先生责任之专。

蒋先生如诚能有此权，而又辅佐得人，同时再加意注重法治精神及民治精神，则五年或十年而后，真正的民权或不难实现于中国。制度的运用本系于人，如善用之则成功，如不善用之则失败，上述的制度当然也可以失败。但采上述的制度如仍不能助我们实现民权主义，则果如何能实现民权主义呢？政治制度如不以孙先生的民权主义为基础，则国家今后的工作与责任谁又能胜任呢？我深愿国人能以极客观的态度共同讨论这个重要问题。

三　一党与多党

在本文中，我拟从两个观点说明多党制度的不合时宜。

从人类政治制度的演化言，多党制度显已有代谢的趋势。如果这次大战德义日获得胜利，欧美民主政治及其一切习用的制度将被暴烈的摈弃，多党制度当然也在其内。西班牙而外，法罗两国的取消多党制更是不远的先例。如果中英美获得胜利，胜利各国为维持雄厚的国力并为调剂国内各阶层的不平等起见，也必趋向以一党制代替多党制。不过在这环境之下，多党制的告终殆将循着平和及渐进的途径。

从我们国家今后的需要言，一党制亦为无可避免的制度。我前在本刊已说过为担负迫不及待的抗战建国大任起见，我们不能不有强有力的政府。而要有强有力的政府，我们不能不借重中国国民党及其总裁蒋介石先生，固然国民党实力的加强也是必不可少的改善。我还相信建国的工作，固然是十二分急切，但要完成也需要相当长的时间。因此，国民党也不会三数年而即无其需要。

从人类政治制度的演化而言，凡是浸润于民治主义的人们（凡是有思想的文明人又那能不浸润于民治主义？），天然的不易舍弃他们所习知的多党制度。民治主义首先发达于英国，但在政党内阁制成立以前，民治即在英国也不安定，即在英国也时有被推翻篡夺的可能。直待有了政党以后，才有责任内阁，有了责任内阁二党轮替执政以后，武力争夺政权才无必要，而国王窃政的可能也不存在。与英国同以民治见称的美国虽未采用责任内阁制度，但其总统之所以能代表民意，也由于政党。因为有政党，因为总统由政党推出，所以获选为总统者必能代表有组织的多数民众。民意有变动，斯政党的势力有消长。一消一长之间，民意即有表示。在此情形之下，武力争夺政权的必要自然也不存在。

我们并不否认在过去民治总与多党制度相关连。我们不但可坦然承认政党政治所给予民主政治的贡献，我们还可承认在过去，凡是蹂躏政党者也一定是蹂躏民治者。拿破仑三世是校〔较〕早的例子，墨索里尼及希特勒是今代的例子。但我们立论，不能全以过去为根据，更不能以变态衡量常态。我们所要问的有两点：第一，多党制度在近今是否能与民治配合或保障民治？第二，是否尚有新的制度比多党制度较能保障民治？

关于第一点，我以为今代的国家必须握有大权才能使国家富强使人民平等。我以为极权主义不全是恶的。极权国家每好黩武，每好凌辱弱小民族，好蔑视人民人格，这些是极权主义中的恶劣部分。但极权国家之拥有大权，极权国家之可以国家的力量来改造社会的生产制度及人民的经济生活，则与其说是极权主义的短处，毋宁说是极权主义的长处。我以为今后的国家，如欲使社会进步，人民平等，则必须握有大权。但在多党制度之下，则当局者无论为向国会负责的内阁，或为向人民直接负责的总统，必将受异党的牵制，而不能取得大权。如果不受异党牵制，则实际上异党必已不复存在。换句话，要政府有大权，即不能容多党存在；如容多党存在，则政府必不能有大权。

如果政府有大权之后，民治即取消，则或者我们宁愿令多党存在而令政府弱，而不敢取消多党制以令政府强。但政府有大权与民治的继续不见得有苦〔若〕何不可避免的冲突。我以为如果有一政党能坚信民权，能尊重人类的尊严而普遍地谋增进其福利，能以大同思想及和平主义为民族相处的最高理想，则即使一党专政，也与民治不悖。拿破仑三世及希特勒之流根本心目中没有民权，故他们的专政自然不利于民治。如果专政的党是民主的党，则党治殊无与民治不容的理由。

目下英美的政治趋势最值得我们的注视。美国自罗斯福当权实行新政以来，国权有空前的扩张。即令此次共和党万一获胜，政府已有的权也不至放弃，政府已有的职务更无法摆脱。倘使如我们所预期，罗斯福得以蝉联，则国权将会有更大的扩张。此种形势再继续下去若干年，则民主共和党的分野将难存在，而政党将以赞成及反对国权的扩张为分野。如是若干年之后，反对国权的党便将以不合时宜而一蹶不振，于是当权者为独存仅存的国权党。这里所说的固然是我个人的推测，但如罗斯福能蝉联，则事实殆将与我的推测距离不远。

英国也是政党最发达的国家。英国政党门户之见甚深，所以即在此次大战爆发以后，当权的保守党仍不觉得有坚请反对党加入政府的必要，而反对党也不觉得有与政府党合作的必要。直到战事恶转，邱吉尔上台，各党始合作而合组政府。邱吉尔政府成立后，国权突增，国家可以予取予求，人民亦不复坚持企业的自由。如果此次大战英国可以获胜，则英国必成为一个高度的社会主义国家，而实行并拥护这社会主义者则将成一当权的党。故英国今日犹存的保守自由劳工之党亦难并存或分存于战后。

英美本是政党政治的典型国家。苟英美的多党政治既不足以应战，而又有改制的趋势，则多党政治的一般命运可以想见。

如舍世界的趋势不论，而单论我国的需要，则一党制更有其客观的必要。从反面来说，多党政治是不可能的，也是不相宜的。要实行多党政治，第一先得有一个以上的政党。事实上，民国成立二十九年，中国只有过两个党——国民党及共产党。其余的党均不够称党。前此的共和党进步党是如此，今之小党也是如此。今之青年党及国社党，论其主张，均不出三民主义的范围；论其党众与组织，则又皆狭小而不健全之至。青年党及国社党人固可以此归罪于国民党的专政。因为国民专政，又不许各党公开，所以青年党及国社党不能发达。但即许两党公开活动，试问两党又将以何为号召？如以两党原有的"国家主义"（即三民主义中的民族主义，惟大同理想不甚显明）及温和的社会主义为号召，则又何以自别于三民主义？如果主义相同，则又何必另树一帜？以中国此时的才力，办好一党尚且不易，又何必此党彼派，徒增纷扰？因此，我深信各党即可公开活动，青年国家两党仍难发展。既成的党如此，未成的党更不必说。

即使中国此后有多党并存的可能，我以为多党政治根本上不宜于今日的中国。国家此时即有一定的目标，尚恐不能如期完成，又安有此起彼仆，以试验各党不同的政纲的余暇？我们现在所急需者是"干"之一字。我们固然须认清干的目标，我们固然不能瞎干，但我们于决定了干某一种政纲之后，则我们也不能不硬干下去，以求贯澈。我们决不能迟徊不进，或中道而阻，以至历久无功，更至建国未成，而强敌又至。

在今日及今后若干年甚至若干十年的中国，比较有完成抗建工作的可能者，客观地说起来，只有国民党及共产党两党。就主义而言，两党的出入并不太大。两党均主张民族主义，不过共产党的民族主义不免偏向于视莫斯科为大成至圣的马首。两党均主张民权主义，但到现时为止，两党均十二分的主观，而实际上均少成就。两党对民生问题也是异途同归；所异者，共产党似未放弃阶级斗争之旨，而国民党则偏向温和的解决办法。两党主义实在相差无几。抗战以来，共产党拥护三民主义之多次正式声明也可为共产党自认主义与国民〈党〉相似的一证。故单就主义而言，国民党人之畏惧共产主义固然是多余，而共产党青年之自以为如何如何进步，也不免有坐井观天，不见井外之天甚大甚大之感。单就主义而言，共产党固无不可并入国民党之理。

如不讲主义，而讲党风党的地位及党的国际关系，则两党之间，却有大别。就党风言，共产党至今尚有朝气，即在万难之下，仍能发展其党务。国民党虽为多年当国之党，虽有其万民共戴的总裁，但风气究欠健全。因风气之欠健全，驯致青年有为者，常有舍之而他去者。但国民党有总裁蒋先生。蒋先生忠于三民主义而又有号召全国的力量，其领袖地位为任何人所望尘莫及。故国民党当国不会发生领袖问题，而共产党当国则必生领袖问题。此为国民党宜于当国的一大理由。又国民党本与苏联无仇，今且与苏联甚睦。故国民党当国，则全国国民必能一方乐见苏联的社会主义日臻巩固，又一方必能建设强大自主的中华民国。但共产党则过分重视苏联的领导权。苏联说欧战是帝国主义的战争，共产党也说欧战是帝国主义的战争。如果一旦英美与德义日发生全面战争，我方利益显与英美一致，而苏联仍说这是帝国主义与帝国主义的战争，则岂不将害苦了中华民族。故就国际关系而言，又只有国民党较宜于当权。

是以我们如确认我们需要一党政治，则舍国民党外实无第二个政党有此力或有此宜。青年党国家党等无此力。共产党或为有此（但也有问题），可是不相宜。

但我们也并不以过去国民党的专政为满意。因为国民党多年来本身有缺陷，故党力也不甚充实。国民党如要为民族而继续一党之治，而不是为党而继续一党之治，则他必须改变作风，必须忠实于主义。他如能忠实于主义，则国内有为之士均将相率而为党效劳。国内真正有为之士，不但对于三民主义无恶感，而且不是景仰已久，便是极感兴趣。他们所以远国民党甚或骂国民党者，乃是不满于党的作风及若干党的领袖，而不是不慊于三民主义。无党之人作如此想，即共产青年国家诸党的党员亦多作如此想者。所以国民党如能改变其作风，慎选其领袖，则全国有为者必将相率来归。在一党制度之下，国民党对于反侧自应处之严厉，故不能如多党制之一党，事事出以容忍。但国民党既以民权主义为主义，则对国人思想言论的自由自应尽量尊重，故又决不可以法西斯党（义），国社党（德），共产党（苏）自居。在二者之中觅一中庸之道，就是中国国民党应有的作风。

我意国民党如能善以自处，则必可完成抗战建国的大业，并树立三民主义的中国。到了那时，党彷彿是古时的朝代。如党风不败，党纲合时，则党治可传之甚久。如党风堕落，党纲背时，则新党代兴。中国如此，外国亦将如此。人类政治史现在似乎已到了一党政治代兴的时期。

四　自由新论——论自由

自由一词在西方本久成争论，但争论的焦点只是自由的范围，而不是自由的需要与不需要。西方的国家只有两种，一种是拥护自由的，又一种是根本反对自由的。这两种国家俱有坚强的意见，或是要自由，或是不要自由，他们都不讨论要不要自由的问题。只有在法国大革命的时期，自由一词尝被各方滥用。不知自由真谛者以为自由即放任，于是许多罪恶俱假"自由"的名义以行。反对自由者，因在自由的潮流之下，不便明白反对，于是极力攻击误解的"自由"，藉以破坏真"自由"的声誉。但自法国革命以后，在西方，因为弄不清自由的真义而狂争，或是故予自由以错误的意义，再力加攻击，已是百余年不见之事了。

用最简明的说法，"自由"有两点意义。第一，从人群的本性及人类的进化史上，我们发现成年完好的人须有若干种必不可少的行动及思想上的自由。有了这几种自由，他才觉得生活是值得的。有了这几种自由，人群才能产生并增进文明。第二，因为这几种自由是人所必不可少的，所以人群的最高权力所在——国家——不但不应攫为己有，而且应力予保护，使人民（即国家之下的人）能充分享受这些自由。

自来学者们及法律上所说及的自由不一定是人类所必不可少的。例如美国人大多数迄今仍视财产为神圣必不可少的自由。在十八世纪之末，社会中分了许多阶级，一般人民不能对于他们所耕的土地或他们所赖以操作的工具享有完全的自由权。于是就各个人民言，虽工作而不一定有收获；就社会整个言，生产的质量数量俱极低微。在那一种的时代，将财产权的享受列为自由权之一，使国家不能偏袒某一阶级，自是一件好事。我们甚可说在那时代，财产自由权成了人所必不可少的自由。我们如果在大革命以前的法国，而又不属于僧侣贵族的阶级，我们一定也会感到财产自由是需要极了。但是到了现代，在大多数的国家内，财产权却不是必不可少的自由。现在旧式的阶级制度早不存在，在新兴的阶级中，资产阶级即是好言财产自由的阶级。国家保护财产自由，即等于助资产阶级积聚更厚的资产。这显然与人群好平等的本性相反。且大革命时代人民尚不知有社会主义的思想。现在，国家可藉社会主义的生产制度以均人民物质上的享受。故财产权的保护也失了必要。不特财产自由因时代的进化而不复是人群必不可少的自由，即职业自由工作自由等等，不是已经失了必要，也快要失了必要。何以故？因为在昔时，国家如不保障这些自由，则弱肉强吞，社会上的有力份子一定会欺凌软弱份子，使从事后者所不愿而于前者有利的工作及职业。在现时，则国家权力有增加，体力及智力的测验有进步，且国家又需要大规模的生产，如国营企业，集体农场，托儿场所之类。在这情况之下，国家如有权指定人民的职业及工作，自可求相当之平，且亦尽可不生强凌弱之弊。

自来学者们及宪法所公认的自由中，其关于经济生活者，殆俱无永久的绝对的必要性。如果社会进步尚未至相当程度，则保障这些自由可以减除社会上的不平等，也可以促进社会的进步。如果社会进步已到达某种程度，则保留这些自由不但没有必要，而且有时还可妨碍国家作有计划的较大规模的社会改造及建设。

但是有若干种与经济生活无关而与精神生活有关的自由，则不论社会情况如何变迁，总是于人类为必要的。这些自由俱与意见有关，如言论自由，思想自由，出版自由，集会自由，结社自由等等。人为万物之灵，其所以灵者，乃因人类兼富于共同的本能及个别的本能。人各有本能，人与人亦各异，如果无此个别的本能，则人与人间观摩参考改进的可能将不存在，而整个人类的文明将无增益的可能。同时，人类亦有共同的本能。自原始至现代，人类个别的本能，其宜于为全人类所共有者，积长时期而后，每成了人类整个的本能。人类如缺乏这同化及吸收的力量，则决不能凌驾万物之上，而产生控制大自然的力量。保护意见的各种自由，而使之充分发展，即所以使人类能一方表现其个别的天赋，又一方增益其共有的文明。如意见一受限制，或是国家只准其人民有某一种固定的意见，罔论人民未必能历久容忍而不图抵抗，即使人民能甘受此种限制，其结果亦只是使人类个别的表现日趋贫乏。历久而后，人类且失其灵觉。坐是人类整个的文明亦将因滞着而逐渐退化。

现今英美瑞士等国，因为其统治阶级尚未能超脱资本主义，故对于我所说关于意见自由的主张虽表同意，而对于我所说关于经济生活的自由的主张则未能表示同意。至于极权国家则反是。他们视统制人民的一切生活为当然，故对于我所说关于经济生活的自由主张表示同意，而对于我所说关于意见自由的主张认为落伍。实则民治国家对于其国防需要的不能早日满足，对于其人民富力之不能相当平均，即是犯了维持财产自由及职业工作自由（甚或连不工作自由在内）之过。极权国家人民之只知有国家而不知有人类，只知贪侵略作战的便宜而不知和平所能给予人类的幸福，只知有告密互杀清党而不知有和平讨论及感化，即是犯了不尊重意见自由之过。两种国家各有其短处。我人为国图谋，良应舍两种国家之短而取其长。

论中国人的民族性，意见自由亦为历代流传的美德。文字之役在西方为专制时代的流行病。因为流行，故英国之首倡意见自由成了西方政治史上的一件大事。在我国，文字之役及类似的风波为例外之事。因其为例外，所以文字之役在中国政治史上被史家所大书而特书。中国人本性好和平，讲理性；相忍成了民族的美德，消极抵抗高压成了民族特有的武器。这种好意见自由的性格，善导之，可以使民族日趋文明；高压之，则必使民族丧失了灵魂，无所措手足。

论中国今后的需要，意见自由更不可少，我已经说过，我们需要一党秉政的政治制度，而这一个党应为中国国民党。国民党如要负起这样大的责任，则必须吸收全国的英材，以实现三民主义为己任。而要吸收全国的英材，则必须让全国有思想的人士，有充分的意见自由。能于自由的空气中显出三民主义的优良与适应性，方能真正做到党外无党的止境。如国民党单凭武力以铲除异党，则即使服从，也不是心服，而况是否可以有永久服人之力也成问题。

论国民党的党义，不特三民主义中无仇视自由的言论，而且孙中山先生之拥护自由是毫无问题的。中山先生在民权主义六讲中所以反复申言中国革命无须提倡自由者，并非说自由可以不要，乃因中国向重自由，故提倡并无急需。中山先生又痛斥学生罢课而美其名曰自由，军阀抗命而美其名曰自由。这里中山之所痛斥者是罢课与抗命，而不是正当的自由。正当的自由中山先生固亦十分重视。观其所述西方民治发达史中自由与平等两说所居地位的重要，又观其所发实行三民主义即所以保障真自由真平等的议论，可见中山先生心目中对于自由的重视，固丝毫不亚于一班民治论者。又观其手定的《国民党之政纲》对内政策第六条亦有"确定人民有集会结社言论出版居住信仰之完全自由权"之语，更可见中山先生对精神自由之绝对重视。

中山先生以后的国民党人，尤其是近数年的国民党人，往往对于自由表示仇视态度。有许多人往往混自由与放任为一谈，以攻击放任者攻击自由。又有许多人将个人自由与民族自由置在极端不相容的相反地位，以为要有民族自由便不能有个人自由。实在不知自由为何物而妄加攻击者，或尚可原其愚。如知自由的真义，而有意加以排斥者，我以为实在对不起中山先生，对不起三民主义，更将使中国国民党不能成为网罗全国英材以实现三民主义的政党。如果这些排斥自由之人是崇拜极权主义者，则他们应受纠正；其不受纠正者应被排斥在国民党之外。如果这些排斥自由之人是由于无知，则他们应多读中山先生的遗教。其不受教者，亦不是国民党应予继续容纳的党员。

但保障与精神生活有关的自由是一事，而保障与经济生活有关的自由，又是一事。前者应受绝对的保障，后者则不必在保障之例。我深觉中山先生以后的国民党人对于前者未能够普遍的尊重，而对于前者后者之间又未能为充分的分别。《训政时期约法》第二章中，对于前者称"自由"，而第四章中对于后者也大都称"自由"。《五五宪草》对二者已作较显的分别，但论者仍常将二者并重或并轻。

反对自由的人或将曰，中国今正在作战时期，凡逢作战时期，即西方民治国家人民所享自由亦受限制。我的答复是：今之反对自由者大都是根本不要自由，而不仅是抗战期内不要自由。而且在民治国家，即在作战时期，人民自由的限制亦仅以不妨害作战为限。我绝对赞成在作战时期，国家限制可以妨害作战的各种自由，如通讯自由，或反战言论等等。限制的法律不妨求其严，但滥用法律的可能则又务必求其小。我们国人，尤其我们国民党人应自己检点一下，我国今日所施行的各种限制自由的办法固全是为作战而限制的呢，抑有许多是为限制而限制的呢？为求国民党能网罗全国英材起见，为求三民主义能为全国人民所理解深信起见，为限制而设的限制是否将生缘末〔木〕求鱼的结果呢？这实在是当今的重大问题之一，这不仅是一个抽象问题。

（《今日评论》第四卷第十七期，二十九年十月二十七日）

五 经济政策——我们需要的经济政策

我已说过多次，建国的意义须包括三者：一是国防的充分布置，二是国富的努力增加，三是民族意识与大同理想的普遍灌输。用习俗的说法，这就是要国家富而且强。用偏近术语的说法，这就是说国防经济要与民生经济并重。

　　国防经济与民生经济孰重孰轻的问题固是中外人士近年所热烈讨论的问题，但以长期而论，二者并不能分离。不发展民生经济者，最后无国防经济可言，不发展国防经济者，最后也无民生经济可言。二者之间只有先后之分，而无轻重之分。只有在短时期内，二者才可有轻重之分。例如德国年来讲究国防经济而忽视民生经济。英国在一九三六年开始整军以前，则讲究民生经济而忽视国防经济。但德国如长此忽视民生经济，则必有民不聊生国防工业随以崩溃的一日。英国倘使永不讲究国防经济，则纵无大战，其国内工业与国外商业仍将受德义日的压迫而解体。

　　就中国而言，即在短期的将来，国防经济与民生经济亦不能有先后轻重之分。何以故？因为中国太穷，如民生不改善，则国防工业决无由发达。九年前的苏联与七年前的德国固亦不富，但至少尚有榨取民力以充实国防的可能。但中国太弱，强邻又逼伺，条约又不平等，如国防不完备，抵抗乏力，则国内各种工业俱少发展可能。所以旁的国家可以对国防经济与民生经济分先后，而我则绝不能有所轩轾。中国经济建设的难处即在于此。

　　如要国防经济与民生经济并重且同时进行，我以为我们第一须有一适当人口政策以培植人力；第二须有一稳健现实不涉高调的农业政策；第三须以可移动的人口充国防工业的劳力；第四须将资本集中于国家；第五须确定国防政策。兹分别言之：

　　谈起人口政策，一般人每易联想到生育节制与不节制的争论。我以为这不是当前的重要问题，更不是急迫问题。我以为当前的急务是使人口有移动性，使能成为能移动的人口。中国的人口，除了乱离之世，向缺乏移动性。我们应先使中国的人口增加了移动性，然后工业易于发达。此事在平时至不易办，今则幸而有抗战，抗战强迫人口移动。此种人口移动，战后不应令之恢复原状，而应使之合理化。譬如沿海一带的技工，因战事来了内地。此等技工，战后不应让其回原地。但如昆明一地太多某种技工，而川省极缺，则战后应设法使多余的技工去四川。技工如此，普通劳力者也是如此。必定政府能奖励人口的移动，然后国家有资本振兴工业时，不致无工人可觅。

　　此外财富的最大可能的均分也应为人口政策的一部分。财富的均分本与传统的人口政策论无关。但人民如贫富悬殊太差，无论人民的健康如何好或是优生如何讲求，整个的人民决不能健全，整个的民力决不能大，而工业的发展也必受障碍。常人每谓中国人是贫富比较平均的民族。如以至富与至穷比，这或者是正确的。但如就从事工业的大资本家，经理或技术人员，与一般工人间的贫富而论，则中国的不均或且大于英德等国家。中国工业之不易办得好就因于此。所以要使中国的人口成为合宜的工业人口起见，国家须以最大的力量谋从事工业的各色人等的最大可能的均富。

关于农业政策，论者极不一致。有主张农业工业化者，有反对者。有主张以农立国者，也有反对者。我以为对农业问题，我们须分别可能与应当。我们的农业应当工业化，但在最近二三十年内，我们的农业决不能工业化。美国固然不能做我们的榜样，连苏联也不能为我们的榜样。纵使我们资力技术不比苏联落后，但因苏联与我们一则地广人稀，一则人口过密耕地过少，苏联农业尚勉可于短时期内工业化，而中国的农业则决不能于短时期内工业化。我们须先将以农为业的人民减少，农业才可工业化。如农民之数不减，则农业一旦工业化后，必将有大批农民失业。是则决非国家之福。

农业没有工业化以前，农民的收入自不易丰，而工作状况也不易太佳。我们最近若干年甚至若干十年内的责任就在如何使一切农耕须赖人力的农民的生活能稍稍改善。改善之道，除了改良政治废除苛杂外，端在增加农民的副业，推广农民贷款，与国营农业仓库三者。有此三者，农民的生活，虽不能如美国农民的富裕有闲，亦至少可以减除终年工作而不能谋一饱之忧。

我国自来耕地少于农民，故野必有遗农。此种多余的农民，正宜改造为工业的工人。工业愈发达，工人生活愈进步，则工业吸收农人的可能也愈大。农人愈往工厂方面走，则农业工业化的障碍也愈减除。我意中国在最近将来所需的工人决不至超过农庄上所剩余的农民。同时，因农业的工业化不会太速之故，我们如锐意发展工业，则剩余的农民，也当可完全吸收于新兴的工业之中。此种农人工人间的连系如能不脱节，则我国在农工业发展的过程中，便可免除了不少社会上的不安。

至于资本，我以为国家应尽量吸收为国有。所谓资本者系指金融资本及新式资本而言。若夫自耕农及小商贾赖以耕商的小资本，则国家暂时自不宜加以干涉过问。

无疑地，要完成国防设备，我们不能不先工业化，要工业化，我们不能不需巨资。国内有许多人以为我们日后可借外资。如外资有着，自当欢迎，但外资之不易借，在战后当为意中事。是以我们必须先将可以集中的资本交给国家。国家有了相当的资本力量后，方可以之提作借款的担保，以之收买土货作以货易货之用，更可以之购置外国的器械物资。

在这里，我已假定中国须采行国家资本主义。为短时期内完成国防建设起见，这是必然的，无可疑问的结果，所以不加以讨论。

在国家资本主义之下，最可怕的结果，是国家一味以国家为重，而忘了国家是为了人民才产生的大义，替国家服务的公务员亦狐假虎威似地，忽视人民一切的利益，但这个危险可用若干种方法来避免。第一，国家所经营的工商业应令公司化，法人化，独立在政府之外，而不由政府的某一部某一会或某一局某一处直接办理。这种公司，除了在事业开始，必须亏蚀国家的资本外，也应如私人公司之重视成本会计，重视业务管理。能如此，则国营企业压迫人民之事自可极度减少。第二，金融机关内应增加人民监督的成分。中国现有的国家银行，无论有否商股，其所谓监理会者，毫无人民监督的意味在内，国家银行遂成为少数人操纵牟利的场所。这种银行政策是不健全。如果战后私人银行一概取消，则此种银行政策更将引起人民的反感。第三，为建设国防及其他经济起见，我们自然应有一中央设计局。这设计局对于应兴的工业应有一详密的计划，国营的事业须一本于这计划。有此多种限制，国家藉企业以压迫人民之事可大致避免。

我们既须发展国防工业，于是重工业轻工业先后之争又随而发生。从表面言之，国防工业以重工业为主，铁工业与机械工业等自当重视。为事功计，我们殆亦必须侧重于重工业。但侧重重工业与兼重民生经济之旨无冲突。在有些国家，民生经济离不开轻工业。但在我国，我们苟能不忽视农业，苟能努力改善农民生活，则轻工业即暂缓发达，或亦不致如何害及民生。但这亦并不是说轻工业，如纺织工业，可以完全忽视。暂缓发达者仅谓可不与重工业作同程度的发达而已。

关于国防的政策，我以为战后我们应侧重空军及特种海军。我们有长的海岸，又有长的陆界。我们被侵的机会甚多。一旦被侵而后，再以陆军抵抗，则人民及国家的损失已重。故最理想的国防是不让外军侵入，最好的国防武力便是海空军。海军不易建设，我们急求设置者，不是正规的海军，而是大量鱼雷艇及潜水艇的设置。这两种船只可以防敌入寇，也可以扰乱敌人的海军。防御的空军也无须太大，只求能破坏敌人的领空权，且使敌人在其本国不能安枕已足。例如今日英国的空军就是这样的一个空军。他虽不敌德之空军，但他已能阻德入侵。

我们如确立上述的国防政策，则除了铁工业及机器工业两种国防基本工业外，其余与海空军有直接关系的工业或可集中于少数地方。故国防工业的进展，或并无如一般人预料的困难。

在简单切实的国防工业计划施展期中，民生经济初不必遭受牺牲。同时，政府如能兼顾多数农民的福利，则国防工业当可进行无阻。国防与民生并重是我国最近将来任何经济政策的最要成功条件。

（《今日评论》第四卷第二十期，二十九年十一月十八日）

六　教育政策——我们需要的教育政策

如果我们中国人今后数十年的重大工作为使国防巩固，国家独立强盛，使贫愚减少，人民充裕有力；更如我们将靠一个宽博有力，尊重人格的政党，组织一个民权与国权并重的政府，以完成这种工作，则我们的教育政策自须求与这工作及工具能配合。

首论教育的精神。

教育的精神不能与民族的精神分离。民族有民族固有的精神，也有民族可以吸取的精神。如果一个民族只有其固有的精神，而丝毫不能转变，则这个民族定将遭受淘汰。固有精神不易转变，司教育者不能不顺此精神；但司教育者的另一大责任便是如何能使民族吸取新的精神，以图适合新的环境，以谋社会前进。

中国人的旧道德即是中国民族固有的精神。古圣贤所垂的教训往往即是中国数千年来赖以维持久远的大道。孙中山先生在民族主义中所举的忠孝仁爱信义和平八德实是中国民族的美德，一点没有可以非议之处。大凡创业的雄主，中兴的功臣，以及盛世时人物，都具有这八德的多种或全体。不但过去是如此，即今后将使我中华民族重光，将使我中华民族在世界史上放一不同于西洋文化的异彩，而使世界秩序一新者，也必是这八德。今之青年，或一般自命为前进的人物，一见这八个字就觉得不顺眼，好像八德是反动似的，好像八德与新时代不相容似的。那是由于两种缘故。第一，因青年及所谓前进派者最易中"字"之魔术。若干字眼，如"左"，如"革命"，如"大时代"可使他们兴奋。另有若干字眼，如"道德"，如"守法"，如"理性"，可使他们厌烦，甚而鄙弃。忠孝仁爱等一串字眼是属于后一类的字眼。第二，因日常以忠孝仁爱等勖人者，己身未必能奉行忠孝仁爱等教训；日常悬挂忠孝仁爱信义和平八字匾对的衙署区所，其主持者又多与八德背道而驰。久而久之，忠孝仁爱等字乃成为虚假的标记。但魔术本是人人所应严防，不应惑而不悟。因标榜忠孝者之不忠不孝，而遂诋及忠孝的本身则更是不合逻辑。究竟忠孝仁爱信义和平八德是否应长为中国的民族精神，须视其中有否不合于现代环境的原素存在。如果并无不合现代环境的原素存在，则八德自应为中国人民所力行。

但在八德中或任何其他旧道德中，近代盛行于西方国家的民族观念几不存在。即以忠字而言，忠于国家之忠与民族直觉性初不相同。古代忠字的意义本是消极的。我们可将忠君之忠释为忠国之忠，但我们不易将消极的涵义变为积极的涵义。民族的观念不是中国民族固有的道德。三年多的抗战固然使中国人多得了一番强烈的刺激，我们不能否认民族的观念在中国至今还嫌不够普遍与坚强。而且有一部分人民的民族观念每作畸形的发展——或者也可以说是畸形的不发展。他们往往可以对于某几个异族存着应存的戒心，而对于另外几个异族则一点没有戒心，一点没有彼我之界。这种畸形的发展或是畸形的不发展也将成为民族观念充分形成的一大障碍。我们如知注意民族观念与国防建设间的关系（即民族观念一天不成熟即国防建设一天不能完成），我们便应急令民族观念成为中国民族道德的一部分。

我以为必定人民能将八德与民族观念并重，然后人民能知国防建设的重要，而于国防建设完成之后，又不致置中国民族于全人类之上，而有倒行逆施之行为，犹如德国民族今日之所为。兼有两者之后，我们民族必可有自信力，必可生活体团化，生产工业化，而国防建设也可早日完成。但我们民族必将保持其雍容宽大的大民族的态度，庶可不致如暴发的暴日，其兴也勃，其衰也勃。

以上所言的好像是老生常谈。但今之谋国者或操教育之权者，实在甚少能兼顾及二者而对二者又兼具信心之人。他们或是急于将中国变成一个全盘西方的民族国家；或是日日提倡复古，大谈中国本位；或是今日倡西化，明日又主中国本位；或是对两者俱乏信心。结果则三四十年来所受新教育的份子，其对于中国的贡献，始终未能有深固不磨的力量。我敢说：如果中国近年没有孙中山先生关于民族主义的垂教，而单靠三四十年来一班政治及教育领袖时时变更的所谓教育理想与民族道德，则中国今日必将完全如大海中飘摇的孤舟，一点不知何所适从。

我们今后的教育务须以民族应具的道德为依归。教育的精神即在使人民发展固有的美德八德与立应充分吸取的民族观念。

但教育精神的贯澈决不能以设置精神教育或修身或伦理等科目了事。道德的观念一方应由任教育者以身作则，一方应从国文史地等科目中间接灌输。大凡道德的观念俱不宜亦不能直接灌输。近年来凡是蒋先生对学生有所讲演每称精神训话。这种精神训话亦每有奇效。但蒋先生训话之所以能发生感化作用，乃因蒋先生可以彼个人的功业与修养作听众的准则，而不是因为彼之训话称做"精神"之故。我们试请一个贪污的要人讲廉洁，一个懦怯的要人讲勇敢，或是一个残忍的要人讲仁爱，即使这讲演也称为精神训话，决不能〈得〉到一点点的好的结果。过去国人对于精神及道德的教化总是偏于形式，所以每每有教而无化。我们今后须改变作风，而注意潜移及默化。

教育的精神已经确定后，具体的学校教育我意拟分国民教育，升学教育，大学教育及技术教育四者。国民教育是所有国民应受的教育。大学教育为传授并探讨高深的学术与学理。技术教育是为培植各种应用的与审美的技艺。升学教育是为训练青年升入大学或技术学校。

国民教育应求普及，故应为强迫教育，入学者不纳费。教育的目的在使人人得为中国人，得知为中国人之荣，且能相处为中国人，故民族的精神在此时期宜求尽量灌输。国民教育的年限应视国家及人民财力而增长。此时宜先求普及，不宜求长，如学校不敷，则可利用所谓社会教育。

上所述者与过去所谓初等教育或国民教育若无分别。但实行国民教育的效力全看教育的精神。如无长期一贯的精神，国民教育好则为识字运动，坏则为有组织的糜费。过去的国民教育实际上常因太缺乏精神方面的注意，而空空如也，今后不可不有痛改。

大学教育根本就是质的教育而不是量的教育。即在英美富庶之国，大学也不能太多。美国之所谓大学，大多数仅是超等国民学校，而决不配称大学。大学应以少为贵。大学决不能发生重文重实的问题。而且大学既为传授高深学术，探讨高深学理的机关，则教学自由应无限制，大学如果是真大学，则无限制自由的结果也总脱不了教与学。只有大学不是大学而是宣传或营利机关时，自由才足以产生反动的宣传。中国现在不三不四的大学太多。假足以害真。如果假大学不取消，真大学难有望，高深的学术及学理也决难在中国发展。

技术教育这与大学教育相反，一重实用，一重学理。实用的学校自然应视需要而异。这时候与这地方的注重点可与另一时候与另一地方的注重点不同。我们可以重理工，我们也可以重法商或师资。这全要看当时当地的需要而定。

技术学校应分初高级。有些技艺只能有初级，有些只能有高级，有些可兼有初高级。大概今日存在的大学多半应改组为高级技术学校。改组而后，尚须认真其教学，并充实其师资与设备。我国现在技术或职业学校，数量种类俱嫌不敷。如此点不知注意，则国防的建设与民生主义的实现将俱难观成。

升学教育自然应针对大学及技术学校，大学的预备学校应重考核，入学者且须具相当的天材。技术学校的预备学校应分二级，初级专为初级技术学校而设，高级为高级技术学校而设，年限俱不宜长。如我们的国民学校暂定三年，则初级技术预备学校一年或二年已足，高级技术预备学校则初级之上列加二三年亦足。盖技术预备学校之设，除训练国民学校毕业生使之作升学的准备外，更在予未来的技术学生以适应及自择的机会。分成二级，则学生的升学较可有伸缩的余地。至大学的预备学校，则数不宜多，而年限不能不长。中途退学者则可退入技术预备学校。

上述学制的目的与现今学制的目的迥异。今日的学制无一定的目的，泛言三民主义而不落边际，泛言国民道德与科学研究而两俱无成。我所提倡的学制，则其目的在使中国人永不失为中国人，在使中国有建设国防的人材，在使人民日趋于平等，而高深的学术与学理亦得与日俱进。

（《今日评论》第四卷第二十一期，二十九年十一月二十五日）

七　世界政策——我们需要的世界政策

独〔对〕于国际秩序之应如何组织，我们中国人向取旁观态度。除非这秩序对我们国家有显明的直接的影响时，我们向少发言。这固然由于我们向来国势太弱，不容我们发言。但一部分也因国内真正有世界眼光，将世界的事看做和本国的事一样重要者不多。国内多数人只注意如何努力使国家对立，而很少人能注意如何建立或改善世界秩序，以助成并保障我国的独立。

上次大战没有终结以前，英美法德等国内俱早有人在做和平会议的准备工作。政府有人做这种工作，民间也有人做这种工作。工作的范围不以各国所期望的领土利权为限，国际和平组织也成讨论研究的主题之一。英美法一方如此，德国一方也是如此。不同者英美法偏向于各国共存的和平组织，而德国则偏向于独荣的和平组织。以后协约各国胜利，德国所准备者自然均成废结。但薛西尔，史墨特，威尔逊，及布尔乔亚等的威名，则均因他们有多年提倡国际联盟之功。

在上次大战中，义日也在胜利的一方。但义日毕竟缺少大国风度。和会以前，义日政府及民间所研究讨论者，只是如何扩大领土一类专门利己的事情，而对于世界秩序则几无人理会。对于国联的成立，义日两国所以很少贡献者，即因此故。

至于中国，则更是落后。不但关于世界共同组织，在民八以前无人讨论，即对领土要求，事前（即和会以前）无论政府与民间也很少准备。巴黎和会时，虽有自号代表国民的若干团体，如中华革命党方面的，如梁启超张嘉森等所活动的，勉强应付，但他们当然并未发生若何力量，收获多大效果。

现在世界又在作第二次的大战。战争的双方，如英，如德，以及未参战的美国，就我所知，大而言之，对未来的世界秩序，小而言之，对各该国的和平条件，官方及私人均在作充分的准备与周详的讨论。英政府虽多次拒绝发表所谓"和平的标的"，但这不是说他们对于日后在和会提出的条件及世界组织，漫不关心。就我所知，伦敦经济学院国际关系教授韦贝斯特及剑桥大学国际公法教授洛特巴赫特等，自战时起后，即奉外部或宣传部之命，着手研究和平条件及改组国际秩序的方案，另一知名学者汤恩皮教授，则藉英国王家国际关系学会研究主任的地位，也在对这些问题作大规模有组织的考量。德国方面，则国社党的外交组也在追求澈底改组世界的方案。美国虽然没有参战，但国务院方面有专人在研究和平问题，民间更有许多研究和平计划的团体。民间团体中要推加纳其国际和平基金会最为活动：萧德威尔教授所领导的一个委员会正在大规模的征求各意见，并推毂各种和平原则。

我们则不然。人家是有备无患，先发制人，我们取黄老之道，尾巴主义。我们在这次大战胜利之后，对中日间以及与其他邻国间领土的争执将如何安排，经济的关系将如何调整，我们的政府似乎从未考虑过，民间也没有考虑这些问题的团体存在。至于未来的世界秩序与国际组织应成怎样，则自然更无人过问。这诚不是大国应有的现象。

我信中日战争，中国必胜，世界大战，中英美必胜。在必胜的大前提之下，我建议一个如下的世界新秩序：

先言共同的组织，次述严格关于我国权益的调整。

此次大战之后，我们应以下述五点为组织世界新秩序的原则：第一，民族自决。民族无论大小，其文化水准已至相当高度，应有自决之权。第二，区域各成组织，以维持区内的和平，保障区内的安全，开发区内的资源。区组织由大民族领导，小民族共同参加。第三，区内落后民族，归区组织代管，俟其文化至相当水准后，与其他小民族同一待遇。第四，全世界组织内仍由各区的领导民族居领导地位，暂以维持新均势避免兵争为目的。第五，世界新秩序取实验主义，在开始时陈义不求过高，但最终则以世界大同，民族无分大小为目的。今请将这些原则分论于后：

第一，民族自决的主义本不是人类进步的最高理想，但在现阶段中则为必需。自法国大革命以来，西洋的政治潮流趋向于民族自决。威尔逊总统及孙中山先生之主张民族自决，即所以适应这个潮流，藉使民族间的斗争得以减少，而共同生活得以肇始。不经过这自决的阶段，则各民族的界限无法泯除，而大同之治无从发轫。希特勒大鱼吃小鱼的办法是一种凶野的异端，而不是人类进化过程中的一个阶段。人类进化的现阶段中只有民族自决是适宜的原则，我们不可因为其曾为巴黎和会的老调而忘其重要。

但如所有民族，不论文化如何，而概让自决，则实际上不能自决的民族结果必受人操纵。非洲未开化民族固然不应有自决之权，即政治组织力过于薄弱，如越南若干种民族等，也不应有自决之权。此其故，乃在使民族自决的原则能有真正的实施，而不被人所假借。至于何者文化水准已够自立，何者未够，则应予以确切的规定。

第二，区域主义乃所以救上次国联之穷。上次的国联号称为全世界的组织，而实则由欧洲数强操纵。结果，国联无意顾问欧洲以外之事，而对欧洲之事却又受亚美各国的牵制（如南美各国对于制裁问题）。如世界新秩序的基层组织是区域组织，则各区可各问其事，各保其和平及安全，又可以较有效的方法厘定区内经济生活。以生活程度为例，因欧美与亚洲生活大相悬殊之故，昔日国联劳工局关于生活程度的决议常有不能行之病，今后各区如自行规定，便可减少窒碍。

关于分区，我以为全世界可分成亚洲、欧洲、苏联、美洲四大区，南洋属于亚洲，非洲属于欧洲，澳属亚属美待商，中小亚细亚属亚属苏亦待商。这四个区，从人口，面积，资源言，俱可独立；而区内的文化也多少有相同之点，非洲须并于欧洲，即因前者不能独立生存。南美不能独立生存，所以也只得并与北美成一单位。苏联可另成一单位，乃因我们愿尊重苏联的政治经济制度，且以苏联土地之广，资源之富，也确可独立。

各区的组织应明白承认大民族的领导地位。计划旧日的国联者颇恋恋于平等的原则，故行政院中虽以大国为主，而小国也有参加，至在国联大会中则各国完全平等。在今后的区域组织中，我们应放弃这种不澈底的调和。我们一方应令一切民族，由其依人口财富所举出的人民代表，共同决定区域组织的大计，又一方则应令大民族负执行的大任，大民族的地位彷彿是英国国会中的阁员，而一切民族则俱是国会议员。不如此，则区域组织又必将因缺乏实力而灭亡。

如世界共有亚欧苏美四区，则领导的大民族在亚为中印，在欧为英德，在苏为俄，在美为合众国（即美国）。领导的民族须以具有人口，面积，资源，及历史为条件。亚洲民族中，中印外，只日本或值考虑。但日本面积不大，资源不丰，人口不及中印远甚，而其文化又乏创造性质，故日本不应居于领导的大民族的地位。欧洲各国中，法义向日也在强国之例。但义太贫，而法则将有长期的衰败，故法义无领导资格，德国民族大于英，地亦甚富，且败后必有一番忏悔。可与为善，故应与英同居于领导地位。苏联中俄人地位及美洲中美国地位不说自明，可以不论。

第三，各区内均有若干落后民族，如亚洲区中若干越南民族及南洋民族，欧洲区域中非洲民族及阿尔巴尼亚人，苏联区中土耳其斯坦民族，美洲区中几内亚民族等。这些民族文化水准太低，尚不宜令之参加区域组织，故应由区域组织代管。待其文化进步后，再予以一班民族的待遇。

第四，区域组织之上设世界组织，多少采联邦方式，但仍以各区的领导民族为领导者。在最近的将来，这世界组织的主要目的在维持和平，在防止大战，而不在大同。大同是后期的事。我们要讲现实。我们要使有大力的国家打不起仗。要如此，第一我们要使同一区域内的大国打不起仗来，第二我们要使区域之间不能互战。就各区域内部言，苏美二区内不能发生大战，因二区之中俄美二民族势力可以超人。亚洲中，中印决不至互战，日本则无力与中印战。四区之中，最足以发生内战者，是欧洲的英德。至于区之间，则亚欧之间，亚美之间，及欧美之间俱不至发生战事。最足以发生战事者，为亚与苏及苏与欧。换一句话，今后的世界如照以上的安排，则战争的可能地点不脱乎英德，欧苏，与亚苏之间，但如在世界组织中，中印美俄英德六大民族中，有四个能以全力拥护和平，则战事仍难爆发。再换一句话，我们最所期望于世界组织者，即是各大国以实力来互保新均势，使大战无由发生。

第五，我们对于世界新秩序的最后期望当然仍是大同理想的实现。如果世界无战争，如果大小民族均能参加所在区域的改进大计，如果落后民族能因代管而长进，我以为久而久之，民族主义必可由疏淡而消灭。民族的界限必可泯除，大同也必可实现。

以上所述，是对战争整个的世界而言。至就中日战后的和平办法而言，上述的大原则应作如后的运用：

首就领土及疆域的变更而言。中国七七以前的疆土，应全数恢复，自不待言。即台高等也应另作处置。高丽宜独立。台湾琉球应复归中国。香港亦然。菲律宾与缅甸应独立。越南的东京安南及交趾应独立成一国。柬埔寨及老挝应一部由亚洲区代管，一部并入泰国。荷印及马来亚由亚洲区代管。中苏交界间若干通古斯族，如今属于苏联的布利亚自主国等，应为亚洲区代管地。

次则日本的军备应受严格的限制。这军备不应扩大至可以妨害中印两国行使领导权的程度。盖日本不配领导，既不配领导，自不能让之妨害他人的领导。

三则日本数十年掠自中国的古物国宝应令扫数归还。

末则关于赔偿问题，我们也应作平允的要求。中日之战，过去是在中国地面上作战，即至最后，也仍将在中国地面上作战，所以中国人所受的损失远比日人为多。日人应负相当赔偿之责。但我人不可苛求。我人所求者，以能使中日二国人民的平均财富能相等为止。这样做法与旧式的赔款或与今日德人所取于法人者迥不相同，足以示中国人的宽大。

但无论是整个的世界秩序也好，或是中日间和会的折冲也好，二者俱有待于详细的计划及讨论。世界战争与中日战争，尽可有若干年的继续，但和平的预备工作，却又不可不及早准备。是则政府与民间俱不可可以上次巴黎和会时之毫无准备为戒。

（《今日评论》第四卷第二十二期，二十九年十二月一日）

战后世界之改造[*]
（1943 年）

序

获取胜利不易，获取和平更难。如果此次战胜轴心既远较上次战胜德奥为难，则今后媾和工作与树立永久和平工作的艰巨，不难想见。工作愈艰巨，绸缪愈不能疏忽。此所以有本书之作。

和平所包括的问题至为繁复。凡可能提付和会讨论的问题，世人亟宜早日加以研究，并准备方策对策，以资应用。而尤重要者，则问题的性质及内容必须先有认识。著者深望本书对此能有些须贡献。至于问题究应如何解决，则尚待于世人详熟的讨论，著者的意见只不过是一种看法而已，纵然这看法容是前进的而又未离现实的一个。

本书可供本国人读，也可供异国人读。著者尚拟另写一书，讨论我国应付各问题应有的态度及准备。

因为全面和平的范围极广，所牵涉的问题属于政治、经济、历史、地理者无一不有，而著者的知识又至有限，论据或事实，纵得友辈的协助矫正，恐仍不免有错误或不准确之处。读者如有所见，敬乞惠予指示。

钱端升，民国三十一年九月三十日

第一章　绪论

战争不是近世所特有，有史就有战争。但战争的凶危，古代不及近

---

[*]《战后世界之改造》，商务印书馆 1943 年 11 月重庆初版，1944 年 2 月重庆再版，1947 年 7 月上海初版。本书以 1943 年重庆初版为底本，参照 1947 年上海版，节选部分章节录入。——编者注

世。古代无国际公法，人道观念亦不坚厚，残暴的行为，如屠城，如坑降卒，如戮俘虏，如掠取战败者为奴等等，动辄令人发指。在封建制度流行，君臣争夺无已时，兵祸的起伏也极为频繁。但古代的战争往往只是武士战士们的厮杀，与平民关系不深切，亦不广遍。即或殃及平民，殃及者每限于战区以内。即或增加平民的负担，所增者亦不过于苛重。三十年的战争是欧洲历史上了不得的一个恶战，但遭殃者几限于德意志境内的人民，东晋亡后的百年是中国历史上兵乱最殷的百年，然而这混战所给予中国最大的变动是种族的杂处，而不是普遍的伤亡或毁灭。

到了近世，战争的性质大变。战区往往可遍及于一个大陆，甚或几个大陆，几个大洋；伤亡的数目，往往可占壮丁总数的什一；消耗的物资往往可尽全民多年的生产。近世几个大战，如西班牙王位继承战（一七○一——一七一三），如拿破仑之战（一七九五——一八一五），如一九一四之战（一九一四——一九一八），如现有之战，无论那一方面去看——从战区的广袤，或是从伤亡的众多，或是从消耗的巨大方面去看——俱为前代所未尝有。

尤可注意的，愈到近世，战争发作愈频。以四次大战而说，西班牙王位继承战与拿破仑之战间相隔八十二年，拿破仑之战与一九一四之战间相隔九十九年，但一九一四之战与现有的欧战间则只隔短短二十一年。我们如将四大战之外，其他较大的战争一并计入，则愈到近世战争愈频的结论更是显然。西班牙继承战与拿破仑之战之间，较大的战争只有英法七年之战（一七五六——一七六三），拿破仑之战与一九一四之战之间，则英法与俄克里来之战（一八五四——一八五五），普奥之战（一八六六），普法之战（一八七○——一八七一），及日俄之战（一九○四——一九○五），俱是大规模的战争。一九一八年至一九三九年间，则起初有资本主义国家与苏联间的武装冲突，继而有日德意起伏不已的侵略战，太平的年头更是希有。

何以近世多战争，而战争的凶危又远超古代呢？原因当然甚多。但基本的不外乎二：第一是民族国家的对峙；第二是工业文化的肆虐。民族主义本是正大的，但近世有些国家所讲的民族主义往往狭隘极端，有我无人，蔑视平等原则。许多民族国家林立，而无调和合作之道，则战争便不免要增多。工业文化本是进步的，但有了工业，而没有善用工业之道，则操之于好战的几个民族手中，适足以助纣为虐，增加战争的凶恶。

就近世的史实而言，民族主义与工业文化几乎是不能分离的。民族欲求独立生存，非先求自强，先求充实国防不可。但在近代，农业国家几乎不能谈国防。欲有国防，非从工业化着手不可。苏联一而再，再而三的五年计划是最好的一个例子。同时，一个工业化的社会常常是不易自满的。有了资源，还要资源。有了市场，还要市场。于是先天较厚的民族则力求保持其向有的资源及市场，先天不足的民族则用种种利己损人的方法以争取新的资源及新的市场。结果，各民族非但没有从合作中以求资源及市场的互助互惠，而从资源及市场的争取中转造成了一种互不相容的情绪。十九世纪中叶以前的民族主义，其表现本限于同一血统语言及传习的人群谋结合为一个政治单位，一个国家。但工业文化使具有野心的民族国家更好为经济上侵略异族的行动。一八八〇年后欧洲各强之争殖民地，与近年来若干疯狂国家之采统制经济，都脱不了这经济侵略的意义。

近世一切的战争，如详究其起因，不是极端的疯狂的民族主义所造成，便是未能以人民福利为重的工业文化在作祟，不是两者之一，便是两者兼有。西班牙继承战的主要原因是法兰西之谋膨胀并攫取西班牙海外的势力。英法七年之战的主要原因是英法争殖民地。拿破仑之战的主要原因先是民族主义与反民族主义间的冲突，继而是民族与民族间的斗争。克里米之战的主要原因是俄人的大斯拉夫主义。普奥与普法之战的主要原因是普鲁士求领导德意志民族的野心。日俄之战的主要原因是两民族之争东北亚的霸权。一九一四之战的主要原因是德俄两民族之争东南欧的领导权，与德英两民族之争海权。这些原因，稍一推究，则又无不与民族主义或工业文化有关。固然，任何一个战争定含有许多复杂的起因，其中当有与民族主义或工业文化无涉者。但重要的，不是某一个战争是否含有杂因，而是如果没有民族间冲突作导源，并没有工业文化为之推波助澜，战争是否会发生，是否会像近世战争那样的凶猛。关于这一个疑问，我们的答复应是否定的。

试以今日正展开的大战来说明。这战争无疑是人类亘古所未有的大战。因为是大战，所以原因当然也比一切的战争要繁复。任何一个小小变化可以变更这战争的起迄日期及进行方式。要是德国没有希特勒，欧战或不发生于一九三九，德方初期的优势，也不见得会怎样惊人。这可以说明人——何人当某大国之政——也成了战争的原因之一。但是希特勒之所以能迷惑德国人民，能使德国成为一个庞大军营，仍是因为他能鼓动德人的民族情绪，并利用德人的工业技能。又国社党自秉政后，处处与共产主义作对，且与苏联的共产党结不解仇。故主义的不同当然也是德苏相互敌视的原因之一。但这原因只是附带的原因。如果两民族间无利害上的冲突，则纵使一为国社，一尊共产，也未尝不可合作。

细考大战的起因，我们决逃不了上面所为的结论。德国何以急欲打击英苏？因为德民族的所谓"使命"有待完成，而英苏的富源也有待攫取。日本何以急欲霸占亚陆？因为浸润于狭隘的民族主义的夜郎无法免于自大，而自大的夜郎也不能不先占大陆以图强盛。意大利何以又须追踪德国之后？因为意大利人的民族情绪虽无德日的猖狂，但他们也经不起莫索利尼重建罗马大帝国的诱惑。要是没有这种大帝国的野心作祟及争取资源的必要在鞭策他们，即使枭雄如莫索利尼者，也不见能蛊惑意大利的人民，使步步进入于战争的恶境。

今人都被全面战争的恐怖所笼罩着。全面战争本是一九一四之战的产物，德人创之于前，而英法继之于后，到了今日，则"全面"的程度亦愈趋周密而远到。但战争之所以得为全面，亦胥赖有民族主义及工业文化两种因素存在。没有民族主义，没有民族为贵，个人为轻的看法，则决难有所谓总动员，令全民不分男女老幼，负起战争的责任。没有工业文化以及工业文化所产生的种种制度，则纵使个个人民乐于作战，亦无从为实际效力。只有在工业文化的社会中，人人可有所效力；不在前线直接作战者，也可以在后方从事生产，或救护，或管理，以间接作战。我们试以英法七年之战及今日的大战为例，而试加以比较。在十八世纪中叶，动员全民不特是不可能，而且也是无须的。但当时，如已有民族至上的概念存在，而工业发达已如今日的程度，则英法两国自然会令全体人民从事于作战有关的工作，一切对内对外的商业也定受国家的统制，而七年之战也就要变成像今日同样凶猛的全面战争了。

我在上面已经说过，民族主义及工业文化本身对人类的进步与幸福俱有贡献。但如漫无调节善处之道，则两者俱可使可恶的战争更加可恶。走向极端的民族主义与极度发达的工业文化，又极度缺乏调节善处之道，势必造成极度全面的战争。一九一四之战是一个全民战争。四年恶斗的结果，直接死亡者男丁八九百万，战费则达二千万万美元以上。这些本是骇人听闻的数字，反映到人类的文明。人类如果有真正的文明，似乎不应令如许生命财产毁灭于相互的残杀之中。一九一四之战以后，民族主义及工业文化更有畸形不健全的进展。希特勒的国社主义就是两种极端主义的恶性结合。他的国族主义是只有德意志民族繁荣而不容别的民族生存的一部理论；他的社会主义是德意志国家利用近百年来人们在工业上所有的进步以图压倒别的国家的一套工具。他这两套法宝混合起来，一面酿成了此次大战，又一面使此次大战成为空前的——我们希望也是绝后的——全面大战。日本的军阀浪人及意大利法西斯党所凭借者也是这种法宝。

现在空前的全面战争方在进行之中。到战争结束，多少人要死亡，多少物资要消耗，自无从预测。迄目下（一九四二年九月底）为止，人口死亡总数殆已超过一千五百万，战费单就美国而论，每日已超过一万七八千万美元，而间接的死亡及消耗尚不在内。以此与一九一四之战相比，此次战争，死亡之众，消耗之巨，不难想见。假设此次大战尚不是人类最末一次的战争，假设此次战争仅为第二次世界大战，继此而后尚有第三次第四次世界大战，则将来的大战，因为全面的程度更将增高的缘故，毁灭的普遍自然将尤甚于此次的战争。

而且人口的死亡及物资的消耗尚是有形的损失。全面战争所引起的精神上的损失，更是难以数计。经一九一四之战后，理智主义的衰落，社会组织的破坏，以及学术研究（除了与武器有关者外）的退步，均甚显著。经过此次大战后，精神上文化上的倒退势必超过上次大战。日人在亚陆及德人在欧陆的行为洵可称为穷凶极恶。然而这种凶恶仅仅一部分是由于日德人民本性的残暴，而另一部分，则平心言之，乃由于战争的性质。战争既为全面的，大规模的毁灭自为极难避免的行为。所以黄河的溃决，伦敦的破坏，以及日后联合国对于柏林东京可能的轰炸，俱可归根于战争的全面性。就是焦土政策也是全面战争所造成所要求，而不是任何人能有所爱于这个政策。凡这种大规模破坏毁灭所引起的精神文化上的倒退，如教育及大学的摧残，如教堂图书馆及其他古建筑物的损坏，如人性的趋于残暴，如红十字会之被袭击，如第五纵队的发达，如忠信两德的堕落，如人口增加率的减低，如儿童营养的不足。凡此种种盖俱可视为全面战争必有的结果。

今日的大战我们尚不知道何日可以终结。幸而结束得早，战争所引起的物质及精神上的破坏已是空前。不幸而结束得迟，元气的恢复尽可历一百年二百年而无成。如果此次大战而后，仍有第三次第四次大战继起，则不特物质方面的毁灭将益普遍，人类的文明也必有降至一点灵犀都没有的一日，即人类也可有整个消灭的一日。

全面战争既是如此可怕，而无限制的互不相协的民族主义及不以人类幸福为最高目的的工业文化，又必然地会产生全面战争，则此次大战结束而后，人类最神圣的责任自然无过于改变无限制的民族主义，使各民族能和平相处，并注射一种人道的精神于工业文化，使之能为人类造福，而不复为战争推波助澜。如此才能铲除近世战争的基本原因。必如此才能永免全面大战的继起。换一句话，消灭希特勒主义，消灭侵略主义，俱不能成为此次战争的目标，纠正酿成这些主义并引起全面战争的极端的民族主义及缺乏人道精神的工业文化才应是我们联合国方面的作战目标。这目标也就是我们战后改造世界的目标。

十九世纪英美人的和平运动大都以反战为出发点，以宗教为根据，对于战争的原因甚少追究，对于上述目标亦无人能道及。但在一九一四之战时，上述目标不是没有人想到过。像美国威尔逊总统，像南非斯未资将军，像英国薛西尔勋爵，也曾努力求过这目标的实现。威尔逊所提倡的民族自决，其目的就是要使世界上大小民族各得满足，而不再发生强凌弱弱抗强的争执。国际劳工组织的设立，其目的就是要使各国的生产事业能顾到生产者及消费者的利益，并能减少国际间不正当的竞争。要是设立劳工组织的理想得以完全贯澈，则所谓国防经济以及奴役人民以备战的生产事业亦在不容之列。整个的国联盟约及整个的国联组织，其目的亦无非在调和各民族间的利益，增加和平的保障，而使战争难于发生。

一九一九的和平，不二十年而完全失败。失败的主要原因有二。第一是这和平的建筑者没有充分的胆量去指出战争的原因，而谋有以消灭之。像威尔逊总统者本不愧为先知先觉者，他们未尝不知极端的无限制的民族主义及灵性尚亏的工业文化之为害。从一九一九年前后数年威尔逊所作的演辞文告中，我们可以窥见他的认识的正确。[1]无如他们过分迁就当时的现实，不敢对这种民族主义及这种工业文化有爽直的指摘。威尔逊的民族自决政策如果真能实现，固然可以减少民族间的冲突。但极端的无限制的民族主义一天存在着为人类政治结合的最高原则，则民族火并的危险也是一天的存在着。物质的缺乏灵魂的工业文化一天存在着为民族国家致富致强的工具，全面备战的危险也是一天的存在着。所以必须直截爽快地防止民族主义的极端化，并改变工业文化的本质为和战目标，然后真正的和平才有实现的可能。

到现在为止，联合国方面的和战目标尚未能脱去《大西洋宪章》的窠臼。罗斯福总统一九四一年一月二十日就任演说所标榜的四大自由，华莱士副总统一九四二年五月八日纽约演说关于平民之战的理解，威尔士副国务卿六月十七日波尔的麻的演说，以及赫尔国务卿七月二十三日广播演说所提示的和战目标——四个比较最值重视的声明——亦未能超越《宪章》。然《大西洋宪章》中的八点与威尔逊总统的十四点，在原则上并无多大出入。除了若干专指某二国或某数国权益的及若干不甚与和平有关之点不计外，两者均含有下列四个要点：第一，民族自决；第二，国际自由贸易；第三，缩减军备；第四，建立普遍的国际组织或普遍的安全制度。和平计划而仅限于这四点，实不足以消弭战争。他们纵使能有相当的实现，亦未必遽能避免希特勒主义的滋长。盖战争的根本原因未消除，则已经自决的民族可以被蹂躏，国际间的贸易可以于无形中恶化而变为以货易货的一类办法，军备可以暗中扩充，而国际组织则可以流为一个无理想无勇气的半死人。

有一处，关于国际经济生活方面，《大西洋宪章》要比威尔逊的十四点为进步。《宪章》第四点声言将使各民族对于资源的取得获有同样的便利，第五点声言愿使各民族在经济上通力合作以增加人类的幸福，第六点则希望人类能无缺乏之虞。这些理想，其社会的意义诚超过威尔逊十四点中关于国际自由及平等贸易的第三点，而和我们给工业文化以新的精神之意相合。但是，民族主义的发展一日不以世界主义的促成为其最后目标，则民族的自私仍可牺牲全人类经济上的福利。同时在这些理想之外，没有一种要求，要求生产应以满足全社会人类的需要为目的，则这些理想亦无法防止国家社会主义或国家资本主义的继续。换一句话，这些理想，如单独的存在着，是不澈底的，不济事的。必定一方面要使过去狭隘的民族主义减去了冲突性，另一方面要澈底地直截地坚持现代的工业文化只能为全人类服务而不为某一个单位服务（遇到两者有冲突时），这些理想才有真实的意义。

赫尔国务卿演词中关于战后的国际经济政策论列比《大宪章》更详。但他似乎过分看重自由贸易的价值。他虽然一再声言合作的重要，但从合作以求各个民族的福利的增进，与为增进所有的民族的福利而规定合作的方法及组织，不完全相同。后者可使富的贫的民族同有长进的机会，而前者往往不能阻止若干经济上有力的民族的自私自利，故亦不是一个有真实意义的理想。

我们不否认要人类停止了四百多年来屡起不断的民族斗争，而改采超国的世界主义或是大同主义，要人类利用工业文化为造福全人类的工具，而不为一部分人群自私自利之用，不是一件易事。威尔逊等之所以不敢大唱高调者，也因受了现实的宰制。但我们敢说，我们如不要和平则已，如要和平，则我们决不能再迁就现实。我们须大胆地主张铲除战争的原因。我们不能畏难，如果我们稍有顾忌，稍有畏难，我们于此次战后所能获得的国际秩序，纵然能稍优于一九一九和约所树立的秩序，也不足以消灭战争，以树立永久和平。我们必须扫除一切困难，毅然决然地求一蹴而达到真正的和平。部分的和平，不是和平。如得不到全面的和平，全面的战争——也许就是毁灭人类的战争——仍必无可免。这一要点我们务必认识清楚的。

就难易而言，我们也有话说。我们如信仰某一个理想而以全力赴之，则难事不难。我们如对某一件事或某一个理想缺乏一定的信仰，则易事不易。试举若干事为例。远之，在耶稣纪元最先的三个世纪，在罗马社会中欲求耶教的广播，诚是一件大难事。然而耶教初期的教士卒成此伟业者，则宗教的热诚有以致之。近之，我们有自卫的自信力。反过来，以我们现有的事实判断起来，一九三一年日本的暴行，一九三五年意大利的暴行，国联当时如能诚笃地即予制裁，成功本非难事。然而英法等国竟认之为难事者，乃缘对集体安全的信仰不坚定，因而一切集体安全的行动遂被视为难能而已。

树立世界和平，在任何情形之下，不是一件易事。即使世界主义程序不高的一种秩序也必有人反对。一九一九年的经验最值得我们的玩味。威尔逊的理想原比凡尔赛的理想要高卓。为了迁就现实，迁就当时各国政治领导人物的脾胃起见，始降而为和约，和约中的理想仍比美国上院若干政客所能接受者为高卓，故经若干讨论后，和解者乃提出关于《盟约》第十条的保留案。保留案本所以迁就美国的现实政治。然而没有好久，这班政客连保留的盟约也不要了。形势逐渐地恶化下去，到了一九三四年希特勒正开始秣马厉兵，日本已在亚陆横行之时，美国反进入孤立主义的高潮中。美国陷入这种逆境，历久不能自拔；直待敌兵压境，檀岛被炸，方始觉悟起来。由此可见世界永久的和平理想与狭窄的民族政治是无法相容的。在民族国家没有完全蜕化以前，总有许多人会反对和平制度。因为任何的和平制度，纵使调子不高，仍会妨害国家的绝对主权。故和平计划如稍一迁就现实政治，定必障害横生，少有实现可能。

我们如认真要树立世界永久和平，我们须有一种新的意念，新的信仰，并须有一种宗教的热诚。如果有这种信仰及热诚，全面和平的树立不是难事。如果没有，则即使是不理想的和平计划，仍将蹈一九一八年以后的覆辙，而无所成功。

重复说一遍：我们认为相倾的民族主义与不顾到全人类利益的工业文化是近世战争的主要原因；我们认为使民族国家间除去对峙互倾之性，并使工业文化为全人类服务，为消灭战争建立和平的必要条件；我们认为澈底地消灭战争的基本原因，只要持之以恒，尚有可能，而迁就现实，到处妥协，则部分的和平也不易建立。因为如此，我们的和平目标自应较《大西洋宪章》所宣告者为具体，为远到。

我因此建议以下述六点为联合国争取胜利的最后目标：

第一，人群自决。各个人群得以自决其所属的国家，亦得自决其国内政治及经济的制度。

人群自决对于民族自决是一种进步。同一民族的若干人群如愿同隶于一个国家之下，他们固可以援用这个原则；不同民族的若干人群，如愿共组一个国家，他们同样可以援用这个原则。民族的限制甚大，而人群的结合则无限制。如只民族有自决，则民族混杂的人群将无自决之权，而不宜成为国家的民族或转有要求自决之权。以南非为例。南非联邦本不是单一民族所组成。如单凭民族自决的理论，南非人民将只有分裂，而无共同作政治要求的权利。即此可见人群自决之义，其适应性盖远在民族自决之上。

在实际上，在世界主义没有确立以前，大多数的国家仍将为民族国家，而大多数的民族亦将继续要求成为民族国家。但我们如不以民族自决为标榜，而主张人群有自决之权，则甚可奖励比民族结合更自然更进步的结合。民族的结合往往过分重视血统语言及历史三种因素。但今后世界上的政治单位似须重视地域及经济两种因素。故同处一个地域，有同一经济环境的人民往往比同血统同语言同历史的人有更大的结合必要。

人群自决也包含政治及经济制度上的自决。这里，自决的范围当然以国内的制度为限。涉及全人类的政治经济利益者，自当由各国共同决定原则，一律遵守，不在自决范围以内。如自决的范围毫无限制，则世界又成"国际无政府状态"，世界秩序亦永无建立可能。

第二，凡是未能自主的人群，由国际组织共同管理，以至能自决之日为止；各国殖民地则一律取消。许多曩昔附属于某一国，而未能与该国主要人民同等参政的人群，当然只有两种。一是可以独立自主的，如美属菲律宾；又一是不能独立自主的，如荷属癸亚那。前者可以自决其命运，后者则绝无自主的能力，不宜任之自决。这种人群，这种地域，不再隶属于某一国家为殖民地，而由国际组织保护共管，以培养其自主能力。

第三，成立区域的及全世界的组织。为使这种组织具有实力起见，领导之权操之于土地广大，人口众多，实力宏伟的一个或数个国家。

第四，各国的军备或完全废除，或缩减至不能抵抗国际组织的武力的程度，而国际组织则具有足以打击一切可能的侵略的实力。

第五，任何国家及地域都应有增进人民经济福利及生活标准的机会。为实现这理想起见，各国有取得资源的同等权利，并应相互交换货品及服务；资本或劳力或专门智识较富裕的国家则援助较贫乏的国家。国际组织应设置相当机关，以监视这种权利的享受，或以便利这种交换或援助的实行。

第六，各国主权应有限制。凡国际组织与国家有权限上的冲突时，前者的权力高于后者的权力。换言之，国际组织对于各国的军备及经济合作事项，应有压倒的权力。不如此，则战争的原因将潜伏着，而战争仍不可免。

以上六点对于若干帝国在表面上或有不利之处。但只有实现这六点，才能号召世界上一切爱好正义和平的人民，近之使努力于胜利的争取，远之使努力于和平的建树。也只有实现这六点，才能使各个民族求自保振作的合理野心不致越出轨道以妨害全人类的进步，才能使近代的工业文化不复为战争残杀的工具，而转为造福人类的功臣。战争的主要原因可以消除。

第三章　政治的处理

由战争回归和平，无论在政治方面，疆土方面，或在经济方面，均有一番处置或调整的必要。有许多问题在平时本早该处理解决，徒以平时多牵制，无法顾问。战争的结果使战胜者取得强迫解决这些问题的机会。战胜者如十分开明，则不特将利用战胜的余威以强迫战败者作各种必要的改进或改正，并将秉恩威兼施的原则，一面力自反省，克制私欲，一面予对方以各种精神上物资上的助力，以导诱对方早上和平合作的正轨。

德日义及驸骥诸国或向为好战而自以为应统治异族的民族，或久已屈服在封建的统治阶级之下，受毒至深，或近年奸伪当权，无可自拔。战争告终后，战胜者自应以全力摧毁他们的旧的好战的统治阶级，援助新的和平的统治阶级的继起，消灭其已有的军备，并防止其军力的恢复。这些举动，骤视之，似有战胜者欺凌战败者的意味，但胜利而不能做到这些，则又何贵乎胜利？更何必有此多年的大战？这些举动的最后目的在使永久和平易于维持，而不在加战败国家的人民以任何耻辱或不利。联合国决不可学妇人之仁而有所姑息。

德国今日的统治者为希特勒及其国社党，义国则为墨索里尼及其法西斯党。德义战败的结果，必将使两人无法继续维持他们的政权。如果有真正的革命发生，他们及他们的党必被推翻。若然，战胜国对于德义的旧政权不必置喙。但另有一种可能是统治者人物改变，而本质不变。以德国为例：希特勒下台了，国社党解散了，国社党其他著名的领袖如戈林葛培尔之流也不在台上了，然而新政权的运用者仍是根本不忏悔，内心上仍憧憬于德人过去的武功，仍怀怨其他国家过去包围德国的一班典型德国政客。如果联合国遇到这样的一个对手又当如何应付呢？一九一八——一九年不是已经有过这样一个经验么？那时不是也有革命，革命政府的主持者——社会民主党——在战时不是也曾在国会中与政府合作，通过战费，鹄望胜利的么？那时德国革命的结果不是曾使协约国的一部分人欣然色喜，以为从此德国可为新秩序的一份子么？

我们此次尽可遇到同样的情形。如果遇到，我们又将如何应付呢？我们当然不可为一时的浮面的转变所眩惑而满足。但我们似又无法强令德国采取某种定可保障和平的制度。我们可以禁止何亨错伦皇室执政。但单单这样是不够的，因为除了何亨错伦而外，德国尚有其他可以领导全国扰乱世界和平之人。我们也可规定德国须有民选的政府存在。但单单这样也是不够的，因为国社党之取得政权表面上也未尝不凭选举。换言之，无论设下消极的禁令或是积极的条件，俱不能保障威廉二世及希特勒一类人物之不能取得政权。而且规定如太紧细，不特执行方面将有意想不到的困难，而于我们所标榜的人群自觉的原则亦将无法自圆其说。

我以为应付德国战后的政治局面，除订下若干简单的禁条外，不必设计苛细，也不宜有积极的指示。简单的禁条，如国社党之须解散，其领袖之须放逐（如果两者尚未实现的话），任何以反对和约为党纲的政党之必须禁止，是应当规定于和约的。但和约不必规定德国应有何种政权。此点务须任德人自决。有效的指示不当是直接的正面的指示，而是间接的反面的指示。在和约内我们应处处表示在德人未具有充分的和平意志，未能充分使未来的国际组织满意以前，德国在新的世序内将不能完全享受平等待遇。德人所享的待遇，将依德人之愈趋向和平而愈抵平等。换一句话说，德人务必自动的改变其政制，使其政制能与新世序中和平的理想吻合。只有这样，他们才能取得他们国际应有的地位。如果他们一日包藏祸心，蓄志复仇，或佯信和平，暗崇武力，则他们将一日受国际的歧遇。歧遇的用意在防制他们作有效的捣乱。我以为这样的办法要比强令德人采取某一种制度——即使是一种理想的制度——较有实效，较有助于和平。

义大利的情形大致与德国相若，可用同法应付。义人无德人的疯狂，他们的就范也当较德人为早易。在原则上，同样的方法也应施之于日本。但日本的实际情形有不相同之处，故政治上的处理需要若干变动之处。第一，德之国社党与义之法西斯党为极显明的组织。禁止他们的存在或复辟比较简易。但法西斯主义虽猖獗于日本，而日本却无代表法西斯主义的一定政党。若以领袖而论，则纵使将著名军阀，如东条，如荒木，如板垣，如小矶，如畑俊六，一一放逐，亦丝毫无补于事。因为在日本的法西斯主义之下，任何一个将佐，一旦在位，均可如东条一样狂悖。不特军人如此，即文人中此种人亦在在皆是。所以禁止某一个政党或某几个人执政实缺乏任何意义。第二，德义的知识者及劳工大众中，固然大多数是崇信法西斯主义者，但也尚有与之友善的可能者。他们也负得起政权。日本久在封建及军阀统治之下，其所谓独立分子，知识分子，或劳农大众，大多如寄生之虫，缺乏自主意识，缺乏统治实力。日本即使有革命，恐亦只是政变的换形，无足轻重。在这两种情形之下，一切禁条缺乏意义。日本如有政府，这政府总难免有军国主义的倾向或色彩。如要日本脱离这倾向或色彩，恐难免有一时期的纷乱及无政府的状态。以此，我们的选择诚是千难万难。如任其陷入一度的无政府状态，则心有所不忍，且无法与之为种种交涉。如容忍日本仍维持其军国的色彩，则又不啻养痈贻患。

我以为日本的出路总须是一个彻底的社会革命。革命愈早发，日本人民亦愈早得救，我们固不能领导日本的革命，也无从预加以指示。但我们至少可以设法减除革命的障害。日本的皇室号称万世一系，传至今日，不特是一种反时代的丑制，而且成了日本军国主义日本民族疯狂所托庇的一种符号。一个国家采君主制或非君主制，我们本不过问。但要我们不过问，不干涉，也有一个条件。这就是这君室不是侵略主义的提倡者或具体者。我们可容萨伏亥王室继续称王于义大利者，就因这个理由。但日本的皇室则不能受同样的待遇。他是革命的大障害。我们必须于和约中禁止其君临日本。这样一个庇护军国主义且为人民所迷信的皇室塌毁后，日人的政治觉悟，我想可以较易。所以对日的一切禁条虽无意义，而此禁条却不可不有。

除了若干具体的禁条以及"意志不和平则待遇不平等"原则的鞭策外，有人还主张战后我们应管制德日的教育，冀其趋向于合作及和平。德日教育之流于狭窄的民族主义，崇拜武力，鄙弃自由，诚是事实；德日人民之缺乏成熟的政治常识也是事实。苟有法使德日人民于教育中知政治自由之可贵，邻族利益之应尊重，武力之不可恃，诚将大有助于和平，大有助于新世序。然管制教育的困难不亚于上述所谓积极的立下政治条件或积极的指示政治制度。除德日人民能自动觉悟，吸收中英美的和平理想及人道教育外，外族几无法代任教育之责。外族之所能为者，充其量不过以国际协定的方式，禁用某种妨害民族间友谊的政治及史地教材而已。然此实不足以当教育的管制。

对于附骥德日义三国的各小国，我们所为的政治处理，其原则应与对三国者相同，但严峻的程度可视他们怙恶的程度而异。匈、保、泰三国受法西斯主义的熏陶最深，和约自应对之设立较严峻的禁条。匈、保两国的国社党及年来迎合希特勒的各领袖，及泰国銮波汶的徒党应俱在解散或放逐之列。罗马尼亚、芬兰，及丹麦的情形微有不同。他们或则为畏强的心理所宰制，或则有同仇的关系，或则猝不及防，遂皆沦陷于轴心而迄不能自拔。对他们除法西斯主义领袖应放逐，奸伪当别论外，和会应处以宽大的态度。宽大或许是使他们愧悔，导他们入和平合作之道的最大最有效的引诱。

被敌人所占领的国家中也有许多亲敌的政权存在着。这种政权，无论由敌人直接主持，或由奎士林辈间接支持，一经战争结束，将如摧枯拉朽，一扫而空，无须在和约中有所规定，甚或不劳联合国的政治家有所规划。[2]比较有问题的是：半仇敌国家的反动政权将如何处理？西班牙及维琪法兰西的政权无疑的是站在轴心方面的，而且在本质上也是法西斯主义的。维琪政府或者会自然地由战斗法国解决。但弗朗哥政府，如不于来日正式参战，则战后亦不至遽倒。如联合国加以干涉，则一八一四——一五时同盟国干涉法国内政，一九一九——二〇时资本主义国干涉苏联内政的旧事势将重演，与人群自决的原则不符。如不加干涉，则犹如眼中一钉，难于容忍。最好的方法或则是在和会举行时，联合国不邀请西班牙政府参加；在和会中联合国及中立国更成立一协定，声明凡和平意志未充分发展的国家（指政权的性质而言），在新世序中无接受平等待遇的权利。这也就是上述对付轴心三国的"意志不和平则待遇不平等"的原则。这或则也可鼓励西班牙人民赶速推翻弗朗哥政权，而另组政府。

以上所述处理敌国及半敌国政治的办法，无论是禁条或是所谓"意志不和平则待遇不平等"的原则，均属消极的性质。其所以然，乃由积极的办法既违背自决的原则，又无从实行。消极的办法中，尚有一条是更有大效的。这就是强迫敌国解除武装。解除武装所以惩前，惩敌国过去的侵略行为，亦所以毖后，使敌国未来的政治无法不趋于和平。解除武装的行动在休战协定成立时即开始，但要当在和约中作周详的规定。就办法而言，此次也不能不与巴黎各和约所规定者大异，凡征兵，军训，设防，军器的制造，均应在严禁之列。此次与上次不同的有三点。第一，上次仅为限制军备，故德尚许拥有十万军队，匈、奥、保等国则各有三万五千，三万，二万不等；此次则应解除武装。在限制之下，兵工厂及军官学校的设置等只是受有限制而不是完全禁绝，以故有效的监督至为不易。德国之暗中扩军实已始于希特勒秉政以前。其所以能扩军而不被揭露者，即因德国之军备只受限制而不是禁绝之故。此次予以绝对的禁止，执行自可较易。第二，上次监视德意志等国的军缩者为协约国所设的监视委员会。监视机关此次应由新的国际组织指派，以示大公。第三，《国联盟约》第八条虽规定会员各国有裁军的义务，但该条从未实施，以致德国亦坚持扩军。此次世界各国对于废除或缩减国有军备应有同样的义务。如此点能实行，则德义日等国所应努力者为如何取得平等待遇，以参加国际武力的组织，而不是求国有军队的恢复。

最后一点的重要是无法过分强调的。如只令战败者解除武装，而战胜者可不解除，则言之绝难成理。必大家弭兵，才能使无兵者不抗议，不畏惧压迫，亦无不平等之感。《凡尔赛和约》的规定本是合理的。第五编的绪言明说:"为使一切国家能开始普遍缩军起见,德意志将严格遵守下列关于陆海空军的各条。"这就是说:德国的军备被公认为和平的一种威吓,为使其他国家便于缩军起见,德先缩军。反过来说,如其他国家不预备缩军,则他们尽可设置比德更大的军备,以防德国之侵略,初不必强德缩军。但他们将缩军,故先令德缩军。他们事后之不实行缩军,便已违背了绪言的精神,何况《国联盟约》第八条尚明确地定下普遍缩军的责任?上次的失败此次务必引为殷鉴。如联合国不预备弭兵,则亦不能单令德日等弭兵。如联合国只预备缩军,则亦只能令德日等缩军。然令德日等缩军实不如令他们干脆弭兵。此中理由,业已说明。既欲令他们弭兵,则联合国亦不能不有弭兵的决心。诚然,在人类没有能个个笃信和平以前,维持和平的武力是不能不有的。但此种武力应隶属于国际组织,而不隶属于任何国家。这一层在第八章中当有详述。

我意,如于和约中设下某人不能执政,某党不能存在,军备不能继续的若干禁条,并贯输之以"意志不和平,待遇不平等"的原则后,已不难令轴心国就范,而使之无复作侵略的可能。我不主张提出战罪的问题。巴黎各和约中个个有关于战罪的条款,令战败国承认协约国有处罚前者的人民之权,如果这种人民曾违反战时公法。《凡尔赛和约》并规定废皇威廉二世应受审判。这些条款引起了双方尖锐的持久的恶感,而在实际上又不能对牺牲者有何补救,对好战者启导悛悔。所以这类条款一律可以不议。就是罪魁祸首希特勒之辈,如不知悔过自杀,而竟欲靦颜苟延残生,则除不准其留居德国外,亦可不加理会。理会了他,徒然将引起许多枉费的注意。一九一九年协约国之求引渡威廉以及威廉当时所引起德人的同情可为殷鉴。

但和约中应令战败国负起引渡奎士林辈的责任。轴心国向以制造奎士林为能事,其所占的区域中几无处无奎士林。从道德的立场言之,奎士林之可诛尤甚于希特勒。故任何国家如欲严惩其奎士林,以防护民族道德的堕落,或治以其他民法刑法上应得之罪,我们自不可因对敌主张宽大而不表同情。和约中应规定轴心国有引渡奎士林的义务者,就因此故。有此规定以后,我国如发现有严惩爱新觉罗溥仪或汪兆铭之辈的必要时,自可不虞其托庇敌人,无法拿捕。他国如欲惩治他们的奎士林时,亦然。

以上的各种政治处理都含有惩罚敌国的性质。其次,敌国对联合国在战前或战事进行期中所加于联合国或使联合国遭受的种种政治上法律上名器上的损害，在和约中亦宜有改正补救之道。

首应说及的是条约的局面。因战事而效力受影响的条约约有三类。第一类是完全政治性质的条约。这类条约，如轴心国与联合国间所订的不侵略条约，如罗加诺诸约，如轴心国与奎士林间的条约，依国际公法本应失效，和约中或无须特加声明。第二类是轴心所废止的条约，而此废止曾对于联合国或整个国际社会的权益引起损失者，如日、德、义等之擅自脱离国联，如德之宣告废除《凡尔赛和约》。这种不法的废约或违约行动以引起的物质损失往往不易计算；即能计算，亦不便责令轴心赔偿。但和约中要不能不对违约或废约加以严厉的斥责。在国际社会中，条约的神圣必须维持。如条约可以认作废纸，则世界秩序决难维持。日、德、义等，或未完成其对于国联的义务而擅自退盟，或单方宣告废约，抹杀权义，俱是国际秩序的蟊贼。纵无法令其负物质上的责任，亦当令其负道义上的责任。第三类的条约是侵害联合国方面的条约。此类条约中，以中日间所有者为独多，《慕尼黑协定》亦属之。和约除废应正式将他们作废外，复应具体规定恢复已损的主权的程序。即使根据人群自决的原则，苏台德区仍属德国，《慕尼黑协定》及其附约中所给予德方关于财政赋税及建筑品的种种非分权利，和约仍应明予平反，归还捷方。至于中日，中义之间，则日义在华所据的各租借地，各租界，北平所谓使馆界中的权利，以及所享的治外法权，自应全由中国恢复。日义——尤其是日本——在中国境内所享不法的经济特权应全体归还中国；一切基此特权而产生的建筑品，设备，及权益则无条件的让给中国。凡此俱应明定于和约，且以附录详为规定。

中日，中义间的所谓不平等条约须废除，中国与联合国家或中立国间的不平等条约亦应废除。 九四 年五月郭泰祺赫尔间的换函及随后郭泰祺卡尔间的换函表示了美英战后取消在中国所享的特殊权利的决心。他们及比法及若干有关中立国（关于治外法权及使馆界）应在和会时（但于和约外）正式修改与中国往昔所订立的不平等诸约。

其次，和约应规定轴心国于战时自联合国取去的文书、档案、薄籍、图表之类应归还原有国家。日本于战前数十年间所取自中国的文件亦应一并归还。

复其次，俘虏及拘禁的敌侨双方均应释放，而轴心国对曾被强制移动的大批人民则应负有迁回的责任。依国际惯例，战败国所俘禁对方的军士平民休战后即须放还，而战胜国所俘禁对方的军民每待和约成立后始行释放。一迟一早的作用在使战胜国得以敌方的军民为质而强制敌方先完成释放的工作。为表示宽大平等起见，我意休战协定即可规定两方同时进行释放。因此，和约关于释放的规定仅在使休战协定中同类的条款更见正式而已。至关于大批移民的回乡，则和约应科轴心国以充分的责任。自战争起后，德国为军事及生产的便利起见，常强制移动占领区内的大批人口。这种移民大多均欲还乡。不论战后德国穷困至何种程度，他仍应负移归经费的全部分。日本在中国有类似的行为。他的责任也应与德国相同。

除了惩处性质及改正性质的处理外，治安的维持及灾害的救济有同样的重要。如果用恩威兼施的说法，前两者是威，而后一者是恩。惟后一者不限于敌国，敌人占领区的治安也需要维持，联合国战区的人民，甚或中立国的人民，也需要救济。一视同仁的救济及治安的维持多少是必要的。战争的主要目的是胜利，要胜利不能不采用各种的方法，如封锁，如禁运，以使对方民力国力之日衰。但和平必由的途径是相安。要相安，则昔日敌国的治安一样需要维持，昔日敌国的人民一样需要救济。治安及救济的工作一休战即须开始，上章本已说过。但当和约成立之时，这种工作决不能完成或视为完成，故和会须作详妥的检讨，需要对方合作的事项且宜规定于和约。

敌国的治安可分数层讨论。联合国占领区内的治安，以有占领军之故，不难维持；其余不占领的敌国地方，如有反动性的暴动，以恢复旧局面或反对联合国，或反对和约为目的的暴动，联合国不能不以有效的方法加以消灭。盖不如此，则战败国家终难为新世序中的善良分子。但革命则当然不需要联合国的抑制。上章我尝说过，日本如欲成一和平的近代的民主国家，殆非经过大革命不可。大革命于日本实为进步的必要途径。我们将欢迎之不暇，决无加以抑制之理。

曾经敌国占领的地域及由敌国割让的地域（如果有之），两者内的治安，联合国有更大的维持责任及必要。这是由于占领的性质而来的。凡敌人所到之区，爱国者正直者类皆受有极大的压迫，不是杀戮，便是放逐或迫走。这些区域或曾由敌人一手统治，或曾由敌伪共治。敌人方败，原有政府或流亡政府尚未能收回政权或新政权尚未及组织之时，这些区域极易入于无政府的状态。试以上海或捷克为例。日德失败后，重庆中国的政府及伦敦的捷克政府自将立派军警接收两地，以维治安。但如美之海军比重庆所派军警有先到上海的可能，或苏联西进的大军比捷政府所能组织并派遣的军警有先到捷克的可能，则美国海军及苏联军队将为上海及捷克治安的直接负责者，而中国政府及捷克流亡政府暂时反只能居于指导的地位。在此种情形之下，误会纠纷最易发生。所以联合国方面应彼此先有某种的普遍谅解。凭这种谅解，则自敌人败退以至合法政权能在占领区内执行职权时止，占领区内的治安可以维持，而一切不利于联合国及新世序的行动可不致发生。

救济的工作包含甚广。最先惹人注意的是食料问题。一九一四年之战规模远无此次之大，而欧陆各国，无论交战国或中立国，皆入饥饿状态。此次大战结果，嗷嗷待哺者势必大增于前。且需要救济之区域愈广，则救济愈需要通盘的计划。上次战后，匈牙利及罗马尼亚俱饥饿不堪。但罗马尼亚竟以战胜者的资格多次向匈牙利勒索粮食，战争几至重起。只有事先的通盘筹划可以免去这种与事无补的争端。现在美国方提议由大量产麦国家，如美、如加、如阿根廷等国，储麦多少万万斗，为战后救济之用。这当然是未雨绸缪的好法。类此的准备自应推及于麦以外的其他食料。衣料的救济亦可与食品同论。

医药的救济几与食料的救济有同样的迫切。数年的战争已使若干战区流行着若干种疾病。战争继续的结果必将使疾病更流行；而营养不足所致之病亦必将更普遍。战事一终止，医药方面的救济也有大规模从事的必要。

住宅的补充也可视为救济工作之一。战事使旧屋日趋毁损，而新屋无法补充。如战后不有巨量的新建筑，则疾病的减免及治安的维持均将受到极大的影响。但建筑的器材，工役，及资本有许多国家必无力供给。故通盘的筹划亦不可少。

与救济事业相关且带相近的性质，而实现需更大的努力的是交通及农工业的重建设。多年的战争对于水陆交通的工具，尤其是海运及铁路，是大受破坏。战后的问题是如何利用剩余的工具，从事于人类最需要的运输，更如何利用所可得的人力及物力，为最大的补充。无论是运输或是补充，决不能各自为政，而有待于通力的合作。

战区农业的破坏亦有不可言状者。大批的耕地，或因夷为军用，或因农人当兵或逃亡，或因缺乏农具或肥料，正荒芜着；农具被毁，耕畜被杀，种子缺乏：这些将为普遍的现象。要农业于田，也少不了一番全盘的救济。

工业亦然。许多工厂是停工了，许多矿穴是封闭了。工人则四散各处，不易招集，制造的原料也不易觅取。没有国际的救济，欧洲西北部，中国沿海一带，苏联陶乃兹流域，以及其他因战争而受重创的工业区俱是无法重兴的。

一切的救济及重建设的工作，在国际货币值混乱的情况下，可说均是不易进行的。永久的国际货币政策，暂且不论。在战事结束以至永久政策确定以前，各国货币的联系亦不能不有一种暂时的办法，以利物资及人工的流通。

救济及重建设的事业既于战事停止后亟须进行，自宜早由联合国设立机关处理。即在和会开始后，和约批准前，也是如此。这是无可疑问的。上次巴黎和会时，为执行救济及重建设工作起见，和会曾成立一个最高经济会议。他虽是和会的机关，实际却只是协约国所主持。这次也不能为例外。但在和约批准，国际新组织成立以后，救济及重建设事项，因与新经济秩序有关，自应由新国际组织处理。救济事业及重建设事业之带有急救性者，如尚未完成，似可由新国际组织授权联合国所设的机关继续办理，以竟全功。维持治安的工作及监视改正事项的实行的工作最易引起政治上的纠纷，一俟新国际组织成立后，联合国应移交新国际组织办理。固然新国际组织的领导者及联合国的领导者均属四大国，但新国际组织终有一中立国参加，再则决定大政的程序亦较联合国于作战时采用的程序为民主为郑重，故移交新国际组织办理究较妥允。

联合国为胜任本章所列各大工作起见，决不能等到大任降临时再为临时的应付，而应于事先有准备。要有准备，便不能不有协商。今日关于若干事项，如联合国方面的海运需要，英美间已设有机关办理。尚有其他英美间合设的机关战后亦可任救济或重建设的工作。但一则这种机关往往只有英美两国参加，再则已设机关亦不足以担任一切战后必不可免的工作。故联合国方面及早共同计划，制为蓝本，以备战后应用，是今日必要之图。

第六章　新国际组织

我们今日承数百年民族国家之后，往往有一趋势视许多主权国家之共同存在，不相统属，甚至互相斗争，互相残杀，为正常应有的现象。实则他既不是西洋原有的现象，也从不是中土所有的现象，更不能为人类的继续存在所容许。

在西洋，罗马帝国与基督教社均尝以天下统于一为最高的政治发展。罗马帝国如无内在的崩溃原因，他必不放弃统一天下的野心。真正的罗马帝国虽于第五世纪覆灭，但罗马帝国的面具断断续续延至一八〇六年始被摈弃。这就因一个兼容并包的帝国多少是可以满足西洋人的大一统的企求之故。基督教社的力量如不被数国之争所减削，则以中古诸教皇的雄才大略，他们也必将求世界教社及世界帝国的实现。这个理想虽然从未能实现，然罗马帝国于九六二年后之冠以"神圣"二字，其故也在求满足教社方面的大一统的企求。如舍政治不论而单论基督教社的组织，则罗马教廷亦至今未放弃其天下一家的形式。此所以由帝纲解纽而封建，由封建而民族国家的一段历史，谓为历史的一段变化则可，谓为西洋的正常状态则决决不可。

在中土，大一统的理想更是深入人心，不容漠视。在中国向日士子的心目中，天下统于一的理想，远在三皇五帝之世，即已大体实现。即采用较科学的看法，至少自秦汉起，中国是以宇宙一统为经常之道的，固然中国人所习知的宇宙也不是整个的世界。在中国，这一统的理想直要到近代中西交通，西洋的国家组织映于中国人的眼前，民族国家的理想代起后，始有变化。在变化以前，世界就是中国。其余边僻之地不是已经成了，便是将要成了中国的藩邦。成了中国的藩邦后则又须逐渐地同化于中国，而成为中国本土的一部，所以中国人的（有别于近代西洋人的）政治理想本来就是一个世界国的理想。

至以今后的变化而言，过去数世纪民族国家的制度也决不能有永久不变。在第一章中我们已反复申述民族国家的对峙与战争的关连。单单为消灭战争起见，我们便有改变旧局面的必要。而既为积极地增进人类的幸福计，超国家的组织更有其必要。

超国家组织的必要，即在民族国家制度盛行期间的西洋，也已有人看到。早在一六〇〇年左右，法王亨利四世已有欧洲联盟的"大计划"。随后，则联合组织的建议更是数见不鲜，如十七世纪末英人本恩，十八世纪初法人圣比埃尔，及十八世纪末德人康德皆有建议。他们有同一的目的。他们均欲藉联合的组织以消除战争，所以他们所著的书，一则称"欧洲今日及将来的和平论"，二则称"实现欧洲永久和平的计划"，三则称"永久和平论"。大概战争愈是频繁剧烈，则民族国家因对峙互争而产生的弱点愈是暴露，而超国家组织的理想也愈易抬头。

一九一四——一八大战的结果为国际联盟的创设。这是有了民族国家以来人类对于超国家组织的第一次的尝试。在此以前，各国所赖以防止战争的工具不外乎同盟及均势。这工具非但无益而且有害，一九一四年之战的形成，即是一个最有力的证明。所以在战事尚未结束之时，有见识的政治家已知和平的途径势须在同盟及均势之外，另行觅取。无论在英国或在美国，甚或在其他国家，有识之士一致以为民族与民族之间需要一个永久的普遍的组织，一以商讨并实施避免战争之道，再以保障国家的安全，三以增进国与国间的合作。巴黎和会所通过的盟约大体上固以美英的草案为基础，但法、义、荷、瑞、斯干底纳维亚，甚至德国，所提的草案，也莫不承认这些基点。

国际联盟即以"增进国际合作及获取国际和平及安全"为其双重的目的。如何可以达到这目的呢？一是由于"不从事于战争的义务的接受"。二是由于"公开的公正的尊荣的国际关系的规定"。三是由于"为政府间所应奉为准绳的国际公法的确立"。四是由于"有组织的人民间的往来所应遵循的正道及所应极端尊重的条约义务的维护"。凡此盖均明定于国联盟约的绪言中。

细〔绅〕绎国联盟约中所明定的国联的目的以及达到这目的的方法，我们可以大胆地说，国联盟约下的国家已不复是从前具有无限主权的民族国家，而世界国家的理想亦已获得一部分的归宿。前者，因为国家已承受了许多束缚。后者，因为国联可以包含一切国家，而且具有国家所不能具有的职务。如果国联能依创造人如威尔逊，如薛西尔，如斯末资等所期望，循循善进，则国家之不复是主权国家，而国联之可为世界国家，我想俱可有更显然的明证。

不幸国联没有能如其创造人之所期望而长育。由于种种互相牵连，互相为因果的因素，国际和平及安全——国联的双重目的之有急迫的重要的一个——没有能获得。和平是整个的，不能分的；所以和平需赖全体国家共同维持。不幸国联始终没有进到全数国家，甚且没有进到全数有力国家，参加的境界。美国始终没有加入。苏联没有在国联有为之年加入。反之，国联又没有利用其力量以强迫跃跃欲叛的日、德、义三国留在国联中，以完成其对国联的义务。国联会员国参加国联时本承诺了若干种义务的。要遵守这些义务，他们便不应继续要求传习的主权。要要求传习的主权，便无从完成他们应有的义务。不幸每到紧要关头，每逢义（对国联的义务）利（利己的主义）关头，他们便牢守着主权的观念，不肯执行其应执行的义务或牺牲其应牺牲的权利。与主权相联的是中立问题。既然加入国联，承诺某种义务，便无中立可言。不幸瑞士倡之于先，而所谓奥斯洛集团七小国继之于后。当国联因义大利侵略阿比西尼亚而对义施行制裁时，即有许多会员国家或公开的或半公开的要求维持中立。这岂不是等于说美国联邦对墨西哥宣告绝交，而加利福尼亚邦则宣告中立？其荒谬可知。安全必须有制裁。不幸由于各大强有时狃于传习的均势观念，有时为自私心所宰制，有时惮于用兵，不愿或不敢对侵略者执法以绳，遂致侵略者益肆无忌惮，而国联终且葬送于此辈侵略者之手。又会员国间应有公正的尊荣的国际关系，又应各守条约。若然，则普遍的缩军与以协议的方式修正不合时宜的条约及国际关系固为盟约所许。不幸国联的主要分子既不自动缩军，又不肯考虑条约或国际关系的修改，驯致德国即在希特勒秉政以前，即已对国联愤愤不平，而谋有所破坏。凡此盖均为迫使国联无由获成其目的因素。重以国联的政府设在为三大国所包围而最惮开罪任何一方的小国。于是到了欧战爆发以后，国联即欲继续其比较不含政治性质的工作——增进国际合作——而也有所不能了。

然而过去的国联尽管失败，我们于计划设立新的国际组织时，仍不能不忘了他的成规。国联的失败是一件事，国联的观念是又一件事。我们不能不以国联的失败为我们最重大的教训，但国联的观念我们却只能使之更广大深入，而绝无放弃的理由。我们如蔑视威尔逊总统等当年所苦撑中得来的成绩，而只求为更张而更张，则我们将难免不犯脚不踏实地的毛病。

近年来关于国际组织的建议虽是多不胜举，然而考其实际，则只有强化国联的建议是同时具有进步性的，可以满足人类求政治上大一统的企望的，而且也是有实现的可能的。

近年来有不少人鉴于国联实际上只是欧洲的国联，而不是举世的国联，鉴于南美各国之纷纷求去，更鉴于欧洲国家对中日争端之不感兴趣，颇有主张只成立范围较小的组织，而暂不谈世界的组织者。这种局部组织计划中之最受鼓吹者厥为斯特锐特（Clarence Streit）的民主联邦的计划。这个计划包含以美英为主体的十五个民主国家，即美、英、爱、加、澳、纽、南非、法、比、荷、瑞、斯干底那维亚三国及芬兰。组织的体制几完全以北美合众国的宪法为蓝本。这样一个组织如获成立，自然将具有雄厚的经济及海军力量，但并不能具有斯特锐特所预期的安定力量。这次大战证明了英美等国的联合，如无中苏参加，尚无抵抗侵略集团的力量。故这样一个组织，纵使能实现，不但不能保障世界的和平，而且可能的成为众矢之的。至于盎格鲁-撒克逊人的大联邦的拟议则范围更狭，力量更小，遭忌的可能更大，故更是不足道了。

欧洲联邦亦尝为许多人所提倡的一种组织。如以欧洲联邦为一种辅助组织，于此之外，尚有更大的组织，则在原则上自无不可赞成的理由。所考虑的是能不能实现的问题。但也有人认为国联是无法完成其使命的，只有欧洲联邦一类的组织或有发生效用的可能。这样的看法我是无法赞同的。单单区域的和平组织，无论这组织如何合理，如何完密，决不能维持和平，因为和平是有世界性的，和平的维持需要全世界力量的动员。

有人主张和平的机构以各区域的组织，如欧洲联邦，泛美会议，远东组织等为主，而辅之以按时举行的联区会议。这比单有区域组织的办法当然是一种进步。但是否能为维持和平的充分有力的机构，则须看联区会议是否具有实力。如果联区会议没有一点点的力量，则等于虚设。如果有相当的力量，则其归宿也鲜有不成为一种国联者，虽其组织尽可不与旧国联相同。

有若干国际公法学家则主张以一九二八年的巴黎非战公约为基础，而辅以多数的罗加诺保障。换一句话，举世的国家共同承认非战的义务；再为保障非战政策之得以实现起见，各区域的大国又互相为连锁的安全保障，有如一九二六年英、法、德诸国在《罗加诺条约》中之所为。此种办法所能给予世界和平的保障不能大于区域组织之所能给予者。此次大战的爆发已使这种议论不能再为世人所注意。

另有一派人不主张此时有永久的政治组织，而主张先成立经济的，或职务的或临时性的组织者。经济的，如同国际劳工组织，国际度量衡会议等等。职务的，如同国际邮政组织，国际禁毒组织等等。临时的，如国际军缩会议，国际海员待遇会议等等。三者的基本性质实极相似。主张这种方式的国际合作者往往以演进主义者自诩。他们以为政治性的，兼容并包的国际组织是不可一蹴而几的，而只能从演进得来的。所以此时如先有局部的特种问题的组织，而这种组织又有顺利的进展，则政治性的组织便有了根基，而成立也不困难。在《大西洋宪章》宣告成立以前，英国的学者政客，因鉴于上次国联的无成，很多偏于这种看法。《大西洋宪章》的成立以及美国人所表示的较勇敢的政治勇气已使这种看法不得伸展。为适合战后世界的急切需要起见，我们也无法同情于这种无大志的"现实"看法。

以上所举皆是我们所认为不足以维持和平，不足以保障安全，亦不足以满足潜存于人类政治意识中的一种世界一国的要求的。但另有一种主张则是过犹不及。依这种主张，全世界的各个人民（不是政府）应由选举的方式成立一个世界宪法会议，以议定世界组织的宪法，并排斥各国反人民利益的军阀或阶级统治，而成立一个民主的世界政府。在原则上，我们当然可以对这建议表示同情。然而他在目前之无法实现也是显而易见的。就以我们中国而论，人民也还无法行使四种直接民权，何况世界上尚多政治能力不如我们的人民？过犹不及，我们当然也不能——至少在目前不能——附和这种乌托邦式的建议。

新的国际组织的最急切的任务，没有问题的，是维持世界的和平。但要真正能维持和平，消极的必须裁去或缩减国家的武力，而积极的必须设置国际的武力。国家有了武力总易引起战争，国际组织没有武力，则各国方面偶有侵略行动或其他武装争执，便无制裁的有效办法。然而有效的制裁仍不如设法防止武装冲突的爆发之为得计。盖国际武力万一有偏私的态度或某数国万一有潜在的武装力量存在，则制裁的成功仍乏把握，而和平又濒破裂。故为增加安全起见，防止冲突的勃发尤有必要。如何防止呢？一莫如使各人群的企望，无论是种族的，语言的，宗教的，历史的，或是其他的，均有所归宿。满足企望的最好方法自然是由人群自决运命，或（如尚缺乏自决能力）由国际组织暂为秉公代决运命。无论为前者或为后者，有力的国际组织总是不可少的。二莫如使国与国间的纠纷，在没有流为战争以前，有司法解决的可能。然国际法院固不能离有力的国际组织而独存者。只有在有力的国际组织之下，国际法院才能发挥其司法的功效。再进一步言之，有许多国际争持不发生则已，一发生便不易解决。如果甲乙两国因都欲染指于某处的某种富源而发生争持，即双方都承认国际法院的权力，法院亦颇不易为司法的裁决。故最根本的弭患于无形的方法莫如在平时由国际组织养成国与国间种种方面的合作及接触。无论在经济方面，智识方面，或在其他方面，国与国间应有充分的合作及互助之道。人民间的直接接触，如有组织的旅行，如相互的友谊广播，均有必要。然而要这种合作及接触能为事实，国际组织也不能不具有相当宏大的力量。

重复的说一遍。战后的新国际组织须以维持和平为目的。要维持和平，须能消灭国际冲突。要消灭国际冲突，更须能增进国际合作。如不论先后，国际组织便有三大目的，即维持和平，消灭冲突，及增进合作三者。如何可以达到这些目的呢？须由于裁削国家武力，并设置国际武力；须由于人群企望的满足，国际争端的司法解决；须由于国际合作及人民间直接接触的增加。我们当然还可以将达到目的的方法为更细密的缕述，甚或将设立国际组织的三大目的用别种语词来说明。缕述与否固然无关宏旨，即用别种的说法，其要旨也仍将与我所述的三大目的一致。所最可注意的就是此次战后设立新国际组织的目的，在大体上，将与一九一九年国联公约的绪言中所述者大体无异。此所以我主张在战后成立新的国际组织时，我们应尽量采用国联的成规。此所以上面列举的各种计划我皆不能赞同，因为他们除最后一种外，决难负起新组织应负起的大任。

我不但主张我们应尽量采用国联的成规，我且以为我们应勇敢地沿用国联的旧称。这有正反两面的理由。从正面说起来，威尔逊总统等创设国联时所根据的情势大体上至今未变，而他们期望国联所能获成的目的也是战后我们急须获成的目的。旧国联的机构大部分也有保留的必要。既然如此，我们绝少不继续旧名的理由。继续旧名可以表示我们对于和平理想的不折不挠的精神。从反面说起来，我们如不呼新国际组织为国联，是否有更好的名称呢？国联在英文为 League of Nations。我们当然可以改称新组织为 Union of Nations 或 Association of Nations。但 Union 失之过分严密，不易为各国所接受。Association 则失之过分疏淡，不是一个适当名词。League 之为词则可密可疏，而古希腊的许多联邦在英文亦称 League，故于我们成立世界国家的最高理想亦无不合。除 League of Nations 一词外，比较有考虑价值的是"联合国"（United Nations）一词。北美十三邦联合起来称 United States，经百余年的长育则蔚为今日的美国。如 United Nations 亦能蔚为一个大一统的世界国家诚亦我之所愿。且我们今方以 United Nations 名义摧毁和平正义的敌人。战时以 United Nations 表示多数国家的联合，战后以 United Nations 表示全体国家的联合亦诚有其长点。故"国联"与"联合国"二者，孰更适宜，诚值辩论。但除方才所举的两点外，国联一词究比联合国一词为优。在中文，我们更主张以"国联"为 League of Nations 的正式译名。盟字刺眼，而国际二字亦不妥，故不称"国际联盟"而径称

"国联"与英文 League of Nations 一词转较巧合。

旧国联盟约对于会员国的义务的规定散见于绪言及第一条中。即：不从事战争，尊重国际公法，尊重条约，并尊重国联关于军备所为的决定。我们不妨参照旧约而加以新的规定。会员国的义务有五，即：（一）放弃以战争为国策；（二）服从国联关于延缓战争爆发的一切禁令或其他措施；（三）尊重国联大会或理事会所通过的政治及经济上的立法；（四）接受国联法院的判决或决定；（五）尊重共同决定的人权宣言。一二两项为和平所必需，无须解释。第三为合作及新秩序所要求。第四则为法律秩序所要求。盖惟有服从法院的判决，国际公法才有可能自不具法律效力的通习，进而为绝对的法律。第五为一个新的观念。为使合作有可能起见，各国容有保障同一的人权的必要。此点容于末章中作较详尽的讨论。

旧国联只有总的组织，而无区域的组织。这是旧制的最大缺点之一。战后成立新的国际组织时，总的国联与区的组织应同时进行。下章将专讨论区组织的问题，兹不先赘。

区的组织为辅助的组织，故我们不必强求一切国家之有所隶属，但国联则不然。世界上一切国家，连国联保护地在内，均有参加国联为会员的义务。一九一九年的和约视加入国联为一种权利，故对战败国家靳而不予。但我们则应视参加〈为〉义务，战败国家亦应参加。只有如此，才能使国联为世界的组织，并能使国联所执行的法律于整个世界可以发生效力，而无人能以自外。

参加国联的义务与在国联中行使领导的权力是两件事。前者好比做一普通的人民，而后者则好比有特别能力的人民得享有政治上领导的力量。一切会员国，无大小之分，在身分上是一律平等的。领导的制度应于平等的观念相辅而行。单有前者而没有后者，则国联将成为希特勒的世界，一部长为统治者，而另一部长为被治者。单有后者而无前者，则国联势必长为一个瘫废无力的团体，不能负起树立和平的大任。

但是如何可以取得领导的资格呢？关于这一点，我以为我们决不能有过多的实现主义。我们必须求现实。我们不可因侈谈平等而忽视了会员国的实际的力量。有大力的国家我们必须推之在国际组织中居于领导的地位。在国联是如此，在区组织中也是如此。在组织的本身中如此，在附属的机关中也是如此。至于力量的计算，我主张人口与经济力并重。如单计人口或经济力，不但不足以窥力量的全豹，事实上也必引起绝大纠纷。如单计人口，中印的领导地位将高至实际上不能胜任的程度，人口小而经济力宏大的国家如英国也必不服。如单计经济力，则亚洲人口众多的国家将无从在国联中发挥其应可发挥的功效，而昔日资本帝国主义者压迫经济落后的民族的痕迹将长留而不去。我以为我们不难觅得一个计算国家力量的公允公式。在人口与国民富力两俱顾到的公式之下，我们或可确定美、苏、中、英为全世界最有力量的国家。美、苏、中、英之为四强，今为一班人的共同感觉。如果由公式推得的与以常识观察得来的结果能一致，则公式之可被人所尊重亦将毫无问题。一切会员国所应得的地位亦均可凭此公式推算得之。

身分的平等与力量的差别应为国联组织中的基本原则。国联组织中应有照顾到前者的部分，也应有照顾到后者的部分。一九一九年国联公约本来也有此意。国联大会为平等的具体化，故大小国家的参加权利均属同一。国联理事会[3]为差别的表现，故盟约原以当时的五大强为主要分子，而其他被选而参加理事会的会员国则仅为陪衬分子。但上次的国联在实行上显未能调和这两个不同的原则。一方面，对于国联有些应做之事，各大国因缺乏勇气，常放任小国加以阻挠。又一方面，对于有些可任小国发言之事，各大国因为私心所囿，常以理事的资格，加以阻挠。换言之，各大国遇到应领导的场合常放弃领导，而遇到应尊重平等的场合又未能尊重平等。他们进退失据，于是国联乃夷为瘫废的半死人。这个惨痛的经验，我们今番诚不可不引为殷鉴。故我们务须在一个机关中，使一切国家，无分大小，均有平等的发言权，建议权，推进权，以及其他等等。而在另一个机关中，则我们不必须依力量的大小，俾大国有较大的执行权，维持和平权，以及其他等等。

平等与差别兼顾的原则不特应为国联的组织原则，亦应为区组织的组织原则。区组织中亦应有两种不同的机关以照顾两种不同的原则。在国联或区组织的附属机构中，这两种原则亦应顾到。国联为执行其繁重的职务计，殆将有许多委员会或其他机关的设立。其中最重要的两个殆将为国联武力及国联领地（见下第八及十一章）管理委员会。这两个机关如由各委员国平等参加，则显然将缺乏实力。要使他们有实力，则大国自应占有领导的地位。我以为只有公开地承认大国的特殊地位，国联才有顺利长育的可能。

在大国方面，在能负起领导的责任以前，当然也有一番觉悟自新的必要，像上次战后五大强的所为是不行的。上次战后，美国初以内政关系，继以空幻之故，置国联于不顾。英、法、义、日则狃于昔日均势的观念，对新的和平不感兴趣，有时且为自私心所囿，积极加以破坏。这种行为显然使得他们丧失了领导的资格。如果经此次恶战而后，联合国方面的数个大国仍然毫没有觉悟，则一切可以不谈。我们不谈永久和平则已，如谈永久和平，我们当然须假设人类是进步的能改过的动物。所以我们当然假设大国于战后必可有所觉悟。就事实而言，联合国方面的四大国中，美国以受珍珠港的偷袭，今方深信战争的危险不可不由国际的组织来解免。苏联多年来正专心致志于"一国境内社会主义的建设"，而希特勒又硬加以破坏，故益深信和平之不可分；中国本富于和平及大同的理想，近则益感觉其对于世界和平所负的重任。这三个国家，依常理言之，当可悚于责任的重大，一方不辞劳瘁，另一方不滥用权力，以领导新的国际组织，由脆弱的开始，以进至于坚强的境界，以领导人类，由多战的民族国家的局面，以至于大同的世界。英国的情势较为复杂。由于其所经数百年帝国的历史，更由于其本土小与帝国大的特殊对照，英国往往对自卫积极，而对世界秩序的建立则冷淡，证以往事，历历不爽。然而我们如愿坐视新国联蹈旧国联的覆辙则已，如欲新国联能健全的发育，则一不能不求美、苏、中、英四国毅然负起领导的大任，二不能不求此四国鉴于责任的重大，而时时刻刻能反省，能公正，能在道义上求无愧为领导的国家。领导国家兼有力量与道德是新世序最好的保障。

兹所举的领导国家仅美、苏、中、英四国。这并不是说这四国为领导者，而其余的皆为被领导者。严格的说起来，国联会员国中并无领导者与被领导者之分，而只有各国依其力量（即人口及经济力的总和）的大小，在国联中握比例而不相等的权力而已。四国之外必尚有第五国第六国。第五国容为解放后的法国，容为独立后的印度，我们自然尚不能加以臆断。即美、苏、中、英是否定可占一、二、三、四的序列，亦尚待于依公式的推算。国家的力量既随时而变更，他们在国联中的序列亦应每隔若干年作一新的测度。十年或者是适当的修正期限，固然每五年一计算亦无不可。有了按期的修正，一则国联常可得最有力的国家的领导，二则国与国间亦可免除不平。

国家得依力量的大小而在国联中握有大小不同的权力的原则，如能使小国乐于互相合并或与大国合并，则诚为我们所欢迎。我们唯一的要求即合并务须根据于人群自决的原则。

轴心国及依附轴心的西班牙等，在能充分表现其和平的与合作的意志以前，应受应得的惩罚。故他们虽为会员国，而在国际组织中所握的权力或所占的地位，不能依国力为比例。这在第三章已有说明。其用意则在防止他们在国际组织中发生反和平的恶影响。但我们可观其和平的及合作的意志的增加，而提高其地位及权力。于他们能恪尽对于和约的义务，并表现充分的和平意志及合作意志时，则予以应得的权力或地位，而与其他国家完全同一待遇。我意这只迟应当于二十五年或三十年内实现。

根据上述的两大原则，新国联应如旧国联，设大会及理事会。大会，各会员国得平等参加。每国代表各以三人为限的陈法亦可照旧。为使人民的意见较易得尊重起见，和约或可规定代表中只少一人须为议会或社团所推出者。既如此则旧盟约中关于每国只能投一票的限制自不适用。假定国联有会员国八十，而各国均派最高额的代表人数，则大会的人数亦只二百四十，固不能谓之太多。

理事会的参加者以四五大国的代表及大会自欧、美、亚、回四区中所推出的代表为限。这里有若干问题值得考虑。第一，多少大国得有参加理事会的权力？如果美、苏、中、英，确为我所估计，为世界上最有力的四国，他们自当均有参加之权。他们的参加足以成为国联的稳定者。但第五第六大国是否也应参加，则当以他们的力量以为衡。如果他们的力量离四大国甚远，他们似不必参加。否则当令他们参加。第二，各大国所派代表的人数应否依其力量而有差别。我意各国各径派一人，无须有何等差。因为如力量较小的甲国派一人，而力量较大的乙国派二人，于力量初不能为比例。第三，每区是否各出代表一人，抑人口较多的亚洲区或富力较大的欧洲区应多出一人？此问题的性质与上一问题相同，故各区以一律出一代表为宜。第四，何以苏联区及不列颠国协区不能与其他四区同享参加理事会的权利？苏联区不应有外加的代表，因为如有代表，即等于给苏联以双倍中、美、英的代表。不列颠国协不应有外加的代表，因为不列颠国协的分子同时殆均为参加欧洲等区的分子。第五，区的代表如何选出？设区代表的用意一方面在防止大国的多头政治，又一方面在使富有进步性的小国得在国联内发挥较大的力量。故区代表不宜由区内的国家互推，而应由国联大会公推。公推的方法，我意比互推的方法较易使众望所归的国家当选。第六，区代表的任期如何？任期不宜超过三年；一年一任，连选连任，则最为相宜。

　　国联大会及理事会职权上的分划应较旧国联时代为明显。大会代表全部国家及其人民，故他的讨论权及建设权应不受任何限制。他可以讨论并建设一切与国联目的有关之事。理事会代表力量，故执行的事项应由他决定进行办法，并监督进行。大会所通过的决议理事会当然不能变更。但大会所未尝顾问的事项或不能通过的议案，只消不违背国联的目的，并在理事会的职权范围以内，理事会应有权为独立的决定。前者所以尊重大会的意志，后者则所以补充大会之所不及。

　　为使大会及理事会得充分运用其权力起见，旧国联时代表决须得一致的原则不应再有泥守。旧时，关于程序的事项，多数国即可表决，但关于实质的事项，则表决时须全体一致。后者很足以妨害国联采取任何进步性的行动。但为完全放弃这一致的原则，则不与平等的原则不甚相容。为调和这冲突计，我意大会表决时，如有十分之一以上的国家的代表全体投反对票时，议案即不成立。如此便多少可以防止不谨慎的或违反若干国家——纵然是极少数国家——的意志的议案或设施。但理事会则凭多数即可表决。理事会员有积极防止武装冲突或其他重要不公的责任，其行动贵在迅速。如不赋予以多数成立决定之权，则国联从前的无能势又难免重演。有谓理事会如议决实施武力制裁时应需要较大的多数。但我以为这种决议不应需要较大的多数。

　　除了大会及理事会以外，国联仍须设立秘书厅以执行两会的议决，且以充国联的常设机关。

　　国联所掌的事务极繁，故秘书厅应从速建立一个有扩张的可能性的公务员制度，以掌理中心的及各地的必要行政。中心的行政将需要不少的人员，而就地的行政则将需要更多的人员。第十一章论到国联领地的管理时，我们将会发现国联有派遣大批领地行政人员的必要，固然多数的领地行政人员仍将借自原来的殖民地国家。领地的管理仅为一例而已。其他如裁军实况的视察，如禁毒禁奴行政的监视，以及其他等等，无不需要巨数的行政人员。国联公务员制度的优良与否将为国联成败的一大因素。故我们必须放远我们的眼光，以求一个善良的制度的确立。至于公务员数额的分配，则应以各国的力量为比例。只有如此才能免除各国的不平感。在旧国联时代，秘书厅的服务人员已颇是一种值得称许的服务精神。这种精神自应继续维持，并予以发扬光大。

　　为处理许多繁重的问题计，国联大会及理事会自将会同或分别设立许多委员会及其他机关，以资管理或应付。在旧国联时代，这种委员会成立已多。在新国联内，有若干委员会，因其所掌之事含有重要的政治性，势将具有崇高的体制及重大的权力。他们不能视为隶属于秘书厅的机关。但为求行政的统一起见，执行各委员会的决议或政策的事务人员应为国联公务员的一部分，且于执行事务时，亦应受秘书长的指挥。只有如此，秘书厅可渐渐长育为国联健全的行政机关。

设置法院。这法院宜称国联法院，而不必称国际法院，其详见于第九章。

旧日国际劳工组织的体制异常特殊。在他二十多年的生存期内，他固尝对全世界劳工的福利多所擘划，对生产的改善亦有所献替，但他的独立生存或无必要。论重要，国联武力的管理或世界资源的分配两事决不在劳工问题之下。如劳工组织应有庞大的规模及独立的生存，旁的机关之应在国联以外独立生存者为数定不在少。为系统的严整计，这不是应有的现象。我主张国联设劳工委员会。关于劳工问题的资料的搜集等等则为秘书厅工作的一部分。劳工会议如有举行必要，仍可随时予以召集（详见下第十二章）。不特关于劳工问题为然，关于其他问题，亦可召集会议，特作商讨，以补国联大会的不逮。

国联的大会，理事会秘书厅及法院应集中于一处。是否应仍在日内瓦或应另觅一地则颇值讨论。旧国联之所以在日内瓦，消极的乃所以使国联离开大国都会的纠扰，积极的乃所以使国联受瑞士和平空气的熏陶。为运用的灵敏起见，国联机关或有迁往华盛顿、伦敦等地的必要。然国联非美国或英国一国的国联。而当此空运极端发达之时，日内瓦固亦可为交通的中心。且国联如留在日内瓦，则犹如我们之继续国联的旧名，亦足以表示我们对和平不折不挠的精神。故国联或仍以"定都"于日内瓦为宜。

在一个有代表机关，有执行机关，有法院，有武力的国联之下，国家自然不复是从前的国家，主权亦自然不复为国家所有。这是应有的变化，不足惊奇，亦不足惋惜。从前民族国家的制度与任何真正的世界秩序决不相容，而主权之为物亦与真正的国际合作决不相容。有此便无彼，有彼便无此，固无两全的可能。只有国家不争完全无缺的主权而甘愿受国际社会的管制时，世界方可有秩序，而和平方有树立的可能。亦只有如此，多争的民族国家的时期始可结束，而无战的大同的时期方可开始。本章所建议的新国联，即获成立，离大一统的理想亦尚遥远，但要不失为进入大同的一种健全的过渡。

第八章　国联武力与制裁

　　一个社会如要求其分子能遵守规律，维持秩序，一定须具有有效的制裁力。公教社的制裁工具为逐出教社，国家的制裁工具为军警，均同一理，国际社会向来未能强迫国家遵守国际公法或条约者，即因缺乏有效的制裁之故。第二次海牙和会曾讨论到制裁的问题，但一无成就。直到受了一九一四——一八年大战惨痛的经验，国际社会始感觉和平的维持不能不靠制裁的力量。国联盟约第十六条所设置的制裁，在范围上，是极广阔的。凡违反国联盟约而擅起战争者，全体会员国对之有绝交及作经济封锁的义务。此外，国联理事会并得建议各会员国采取军事的步骤以对付违反盟约者。换一句话说，第十六条所设置者既为强制的经济制裁，又为可能的军事制裁。

　　从国际法的演化而言，第十六条是一个革命性的进展。怪不得有许多保守的国际公法学者，在此次大战以前，每不以其内容为然，而多所批评。实则即第十六条亦离有效的制裁尚远。第一，经济制裁对于一个拥有强大的军力的国家是不能发生作用的。军事进展的速度如高于经济封锁所能引起进步的压迫，则经济封锁便失其效力。第二，国联所建议的军事制裁，各会员国尽可置之不理。第三，即使会员国接受这种建议，然在国联本身无武力，而被制裁的国家，反拥有极大武力的情况下，会员国的军事行动亦不易生效。所以第十六条纵可使一个小国就范，却难使一个大国就范。我们即假设在日德于一九三七年及一九三九年发动大战之时，国联尝根据第十六条而有所行动，恐怕也没有人敢过信该条的效力罢。

　　我以为不但从逻辑上言，最有效的制裁应以国联有武力而国家无武力为条件，即从现实言，如国家无武力，或国联即使有武力而国家也有武力，军事的制裁仍难付诸实施的。此点可分两层来说明。如国联无武力，则一切可能的军事制裁必须依赖会员国的效命。这不特发动至为不易，且调度上亦将发生无限的困难。如国联与国家同时有武力，则国联的武力便不能过小，过小，便不能成为有效的武力。世界上国家为数共有七八十，较大之国亦有七八。假定其中三分之一的国家共拥有陆军三百万，则国联的武力便无从小于这个数目。如小于这个数目，则遇到一群反和平的国家们能成为一个极大的集团时，国联的武力便有败北的可能。

从制裁的立场言，我以为单单国联有武力为上策，国联及国家均有武力为中策，国联无武力，而国家有武力，如旧国联时的情形，则为下策。一九三二年军缩会议时，苏联曾提出完全裁去武力的主张。当时一般国家不疑其有意与他们为难，便笑其太不现实。苏联在当时与欧美国家关系甚恶，这种疑笑或尚可以缺乏互信来解释。但法国所提设置国联武力与"侵略"武器只准国联使用的议案亦未为一般国家所同情。军缩会议既置上策中策于不理，乃斤斤从事于国家武力的稍稍缩减，既不见其大，乃只见其小。军缩会议之如此低能，我们实不能不归罪于英美当时的政治家的所谓"现实主义"。

此次战后，我以为我们应排除一切困难，力求上策的实现。国家只许有保安队及警察，而不许有配有攻击力的装备的海陆空军。这种海陆空军只许国联独有。我们丝毫不否认完全裁撤国家武力之议必将遭各大国的反对，然我们如能使各大国深信他们无侵略的危险，更深信国联的武力也不致为野心者所窃用，则他们的反对也将失去真实的理由。我们在第三章中曾主张轴心国家的武力必须于休战后即开始解散，且永远不许再有设置。如果这点能做到，他们被侵略的危险已免去大半。如果国联的武力不太大，而他们又有管理的大权，则第三者利用国联武力以压迫他们的危险也不易发生。

实现上策的最大困难是中、美、英、苏四国之不能合作及缺乏互信。假设他们之间缺乏互信，不能合作，则他们将首先不肯裁军，而国联武力如何管理一事亦将无适当的解决。然这个假设是不能成为我们的考虑的基础的，因为如果这个假设正确，则整个和平的计划将无从讨论。

万一上策不能实现，我以为我们须参照一九三二年法国所提计划，一面设立一个具有攻击力的国联武力，一面用定额的制度，规定各国（轴心国除外）所设置的无攻击力的武力。所谓"攻击"武器或"侵略"武器之间本不易为严格的分别，且各国因利害的不同常会作不同的其或相反的看法。然这并不是说不能有所分别。我意为使国家的武力难于成为侵略的工具起见，一切形式的飞机（无论轰炸机或战斗机或混合机）、潜水艇，巨型军舰（假定为万吨或万吨以上者），坦克，大炮，均应列为"攻击"武器，而为国家所不能有。国家之所能有者仅为普通的巡洋舰及炮舰，及普通的陆军。且这种海陆军亦不能超过定额。定额的大小则须以人口面积及海岸线为决定的因素。试以美国与加拿大为例。假定两国的面积相等，海岸线的长短相等，而人口相差为十五倍，则海陆军的定额，美国亦应十五倍于加拿大。再以英国及巴西为例。假设两国的人口相等，海岸线的长短相等，而面积的相差为三十五倍，则两国海军的定额应相等，而陆军的定额，则巴西应三十五倍于英国。如或大家认为面积这一因素没有人口的重要，则自可将面积这一因素的分量减轻。如面积这一因素的分量应折半计算，则美国的陆军便可三十倍于加拿大，而巴西的陆军只能十七八倍于英国。我意我们如肯为精详的推毂，我们不难寻获一个计算定额的公允方式。不过像过去殖民地的保护等等的考虑自然不能再作为决定海军大小的一个因素。殖民地经国际化而后（见下第十一章）应统归国联保护。商航线亦然。

根据公允的计算方式，我们当不难使中、美、英、苏三〔四〕国拥有最大的海陆军。我们或无法找出一个公式能使英国的海陆军占世界上的第四位。然英国对此或不必感到恐慌。以海军言，如自治领地的行动能常与英国一致，则英国的海军不啻仍可占世界上的首位。至于陆军，则英国久已不是陆军国家。在承平之世，英国尝坐视欧陆国家之通国皆兵而不以为意。故今后纵陆军之数远不如人，他亦则绝少可以有介意的理由。

各国可以有普通海陆军，但国联则应有空军及若干具有攻击力的海陆军。海军须含有若干巨型战舰，潜水艇，及高速度的舰艇。陆军则以机械化部队为主，且须有空运部队。国联武力的主要任务在于极短的时期内击破侵略的武力，而不在占据任何区域，故其编制与海陆空三军的比数须求能与此种任务配合。

如果新的国联决定一面自置武力，一面又容许各国置有武力，则国联对于各国的武力自须做严密的监督及指导。国联不能不监督，不监督则在有些国家将不免发生超过定额或偷置具有攻击力的机舰部队之事。国联也不能不指导，不指导则国联一旦决定发动制裁时，将不易调动各国的武力。

在第三章论到解除轴心国的全部武力时，我们已略及上次大战后协约国监视中欧国实行军缩条款时所遇到的困难。如果各国仍可设置武力，纵这武力为不具攻击力的海陆军，各国暗中扩军的可能将不亚于德国在一九三五年公然宣布扩军以前之所为。各国既可仍有武力，则军事训练及军器俱在不能普禁之列。既可有军训，则五万部队所需要的军官的训练与五十万大军所需要的军官的训练不易有显明的分别。既可有船坞，则制造小型舰所需要的船坞与制造巨型舰所需要的船坞也不易有别。既可有兵工厂，则制造步枪所需要的兵工厂与制造大炮所需要的兵工厂也不易有别。以是国联监督各国不于定额之外设置武力的工作，势将不易着手。如要监督的有效，严密及公允不可缺一。缺乏严密，则各国间必有暗中扩军者。缺乏公允，例如对大国放任，而对小国严格，则必致定额的制度难于维持。要督导有效，监督委员会殆须包含两种成分在内。各国有否超过定额的事实似乎应由小国的代表来审定。如此才可以表示大国的无私。强迫各国不得超过定额的办法似乎应由大国的代表发动。如此才能表现站在监视委员会背后的力量。然而这种理想的合作是极不易取得的。且从大国的立场言之，他们既能如此无私，则何不索性采用上策，废除国家武力？

旧国联盟约第十六条所规定的军事制裁，在旧盟约有效的二十年间，从未有过试验。假设国联理事会曾因某一次的侵略而建议各会员国为军事的制裁，更假定若干国家同意于这建议，制裁的进行仍不易易。必定参加制裁的国家能有统一的指挥，然后他们的武力方得发生力量。如何可以收统一指挥的功效呢？如组织一个委员会办理，则委员会本身便往往可以缺乏统一。如委托某一大国的最高统军大员为最高统帅，则旁的国家未必心甘。今后如各国仍保有武力，则遇到有请他们共为制裁的必要时，这统一指挥的问题自然也需要解决。要解决这问题，诸大国的悉力合作也自然为先决的条件。一定要他们甘愿令他们的武力受国联将官的指挥，然后统一可以有望。

更进一步言之，要国联的将官能有效地指挥各国武力，平时的一种检阅是不可少的，某一种范围内的参谋会商也是不可少的。没有这种检阅及会商，号令的下行极不容易。但有了这种会商及检阅，则各国的武力势将大大要失其独立性与国家性，而与国家不得设置武力的情形相差无几。如其独立性与国家性丧失至相当的程度，则各国分有的武力岂不即等于国联共有的武力？

由是，我们可得一结论。战后关于武力的合理制度或应是上述上策与中策间的一种调和。如攻击力的武力不属于国联而仍为各国所有，则战争的危险太大，而制裁的力量太小。如国家只可有警察，而绝不能有武力，则在情感上各国此时或尚不能容许这种高度的国际主义。如国联及各国分有武力，则各国武力的监督及指挥两均不易。为免去这些困难计，最合理的办法或应是这样：（一）警察及维持治安的组织为国家所有。（二）攻击性的武力为国联所有。（三）无攻击性的武力为国家与国联所共有。这种武力由本国人民所组织，驻在本国，可用以襄助警察，为维持国内治安之用，故为国家的武力。但其定额为国联所规定，其编制配备受国联的监督，其训练受国联的检阅，其参谋受国联的制挥，故亦可视为国联的武力。若然，从国家的立场言，国家仍有武力，仍不失其为国家。从和平的立场言，武力已全属于国联，侵略的可能当可缩至最小的限度。

无论战后的解决为怎样，最重要的还是四大国的开诚合作。上策的成功需要各大国的完全合作，中策的不失败，需要各大国的完全合作，上中的调和也需要各大国的完全合作。

今后的武力问题如果能如上面所述而解决，侵略的行动或者根本不至于发生。就过去二十余年的经验而言，侵略者均为强国，被侵略者比较的几均为弱国，故侵略在开端时几均富于成功的希望。日本一九三一年侵占东三省的行动，一九三七年在华北发动的行动，义大利一九三五年侵略阿比西尼亚的行动，以及德意志一九三九年先后侵略捷克波兰的行动，在开始侵略的时候，固无不煞有成功的把握。然在战后新的武力分配之下，则除四大国外，其余国家殆根本不会有侵略的力量。即偶为野心所驱使而不量力地作侵略的行动，成功的可能亦将微乎其微。至在中、美、英、苏方面，则侵略亦不易成为事实。姑不论痛定思痛，四国人民应懔然于兵之凶及战之危，知和平之可爱，而绝不容有侵略的居心。纵使他们中有欲犯大不韪而侵略邻国者，然第一他的武力不见得能完全听命于政客而丝毫不忠于国联，第二这武力决不能抵抗国联较锐敏的武力。如果在侵略开始的时候即少成功的希望，则侵略便不致开始。

可能性较大的不是某一大国单独的侵略，而是某几个国家与另几个国家的冲突。然单单小国间的互相冲突尚不足为忧。这种冲突，一则不难预防于未发之先，再则不难制止于既发之后。无论是国联的力量，或是区组织的力量，均可应付这种冲突而有余。但国际冲突如有大国参加，则其所引起的危险性自然较大。因为一有大国参加，则冲突的性质极易类似均势破裂后的战争。不但极易类似，而且势必形成。为避免这种冲突，国联在平时应注意使各会员国，尤其各大国，能忠于国联的理想，而避免或在主义上，或在贫富上，或在其他方面，形成两个或两个以上对峙的集团。

为减少发生侵略或其他武装冲突的危险起见，国联对于各国是否能严格遵守一切关于武力的条约或协定或决定，自须采取最严格的监视。稍以纵容，则暗中扩军或暗中制造攻击武器之事，犹如德国昔日之所为，便不易免。这种监视不特须严格，尤须公正。对于小国须如此，对于四大国尤应如此。必定四大国的军备丝毫不超过条约或公约之所许，然后暗中扩军或增造武器之事可以普遍的禁止。如果发生某一国家有违约的行为，则国联应采取惩处的办法。违约的国家应与轴心国受同样的罚则。他不得置武力，他在国联中也丧失了应得的地位或任何的领导权。如果受惩处的国家有违抗惩处的行动，则当以侵略视之。非如此，则一切关于军缩的办法将无实施的可能。

无论因侵略，因冲突，或因违抗国联的决定，而有发动制裁的必要时，其发动自应以迅速为原则。国联理事会应有议决制裁之权。若制裁必须经国联大会的决议，则时日的迁延将无可免，而制裁的成功也将为困难。理事会凭多数即可表决。若表决须凭全体或极大的多数，则扰乱秩序者将多一机会，而理事会的行动亦将大受牵制。或者曰，如普通的多数即可通过制裁，制裁或将过于频繁，而战争反将加多。此种疑难乃假设参加理事会的十个左右的国家已先形成两个势力约略相等的集团，故较大的集团可凭多数以压迫较小的集团。我们希望这种分野能永远不在理事会中发生。据我们的推测，也不会发生，除非中、苏、英、美四大国之间即有对等的分裂。如果理事会有这种不幸的分野，则表决凭普通的多数固然不妥，凭较大的多数将无可能。在这种情形之下理事会势必葬送于分裂，而国联亦将无法继续其职务。

如果国联理事会中无各大国分立对峙的情形，则理事会既可为迅速的决议，而其所决议的制裁也不难付诸实施。理事会发动制裁后，单凭国联的武力或即可使侵略者或违约者就范。如国联有运用各国定额武力的必要，则军事领导权既操于四大国之手，而平素国联对他们又得监督指挥，他们也自可为国联所用。在这种情形之下制裁的成功应是不难之事。

为法律上的简赅起见，我们或者应将冲突或其他违约行动均归纳在"侵略"之中，如何构成"侵略"向为外交家及国际公法学者所争论不决之事。巴黎的和会未能予侵略以定义。一九二四年的国联大会又拒绝接受《日内瓦议定书》中不受仲裁而兴起战争为侵略的定义。我以为在新国联之下，凡一切不受国联大会或理事会的劝告或法院的判决而进行的武装行动均可认为侵略的行动。这样的定义可使国联维持和平的努力不因太呆板的定义而受有妨害，同时也可使制裁的对象恒为侵略者。

我以为和平之能否维持将赖于制裁的本身者小，而赖于制裁成功的可能性者大。如果大家相信国联的制裁一定会成功，则没有人敢有侵略或违约的行动，而制裁也永可不至发生。如无人相信国联的制裁会成功，则侵略等事自易发生。旧国联之所以失败而和平之所以不保者，即因很少人相信盟约第十六条可以全付实施或实施可发生效力。为今之计，我们首须一面增加国联的武力或集中一切武力于国联，又一面减少或裁去国家的武力。必定能如此做，然后国联的制裁易于发生实效，更然后各国不敢有侵略或其他不韪的行为。于盟约中规定有效制裁的用意固不在希望制裁的实行，而在希望制裁之永可不用。国联武力的设置虽云为制裁，实乃为免去制裁的必要。

第九章　国联法院

人类政治组织由民族国家到大同或世界国家的过渡期中，国际武力及国际法院俱是不可少的工具。大同实现后，有了警察及普通的法院或便足维持秩序。但在国家这个组织没有完全浸沉于大同社会以前，两者俱不可少。没有国际武力，便没有制裁违法的国家的力量。没有国际法院，便没有审判国际争端谁曲谁直的机关，因而许多本来可由司法解决的争端便不免流为武装的冲突。

国际法院与和平的维持及国际组织的设置常是相提并论的。一八八九年海牙第一次和平会议即设立了一个常设仲裁法院。但常设仲裁法院虽号称常设，而实则仅法官是常有，而法院则并不存在。参加于一八九九年国际争端和平解决协定（或一九〇七年修正协定）的四十多个国家相约各推仲裁者数人，以组织法院，其任期为六年。每国所推之人不得超过四人；在欧战勃发以前，仲裁者的总数约有一百五六十人。各国如有争端，可于此一百五六十人中任选三人为仲裁者。自仲裁法院成立以迄一九一四年，经仲裁的案件共十五个。自一九二〇年以来，则只有五个。

仲裁法院的限制是十分显著的。他既没有固定的法权，又没有强制的能力。国与国间发生争端时可以交付仲裁，也可以不交付仲裁。仲裁的决定可以接受，也可以不接受。所以仲裁法院的成立虽对国际争端的和平处理不无微功，但与争端悉由司法裁决的理想的实现则相距尚远。

一九○七年第二次海牙和平会议时，进步的分子尝有设立国际法院的建议，但结果仅为国际争端和平解决协定的修正。一直要到巴黎和会，各国同意设立国际联盟时，国际法院之议才有复活。国联盟约第十四条规定国联理事会应筹设一个常设国际法院，以受理各国请求处理的争端，并应理事会或大会的提请，对于任何争端或问题提供咨询意见。根据这条的规定，理事会及大会通过了专家委员会所草拟的国际常设法院组织条例，并于一九二一年得大多数会员国的批准而生效。二十年来在海牙执行职务的常设法院即基于这个组织条例而存在。

国际常设法院起初共设法官十一人，候补法官四人，经两度的增加，法官增至十五人，候补法官之数则如初年。法官的推举须经过推荐及选举两个手续。推荐之权属于常设仲裁法院的各国法官，一国的法官成一推荐的团体。选举之权属于国联大会及理事会。

常设法院的权限，根据国联盟约及法院组织条例第三十六条所定，只及于争端两造所同意由法院处理的案件。而不及于两造或一造所不愿由法院处理的案件。换言之，两国之间纵发生显然宜于司法解决的争端，如果有两造之一拒绝法院处理，则仍只能用政治的方法或战争的方式来解决。这当然与设立法院的原意相违。故组织条例附有所谓"任择条款"，规定凡接受这个条款的国家，如遇有可由司法处理的争端，当然听受法院的处理，而无须由两造特作协议。这个条款曾被大多数国家所接受，但各大国于接受时往往多数保留，以致效力大削。又国联理事会为诱致美国的参加计，尝委派专家委员会重订协定（一九二九年九月十四日）。但美国虽签署于这协定而参院迟迟不予批准，终且予以否决（一九三五年）。美国的不参加及各大国之未能无保留的接受任择条款，自然使得法院的权力十分渺小。又除判决外，常设委员会尚可提供咨询意见书。但法院对此权的行使异常谨慎。咨询意见书的提出皆出于理事会的请求；有关的国家均可陈诉意见；如无常任法官，并可指派临时法官。在此种情形之下，咨询意见书之为物自然也不易成为解决争端的工具。

在他二十多年的生存期内，国际常设法院尝有过二十八个判决书，二十七个咨询意见书。大体上两者均涉及欧洲的国家。只有五个非欧洲的国家尝为这五十余案件的当事者。固然一个法院成绩的优良与否不以所受理的案件的多寡而定，但常设法院所判决的事件多半涉于微细；所提的意见书，尤其关于奥国加入德国关税区及《法苏互助条约》与《罗加诺条约》是否相容二案，常过分迁就国联的有力分子的看法；而涉讼于法院者又几限于欧洲的国家：这三点究不是成绩优良的表示。故常设法院较仲裁法院虽为绝大进步，但以之维持今后的世界秩序自然尚嫌大大不足。

新国联应设新法院。法院的名称或可自国际常设法院改为国联法院。在旧时，许多国家本非国联分子，但国联又望他们能接受法院，故常设法院无法以国联法院为名。今后一切国家既均应参加国联，而参加国联者也当然须拥护国联法院，故称为国联法院反可以表示新国联与法治的密切关系，国联法院的组织及职权也应规定于和约（永久和平部分），而不应为独立的组织条例。

国联法院的法官可设九人，不必再多，再多则讨论案件太不方便。从前所以一再增多者，一因数多则对各国的要求较易应付，再因法官每有其本职，任海牙法官不过是一种兼职，故不得不多设法官，以保证开庭的成功。然审判的独立为一切法院成功之母，即国际法院也不能例外。审判如能独立，则法官无论属何国国籍，初不能对其本国的利益有所偏私。若然各国本无竞争法官的必要。无如在民族国家的局面之下，国家须顾到颜面问题。大国固然不能在国际法院中无代表，小国也不甘落空。加以西班牙文化的诸国向多研究国际公法著名之士，对于海牙法院尤特别热心参加。于是法官的人数在昔乃不能不一再增加。法官之自由缺席当时亦使法官数额时有增加的必要。若单从法院所处理的案件的数量而言，不特增加无必要，即原有的十五人（内候补法官四人）亦只会嫌多而不会嫌少。新法院的法官如为九人，而均能专心一致于法院的工作，摒绝一切外务，则决无不可胜任之理。美国最高法院为国内法院，其事务的繁重决非国联法院在最近二三十年内所能望其项背，然其法官亦不过九人而已。如果国联法院的事务日有增多，则可添设调查员一类襄助人员，司审判者仍不必过多。

法官如只有九人而不是十九人，则各国再不能争利己的分配，即争亦无所用。法官既任法官而后，应自视为国联的忠仆，而不复是所属国家的人民。法官应由国联理事会秉公遴选。第一个考虑是候选人的识历，第二个考虑是世界各主要法律体系（如英美法，大陆法等等）之不偏重亦不偏废，第三个考虑是年龄。旧法院的法官年龄过高，于执行职务颇多妨害。理事会于遴选法官时宜特组专家委员会，以便于全世界的法官，律师，及学者中挑择最适宜的人物。凡年龄已逾六十一者不应在选择之列，庶几任法官者将无过于七十之年者。理事会所遴选者应经国联大会的通过，藉作全体赞助的表示。

法官的任期可仍为九年，但应每三年改选三分之一，藉以维持法院的继续性。

临时法官的制度可予维持。过去，凡涉讼的国家如无该国国籍的法官时，得临时推出法官，参加审判。依审判独立的严格原则，这本是一种多余的举动。但为顾全各国的情感计，兼为使九个常设法官益得不沾染国家的色彩计，争端的两造今后无论有否该国国籍的法官在法院内，可一律推临时法官参加审判。但一造只能推举法官一人。如两国以上参加争端的一面，也只能合推一人，庶几审判每一个案件的法官总数不会超过十一人。临时法官的设置多少可以使没有该国国籍的法官的国家对国联法院多一分信任，而使常设的法官可放胆地以中立公正人员自视。临时法官纵然对所代表之国完全偏袒，也不致影响判决的公正性。利害相权，临时法官的容许可说是害少于利。

国联法院的法权应比旧法院大大增广。国际的争端可分为可以司法解决的与不可以司法解决的两种。二者之间当然无固定的界线。在国家斤斤计较主权的时代，前一者的范围常是极度微小的，几乎一切的争端被列为后一种。素以爱好和平自诩的美国即为这种不合理的解释的最大偏向者。这种趋势自然须加以平反。我以为划分两种争端的原则应如下述：凡争端系根据于国际公法或条约上某一种的权利而起，而又可以判决的方式将所争的权利断归一方或分归两方享受者，应视为可以司法解决的争端；凡所涉及的事件有需于新的讨论，新的磋商，或新的国际立法才能解决者，则为不可以司法解决的争端。以上述为分别的基础，争端如日苏渔约所起的纠纷，如基尔运河通过问题等等，当然是可由司法解决的，即中日间一九三一年中村被杀事件，或是一九三○年后义阿间瓦拉瓦拉之争也未尝不可由司法解决。但如德捷间关于苏台德区之争，则显然不是可以司法解决的争端，因为其间所引起的问题，如民族自决的问题，或是少数民族的待遇问题，俱有待于新的解释。这种争端显然由国联大会或理事会处理为宜。为提高国联法院的地位兼为鼓励各国之尊重司法机关计，凡争端两造对于争端作不同的见解者，法院仍得受理，对方亦不得拒绝。但法院如发现案件确无从为司法的审判时，则可移请国联理事会为政治的处理。理事会因一造的请求，正在试作解决的争端，国联法院即认为是可以司法解决的争端亦不必受理。但理事会仍得以之移请法院处理。

依照上面所述，国际争端将分由国联法院及国联理事会处理，可以司法解决者属前者，不可以司法解决者属后者，依违两可之间两造看法不同者，则两者均可处理，也均可移请另一个机关处理，但甲机关正在处理者，乙机关不得顾问。我以为如果理事会及法院对争端均能秉公处理，而理事会又能尊重法院的正当权限，则理曲的一造很少有凭借理事会以延宕解决的可能。在此情况之下，法院之权可以大伸，而国联的法治也不难树立。

旧国际常设法院兼有提供咨询意见书之权。这在法院不具强迫管辖权，而理事会对一切事又不喜作直截解决的时日，或是一种对和平有些须贡献的事情。但如法院的权限能有上述的增加，而理事会对不可以司法解决的争端又能负责地予以处理，则提供咨询意见书的场合或将不存。故国联法院似不必再有此权。国联法院专司审判国际争端，有争讼便有判决，没有争讼便无须对法律问题有所解释。

除国家外，私人是否亦可向国联法院提起诉讼？我以为这是不必容许的，至少在目前是不必容许的。我对于国家的所谓主权有一种一贯的看法。如果迁就主权的观念便将使和平与新世序无法维持，则我们不能不打破这观念，我们不能姑息。我们所以敢主张国联有武力，国联法院有强迫的管辖权者，乃因非此则不足以保障和平。如果因国联有武力或国联法院将有强迫的管辖权而国家的主权受有限制，我们也不敢有所顾忌。但对于无关重要之事，则为减少国家的反抗或疑忌或顾虑计，我们也不必与主权的观念作正面的冲突。容许甲国人民在国联法院控诉乙国便是这样一个不必要的冲突。美国联邦初成立时，其最高法院原亦不禁有受理甲邦人民控诉乙邦之权。但这种控诉终引起若干重视邦权的邦的重大反感，而美国宪法亦不能不有修正，不能不禁止这种私人控诉邦的行为。在最近的数十年内，国与国间的团结很难胜过十九世纪初年美国各邦间的团结，国联的向心力很难胜过合众国的向心力，故甲国人民控诉乙国的权利不必容许。如甲国人民的权利受乙国的损害时，甲国或可代为交涉，或乙国可尊重司法的精神自动地给国联法院以受理之权，有如若干国家虽在原则上不能被其人民控诉，而在事实上往往特许其法院受理这种诉讼者然。

一个独立国家固然不应被另一个独立国家的人民所控诉，但是国联保护地与国联领地的地位又如何呢？我以为国联保护地可与独立国同样看待。国联领地既非独立国家，自无不可被私人控告的理由存在。惟国联法院所受理之案仍应以具有国际性质者为限。因领地官吏有虐待侨民的行为而发生的争讼，以及其他无国际性的争讼，俱应由领地法院管辖，而不应由国联法院管辖。

国联法院所引用的并执行的法律自然以国际公法为主。关于国际公法的性质在过去颇多争执。愿以积极的法律视之者殆属少数。其故则因国际公法主体为有主权的国家，而执行这法律的法院并不存在。国家既有主权，自无人能强制他服从任何法律；而一切所谓国际法院者在昔也不具有普通法院所具有之权。但这种无法律的状态，从我们主观的眼光看起来，固不能再有容忍，而从历史的客观的眼光看起来，也正在变化之中。如果一九一四——一八之战后的《国际公法》仍不能称为积极的法律，他的积极性至少比一九一四年以前要大些，而两次海牙和会以后的积极性也比和会以前的要大些。所以我们可以不问《国际公法》在过去是不是法律，是不是具有束缚性。我们一面可顺其发展的倾向，另一面可从建立新世序的立场，努力使《国际公法》成为与各国国内法有同一效力同一积极性的法律。

为强化《国际公法》的效力起见，我主张将《国际公法》法典化，将一切普遍接受的合理习惯，参酌新的需要，编成一部《国际公法》。有两个理由令我作此主张。第一，对整个世界而言，成文法较不成文法为适宜。第二，战争之斥除将使过去所习知的《国际公法》大有修正的必要，故编订的手续为不可免。有实效的法律本可为成文法，亦可为不成文法。英美及不列颠国协的分子国所采用者大抵为不成文法，而他们且为法治最隆的国家。故英美人士多半不会主张将《国际公法》法典化。他们或且以为由国联法院（假设他们接受国联法院）一面执行一面长育得来的《国际公法》，其基础反比法典式的《国际公法》为巩固，犹之同样得来的英美通常法，其基础之固往往在大陆诸国民刑法典之上然者。然这是一种偏执的看法。英美人民固有尊重不成文法的习惯，但这种习惯并不普及于全世。为多数民族计，成文法的执行究比不成文法较易，而且在新世序中，国际关系将有革命的变更。战争将为《国际公法》所不容。战争既宣告为非法后，中立亦将不存在。制裁则与战争不同。被制裁者不能享受昔日交战国所享的权利，而制裁者则将享有不同于交战国的权利。在过去，一个国家可以对战争守中立；在今后，没有一个国家能守中立，不是参加制裁，便是参加侵略。为适合新世序起见，数百年来所逐渐演进的平时国际习惯，尤其是近百年来几个重要国际会议所协议得来的战时《国际公法》，诚大有重订的必要。

编订《国际公法》的工作自然不能草率成功。新国联成立后，其理事会应即组织一个委员会以草拟：（一）编订的程序及（二）《国际公法》各大原则。这个委员会的报告经国联大会通过后，理事会应重新设立一个法典委员会，以从事于法典的起草。在起草的过程中，委员会自应博采众意，尤不可忽略代表世界上若干主要法律体系者的观念。法典最后自须经国联大会的通过。

这样一部《国际公法》，其得各国人民尊重及被法院执行的可能，自较不成文的《国际公法》为大。

法典之外，国际单行法，国际条约，国联法院的判例及各国国内法有关部分，亦将为国联法院所援用的法律。

国际单行法的数量今后殆将大有增加。《国际公法》所包含者将限于若干经常事项的规定，如国联的组织，国家的权义，国家的交际，国籍问题（关于此点一九三〇年曾有海牙编订会议）及各国人民的移入移出等等。关于若干新起的事项，势须随时另有立法。国际关系愈密切，国联的职务愈繁多，则国际立法的必要亦愈增加。如果我们于战后能建立本书所企望的新世序，经济关系并能如第十章所言者，则国际立法势必日臻发达。

《国际公法》及国联大会所议决的公约协定及议定书等等，均为全世界通行的法律。两国间或数国间依法成立的条约则犹如私人间所订的契约，国联法院也有执行的义务。但今后国际立法如日形增加，则条约殆将日形减少。这是必然的结果，因为在法典化的《国际公法》及权力日大的国联大会之下，国与国间订立条约的必要及自由权自必减缩。为维持国联的法治起见，条约不特须向国联登记，且绝对不能抵触《国际公法》或国际立法。如有抵触，国联大会及理事会应有不承认之权，而国联法院则可不予执行。

国联法院本身的判例也是国联法院所适用的法律之一。旧国际常设法院组织条例第五十九条虽明定法院的判决只适用于两造间的某一个条件，实则常设法院已有援用其自身判例的趋势。今后国联法院既为一个正式的且为最高的法院，判例法自然应为他所适用的法律的一部分。

国联法院如果能确实执行以上各种法律，国际法治的养成自不待言。

第十章　经济秩序

　　第六章讨论到国联的组织时，我尝说过，要有和平，不能不先弭战，要弭战不能不先免除国际冲突，而免除冲突的最有效的方法，则莫过于促进国际合作。我不是唯物论者，我不信经济可断定一切。经济因素之外，其他的因素，如民族情感的隔阂，如政治体制的不同，均可扰乱和平。故智识的交换，人群的互认，以及"民为贵"等一类基本信条的普遍接受，均为促进合作的必要工作。但是谁也不得否认经济因素的重要。工业愈是普遍的发达，经济因素的重要也愈不可忽视。如果国际经济合作不能达到某种的高度，则国际冲突决无可免，而国联亦将等于虚设。我们必须利用国联的机构以促进各种的合作，尤其经济的合作，然后国联之设方有意义。

　　经济合作的最大敌人为所谓"力的经济"。由于民族的对峙与斗争，"力的经济"在近年不幸有异常的进展。采用是项经济政策者以增加国家的力量为目标，而不计及人民的幸福。国家力量增加，而人民却不许增加享受者，乃因国家须储备充分的力量以作向外发展，或以作抵御外侮之用。盖所贵于"力的经济"者，一方必须以人民为养成这"力"的工具牛马，而另一方必须与旁的国家发生战争。不以人民为工具牛马，而重视他们的福利，容他们享受，则这"力"便无从积聚起来。不与旁的国家发生冲突斗争，则这"力"便失了他的养成的意义。故"力的经济"亦即是战争经济。

　　"力的经济"与自足的制度亦几不可分离。盖"力的经济"既是战的经济，则不能不以作战能否胜利为经济政策成功与否的试验。既须作战，则不能不防封锁，于是凡一切与作战有关的资料器材俱无一可少。本国所无的原料必须取给于有的邻国，而此邻国亦必须加入自足之国，成为经济的附庸。如邻国亦无此原料，或不能于邻国得此原料，则必须寻找代用品。如代用品无法寻得或无法制造，则必须取诸较远的邻国，纵用侵略的方式亦在所不惜。德国近年来所以自中欧的一国渐渐成为全欧的领导者，甚而左右南美近东各国的经济的生活者，即因他的经济自足制无法在一国疆土之内建立之故。苏联地大物博，经济自足制好像较易单独建立。但苏联在战前也尚未能完全自足。如果没有希特勒的侵略战，如果苏联能继续进行自足制的建设，则苏联也将不免踏入两条路径之一：一是因恐与其他国家冲突而放弃自足制，改采合作制，又一是和德国同样地夷四邻的国家为他的经济保护国，终则引起战争。无论自"力"的观点或从"自足"的观点去推演，这一种经济的必然结果是战争。

而且"力的经济"是有传染性的。一个国家采行了"力的经济"，则无论在经济上或在政治上，他的邻国只有屈服与抵抗两途，而无法与之和平相处。在经济上，与采用"力的经济"的国家合作往来等于自杀。采用"力的经济"的国家愈是自足，愈是有力，则与之往来的国家愈须依赖他而生存。在政治上，采用"力的经济"的国家的目标也即在使邻国无法独立之生存。如不屈服，则只有抵抗。彼以"力"为目标，我也以"力"为目标。彼以力来，我以力往，而我之邻国也不得不以"力"为其经济的目标。一国重力，天下重力。初则各相戒备，以防受损，终必到处冲突，蔚为大战。

"力的经济"与和平既如此的不相容，则今后任何国家均不能再以"力"为其经济目标。所有国家的经济目标均须以人民的福利为出发点。换言之，所有国家的经济应为"福利经济"而不是"力的经济"或"战争经济"。发展工商业的目标不在增加国家的力量，而在使人民的享受得以普遍地增加，人民得享标准较高的物质生活，并余闲较多，修养机会较丰的精神生活。必如此，和平的国际关系才有维持的可能，而战争的重要原因可以消灭于无形。

然而要各国放弃力的经济而改采福利经济，不是一件怎样容易的事，虽则这更张显然为和平所需要。在过去，没有一个国家的经济是能完全免于力的或备战的色彩的。即使以自由主义自诩而资源又丰富的英美等国也未能免此。重以此次大战的经过，在战事结束之时，殆没有一个交战国家，甚或不参战国家，将不是采用这种经济的国家。要他们一旦改弦更张，事实上的困难是可以想到的。

如各国对于未来的和平缺乏坚强的信念，他们对于自足制的恋栈，对于自足制的不甘放弃也将成为改采福利经济的绝大障碍。要世界各国能有高度的经济合作，天然的分工是无可少的。各地区各人群愈是能就近利用天然的资源与生产的技能，则生产愈经济，生产品愈精良，运输亦愈经济。但在天然的分工制度之下，资源丰富繁多的国家自然比贫乏单调的国家较易得到自足。如果各国不能相信未来的世界将为和平的世界，则资源贫乏单调而野心却不缺乏的国家势将多所怀疑，而反对分工合作。他们仍将企图为自足的国家，如何可以灭除他们的疑虑而使他们甘于放弃求自足的企图呢？莫过于大国能以身作则。我们在上面已经说过，严格的说起来，没有一个国家是能不依人而自足的。即实施计划经济多年而又是大国的苏联也从没有能自足过。所以像苏联等若干离自足较近的大国，今后如能不返到自足制，任令若干于战争为必要的基本原料及工业缺而无有，废而不举，转而致力于若干最适宜他们的资源及人工的生产事业，以表示无备战之意，则其他国家或亦不难认自足之制为无须而乐于分工。

由力的经济到福利经济，由自足制到分工合作，单靠国民经济目标的改变尚是不济事的。国民经济是一件牵涉至广之事。粗言之，他包含资源的问题，资本的问题，劳工的问题，生产数量及如何生产的问题，他也包含贸易政策的问题。细言之，凡资源之有无多少，资本与劳工之如何供给，信用之如何组织，市场之如何分配，货币之如何流转，均可以影响国民经济的本质。在过去，尤其自最近一二十年自足制渐次盛行以来，大多数国家均以全力统制一切有关因素。统制的目的为保障自足，而统制的结果则在经济上为畸形发展的层出与正常生活的闭塞，在政治上为大战的酿成。如果不合理的统制不放弃，而利于合作的新制度不代起，则合作与和平势将因缺乏实质而无从实现。

我现在拟对国民经济所包含的各因素一一加以讨论。

土地与人口的关系对于某一民族或某一人群的经济生活是可以发生极大的影响的。假定某一个人群在某一个区域内可以过某种标准的经济生活。在同一区域，如居民过多时，则生活标准便要降低。或同一人群如移往于一个较小较贫的区域时，生活标准也会降低。因为人口的多少与所居土地的广狭贫富，对经济生活可以发生如许大的影响，于是日德等国的野心政客乃好以人口高压力及生存范围一类口号鼓动其人民，作侵略的行为，于是思想偏于乌托邦者也以为人口与土地间的关系须根本调整。日德的侵略主义固不足道，乌托邦的看法也不值考虑。某一人群居某一土地往往有其极久远的历史，且为人群自决原则的基础，在事实上决无数学式的或近似数学式的重分配或重划分的可能。我们之所能为力者，第一，一区域的资源应供全人类的享用而不能为某一人群所专利，第二，若干土广人稀的新区域应吸收多量的移民，以表示土地所负的责任。我们之所能为力者如是而已。

历来各民族国家之所以遇土地必争者，一面固然为土地本身及土地上所居的人民，另一面则是为附属于土地的资源。后一种的原因自工业革命发生以来日见重要。因此，我在第四章中尝建议将民族国家的殖民地一律改归国联直辖。在下章中我更将详论这国际化的办法。然殖民地的国际化仅可解决资源问题的一部分，而不能解决这问题的全部分。各独立国与保护地的资源，应如何公平分配，以灭除国际争端，则仍有待于规划。

在过去，或由于备战的需要，或为资本家盈利的方便，资源的利用往往与人群正当的需要不生联系。在过去，不正当控制资源的方式不外乎有四种。第一是专卖。凡分布不广或集中于一国的原料最易成为那个国家的专卖品。第二是限止出口。第三是征收出口税。第四是结收外汇。藉第一种的办法，得天独厚的国家可以对某种独有的原料为自由的处置。他所规定的价格或可使这种原料永远不能输出国外；如有输出，则可换取惊人的重价。第二、三、四各种办法或可以助国家保存某种原料在国内，不任其自由出口；即有出口，亦不能超过政府所认为可以容许的量额；或可以增高经营原料者的利润。中国近年对于钨锑的专卖，美国近年对于氦的禁止出口，智利多年来对于硝所征的出口税，及德国近年来对于一切原料出口之结收外汇，盖可视为各种控制办法的例子。

控制资源的目的往往为备战，为储存战争所必需的原料。现代的战争需要原料甚多。武器愈精妙，则混合物愈不可少，而战争所需的原料名目亦愈繁多。即如我国所产生之锑，在十九世纪时本不是军需品，但今则为兵工制造所不可少的原料之一。需要的原料既多，于是富于资源的国家遂不惜以种种方法控制资源的外流，一以利己，再以损人。

除了与战争有关的原料以外，国家为发展工业计，也每国控制各种有关原料。国家愈求自足，则所欲维持的工业愈繁复，而所需的原料亦愈众多。

但控制资源的目的不一定全为国家储备必要的原料。有时国家为保护或增进国家本身（如为国家资本主义）或企业者（如为私人资本主义）的利益计，也不惜出于控制的一途。巴西对于咖啡一面限制生产，一面又限制出口，其目的即在提高世界市场上咖啡的价格，而以加惠于巴西的咖啡生产者。马来英政府对于树胶采用同样的政策，其目的亦为同一。这种政策与战争没有直接关系，但最后的结果亦每激成国际争端。巴英的政策使缺乏咖啡及树胶的国家不得不出于两途之一，不是图谋占领出产咖啡及树胶的地域，便是对巴英采取报复的手段。

无论控制的目的为何，控制愈盛行或愈有效，则世界各地因缺乏原料而造成的工业紧缩，或工厂关闭，或工人失业，或类似的现象，自必随而愈见普遍。如控制的原料为必要的食品或药类，一部分人民且将因而饥死病死。故我们如不谈世界新秩序则已，如欲建立新秩序，则一切不正当的控制自须扫除，而新的分配制度亟须代起。

我建议三个解决资源问题的原则。第一，凡取之易尽用之易竭的原料，在代替品没有觅获或发明以前，全人类应有妥为保储，严节消耗的责任，占有这种原料的若干国家不能据以为居奇牟利之资。第二，食品，衣料，医药用品，及其他生活必需品应依各民族的大小，并比照其生活标准，而为平均的分配，天赋较丰的国家不得有霸占的行为。第三，工业及制造所需的原料应视各民族的工业需要，并比照其进步率，而为公平的分配。我以为如这三个原则能个个顾到，则各民族皆有求经济上进步发达的可能，而无所用其彼此戕杀的竞争。

有若干种显然是取之有尽用之有竭的原料，如镭如氦，均为异常有用的原料，然全世界已知的供给却非常有限。这种原料如不予以最郑重的保储节用，则不特没有这种原料的国家无从利用，即产藏他们的国家不多年间亦将毫无所有。故就他们而言，人类第一要务在如何保储，如何节用。保节而后，然后才能谈到分配的问题。

另外若干种原料之应适用第二个原则也极显然的。举若干种农业品为例。小麦为主要食粮之一。依常理言之，凡可以产麦的地区，尤其向来产麦的地区，其人民自应努力求最大的小麦生产。同时，国际则应有组织，将某地多余的小麦运至食粮不敷的地区，以调节民食。然而产麦过剩的国家，有为提高价格起见，有时实可减少产量，而不愿使不足食的民族占润者。又如樟脑的主要用途是在医药方面。依常理言之，产樟过剩的国家应任不产这种原料的国家自由购买。乃产樟的国家，有时则高抬樟价，有时以樟充医药以外的用途，而忍令别的国家无法满足他们医药上的需要。凡此办法既不经济，又罔顾人道主义，为新世序之所不能容。今后我们必须定一新的分配标准，使这种原料有流通的可能。于生产的国家满足其自己的需要之后，这种原料应用以满足旁的民族的需要。如果求过于供，则按人口大小及生活标准，而为适当的分配。

各国竞争最烈的原料自然是工业及制造所必需的原料，无论为动力原料或为制造原料。义阿战争爆发以前国联大会所讨论的资源重分配问题及一二年来联合国各领袖所注意的资源问题均侧重于这一类的原料。这一类的原料为工业国所必争。近代工业及技术的进步使任何一个国家，纵使是号称富于资源的美苏，也不能不有求于他国。如果一个国家有了一种重要的原料便加以包办（或是包而不办），势必引起国与国间的冲突。即使这种原料可以买得，而购买又为少数国家的专利，则冲突仍无可免。此所以《大西洋宪章》第四点有各国平等取得原料的声言。然所谓平等也者究竟只是一个笼统的观念，而有待于较具体的规定。国家不论大小，工业不论有无，如均可取得同样的数量，显然不是平等。平等须建筑于需要之上。然而什么叫做需要呢？如果说[4]美国工业此时消耗钢铁每年一万万吨，中国工业此时消耗钢铁每年五十万吨，而即以一千与五为战后两国取得铁量的比例，则美国将永为重工业国，而中国将永不能成为重工业国。此之非平等，也是显然的。或美国预计战后每年需要铁矿一万二千万吨，而中国则预计需要五千万吨，而即以十二与五为战后两国取得铁量的比例，则铁之供求既将失应，而中国实亦决不能动用如许大量之铁，结果则成为铁之囤积者。此亦绝非平等。或以各国人口为比例，而定取得原料之数。如此则中国势必样样占先，而与实际的需要无干，故亦非平等。我意我们如能依据各国过去若干年内需要数量的增减，预测其趋势，然后测定其需要的数量，而以之为分配的标准；同时每过数年又将比例重订，才对平等的原则及事实的可能两可顾到。再以中美两国的用铁量为例。我们如以一九二七至三六年的十年为基础，而观测两国用铁量的增减，则我们可发现在这十年间，美国平均每年约需铁四千万吨，并无增减的长期趋势可言。换言之，战后的数年内，其需要殆亦可预定为四千万吨。在同期内，中国的需要每年自百万吨激增至三百万，苟固定状态的前三年不计，等于七年增长三倍。换言之，在战后的七年内，中国的需要应定为三百至九百万吨，才足以表公允。

有一要点，我们是必须假定的。这就是本章上面所说过的分工合作。如果大家拒绝分工合作，而竞求自足，将生产事业一一求其发展起来，则原料势将发生供不应求的情况。然如何分工亦极难决定。如一切恢复战前的状态，则地广人众的国家如中印两国岂不将永为工业落后的国家？如中印可以举办他们近日所没有的工业，则其他各国当然也可以作同样的要求。若然，则与自足制又相离不远。我以为中肯的办法是一面容许亚洲及南美富有资源而工业落后的各大国，就资源之所容许，发展新的工业，又一面则劝告资源较欠缺而工业已极发达的德日及欧洲各工业国集中全力于若干种工业而不再从事于自足的企图。如美、英、苏等工业占先的国家能率先放弃自足之制，则这个理想不是无实现的可能。这个理想对资源问题有极端的要求。没有他的实现，问题几乎是永远不能解决的。

为执行根据以上三个原则而成立的政策起见，国联应有资源委员会之设。资源委员会应有大小国的代表，而以大国的代表居多数。非如此则委员会将缺乏力量，将缺乏行动的便利。关于各种重要的互争的原料的保节或分配，资源委员会自应专设各种委员会以资分别管理，如油有油委员会，树胶有树胶委员会等。这种委员会应有生产者及消费者的代表在内，而不必由大国的代表居主持的地位。国联或资源委员会所定的分配原则，原料委员会有遵守的义务，但后者关于某原料的生产及消费状态可提建议于前者。

原料而外，生产的其他必要元素为劳力及资本。劳力与人口关系密切，劳工的生活标准又与人口问题相连，故拟辟专章（第十二章）讨论劳力与人口问题，今不赘论。今所欲论者为一种特殊的劳力，即技术互助的问题。国与国间，如果天然的资源有贫富之分，则人为的技术亦有高下之别。两者对于农工业的发达均有重大关系。如果为经济合作计，我们求资源之得有公平分配，则为同一的合作计，技术高的国家助技术低的国家以及技术的互助亦为必要之图。过去因为经济民族主义发达的缘故，各国但知利己而不知利人，故技术较高的国家不顾以其较高的技术助人。今后经济合作的目的既为普遍的经济发达与生活标准的普遍提高，则技术较高卓的国家，自然负有以技术援助技术较低劣的国家的义务，而相若的国家间则有互助的义务。在原则上，这无疑问的可能，也无讨论的必要。所欲论者则为办法。互助究应由国联组织呢？抑应由有关国家直接磋商呢？两者固各有其优劣，但为统筹兼顾计，国联似不可无技术合作机关的设立，以充援助者与需要援助者情报交换之所。至于援助的派遣或交换则仍应由双方直接协议，庶几一则援助可以切实而有效，二则双方的国交亦可以增进。

资本为生产所必须，亦为贸易所必须。普通，提到资本，我们便连想到货币或金钱。但金钱资本对于生产是没有意义的，除非他能换取原料或机械或人工。甲国资本家向乙国的某工业投资是没有意义的，除非这资本成了原料或机械或人工。丙国为发展实业而向丁国举债也是没有意义的，除非所举之债亦能变成原料或机械或人工。关于原料，我们已有论述。人工的【的】劳力部分是最不易移动的，甲国的劳力投于乙国，在实际上往往是不能考虑的，固不可论。人工的技术部分则方已论及，亦不再论。所当论者只机械而已。关于这一点，我以为若干大规模从事于战事生产的国家，无论为美、苏、英或为德日，战后俱有以其剩余的机械投助工业较落后的国家的义务。援助的组织则可仿技术援助的办法办理。

无论是原料，是机械，或是技术，自甲国移至乙国后，甲国总须索取报酬。这报酬或者是另一种的原料，或者是制造品。计算这投资及报酬自然莫如用货币。将来国际经济合作愈密切，则各国货币间的关系亦愈繁复。在一九一四之战以前，英国的工商业在全世界居于卓绝的地位，故英国的货币在实际上具有国际货币的效能，国际货币的需要因尚不显。一九一九年以后，金镑的地位跌，而美金又不足以代之，故国际货币的需要渐显。今后国际经济合作大增，国际货币良不可少。如无一种国际货币，则投资及贸易皆将遭受种种障害。但新货币如与通行货币毫无关系，则又不见得能为世人所重。折衷之法，或可令新货币与美元间维持某种一定的比值，其余国家的货币，则令一面参照他们与美元的比值，一面参照各国人民的购买力，而与国际货币维持一种比值。若能如此，则此后国际汇兑市场上所发生的种种波动可以减少至最低的限度，而国际间的资本及货物的流通亦可畅行无阻。

或者曰令新币与美元维持一定的比值，岂不将使美元成为新币的支持者？我以为这在目前诚为不免的情形，殊不宜有所抗议。在战事方告结束之时，我们正应利用美国卓绝的金融地位，以助成国际货币的产生，而不容任何虚骄破坏新货币的成立。

有了国际货币，自然也须有国际银行。这银行就可叫做国联银行，总行设于国联所在地，而分行则设于各国首都及各主要金融市场如纽约，阿姆斯坦等。这个国际银行可以由各国中央银行合资开办。像一个中央银行在一国之内是众银行的银行，这个国际银行是众中央银行的银行。举凡国际债务，国际贸易，国际投资，长短期国际资本移动等等的国际支付，都由国际银行负调整的责任。再进一步，国际银行还可以做各国货币、金融、贸易等经济政策的仲裁机关。如有一个国家想推行一种金融政策，只顾有利于本国，而不顾是否有损于他国，国际银行可以其优越的地位，防止其施行。如此则过去利用货币制度的变动及外汇率的统制等等妨害国际秩序的措施，或可不再重演。

生产方面有了合作而后，贸易合作亦必可随之而行。在经济民族主义未盛行前，国际贸易的平衡，是看国际支付平衡的情况而定。国际支付如果失了平衡，汇率物价就先受影响，然后国际贸易也有了变动，而一个新的贸易平衡就代替了旧的贸易平衡。在国际贸易相当自由的制度之下，国际贸易平衡是国际支付平衡的一部分，与国际债务，国际资本移动等都是息息相关的。一个国家对外贸易的数量全看这个国家对外人欠欠人各项目的消长。在这情形之下，各国对外贸易，可以充分发展，而各国国内的工商业也可以不受国际的摧残。经济民族主义盛行之后，情形就大变，国际贸易自由完全丧失，而盛行一时者，乃为各种障碍贸易的统制或干涉。此类障碍贸易的统制大致皆以增进本国的出口，而减少进口的贸易，或维持某数量进出口贸易的平衡为目的。第一个现象便是国际贸易与国际支付平衡脱节，国际贸易的平衡变为一个独立的东西。因此每一个国家的国际贸易平衡都成了人为的不自然的平衡。如果只有一个国家采用这些贸易的统制，这个国家确可达到损人利己的目的。不幸，从经验上，我们知道这些贸易统制为尽人所可采用的。一个国家采用了这些办法，其他国家也群起效尤。甲国以统制的方法限制乙国对甲国的贸易，乙国也采用同样的或更新颖的方法以限制甲国对乙国的贸易。其总结果是所有国家的贸易循环受了限制，贸易趋于紧缩，而所有国家的国内的工商业，因贸易受了限制，也普遍的受了影响。

憧憬于经济的自由主义及自由的国际贸易者颇有以为一旦除去国家所设的干涉贸易的许多统制，便可恢复旧日的贸易繁荣状态者。然而这不特是不可能的，也是不应该的。在旧日的自由贸易之下，不特国与国间没有平等发展的机会，即在依贸易而获繁荣的国家内，福利亦并不普及于各阶层。自工业革命起以迄一九一四年止，工业早兴及资源丰富的国家，在国际贸易上本为获利最厚的国家。苟一方面他们能继续获利，而另一方面落后的国家亦能依其自己的努力，而有迎头赶上的可能，则贸易愈发达，全人类的福利亦愈增加。这种贸易自为各国所欢迎。无如在旧日自由贸易的制度下，先进的国家，为保障其资本家的优越地位起见，每不肯任落后的国家有取得完全平等的可能。于是后者便不得不采取各种统制的办法以资报复。故统制或干涉之所以生，乃为针对旧日的不平等而发生。如平等一日不可得，则设为统制或干涉的原因亦一日不能取消。

然而我们也不能因旧日的平衡无恢复可能，而任令国际贸易停滞不进。孤立主义者，尤其是工商业发达的大国的孤立主义者，每喜轻视国际贸易的重要性，而侈言国内贸易的重要。实则，即如美国，一逢国际贸易遇到挫折，其国内的繁荣亦顿见褪色，而种种市场上的扰乱即纷至沓来。美国如此，英荷等国更然。故国际贸易不能不求恢复。国际贸易不发达，则一切国际的经济设计便无从进行，经济合作也无从实现；久而久之，各国仍必回复其自足制，而经济争端又无可免。

要恢复并发展国际贸易，我们一方面应严禁过去若干年盛行的各种障害贸易的统制或干涉，另一方面则设置各种合作的机构。前者是消极的，而后者则是积极的。

有若干种贸易障害物在过去尝盛行一时，而必须予以铲除的。第一是关税壁垒。过去盛行于美国及其他国家的所谓"保护关税"，如税率达到某种高度，便足以使采用这税则的国家与其他出口国家间无发生贸易关系的可能。如这个国家又为一个重要国家，或许多国家都采用此制，则国际贸易势必入于部分的或整个的停顿状态。美国一九三〇年霍莱·斯穆特税法所加于国际贸易的致命伤，即是一例。惟关税壁垒之害为一事，而禁除之道又为一事。前者甚易，而后者甚难。因为国家一日存在，则一日不能不征税；征税，便不能禁关税；不禁关税，便不易规定何者为可以容许的，何者为不可容许的税率。避免关税壁垒最有效的方法或者是从树立合理的分工制度入手。如果各国能避免创兴或维持竞争性的工业，则保护关税的需要便不存在，而抵制保护关税的出口津贴制或亦可一同放弃。

第二种盛行的贸易障害物是定额制，此制度规定入口货的额数，以限制入口。印度英政府昔年因日本有倾销贱价的棉织品于印度，以夺取英织品的市场的趋势，即尝对日本输入印度的棉制品设有定额。定额与保护关税的最后目的颇相同，所不同者，一则对各国同样的入口货同一待遇，而一则视个别的贸易情形，而为个别的规定而已。定额制为贸易的直接障害者，今后亟宜以公约的方式正式禁止。至其存在的理由则我们希望可因工业的区域化及分工制度的成立而不存在。

第三种的障害物为以货易货之制。此制的用意，除防制入超或黄金外流外，亦为限制入口。采用此制者以本国的出口交换需要的物品。此在采用此制者的本身固若有百利而无一害。但如有普遍的采用，则国与国间势将发生无可交易的情形，结果则整个的国际贸易陷于停顿的状态。与此制接近者为出口允可制及禁出口制。前者利用政府的许可权以限制出口，后者则绝对禁止出口。这三种制度均产生贸易停滞的结果，应一律由和约（永久和平部分）明文禁止。

另有一种所谓清算协定制或冻结制者，其产生的效果亦与以货易货制相近似。甲国向乙国购入某种货物时，本应付乙国若干外汇。此外汇乙国如可自由处置，则贸易本可自由。但甲国可与乙国订立清算协定，迫令乙国承认以这外汇向甲国或甲国所指定的国家购买某种或某几种货物，而不随意动用。在实行时，此制实等于变相的以货易货制，特无后者的粗笨，而运用较为便捷而已。这种制度我意亦应受和约的禁除。

废止过去妨害国际贸易的许多办法仅具消极的性质。要疏畅国际贸易，积极的办法仍不可少。我已一再说过，分工乃合作之母。有许多农工生产事业，尤其是需要高度技巧的制造，是不能不区域化的。即以肉类的宰藏为例。过去智利、澳洲、美国等数国向专此业。今后如世界各国，一不问大小，二不问是否富于牧地，群务此业，则不特无谓的耗费将不可计，而贸易上的竞争势不可免。故合理的国际经济政策必须确定分工之制，劝各国不从事于肉类的宰藏，而任智利等继续有此专业。惟有如此，然后国际贸易能为互利的，而妨害贸易的办法可以不再存在。

为便利积极的及消极的工作计，我建议设立三个机关：一为生产会议，二为生产政策部，三为贸易习惯部。生产会议由国联按期召集，或每年一次，或每隔数年一次，由各国的生产代表（劳工在内）及消费代表共同参加，以讨论分工的政策。旧日每年召集的国际劳工会议，其任务之一，即在讨论生产政策，但因以劳工会议为名，故关于生产的任务转不为世人所注意。今后生产会议的组织自应参酌国际劳工会议的成规。普通生产会议之外，特别生产会议，如一九三七年在美京举行的纺织业会议，如有必要，亦可召集。又今日英美两国对于战时生产也有密切的合作办法，并以分工及避免重复虚耗为目的。两国所设的联合组织也足为我们日后组织生产会议时的参考。至于生产政策部与贸易习惯部均可为国联秘书处的构成部分。前者的职务在执行生产会议的决议，并为生产会议担负应有的预备工作。后者的职务在随时调查各国是否对国际贸易设有不正当的障害。如有，则报告国联，以便考虑取缔方法。

第十二章　劳工与人口

劳工问题为国内问题，亦为国际问题。人口问题亦然。其为国内问题的部分不在本书讨论范围以内。本章之所讨论者则为问题的国际方面。两问题之所以并合讨论者，乃因在国际方面，两者息息相关，难以隔离的缘故。

劳工向不被视为国际问题。劳工之被视为国际问题始于十九世纪下半叶国际劳工运动发轫时。从事于这个运动的社会主义者以为劳工的幸福只能于全世界由无产阶级统治后才有保障。因之，劳工运动乃自各国的运动进而为国际运动。惟国际的劳工运动在实际上，偏重阶级斗争，而忽视劳工的国际方面。故到了十九世纪末年，因各国工人生活标准高下不同，而发生许多移民上及国际贸易上的问题时，国际劳工组织初不能担负排难解纷的责任。

各国间工人生活标准之有高下，常能引起国际纠纷。标准高的国家每不欢迎标准低的国家的工人移入。此乃因低标准的工人或足以使高标准工人的标准连带降落。标准高的国家也不欢迎标准低的国家的制造品输入。此乃因工贱价亦贱的物品或足以使本国的物价降落，而工人生活标准也随而降落。是以各国间工人生活标准之有高下足以引起国际冲突——至少足以增加国际误会。因为有这种冲突或误解存在，故一九一九年的巴黎和会乃企图设立国际的劳工机构以从事于这冲突及误会的扫除。

巴黎各和约中关于劳工的那一篇及由是而产生的国际劳工组织本代表一种极前进的社会思想。只因两次大战间的二十年中，国际祸乱频仍，军事政治的纠纷掩没了劳工的问题，国联本身的失败复连带使国际劳工组织的努力大半流于空虚，一般人遂对国际劳工组织的地位及他为劳工所尝争获的进步，每不予以应有的重视。但我们丁考虑到今后的国际劳工问题时，却不能忽视这一段宝贵的经验。

我们在上面方已说过，社会主义的国际劳工运动，无论是第一第二或是第三国际，均侧重于无产阶级专政的政治问题，而忽视真正的劳工问题。为纠正第一第二国际的偏重起见，一九○○年巴黎有劳工立法国际协会的组织，一九○三年柏林更有职工会国际联盟的成立。他们都不是革命性的团体，他们都企望各国政府能接收一改良劳工生活及地位的公同计划。他们对于巴黎和会的影响甚大。和会之所以感觉有在和约中对劳工问题有所规定的必要，多半乃受他们之赐。他们的不断努力及巴黎和会中若干进步领袖的关切使和会于开始时即能重视国际劳工立法这个问题。

巴黎和会所委国际劳工立法委员会起初颇拟对国际劳工问题制成一个宪章，而以之为各和约的一部分。但是这种永久性立法的困难是可以想像得到的。各国的劳工状况与生活标准迥不相同，要成立一个全世界都能适用的宪章，显然不是一朝一夕所能成功的。经若干星期的讨论后，国际劳工立法委员会乃放弃劳工立法本身的尝试，而创立一个可胜立法之任的组织。这个组织含有三个机关：一为每年召集，由政府代表及劳资代表共同组织的国际劳工会议，二为由会议推举以管理劳工局的理事会，三为常设的国际劳工局。劳工会议为劳工立法机关，其余两机关则有参赞助理的责任。

巴黎各和约除了设立这劳工组织外，仅简单地立下了九个劳工立法的原则（《凡尔赛和约》第四二七条）。但下述的信念也得到确认：劳工状况的改善不是一国所易单独从事之事，一国之拒绝改善往往可使有意改善的其他国家袖手不前；因之必要的国际劳工立法为永久和平不可少的条件之一。根据这种信念，国际劳工会议在过去二十年内尝通过公约六十七，建议数十，以供各政府的采择。纵然各国对于和平及正义的拥护在过去尚不够热心，公约被遵守的程度尚不够高，但国际劳工组织为劳工所尝争得的进步仍是无法抹杀的。最显著的一例是历届会议时劳工代表对法西斯义大利的劳工状况如此同声责讨，而对之表同情者，无论是政府的或是资方的，竟无一人。由此可见国际劳工组织纵尚未能令各国采行某种标准的具体立法，至少已能使他们在道义上不得不承认某种标准的理想。

考国际劳工组织在过去二十年的失败——如果我们可视为失败的话——其主要的理由不在劳工组织本身，而在整个的政治秩序及经济秩序的不确立。政治秩序不确立的现象是没有和平。经济秩序不确立的表现是战争经济或力的经济的盛行。各国既须备战，自无暇亦不愿顾及劳工的利益。所以在备战最紧张的义、日、德数国，劳工状况的下落亦最烈。今后如各国的经济政策能由战争经济转为福利经济，则劳工改善的基本障碍便不存在。由是而致力于劳工生活的改善，收效自然较易。

但即在各国群采福利经济的状态下，劳工的普遍改善，除若干硬性的禁令如禁止奴役，甚或禁止童工或不难强行外，仍非易事。此乃因一国劳工的改善与该国工业发展的程度有极密切的关系。如果工业未发达，国富未大增，则贱工充斥，几无法提高其标准。如再加以人口众多，则提高标准的工作势将益见困难。故我们如细考过去国际劳工会议所通过的许多草约及建议的内容，我们常会发现，其中有许多是决非工业落后的国家如中印等国所能实行的。如每周四十小时的规定，纵他们加以批准，也决无法实行。故在实际上，国际劳工会议的草约及建议往往只能保护生活标准较高的国家的劳工利益，而很难对生活标准低下的国家的劳工利益有所裨助。对一切国家均可有利者最多不过是上述的硬性禁令而已。

如果要使一切国家的劳工标准向上，我以为今后的劳工立法应采分等的制度。何谓分等的制度？即在共同的立法原则之下，斟酌各国现况，为不等齐的规定。试以工作时间为例，立法的原则应在减少工人工作的时间，以增加工人的余暇；但作实际的规定时，则一致的办法殊不可行，亦不公允。如能规定四十小时，四十八小时，五十六小时三类办法，而按各国的实况，各予分类，则实行较易，而实际亦较全世界均行四十小时之制为公允。在美国，四十八小时之制显然不能称为进步的立法，而在中国则四十八小时实嫌太少，纵有此规定，目前亦难实行。所以我意宜以四十小时为甲级，五十六小时为丙级，而令美国中国分别为甲级，丙级。如此办法，美国的工会在始一定将大声抗议，并将要求抵制中国制造品的入美。他们的理由是：华工贱，华货价低，故不抵制则足以迫使美国的劳工标准降落。然此实浮表之论，与实际情形不符。美国为工业先进国家，一切生产的因素皆有利于美。利息低，技术高，原料易得，生产规模大：这些皆使生产的费用低落，故工资部分纵因工作时间减少而较高亦不会过分提高生产的总费用。在中国则一切情形适得其反。如工作时间过分减少，生产所需的工资部分势必增加。必定要其他的因素渐渐有利，渐渐便宜，然后工资部分的费用可任增加，而工作亦可随而减少。

我以为只有一方承认各国间的差别，一方又俱令作可能的改善，然后劳工的普遍改善可不徒托空言。如果劳工以外的因素亦能有我们所预期的改善，则久而久之，同一的不分等级的标准亦终有可以强制执行的一日。如果一方面我们硬求劳工的齐一改善，而又一方面工业落后的国家仍无法取得平等的机会（如取得原料的平等待遇，如技术的援助等等），则劳工的普遍改善是无望的。

不需要分等的立法，大者如奴役的禁止，如若干种工业中包工制的禁止，如幼年童工的禁止，小者如火柴工厂之禁用白硫等等，自可设为齐一的规定，令各国同样遵守。

无论是分等的或是齐一的立法，既称立法，则即有强制性，不能任各国有遵守与不遵守的自由。在过去国际劳工会议所通过的立法分为草约及建议两种。草约经各国批准后有法律的效力，建议则各国可以接受，也可以不接受。在国家均不肯放弃主权的旧日，这容为最大可能的国际强制。然这实在离有效的国际立法太远。不特建议绝无强制性，即草约各国亦可不予批准。即批准亦无法强其必能忠实地执行。今后情势既异，而我们之所期望者又为真正的国际秩序，则关于宜由立法方式规定的劳工事件，我们似不必再有建议与草约之分，而可统称为立法，经过立法的程序后，亦可不经批准而即生效力。必如此，然后国际劳工立法可具有实在性。

至关国际劳工的组织，我不主张继续旧日的局面。这并不是说旧日的劳工组织有如何不称职的地方，而只是说一切国际组织有统一于新国联的必要。在旧日，国际劳工会议为立法机关，但所立之法不具完全的法律效力。如我们今后认定国联大会为唯一的国际立法机关，而尊重其权力，则纵仍有国际劳工会议之设，其所通过的议决案似亦须经过国联大会的议决。既如此，国际劳工会议的组织规模自无须昔日的宏大。而且今后既另有生产会议之设，则国际劳工会议的职务行将减去大半。因此，国际劳工会议实少继续的必要。独立的劳工局颇只妨害国联秘书厅行政权的统一，故亦宜取消。劳工局取消后，理事会自亦无存在理由。三机关均取消后，国联可于秘书厅内设部以代行劳工局旧有的职务，并按期召集一个代表各国劳资的会议，以讨论劳工立法，以作国联大会正式立法的张本。我意这样的一个新组织，既较旧组织合理，又较适于新国联的体制。

但国际劳工立法无论采何原则，国际劳工组织无论采何方式，人口问题无适当的处置，劳工必仍为一个国际问题。此乃因人口与劳工不能分离，如果一个国家人口过多，不能为其劳工市场所吸收，则该国劳工的标准便无法提高，而全世界的劳工又必受其影响。社会学者常谓欲解决劳工问题，必先解决人口问题，亦缘是理。

单从劳工的标准为出发点，则改善全世界劳工生活的最理想方法自莫过于将全世界的人口，按各地资源的多寡及开发的情形而重作分配，贫穷的不开发的地方少住些人，富饶的厂场林立的地方则多住些人。但这是决无可能的，也是不能考虑的。只有德、义、日这种侵略国家才敢提出觅地以容纳过剩人口的主张。但爱好和平者必须接受世界各地人口分配不平均的事实。我们只能在这事实中求平等，而不能推翻这事实以求平等。

世界各地人口的多少往往是历史所造成，故与面积大小，或资源贫富并无直接关系。亚洲各国及欧洲巴尔干各国均住有极多的人民，而耕地既无多，地下富源亦不充裕。北美适得其反，人口无多，而地面地下俱多资源。如果政治安定相等，技术能力相等，开发程度相等，无疑地，北美人在经济上处于一个远比亚洲人或巴尔干人优越的地位。两者经济地位既有极高极下之分，北美如不设移民的限制，亚洲的与巴尔干的人民势将不断地向北美移住。事实上，在美国与加拿大严格限制移民以前，这样的移动也确实的有过。

移民的问题有两方面。从生活标准低的一方面说起来，移居的自由应该是不能剥夺的，因为有了这种自由，各民族的经济机会易获平等。但在生活标准高的一方面说起来，如果移居的自由完全无限，则生活势难维持其固有的高标准，故一方的自由对于另一方不啻是一种严酷的惩罚。欲于这两种对峙的看法之间求一中肯的立场诚非易事。我们不能太急进，我们必须顾到现实。我们如采前一种的看法，要求移民自由，而不许任何国家设立限制，则生活标准较高的国家，为保障其标准起见，势将视武力抵抗为当然。为和平计，我们乃不能不要求生活标准较低的国家迁就生活标准较高的国家的看法，而承认后者有限制移民的权力。

移民的问题在和会中尚可成为一个极严重的问题。我们很难想像美、加、澳、纽等国会放弃其向来限制移民的政策，而大开门户，以迎移民。我们也不希望亚洲或巴尔干诸国会作自由移民的要求。然而四国如欲完全维持现状，对移民法律无丝毫变更，或者也是不智之尤。在不影响其原有的劳工标准的原则下，四国似乎应准许移民入境。以加澳地域之大，人口之少，如每年各准四五十万移民入口，当不致对其原有劳工标准发生如何不良影响。如果此而尚不肯让步，则加澳等与亚洲及巴尔干民族之间势将发生一种无可解释的隔阂，并足为和平之累。

从人口众多生活标准低下的国家的立场言，少许人民之移住加澳等国，并不能如何解决其人口问题或如何增加其人民的生活标准。要解决人口问题或提高其人民的生活标准，仍须从限制人口的增加兼从经济的开发着手；这两个政策是须相辅而行的。单单限制人口的增加而不求开发经济，则人口容可减少，而生活标准仍无大量提高的可能。单单开发经济而不限制人口的增加，则生活的进步或仍赶不上人口的增加。我们固不敢说某一区域只能维持多少人口，如超过，其生活标准便须下降。但在经济开发没有确实能维持多少人的生活在某一个水平以上以前，人口的增加自然只能发生减低生活标准的可能。

我意在真正的大同世界，人口与富力的比例应是全球相同的，不能一地人口的密度高于或低于另一。密度高则生活标准便得低落。人既为万物之灵，则未有不想自标准较低之地移至标准较高之地者。但要使各地人民有此移动的自由，则各地的生活标准亦不能有永久的高下之分。如一地永高，而另一地永低，则高地的人民势不能容许低地的人民移入，以危害其较高的生活标准。故为造成大同世界计，生活标准目下比较低下的国家务须一方限制人口的增加，另一方努力生产的进步，以求生活标准之不落人后。此或须数百年不断的努力方能成功。在成功以前，生活标准较低的国家与生活标准较高的国家间固无自由移民的可能。此点如能为生活标准低下的国家所承认，则国际便少一种冲突的可能。

但从另一方面说，人口众多而生活标准低下的国家，如继续不能藉生产的进步（质的与量的）以提高其生活标准，而长留滞于贫穷的境界，则亦殊非和平之福。这种国家只有两条出路，不是实际上成为工业发达的国家的殖民地，便是藉战争以改进其地位。无论为前者或为后者，俱与世界和平不能相容。此所以较幸运的工业先进国家应具最远大的眼光。最诚挚的同情，力助他们自低劣的生产技术进至近代的生产技术，自手工业进至机械工业，自缺乏原料进至原料易于取得：总而言之，自生产落后的阶段进而至生产近代化的阶段。更具体的言之，英美等国对于中印等国不特有道义上援助的责任，而且为其自身之得享和平计，亦有援助的必要。

我之所以反复说及这个因人口多寡不均及国力贫富不均而发生的国际劳工问题者，诚以这问题的解决多半是不能凭法律（即条约），而有求于新的国际道德。凭法律，争持者的立场是无法接近的。凭道德，则人口多者穷者或可力自克制，而不急于求平等，而富者人口不过多者或可以全力助前者获得完全平等的机会。只有凭此种一让一助的道德，两种不同国家的冲突及不平可以逐渐消除，而大同的社会可以逐渐趋近。

第十四章　共同与殊别

我们所企图的无疑的是一个世界国家，一个大同社会。但我们也不是乌托邦主义者。故对目前的措施，我们不敢好高，不敢骛〔鹜〕远，先求其可能者，而不放谈不可能者。我们深信，如和平的障害能多消除一个，则大同实现的机会亦可多增加一分；循序渐进，不折回，不屈挠，我们终有达到我们的目的的一日。

但我们心目中的大同社会究竟是一个到处一致，无种族之分，民族之别，文化之不同的社会呢，抑是一个富有各种色彩的社会呢？这我们不可不先有一个解答，一个概念。没有一个概念，则我们求实现大同的工作将有无所措手足之感。

一般的说起来，统一与一致常常是离不开的。求政治的统一者，也必求法律上，教化上，言语上，甚而礼仪上思想上的统一。小而欧洲各民族国家，大而罗马帝国、中华帝国，在其统一的过程中，俱不乏要求事事一律，四海从同的狂热。诺门诸王统一英国后，便树立封建制，行通常法，用拉丁语，举国一致，不容有例外。罗马帝国盛时，到处置领事，驻方军，筑大道，建浴所。他难容各地保留其本地的法律，但又强各国俱以罗马法为通行法。中国号称和平民族，然自秦以来，政力所及，法制教化言语礼仪亦随而广被。我们如一考历代嘉祉凶礼的变迁，及边地奉行之维谨，亦可知中国之好一致不弱于欧人。至于极权国家，则其对一致的要求更是丝毫不容宽假。

所以就一般的经验而言，大同的世界亦极应为一致的世界；各国的共同性没有能达某程度以前，世界国家也不易成立。但我以为一致不应是大同社会必要的条件，且如以此为条件，大同社会的实现或将因而大大延缓，或竟不能实现。

先说人同社会的实现不能以举世一致为条件的理由。从时间上说，民族的形成已有极长久的历史。由演变而得来的民族个性决无在短时期内消失的可能。即经长时期，也很少完全消失的可能。从空间上说，过去罗马帝国或中华帝国，纵然也拥有很大的版图，但仍不超过一个大陆，故其内部的情形远今日整个世界的复杂。然两帝国的各部犹未能达到完全一致的程度，何况整个的世界？且民族社会的眼光是非常狭窄的，同时也是非常自傲的。同一语言，甲语言与乙语言之间本少优劣之可分，但甲民族必以为他的语言美于乙的语言，而乙民族也必以为他的语言美于甲的语言。此无他，就因近代民族常含有一种褒己贬人的特质之故。今后国际接触愈多，合作日增，世序日趋安定，这种不健全的特质当可渐渐消失。但如以消失为合作的条件，则合作的实现将待何时？

此所以我们万不可以一致为实现大同的必要条件。我们于求大同时，不可也求一致。

且消灭民族的个性，不许有任何区别存在，也决不是人类之福。如果大同的社会是一个事事一律，样样一致的社会，则这社会也未免太贫乏没味了。我们必须认清，近代盛行的民族主义中的若干成分，因其与和平不相容，故不能不除去之或纠正之。但若干其他成分，则尽管彼此不同，甚或彼此有比竞之概，是应当善为保存的。保存他们不但不致引起争端，反可使人类整个的文明富饶而有趣。这种成分太多，不能列举，但我们可举数例来说明。第一，各民族的语言文字是不同的。主张一致者每谓只有全人类用一种的语言，然后世界可统一。殊不知语言多，则诗歌文学的形式种类亦多，彼此相互影响光大，则人类整个的文学传习大富。此即语言有殊别的优处。第二，各民族的音乐也是不同的。如汇各种音乐而为一，纵能取其精而舍其粗，久而久之，此混合的音乐势将因缺乏外系的音乐的刺激鼓励而流于贫乏。如各民族的音乐能各有其生存，则又可有互相启发砥砺之功。第三，各民族各有其生活的方式。有些民族的生活方式固然是不适于群居而应在淘汰之列的。但适于群居的决不至只有一种方式。以家族为生活中心的生活方式不妨害世界和平，以各种会各种社为生活中心的生活方式也不妨害世界和平。这两种及他种生活方式如可同时存在，势亦比强全人类采用一致的生活方式为有意义。这仅是三个例子而已，然已可说明殊别优于一致。

从生物学生长的规律言，殊别亦有维持的必要。愈是高等的生物，其形成愈经过复杂的变化与混合。大同的社会如为齐一的社会，事事一律，则大同的文明便已到了止境，再无进步的可能。如各民族不同的文明继续存在着，继续变化，则人类整个的文明便可有无穷尽的进步。此生长的规律亦不容我们蔑视。

以上是说大同的社会不一定需要事事一致。不但不需要一致，在若干方面，一致是不良的现象，而殊别转是进步的常轨。但这并不是说任何的齐一都是要不得的，或是不需要的。要原来对峙的相杀的民族能共尊一个国联，要国际合作的范围能日有扩大，若干种的齐一，或共同认识，或共同信心，也是必要的。如果没有，国联便少长进的可能，而大同也无实现的可能。我们可以说，上次国联之所以失败，其主要原因，就是因于这种共同或齐一的不存在。

就各种需要的共同而言，我以为人类如能有一共同的语言，则国际合作必可得一极大的鼓励。产生一个世界语久已成为若干人的理想。有些且以世界语的诞生及通用为实现大同的必要条件。我虽不认世界语言的因素对于大同的实现有如此的重要，但谁又能否认世界语对于国际合作所能发生的帮助呢？

在过去，有远识的有理想的语言家尝从事于编造世界语的尝试。就已有的十几种的尝试而言，爱斯白兰多（中译为世界语）当然享有最大的成功。然即此语言亦只有极小限度的成功，且未为各国人士所乐用。只在捷克等若干小国，流布较广，应用较繁。一般人反对世界语者每谓世界语不代表任何民族，故不具有民族语言的各种优点。这种反对理由本无任何科学基础可言，但反对的事实则为我们所无法忽视者。因此，如能采用一个现有的语言国际语，而不创造新语言，或转为计之得者。

鉴于法语之尝为世界各国的外交通用语言，更鉴于英语流布之广，我主张以简单化的英语，即今之所谓正字英语者为国际语言。自十七世纪以来，一因法国国力的隆盛，二因法国文化的发扬，三因法文之趋于完美，法文久成为外交语。不但在欧洲是如此，即自十九世纪远东各国加入国际社会后，此风亦未即变。直到一九一四——一八之战后，英美在国际社会的势力大增，英文始有取法文而代之的趋势。故以最流行的语言为国际语言，久已有此先例。我们之所要决定者，即何者为最流行的语言而已。

就世界各民族所用的第一语言而论，中文为四万余万人的语言，英语为两万万人的语言，俄语西班牙语各为一万余万人的语言，四者自居首位。但就流行而论，则中文俄语在中苏以外并无多人习用。即西班牙语及法德语的流行亦远无英文之广。英文除了为英人，美人，拉比利亚人及加、澳、纽诸国的第一语言外，亦盛行于爱尔兰、南非，及英之殖民地。此外，中、印、日等国家利用之为取得西学的媒介，一切国家又用之为商业用语。故就通行而言，实非中文之所可比拟。

我深知采用某一国民族或某几个民族的语言为通用语言最易遭其他民族的反对。反对的最大理由就是民族自尊的观念，一若接受某一语言为国际语等于默认自己的语言为劣等语言者然。中国尤有反对英语的资格，因为单就人数而言，用中文者且比用英语者为多。然我以为因中国最有反对的资格，故中国之不反对或即为推行国际语之一个有力行动。

英语有普通英语及简单英语之分。各种简单英语中，正字英语为最成功的尝试，且其推动人又素来倾向于和平运动。故正字英语自比普通英语较适于国际习用。

今后我们如能有一国际语，以便利国际交涉，商业往来，及知识交换，则国际合作的障害定可于无形中大为减少。

度量衡之应齐一尝为科学家所要求。实则不但从科学的立场，各国应采同一的度量衡，即从其他的立场，如商业的立场，统计的立场等等，度量衡的不一亦为进步及合作的障害。现在世界各国大都用米突制，英美等国为最大的例外，而中国的新权度则为不彻底的国际化。我意英美等如能放弃其成见，首先改采流行的公权度，则人类不难于短期内有同样的制度。此在国联采行国际币制之后，将对世人有一极新的观听，极利于国际合作的刺激。

国际知识的合作应有新的促进及大规模的扩充，其用意在帮助减少国际误会增加国际认识而外，更在使各国对于许多问题较易有作同样看法的可能。

知识合作本非新的名词，旧国联对之曾有多年的经验。但在旧国联时代，合作的范围限于若干种极微细的工作，而合作的组织又极微弱。编印世界各国编制书目的机关录，编印各主要国家所译科学论文的目录，编印若干特殊美术品目录，并促进出版品的国际交换事业，几成为知识合作委员会所有的工作。除此委员会本身外，原有由法政府设立的国际知识合作学社，亦为合作机关的一部分，但他只是合作委员会的编辑通讯组织，固无独立工作之可言。

旧国联所曾着手的知识合作工作，自然过于细末，对整个的国际合作不能发生任何重大影响。新国联成立后，除继续旧有工作外，下列各种工作似亦可即行负起。第一为大学教授的交换。一九一四——一八年之战后，美法间一度曾有交换教授的办法，一时收效颇宏。近年来中英间亦有一种交换办法，如由国联作交换的媒介，并订立交换的办法。使全世界各国间有广行交换的可能，则为效之大，自可胜过一切国与国间的交换。对特种学门，如国际公法，如国际金融政策，国联或不妨设置若干国联讲座。这种讲座，如能同时由最有权威的学者担任，则兼可以收阐扬国联的主义，宣传国联的政策之功。第二为大学生的交换求学。在过去，留学犹如上古中古期间的民族大移动，有一定的方向，是单方的，而不是往来式的。中古时欧非各地学生之往义法留学，唐时日本高丽学生之往大唐留学，十九世纪下半年美国学生之往德国留学，本世纪远东及南美学生之往美国留学，皆为显例，而交换留学之例不多见。新国联应拟具交换留学的方法，并筹款以促其实现。如各不同类型的文化间，有大学生常川往来其间，则国与国间的相互认识必可较前大有进步。世人万不可忽视中国受过高等教育者认识美国的亲切。英美为所谓同文同种国家，而政治制度也极相似。但我敢说对美的认识英国人受过高等教育者决不能与中国比。此无他，近数十年来中国有大批学生留学美国，而英国则无有而已。第三为世界学生运动的组织及奖励。近年来，有时由国际反侵略运动支持，有时由他种和平组织发起，有时由基督教团体发起，世界学生大会亦已举行多次。如由国联主持，并使之于国际的相互认识及新世序的维持加强，多所努力，则其对人类共同理想的确立亦将有莫大的贡献。

国际版权亦宜划为国联知识合作工作的一部分。在上世纪末，国际版权协会成立以前，著者的版权在国外并无保障，其影响颇于著者为不利。自版权协会成立以来，版权的国际保障自然大有增加，但对生活标准低落及出版事业落后的国家的需要似又未能顾及。英国著者如对其著作期在贫穷各国与在英国取得同样的报酬，则实际上等于课贫穷各国的人民以一种重税。为求知而课以重税，甚非奖励求知之道。如国际版权改由国联管理，国联或可规划一公允的办法，以兼顾著者的权益及各地人民求知上的需要。

为推进知识合作，国联宜设知识合作委员会。他为决定政策，筹拟办法，并监督进行的机关。国联秘书厅则设知识合作部，以负实际的执行责任。但如只国联设机关，而各国无呼应的机关，则合作的工作仍无法推行。在旧国联时代，合作工作之不特极为微细，抑且流于空洞者，亦因各国并无呼应机关之设之故。必合作委员会的委员能以全力来主持合作的工作，必各国有执行及合作机关之设，然后合作的利益可以达到于所应达到的个人或团体。

泛美会议最近十年来对美洲各国间的知识交换工作远较国联为积极，成就亦远较国联为多。新国联于组织国际知识合作的工作时，对之自宜多所参考。

各国学校之不得有侮辱他国或其他不利于他国的教诲，或者亦可列为知识合作机关的工作之一。在新世序中，各国应一致承诺，于其历史及公民及其他课程中，不作侮辱或别种不利于其他民族的宣传。在过去，在极端的民族主义的教育下，不特自赞自夸为常谈，贬人骂人为美德，且历史及公民的教科书中，斥责异族或归过异族，成为司空见惯，几乎没有一个国家能免此恶习。此风不改，不特民族间的恶感将日益加深，无法改善，且任何促成民族合作的工作，或增加齐一性的工作，均将无从进行。故各国应于和约内承诺有取缔这种教材的义务。

以上各事如能一一做到，则国与国间的相互认识当可增加，误会当可减少，以进大同的共同的理想也可较易形成。然而单靠以上的各则，国与国间或仍将因未能有共同的看法，而背道而驰，而不相为谋。以上的各则均不是基本的。最基本的是各国政治的及经济的制度的异同。无疑的，各国将各有其制度，不能强同。然而制度的基本精神是否应相同呢？如果有一个国家以民权民生为民族的立国精神，而另外一个国家则以扩张国权是务，只有国家的尊严而无个人的尊严，只有国家的力量而人民则不聊生，试问这两个国家是否能为共同的和平而努力呢，或共戴一个国联呢？我甚惑之。

我深信国际合作必须建筑在共同的思想形态之上的。如果思想形态各不相同，则一时利害的结合决不能成为永久合作的前驱。四五年来国际形势的不时剧变多少可以使我们尝到一些思想形态不同所贻的苦味。然而我们如欲一蹴而求全世界各国有一致的思想形态，则为事亦至不易，甚且有使已有的团结骤告破裂的危险。对于将来的战败国家，我们尚可施以压迫，只消我们良心可告无愧。但对于联合国的分子，如其思想形态也有不健全者，则我们又如何能压迫呢？求各国思想形态一致的困难盖在于此。

那末我们便放弃而不问罢。那又决不可以。因为没有一致的思想形态，和平的基础是决不坚固，而大同的实现也决无可能。我们不能不顾到现实，我们却也不能忘却我们的目标。我意我们即使不能于短期内强一切国家采民主或民权的政治政制与民生或社会主义的经济制度，我们至少是范围各国，使倾向于民主及社会主义的精神，我们至少要使各国对于人的价值维持一个共同的看法或见解。

现时正在进行中的战争的两方，对人的价值，显然作完全相反的看法。我们如以罗斯福及希特勒为两方的代表发言人，则联合国与轴心国对人的价值，一则看得极高，一则看得极低。在联合国，人是有尊严的，有意志的自由的；在轴心国，人是国家的一种工具。在联合国，人的进步是很实在的；社会无论有何缺点，是可以进步的。在轴心国，国家是一个十全十美的东西；人类的专门知识或技术尽可有不断的改进，但改进的实惠则归之于国家。两方对人的价值既作相反的看法，一切合作，一切和平相处自无丝毫可能。不是甲以武力证明乙的看法为不合，便是乙以武力证明甲的看法为谬误。无疑的此次多年大战比武比知比德的结果必可证明希特勒的看法的荒唐。但为防止希特勒的人生观之死灰复燃起见，战后的世界对人的价值亦不能不有一共同的看法。

如何可以保证共同的看法之永被各国接受呢？我以为和会于和约（永久和平部分）应列入所谓"国际人权宣言"，列举若干种各国应一致尊重而联合国（除第五项外）俱尝表赞同的人权。这些人权各国应视为有宪法的束缚力。这些人权应包括下列各项：（一）和平生存的权利；（二）改进经济生活的权利；（三）思想及发表的自由；（四）信仰的自由；（五）改变国籍的自由。以上五项的首四项大体上即罗斯福之所谓四大自由；第五项自由的功用则在削减民族间的界限，而使个人增加其对于整个人类的责任心。这些人权的实质当然尚有需于国内法的详密规定，然其原则如能为一切国家所接受，又加以世界舆论的呼号爱护，则对各国总可有多少的束缚力。各国如均能尊重人之所以为人，则他们终究亦不易逸出于民主及社会主义的范围，亦即民权民生的范围。

我希望赖这一点的共同以进入于大同的世界，无论这过程需要多久。

【注释】

　　[1] 威尔逊在一九一八年九月二十七日纽约演辞中，屡次谓此次大战为人民的战争而不是政客的战争；民族各个的目的在渐渐的退落下去，而全人类共有的目的则正在代起中。

　　[2] 占领国家的新政权如何产生显然不是和会应讨论的一个问题，但战事结束后却即须解决。目下波、比、卢、荷、南、希、捷克等国，在中美英苏的眼光看起来，固均有合法的政府存在。但一旦国土恢复，他们是否均能代表全国诚有问题。最理想的发展是由这些政府以大公的态度自动改组，以冀均能代表全国。为达到这个目的计，即让位亦应在所不惜，英美等国应从旁施展其最大的道义上的劝告力，以促成这个目的的。

　　[3] "行政院"是一个不妥的译名，还不如旧译"理事会"较少不妥处。

　　[4] 此处关于钢铁所用数字，因不易查明实数，故仅凭臆测。好在目的仅在示例，初不须有实数。

政治学 *
（1926 年 1 月 1 日）

　　中国人研究西方传来之专门学问，往往因名辞不易翻译之故，特别困难。政治学为社会科学之一，社会科学之名辞，即在西文中亦未划一，故以中文讲政治学，真有难上加难之概。然亦不能因噎废食，而不用中文也。余今分九节，以讨论政治学之大概。

　　（一）政治学之名称及定义　为讨论便利起见，余即名今日我侪所讨论之学问为政治学，政治学之定义，人各不同，余之定义为："政治学者，研究人类政治活动及其政治组织者也。"政治学之名，在西文中亦不相同，英文有"Political Science；Science of Politics；或 Politics；Political Sciences"等等。而美国哈佛大学，更有"Governments"之称。法文有"Science Politique；Sciences Politiques"等等。德文有"Staatslehre；Politik；Staatswissenschaft；Staatswissuschaften"等等。就英文论，最普通者，当为"Political Science"。余以为此名尚不及中文"政治学"三字之妥当。因"Political Science"二字，有两缺点如下：

　　1. Political Science 起自希腊文 Politeia，此字之含义极广极混，尚不及政治二字之较有明显之意义。

　　2. 有 Science 字在内。政治学是否为 Science 尚属问题，今直用之，似不相宜。

　　（二）政治学是否为科学？　科学家对于科学，皆不愿轻下定义；余非科学家，不敢下定义。不过余以为凡科学当具下述之两要素：

　　1. 有许多有因果关系之事实，可供吾人研究。

---

　　* 1925 年 12 月 3 日钱端升在清华学校大学普通科所作的演讲。章熊笔记。——编者注

2. 于此种事实中，吾人须能得到通律，用以解释相同之现象。

就以上两点观察，则政治学距科学尚远。有因果关系之事实，吾人纵已收集不少，然尚无从研究之而得通律也。欲求政治成为科学甚难，有数种难点，今举如下：

1. 政治学中之名辞多普通习用之名辞，不易成为专门名辞。

2. 他科学可以试验而得结果，然政治之现状非同气压或重力可比，吾人无法可使之就范而作吾人之试验。

3. 与政治学有关系之各种社会科学，尚未成为科学，因之政治学亦难成为科学。

4. 研究科学需用客观眼光，而政治学则往往用主观眼光，发表个人意见，此为科学所最忌。

（三）与政治学相关之学问

1. 法律　政治学与法律，研究同一之事物，不同之点即为研究者所用眼光之异同；如政治学则从组织方面着眼，而法律则从权利方面着眼是也。然彼此之关系当然密切。

2. 经济学　政治学与经济学亦有密切关系，如一国之预算，在政治范围内，然征税之法则，必须合于经济原理，再必用法律手续通过之。于此可见法律经济两学与政治学关系之密切。

3. 历史　历史者，乃研究政治学之工具也。无历史知识，即不能会悟一时之政治现状，故不可不知之。

4. 心理学　如近日北京民众暴动，为政治运动之一，然不知心理学，则不能测知群众之心理，故心理学亦须注意。此外如哲学，生物学等，皆与政治学有关，不必一一详述。

（四）政治学之历史　政治学历史，与政治思想史无甚出入，因一代关于政治之著述，在后人观之，往往为政治思想也。

中国几无政治思想可言，盖中国人对于政治极为重视，《论语》中有许多政治思想在内，其余如《庄子》、《荀子》皆有政治思想在内。不过此等书籍，多半为著者之人生观，故不能承认其为政治思想专书。西洋关于政治思想史之书籍，古时以亚历斯多德所著之 *Politics* 为最重要。亚氏首用比较方法，该书所论政体及政治组织，虽今人亦不能超而上之，其影响于后代政治思想者甚大。

希腊亡后讫十三世纪，对于政治思想之供献，可得而言者，仅以下数端：

1. 大儒派① Stoies 物我同与之说，犹如中国四海之内皆兄弟也之义。

2. 罗马人之一天下主义 Universality。

3. 随基督教而发生之宗教与国家之冲突，由此种冲突，而发生之思想。

4. 封建时代以小事大之思想。

以上所述种种思想，与亚氏之书比，诚有小巫见大巫之概，亦绝少科学精神。至十三世纪，亚氏之书，由亚拉伯文传入欧土，亚氏之说，始得复活。Aquinas 及 Machiavelli 受其影响不少。然中古时代，与之继绝于近代政治思想亦不无供献。

十五世纪民族国家（native state）之说盛兴。此说即一天〈下〉主义及教团冲突之反动，而天赋法权说（Junaturale），乃封建时代蹂躏人种〔权〕之反动也。及后法之 Bodin 倡主权论，英之 Hobbes，Locke 及法之 Rousseau 辈出，倡民约论。结果，一方促成英国民主政治，而又一方则鼓动美、法之大革命，遂成世界各国之政治制度。自十九世纪以还，经济制度，日臻复杂，代议制度及民权政治亦渐有不适现状之概；主权说亦时遭反对，多元说逐渐通行，职业代表制及苏维埃制或为将来之最普遍者，亦未可知也。

（五）政治学之现状 政治学一科，七八十年前，尚未自成一科。盖政治学大别之，不外政治思想，政治组织，及政治现状而已。思想为哲学之一部，政府之组织，政权等学则大概属于法律。十九世纪欧陆大学分科，只有神、法、医、哲四科。政治学自成一科，自美国始，欧洲各国仿之不过最近数十年之事也。现在欧洲各国亦有专门研究政治学之学校，如英之"London School of Economics"法之"Ecole de Sciences Politiques"德之"Hochschale Fir Politik"是也。

（六）政治学之分类 政治学之分类，可为表以说明之。（见本书第445页表。——编者注）

以上分类，如司法则亦在行政之内。主张三权分立者，当然反对；然余则认司法乃行政之一种，故列入行政中。以上各类为余个人之分法，乃聚欧美各大学之政治科目而分者，妥否尚待斟酌。

德国政治学者 Jellinek，曾分政治学为两类，即：

---

① 似即 the Early Cynic School，一般译作"犬儒派"。——编者注

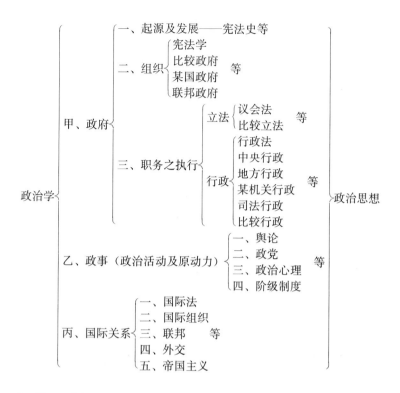

1. Staatslehre。

2. Politik。更分 Staatslehre 为普通及特殊二部，然此种分法，不能包含现在欧美各大学之课程也。

各科之偏重，在各国不同，大陆仍偏重组织方面，美国则偏重行政及政事。近年来大陆各大学亦有注重行政及政事之趋向。

（七）政治学之前途　一种学问，必有一种学问之用途，政治学亦然。今列其用途如下：

1. 政治学可作一种知识研究之。

2. 政治学可当作一种研究方法。学问不同，研究法亦不同。历史有历史研究方法，数学有数学研究方法，而政治学则有政治学之研究方法。此种方法，以时而异。在上古则注意想像，中古则往往为拥护当时之政制，至近世则偏重于福国利民之政治方式之研求。

3. 实用。研究政治学，可谋政治之改良，医学及天文学皆能实用，政治学亦然。

（八）研究政治之方法　政治学研究方法，可有下列各派，盖视辅助学科而分者也。

1. 历史学派。

2. 法律学派。

3. 心理学派。

4. 统计学派。

5. 人种学派。

6. 生物学派。

7. 经济学派。

8. 社会学派。

9. 比较派。此派之方法自古即用之，Aristotle 之 "Politics"；Bodin 之 "Lessix Linres；De La Republique"①；Montesquien 之 "Esprit des Lois"②；Brgce 之 "Mondern Demscraey"③ 皆自比较而得者也。

（九）政治学之将来　政治学之将来，视其能否成为科学而定。盖学术可分为两种：一为艺术（Arts）；一为科学（Science）。政治学离艺术甚远，如能成为科学，则当可自成一家，在社会科学中，当可占位置。否则恐仍不免介于哲学法律之间。政治学在今日之特点，则有下列数点：

1. 比较方法，用之者日多一日。

2. 忽视政体方面之研究而重视职务方面之研究，忽视形式方面之研究而重视运用方面之研究。

3. 国际关系之研究，渐为一般人所注意。

4. 分类繁多，日甚一日，如美国近年竟作市政之研究，更为之分门别类。然往往有轻重失均，舍本逐末之弊。

5. 设置研究〈政治〉学为〔之〕特别机关。如德、法各国，皆有政治学院，中国近日亦有政治大学之设，而美国更多政治研究所。长此以往，政治学当不难就〔成〕为科学，而在学术中占一位置也。

（《清华周刊》，第 366 期，1926 年 1 月 1 日）

---

① 应该是指 Jean Bodin 著的 *Lessix livres dela République*。——编者注
② 应该是指 Montesquieu 著的 *De l'esprit deslois*，1758。——编者注
③ 应该是指 James Bryce 著的 *Modern democracies*，1921。——编者注

《英文政治学名著选读》编者导言*
(1931 年 4、5、6、9 月)

一、亚里士多德《政治学》

亚里斯多德（纪元前三八四——三二二年）生于色雷斯（Thrace）的斯塔斋剌（Stagira），在古希腊的东北极边，离希腊的文化中心极远，而距马其顿转近。他的先世业医，父亲尼古马克斯（Nichomachus）且为马其顿王的御医。幼年他尝随父至马其顿，耳闻目濡，所得之医学及解剖学之知识似亦不鲜。是时柏拉图正在雅典设立学院讲学，士子之慕其名者云集。亚里斯多德于十七岁时亦从柏拉图学，历时计有二十年之长，且为柏拉图的得意弟子。柏拉图死于三四七年，死后，亚里斯多德即弃雅典，渡爱琴，而远适小亚细亚的一个小国，叫做亚他纽斯（Atarneaus）者，为国君赫密亚斯（Hermias）的入幕之宾。赫密亚斯本古希腊人所谓暴君之一，三年后（三四四年）国中有革命，暴君政治

---

* 1931 年钱端升应商务印书馆邀约，为王云五、何炳松、刘秉麟主编的 "社会科学名著选读丛书" 选编英文政治学经典著作。钱端升一共选注了四本政治学经典著作，据中英文对照的版权页记载，这四种选注本分别是：1.《政治学》（The Politics），原著者希腊亚里士多德（Aristotle），英译者昭厄特（Benjamin Jowett），选注者钱端升，1931 年 4 月；2.《霸术》（The Prince），原著者意大利马基雅弗利（Niccolo Machiavelli），英译者利云（Luigi Ricci），选注者钱端升，1931 年 5 月；3.《近代平民政治》（Modern Democracies），原著者英国布赖斯（James Bryce），选注者钱端升，1931 年 6 月；4.《法意》（The Sprite of Laws），原著者法国孟德斯鸠（De Montesquieu），英译者纽真特（Thomas Nugent），改订者普立拆德（J. V. Prichard），选注者钱端升，1931 年 9 月。以上四种著作合订为一本，封面红白斑斓，上面没有任何文字，只是在红色封皮包住的书脊上印着 "CHIEN FOUR POLITICAL CLASSICS ABSTRACTED"。钱端升为每种选注本撰写了中文 "编者导言"，并附上与原著和著者相关的参考书目，以便指引读者进一步去阅读。这四篇 "编者导言" 体现了钱端升研究政治学的思想与方法，故全文录入。各篇标题为编者所拟，其中人名依现在通行译法，正文里译名遵原稿。——编者注

被推翻，暴君被杀，而亚里斯多德亦不得不逃。当时他适届不惑之年。离小亚细亚后，他即应马其顿王腓力普之招，而为太子亚历山大的师傅。但亚历山大于三三六年即位，亚里斯多德即离马其顿而回雅典，且效柏拉图之故事，而设立书院（Lyceum）以讲学。他的学派有"伯理巴得的高斯"派（Peripatetikos）之称，意即行动者或走动者之谓。究竟因为他在台上讲学时前后不绝的走动而得名呢，还是因为他喜欢领了一般学生随散步随讲学而得名呢，则我们已无从覆核。三二三年，亚历山大薨逝，仇视马其顿的雅典人诬亚里斯多德弃教背礼，危及雅典的国运；于是亚里斯多德不得不亡命而至马其顿势力甚盛之卡尔息斯（Chalcis）。次年（三二二年）他即寿终于此，苏格拉底枉死之惨事遂亦无从重演于亚里斯多德之身。

亚里斯多德的希腊早非盛世的希腊。希腊的武功文治以第五世纪之中叶为最可观，是时波斯侵略的危机已过去，而两败俱伤的拍罗坡尼撒之战（Peloponnesian War）尚未肇端；雅典复适当伯理克尔时期（Periclean Age），文物之盛一时无比，经拍罗坡尼撒之战（四三一——四〇四年）后，无论胜者败者皆有民穷财尽之苦，而雅典更呈衰颓的气象。当亚里斯多德的壮岁时，雅典又稍获旧观，更一度和斯巴达及底比斯（Thebes）鼎立称雄，共执希腊的牛耳；惟马其顿不久即掘起于北方，先后战胜底比斯及斯巴达。雅典先则和腓力普媾和，继且臣服于亚历山大。亚历山大之帝国亡后，希腊独立的政治生活亦随以俱亡。故亚里斯多德的希腊实为季世的希腊。

亚里斯多德的著作极富：举凡生理，物理，解剖，数学，修词，逻辑，伦理，政治，经济，诗学，玄学，无所不备，而尤以逻辑学，伦理学，及政治学为巨著。不幸全部著作都经过长时期的埋藏，出世后复经亚历山大里亚的学者，阿剌伯学者，及中古学者的辗转传抄，往复翻译，穿插窜改，考订注释，以致原文失传，而真面目无复可窥。它们（著作）虽经近代学者严格且科学的整理，然而残缺者仍无法弥补，矛盾者仍无法融通。《政治学》之形式不但不是例外，它的章句的凌乱或且甚于其它著作：各卷间无论如何排列总有不能衔接之苦，冲突重复之处更不一而足。著者在某处明说将在下文引申某事，而始终不见有何引申之例亦极多。

照最通行本，《政治学》共分八卷都百零三章。第一卷首述国家的意义及组成的基础；继及家庭经济，在家庭的基础；末论奴隶的性质及必要，财产的增置，及父子夫妇的关系。第二卷批评几个理想国，并叙述现存的几个最好国家。第三卷先论公民及公民团体，次及政体的分类，凡平民政体，寡头政体，君主政体，及后者各种不同的样式都有述及。第四卷论主要政体的变形，如何而可为普通情形下的最好的国家，如何而可为特殊情形下的最好国家，宪法又将如何而制定。第五卷论革命，革命的起因及避免革命之法。第六卷详论组织平民政体及寡头政体的正当方法。第七卷论理想国，理想国中个人及国家最完美的生活，及理想国应有的教育。第八卷续论理想国的教育，及音乐和体育应有的地位。上述的次序为通行的柏克（Bekker）版的次序，亦为昭厄特（Jowett）英译版的次序，然而上下不一贯之处仍所在皆是。我们所可自慰者，即据近代人知识之所及，伯克版中之《政治学》的大体必是亚里斯多德的原意而已。

与《政治学》相关最密者有三书，即《伦理学》，《经济学》，及《宪法》。《宪法》今仅存关于雅典的那部分，于一八九〇年发现，其它百五十七国的宪法则已失传。《伦理学》讨论个人求完美生活之道，《经济学》讨论家庭求富裕之道，而《政治学》则讨论全社会求生活完美之道。三者中，《经济学》最不重要。《伦理学》及《政治学》为前后相接之书，承上启下，关连极密。凡想贯通亚里斯多德的政治思想者，不能不兼读相关的诸书。

然而要了解亚里斯多德的政治思想，尤不能不先知当时的政治状况。希腊的国家向来是所谓城市国，一个城市，连同附郭乡村，就算一国。最大的城市国，如斯巴达及雅典，人口亦仅二十一万及十二万左右。然而终希腊之世，这些小国从不肯合而为一，即遇外敌，至多亦不过相将联为同盟而已。城市国之人口本已极小，但奴隶又往往占半数以上，雅典在拍罗坡尼撒之战开始的那年，有奴五万五千，而斯巴达则有二十万左右。奴隶只有做工的义务，而无任何政治或物权上的权利。奴隶而外，其余的自由人民又往往有阶级之分。雅典的贵族，平民，及外地人固然到了后来一视同仁，都可参加政治；但在斯巴达，乡农及斯巴达人之界则始终不泯：乡农虽可自耕其地，且有相当的乡村自治权，但国家的政权仍为斯巴达人之独有物，而乡农始终不得染指。阶级观念而外，希腊人更卑视经商营利之业，凡经商者，纵其人为公民，亦往往为人所不齿。公民对于国家则关系异常密切，有如信教者之崇奉宗教，念兹在兹，而时刻不离。且政治生活可以包括一切生活。学校，家庭，以及宗教之生活俱和政治生活合而一，离了政治生活也没有其它生活之可言。所以希腊人——当然除了公民以外的阶级，如奴隶等——几无一不可说是政客；他们的政治经验也当然异常宏富。

希腊人的国家虽小，而各种政体几无所不经。在诗人荷马时，政体恒为族长式的贤君制度。在第七世纪时，城市国大都采用贵族政体，贵族辄为旧家子弟，而又可号召全族者。嗣后城市发达，文化渐进，智能之士初不限于旧家，于是重心离贵族，而豪杰之士辄独夫当国，是为专制或暴君政体，在第六世纪极为普遍。但专制之君与贵族势不两立，其始凌虐贵族，厥后更凌虐平民。贵族及平民群起而攻暴君，于是暴君不能不走，而政体又一变。暴君去后，贵族及平民势力之消长各地不同。贵族专政之国为寡头政体，而平民当权之国则为平民政体。贵族能为全民谋福利而行真正的贵族政体者则极不多见。希腊自有史以迄亚历山大帝国之成立，虽为期不逾四百余年，然政体上的变化诚有无所不包之概。亚里斯多德所著的《宪法》中，搜罗各国宪法所以能达百五十八种之多者，虽云包含波斯等野蛮国在内，但城市国的花样繁多，亦于此可见。

亚里斯多德论学的方法与前人不同。他和柏拉图为希腊的两大政治思想家，然师弟间之不同，莫过于方法之互异。柏拉图是专重想像的，综合的，推演的，而亚里斯多德则偏重于比较的，分析的，归纳的。前者所富的是意像，意像之所及，持论由之而生，故语多暧昧神秘；后者所长者为观察，一百五十八宪法不为不多，从这许多五花八门的宪法中，自可归纳出若干的结论，辞句亦自可切实而不尚空浮。

在上古时，用比较及解析的方法以研究政治者，亚里斯多德固为第一人，新方法之有裨于后世者厥功固亦极伟，然我们也不能张大其词，而承认亚里斯多德的方法为科学的或历史的。他的归纳方法往往适和近代相反。科学的方法应从许多相关的事实中以探求真理；但他往往将自己所乐知的"真理"提出，然后以可以证明那真理的事实逐一胪列，即有反对方面之事实亦不过拉做陪椟〔衬〕，绝不让它们来推翻他的真理。亚里斯多德尽可为逻辑学之远祖，而他自己论学时，逻辑的形式或者尚能维持一二，逻辑的真谛则相差还远，真正的科学方法更不用说起。

亚里斯多德也不能根据历史以观察政治。他虽有百五十余个宪法可供比较，但对于各个国家历史上的过程或人类政治组织的演进则他并不注意。雅典第四世纪之奴隶生活虽比前一二世纪为进步，但在亚里斯多德的眼光中，奴隶终属奴隶，将万古长存。第四世纪之城市国家虽成强弩之末，但亚里斯多德咬定了城市国为唯一适宜与〔于〕人类政治生活的组织；亚历山大尽管雄并天下，建立帝国，而他可熟视无睹，一若比城市国更大的政治结合终不能成立者。

亚里斯多德的所以不能进而用历史的方法，我们要归罪——或者我们可说归功——于希腊的文化。希腊文化实在远出当时人所知之世界的其它部分的文化之上。在希腊人之宇宙中，只有希腊人是有文化的，而其它种族尽是鄙野的，凡是希腊人，尤其是出身望族的希腊人，自不能不中心赞佩他们自己的文化，说来说去也脱不了希腊文化的范围。凡希腊人所视为当然之事，即亚里斯多德亦难独异。国家的产生根据于自然或必要之说深有见地，但亚里斯多德可说国家的产生乃根据于伦理观念。马其顿的澎涨，本城市国不济事的明证，但亚里斯多德则可充耳无闻，一若城市国为永久不灭之国体。亚里斯多德之所以不能放弃伦理说，城市国，且拥护奴隶制，提倡音乐教育等等，实皆狃于希腊人的成法。主观太深，则客观的事实转不易生正当的印象。亚里斯多德虽生长希腊的季世，而他的言论思想不稍涉悲观，他的著作中我们也听不见一个亡国人或将亡国人民的伸〔呻〕吟声者，正因他是希腊人。也正因他是希腊人而不能采用历史的方法。

老实说，亚里斯多德仍为富于理想的希腊哲学家，不过他的意像力远不如柏拉图浩瀚，他的直觉力远不如柏拉图的深邃而已。有人谓柏拉图的观察好像坐飞机者从云雾中俯瞩新地，只灼见地势高下之一般；而亚里斯多德的思想则像一工程师在该地建筑道路。从这譬喻中我们固可分别二人的不同处，但亚里斯多德仍为一固守希腊成法的工程师，而所见之大则终不及柏拉图。

我们所知的宪法是逐渐演进的，而不是一旦可以创造的，所以凡主张宪法可以一手拟制者每不易得我们的同情。但希腊人对于宪法观念和近代的不同。希腊的所谓立法者实即医治国家的医生，他们可以将国家的宪法一手制成或变更，好像来喀古斯（Lycurgus）之于斯巴达或梭伦（Solon）之于雅典。亚里斯多德著《政治学》的目的本在供给立法者以一本完美的参考书。我们如认识了此层，我们也可少生许多的误会，或不应有的奢望。明乎此，则《政治学》当然不会脱了希腊人的政治理想，或背了希腊人的政治习惯。

然我们却不必因亚里斯多德之言论思想脱不了希腊一般人的言论思

想而若有所失。如果他的言论思想完全是代表一个超人的，而不是代表一个时代的，我们转不易看到希腊时代的政治状况；我们从《共和国》①中所可得知的希腊政治状况便没有像从《政治学》中得知的那样多，因为柏拉图虽然也是一个希腊哲学家，但超人的气味转要多些。

《政治学》中所见独到之处而令后世不能不心折者极夥，这是因为著者是一个熟知人情世故的人。亚里斯多德的反共产理论，是垂久而未尝失效的。他论法治与人治的优劣亦历久而真理独存。他以贫穷者之反抗富有者为革命的原因，很得近代唯物史观的三昧。他所论六种政体的基础，如君主政体的基础为最高的德行等等，与千数百年后孟德斯鸠所论各种政体的基础如出一辙，诸如此类，诚有不胜胪举之概。然希腊的政治社会和我们的政治社会完全不同；要望亚里斯多德的思想能适合于近代的环境自是不可能之事。即他对于政体的分类，及三权的分立，虽名义上与近代的政体及政权相若，然实亦不是一物，若强以亚里斯多德之说准绳近代的国家转有牵强附会之憾。

亚里斯多德的长处，本不在一言一事所见的独到，而在根本的供献。第一，他是政治学的始祖。希腊的哲学家固然都脱不了政治，柏拉图的思想几全是政治思想，苏格拉底的思想也杂以政治，但他们的所谓政治仍可说是伦理的一部；政治与伦理绝难分离。亚里斯多德的《政治学》虽然和他的《伦理学》紧接，但在他的思想系统中，政治学毕竟已有独立的地位；不但不是伦理学的附庸，而且隐隐然为讨论到人类活动最基本的学问或智识伦理学中之政治学必注重于何者为最善的政治生活，但真正的政治学则必须顾到何者为可能的政治生活。亚里斯多德固脱不了希腊的伦理观念，但《政治学》确为唯一能兼顾到事实之政治名著。此层实非《共和国》之所能比拟。再者，《政治学》开宗明义就说人类是政治的动物，以明示人类的活动不能离了政治。如果马克斯的唯物史观足以使劳工阶级不自馁，使他们能深信将来的世界是他们的，则亚里斯多德的人类政治动物观亦足以使人类益知政治之莫可忽视，而益注意于政治改进之方。这种绝对无误的观念很足以促进政治学的成为一种重要的，独立的学问。亚里斯多德的方法固然不能恭维得太火，但我们亦那能不承认他有创立政治学的大功呢？

---

① 即柏拉图名著 Πολιτεία，英译本作 *The Republic*，今一般译作《理想国》或《国家篇》。——编者注

亚里斯多德尚有两种教训绝不受时代及政制的影响。一为他的理想主义，二为他的中庸主义。亚里斯多德对于政治动物的人类是乐观的，所以他把政治也看做人类实践最高理想的场所。人类应有理想，应照理想做去，不以理想为最后目标，则政治终无向上的途径。其它的主义，如后世的功利主义，或实体主义等等，都不能使人类在政治上得到最后的满足。所以后世之言理想主义者，一直至最近的格林（T. H. Green）仍以亚里斯多德为圭臬。他的中庸主义与他的理想主义相附而行。理想是亚里斯多德政治的目的，而中庸是亚里斯多德政治的方法，一则由于内心的信仰，一则由于实际的观察。他主张阶级间贫富不相差太远，平民政治（穷民的）及寡头政治（财阀的）应调和，自由及服从应两不相悖；凡此种种皆为万世不泯的真理，并可为近今推行极端政治者之当头一棒。

综上所观，《政治学》之所以能成为千数百年的巨著，良非偶然之事。我国向来的政治，固绝对和希腊的城市国家不相类，然和中古的帝国及欧西近代的国家亦不类似。希腊人之重市民而轻农工商，尤轻商民，则与我国向日士农工商的观念如出一辙。如果西方人的政治学说有足以供国人观摹之处，则《政治学》也必居那种学说之首乘无疑。

二、马基雅弗利《霸术》

马基亚弗利（一四九四[①]——一五二七年）生于意大利的菲棱彻（Florence）。父族母族俱为本地贵族；父业律师，家道亦宽裕。他的幼年适当菲棱彻的全盛时代。文艺之隆，一时无比；少年贵族的生活，亦可想见一斑。至于他少年求学的详情及其它一切，则已不甚可考。我们只能从家世以断定他曾受当时最高的教育；从他训儿的信札中以测知他为好学不倦者；从他的著述中以看出他曾熟习拉丁文并熟读古拉丁作品。前人恒以为他不懂希腊文，关于这点现有的证据尚不能让我们下肯定的断语。古希腊的作品，则从原文或从拉丁译文，他确曾读不少。

美地奇罗棱操（Lorenzo de Medici，即所谓宏伟的罗棱操 Lorenzo the Magnificent 者），于一四九二年嗣后，美地奇家的势力大衰；卒于一四九四年被菲棱彻人所放逐，要到一五一二年才得恢复。此十八年为

---

① 误。马基雅弗利生于 1469 年。——编者注

菲棱彻共和国名实俱行共和的时期，亦即马基亚弗利学优而仕的时期。中古意大利城市共和国的组织本极复杂，在此期中，菲棱彻的组织则为最能尊重自由而接近人民者。人民的代表机关叫做"众议会"（Grand Council），而行政的最高机关则为"政府"（Seigniory）。"政府"于行政时更须得"八十参政会"（Council of Eighty）的同意。"政府"之下有各院以分掌行政事务，就大员之多少，而以名其院。当时有所谓"十人院"者，盖即管理"自由及和平之十人"（Ten of Liberty and Peace）之院，而第二署（Second Chancery）实属之。"十人院"及第二署所掌的职务即外交及军备，故曰"自由及和平"。马基亚弗利初为第二署的一个书记官（一四九四——一四九八），至一四九八年始被擢为第二署的署长（Chancellor），兼"十人院"的秘书长；至一五一二年，因美地奇的复辟而去职。在此时期中，虽"十人"屡易，而马基亚弗利则继续为外军二政的主脑。

马基亚弗利最大的外交工作即为折冲樽俎。一四九九年他首次奉政府之命出使至化李伯的太夫人（Caterina di Forli）处；自后更以次至波耳查彻萨来（Cesare Borgia）的营中，巴黎路易十二世处，罗马教皇朱理斯二世（Julius Ⅱ）处，音斯浦路克（Innsbruck）神圣罗马帝马克西米连（Maxi Milian）处。他奉使至巴黎有四次之多，至彻萨来处亦有三次。至意大利各小邦的零星使命则尤更仆难数。他的使命目的不一，或则为请求强邻的援助，或则为缓和他们的要挟，或则为联络感情，或则为破除敌人的联合：因为菲棱彻为弱国，所以马基亚弗利诚有坚苦备尝之概，然而所得的经验亦独多。

外交以外，马基亚弗利尚负有缮修军备，以捍御国家的大任。他须招募兵卒，或佣雇客军；他须补充军实，且修置防事。菲棱彻和比萨（Pisa）之战，他且身与其役。他以菲棱彻的军队懦怯无用，故于一五〇六年训练国民军以资御敌，然于一五一二年时，法兰西的友军既被西，德，瑞三国的联军驱逐离意后，教皇军队竟能助美地奇家入据菲棱彻，而马基亚弗利六年训练的国民军竟不战而即逃亡。于是美地奇家复主菲棱彻之政，而马基亚弗利的官运亦于以告终。他一身的政治事业可说是一无所成。

自一五一二至一五二七为马基亚弗利的退居及著作时期。马基亚弗利为富有政治兴趣者，他固无时不想东山再起，为国驰驱；无如复辟的美地奇家总不肯授以官职。在他固不得不以著作自娱，而在后世转因之而得伟大的遗传。

美地奇家初回时，马基亚弗利以有谋叛嫌疑，被下入狱。获释后，他虽托友辗转关说，冀为美地奇家所用（当时美地奇氏不特主菲棱彻之政，即罗马教皇利奥十世 Leo Ⅹ 亦为美地奇），然在政治上他终无立足之地；故出狱不久，即卜居（一五一三年八月）于离城不远的圣卡气亚诺（San Casciano），而过闭户著书的生活。他的两大巨著，《霸术》（*Il Principe* 完成于一五一三年，出版于一五三二年）及《李维首十卷书后》（*Discorsi Sopra la Prima Deca de T. Livio*，李维曾著《罗马史》，《书后》即就《罗马史》之首十卷加以发挥。《书后》开笔早于《霸术》，而完全较后，出版于一五三一年）即产生于此地。自一五一八年起，他重又走动于菲棱彻及意大利其它各地，间为菲棱彻商人的对外代表。一五一九年，他受美地奇之命而条陈恢复"众议会"的方式。自一五二〇至一五二五年他受大主教美地奇朱理斯（Giuliano di Medici）之命而著《菲棱彻史》，书成时，朱理斯已为教皇（即克力门七世 Clement Ⅶ），于是他赶至罗马献呈，教皇且命他整饬军备。然不久法兰西在意大利的势力被神圣罗马帝查理五世所倾覆，美地奇家在罗马及菲棱彻亦无可立足，而一一被逐。一四九四至一五一二年的共和制度重又恢复于菲棱彻。马基亚弗利赶回故国，颇希望能复为"自由及和平之十人"的秘书长，但此职终归他人，而马基亚弗利亦于一五二七年六月病殁菲棱彻。

马基亚弗利的著作极富，诗文小说多而且佳，而戏剧尤为可观。有人谓他如无政治著作，则必将以文艺复兴时代的戏剧家闻于后世，此言洵非虚语。然马基亚弗利的所以成名，则全赖于政治性质的著作。就中尤以上述的《霸术》，《书后》，及《菲棱彻史》为有名。在《书后》中，他以古罗马共和国为根据，而纵论（一）国家的观念及组织，（二）国家的防护及扩大，以及（三）国家盛衰的原因。欲澈底明了马基亚弗利的政治思想，除《霸术》外实非兼读《书后》不可。从《菲棱彻史》中，我们亦可以得到许多补充的知识，对于著者的政治观念有所旁征。此外《战术》（Libro Dell' Arte della Guerra）一书亦有相当价值，因他可以使我们了然于著者的军国思想，且补充《霸术》中论武备的一部分。

近来颇有人推重《书后》，且举为马基亚弗利的首要巨著，此层实未免过甚其辞。《霸术》对于后世的影响不特远非《书后》所能及，即以内容而论，他之能为马基亚弗利思想的反照，他之能为马基亚弗利方法的例证，亦决不会落在《书后》之后；所以我们仍不得不以《霸术》为马基亚弗利的主要作品。

何者为马基亚弗利的思想？何者为马基亚弗利的方法？要明了这两点，我们先得知道文艺复兴时思想家及学者们对于中古耶教社会的反动。中古时，耶教的势力绝大，举凡制度，思想以及文艺俱受耶教的羁绊。因此，凡论政治者，很少能脱离中古博学派（Scholastics）的思想，或放弃他们的方法；说来说去，总逃不了神道设教的范围，及拘泥引征的刻板方法。到了他们的手中，连亚里斯多德的学说也变成万物神为主的学说，方法也变成死的方法。文艺复兴本是反抗中古生活及思想的一种大运动：佩脱拉克（Petrarch）之用意大利文乃反抗中古教会之用拉丁文，丹第（Dante）之著《君权论》（De Monarchia）乃反抗中古教皇之主政治，薄卡邱（Boccacio）之著《得坎麦纶》①（Decameron 为一故事集，辞多淫靡）乃反抗中古教会之尚清贞，米开兰基罗（Michelangelo）之雕达微德（David 为一富有邪教气派的人像）乃反抗中古艺术的拘泥教旨，马基亚弗利之著《霸术》又何独不是反抗中古之并政教为一谈？我们须知马基亚弗利实为文艺复兴时代的人物，深得文艺复兴的精神；他虽私人道德甚佳，而他的思想则绝不受中古虚伪教会的拘束，而已回复古希腊、古罗马的自由及非教的精神。

马基亚弗利所用的方法与博学派绝不相同。他的方法实近似亚里斯多德。两人的立身处世虽不相同，而见闻之广及经验之富则如出一辙；因之两者俱极重视实际的观察，俱能采用归纳的方法。在希腊早世，伦理及政治本是不易分离的，亚里斯多德实为分离两者的第一人。但在中古时代，不特政治与伦理无可复分，而政治且浸浸为宗教伦理的附属品。博学派之论政治者，必不能摈弃宗教及伦理而不谈，且往往玄而又玄；即丹第的《君权论》亦未能尽脱此种恶习。但马基亚弗利则深恨教皇之有政治权；他以为国家及政治是世俗之事，不应与宗教混为一谈。故他的《霸术》不涉宗教及伦理的观念，亦从未一引宗教法（Canon Law）或一及自然法，更谈不到耶教《圣经》。在此处马基亚弗利与亚里斯多德亦有异曲同工之妙。

然马基亚弗利的方法之所以为新，我们只能说是消极的而不是积极的。他只是和中古的不同，他却没有能开始采用比较的或历史的方法。

①　今译作《十日谈》。——编者注

他在《书后》中固然也曾提倡历史的方法以研究政治学，但他自己却没有一些历史学的精神。《书后》固以《罗马史》为根据，《霸术》中虽亦时采古罗马的例证，然他自己早已胸有成见，初不受历史材料的拘束。至于比较的方法也说不到。他只引了许多十五世纪的事变以充实他自己的主张，但并不藉无偏的事实为比较以得到客观的结论。

就内容论，《霸术》只论及为政之术，专为治人者设想，而从不为被治者设想，范围的狭小亦于此可见。但这是不足奇异的。马基亚弗利本是政治家，而不是政治学家。他写《霸术》的原因，乃欲以经验及观察之所得，供献于有志统一意大利的雄主，他并不求于政治原理有所立说。《霸术》的组织诚亦无系统可言。大别之则全书可分为六部分。第一部分（一至十一章）论君主国的大概，就得国的性质及方法而加以分类。第二部分（十二至十四章）论军备。第三部分（十五章至十八章）论治国的要道。第四部分（十九章至二十五章）论愚民及自利的小技。第五部分（末章）鼓吹意大利的一统。就组织而言，《霸术》诚不及《书后》之有系统，之有头尾。

然《霸术》为马基亚弗利思想的结晶。他的思想完全是实际主义的。他目标是统一的意大利，而统一的工具则为强有力的意大利君主。阿奎那斯（Thomas Aquinas）曾主以教皇统一意大利，而丹第则望神圣罗马帝〈国〉合破碎的意大利为一国。这两种思想完全是中古式的。马基亚弗利则能破除一切成见，而以统一之重任归诸意大利君主。要统一成功，则必须强而有力。为成功起见，为取得及保持强力起见，则举凡一切合纵连横的雄略，欺世盗名的技术，皆为必须的，无所谓善，亦尤所谓恶；而道德及宗教上的考虑则可以置之度外。只消目的是正当，则手段可以不择：这就是马基亚弗利的教训，而为后世所诟病者。

马基亚弗利所提倡的手段，固尽波谲诡诈之能事，然我们亦不能遽以此而厚责马基亚弗利。马基亚弗利为爱国者，爱意大利者，这是无可疑义的。意大利当时，大者有纳坡而（Napoli）王国，米兰（Milano）公国，菲棱彻，威匿思两共和国，及教国，小者更不计其数。意大利实为地名而非国名。当时的欧洲则近代国家已逐一代封建而兴。英经亨利七世，法经路易十一，十二及查理八世，西班牙经斐迪南，而俱成统一的强国。即庸凡的马克西米连亦且以从萎靡的神圣罗马帝国中建立一个近代国家为务。这些国家之所以兴，和雄主之所以成功，俱逃不了诡谲的手段，此固马基亚弗利之所熟知而无疑者。路易十二及马克西米连，他且亲自见过。还观意大利则四分五裂，而为列强角逐之地。马基亚弗利以观察所得而发为言论，希冀忧国（意大利）之君起而实行，以收统一之功；他之不能忘情于上述的手段，自亦当然之事。我们如果以近世的标准衡量马基亚弗利的立说，又那会对著者有公道？且近代国际的关系尚为强凌弱，无公理，无信义的关系，此正和马基亚弗利所说的一致。然而后人弃实际的状态不管，而专以理想的，不实在的标准来攻击古人，更那是公道？

我们觉得马基亚弗利立说的大部固不足为后世训，然我们不应以后世的眼光来批评前世的是非。詧宁（Dunning）说：马基亚弗利只是不管道德而没有不道德，只是不问宗教而没有反宗教；这最为中肯之言。《霸术》本是专论治术之书，与宗教及伦理俱无关系，马基亚弗利又何必狃于宗教及伦理的观念而忽视实际的状况？马基亚弗利的私德是很好的，然而于政治中，他尽可只问成功不成功，而不管道德不道德。

有人以《霸术》提倡专制而谓马基亚弗利亦信仰专制。此亦莫须有之事。《霸术》论人君治国之法，以君为主，故他主专制；但于论古罗马共和国之《书后》内，则他又显然左袒共和及自由。于此可见他是专以强有力为重，而不问专制或自由的。亦有人谓《霸术》乃迎合美地奇家心理之作，而藉以自显者。此亦肤浅之言。《霸术》虽献给美地奇（初欲献给 Giuliano dé Medici 继则献给 Lorenzo di Piero dé Medici），然持论一出著者本心，毫无不诚不实之处（自大主教 Reginald Pole 起以至 Alberigo Gentile 至诋《霸术》为虚伪作品者甚有其人）。如果像许多人所说，马基亚弗利著《霸术》的目的在乞怜于美地奇家，故故作迎合之言，则他于《菲棱彻史》更绝不应有同情于自由及共和政治之表示。《菲棱彻史》乃奉美地奇的命而作的，他更应歌颂专制，以邀美地奇的恩宠。我们须知马基亚弗利的主旨在意大利的统一，而统一则非有强有力的意君不行。所以他于《书后》及《菲棱彻史》中随处流露对于共和及自由政治的同情，而为十六世纪有志统一意大利的人君方面着想，则仍不取专制途径不可。我们如谓《霸术》中所示的方法是专制的则可；如谓马基亚弗利根本就笃信专制则不可。我们尤须认清在事实上，《霸术》虽献给于美地奇罗棱操彼得，而推著者之意，则在献给于一个不定的君主，一个能以统一意大利为职志的意君。

《霸术》对于后世的影响固然极坏，枭雄的教皇，君主，以及大臣，如教皇克力门七世，皇帝查理五世，法后美地奇喀德邻（Catherine de

Midici），法王亨利三世，四世，法相黎塞留（Richelieu）等等，无不奉
《霸术》为圭臬，而施其谲诈的权术。我们固无取于这种权术，我们也
绝不能纵容《霸术》中的立说，然我们又乌能以后世的谲诈尽归罪于马
基亚弗利？普鲁士的大腓特烈于未即位前亦尝著《反马基亚弗利》一书
一痛斥《霸术》，然他即位后的施设又无一不与《霸术》若合符节。于
此亦可见政治上的恶浊正时势使然，未可集众矢于马基亚弗利。

　　在政治思想史中，以人而论，卢梭为最受攻击及最被误解之人；以
书而论，则要推《霸术》。我们如果明了十六世纪的政治状态，尤其是意
大利的，更认准了马基亚弗利的主旨，则著者提倡的诈术殊不能使《霸
术》减色。而著者爱意大利的热诚及所指示的统一意大利的方法，则实不
能不令人佩服其识见的远大。他更有助长政治学成独立学问的功绩；此层
我们更不能不感激《霸术》的著者。有人谓马基亚弗利结束中古，而开启
近代，亦良以《霸术》能脱离中古的旧习，而与近代的崇实精神相贯通。

三、孟德斯鸠《法意》

　　孟德斯鸠（全名作 Charles Louis de Secondat，Baron de la Brède et
de Montesquieu）于一六八九年生于法国基恩（Guyenne）的一个小地
方，叫做拉不勒德（La Brède），离波尔多（Bordeaux）极近。父族为
法兰西旧家，跻于外省贵族之列，母族亦属于加斯科尼（Gascogne）及
英吉利贵族。孟德斯鸠既系出名门，且生长于堡第（château）之内，
其舒适自然，读书问字之幼年生活可以想见一斑；即他的心平气和的态
度和处境或亦不无多少关系。一七一五年他和一新教徒结婚。这亦值得
我们的注意，因论宗教时，他每以新教为宜于自由主义的。他家既为基
恩的望族，在本省的政治势力自亦不小。他于一七一四年即加入波尔多
法院（Parlement de Bordeaux）[1]为法官（Conseiller）。他的伯父本为
法院院长（Président à Mortier）[2]，一七一六年去世后，他即承继为院
长，且为爵位（男爵）及产业的承袭者。院长地位崇高，收入可观，而
事务不繁，故孟德斯鸠益可致力读书，而无衣食不足之虞。

　　《波斯人手札》（Lettres persanes）为孟德斯鸠的初作，出版于一七
二一年。是书初版时本不署名，然著者之名仍不胫而走，文豪的地位亦
即确立而不移。十八世纪的法国社会本以"沙龙"生活著名，在《手
札》中孟德斯鸠虽假借漫游法土之波斯人之口以讥刺法国的政教社会，

然他的辞旨谑而不暴，故能深合"沙龙"社会的口味。《手札》既能博"沙龙"的激赏，孟德斯鸠自亦不难一跃而为大作家。《手札》出版后之第四年（一七二五）他即被举为法兰西大学院（l'Académie franéaise）学士，徒以不能住居巴黎之故，选举旋又宣告无效。孟德斯鸠的旨趣本在文章而不在政治；为与文艺界接触起见，困守波尔多良非得计，因此，他于一七二六年即依当时封建社会的习俗，把官职转卖于人，而卜宅巴黎。自此而后，他往来于巴黎及拉不勒德之间，所见所闻不复限于一省。不逾二年（一七二八）他重复被举入大学院，俨然为四十闻人之一，而与华尔泰及狄德罗等济济一堂。

但孟德斯鸠非书蠹一类人物。博览尤贵广见，故入院后，他即周游列国；所至之地有奥大利及德意志其它各邦，匈牙利，瑞士，意大利，荷兰，及英吉利。他在英吉利逗留最久，计自一七二九年十月至一七三一年八月，他足迹不离英伦几有二年之久。威斯敏斯忒（Westminster）国会逢开会时，亦时见有此法国旅行家之旁听。孟德斯鸠到巴黎后即有著书论法律精神的志愿，旅行本为补书籍所不及；二年英土生活对于《法意》（此本严复的译名，以在国内习闻已熟，故依之）的影响，我们可以想见，而况在未到英国之前，著者早有尊崇自由政治的倾向？自英回后，他常居于故乡拉不勒德，其花园构造一如英式，而生活状态亦多模仿英吉利的乡绅。在此充满英吉利派头的环境中，他即埋首著书，虽然他也常去巴黎走走。

《法意》完成于一七四八年，《法意》以前，《波斯人手札》以后，孟德斯鸠又写了一部《罗马盛衰的原因》（*Considérations suv les causes de la grandeur des Romains et de leur décadence*）。此书出版于一七三四年，适居上述二书之中，以内容及文笔而论亦居二者之中：不像《手札》的清爽，也没有《法意》的沉重；不像前者的拉杂闲谈，也没有后者的布置周详。他著此书的用意，或者即在给读者们以一种预告。读了《手札》以后，即读《法意》不免有突如其来，出其不意之慨；先有一书以居中间，则当时好读辞句爽利，主意尖刻之法国文人或者不至以《法意》为呆板而不读。

自一七四三至一七四八的五年中孟德斯鸠专心一意，从事于《法意》的著述，稿亦屡易。以比马基弗利亚①之于数月内完成《君论》不

---

① 原文如此，排版误，应为马基亚弗利。——编者注

霄有霄壤之别。然《法意》犹不止五年的心血。上面已经说过，孟德斯鸠早年即有为书以论法律精神之意；他在旅行时，以及回住梓乡时，盖无日不在搜辑材料，悉心研究。即在著《罗马盛衰的原因》时，他的心绪亦未尝一日离开预备中的巨著。故《法意》一书实代表二十年的工作。著者用心之专于此可见。《法意》完成之后，付印之前，孟德斯鸠曾召集友朋数人，征求他们对于它的意见。他们大都不以它的出版为然，因为它不和法国当时的政治思想，或政治习惯相沆瀣一气。然孟德斯鸠则思之有素，胸有成竹，故不顾友朋的劝告，而毅然于日内瓦出版（亦不署名）。固然一出版后，《法意》即风靡一世；不到二年即出了二十二版之多，而著者亦成为自由政治及有限制君主政体之代表者。

孟德斯鸠的余年亦安稳的于学者生活中过去。《法意》虽遭僧侣们的攻击，然而毕竟反对者少而欢迎者多。他于一七四九且著《法意辨》（*Défense de l'Espirit des lois*）以自辨，且解除误会。美中不足的，就是他的近视。因为近视太甚之故，末了五年他几成半瞎状态，读书著述的工作亦难以进行。他死于一七五五年。临终时，耶稣教会人犹劝他忏悔，劝他撤回诋毁旧教的狭窄语调，但他仍无动于中，死时仍为信仰自由，坚持自由之大儒。

《法意》的范围极广。社会间的诸种关系既尽为法律之所及，则当然亦《法意》之所应问。《法意》的范围与其说是和我们所知的政治学相若，不如说是和孔德的社会学，或和希腊人的政治学相同。《法意》盖纳法律，政治，及经济于一炉者，不过因政治的一部分影响较大，故后世辄以之为与政治学有特殊关系而已。我们可于章卷的排列略知《法意》的范围。《法意》共分三十一卷，每卷又分为若干章，但孟德斯鸠之所谓卷实等于我们之所谓章。全书实可分为六部分。第一部分（首八卷）论法律的普通观念及政体。第二部分（九卷至十三卷）论军备，租税等等。第三部分（十四卷至十九卷）论风俗习尚及它们和气候土壤的关系。第四部分（二十卷至廿三卷）论经济诸问题。第五部分（廿四卷至廿六卷）论宗教。第六部分（末五卷）分论罗马法，法兰西法，及封建法。由上亦可略见《法意》的范围。

讲到《法意》的方法，我们就不能不联想到马基亚弗利在《君论》中，及亚里斯多德在《政治学》中所用的方法。三人都重事实的观察，而不尚理想的空论；都偏向于比较的及历史的方法，而都不能完全脱离主观的成见。三人都和当代的政治思想家不同其法。但三人所用的方法亦有程度不同的分别。我们如把亚里斯多德和柏拉图相比，马基亚弗利和丹第相比，孟德斯鸠和卢梭相比，我们会因他们（亚里斯多德，马基亚弗利，及孟德斯鸠）之迥异于同时之人，而惊奇他们之彼此相同。然我们如把他们三人所用的方法细细比较，则彼此间的不同又可以立见。

孟德斯鸠本为博闻强见之绩学士，但并非意想超群的理想家，所以他论《法意》重实验而不尚理智。事之当否，或制度之善否，须视古今中外之事例之所指引，而不必问理智之所昭示。十八世纪的哲学本理智主义派（rationalistic）的哲学，孟德斯鸠独能另辟途径，而以实验为依归，异军突起正不亚于亚里斯多德及马基亚弗利。论政而恒凭一己的理智，则总是主观的，客观的方法自必循实例之所指引；故以实验为重者不能不采用历史的，比较的，及归纳的方法。不追溯过去的事迹，且征引外邦的成法则事例有限，而无实验之可言；不将已有的事例归纳起来，则真义隐而不见，有失探求之目的。孟德斯鸠之旁征博引，溯古追今，诚深合科学的精神。但孟德斯鸠亦未能完全脱离主观的见解。即以气候和社会之关系而论，他本有自由宜于寒地，热地易产专制之论，然此论与亚洲尽专制之说显然不能相容，因亚洲亦有寒带；于是他不惜强词夺理，免以亚洲的河流（十六卷）及中部的高山（十七卷三章）为解释。此正不啻先有结论，再找理由，与归纳方法相径庭，而与实验主义亦不合。所以致此之故，则先入为主之成见作祟而已。且孟德斯鸠的方法，亦尚不能算为真正的历史的或比较的方法。关于古事方面他重视罗马的历史，关于近事方面，他侧重英国的制度，他对于古今中外事例并不兼收并蓄，一律看重。所以致此之故，则因罗马共和国及英吉利君主国之制度最足以证实他的得意学说，他的制衡为自由的保障之学说。此层亦诚如马基亚弗利因狃于欲统一意大利非强有力之君主不可之说，故一再从古罗马及波尔查彻萨来（Cesare Borgia）的经验中寻找物证以自圆其说一样。即亚里斯多德亦往往为成见所狃，而不能给各个事证以同样的轻重，同样的价值。不过三人虽同蹈不离主观之弊，而程度之不同则已不可以同日语。以马基亚弗利和孟德斯鸠比，则不特立说的道德观念完全不同，即著作的精神亦相差相远。两人的立说虽同根据于经验，但马基亚弗利的主旨在代某种行动找出相当的前例，而孟德斯鸠的主旨则在寻觅事物的公律及理由。有人谓孟德斯鸠和马基亚弗利一样，他也专找相当的事例以掩护他所欲发挥之议论（Barthélemy Saint-Hilare 在法译亚里斯多德《政治学》的绪论中即有此意），此则未免厚诬《法意》

的著者。以亚里斯多德和孟德斯鸠相比，则两者虽同为所知极广，引征极富之人，然城市国及希腊伦理观念对于前者之影响，尤比自由说及分权论之束缚后者为尤甚，故前者所采的方法离真正的历史方法更比后者为远。因此种种，孟德斯鸠等三人的方法虽大致相同，虽俱有不足，而孟德斯鸠的则已比较的最合科学的精神。

《法意》的势力绝大，此层在下面我们当更有所论及，然就孟德斯鸠的学说而言，我们殊不见有多少特殊之处。他在《罗马盛衰的原因》及《法意》中俱主张历史有不断的倾向；历史是渐进的，向前的，而不是偶然的，偶然的事变则不过如昙花一现不足以牵动根本的倾向。此本历史哲学之一种，而历史学之所由起，但意大利人维高（Giambattista Vico）在《新科学》（*Principi di una Scienza Nouvà* 一七二五）中早已发为此论。且历史不是偶然之说亦与事实不尽符。基督不生于耶路撒冷而生于北冰洋，则欧洲或非今日之欧洲，光绪而有明治之才，则中国或亦非今日之中国，此则有非历史渐进说之所能解释者。孟德斯鸠又主张物质的环境（如气候，土壤，面积，地带等）及居民的性质和社会的制度有密切的关系。此固确切不易之论，且为后代社会学的要律，但布丹（《共和论》，一五九九）及维高亦早有是言。孟德斯鸠特未及参考，故《法意》的卷首语且以我说无所师承（Prolemsine matre natam）为言。

于政治之本体方面，孟德斯鸠为拥护自由者，所以他于反对奴隶制度及宗教上的不容异己时，一改其冷静的态度，平和的口气，而尽嬉笑怒骂之能事。他之主张改善刑罚制度，其目的亦在保障自由。但关于自由方面，他的最受后世称道，而影响亦最大的学说厥为分权及制衡之说。从他的观察所及，英国为最自由的国家，它不特有自由的宪法，人民亦享有自由之权；推原其故，则胥出于分权及制衡之赐。实则分权之说，亚里斯多德早已倡之于前，而洛克之说，尤为孟德斯鸠所习闻。洛克的三权即立法，对外，执法（legislative, federative, executive）三权，孟德斯鸠论分权时（十一卷六章）初尝沿用洛克的分法，因有立法权，执行国际法之权，执行国民法之权之说，而不转瞬间则已易为立法，行政，司法（législative, exécutive, et de juger）三权鼎力之说。然孟德斯鸠的所谓行政权仍只洛克的对外权，仍只管和战及外交之事而已。由此观之，孟德斯鸠的分权说实非新论。至于制衡之说则尤与英国当日之事实不符。

然而观察尽管不准确，而影响已绝大。不特美国之制宪者及法国初革命时的国会几奉分权制衡之说为格言，即英国人自己亦以孟德斯鸠为能见英国人之所不能见，且深信三权分立为英国之所以得为英国之原由。即大法律家布拉克斯吞所著的《英国法律评议》（Blackstone's Commentaries）亦奉孟德斯鸠之言为圭臬。此风一起，世人但见英国之分权，而不见英国三权之相混；但见各机关之互相牵制以为善，而不见内阁之统领各机关以共同执政。凡此种种或非孟德斯鸠本身之能梦想得到。

然我们之为上说，并不是对于孟德斯鸠有所小视。他的长处即他的短处，他的短处也即他的长处。他是改良家而不是革命家，所以他的立说缓和而近实际，且不难实行。但因为他的目的在相当的改良，而不在暴烈的革命，所以他的立说也不骛新奇，即偶有所见亦往往为前人所先见。他在当时之成名本非难事，一因批评政治之风已有佛乃龙，圣比埃尔及华尔泰（Fénelon，Abbé de St. -Pierre，Voltaire）等预为前驱，孟德斯鸠之言不足以悍当时之社会，二因《波斯人手札》已替孟德斯鸠博得倾听的群众，故《法意》易为人所注意。然我们决不能以其成功之易而遂轻其书。著述之重要与否本不全恃著述本身之优劣以为衡，要以视著述对于后世之影响以为定。若论影响后世之力，则政治学中大于《法意》之书已不多见。而况以范围的广大，内容的复杂，主张的富有进步思想，方法的稍具科学精神而言，《法意》正亦不是一部平常泛泛之书？

【注释】

［1］法国大革命前各省省会俱置 Parlement，为当地之最高法院，国王所颁之法令亦须经 Parlement 的登录方生效力。就中以 Parlement de Paris 的势力为尤大。

［2］Mortier 本石臼，院长所带之帽如臼形，故名。今法兰西最高法院的法官仍带臼形帽。

四、布赖斯《近代平民政治》

勃赍斯（Jame，Vicount Bryce of Dechmont，原名 James Bryce，一八三八———一九二二年）生于伯尔发斯德（Belfast）。他的先世本居苏格兰，奉苏格兰的官教（长老会）。祖父为长老教士，以不能泥守官教之故，始移居于北爱尔兰，但仍以讲教为业。父（父及祖父俱名 James）为格拉斯哥（Glasgow，英格兰四大学之一）大学教授，为名地质家，兼精算数之学。伯父约翰为牧师兼教育家。母为厄耳斯德（Ulster，即苏格兰长老教徒，在十七世纪时移民于北爱尔兰而所建之殖民地）人，好学多读。父族母族既皆为厄耳斯德苏格兰人，所以数世皆强毅有为，乐善能勤，且俱寿登耄耋；勃赉斯子爵一生德业的根苗盖早已种于先人的遗传及家庭的环境。他幼年即以聪慧著，博闻强记，有如神童。一八四六年随父至格拉斯哥，遂入当地的高级中学。一八五二年复奉父命返伯尔发斯德，入伯父约翰所主持的伯尔发斯德预备学校。一八五四年至一八五七年三年间，勃赉斯读于格拉斯哥大学，所习以希腊古文为主。此后，他入牛津之屈林尼特学院（Trinity），初仍致力于古文学，继则博览法律及历史之书。在屈林尼特五年中所获荣奖极夥，实为牛津之高材生。一八六二年卒业（相继得学士及法学博士两学位）后，他即开始收受生徒，继复被举为奥里埃耳学院（Oriel）的研究员。次年（一八六三）他肄业于德之哈德堡大学（Heidelberg）者又一学期。

自一八六二年起，勃赉斯既为牛津的研究员，又兼在林肯法律馆（Lincoln's Inn）学律。治学为他的素好，而法律又为进身政治之阶，故两者兼顾而不悖。一八六四年他迁居于伦敦后，仍以时至牛津不少衰。一八六七年他取得律师的资格，三年后（一八七〇）政府又擢他为牛津罗马法教授。嗣后以政治活动之故，教授不得不辞（一八九三），律业亦不得不辍（一八八二）；然牛津及林肯之关系则终身垂而不断，感情亦异常美满。一九一四年林肯法律馆且举他为董事。以教育事业而论，除了牛津之外，勃赉斯又曾任奥文大学（Owen College，即日后的Manchester University）的法学教授（一八六八——七四），学校调查委员会之助理委员（一八六七），及中等教育委员会的主席（一八九四）。他于讲学之事尤所热心，日后在驻美大使任内，在美国各大学及各会社之讲演几时有所闻；良以他虽为名著作家及名政治家，而最近本性者则始终为大学生活。

在希腊城市国家中，政治为全体公民所与闻之事，在英国，则凡贵族子弟及受过高等教育者亦辄以政治为自然的归宿；勃赉斯以学者而思染指政治，正亦同此心理。英国之政治入门厥惟国会，故他于一八七〇年即为自由党之候选人，但不幸失败。一八八〇年自由党得胜，勃赉斯始代表伦敦东部某区而入下院。自一八八〇年起至一九〇五年的大选止，他七次膺选，直到一九〇七年奉使美京时始退出下院。他在下院中不能称为所谓"下院人物",为下院议员者须能适应环境,机变多辩,方能得下院的推崇而为政党的首领。勃赍斯的书生气积染太久,不能完全脱除,故始终不能为最成功的议员。然他亦不失为重要人物之一。在格拉兹吞(Gladstone)第三次内阁(一八八六)内,他佐洛斯柏里(Rosebery)为外交次长。他加入格拉兹吞的第四次内阁(一八九二——九四)为兰卡斯忒公土大臣(Chancellor of the Duchy of Lancaster),洛斯柏里内阁(一八九四——九五)为商务部长。英国的阁员不见得一定要和部务发生多大关系,况勃赍斯在职又不久,故除了在国会之政治工作以外,他三任的行政工作倒绝少表现。他所任最重要的职务厥惟在坎柏尔·班涅曼(Sir Campbell Bannerman)内阁时的爱尔兰大臣(一九〇五——〇七)。爱尔兰问题本为英国前数十年最麻烦的问题,在英国没有肯让爱尔兰自主以前,所有的解决方法及和解方法都是劳而无功的;因此勃赍斯在年余之爱尔兰大臣任内亦难有何种成绩可言,他徒感受种种的不快而已。

勃赍斯的六年(一九〇七——一三)出使美国,在他的政治生活中,虽不是最重要,而倒是最有结果的几年。他在使美之前已七次去过美国,又为《美国平民政治》的著者。他去新大陆不啻是英国人民派往美国人民的代表,声誉既佳,友朋又多;美人早不把他看做外国人。六年之内,外交的成绩固非常可观,而周游演讲,又能博得美人之好感,缔结盎格鲁·萨克森两大族的精神。此层关系于世界史者极大,如果英美两国不接近,则欧战之结果及今日之世界或竟完全变色亦未可知。勃赍斯自美回后,不久即被封为子爵而入贵族院(一九一四)。时他已为七十余之老人,此后除了在院内外发表意见,及主持两种特设委员会(一九一四年之调查德军暴行委员会,及一九一八年之改良上院委员会)而外,他专心于著述,而不复参加直接的政治工作。

政治生涯而外,勃赍斯的游人生活亦值得注意。古今学者或政治家之以旅行著称者,我们几找不出一个匹敌的人来。春秋战国时的政客好游,孔孟亦曾周游列国,但边荒之地则不见他们的足迹。希罗多塔斯(Herodotus)好游,然希腊时之世界极小。勃赍斯自幼好游历,年方十岁,乃父即携之游山玩水,稍长更酷嗜游历,凡山水人物,花草鸟兽,矿岩地质,俱可引起他的兴趣,而社会的制度尤不能逃了他敏锐的观察。兴味既浓,所至之地自广。他尝八至美国(不计在大使任内的赴任回任之数行),两游檀香山;凡冰岛(一八七二),印度(一八八八),

南非（一八九五），北非（一八九六），南美（一九一〇），海洋洲（一九一二），远东（一九一三），俱有他的足迹，欧洲各国及近东各地则更常去。他好爬山，而浮水之癖亦大。世界大海洋中他曾游其一十有五。此亦诚非常人之所可望其项背，而著述所受游历之影响诚亦不足奇异。

　　勃赉斯著作范围之广，正如其人之多能博学，举凡自然历史，教育，游记，传记，历史，法律，政治，无不有他的著作，而关于政法之书尤夥。他最著名的著作要推《神圣罗马帝国史》（一八六四），《美国平民政治》（一八八八），《历史及法理论丛》（一九〇一），及《近代平民政治》（一九二一）四书。《神圣罗马帝国史》初为得奖的一篇论文，屡经增易，遂蔚为今日的巨书。书中所包极广，然而著者一手写来，大有鸿罗天下，席卷万象之感，诚为一艺术作品。《论丛》系择二三十年中许多演稿及文著中之出色者汇订而成，其中对史法两学之贡献颇多。然《美国平民政治》及《近代平民政治》实为勃赉斯之代表作品，它们可以表示他的人格，可以显出他的治学方法，更可以看到他的精神所在。

　　我们兹所介绍者虽为《近代平民政治》，然此书与《美国平民政治》间相像之处极多，故我们于后者亦不妨略加论列。此书成于一八八八年，在此以前，勃赉斯固已三度游美，熟知美之人物制度，故六之五的材料皆自亲身的观察，及私人谈话通信中得来，虽则各种有关册籍当然不会有所有遗陋〔漏〕。以六七十万言之大书，而所采材料能以个人直接得来者为主，自希罗多塔斯著《历史》（亦赖游历观察得来的直接材料）以来盖尚未有过。勃赉斯又为极忠实，极忍耐的学者，《美国平民政治》之公平准确遂冠绝一时，诚可当一八八八年北美民治之一幅摄影而无愧。且公平正直，本著者之特长。论政治本不易屏除私见；常人即欲无私亦须努力而后克成，而勃赉斯则可毫无费力而维持其不偏不倚的态度（见勃赉斯致母氏信，一八八九·二·二四）。这并不是因为勃赉斯对于政治制度缺乏善恶的主观，而实由于他根本不主张以己意罩在读者的头上。这种治学的态度，他于《近代平民政治》序言中曾特地声明，实则早已行之于写《美国平民政治》时代。

　　勃赉斯在《近代平民政治》及《美国平民政治》所用的方法根本是一致的，他的方法实客观的。他和友人论《近代平民政治》书中（一九二〇·二·二五致 Charles W. Eliot 函）亦自言著书之目的为客观的。因此，他立意只叙事实而不创理论，只给读者以问题而不代为答复（上函）。他曾说："历史家之责任在将真正的事实和盘托出，并加以说明；如在写史时先有一种理论存在，则他势必于不知不觉之间偏重利于那种理论的事实"（见勃赉斯为 Helmolt 的《世界史》英译本所作之序中）。他所责于历史家者如是，他之自责者亦如是。他所采的事实则务求详尽而公正，知之为知之，不知为不知，毫无丝毫假释（例如《近代平民政治》二卷三九九页注二所云）。因求公正之故，大不列颠虽为最重要平民政治之一，而勃赉斯则避而不论。他以为以不列颠人而论不列颠的政治易流主观；于此更可见著者律己之严。

《近代平民政治》的方法又是比较的（一卷一七页）。比较方法的长处在能从许多同样的原因中测知同样的结果。如用之得其道，而又无一种先入之理论以破坏客观的比较，则此方法实为社会科学中最近似科学方法者。勃赉斯既深知比较方法的优点，复能于事实所无轩轾。他比较的范围大要固限于法，瑞，美，加，澳洲及纽西兰六国，然古今其它民主国的制度亦往往多所论及，故历史的方法，在《近代平民政治》中亦可稍觇一二。所谓历史的方法本即比较的方法，不过所比较者涉及历史上的事实而已。

治政治学的方法细别之本种类甚多，然大别之则仅两种：一种偏重主观，直觉，抽象，理论，演绎；它一种则偏重客观，事实，归纳。前者我们不妨叫做玄哲的方法，而后者科学的。就希腊学者而言，我们可以柏拉图代表前一种的方法，而以亚里斯多德代表后一种。两者间的差别本是比较的，而不是绝对的。重理论者不能完全不以事实为根据，而重客观者亦未必能尽扫一切的主观。所谓科学的方法即比较的方法，比较而完全能不受主观的拘束则尤合科学的精神。自亚里斯多德开其端后，凡马基亚弗利，孟德斯鸠，以至勃赉斯俱可为属于后者的一派，因为他们彼此间的程度虽不同，而在比较方法之同一路上则可以断言。若就四人彼此互比，则勃赉斯的方法尤为近似科学的方法，因为他的比较最公正而澈底，而他的主观则最薄弱。然于不知不觉之间，勃赉斯亦不能完全不受主观的支配。他是自由党人而又为中等阶级之代表者，所以他的立论总也脱不了中等阶级的口气，正如亚里斯多德及孟德斯鸠因为贵族之故，立场总多少和贵族的利益有关。勃赉斯在《近代平民政治》中希望平民政治成功，而又深惧新兴阶级的猖獗；这种态度充分显出同情之所寄。然而这种偏见——如果我们可以这样说法——即比勃赉斯更能合乎科学的人也是免不了的，不然社会科学真可变成自然科学，而人类亦不能称为万物之灵了。

勃赉斯尚有许多出人头地之处。亚里斯多德等虽都游历甚广，但总远不及他。亚里斯多德论波斯，而实未至波斯；孟德斯鸠论中国，而实未至中国；但勃赉斯所论之六国则俱为亲身到过之地，美之四十八邦无邦不有他的足迹，瑞士则成书前且特往一视（一九一九）。亚里斯多德之能得诸书籍，孟德斯鸠之能得诸传说者，勃赉斯则可得诸目见耳闻。《近代平民政治》的材料因此亦多半基于亲身所见所闻之材料（见序文），此远非《政治学》或《法意》之所可及。讲到取材之审慎，疑问之追求，以及政治作用的细察，则《近代平民政治》亦远非它书之所得望其项背。不过有利亦有弊。我们如果以为著作应有一定的主观或理论，则《近代平民政治》诚有平淡无奇之感，而孟德斯鸠的分权论，马基亚弗利的雄主之义，以及亚里斯多德的理想转足以相形而益彰。

《近代平民政治》分三部。第一部（一至一五章）论和平民政治相关的各种概念。第二部分论法兰西（一八至二六章），瑞士（二七至三二章），美国（三八至四五章），加拿大（三三至三七章），澳大利亚（四六至五二章），及纽西兰（五三至五七章）六民主国，兼及希腊之雅典（一六章）及中南美诸共和国（一七章）。第三部分乃结论：首（五八至六八章）考问并批评六国的政治，次（六九至七二章）述全世界各民主国通有的现象，末（七三至七八章）则从各种民治政体的方式，变化，及倾向，而推论民治的现在及将来。兹书以限于篇幅之故不得不全删第二部，而仅从首末两部节录若干，虽则第二部实为《近代平民政治》的主体。

勃赉斯在《近代平民政治》中所描写的社会本不是一九二一年的社会，而是欧战前的社会；犹之亚里斯多德在《政治学》中所论述的政制是马其顿末盛以前的政制。我们总觉得《政治学》离实际甚远，因为我们已经有了亚历山大帝国的印象。我们之读《近代平民政治》亦有类似的感想。我们固可以勃赉斯著书的情形以解释我们所以会得到那种印象之故（著者于一九〇四年即蓄著书之意，自后即从事搜辑材料，故所述者大抵为欧战前的情形，徒以欧战中多事之故，致不能及早著成，在一九一八——二〇之三年间始得专心著述），然平民政治在欧战中及欧战后数年间所受之剧变，即著者亦不能熟视而不惶惶于中。且著者于自序中更明言从经验得来之悲观须得克制，是者著者虽屡以希望勖后世，而自己却不免时作悲观之思。所谓进步者是否仍一定可期？而所进者是否仍为勃赍斯的平民政治？勃赍斯的所言是否不为过去世纪最后有力的呼号？凡此种种有心人尤其立场和勃赍斯不同之人实不能不加以疑问。

然而怀疑不是能令人舒服的一件事。我们也希望可以附和勃赍斯而曰："没有信仰，则一事不能成，而希望又实为信仰之所由寄……平民政治在希望未泯以前亦决不会消灭的。"

西南联合大学行政研究室丛刊序
（1942 年 7 月）

　　民国二十六年夏中央大学行政研究室同人合著的民国政制史付印时，我以主持人的资格，尝写过一篇序文。序文中有下面一段关于行政研究室的旨趣：

　　　　中央大学法学院于二十五年秋有行政研究室之设，招致各大学毕业生若干人，在政治学诸教授指导之下，从事于中国行政之研究。惟是此项工作，至大且繁，问题既多，又俱非简易，研究每一问题，必法律与实施并重，而历史之演进，尤为必要之基础。苟欲将无数之行政问题作一有系统之研究，举凡历史的演进，法律的规定，与乎实际的状况，一一尽述，良非某一学系或某一研究所所能胜任，更非五六人所能尽其事。必多数研究机关，多数研究人员积多年分工合作之共同研究，始可稍获眉目。故中大法学院于设立行政研究室之始，初不敢自期于短期内有若何成绩。同人之所愿努力者，即在三四年内，能将民国各种行政问题，择其较重要，较易知，较与前代（即民国以前）无关连者，一一加以研究。如能有成，然后再研究较艰难，而与前代较多关连之诸问题。行有余力，则更及较不重要之问题。凡他处已经研究得有成绩之问题，则同人当力避重复。

　　不幸民国政制史的试作方获完成，而七七变起，政府播迁，当时所拟的研究计画亦不得不随以停顿。

　　民国二十八年冬，西南联合大学行政研究室成立，其工作人员间有来自昔年中央大学行政研究室者。我们的本意拟穷同人三四年的精力，将中国的行政完成一初步的考查。此项工作包括两大类的问题。第一类是各级政府的行政机构，如中央的行政机构，省市的行政机构等等。第二类是各项行政，如人事行政，外交行政，合作行政，救恤行政等等的机构。初步的考查乃有别于精邃的研究之谓。初步考查，取材大致以法令有规定官文书有记载者为限。故所论亦只及于某一机构的组织及职权，及职权行使的程序而已。至于精湛的研究，或须穷探学理，或须广事比较，或有需于实地的考察，故必须各项初步考查完成而后，方宜从事。试以我国人事行政为例。初步考查仅须阐明关于考试铨叙各机关的组织，略述其沿革，分析其职掌，并叙说其行使职权的程序，而精邃的研究似应兼考所取录及格人员的品质，考试方法是否与教育制度配合，考绩的实际情形，现制与中国古制并与若干外国制度的比较，以及改善的拟议等等。以此为例，初步考查与精邃研究两者间的不同，可以概见。依我们的看法，必初步审查完成后，才宜从事于精髓的研究。必大部分的行政问题均有人做过精邃的研究后，然后研究者可以为国家作设计解难的一类工作，而教授者可藉以充训练行政专门人员的教材。

初步考查的题目，依我们的计算，总共有三十余则之多。欲一一完成考查，自非有相当的人力及物力不为功。不幸多年来本室既绌于经费，而人员亦极不易罗致，资料亦极不易搜集。故只能改采能罗致一位工作人员，搜得一份研究资料，便从事某一问题的初步考查的办法。整个初步考查的完成则只能俟之有钱有人有资料之日。

已完成的初步考查，今以"西南联合大学行政研究室丛刊"名义付印。本室指导人员为数过少，对若干题目，指导者时有力不足以任指导之感。遇有此种情形时，则刊物于付印前必经校外专家的审阅，藉以避免轻率出版之病，并以减少错误之处。

本室年来赖管理中英庚款董事会、北京大学及清华大学之补助，得以对行政研究作极小限度的进行，又承商务印书馆于万难之中，慨允为本室丛刊任出版发行之责，使本室成绩得以公诸世人：此均为本室所感谢不置者。

民国三十一年七月钱端升序于昆明西南联合大学。

钱端升年谱简编

1900 年　出生

2月25日出生于江苏省松江府上海县（今上海市闵行区曹行乡）的钱家塘。钱家世代以行医为业，同时也操耕织。

字寿朋，别号爱青。曾用笔名"德谟"、"立"、"山"、"青"、"端"、"朋"、"山木"、"文"、"又青"等。

1905 年　5 岁

入读私塾，接受启蒙教育。习"四书"、《史鉴节要便读》、《诗经》、《左传》等传统典籍。

1908 年　8 岁

从族人延聘的自圣约翰毕业的塾师兼习国文、数学、英文、史地等科目。

1910 年　10 岁

下半年，随堂兄赴上海城内就读于敬业学堂。

1911 年　11 岁

转入养正学堂学习。

1912 年　12 岁

从养正学堂毕业。

1913 年　13 岁
考入松江（江苏）省立第三中学。

1916 年　16 岁
试考北京清华学校未取，转读上海私立南洋中学，插入五年级。

1917 年　17 岁
夏，从南洋中学毕业。
秋，考入清华学校（清华留美预备学堂）高等科。是年清华学科高等科三年级共录取 15 人。
11 月 3 日，父卒。

1918 年　18 岁
3 月，国文作业《联邦制可否行于中国论》刊于《清华周刊》第 133 期，认为"联邦不及统一，不可行于中国，而欲救今日之纷扰，在根本之教育，不在政体之如何"。

1919 年　19 岁
5 月 5 日，因参加五四爱国运动被捕，关在北京大学理科大楼，四天后获释。
从清华学校毕业，获官费赴美留学。8 月 16 日乘太平洋邮船公司的哥伦比亚号出发赴美。9 月抵美，插入北达科他州立大学四年级攻读政治学。

1920 年　20 岁
夏，获北达科他州立大学文学学士学位。
暑期就读于密歇根大学政治系。
9 月初，入哈佛大学研究院，主修政府学。所学各课属历史、政治和经济三系合成之科目，偶尔也旁听哈佛法学院某些课程。
是年发表论文 "Are There Inherent Political Rights of Man"（《人的政治权利是天赋的吗?》）、 "Freedom of Speech"（《言论自由》）、"The Rider Legislation"（《立法的附加条款》）。留美期间使用英文名 Chien Thomson。

1921 年　21 岁

暑假，至佛蒙特州立大学习拉丁语、西班牙语。

11 月，参与组织留美学生华盛顿会议后援会，拟影响舆论及监督与援助中国代表。

是年发表"Rider Legislation in Congress"（《国会中立法的附加条款》）、"The Open Door Policy of China"（《中国的门户开放政策》）、"The United States Commerce Court"（《美国的贸易法庭》）、《告提倡联邦制者》等四篇论文。

1922 年　22 岁

1 月，发表"Thomas Hart Benton and the Public Lands"（《托马斯·哈特·本顿和公共土地》）。

春，赴美国国会图书馆查阅资料，并向参、众两院书记长及若干委员会的主席请教国会委员会的权力与运作之具体情况。

4 月，发表"James Harrington"（《詹姆斯·哈林顿》）一文。

6 月，获哈佛大学文学硕士学位。

秋，继续在哈佛攻读博士学位。

1923 年　23 岁

11 月，完成博士论文"Parliamentary Committees：A Study in Comparative Government"（《议会委员会：比较政府研究》），并通过各种考试。

12 月，凭借哈佛大学校长洛厄尔的介绍函，赴欧洲访学、考察。

1924 年　24 岁

上半年漫游欧洲各国，就教于英、法、德、奥等国一些宪法或政治学教授、学者，访问各国议会议员、工作人员，同时了解各大图书馆情况。

5 月，获哈佛大学哲学博士学位；离美归国，6 月抵上海。

秋季开始任教于清华学校，于历史系讲授"西洋近百年史"。

1925 年　25 岁

1 月，发表《清华改办大学之商榷》，刊于《清华周刊》第 333 期。

7月，在沪案谈判陷入僵局后，在《晨报副镌》上发表《租界惨杀国人案交涉方法》一文，提出沪案交涉的方案。

秋，清华学校首次招收本科生，受聘为政治学系教授，同时兼历史系讲师。

11月上旬，大学教职员关税自主会宣告成立，被选举为中文宣传股副主任。

11月，在《晨报社会周刊》第5号上发表《对俄问题致勉己书》。

12月3日，在清华学校大学普通科"修学目的及方法"班演讲政治学方法及分类，后以《政治学》为题刊登于《清华周刊》第366期。

12月4日，所作《清华学校》一文刊登于《清华周刊》第362期。当天下午清华召开职员会议，讨论此文章。

12月，在《晨报》七周年纪念增刊上发表《治外法权问题》，主张废除"治外法权"。

12月至翌年2月，兼任北京师范大学讲师。

1926年 26岁

2月5日晚，清华学生开大会，挽留教务长张彭春（仲述），并将反张之人，就其事迹之轻重、立意之公私、人品之高下，分为"元凶"、"次凶"、"陪凶"三等，钱端升被列为"陪凶"三人之一。

3月5日，在《清华周刊》第369期上发表《清华改组之商榷》，主张教授治校，反对董事会干涉学校内部事务；要求废除国学研究院之机关建置。

3月18日，参加对段祺瑞政府的请愿游行。

4月9日，应清华政治学研究会邀请，演讲"国际联盟与罗加纳会议问题"。

11月，经高仁山、陈翰笙介绍，加入中国国民党。

是年在《现代评论》等刊物上发表评论共50余篇。

1927年 27岁

春，开始兼任北京大学教授，于政治系和法律系讲授宪法课。

3月，受丁西林邀请，任《现代评论》政治编辑。

5月1日，母丧。

秋，转赴南京中央大学任教，受聘为政治系副教授。应蔡元培之召，在国民政府大学院兼职。又兼中国国民党上海党务训练班教官、中国国民党中央宣传部国际组编纂。

8、9月，数次出席国民党中央宣传部驻沪办事处举行的总理纪念周，作关于国际政治的报告。

10月19日，国民政府大学院各部职员人选确定，拟任教育行政处下辖的书报编审组主任。

是年在《现代评论》上发表了《收回上海租界的迫切》、《党治与舆论》等短评30余篇。

1928年　28岁

3月，担任全国教育会议提案预备委员会出版物组委员。不久又被推定为审查提案委员会七人委员之一，任出版物组审查委员，并担任大会筹备委员会编辑科干事，向会议提交"提高学术文艺案"。

4月13日，在南京国民政府第五十四次会议上被议决简任为大学院文化事业处处长。

5月，与吴敬恒、蔡元培、杨铨、胡适、蒋梦麟等发起高仁山追悼大会。追悼会定于5月24日下午在南京中央大学体育馆举行。

9月12、13日，出席大学院召集的中小学课程委员会委员会议，讨论决议事项多件。其中之一为幼稚园、小学、初中、高中各级应有之科目、学分及各地学校各科目应占之时间，议决分四组，就大体情况进行讨论，先推员起草再交会决定。与孟宪承等六人被推为高中组。

9月18日，离开大学院，此前已呈请辞去大学院文化事业处处长职。

11月23日，参观在沪举行的中华国货展览会。

是年在《现代评论》上发表《党治与国民会议》等评论30余篇。

1929年　29岁

3月22日，出席由教育部召集的全国中小学课程标准起草委员会第三次大会。

5月，写作完成《法国的政治组织》一书。

6月16日，与萧淑娴女士结为连理。

秋，因派系之争和学生罢课，辞去南京中央大学教职。

10 月，着手翻译 C. M. Trevelyan 的 *History of England*（《英国史》）。

11 月，应清华政治学会邀请，演讲"英国的员吏制度"。讲演记录后刊登在《清华政治学报》创刊号（1931 年 1 月出版）上，题为《英国之员吏制度》。

冬，动笔写《德国的政府》。

1930 年　30 岁

3 月，在《武汉大学社会科学季刊》第 1 卷第 1 号上发表《德谟克拉西的危机及将来》一文，肯定平民政治优于独裁政治。

秋，回清华大学任政治学系教授，同时在北京大学兼课。

11 月，《法国的政治组织》一书由商务印书馆出版。

1931 年　31 岁

4 月，应商务印书馆邀约，为王云五、何炳松、刘秉麟主编的"社会科学名著选读丛书"选注 4 种英文政治学经典著作，并撰写中文"编者导言"。本月出版亚里士多德的《政治学》。接着于 5、6、9 月陆续出版马基雅弗利的《霸术》、布赖斯的《近代平民政治》、孟德斯鸠的《法意》。

5 月 28 日，与朱自清、张奚若等 48 位教授联名发表声明，坚拒吴南轩出任清华大学校长。在全校师生强烈反对下，吴南轩被迫于次日离校。

6 月，当选为清华大学临时委员会委员。

9 月，出席清华大学教职员公会临时紧急会议，讨论应对"九一八"事变之方策。会上被推举为国立清华大学教职员公会对日委员会常务委员。

"九一八"事变后，蒋介石接受钱昌照的建议，创办国防设计委员会，延揽专家学者从事军事、国际关系、教育文化等多方面的调查研究工作。与周鲠生、徐淑希等被延揽负责国际关系方面的工作。

11 月 26 日，在清华大学教授会上当选为第五届校务会议教授代表。

1932 年　32 岁

4 月 7—11 日，出席国民政府在洛阳召开的"国难会议"。

6 月，任《清华学报》编委。

9 月 1 日，由杭立武等发起的中国政治学会在南京中央大学礼堂举行成立大会。该会宗旨为：（一）促进政治科学之发展；（二）谋贡献于现实政治；（三）帮助后学示以研究方法。与周鲠生、浦薛凤、王世杰、杭立武一起当选为学会常务干事。

9 月，与萧淑娴女士登报离婚。

11 月 17 日，在清华大学教授会上被选举为第六届校务会议教授代表。

1933 年　33 岁

1 月，以股员身份名列《中国科学社社员分股名录》。

4 月，两年前已经翻译完成的《英国史》由商务印书馆列入"大学丛书"出版，全书 60 余万字。

6 月，在《清华学报》第 8 卷第 2 期上发表《德意志的国会及国会议员》；在《武汉大学社会科学季刊》第 3 卷第 4 号上发表《西班牙新宪法》。

8 月，与陈翰笙一起赴加拿大出席太平洋国际学会会议。

9 月 13 日，在清华大学教授会上被选举为第七届校务会议教授代表。

1934 年　34 岁

1 月，赴天津接替罗隆基担任《益世报》主笔。

1 月，在《东方杂志》第 31 卷第 1 号上发表《民主政治乎？极权国家乎？》，主张经济落后的中国急需于最短时间内成立一个"有力，而又以全民族的福利为目标的独裁"政府。

4 月 3 日，在《益世报》上发表社论《论华北大势——兼送黄委员长南行》。蒋介石不悦，立即勒令邮局停邮《益世报》。

6 月，《德国的政府》由商务印书馆出版，列入"大学丛书"。

7 月，《法国的政府》由商务印书馆出版，列入"大学丛书"。

9 月，因撰写社论，笔锋触及对日妥协派，被迫辞去《益世报》主笔一职（在职 8 个月期间共发表社论 170 篇，极力宣传抗日）。遂离津入宁，再度受聘于中央大学，任政治系教授。

10 月，在《东方杂志》第 31 卷第 19 号上发表《评立宪运动及宪草修正案》。

10 月，受聘为中国文化建设协会附设之新闻事业委员会委员。

11 月，在《东方杂志》第 31 卷第 21 号上发表《评中华民国宪法草案》。

1935 年　35 岁

春，在南京中央大学政治系创设行政研究资料室，从事搜集各级政府行政资料的工作。次年秋将其扩充为行政研究室，招收各大学成绩优良的毕业生 6 人，从事中国行政制度沿革的研究。

2 月，在《半月评论》创刊号上发表《论极权主义》，公开提倡中国应成为"极权国家"。

4 月 7 日，与陈公蕙女士在上海新亚酒店举行婚礼，蔡元培为证婚人。

6 月 26—29 日，出席中国政治学会在南京召开的年会。与王世杰、周鲠生、杭立武、梅思平、钱昌照等当选为学会第二届干事。

8 月 4 日，在《独立评论》第 162 号上发表《对于六中全会的期望——团结—领袖—改制》，主张维持党治，暂不开放政权。

10 月 29、31 日，对全国中等学校学生演讲（教育播音）"青年与国家"。演讲内容在《申报》（1935 年 11 月 6、8 日）、《广播周报》（第 61、62、63 期合刊，1935 年 11 月 30 日）等多家报刊上登载。

11 月 1 日，在《半月评论》第 1 卷第 19 期上发表《国宪与党章》，认为当时的现实问题，不是如何制定宪法，而是党章应如何规定，以期达到改良国民党的目的。

1936 年　36 岁

1 月，在《民族杂志》第 4 卷第 1 期上发表《孙中山先生的宪法观念》一文。

2 月 21 日，出席外交部情报司司长李迪俊在首都饭店举行的招待日本改造杂志社社长山本实彦的茶会并发言。

春，任中国国际联盟同志会新一届总干事和理事。中国国际联盟同志会，系 1919 年巴黎和会时由各界热心研究国际问题、提倡国民外交的人士所组织，本年 3 月将会址由北平迁至南京，内部改组，由朱家骅主持会务，编印中英文刊物各一种。

5 月，在《中国国际联盟同志会月刊》创刊号上发表《世界资源重行分配问题》。

7 月，在中国政治学会第二届年会上与王世杰、周鲠生等 11 人当选理事，随后又被理事会推选为常务理事。本届年会议题有四项：（一）宪法草案；（二）地方行政；（三）外交策略；（四）非常时期之国民政治教育。

9 月 24 日，出席中国国际联盟同志会在南京召开的理事会，出席者还有朱家骅、罗家伦、褚民谊、谢寿康、杨公达等。会议讨论以下各案：（一）决议巴黎分会准备案；（二）决议自下月起发行《中国民族英文季刊》，对外宣传国内政情及建设事业；（三）决议按期请理事广播演讲国际及国联问题，并派员广播国联消息；（四）通过各地组分会章程。被推为该会英文季刊 Chinese Nation 编辑委员会委员。

12 月，与王世杰合著的《比较宪法》（增订三版）由商务印书馆出版，列入"大学丛书"。

本年一度代理南京中央大学法学院院长，并主持政治系行政研究室，组织与领导该室同仁编写《民国政制史》。

1937 年　37 岁

2 月，在《行政研究》第 2 卷第 2 期上发表《论官等官俸》一文。

3 月 10 日，出席中国国际联盟同志会在南京举行的理事会议，会上被推为会员委员会委员、代理秘书，并被推举拟具分会工作原则。

4 月，在《武汉大学社会科学季刊》第 7 卷第 3 号上发表《苏联新宪法》。

夏，主编的两卷本《民国政制史》完成，为之作序。

7 月初，重返北京大学任教。卢沟桥事变发生。

8—9 月，上海"八一三"事变发生后，为争取国际援助，由王世杰推荐，奉蒋介石委派，与北大教授胡适、张忠绂赴美、法、英三国，以非官方身份宣传抗日。

11 月下旬至 12 月初，出席在美国弗吉尼亚州举行的太平洋学会研讨会，在会上发表了题为 "China's National Unification: Some Political and Administrative Aspects"（从政治与行政方面看中国的统一）的报告。

1938 年　38 岁

1 月 23 日，国际反侵略运动大会中国分会在汉口举行成立大会，会上被推定为赴英参与 2 月 11 日大会代表团成员。

2 月 11 日，王世杰与朱家骅商议欧洲宣传机关之组织。当日，王世杰日记记载："予意最好在英法德各设一永久性质之机关，以统一宣传工作，并提议请钱端升主其事。"

3 月，美国政治社会学会邀请中国国际联盟同志会派代表出席该会的年会，与胡适被推为代表，届时前往出席。本届年会定于 4 月 1 日在美国费城举行，议题为"国际不安之种种因素"。至本月中旬，与胡适、张忠绂在美从事的国民外交活动已暂告一段落，与胡适转赴英国，继续从事宣传工作。

6 月，当选第一届国民参政会参政员。系依据《国民参政会组织条例》第三条（丁）项（"由曾在各重要文化团体或经济团体服务三年以上，著有信望或努力国事，信望久著之人员中，遴选一百名"）标准被遴选者。

7 月 22 日，从法国搭"阿拉密斯号"船（Aramis）回国。回国途中，在香港应北京大学校长蒋梦麟邀请，决定到北大任教，当时北大已与清华、南开合并组成西南联合大学。

7 月，受中国国际联盟同志会委派，与谢寿康、杨荫溥、刘锴等前往丹麦首都哥本哈根，出席国际联盟同志会世界总会第 22 届年会，并提出五项议案。

8 月，回国后即任教于西南联合大学法商学院政治系，同时接替周炳琳出任北京大学法学院院长至 1941 年，并兼任政治系主任。

9 月 15 日，在陈布雷陪同下面见蒋介石，第二天将此事函告胡适。

10 月，在《新民族》第 2 卷第 13 期上发表《论外交根本政策》，称他所主张的外交根本政策就是拥护和运用国联的政策。

10—11 月，出席第一届国民参政会第二次大会，任第二审查委员会（国际外交组）审查委员兼召集人（另两位召集人为周鲠生、于斌），并与其他人提出《管理贸易及外汇方法改进案》。会议根据其提议，决定设立特种委员会审查管理外汇与对外贸易。

11 月，在《新经济》半月刊第 1 卷第 1 期上发表《建设期内的行政改善》一文。认为"战事初结束后的起初几年内，政治上最严重的问题，决不是宪法议会等一类富有政治性质的大问题，而是怎样训练并录用新的行政人员，怎样改善行政组织，及行政方法等一类不具多少政治性质的行政问题"。

12 月 27 日，在西南联大教授会上被推选为出席 1938—1939 年度校务会议之教授代表。

12 月，被西南联合大学委任为"征辑中日战争史料委员会"委员。

12 月，在云南起义纪念会上发表演讲，演讲词刊于 12 月 26 日《朝报》。

1939 年　39 岁

1 月 1 日，由其发起并主编的《今日评论》在昆明正式创刊、发行。《今日评论》内容分为国际、政治、经济、社会、教育、语文、文艺、通讯八类，以政论为主，作者大多是西南联大教授。

2 月，赴重庆出席第一届国民参政会第三次大会。与周鲠生、沈钧儒等共 51 人提出《请确立民主法治制度以奠定建国基础案》，建议政府行动应法律化，政府设施应制度化，政府体制应民主化。

9 月，出席第一届国民参政会第四次大会。被选为第二组审查委员会成员之一，负责审查外交及国际事项之议案。会议通过《请政府定期召集国民大会实行宪政决议案》后，与张澜、黄炎培、张君劢等 18 人被蒋介石指定为国民参政会宪政期成会委员，任务是"协助政府促成宪政"。

10 月，与颜惠庆、甘介侯、陈炳章、周鲠生、温源宁、刘驭万组成中方代表团，拟出席太平洋学会定于 11 月在加拿大维多利亚举行的会议。蒋介石"嘱其留美半年，相机协助外交活动"。

11 月，在美出席太平洋学会时发表题为"China's Unity：An Examination"（中国的统一：一个检验）的演讲。

冬，主持设立西南联大行政研究室，计划用三四年的时间，对中国的行政进行初步考查，包括两大类问题：一是各级政府的行政机构；二是各项行政，如人事行政、外交行政、合作行政、救恤行政。

是年在《今日评论》、《益世报》、《云南日报》、《民国日报》、《世界政治》等报刊上发表《英美法制日助我的最近形势》、《抗战致胜的途径》、《抗战第二期的政治》、《自助然后人助》、《论今后的抗战》、《国联政策的实施及运用》等一系列有关抗战与国际关系的文章。

1940 年　40 岁

2 月，出席太平洋学会会议后自美返国。途经香港时再次拜访蔡元培。

3 月 29 日，宪政期成会在综合各方意见的基础上最终完成了对"五五宪草"的修改工作，与罗隆基、罗文干、陶孟和、周炳琳、傅斯年、张奚若、杨振声、任鸿隽等 8 名参政员共同署名，正式提出《五五宪草修正案》。

4 月，出席第一届国民参政会第五次大会，担任第四组财政经济组审委会委员，并领衔参与以下提案：《调整运输机构提高运输效率以利货运而平物价案》、《设法利用国人存放国外之资金以增厚金融力量而平抑物价案》。

5 月 26 日，在《今日评论》第 3 卷第 21 期上发表《制宪与行宪》，认为继续制宪工作不但无必要而且有害，不如制定三个宪律而即予实行，以树立制度精神，加强民意机关。

6 月 9 日，在《今日评论》第 3 卷第 23 期上发表《论党》一文。主张将三民主义确认为中华民国立国之道，而不单单是国民党的党义，一党制度即可停止，而多党制度即可开始；但在抗战期内，各小党仍应承认国民党的领导权而暂不进行政权之争。

6 月 24 日，受聘为西南联合大学行政研究室主任。

6 月间，与张伯苓等数十名参政员以私人名义致电英国国会议员，望其阻止英国政府对日妥协。

9 月 25 日，以私人名义致电英国国会议员，指陈滇缅公路对中国抗战建国及英国远东权益之重要性，呼吁英国重行对滇缅路无条件开放。

9 月，与周世述、龚祥瑞、戴修瓒组建西南联合大学行政研究室委员会，任主席。

10 月 11 日，被西南联大教授会选举为出席第三届校务会议之教授代表。

11 月 12 日，致函在美国的胡适、周鲠生，谈到日本南进的可能性。

12 月 23 日，当选第二届国民参政会参政员。

1941 年　41 岁

1 月，皖南事变发生后，在国民参政会上呼吁停止摩擦，团结抗日。

3 月 19 日，在西南联大第 171 次常委会议上与冯友兰、陈福田一起被推选为代表，共同起草关于中英文化合作宣言，函请中英文化协会转寄，以示响应。

3 月，在重庆出席第二届国民参政会第一次大会之一至十次会议。

4 月 13 日，在《今日评论》第 5 卷第 14 期上发表《论党务》一文，提出健全国民党的几点建议。《今日评论》在出完这一期后宣布"暂行停刊"，但此后并未复刊。

9 月 4 日，在《中央周刊》第 4 卷第 4 期上发表《新中国与一党制》，坚持一党制度。

9 月底 10 月初，连续在《三民主义周刊》上发表《三民主义的阐扬与宣传》、《三民主义与新世界的建设》二文。称"三民主义乃是集古今中外大成的一种主义"，其"理想虽最崇高而实现却不难"，可以成为建设战后世界新秩序的指导思想。

11 月，出席在重庆召开的第二届国民参政会第二次大会之一至十次会议。

1942 年　42 岁

3 月，将一年前在《今日评论》上发表的关于建国途径的七篇文章辑为《建国途径》一书，由国民图书出版社出版，希望引起切实的讨论。

7 月 27 日，当选第三届国民参政会参政员。

7 月，再次增订与王世杰合著的《比较宪法》，是为增订四版，由商务印书馆出版。

10 月，在重庆出席第三届国民参政会第一次大会之一至十一次会议。

10 月，因西南联大第 235 次常委会之议决，与冯友兰共同起草了"关于响应在英国同盟国大学教授联合会谴责轴心国摧残教育之罪恶，并向各被侵略国教育家致敬宣言"。

10 月，在《美国政治学评论》第 36 卷第 5 期上发表 "War-Time Government in China"（《论中国的战时政治体制》）一文。

11 月 26 日，被西南联大教授会选为出席第五届校务会议之 12 名教授代表之一。

11 月，在重庆出席中国政治学会第三届年会，当选为理事，并以第一组召集人身份主持讨论重建世界和平问题。

11 月，出席宪政实施协进会成立会。

1943 年　43 岁

1 月，在《世界政治》第 7 卷第 19、20 期合刊上发表《新世序与世界公务员》。

1 月，致书英国著名政治家、议会领袖斯克里普斯和著名政治家西塞尔，表达并重申中国收复东三省和台湾的决心。

2 月，在《大路》月刊第 8 卷第 6 期上发表《新世序的设计》。

3 月 15 日，在《三民主义半月刊》第 2 卷第 6 期上发表《新世序的建设》；在《东方杂志》第 39 卷第 1 号上发表《罗斯福四大自由之知与行》。

4 月，太平洋学会理事改选，当选为理事。

5 月，在《当代论坛》第 1 期上发表《国际的经济分工合作为和平基础论》。

5 月，经 46 位校长和院长推选，当选为教育部第二届学术审议会委员。

7 月，在美国《外交季刊》上发表"New China Demands"（《新中国的要求》）。

8 月，在《国际编译》第 1 卷第 2 期上发表《战后应否有一国际人权宣言》。

9 月，参加第三届国民参政会第二次会议。

10 月 20 日，以参政员身份参加国防最高委员会所设的"宪政实施协进会"。

11 月，上一年撰成的《战后世界之改造》一书由商务印书馆在重庆出版。

12 月，在美国《太平洋季刊》上发表"Wartime Local Government in China"（《中国战时地方政府》）。

冬，与萧公权、钱穆、冯友兰、陶孟和等一起被聘为中央训练团高级班第二期教官，负责讲授"现代各国的政治制度"。课程分六讲：政治制度的演进、近代民主制度、议会、行政机关、行政权的扩张、人民监督政府的问题。

1944 年　44 岁

1 月，当选为宪政讨论会研究委员会委员。

2 月，在中央广播电台演讲"进入宪政之途径"。

2 月，所著《战后世界之改造》一书由商务印书馆再版。

6 月，陪同美国副总统华莱士参观西南联大。

9 月 20 日，被西南联大教授会选为出席第七届校务会议教授代表。

10 月，被中英文化协会聘为英国文化专题讲座昆明区讲师。

11 月 29 日，与梅贻琦、冯友兰、闻一多、周炳琳等向学生做从军动员讲演，勉励学生从军。

12 月，与张伯苓、胡适、蒋梦麟、周鲠生等 21 人发起联合宣言，促盟邦注意亚洲战场。

1945 年　45 岁

1 月，作为太平洋学会中国委员会成员，出席在美国 Virginia 的 Hot Spring 举行的太平洋学会第九次会议。一起前往出席的还有蒋梦麟、张君劢等。

3 月，自美返抵昆明。应西南联大学生自治会邀请，演讲"战后的国防问题"。

4 月，当选为第四届国民参政会参政员。

4 月，在西南联大讲课，"强调欲建新中国，必须国共和解"。

7 月，在第四届国民参政会第一次会议上，提出《请重新订立关于教授非国语语文之政策及方案》。

7 月，与周炳琳联名提案，不同意国民参政会大会问题审查会一致通过的决议草案。二人联名发表的《对于国民大会问题审查意见的声明》，被刊登于重庆《新华日报》。

8 月 3 日晚，受西南联大学生自治会邀请，在联大演讲"参政会与今后中国政治"。强调"中国需要联合领导，除了各党派联合起来，参加领导权，没有第二种更好的方法"。

9 月 8 日，被联大教授会选举为第八届校务会议教授代表。

10 月 1 日，与联大教授张奚若、周炳琳、朱自清、陈岱孙、汤用彤、闻一多等为国共和谈致电蒋介石、毛泽东，要求停止内战，应速成立立宪政府，实现国内和平。

11 月 25 日晚，民盟云南支部配合西南联大、云南大学两校学生自治会筹划组织的大规模的反内战时事晚会在西南联大广场举行。与费孝通、伍启元、潘大逵受邀发表讲演，阐述内战必须停止，赞成成立联合政府的主张。

11 月 29 日，重庆《新华日报》报道《钱端升教授呼吁成立联合政府》。

12 月 19 日，出席西南联大在清华大学办事处召开的本年度第七次教授会议。

12 月 20 日，拒绝出席西南联大校务会议，以抗议教授会因"一二·一"惨案有压迫学生复课事。

1946 年　46 岁

1 月 10—31 日，以会外专家身份应邀参加在重庆召开的政治协商会议。会议期间，联合朱自清、金岳霖、闻一多、潘光旦等民主人士194 人发表《昆明教育界致政治协商会议代电》，要求停止军事冲突，开放言论、出版、集会、结社等自由，取消特务组织，组织联合政府，缩编全国军队，制定制宪会议之组织及选举法，改编地方政府行政机构。

2 月，被推举为宪草审议委员会会外专家委员。该委员会由政治协商会议决定设立，其任务是根据政治协商会议拟定之修改原则，并参酌宪政期成会修正案、宪政实施协进会研讨结果及各方意见，汇综制成《五五宪草修正案》，提供国民大会采纳。该会委员人选由各方推出，并公推会外专家十人。

3 月 17 日，作为陪祭人参加昆明"一二·一"事件中之四烈士的出殡仪式。

5 月，西南联大解散，师生开始陆续北返。

9 月初，与好友张奚若等一些民主人士在上海受到周恩来的接见。

秋，复员返平，担任北京大学法学院政治系主任。旋因与代理校长傅斯年的政治立场不同，辞去政治系主任职，由王铁崖继任。

12 月下旬，沈崇事件发生后，表示极度愤慨，与张奚若等 47 位北大教授联名致函美国驻华大使司徒雷登，对女生被侮辱事表示三点意见：（一）对于被害人，望瞩有关方面迅作处置，以补偿被害人之荣誉损失。（二）对于犯罪之士兵，迅绳之以法。（三）保证此后决不再有类似事件在中国任何地方发生。

1947 年　47 岁

1 月，中山文化教育馆民权组编的《民权建设中的世界与中国》由中华书局出版，其中收录了钱端升的《今后世界民权建设之展望》，该文预言民治在最近二三十年中必会达到"所没有到过的辉煌境界"。

2 月 21 日，南京国民政府外交部部长王世杰赴北平访胡适，钱端升亦在座。次日，王世杰复约钱端升等数人往游故宫、天坛。据传王世杰北来与延揽无党派之自由分子参加政府有关。

2 月 22 日，与朱自清、向达、吴之椿、金岳霖、俞平伯、徐炳昶、陈达、陈寅恪、许德珩、张奚若、汤用彤、杨人楩等 12 位教授联名发表《保障人权》[刊载于《观察》第 2 卷第 2 期（1947 年 3 月 8 日）]，对滥捕事件提出抗议，要求从速释放无辜被捕者，并保证不再有此侵犯人权之举。

3 月 22 日，在《观察》第 2 卷第 4 期上发表《唯和平可以统一论》。

4 月 27 日，以校友身份出席清华大学成立三十六周年纪念庆祝会。

5 月 6 日，与周炳琳、许德珩两参政员致函第四届参政会秘书长邵力子，认为参政会创于抗战之初，原为各党派团结之象征，今日若使参政会不失创立原意，并具有力量，必须派机往迎中共参政员来京参加本届参政会。邵氏复函称此举恐难有良好之反应，表示要"与政府详商"。

8 月 3 日，与魏德迈特使见面，谈话历四十分钟。

8 月 26 日，与教育部长朱家骅、北大校长胡适、清华大学校长梅贻琦、清华大学教授潘光旦、北平研究院院长李书华等五人同机由北平飞抵上海，拟出席中央研究院院士选举筹备会。

8 月 28 日，任联合国文教组织中国委员会委员，出席该委员会当天在南京举行的成立大会。中国委员会委员共 119 人。

10 月，应好友费正清的邀请，赴美讲学，任母校哈佛大学客座教授，为期一年，讲"中国政府与政治"。其英文讲义于 1950 年正式出版。

11 月 7 日，在中国国际学会第四次讨论会上演讲"最近国际局势"，讲稿于 1948 年由中国国际学会发行单行本。

12 月 1 日，赴美讲学前与北京大学政治学系全体学生的临别讲话"要使国家近代化"之讲词被刊于《远东杂志》试刊号。

1948 年　48 岁

3 月 1 日，中国社会经济研究会在北平正式成立，与周炳琳、钱昌照、吴景超、孙越崎、萧乾、潘光旦、刘大中、陶孟和、王崇植、楼邦彦被选为理事，并名列发起人之一。该会系由国内若干实业家、教授、作家、政府官吏所组成，广泛讨论政治、外交、经济诸问题，且将意见公开发表。

3月27日，当选为中央研究院第一届院士，与周鲠生、萧公权同隶人文组政治学科。

5月，中国社会经济研究会编辑发行《新路》周刊，担任政治方面的编辑人，未返国前，由楼邦彦代。

6月底7月初，受邀为华美协进社与纽约省立师范学院合办之第五届暑期文化班讲授中国政治。受教者主要为美国中学教员，"该文化班主要目的，在使美教员对中国有正确知识及认识，从而可以教育美国中小学生，使之了解中国对世界文化之贡献"。

9月24日，当选为中央研究院第三届评议员。

9月，在美国《太平洋季刊》第21卷第3期上发表"The Role of the Military in Chinese Government"（《军人在中国政府中的角色》）一文。

10月21日，得知新中国即将诞生，辞谢美国友人劝其暂时留美教书的建议，决心回国，经多方设法，在旧金山觅得船只。本日和吴有训乘美国海军运输船回国。

11月，返回北平，任教北大。

12月4日晚，参加北大校方庆祝其回校的晚宴。

1949年 49岁

2月26日，应邀出席中共举行的"欢迎民主人士大会"，被邀出席的教授还有张奚若、许德珩、陆志韦、邓初民、卢于道、黎锦熙、李达等。

3月24日，与华北各大学教授张奚若、许德珩、陆志韦等百余人开会响应即将在巴黎举行的世界拥护和平大会，并选出张奚若、许德珩为出席巴黎大会代表。

5月5日，北平市军事管制委员会决定成立北京大学校务委员会，被任命为北京大学校务委员会常务委员、法学院院长。

5月17日，主持由北大、清华、燕京三校法学院系在北大举行的法学院教育方针座谈会，检讨过去大学法学院教育的缺点，并说明今后应采取有效方式以矫正以往的缺点，确立正确的教育方针。会上被推定与樊弘、费青、沈志远等共同筹组马列主义研究会。

6月8日，在研讨改革学制事宜的华北高等教育会首次常务委员会议上，被指定为政治组的召集人。

6月，出席中国新法学研究会筹委会，并被推任常务委员。

8月，出席北平市各界代表会议，并被推选为北京市政治协商会议委员会副主席。

9月18日，作为发起人之一参加中国新政治学研究会筹备会，并和周恩来、张奚若、曹孟君、乔冠华、罗隆基等35人当选为筹备会常务委员。

9月20日，以"中华全国社会科学工作者代表会议筹备会"单位名义被选为中国人民政治协商会议第一届全体会议代表。

9月，在北平新华广播电台发表题为"从北平市各界代表会议瞻望人民民主专政"的讲演。

10月1日，登上天安门城楼出席开国大典。

10月，被中央人民政府委任为政务院文化教育委员会委员。

11月1日，在《观察》复刊号（第6卷第1期）上发表《统一战线·人民政权·共同纲领》，认为"中国人民政治协商会议的召开是四万万七千五百万人天字第一号大事，也是中国有史五千年以来天字第一号大事。他划了一个时代。他继往而开来"。

11月3日，出席周恩来召开的第一次新中国外交部组织机构建立会议，被聘为外交部专门委员。

11月，当选为北京市第二届各界人民代表会议协商委员会副主席。

12月15日，出席中国人民外交学会成立大会，报告学会筹备经过，并被选为副会长。

1950年　50岁

2月3日，以教育工作者工会代表的身份参加北京市首届工人代表大会，并当选为市总工会委员。

4月30日，被聘为《世界知识》编辑委员。

8月12日，在中国教育工会全国委员会第一次全体委员会议上当选为副主席。

9月29日，被列在出席第二届世界保卫和平大会的中国代表团团长的名单中。

1951 年　51 岁

4 月 9 日，被定为中国人民外交学会第二届副会长之一。

6—9 月，参加中国人民政治协商会议全国委员会组织的土地改革工作团，到四川大邑县现场观摩土地改革。回学校后，向北京大学政治系师生谈心得体会。

10 月 16 日，在《新观察》第 3 卷 6 期上发表《我要丢掉旧知识的重包袱》。

11 月 6 日，《人民日报》刊发了其《努力改造思想，做一个新中国的人民教师！为改造自己更好地服务祖国而学习》一文。

11 月 20 日，在《光明日报》上发表《为改造自己更好地服务祖国而学习》一文。

12 月 18 日，为了更好地开展以改造思想、改革教育为目的的学习运动，"北京市教育工作者政治学习委员会"成立，担任该委员会副主任委员。

1952 年　52 岁

1 月，由宋庆龄创办的 *China Reconstructs*（《中国建设》）双月刊在北京创刊，任该刊编委。

7 月，作为中国代表团团员出席在柏林召开的世界和平理事会特别会议，并当选为理事。

7 月，在 *China Reconstructs* 第 4 期上发表 "How the People's Government Works"（《人民政府如何运作》）一文。

暑期，教育部作出成立北京政法学院的决定。8 月 23 日，由中央政法委员会、北京大学等单位代表组成北京政法学院筹备委员会，被任命为主任委员。11 月 11 日，在筹委会第四次会议上，宣告筹备工作完成。

10 月 6 日，教育部确定清华大学、北京大学、燕京大学、辅仁大学等校政法系科调整人事方案。据此，担任北京政法学院院长。12 日，函请中央人民政府秘书长林伯渠转请毛主席为北京政法学院题写校名。11 月 23 日，林伯渠回信送上毛主席的题字。

10 月，在《世界知识》第 39 期上发表《拥护亚洲及太平洋区域和

平会议 为了人民的教育而争取和平》一文。

10 月，在北京大学参加中国民主同盟并担任民盟中央委员会常务委员和北京市委委员。

11 月 24 日，以院长身份在北京政法学院成立典礼上发表讲话。

1953 年　53 岁

1 月 19 日，《人民日报》公布政务院提请中央人民政府委员会第二十一次会议批准任命的各项名单，被正式任命为北京政法学院院长。

4 月 22 日，中国政治法律学会成立，当选为副会长。

10 月，参加由贺龙率领的中国人民第三次赴朝慰问团并担任第一分团长。

1954 年　54 岁

3 月，经张友渔和彭真推荐，与周鲠生一起担任中华人民共和国宪法起草委员会的法律顾问。参加了宪法草案制定和审议等环节，对于宪法草案有关法律的问题加以考虑和讨论，但不涉及带根本性问题。9 月 15 日，第一届全国人民代表大会第一次会议审议通过了《中华人民共和国宪法》。

6 月 29 日，在《人民日报》上发表了《对政法教育方针任务的一些体会》。

7 月，和楼邦彦一起在《新建设》第 7 期上发表了《论资产阶级宪法的虚构性和反人民的本质》。

8 月 14 日，应中国人民外交学会邀请，来华访问的英国工党代表团克·艾德礼一行八人抵达中国。随后陪同该代表团去了沈阳、上海、广州等地。

8 月 17 日，当选为上海市出席全国人民代表大会会议的 63 名代表之一。

8 月，在 *People's China*（《人民中国》）上发表 "Chinese-British Friendship"（《中英友谊》）一文。

12 月，作为出席印度、巴基斯坦科学家会议中国科学家代表团首席代表，率领中国科学家代表团抵达印度。

1955 年　55 岁

1 月，率领中国科学家代表团在印度巴罗达出席印度科学大会第 42

届年会，并在会上就新中国宪法做了主题报告。还拜会了印度总理尼赫鲁。会后复接受印度政府的邀请和安排，到阿米达巴、孟买、新德里等地参观科研机构、工厂、水库、学校等。接着又到卡拉奇参加巴基斯坦科学促进会第 7 届年会。

4 月，林徽因病逝。与张奚若、周培源、钱伟长、金岳霖等 13 人组成治丧委员会。

6 月，出席在芬兰首都赫尔辛基举行的世界和平代表大会。

9 月 7 日，北京政法学院学术委员会成立，任该委员会主席，在成立大会上作了《关于上学年教学工作和本学年教学和科学研究任务的报告》。

11 月，负责接待并主持宴会，欢迎日本前首相片山哲率领的全日本宪法联盟代表团，党和国家领导人毛泽东、刘少奇、周恩来、朱德等同志出席双方联合公报的签字仪式。

1956 年　56 岁

2 月 9—20 日，在中国民主同盟第二次全国代表大会上当选常务委员。

4 月，在《世界知识》第 7 期上发表《今日的比利时》一文。

春天，随刘宁一率领的中国代表团出席在斯德哥尔摩召开的世界和平代表大会特别会议。

7 月，与楼邦彦合著的《资产阶级宪法的反动本质》由湖北人民出版社出版。

10 月，负责接待英国工党领袖、前英国首相艾德礼来华访问，并陪同到全国各地参观。

1957 年　57 岁

春天，对锡兰（斯里兰卡）进行友好访问，这是他生平最后一次出国。回国以后在反右斗争中被错划为右派，列入"章罗联盟"大名单，免去行政职务，并屡遭批斗。

5 月 29 日，在北京政法学院教授座谈会上做了"批评'三害'"的发言，后被收录进中国政治法律学会资料室编辑的《政法界右派分子谬论汇集》一书中。

8 月 3 日，在北京市第二届人民代表大会第二次会议上作自我检讨，对自己的过去彻底否定。6 日，《北京日报》刊发其检讨《我的罪行》。

1958 年　58 岁

1 月 6 日，在北京市二届人大三次会议上被撤销一届全国人大代表资格。

1960 年　60 岁

春节，带家人去政协礼堂吃饭，饭后被周恩来总理叫住，受到周总理亲切的关怀和坦诚的鼓励。

1961 年　61 岁

12 月，被摘去"右派"帽子。

1962 年　62 岁

奉命主编高等教育主管部门拟定的教材《当代西方政治思想选读》。计划从五六十名西方著名学者的书籍中酌择其要旨，由其他三人译成中文约 150 万字，译后由其校阅，并对原著者写简短的介绍，最后加以编者长序。到"文化大革命"开始时，已译成 120 万字，其中十分之六七已经过其最后校阅，并部分写出作者个人介绍。不久，文稿被查抄，至今不知去向。

1966 年　66 岁

"文革"开始，受到严重冲击，被下放到京郊延庆县参加劳动。

1971 年　71 岁

7 月，美国总统国家安全事务助理基辛格秘密访华，基辛格向周恩来总理提出拜访授业师钱端升的要求，但未能见到。

1972 年　72 岁

6 月，费正清夫妇接受周恩来总理的邀请来华访问。在费正清夫妇访问期间，曾应邀参加了外交部副部长乔冠华所设招待宴会。宴会后，和金岳霖到宾馆看望费正清。谈话中对其个人的遭遇只字不提，却加强语气强调说，"中国将在今后 5000 年内遵循马克思主义"。

1973 年　73 岁
8 月，周恩来总理宴请自美国回来定居的缪云台时，应邀作陪。

1974 年　74 岁
被安排到外交部国际问题研究所任顾问并兼任外交部法律顾问。

1980 年　80 岁
11 月 27 日，致函在美国的浦薛凤，其中谈到，他此前连续三年冬住医院三四个月至五六个月不等。1979 年初动结肠大手术。本年夏天起好转，"尚未能埋首著书，杂务即纷至沓来，忙得不可开交。要现代化，即要法治，即要宪法，忙些，我也是无话可说的"。

12 月 20 日，中国政治学会在北京召开成立大会，当选为名誉会长，并作题为"开展政治学研究的重要意义"的演讲。演讲词后收入中国政治学会编辑的《政治与政治科学》一书（群众出版社 1981 年版）。

十一届三中全会后，党组织为其落实政策。他坚决拥护十一届三中全会以来的路线、方针、政策。虽已进入耄耋之年，却不顾体衰多病，以高昂的政治热情积极参与各项工作。除了担任中国政治学会名誉会长，还担任北京大学、外交学院兼职教授，全国总工会法律顾问，中国国际文化交流中心理事，中国联合国协会理事，中国法律咨询中心顾问，外交部法律顾问，中国外交学会副会长，中国对外友协副会长，欧美同学会名誉会长，北大校友会和西南联大校友会名誉会长，各国议会联盟大会人民代表执行委员会委员，《中国建设》（英文）杂志编辑等职务。

1981 年　81 岁
加入中国共产党。

1982 年　82 岁
当选为第六届全国代表大会代表（上海区）。
接受东北法制心理函授学院顾问的聘书。

1983 年　83 岁

6 月，在《中国政法大学学报》第 1 期上发表《进一步加强人民民主专政》一文，祝贺以北京政法学院为基础新组建成立的中国政法大学。

1984 年　84 岁

受聘南开大学法学研究所名誉研究员。

受聘中国大百科全书政治学编辑委员会顾问。

任中国国际法学会顾问。

1985 年　85 岁

当选为中国法学会名誉会长。

1986 年　86 岁

2 月 15 日，发表《为我国政治学的发展进言》于《政治学研究》1986 年第 1 期上。

2 月 24 日，北京大学、中国政法大学、外交学院等 8 家团体发起，为其执教 60 周年在北京全国政协礼堂举行庆祝会。

1988 年　88 岁

5 月 30 日，发表《〈蔡元培政治论著〉跋》于《群言》第 5 期上，对蔡元培给予了很高的评论。

接受中国政法大学名誉教授聘书。

1990 年　90 岁

1 月 21 日在北京病逝，2 月 15 日在八宝山革命公墓礼堂举行遗体告别仪式。李鹏、彭真、乔石、吴学谦、丁关根、习仲勋、彭冲、阿沛·阿旺晋美、费孝通、雷洁琼、王汉斌、任建新、刘复之、杨静仁、康克清、帕巴拉·格列朗杰、胡子昂、周培源、钱伟长、程思远等同志，全国人大办公厅、全国政协办公厅、中组部、中央统战部、最高人民法院、最高人民检察院、外交部、民盟中央等单位，送了花圈。吴学谦、雷洁琼、王汉斌、任新新、刘复之等同志，以及有关单位负责人和其在京的生前好友约 300 人参加遗体告别仪式。

中国近代思想家文库

丁文江卷　　　　　　　　　　　　　　　宋广波　编
钱玄同卷　　　　　　　　　　　　　　　张荣华　编
张君劢卷　　　　　　　　　　　　　　　翁贺凯　编
赵紫宸卷　　　　　　　　　　　　　　　赵晓阳　编
李大钊卷　　　　　　　　　　　　　　　杨琥　编
李达卷　　　　　　　　　　　　宋俭、宋镜明　编
张慰慈卷　　　　　　　　　　　　　　　李源　编
晏阳初卷　　　　　　　　　　　　　　宋恩荣　编
陶行知卷　　　　　　　　　　　　　　余子侠　编
戴季陶卷　　　　　　　　　　　桑兵、朱凤林　编
胡适卷　　　　　　　　　　　　　　　耿云志　编
郭沫若卷　　　　　　谢保成、魏红珊、潘素龙　编
卢作孚卷　　　　　　　　　　　　　　　王果　编
汤用彤卷　　　　　　　　　　　汤一介、赵建永　编
吴耀宗卷　　　　　　　　　　　　　　赵晓阳　编
顾颉刚卷　　　　　　　　　　　　　　　顾潮　编
张申府卷　　　　　　　　　　　　　　　雷颐　编
梁漱溟卷　　　　　　　　　　　梁培宽、王宗昱　编
恽代英卷　　　　　　　　　　　　　　　刘辉　编
金岳霖卷　　　　　　　　　　　　　　王中江　编
冯友兰卷　　　　　　　　　　　　　　李中华　编
傅斯年卷　　　　　　　　　　　　　欧阳哲生　编
罗家伦卷　　　　　　　　　　　　　　张晓京　编
萧公权卷　　　　　　　　　　　　　　张允起　编
常乃惪卷　　　　　　　　　　　　　　查晓英　编
余家菊卷　　　　　　　　　　　余子侠、郑刚　编
瞿秋白卷　　　　　　　　　　　　　　陈铁健　编
潘光旦卷　　　　　　　　　　　　　　吕文浩　编
朱谦之卷　　　　　　　　　　　　　　黄夏年　编
陶希圣卷　　　　　　　　　　　　　　　陈峰　编
钱端升卷　　　　　　　　　　　　　　孙宏云　编
王亚南卷　　　　　　　　　　　夏明方、杨双利　编
黄文山卷　　　　　　　　　　　　　　赵立彬　编

图书在版编目（CIP）数据

中国近代思想家文库. 钱端升卷/孙宏云编. —北京：中国人民大学出版
社，2014.10
ISBN 978-7-300-18828-7

Ⅰ. ①中… Ⅱ. ①孙… Ⅲ. ①思想史-研究-中国-近代②钱端升（1900～
1990）-思想评论 Ⅳ. ①B250.5

中国版本图书馆 CIP 数据核字（2014）第 239023 号

中国近代思想家文库
钱端升卷
孙宏云　编
Qian Duansheng Juan

出版发行	中国人民大学出版社	
社　　址	北京中关村大街 31 号	**邮政编码**　100080
电　　话	010 - 62511242（总编室）	010 - 62511770（质管部）
	010 - 82501766（邮购部）	010 - 62514148（门市部）
	010 - 62515195（发行公司）	010 - 62515275（盗版举报）
网　　址	http://www.crup.com.cn	
经　　销	新华书店	
印　　刷	涿州市星河印刷有限公司	
开　　本	720 mm×1000 mm　1/16	**版　　次**　2014 年 12 月第 1 版
印　　张	33.75 插页 1	**印　　次**　2024 年 7 月第 3 次印刷
字　　数	540 000	**定　　价**　115.00 元